Die privatrechtlich organisierte Börse

Schriftenreihe zum Gesellschafts- und Kapitalmarktrecht

Herausgegeben von Lutz Michalski,
Axel Jäger und Klaus-Rudolf Wagner

Band 5

PETER LANG
Frankfurt am Main · Berlin · Bern · Bruxelles · New York · Oxford · Wien

Jan Blumentritt

Die privatrechtlich organisierte Börse

Ein Beitrag zur Diskussion um die Neuordnung des Börsenwesens

PETER LANG
Europäischer Verlag der Wissenschaften

Bibliografische Information Der Deutschen Bibliothek
Die Deutsche Bibliothek verzeichnet diese Publikation in der Deutschen Nationalbibliografie; detaillierte bibliografische Daten sind im Internet über <http://dnb.ddb.de> abrufbar.

Zugl.: Gießen, Univ., Diss., 2002

D 26
ISSN 1619-117X
ISBN 3-631-50574-4

www.peterlang.de

Meinen Eltern

Vorwort

Die vorliegende Arbeit wurde im Sommersemester 2002 vom Fachbereich Rechtswissenschaft der Justus-Liebig-Universität Gießen als Dissertation angenommen. Zur Drucklegung wurde die Arbeit im August 2002 aktualisiert.

Herrn Universitätsprofessor Dr. Horst Hammen schulde ich aufrichtigen Dank. Er betreute diese Dissertation und ermöglichte mir darüber hinaus eine schöne und fruchtbare Zeit als wissenschaftlicher Mitarbeiter an seinem Lehrstuhl. Seine Gesprächsbereitschaft und seine konstruktive Kritik haben das Entstehen dieser Arbeit begleitet und wesentlich zu ihrem Gelingen beigetragen. Herzlich danken möchte ich zudem Herrn Professor Dr. Siegfried Kümpel für die vielen wertvollen Anregungen und die zügige Erstellung des Zweitgutachtens.

Über die Aufnahme meiner Arbeit in die „Schriftenreihe zum Gesellschafts- und Kapitalmarktrecht" habe ich mich sehr gefreut. Dafür danke ich den Herausgebern und insbesondere Herrn Universitätsprofessor Dr. Lutz Michalski, Bayreuth, für die freundliche und zuvorkommende Bearbeitung meiner Anfrage.

Sodann ist es mir ein besonderes Anliegen, meinen lieben Eltern zu danken, die stets bedingungslos zu mir gestanden und mich in jeder erdenklichen Hinsicht gefördert haben. Ihnen ist die Arbeit gewidmet.

Schließlich bedanke ich mich bei Frau Daniela Hoffmann für die liebevolle Unterstützung in allen Lebenslagen, bei Herrn Ref. jur. Matthias Müller, der mit großer Geduld das Manuskript korrekturgelesen hat, und bei meinen Kolleginnen, Frau Assessorin Simone C. Glomb und Frau Ref. jur. Susann Schumann, für die ausgesprochen angenehme Zusammenarbeit.

Hann. Münden, im November 2002 Jan Blumentritt

Inhaltsübersicht

Inhaltsverzeichnis

Verzeichnis der verwendeten Abkürzungen, Gesetze und Regelwerke

Die Angaben zu den verwendeten Gesetzen wurden, soweit nicht Neueres bekannt war, entnommen aus: Das Deutsche Bundesrecht, Systematische Sammlung der Gesetze und Verordnungen mit Erläuterungen, Loseblatt, Baden-Baden, Stand: 847. Ergänzungslieferung Juli 2002.

a.A. .... anderer Ansicht/ am Anfang

aaO .... am angegebenen Ort

Abl. EG .... Amtsblatt der Europäischen Gemeinschaften

Abs. .... Absatz

AcP .... Archiv für die civilistische Praxis (Zeitschrift)

ADHGB .... Allgemeines Deutsches Handelsgesetzbuch v. 1861

a.E. .... am Ende

a.F.. .... alte Fassung

AG .... Die Aktiengesellschaft (Zeitschrift)

AGB .... Allgemeine Geschäftsbedingungen

AGB-Banken ..... Allgemeine Geschäftsbedingungen der Banken

AGB-Clearstream Banking AG
.... Allgemeine Geschäftsbedingungen Clearstream Banking Aktiengesellschaft, abgedruckt in: Kümpel/ Hammen/ Ekkenga, Kapitalmarktrecht, Kz. 380.

AGB-Gesetz a.F. .. Gesetz zur Regelung des Rechts der Allgemeinen Geschäftsbedingungen (AGB-Gesetz) v. 9.12.1976 (BGBl. I, S. 3317), i.d.F. der Bekanntmachung v. 29.06.2000 (BGBl. I, S. 946), aufgehoben und ins BGB überführt durch Gesetz v. 26.11. 2001 (BGBl. I, S. 3138).

AGBG a.F. .... ⇒ AGB-Gesetz a.F.

AktG .... ⇒ Aktiengesetz

Aktiengesetz ..... Aktiengesetz v. 6.09.1965 (BGBl. I, S. 1089), zuletzt geändert durch Gesetz v. 19.07.2002 (BGBl. I, S. 2681).

Amex .... American Stock Exchange

Anm.. .... Anmerkung

Arbeitnehmerentsendegesetz
.... Gesetz über zwingende Arbeitsbedingungen bei grenzüberschreitenden Dienstleistungen (Arbeitnehmer-Entsendegesetz – AEntG) v. 26.2.1996 (BGBl. I, S. 227), zuletzt geändert durch G. v. 13.12.2001 (BGBl. I, S. 3584).

Art. .... Artikel

Aufl. .... Auflage

BadWürttWBS .... Baden-Württembergische Wertpapierbörse Stuttgart

Bausparkassengesetz
.... Gesetz über Bausparkassengesetz v. 16.11.1972 (BGBl. I, S. 2097), i.d.F. der Bekanntmachung v. 15.02.1991 (BGBl. I, S. 454), zuletzt geändert durch Gesetz v. 21.06.2002 (BGBl. I, S. 2010, 2064).

BausparkG........ ⇒ Bausparkassengesetz

BayBM .... Bayerische Börse München

BDüsseldorf ...... Börse Düsseldorf

bearb............ bearbeitet

Bedingungen für die Geschäfte an der FWB
.... Bedingungen für Geschäfte an der Frankfurter Wertpapierbörse, abgedruckt in: Kümpel/ Hammen/ Ekkenga, Kapitalmarktrecht, Kz. 450; abrufbar im Internet auf der Homepage der Deutsche Börse AG (⇒ BörsO FWB).

begr............. begründet

Bekanntmachung des Bundesaufsichtsamtes für das Kreditwesen über das Depotgeschäft
.... Bekanntmachung des Bundesaufsichtsamtes für das Kreditwesen über die Anforderungen an die Ordnungsmäßigkeit des Depotgeschäftes und der Erfüllung von Wertpapierlieferungsverpflichtungen vom 21.12.1998, abgedruckt in: Kümpel/ Hammen/ Ekkenga, Kapitalmarktrecht, Kz. 320.

BerlinerWB ...... Berliner Wertpapierbörse

Betriebsverfassungsgesetz
.... Betriebsverfassungsgesetz v. 15.01.1972 (BGBl. I, S. 13), i.d.F. der Bekanntmachung v. 25.09.2001 (BGBl. I, S. 2518), zuletzt geändert durch Gesetz v. 10.12.2001 (BGBl. I, S. 3443, 3463).

Betriebsverfassungsgesetz 1952
.... Betriebsverfassungsgesetz 1952 v. 11.10.1952 (BGBl. I, S. 681), zuletzt geändert durch Gesetz v. 23.07.2001 (BGBl. I, S. 1852, 1864).

BetrVerfG........ ⇒ Betriebsverfassungsgesetz

BetrVerfG 1952 ... ⇒ Betriebsverfassungsgesetz 1952

BGB............ Bürgerliches Gesetzbuch (BGB) v. 18.08.1896 (RGBl., S. 195), i.d.F. der Bekanntmachung v. 2.01.2002 (BGBl. I, S. 42), zuletzt geändert durch Gesetz v. 21.06.2002 (BGBl. I, S. 2010, 2059).

BGBl............ Bundesgesetzblatt

BGH............ Bundesgerichtshof

BGHZ........... Entscheidungen des Bundesgerichtshofes in Zivilsachen

Binnenschiffsverkehrsgesetz
.... Gesetz über den gewerblichen Binnenschiffsverkehr v. 1.10.1953 (BGBl. I S. 1453), i.d.F. der Bekanntmachung v. 8.01.1969 (BGBl. I S. 65), zuletzt geändert durch Gesetz v. 5.12.1990 (BGBl. I S. 2579). Dieses wurde 1993 durch das Gesetz zur Aufhebung der Tarife im Güterverkehr v. 13.08.1993 (BGBl. I, S. 1489) aufgehoben.

BKR............ Zeitschrift für Bank- und Kapitalmarktrecht

Börsengesetz..... Börsengesetz v. 22.06.1896 (RGBl. S. 157), i.d.F. der Bekanntmachung v. 21.06.2002 (BGBl. I, S. 2010, berichtigt durch BGBl. I, S. 2316).

Börsenzulassungsprospektrichtlinie
.... Richtlinie 80/390/EWG des Rates vom 17.03.1980 zur Koordinierung der Bedingungen für die Erstellung, die Kontrolle und die Verbreitung des Prospektes, der für die Zulassung von Wertpapieren zur amtlichen Notierung an einer Wertpapierbörse zu veröffentlichen ist (Abl. EG Nr. L 100 v. 17.04.1980, S. 1, zuletzt geändert durch Richtlinie 94/18/EG v. 30.05.1994, Abl. EG Nr. L 135 v. 31.05.1994, S. 1). Nunmehr aufgegangen in der ⇒ Richtlinie zur amtlichen Notierung.

Börsenzulassungsrichtlinie
. . . . Richtlinie 79/279/EWG des Rates v. 5.03.1979 zur Koordinierung der Bedingungen für die Zulassung von Wertpapieren zur amtlichen Notierung an einer Wertpapierbörse (Abl. EG Nr. L 66 v. 16.3.1979, S. 21, zuletzt geändert durch Richtlinie 88/627/EWG v. 12.12.1988, Abl. EG Nr. L 348 v. 17.12.1988, S. 62). Nunmehr aufgegangen in der ⇒ Richtlinie zur amtlichen Notierung.

Börsenzulassungsverordnung
. . . . Verordnung über die Zulassung von Wertpapieren zur amtlichen Notierung an einer Wertpapierbörse (Börsenzulassungs-Verordnung – BörsZulV) v. 15.04.1987 (BGBl. I, S. 1234), i.d.F. der Bekanntmachung v. 9.09.1998 (BGBl. I, S. 2832), zuletzt geändert durch Gesetz v. 21.06.2002 (BGBl. I, S. 2010, 2070).

BörsG. . . . . ⇒ Börsengesetz

BörsG a.F. . . . . ⇒ Börsengesetz in der vor dem ⇒ Vierten Finanzmarktförderungsgesetz geltenden Fassung v. 22.06.1896 (RGBl. S. 157), i.d.F. der Bekanntmachung v. 9.09.1998 (BGBl. I, S. 2682), zuletzt geändert durch Gesetz v. 13.07.2001 (BGBl. I, 1542, 1547).

BörsO. . . . . Börsenordnung

BörsO BadWürttWBS
. . . . Börsenordnung für die Baden-Württembergische Wertpapierbörse Stuttgart, abrufbar im Internet auf der Homepage der Baden-Württembergischen Wertpapierbörse Stuttgart (*http://www.boerse-stuttgart.de*) unter den Rubriken >Über uns >Regelwerke (Stand: 5.08.2002).

BörsO BayBM . . . . Börsenordnung für die Bayerische Börse in München, abrufbar im Internet auf der Homepage der Bayerischen Börse (*http://www.bayerischeboerse.de*) unter den Rubriken >Handel >Regeln (Stand: 5.08.2002).

BörsO BDüsseldorf
. . . . Börsenordnung der Düsseldorfer Börse, abrufbar im Internet auf der Homepage der Düsseldorfer Börse (*http://www.boerse-duesseldorf.de*) unter der Rubrik >Regeln und Gesetze (Stand: 5.08.2002).

BörsO BerlinerWB
. . . . Börsenordnung der Berliner Wertpapierbörse, abrufbar im Internet auf der Homepage der Berliner Wertpapierbörse (*http://berlinerboerse.de*) unter den Rubriken >Über uns >Publikationen (Stand: 5.08.2002).

BörsO BremerWB . Börsenordnung der Bremer Wertpapierbörse, abrufbar im Internet auf der Homepage der Bremer Wertpapierbörse (*http://www.boerse-bremen.de*) unter den Rubriken >Börse >Regelwerke (Stand: 5.08.2002).

BörsO FWB . . . . . . Börsenordnung der Frankfurter Wertpapierbörse, abgedruckt in Kümpel/ Hammen/ Ekkenga, Kapitalmarktrecht, Kz. 438, abrufbar im Internet auf der Homepage der Deutsche Börse AG (*http://deutsche-boerse.com*) unter den Rubriken >Services >Veröffentlichungen/ Downloads >Märkte+Listing >Listing Center >Regularien >FWB Regelwerk (Stand: 5.08.2002).

BörsO Hanseat WBHH
. . . . Börsenordnung der Hanseatischen Wertpapierbörse Hamburg, abrufbar im Internet auf der Homepage der BÖAG Börsen Aktiengesellschaft (*http://boersenag-net/www-hamburg/index.shtml*) unter den Rubriken >Service >Regeln & Gesetze (Stand: 5.08.2002).

BörsO NiedersBH . Börsenordnung der Niedersächsischen Börse zu Hannover, abrufbar im Internet auf der Homepage der BÖAG Börsen Aktiengesellschaft (⇒ BörsO HanseatWBHH).

BörsZulV . . . . ⇒ Börsenzulassungsverordnung

BR-Drs. . . . . Drucksachen des Bundesrates

BremerWB . . . . Bremer Wertpapierbörse

BT-Drs.. . . . . Drucksachen des Bundestages

Bundesgebührenordnung für Rechtsanwälte
. . . . Bundesgebührenordnung für Rechtsanwälte v. 26.07.1957 (BGBl. I, S. 907), zuletzt geändert durch Gesetz v. 22.02.2002 (BGBl. I, S. 981, 982).

BVerfG . . . . Bundesverfassungsgericht

BVerfGE. . . . . Entscheidungen des Bundesverfassungsgerichts

BVerwG . . . . Bundesverwaltungsgericht

BVerwGE . . . . Entscheidungen des Bundesverwaltungsgerichts

bzw. . . . . beziehungsweise

CR . . . . Computer und Recht (Zeitschrift)

DAX .... Deutscher Aktienindex

DB .... Der Betrieb (Zeitschrift)

DBW .... Die Betriebswirtschaft (Zeitschrift)

DepotG .... ⇒ Depotgesetz

Depotgesetz...... Gesetz über die Verwahrung und Anschaffung von Wertpapieren (Depotgesetz – DepotG) v. 4.02.1937 (RGBL. I. S. 171), i.d.F. der Bekanntmachung v. 11.01.1995 (BGBl. I, S. 34), zuletzt geändert durch Gesetz v. 8.12.1999 (BGBl. I, S. 2384, 2385).

ders.............. derselbe

d.G. .... des Gesetzes

dies.............. dieselbe/ dieselben

DIN.............. Deutsches Institut für Normung

Diss.............. Dissertation

DJT .... Deutscher Juristentag

DÖV............. Die öffentliche Verwaltung (Zeitschrift)

Drittes Durchführungsgesetz/ EWG zum Versicherungsaufsichtsgesetz
.... ⇒ Versicherungsaufsichtsgesetz, Drittes Durchführungsgesetz/ EWG

DVBl............. Deutsches Verwaltungsblatt (Zeitschrift)

E-Commerce ..... Electronic Commerce

EAG .... ⇒ Einlagensicherungs- und Anlegerentschädigungsgesetz

Easdaq........... European Association of Securities Dealers Automated Quotation System

EEX .... European Energy Exchange

EG .... Europäische Gemeinschaft

EG AktG......... ⇒ Einführungsgesetz zum Aktiengesetz

EGV............. Vertrag zur Gründung der Europäischen Gemeinschaft v. 25.3. 1957 (BGBl. II, S. 766, berichtigt BGBl. 1957 II, S. 1678, BGBl. 1958 II, S. 64), i.d.F. des Vertrages über die Europäische Union (⇒ EUV), zuletzt geändert durch den Amsterdamer Vertrag v. 2.10.1997 (Abl. EG Nr. C 340, S. 173).

Ein-Personen-GmbH-Richtlinie
.... Zwölfte gesellschaftsrechtliche Richtlinie 89/667/EWG des Rates v. 21.12.1989 auf dem Gebiet des Gesellschaftsrechts betreffend Gesellschaften mit beschränkter Haftung mit einem einzigen Gesellschafter (Abl. EG Nr. L 395 v. 30.12.1989, S. 40; zuletzt geändert durch Abl. EG Nr. C 241 v. 29.08.1994, S. 194).

Einführungsgesetz zum Aktiengesetz
.... Einführungsgesetz zum Aktiengesetz v. 6.09.1965 (BGBl. I, S. 1185), zuletzt geändert durch Gesetz v. 18.01.2001 (BGBl. I, S. 123).

Einl. .... Einleitung

Einlagensicherungs- und Anlegerentschädigungsgesetz
.... Einlagensicherungs- und Anlegerentschädigungsgesetz v. 16.7.1998, (BGBl. I, S. 1842), zuletzt geändert durch Gesetz v. 21.06.2002 (BGBl. I, S. 2010, 2065).

Erste Schadensversicherungsrichtlinie
.... Erste Richtlinie des Rates 73/239/EWG zur Koordinierung der Rechts- und Verwaltungsvorschriften betreffend die Aufnahme und Ausübung der Tätigkeit der Direktversicherung (mit Ausnahme der Lebensversicherung) v. 24.07.1973 (Abl. EG Nr. L 228 v. 16.08.1973, S. 3, zuletzt geändert durch Richtlinie 2002/13/EG v. 5.03.2002, Abl. EG Nr. L 77 v. 20.03.2002, S. 17).

Erstes Durchführungsgesetz/ EWG zum Versicherungsaufsichtsgesetz
.... ⇒ Versicherungsaufsichtsgesetz, Erstes Durchführungsgesetz/ EWG

EU .... Europäische Union

EuGH .... Europäischer Gerichtshof

EuR .... Europarecht (Zeitschrift)

EUV .... Vertrag über die Europäische Union v. 7.02.1992 (BGBl. II, S. 1253), zuletzt geändert durch den Amsterdamer Vertrag v. 2.10.1997 (Abl. EG Nr. C 340, S. 145).

EuZW........... Europäische Zeitschrift für Wirtschaftsrecht

e.V. .... eingetragener Verein

EWG .... Europäische Wirtschaftsgemeinschaft

EWGV .... Vertrag zur Gründung der Europäischen Wirtschaftsgemeinschaft (⇒ EGV)

EWiR .... Entscheidungen zum Wirtschaftsrecht – Kurzkommentare (Zeitschrift)

EWS .... Europäisches Wirtschafts- und Steuerrecht (Zeitschrift)

f................ folgende (Seite)

FAZ .... Frankfurter Allgemeine Zeitung

Fernunterrichtsschutzgesetz
.... Gesetz zum Schutz der Teilnehmer am Fernunterricht (Fernunterrichtsschutzgesetz – FernUSG) v. 24.08.1976 (BGBl. I, S. 2525), i.d.F. der Bekanntmachung v. 4.12.2000 (BGBl. I, S. 1670), zuletzt geändert durch Gesetz v. 26.11.2001 (BGBl. I, S. 3138, 3186).

ff. .... folgende (Seiten)

Finanzmarktförderungsgesetz, Viertes
.... Gesetz zur weiteren Fortentwicklung des Finanzplatzes Deutschland (Viertes Finanzmarktförderungsgesetz) v. 21.06.2002 (BGBl. I, S. 2010).

Finanzmarktförderungsgesetz, Zweites
.... Gesetz über den Wertpapierhandel und zur Änderung börsenrechtlicher und wertpapierrechtlicher Vorschriften (Zweites Finanzmarktförderungsgesetz) v. 26.07.1994 (BGBl. I, S. 1749).

Freiverkehrsordnung HanseatWBHH
.... Freiverkehrsordnung für die Hanseatische Wertpapierbörse Hamburg, abrufbar im Internet auf der Homepage der BÖAG Börsen Aktiengesellschaft (⇒ BörsO Han seatWBHH).

Freiverkehrsrichtlinien BadWürttWBS
.... Richtlinien für den Freiverkehr an der Baden-Württembergische Wertpapierbörse (Freiverkehrsrichtlinien), abrufbar im Internet auf der Homepage der Baden-Württembergische Wertpapierbörse (⇒ BörsO BadWürttWBS).

Freiverkehrsrichtlinien BayBM
.... Richtlinien für den Freiverkehr an der Bayerischen Börse, abrufbar im Internet auf der Homepage der Bayerischen Börse (⇒ BörsO BayBM).

Freiverkehrsricht-linien BerlinerWB
.... Richtlinien für den Freiverkehr an der Berliner Wertpapierbörse, abrufbar im Internet auf der Homepage der Berliner Wertpapierbörse (⇒ BörsO BerlinerWB).

Freiverkehrsrichtlinien FWB
.... Richtlinien für den Freiverkehr an der Frankfurter Wertpapierbörse, abgedruckt in: Kümpel/ Hammen/ Ekkenga, Kapitalmarktrecht, Kz. 455; abrufbar im Internet auf der Homepage der Deutsche Börse AG (⇒ BörsO FWB).

FS .... Festschrift

FSA .... Financial Services Authority

FSPG .... Politische Gruppe für Finanzdienstleistungen

Fünftes Änderungsgesetz zum Hypothekenbankgesetz
.... ⇒ Hypothekenbankgesetz, Fünftes Änderungsgesetz

Fusionsrichtlinie, Dritte
.... Richtlinie 78/855/EWG des Rates v. 9.10.1978 gemäß Art. 54 Abs. 3 Buchstabe g) des Vertrages betreffend die Verschmelzung von Aktiengesellschaften (Abl. EG Nr. L 295 v. 20.10. 1978, S. 36; zuletzt geändert durch Abl. EG Nr. C 241 v. 29.08.1994, S. 194).

FWB .... Frankfurter Wertpapierbörse

G............... Gesetz

Gesetz gegen Wettbewerbsbeschränkungen
.... Gesetz gegen Wettbewerbsbeschränkungen (GWB) v. 27.07.1957 (BGBl. I, S. 1081), i.d.F. der Bekanntmachung v. 26.08.1998 (BGBl. I, S. 2546), zuletzt geändert durch Gesetz v. 10.11.2001 (BGBl. I, S. 2992, 2995).

Gesetz zu Korrekturen in der Sozialversicherung und zur Sicherung der Arbeitnehmerrechte
.... Gesetz zu Korrekturen in der Sozialversicherung und zur Sicherung der Arbeitnehmerrechte v. 19.12.1998 (BGBl. I, S. 3843).

Gesetz zur Aufhebung der Tarife im Güterverkehr
.... Gesetz zur Aufhebung der Tarife im Güterverkehr (Tarifaufhebungsgesetz – TAufhG) v. 13.08.1993 (BGBl. I, S. 1489).

Gesetz zur Kontrolle und Transparenz im Unternehmensbereich
.... Gesetz zur Kontrolle und Transparenz im Unternehmensbereich (KonTraG) v. 27.04.1999 (BGBl. I, S. 786).

Gewerbeordnung .. Gewerbeordnung v. 21.06.1869 (RGBl. S. 245), i.d.F. der Bekanntmachung v. 22.2.1999 (BGBl. I, S. 202), zuletzt geändert durch G. v. 24.3.1999 (BGBl. I, S. 385).

GewO .... ⇒ Gewerbeordnung

GG .... ⇒ Grundgesetz

GmbH .... Gesellschaft mit beschränkter Haftung

GmbH-Gesetz .... Gesetz betreffend die Gesellschaften mit beschränkter Haftung v. 20.04.1892 (RGBl. S. 477), i.d.F. der Bekanntmachung v. 20.05.1898 (RGBl. S. 369, 846), zuletzt geändert durch Gesetz v. 13.07.2001 (BGBl. I, S. 1542, 1548).

GmbHG .... ⇒ GmbH-Gesetz

GmbHR .... GmbHRundschau (Zeitschrift)

Grundgesetz ..... Grundgesetz für die Bundesrepublik Deutschland v. 23.05.1949 (BGBl. I, S. 1), zuletzt geändert durch Gesetz v. 26.11.2001 (BGBl. I, S. 3219).

GWB .... ⇒ Gesetz gegen Wettbewerbsbeschränkungen

Habil. .... Habilitation

Halbjahresberichtsrichtlinie
.... Richtlinie 82/121/EWG des Rates vom 15.02.1982 über regelmäßige Informationen, die von Gesellschaften zu veröffentlichen sind, deren Aktien zur amtlichen Notierung an einer Wertpapierbörse zugelassen sind (Abl. EG Nr. L 48 v. 20.02.1982, S. 26). Nunmehr aufgegangen in der ⇒ Richtlinie zur amtlichen Notierung.

Handelsgesetzbuch
.... Handelsgesetzbuch v. 10.05.1897 (RGBl. S. 219), zuletzt geändert durch Gesetz v. 19.07.2002 (BGBl. I, S. 2681).

Hanseat WBHH ... Hanseatische Wertpapierbörse Hamburg

Heimarbeitsgesetz. Heimarbeitsgesetz v. 14.03.1951 (BGBl I, S. 191), zuletzt geändert durch Gesetz v. 16.02.2001 (BGBl. I, S. 266, 281).

HGB .... ⇒ Handelsgesetzbuch

h.M. .... herrschende Meinung

hrsg............. herausgegeben

Hrsg. .... Herausgeber

HypBankG .... ⇒ Hypothekenbankgesetz

Hypothekenbankgesetz
.... Hypothekenbankgesetz vom 13.07.1899 (RGBl., S. 375), i.d.F. der Bekanntmachung v. 9.09.1998 (BGBl. I, S. 2674), zuletzt geändert durch Gesetz v. 21.06.2002 (BGBl. I, 2010, 2059).

Hypothekenbankgesetz, Fünftes Änderungsgesetz
.... Fünftes Gesetz zur Änderung des Hypothekenbankgesetzes v. 14.01.1963 (BGBl. I, S. 9).

IBIS .... Inter-Banken-Informations-System

i.d.F............. in der Fassung

IFSC............ International Financial Services Centre (in Dublin)

IHKG .... ⇒ Industrie- und Handelskammergesetz

Industrie- und Handelskammergesetz
.... Gesetz zur vorläufigen Regelung des Rechts der Industrie- und Handelskammern v. 18.12.1956 (BGBl. I, S. 920), zuletzt geändert durch Gesetz v. 10.11.2001 (BGBl. I, S. 2992, 2995).

insbes........... insbesondere

Insiderrichtlinie.... Richtlinie 89/592/EWG des Rates vom 13.11.1989 zur Koordinierung der Vorschriften betreffend Insider-Geschäfte (Abl. EG Nr. L 334 v. 18.11.1989, S. 30).

IPO............. Initial Public Offering

ISE............. International Securities Exchange

ISIN .... International Securities Identification Number

i.S.v............. im Sinne von

i.V.m............ in Verbindung mit

iX .... International Exchange

JA.............. Juristische Arbeitsblätter (Zeitschrift)

JITE .... Journal of Institutional and Theoretical Economics – JITE – Zeitschrift für die gesamte Staatswissenschaft

JZ.............. Juristenzeitung (Zeitschrift)

KAGG .... ⇒ Kapitalanlagegesellschaftengesetz

Kapitalanlagegesellschaftengesetz
.... Gesetz über Kapitalanlagegesellschaften (KAGG) v. 16.4.1957 (BGBl. I, S. 378), i.d.F. der Bekanntmachung v. 9.09.1998 (BGBl. I, S. 2726), zuletzt geändert durch Gesetz v. 21.06.2002 (BGBl. I, S. 2010, 2038).

Kapitalrichtlinie.... Zweite Richtlinie 77/91/EWG des Rates v. 13.12.1976 zur Koordinierung der Schutzbestimmungen, die in den Mitgliedstaaten den Gesellschaften im Sinne des Artikels 58 Absatz 2 des Vertrages im Interesse der Gesellschafter sowie Dritter für die Gründung der Aktiengesellschaft sowie für die Erhaltung und Änderung ihres Kapitals vorgeschrieben sind, um diese Bestimmungen gleichwertig zu gestalten (Abl. EG Nr. L 26 v. 31.01.1977, S. 1, zuletzt geändert durch Abl. EG Nr. C 241 v. 29.08.1994, S. 194).

KGaA........... Kommanditgesellschaft auf Aktien

Kodex-Kommission
.... Regierungskommission Deutscher Corporate Governance Kodex

KOM............ Amtliche Dokumente der Kommission der Europäischen Gemeinschaften

KonTraG .... ⇒ Gesetz zur Kontrolle und Transparenz im Unternehmensbereich

Kreditwesengesetz
.... Gesetz über das Kreditwesen v. 10.07.1961 (BGBl. I, S. 881), i.d.F. der Bekanntmachung v. 9.09.1998 (BGBl. I, S. 2776), zuletzt geändert durch Gesetz v. 21.06.2002 (BGBl. I, S. 2010, 2045).

Kreditwesengesetz, Zweites Gesetz zur Änderung des
.... Zweites Gesetz zur Änderung des Gesetzes über das Kreditwesen v. 24.3.1976 (BGBl. I, S. 725).

KWG .... ⇒ Kreditwesengesetz

Kz............. Kennziffer

LG .... Landgericht

Liffe .... London International Financial Futures Exchange

lit............... litera

LPX .... Leipzig Power Exchange

LSE .... London Stock Exchange

Luftverkehrsgesetz
.... Luftverkehrsgesetz (LuftVG) v. 1.08.1922 (RGBl. I, S. 681), i.d.F. der Bekanntmachung v. 27.03.1999 (BGBl. I, S. 550), zuletzt geändert durch Gesetz v. 27.07.2001 (BGBl. I, S. 1950, 2017).

Marktmißbrauchsrichtlinie – Entwurf
. . . . Vorschlag für eine Richtlinie des Europäischen Parlaments und des Rates über Insidergeschäfte und Marktmanipulation (Marktmißbrauch) v. 30.05.2001, veröffentlicht in KOM (2001) 281 endgültig, abrufbar im Internet auf der Binnenmarktseite der Kommission (*http://www.europa.eu.int/comm/internal_market/*) unter den Rubriken >Finanzdienstleistungen >Wertpapiere (Stand: 5.08.2002).

MDAX . . . . Deutscher Aktienindex-Midcap

Mio. . . . . Million

MitbestG . . . . ⇒ Mitbestimmungsgesetz

Mitbestimmungsgesetz
. . . . Gesetz über die Mitbestimmung der Arbeitnehmer (Mitbestimmungsgesetz – MitbestG) v. 4.05.1976 (BGBl. I, S. 1153), zuletzt geändert durch Gesetz v. 23.07.2001 (BGBl. I, S. 1852, 1866).

MMR . . . . MultiMedia und Recht (Zeitschrift)

MontanMitbestErgG
. . . . ⇒ Montanmitbestimmungsergänzungsgesetz

MontanMitbestG. . . ⇒ Montanmitbestimmungsgesetz

Montanmitbestimmungsergänzungsgesetz
. . . . Gesetz zur Ergänzung des Gesetzes über die Mitbestimmung der Arbeitnehmer in den Aufsichtsräten und Vorständen der Unternehmen des Bergbaus und der Eisen und Stahl erzeugenden Industrie v. 7.08.1956 (BGBl. I, S. 707), zuletzt geändert durch Gesetz v. 23.07.2001 (BGBl. I, S. 1852, 1865).

Montanmitbestimmungsgesetz
. . . . Gesetz über die Mitbestimmung der Arbeitnehmer in den Aufsichtsräten und Vorständen der Unternehmen des Bergbaus und der Eisen und Stahl erzeugenden Industrie v. 21.05.1951 (BGBl. I, S. 347), zuletzt geändert durch Gesetz v. 23.07.2001 (BGBl. I, S. 1852, 1864).

MüKo . . . . Münchener Kommentar

m.w.N. . . . . mit weiteren Nachweisen

NASD. . . . . National Association of Securities Dealers

Nasdaq . . . . National Association of Securities Dealers Automated Quotation System

NEWEX . . . . New Europe Exchange

n.F. .... neuer Fassung

NiedersBH .... Niedersächsische Börse zu Hannover

NJW .... Neue Juristische Wochenschrift (Zeitschrift)

NJW-RR .... NJW-Rechtsprechungsreport Zivilrecht (Zeitschrift)

Nr. .... Nummer

NYSE .... New York Stock Exchange

NZG .... Neue Zeitschrift für Gesellschaftsrecht

o.ä. .... oder ähnliches

ÖBA .... Zeitschrift für das gesamte Bank- und Börsenwesen (Österreich)

öst. BörsG .... ⇒ österreichisches Börsegesetz

österreichisches Börsegesetz
.... österreichisches Börsegesetz 1989 (öst. BGBl. I, Nr. 555/1989), i.d.F. öst. BGBl. I Nr. 97/2001, abrufbar im Internet auf der Homepage der österreichischen Finanzmarktaufsicht (*http://www.fma.gv.at*) unter den Rubriken > rechtliche Grundlagen > ausgewählte Bundesgesetze (Stand: 15.03.2002).

PaPkG .... ⇒ Preisangaben- und Preisklauselgesetz

Personenbeförderungsgesetz
.... Personenbeförderungsgesetz (PBefG) v. 21.03.1961 (BGBl. I, S. 241), i.d.F. der Bekanntmachung v. 8.08.1990 (BGBl. I, S. 1690), zuletzt geändert durch Gesetz v. 19.03.2001 (BGBl. I, S. 386, 388).

Pfandleiherverordnung
.... Verordnung über den Geschäftsbetrieb der gewerblichen Pfandleiher (Pfandleiherverordnung – PfandlV) v. 1.02. 1961 (BGBl. I, S. 58), i.d.F. der Bekanntmachung v. 1.6.1976 (BGBl. I, S. 1334), zuletzt geändert durch Gesetz v. 16.06.1998 (BGBl. I, S. 1291, 1296).

Pflichtversicherungsgesetz
.... Gesetz über die Pflichtversicherung für Kraftfahrzeughalter (Pflichtversicherungsgesetz) v. 7.11.1939 (RGBl. I, S. 2223), i.d.F. des Gesetzes v. 5.04.1965 (BGBl. I, S. 213), zuletzt geändert durch Gesetz v. 26.11.2001 (BGBl. I, S. 3138, 3185).

Preisangaben- und Preisklauselgesetz
.... Preisangaben- und Preisklauselgesetz v. 3.12.1984 (BGBl. I, S. 1429), zuletzt geändert durch Gesetz v. 9.06.1998 (BGBl. I, S. 1242, 1253).

Preisgesetz ...... Übergangsgesetz über Preisbildung und Preisüberwachung (Preisgesetz) v. 10.04.1948 (Gesetz- und Verordungsblatt des Wirtschaftsrates des Vereinigten Wirtschaftsgebietes, S. 27, BGBl. III, 720-1), zuletzt geändert durch Gesetz v. 18.02.1986 (BGBl. I, S. 265).

Prospektrichtlinie – Entwurf
.... Vorschlag für eine Richtlinie des Europäischen Parlaments und des Rates über den Prospekt, der beim öffentlichen Angebot von Wertpapieren oder bei deren Zulassung zum Handel zu veröffentlichen ist v. 30.05.2001, veröffentlicht in KOM (2001) 280 endgültig, abrufbar im Internet auf der Binnenmarktseite der Kommission (*http://www.europa.eu.int/comm/internal_market/*) unter den Rubriken >Finanzdienstleistungen >Wertpapiere (Stand: 31.03.2002).

PrOVGE......... Entscheidungen des Preußischen Oberverwaltungsgerichts

Publizitätsrichtlinie
.... Erste Richtlinie 68/151/EWG des Rates v. 9.03.1968 zur Koordinierung der Schutzbestimmungen, die in den Mitgliedstaaten den Gesellschaften im Sinne des Artikels 58 Abs. 2 des Vertrages im Interesse der Gesellschafter sowie Dritter vorgeschrieben sind, um diese Bestimmungen gleichwertig zu gestalten (Abl. EG Nr. L 65 v. 14.03.1968, S. 8, zuletzt geändert durch Abl. EG Nr. C 241 v. 29.08.1994, S. 194).

RabelsZ......... Zeitschrift für ausländisches und internationales Privatrecht

Red............. Redaktion/ Redakteur

Regelwerk Neuer Markt
.... Regelwerk Neuer Markt, abgedruckt in: Kümpel/ Hammen/ Ekkenga, Kapitalmarktrecht, Kz. 456; abrufbar im Internet auf der Homepage der Deutsche Börse AG (⇒ BörsO FWB).

RGBl............ Reichsgesetzblatt

Richtlinie (betreffend die) zur amtlichen Notierung (zugelassenen Wertpapiere) .... Richtlinie 2001/34/EG des Europäischen Parlamentes und des Rates vom 28. Mai 2001 über die Zulassung von Wertpapieren zur amtlichen Börsennotierung und über die hinsichtlich dieser Wertpapiere zu veröffentlichenden Informationen (Abl. EG Nr. L 184 v. 6.07.2001, S. 1, berichtigt durch Abl. EG Nr. L 217 v. 11.08.2001, S. 18). Diese Richtlinie stellt die Zusammenfassung folgender bisher für Wertpapiere mit amtlicher Notierung geltender Richtlinien dar: ⇒ Börsenzulassungsrichtlinie, ⇒ Börsenzulassungsprospektrichtlinie, ⇒ Halbjahresberichtsrichtlinie, ⇒ Transparenzrichtlinie.

Richtlinie über mißbräuchliche Klauseln in Verbraucherverträgen .... Richtlinie 93/13/EWG des Rates v. 5.04.1993 über missbräuchliche Klauseln in Verbraucherverträgen (Abl. EG Nr. L 95 v. 41.04.1993, S. 29).

RIW .... Recht der internationalen Wirtschaft (Zeitschrift)

RL .... Richtlinie

Rn.............. Randnummer

Rs.............. Rechtssache

S............... Seite

Sanktionsausschussverordnung .... Verordnung über die Einrichtung, die Zusammensetzung und das Verfahren der Sanktionsausschüsse an den Börsen (Sanktionsausschussverordnung), abgedruckt in: Kümpel/ Hammen/ Ekkenga, Kapitalmarktrecht, Kz. 445; abrufbar im Internet auf der Homepage der Deutsche Börse AG (⇒ BörsO FWB).

Satzung Deutsche Börse AG .... Satzung der Deutsche Börse AG, Amtsgericht Frankfurt a.M., Handelsregister Kapitalgesellschaften, Handelsregister-Nr. 32232.

Schiedgerichtsordnung FWB .... Schiedsgerichtsordnung der Frankfurter Wertpapierbörse, abgedruckt in Kümpel/ Hammen/ Ekkenga, Kapitalmarktrecht, Kz. 447; abrufbar im Internet auf der Homepage der Deutsche Börse AG (⇒ BörsO FWB).

SchiffsbankG ..... ⇒ Schiffsbankgesetz

Schiffsbankgesetz . Gesetz über Schiffspfandbriefbanken (Schiffsbankgesetz) v. 14.03.1933 (RGBl. I, S. 583), i.d.F. der Bekanntmachung v. 8.05.1963 (BGBl. I, S. 301), zuletzt geändert durch Gesetz v. 21.06.2002 (BGBl. I, S. 2010, 2063).

SEC .... Securities and Exchange Commission

SIB .... Securities and Investments Board

Slg.............. Sammlung

SMAX........... Small Caps Exchange

SMAX-Teilnahmebedingungen
.... SMAX-Teilnahmebedingungen, abrufbar im Internet auf der Homepage der Deutsche Börse AG (⇒ BörsO FWB).

SOFFEX .... Swiss Options and Futures Exchange

sog. .... so genannte/ so genannter

Spaltungsrichtlinie . Sechste Richtlinie 82/891/EWG des Rates v. 17.12.1982 gemäß Artikel 54 Absatz 3 Buchstabe g) des Vertrages betreffend die Spaltung von Aktiengesellschaften (Abl. EG Nr. L 378 v. 31.12.1982, S. 47).

StBerG .... ⇒ Steuerberatungsgesetz

Steuerberatungsgesetz
.... Steuerberatungsgesetz (StBerG) v. 16.08.1961 (BGBl. I, S. 1301), i.d.F. der Bekanntmachung v. 4.11.1975 (BGBl. I, S. 2735), zuletzt geändert durch Gesetz v. 27.04.2002 (BGBl. I, S. 1467, 1477).

Strukturrichtlinie – Entwurf
.... Vorschlag einer fünften Richtlinie zur Koordinierung der Schutzbestimmungen, die in den Mitgliedstaaten den Gesellschaften im Sinne des Artikels 58 Absatz 2 des Vertrages im Interesse der Gesellschafter sowie Dritter hinsichtlich der Struktur der Aktiengesellschaft sowie der Befugnisse und Verpflichtungen ihrer Organe vorgeschrieben sind, v. 9.10.1972 (Abl. EG Nr. C 131 v. 13.12.1972, S. 49);

Geänderter Vorschlage einer fünften Richtlinie des Rates nach Artikel 54 Absatz 3 Buchstabe g) des Vertrages über die Struktur der Aktiengesellschaft sowie die Befugnisse und Verpflichtungen ihrer Organe, v. 19.08.1983 (Abl. EG Nr. C v. 9.09.1983, S. 2);

Zweite Änderung zum Vorschlag für eine fünfte Richtlinie des Rates nach Art. 54 EWG-Vertrag über die Struktur der Aktiengesellschaft sowie die Befugnisse und Verpflichtungen ihrer Organe, v. 20.12.1990 (Abl. EG Nr. C 7 v. 11.01.1991, S. 4);

Dritte Änderung des Vorschlags für eine fünfte Richtlinie des Rates nach Art. 54 EWG-Vertrag über die Struktur der Aktiengesellschaft sowie die Befugnisse und Verpflichtungen ihrer Organe, v. 20.11.1991, ABl. EG Nr. C 321 v. 12.12.1991, S. 9).

SWX .... Swiss Exchange

Tarifvertragsgesetz
.... Tarifvertragsgesetz (TVG) v. 9.04.1949 (WiGBl. 55, 68), i.d.F. v. 25.08.1969 (BGBl. I, S. 1323), zuletzt geändert durch Gesetz v. 25.09.1990 (BGBl. I, S. 2106).

Transparenz- und Publizitätsgesetz
.... Gesetz zur weiteren Reform des Aktien- und Bilanzrechts, zu Transparenz und Publizität (Transparenz- und Publizitätsgesetz) v. 19.07.2002 (BGBl. I, S. 2681).

Transparenzrichtlinie
.... Richtlinie 88/627/EWG des Rates vom 12.12.1988 über die bei Erwerb und Veräußerung einer bedeutenden Beteiligung an einer börsennotierten Gesellschaft zu veröffentlichten Informationen (Abl. EG Nr. L 348 v. 17.12.1988, S. 62). Nunmehr aufgegangen in der ⇒ Richtlinie betreffend die zur amtlichen Notierung zugelassenen Wertpapiere.

TransPuG .... ⇒ Transparenz- und Publizitätsgesetz

TÜV .... Technischer Überwachungsverein

TVG .... ⇒ Tarifvertragsgesetz

u. .... und

u.a. .... und andere/ und anderer/ unter anderem

UBGG .... ⇒ Unternehmensbeteilgungsgesellschaftengesetz

Umwandlungsgesetz
.... Umwandlungsgesetz (UmwG) v. 28.10.1994 (BGBl. I, S. 3210, berichtigt BGBl. 1995 I, S. 428), zuletzt geändert durch Gesetz v. 23.03.2002 (BGBl. I, S. 1163, 1168).

UmwG .... ⇒ Umwandlungsgesetz

UnterlassungsklagenG
.... ⇒ Unterlassungsklagengesetz

Unterlassungsklagengesetz
.... Gesetz über Unterlassungsklagen bei Verbraucherrechts-

und anderen Verstößen (Unterlassungsklagengesetz – UKlaG) v. 26.11.2001 (BGBl. I, 2001 S. 3138, 3171).

Unternehmensbeteiligungsgesellschaftengesetz
.... Gesetz über Unternehmensbeteiligungsgesellschaften (UBGG) v. 17.12.1986 (BGBl. I, S. 2488), i.d.F. der Bekanntmachung v. 9.09.1998 (BGBl. I, S. 2765), zuletzt geändert durch Gesetz v. 21.06.2002 (BGBl. I, 2010, 2070).

Urt. .... Urteil

v. .... vom/ von

VAG .... ⇒ Versicherungsaufsichtsgesetz

Verordnung über die Wahl der Börsenräte der FWB und der Eurex
.... Verordnung über die Wahl der Börsenräte der Frankfurter Wertpapierbörse und der Eurex, abgedruckt in Kümpel/ Hammen/ Ekkenga, Kapitalmarktrecht, Kz. 510; abrufbar im Internet auf der Homepage der Deutsche Börse AG (⇒ BörsO FWB).

Versicherungsaufsichtsgesetz
.... Versicherungsaufsichtsgesetz vom 12.05.1901 (RGBl. S. 139), i.d.F. der Bekanntmachung v. 17.12.1992 (BGBl. 1993 I, S. 2), zuletzt geändert durch Gesetz v. 21.06.2002 (BGBl. I, S. 2010, 2066).

Versicherungsaufsichtsgesetz, Drittes Durchführungsgesetz/ EWG
.... Drittes Gesetz zur Durchführung versicherungsrechtlicher Richtlinien des Rates der Europäischen Gemeinschaften (Drittes Durchführungsgesetz/ EWG zum VAG) v. 21.07.1994 (BGBl. I, S. 1630).

Versicherungsaufsichtsgesetz, Erstes Durchführungsgesetz/ EWG
.... Gesetz zur Durchführung der Ersten Richtlinie des Rates der Europäischen Gemeinschaften zur Koordinierung der Rechts- und Verwaltungsvorschriften betreffend die Aufnahme und Ausübung der Tätigkeit der Direktversicherung (mit Ausnahme der Lebensversicherung) vom 24.07.1974 (Erstes Durchführungsgesetz/ EWG zum VAG) v. 18.12.1975 (BGBl. I, S. 3139).

Versicherungsvertragsgesetz
.... Gesetz über den Versicherungsvertrag v. 30.05.1908 (RGBl., S. 263), zuletzt geändert durch Gesetz v. 26.11.2001 (BGBl. I, S. 3138, 3185).

VerwArch .... Verwaltungsarchiv Zeitschrift für Verwaltungsrecht (Zeitschrift) vgl. . . . . vergleiche

Viertes Finanzmarktförderungsgesetz
. . . . ⇒ Finanzmarktförderungsgesetz, Viertes

Vorbem. . . . . Vorbemerkungen

VVDStRL . . . . Veröffentlichung der Vereinigung der Deutschen Staatsrechtslehrer

VVG . . . . ⇒ Versicherungsvertragsgesetz

VW-Gesetz . . . . . . Gesetz über die Überführung der Anteilsrechte an der Volkswagenwerk Gesellschaft mit beschränkter Haftung in private Hand v. 21.07.1960 (BGBl. I, S. 585), zuletzt geändert durch G. v. 31. Juli 1970 (BGBl. I, S. 1149).

Währungsgesetz . . Währungsgesetz v. 20.06.1948 (WiGBl. Beilage 5, S. 1).

Wechselgesetz . . . Wechselgesetz v. 21.06.1933 (RGBl. I, S. 399), zuletzt geändert durch Gesetz v. 26.11.2001 (BGBl. I, S. 3138, 3183).

Wertpapierdienstleistungsrichtlinie
. . . . Richtlinie 93/22/EWG des Rates vom 10.05.1993 über Wertpapierdienstleistungen (Abl. EG Nr. L 141 v. 11.06.1993, S. 27, zuletzt geändert durch Richtlinie 2000/64/EG v. 7.11.2000, Abl. EG Nr. L 290 v. 17.11.2000, S. 27).

Wertpapierhandelsgesetz
. . . . Gesetz über den Wertpapierhandel (Wertpapierhandelsgesetz – WPHG) v. 26.07.1994 (BGBl. I, S. 1749), i.d.F. der Bekanntmachung v. 9.09.1998 (BGBl. I, S. 2708), zuletzt geändert durch Gesetz v. 21.06.2002 (BGBl. I, S. 2010, 2026).

WG . . . . ⇒ Wechselgesetz

WiGBl. . . . . Gesetzblatt der Verwaltung des Vereinigten Wirtschaftsgebietes

Wirtschaftsprüferordnung
. . . . Gesetz über eine Berufsordnung der Wirtschaftsprüfer (Wirtschaftsprüferordnung) v. 24.07.1961 (BGBl. I, S. 1049), i.d.F. der Bekanntmachung v. 5.11.1975 (BGBl. I, S. 2803), zuletzt geändert durch Gesetz v. 15.02.2002 (BGBl. I, S. 682, 683).

WKN . . . . Wertpapierkennummer

WM . . . . Wertpapiermitteilungen – Zeitschrift für Wirtschafts- und Bankrecht

WPHG .... ⇒ Wertpapierhandelsgesetz

WPO .... ⇒ Wirtschaftsprüferordnung

WTB............. ⇒ Warenterminbörse

WuB............. Entscheidungssammlung zum Wirtschafts- und Bankrecht

XETRA........... Exchange Electronic Trading

XTF .... Exchange Traded Funds

XTF-Teilnahmebedingungen
.... XTF Exchange Traded Funds Teilnahmebedingungen, abrufbar im Internet auf der Homepage der Deutsche Börse AG (⇒ BörsO FWB).

z.B.............. zum Beispiel

ZBB .... Zeitschrift für Bankrecht und Bankwirtschaft

ZfA.............. Zeitschrift für Arbeitsrecht

ZfK.............. Zeitschrift für das gesamte Kreditwesen

zgl............... zugleich

ZGR .... Zeitschrift für Unternehmens- und Gesellschaftsrecht

ZHR .... Zeitschrift für das gesamte Handelsrecht und Wirtschaftsrecht

Ziff.............. Ziffer

ZIP .... Zeitschrift für Wirtschaftsrecht

ZRP .... Zeitschrift für Rechtspolitik mit Rechtspolitischer Umschau

Zweites Finanzmarktförderungsgesetz
.... ⇒ Finanzmarktförderungsgesetz, Zweites

Einleitung

Die vorliegende Arbeit hat die Organisationsstruktur von Börsenbetreibern de lege ferenda zum Gegenstand. Die deutschen Börsen des gegenwärtigen Rechts sind öffentlich-rechtliche Verwaltungseinheiten. So ordnet es das Börsengesetz an. Diese hoheitliche Ausgestaltung liegt in der großen volkswirtschaftlichen und finanzpolitischen Bedeutung der Institution 'Börse' begründet. Der Prozess des Rückzugs des Staates aus vielen solcher sich herkömmlich in Staatshand befindender Wirtschaftsbereiche hat auch das Börsenwesen erreicht. Zahlreiche Stimmen in Wissenschaft und Praxis fordern die Zulassung privater Börsen. Diesen Vorschlag greift die vorliegende Arbeit auf. Sie behandelt indes nicht das prinzipielle Für und Wider privater Börsen. Zu dieser Frage sind bereits umfangreiche Stellungnahmen erschienen. Auf einer zweiten Stufe soll vielmehr untersucht werden, ob das Privatrecht überhaupt ausreichend Gestaltungsmöglichkeiten eröffnet, den gegenwärtig vorzufindenden öffentlich-rechtlichen Börsen vergleichbare privatrechtliche Unternehmen zu organisieren. Genau das behaupten nämlich die Befürworter privater Börsen. Der 64. Deutsche Juristentag vom September 2002 hat in seiner Wirtschaftsrechtlichen Abteilung in diesem Zusammenhang beschlossen: „Es empfiehlt sich – nach sorgfältiger Prüfung der Ausgestaltungsmöglichkeiten –, den Betreibern die Wahl zwischen öffentlich-rechtlicher und privatrechtlicher Börsenstruktur einzuräumen." Die vorliegende Arbeit stellt eine solche Machbarkeitsstudie dar. Sie untersucht die bereits existierenden Vorschläge und Gedanken, analysiert die Erfahrungen mit privatrechtlichen Strukturelementen im Börsenwesen de lege lata und möchte Anstöße zu den vielfältigen Fragen einer solchen Unternehmung bieten. Sie versteht sich als Beitrag zu der Diskussion um die Zulassung privatrechtlich organisierter Börsen de lege ferenda und hegt nicht den Anspruch, ein abgeschlossenes Konzept der 'idealen' Organisationsform zu präsentieren. Die Fragestellung lautet: Kann das gegenwärtig weitgehend öffentlich-rechtlich ausgestaltete Börsenwesen auch ganz oder zumindest größtenteils ebenbürtig ausschließlich mit Mitteln des Privatrechts organisiert werden und welche Festlegungen sollte dabei der Gesetzgeber vornehmen?

Im Übrigen sei bereits an dieser Stelle auf die Ausführungen unter Gliederungspunkt C des 1. Teils der Arbeit verwiesen, der sich im Anschluss an die Darstellung der zum Verständnis erforderlichen Grundlagen ausführlich dem Untersuchungsgegenstand widmet.

Im Rahmen der Arbeit stehen die Wertpapierbörsen und von diesen die Frankfurter Wertpapierbörse im Vordergrund. Auf alle anderen Börsen lassen sich die gefundenen Ergebnisse jedoch weitestgehend übertragen.

Der komplexen Fragestellung Systematik abzuringen, gestaltete sich nicht immer eben einfach. Der *Gang der Darstellung* orientiert sich an folgendem Gedankengerüst, welches den Überblick erleichtern möge:

Die Arbeit ist in zwei Hauptteile untergliedert. Teil 1 bereitet mit der Darstellung der rechtlichen wie tatsächlichen Rahmenbedingungen die Grundlagen für die im 2. Teil folgende Untersuchung des Titelthemas.

Die Auseinandersetzung mit künftigen rechtlichen Gestaltungsmöglichkeiten erfordert zunächst ein Eingehen auf die gegenwärtige Rechtslage. Damit soll auch *Teil 1* der Arbeit beginnen (*Gliederungspunkt A*). Die Darstellung des geltenden Börsenrechts beschränkt sich an dieser Stelle auf das Organisationsrecht des Börsenbetreibers. Die rechtlichen Grundlagen der Börsenveranstaltung (das Börsenregelwerk im weitesten Sinne) werden im Zusammenhang mit der Untersuchung der Rechtsnatur des Regelwerks de lege ferenda unter Gliederungspunkt B des 2. Teils der Arbeit ausführlich behandelt. Auch den Börsenorganen wird erst unter Gliederungspunkt E des 2. Teils eingehende Aufmerksamkeit geschenkt.

Das Börsenwesen hat sich in den letzten zwanzig Jahren grundlegend verändert. Das macht es erforderlich, im Anschluss an das geltende Börsenrecht das Umfeld darzustellen, in welches Börsenmärkte sowie Börsenbetreiber eingebettet sind (*Gliederungspunkt B*). *Gliederungspunkt C* widmet sich der Beschreibung des Gegenstandes der Arbeit, der Forderung nach privatrechtlichen Börsen. Hierbei ist insbesondere erforderlich, zu hinterfragen, ob es nicht schon gegenwärtig private Börsen gibt oder wenigstens geben kann und welche Auswirkungen die Streichung der Veranstaltung von Börsenmärkten aus dem Katalog exklusiv staatlicher Aufgaben für das Verhältnis des Staates zum Börsenrecht de lege ferenda hat. *Gliederungspunkt D* hat die Rahmenbedingungen einer gesetzlichen Neuordnung des Börsenwesens zum Gegenstand. Dazu zählen die gesetzgeberischen Regelungsziele im Börsenwesen, die Vorgaben der Grundrechte an wirtschaftslenkende Gesetzgebung und natürlich die europarechtlichen Rahmenbedingungen, ohne deren strengste Beachtung Wirtschaftsrecht heute nicht mehr auskommt.

Mit den ausführlichen Darstellungen sind die Voraussetzungen geschaffen, um anschließend, wie angesprochen, im *2. Teil* der Arbeit die Möglichkeiten einer privatrechtlichen Börsenorganisation de lege ferenda zu untersuchen. Dabei gilt es, sich mit der Rechtsform des Börsenbetreibers (*Gliederungspunkt A*), der Rechtsnatur des Börsenregelwerks (*Gliederungspunkt B*), der Struktur der Anteilseignerschaft (*Gliederungspunkt C*) und der Zusammensetzung des Aufsichtsrats (*Gliederungspunkt D*) auseinanderzusetzen. Schließlich wird noch die Frage behandelt, wie die Aufgaben und Befugnisse der gegenwärtigen Börsenorgane auch künftig zufrieden stellend erfüllt werden können (*Gliederungspunkt E*).

Erster Teil. Grundlegung

A. Das Börsenorganisationsrecht der Gegenwart

Am Beginn einer Erörterung steht die Beschreibung des Untersuchungsgegenstandes. Die vorliegende Arbeit beschäftigt sich mit der Organisationsstruktur von Börsen de lege ferenda. Daher wäre an dieser Stelle eine Definition des Begriffes 'Börse' angezeigt. Kenner der Materie wissen indes, dass das ein schwieriges Unterfangen darstellt.[1] Seit Erlass des Börsengesetzes im Jahre 1896[2] mangelt es nämlich sowohl an einer gesetzlichen Festlegung der Tatbestandsmerkmale als auch an einer einmütigen Auffassung in Wissenschaft und Praxis. Eine die Grundzüge aufzeigende Arbeitsbeschreibung soll darum vorliegend genügen.

Mit dem Börsengesetz ist der grundlegende Normkomplex zum Börsenwesen bereits angesprochen. Dieses Normengefüge hat durch das Vierte Finanzmarktförderungsgesetz[3] erhebliche Veränderungen erfahren. Das neue Börsengesetz schreibt indes, der Tradition folgend, den Börsenbegriff nicht fest.

I. Börsenbegriff

Lange Zeit kam der exakten Abgrenzung der Börsen von anderen Marktveranstaltungen eher theoretische Bedeutung zu. Der Praxis genügte ein Börsenbegriff, der aus einer Beschreibung der Eigenschaften der alteingesessenen Börsen bestand. Einige Zweifelsfragen betreffend die Börseneigenschaft spezieller Marktveranstaltungen konnte man denn auch nie ganz ausräumen.[4]

Die Schwierigkeiten bei der Bestimmung des Börsenbegriffes sind keinesfalls nur auf nationaler Ebene auszumachen. Trotz unterschiedlichen Rechtsrah-

---

1 Vgl. dazu etwa *Nobel*, FS Lutter, 1485, 1485 ff.

2 Inkraft getreten am 1.1.1897: § 82 Abs, 1 BörsG i.d.F. v. 22.06.1896, RGBl. Nr. 15 (S. 157).

3 Gesetz zur weiteren Fortentwicklung des Finanzplatzes Deutschland (Viertes Finanzmarktförderungsgesetz) v. 21.06.2002, BGBl. I, S. 2010. Vgl. dazu *Mues*, ZBB 2001, 353 ff.; *Möller*, WM 2001, 2405 ff.; *Dreyling*, Die Bank 2002, 16 ff.; *Hammen*, AG 2001, 549 ff.

4 Vgl. die Nachweise bei *Schwark*, BörsG, § 1 Rn. 1, 9.

mens[5] haben Börsen weltweit die gleiche Funktion.[6] Daher verwundert es nicht, wenn sich andere Länder in genannter Hinsicht ebenfalls schwertun.[7]

Der angesprochene Weg der Bestimmung des Börsenbegriffs durch eine Beschreibung der im tatsächlichen vorzufindenden Lage führt zu folgender Vorstellung von Börsen[8]:

Börsen sind regelmäßig und in kurzen Zeitabständen stattfindende Veranstaltungen. Sie organisieren das Zusammenkommen von Kauf- und Verkaufsinteressenten. Handelsgegenstände sind vertretbare, zum Vertragsschluss typischerweise nicht mitgebrachte Produkte – bei Wertpapierbörsen Wertpapiere jeder Art. Die Teilnehmerschaft ist herkömmlicherweise auf Kaufleute beschränkt. Das früher noch geforderte Merkmal der Ortsgebundenheit wurde im Zuge der technischen Entwicklung durch dasjenige der organisierten Zusammenführung von Aufträgen, der Systemgebundenheit, ersetzt.

Börsen üben Maklertätigkeit aus. In ihrer Grundform sind Börsen Nachweismakler.[9] Bringen sie über die Organisation eines allgemeinen Treffpunktes der Beteiligten hinaus auch die Vermittlung der einzelnen Geschäfte zustande – was beispielsweise im elektronischen System XETRA der Frankfurter Wertpapierbörse der Fall ist (vgl. § 36 Abs. 2 der Bedingungen für die Geschäfte an der Frankfurter Wertpapierbörse) –, werden Börsen zu Vermittlungsmaklern.[10] Erweitern sie ihre Dienstleistungspalette um eigenbetriebene Market-Maker-Tätigkeit,[11] so betreiben Börsen – vorbehaltlich ausgefeilter Sonderkonstruktionen – die spezielle Dienstleistung des Eigenhandels mit Finanzinstrumenten für andere. Eigenhändler im Sinne des § 1 Abs 1a Satz 2 Nr. 4 KWG sind Personen, die als An- und Verkäufer von Finanzinstrumenten im Markt auftreten und in erlaubnispflichtigem Umfang mit Kunden Festpreisgeschäfte und Aufgabegeschäfte schließen, um die Finanzinstrumente kurzfristig weiterzuveräu-

---

5 Näher dazu nachstehend 1. Teil A VII.

6 *Klenke*, Börsendienstleistungen im Europäischen Binnenmarkt, S. 31. Zur Funktion von Börsen vgl. nachstehend 1. Teil B I (a.E.).

7 Vgl. dazu *Nobel*, FS Lutter, 1485, 1489 ff.; *Köndgen*, JITE 154 (1998), 224, 224 ff.

8 Zum Begriff der Börse vgl. PrOVGE 34, 315, 335 f. (Feenpalast); *Schwark*, BörsG, § 1 Rn. 1 ff.; *Weber*, Kapitalmarktrecht, S. 76; *Peterhoff*, in: Schäfer, WPHG, § 1 BörsG Rn. 19; *Kümpel*, Bank- und Kapitalmarktrecht, Rn. 8.71 ff., 17.29 ff.; *ders.*, in: Kümpel/ Hammen, Börsenrecht, 1. Teil I; *Beck*, WM 1996, 2313, 2314 f.; *Laule*, FS Heinsius, 437, 441; *Franke*, in: Assmann/ Schütze, Handbuch des Kapitalanlagerechts, Ergänzungsband, § 2 Rn. 8 ff.; *Wastl/ Schlitt*, WM 2001, 1702 ff.; *Spindler*, WM 2001, 1689, 1695. Zur Geschichte des deutschen Börsenwesens vgl. *Pohl*, Zur Geschichte des deutschen Börsenwesens; *Merkt*, Börsenreform, S. 17 ff.

9 *Kümpel*, Bank- und Kapitalmarktrecht, Rn. 17.34. Insoweit nicht nachvollziehbar ist die Aussage von *Riehmer/ Heuser*, NZG 2001, 385, 389, Börsen betrieben keine Maklertätigkeit.

10 *Hammen*, WM 2001, 929, 934; *Wastl/ Schlitt*, WM 2001, 1702, 1706.

11 Permanentes Stellen verbindlicher Quotes als eigene Orders, vgl. *Steinhübel*, Die private Computerbörse für mittelständische Unternehmen, S. 119 ff. Diese Funktion wird indes meist nicht von den Börsen selbst, sondern von Dritten übernommen, vgl. Börsenzeitung v. 31.10.2001, S. 6.

ßern.[12] Börsendienstleistungen sind mithin Wertpapierdienstleistungen im Sinne von § 34c Abs. 1 Nr. 1b GewO und § 1 Abs. 1a Satz 2 Nr. 1 u. 4 (eventuell auch Nr. 2) KWG. Jedoch geht das Börsengesetz als Spezialgesetz diesen Vorschriften prinzipiell vor.[13] Inwieweit das jedoch für die erwähnte neue Form des Market-Makings gilt, bedarf noch genauerer Klärung. Hier ist die Diskussion im Fluss. Ebenfalls noch nicht abschließend geklärt ist die aufsichtsrechtliche Einordnung von Rechtssubjekten, die im Rahmen eines Börsenhandels als zentrale Gegenpartei[14] auftreten.

Damit ist das althergebrachte Bild von Börsen umrissen. Wie bereits erwähnt, entsprang diese Beschreibung eher einer Erklärung der vorgefundenen Wirklichkeit als gesetzlichen Bestimmungen. Das hatte der Gesetzgeber auch so gewollt.[15] Kurzum: Börsen waren eben Börsen.[16]

Diese Situation hat sich in den letzten Jahren grundlegend geändert. Der Kapitalmarkt wird nahezu überschüttet mit Handelssystemen, bei denen sich nicht gleich auf den ersten Blick sagen lässt, ob sie Börsen sind, oder nicht. Alternative Handelsplattformen sind in aller Munde. Aber so weit braucht man gar nicht zu schauen. Schon die Einführung des computergestützten und später des rein elektronischen Handels an der Frankfurter Wertpapierbörse bereitete bezüglich der Frage der Börseneigenschaft des Computersystems einiges Kopfzerbrechen.[17]

Diese Erscheinungen machen es nunmehr auch in der Praxis erforderlich, Börsen von Nicht-Börsen abzugrenzen, mithin eine Definition des Begriffes 'Börse' zu entwickeln. Der Gesetzgeber des Vierten Finanzmarktförderungsgesetzes hat in § 59 Satz 1 Halbsatz 1 BörsG den Begriff der börsenähnlichen Einrichtung legaldefiniert.[18] Danach sind börsenähnliche Einrichtungen solche elektronischen Handelssysteme, die von Kreditinstituten, Finanzdienstleis-

---

12 *Oelkers*, WM 2001, 340, 347. Zur Eigenschaft der erwähnten Tätigkeiten als Eigenhandel für andere, vgl. *ders.*, aaO, S. 345; *Kümpel*, in: Kümpel/ Hammen, Börsenrecht, 1. Teil II 1 b und c.

13 Vgl. *Hammen*, WM 2001, 929, 932 f. zu § 1 BörsG a.F.

14 Zur Zentralen Gegenpartei vgl. *Hom*, WM 2002, SB 2; *Pagnozzi/ Westerberg*, Börsenzeitung v. 29.06.2002, S. 3.

15 Vgl. Begründung zum Entwurf eines Börsengesetzes, Reichstagsdrucksachen, 9. Legislaturperiode, IV. Session 1895/ 96, Nr. 14, S. 25; bestätigt durch die Begründung zum Änderungsgesetz zum Börsengesetz v. 11.07.1989, BT-Drs. 11/ 4177, S. 13.

16 So die Begründung zum Entwurf eines Börsengesetzes, Reichstagsdrucksachen, 9. Legislaturperiode, IV. Session 1895/ 96, Nr. 14, S. 25: "... weil die thatsächliche Gestaltung der vorhandenen und als solche im technischen Sinne unbestritten anerkannten Börsen genügend Anhalt bietet; um zu entscheiden, ob eine kaufmännische Versammlung als Börse im Sinne des Gesetzes anzusehen ist oder nicht."

17 Vgl. *Beck*, WM 1998, 417, 420 f.; *Mues*, Die Börse als Unternehmen, S. 18; *Kümpel*, WM 1990, 45, 46 f.; *Köndgen/ Mues*, WM 1998, 53, 54; *Wastl/ Schlitt*, MMR 2000, 387, 389.

18 Ausführlich dazu *Reuschle/ Fleckner*, BKR 2002, 617. 619 ff.; *Spindler*, WM 2002, 1325, 1331 ff.

tungsinstituten oder ausländischen Unternehmen im Sinne von § 53 Abs. 1 Satz 1 oder § 53b Abs. 1 Satz 1 KWG betrieben werden und in denen Angebot und Nachfrage in börsenmäßig handelbaren Wirtschaftsgütern oder Rechten mit dem Ziel zusammengeführt werden, Vertragsabschlüsse unter mehreren Marktteilnehmern innerhalb des Systems zu ermöglichen.[19] Das neue Börsengesetz unterscheidet dabei Börsen (§ 1 BörsG), börsenähnliche Einrichtungen (§ 59 BörsG) und sonstige elektronische Handelssysteme (§ 58 BörsG). Nur die beiden Erstgenannten unterfallen einer Aufsicht nach dem Börsengesetz. Was nun aber Börsen von börsenähnlichen Einrichtungen unterscheidet,[20] ergibt sich weder aus den genannten Vorschriften noch sonst aus dem Börsengesetz, so dass die Abgrenzungsprobleme weiterhin bestehen bleiben.[21] Angesichts dieser fehlenden Unterstützung durch den Gesetzgeber fällt es Wissenschaft und Praxis nicht leicht, den Begriff der Börse zu definieren.[22] Sämtliche Definitionsversuche sind eine Mixtur aus der tradierten Vorstellung von Börsen und der Frage nach dem Regulierungsbedarf. Noch nicht ganz geklärt sind insbesondere die Anforderungen an die Preisfeststellung[23] – welche entweder im Auktionsverfahren oder nach dem angesprochenen Market-Maker-Prinzip erfolgt –[24] sowie die Unterteilung in zulassungsgebundene und offene Märkte[25]. Mit der Feststellung, dass die Diskussion um den Börsenbegriff noch im Fluss ist, soll es sein Bewenden haben. Wenn im folgenden von Börsen die Rede ist, so sind stets solche im Sinne von § 1 Abs. 1 BörsG gemeint, was auch immer dafür im einzelnen erforderlich ist.

II. Börsen als Märkte im Sinne des Gewerberechts

Die Beschreibung des Geschäftsgegenstandes macht deutlich: Börsen entsprechen dem Bild von Marktveranstaltungen im Sinne des Gewerberechts

---

19 Dass die Stellung des Betreibers als Kreditinstitut o.ä. zur Definition der börsenähnlichen Einrichtungen dazugehört, geht aus der amtlichen Begründung zu § 59 BörsG hervor (BT-Drs: 14/ 8601, S. 16. Der Wortlaut des § 59 Satz 1 Halbsatz 1 BörsG selbst ist aufgrund des Satzbaus – Komma hinter „(börsenähnliche Einrichtungen)" – nicht ganz eindeutig. Vgl. dazu auch *Reuschle/ Fleckner*, BKR 2002, 617. 622; *Spindler*, WM 2002, 1325, 1333.

20 Zu der Frage, ob es überhaupt einen Unterschied geben muss vgl. nachstehend 1. Teil C II.

21 A.A. *Spindler*, WM 2002, 1325, 1333 ff., der nunmehr § 59 Satz 1 Halbsatz 1 BörsG als Börsendefinition ansieht.

22 Vgl. *Schwark*, BörsG, § 1 Rn. 7 f.

23 Vgl. etwa *Kümpel*, Bank- und Kapitalmarktrecht, Rn. 17. 42 ff.; *ders.*, in: Kümpel/ Hammen, Börsenrecht, 1. Teil I 3; *Breitkreuz*, Die Ordnung der Börse, S. 36; *Spindler*, WM 2001, 1689, 1696; *Wastl/ Schlitt*, WM 2001, 1702, 1707 ff.; *Hammen*, WM 2001, 929, 930 f.

24 Vgl. dazu ausführlich *Gerke/ Rapp*, DBW 54 (1994), 5, 7 f.; *Kümpel*, Bank- und Kapitalmarktrecht, Rn. 17. 322 ff.

25 Vgl. *Schwark*, WM 1997, 293, 303; *Köndgen*, JITE 1998, 224, 227; *Baums/ Segna*, Börsenreform, S. 18; *Riehmer/ Heuser*, NZG 2001, 385, 386; *Mues*, Die Börse als Unternehmen, S. 173; *Wastl/ Schlitt*, WM 2001, 1702, 1707 ff.; *Breitkreuz*, Die Ordnung der Börse, S. 37 f., *Merkt*, Gutachten G zum 64. DJT, S. 79.

(§§ 66, 69 ff. GewO). Nach *Franke*[26] sind es bei volkswirtschaftlicher Betrachtung gar die wichtigsten. Zudem sind, wie bereits erwähnt, die Voraussetzungen des § 34c Abs. 1 Nr. 1b GewO – Wertpapiermaklertätigkeit – erfüllt.

Bei der Anwendung der Vorschriften der Gewerbeordnung ist indes Vorsicht geboten. Wie noch zu zeigen sein wird, handelt es sich bei der Durchführung von Börsenveranstaltungen de lege lata um öffentlich-rechtliche Verwaltungstätigkeit. Aus diesem Grunde ist fraglich, ob die Gewerbeordnung Anwendung finden kann. Ungeachtet dessen sind die genannten Vorschriften jedoch von Interesse, da es vorliegend um privatrechtlich organisierte Börsen de lege ferenda gehen soll und darüber hinaus auch gegenwärtig bereits ein privatrechtlicher Handel an der Börse existiert[27].

Soweit die Anwendbarkeit der Gewerbeordnung auf Börsenveranstaltungen überhaupt diskutiert wird, wartet das Börsengesetz nach wohl einhelliger Auffassung mit verdrängenden Spezialnormen auf.[28] Die Gewerbeordnung kann mithin nur Beachtung finden, wenn eine Veranstaltung nicht unter den Begriff der Börse nach § 1 Abs. 1 BörsG sowie unter den Begriff der börsenähnlichen Einrichtung nach § 59 Satz 1 Halbsatz 1 BörsG zu subsumieren ist[29] oder – und darauf wird nirgends hingewiesen – wenn die Gewerbeordnung Vorschriften enthält, auf die mangels Existenz spezialgesetzlicher Vorschriften zurückzugreifen ist. Das allgemeine Gesetz ist nämlich nur insoweit vom Anwendungsbereich ausgeschlossen, wie das Spezialgesetz abschließende Normierungen trifft.[30] Dass diese Erkenntnis im vorliegenden Untersuchungszusammenhang durchaus Relevanz aufweist, wird sich noch offenbaren.

Was die angesprochene Anwendung der Gewerbeordnung auf Veranstaltungen anbelangt, die nicht unter den Begriff der Börse nach § 1 Abs. 1 BörsG sowie unter den Begriff der börsenähnlichen Einrichtung nach § 59 Abs. 1 Halbsatz 1 BörsG subsumiert werden können, so sind auch hier stets zuerst Sondergesetze, wie das Kreditwesengesetz, auf einen Anwendungsvorrang hin zu untersuchen (vgl. auch § 34c Abs. 5 Nr. 2, 3 u. 3a GewO). Selbst innerhalb der Gewerbeordnung existiert nach herrschender Auffassung ein solcher Anwendungsvorrang. Soweit Gewerbeveranstaltungen unter den IV. Titel der Gewerbeordnung (Messen, Ausstellungen, Märkte, §§ 64 ff. GewO) fallen, sollen insbesondere die Vorschriften des II. Titels (Stehendes Gewerbe, §§ 14 ff. GewO) – in dessen Kontext sich auch die erwähnte Vorschrift in § 34c GewO

---

[26] *Franke*, in: Assmann/ Schütze, Handbuch des Kapitalanlagerechts, Ergänzungsband, § 2 Rn. 1.

[27] Vgl. dazu nachstehend 1. Teil A III, 1. Teil C II, 2. Teil B II.

[28] *Tettinger*, in Tettinger/ Wank, GewO, Vor § 64 Rn. 9; *Wagner*, in: Friauf, GewO, Vorbem. vor Titel IV Rn. 24; *Hammen*, WM 2001, 929, 932 f.

[29] Vgl. dazu *Tettinger*, in Tettinger/ Wank, GewO, Vor § 64 Rn. 11 zum BörsG a.F.

[30] *Schmalz*, Methodenlehre für das juristische Studium, Rn. 82.

befindet – nicht anwendbar sein.[31] Im Einzelnen ist hier jedoch noch vieles streitig.

Die Gewerbeordnung geht vom Prinzip der Gewerbe- und Marktfreiheit aus.[32] Märkte, die unter die Vorschriften der §§ 66 ff. GewO zu subsumieren sind, bedürfen einer Erlaubnis nach eben diesen Vorschriften. Alle anderen Veranstaltungen sind – zumindest in dieser Hinsicht – konzessionsfrei.[33] Für Börsen kommt nur § 66 GewO – Großhandelsmärkte – in Betracht. Darunter versteht das Gesetz Veranstaltungen, auf denen eine Vielzahl von Anbietern bestimmte Waren oder Waren aller Art im Wesentlichen an gewerbliche Wiederverkäufer, gewerbliche Verbraucher oder Großabnehmer vertreibt. Zwar werden gelegentlich Abgrenzungsversuche zwischen Börsen und Großhandelsmärkten unternommen,[34] aufgrund des weiten Verständnisses der Tatbestandsmerkmale[35] fallen Börsen aber wohl unter diesen Begriff. Zweifel können hier jedoch aufkommen, wenn sich der gesamte Handel in einem elektronischen System vollzieht, also die herkömmliche Vorstellung von einem Markt, auf welchem sich die Teilnehmer physisch begegnen, nicht mehr erfüllt ist. Dass das Gesetz von diesem Normalfall ausgeht, zeigt insbesondere die Vorschrift des § 68a GewO, wonach auf Märkten Speisen und Getränke verabreicht werden dürfen. Auch in diesem Zusammenhang ist aber auf die weite Auslegung des Begriffes 'Veranstaltung' und auf die prinzipielle Anwendbarkeit der Gewerbeordnung auf alle und damit auch auf neu aufkommende Gewerbeformen hinzuweisen.[36]

Im Ergebnis bleibt festzuhalten, dass die Gewerbeordnung grundsätzlich auch auf Börsen Anwendung finden kann, aber in großem Umfang durch Spezialgesetze verdrängt ist. Im Einzelfall kann dennoch eine Prüfung der Normen in Betracht kommen.[37]

III. Die Börse als Public-Private-Partnership

Börsen sind also Märkte im Sinne des Gewerberechts. Der Markt 'Börse' erfordert (mittlerweile) einen hohen Organisationsgrad. Daher ist die Institution Börse auch von der Betreiberseite her zu betrachten. Börsenrecht ist mithin Markt-

---

31 *Wagner*, in: Friauf, GewO, Vorbem. vor Titel IV Rn. 29 ff.

32 *Frotscher*, in: R. Schmidt, Öffentliches Wirtschaftsrecht, Besonderer Teil 1, § 1 V 1; *Stober*, Besonderes Wirtschaftsverwaltungsrecht, § 46 VI 1.

33 *Wagner*, in: Friauf, GewO, Vorbem. vor Titel IV Rn. 23.

34 *Wagner*, in: Friauf, GewO, Vorbem. vor Titel IV Rn. 24; *Schönle*, Bank- und Börsenrecht, § 1 II b.

35 Vgl. *Tettinger*, in Tettinger/ Wank, GewO, § 66 Rn. 1 i.V.m. § 64 Rn. 3.

36 So wohl auch *Steinhübel*, Die private Computerbörse für mittelständische Unternehmen, S. 27.

37 Vgl. das nachstehend in 2. Teil B VII 1 d angeführte Beispiel.

recht und Unternehmensorganisationsrecht.[38] Im Rahmen der vorliegenden Untersuchung interessieren in erster Linie Vorschriften des Unternehmensorganisationsrechts. An anderer Stelle[39] wird noch einmal darauf einzugehen sein, dass diese jedoch nicht losgelöst vom Marktrecht betrachtet werden können, welches ebenfalls erst dort näher behandelt wird.

Voraussetzung einer Diskussion de lege ferenda ist eine – zumindest kurze – Darstellung des geltenden Rechts. Auf die Anwendbarkeit der Gewerbeordnung wurde schon eingegangen. In diesem Zusammenhang war des Öfteren die Rede von verdrängenden Spezialnormen, insbesondere vom Börsengesetz. Zumindest was das Unternehmensorganisationsrecht angeht, sollen diese nunmehr Gegenstand der Betrachtung sein.

Das Börsenwesen wird durch eine Vielzahl unterschiedlichster Rechtsnormen bestimmt[40] und zeichnet sich dadurch aus, dass es in weiten Teilen öffentlichrechtlich ausgeprägt ist. Die Durchführung eines Börsenhandels wird – obwohl das nirgends ausdrücklich festgelegt ist und § 1 Abs. 1 Satz 1 BörsG auf den ersten Blick im Vergleich zu normalen konzessionsgebundenen Tätigkeiten keinen Unterschied aufweist – als staatliche Aufgabe, und zwar als zwingend staatliche, angesehen.[41] Seit dem Verbot einer nicht genehmigten warenbörsenmäßigen Zusammenkunft Berliner Kaufleute im Ausflugslokal 'Feenpalast' durch das Preußische Oberverwaltungsgericht im Jahre 1898 ist gesicherte Erkenntnis, dass nicht genehmigte Privatbörsen verboten sind.[42] Auf eine solche Genehmigung nach § 1 Abs. 1 Satz 1 BörsG besteht nach herrschender Ansicht kein Anspruch.[43] Börsen sind Staatsbetriebe.[44]

Dennoch ist die Organisation des Börsenwesens in nicht unerheblichem Umfang mit privatrechtlichen Elementen durchzogen. Man spricht vom Dualismus des deutschen Börsenwesens oder neuerdings von einer Public-Private-Partnership.[45] Hintergrund des ganzen ist die Tatsache, dass sich die Organi-

---

[38] *Weber*, Kapitalmarktrecht, S. 77; *ders.*, in: Dauses, Handbuch des EU-Wirtschaftsrechts, Band 1, F III, Rn. 8; *Kümpel*, in: Kümpel/ Hammen, Börsenrecht, 2. Teil I 1 b.

[39] Vgl. dazu nachstehend 2. Teil B.

[40] Ausführlich dazu nachstehend 2. Teil B II 3.

[41] *Kümpel*, Bank- und Kapitalmarktrecht, Rn. 17.96; *Kümpel/ Hammen*, WM 2000, SB 3, 3, 10; *Schneider/ Burgard*, WM 2000, SB 3, 24, 25 f. Kritisch: *Mues*, Die Börse als Unternehmen, S. 125 ff. Zum Begriff der zwingend staatlichen Aufgaben nachstehend 1. Teil C III.

[42] PrOVGE 34, 315, 338. Vgl. zudem *Schwark*, BörsG, § 1 Rn. 21; *Peterhoff*, in: Schäfer, WPHG, § 1 BörsG Rn. 2; *Kümpel*, Bank- und Kapitalmarktrecht, Rn. 17.26. Zur Frage, ob diese Aussage nach dem Inkrafttreten des 4. Finanzmarktförderungsgesetzes noch Gültigkeit besitzt vgl. nachstehend 1. Teil C II.

[43] *Schwark*, BörsG, § 1 Rn. 20; *Peterhoff*, in: Schäfer, WPHG, § 1 BörsG Rn. 1

[44] So *Mues*, Die Börse als Unternehmen, S. 31.

[45] *Breitkreuz*, Die Ordnung der Börse, S. 48; *Schneider/ Burgard*, WM 2000, SB 3, 24, 26; *Kümpel*, in: Kümpel/ Hammen, Börsenrecht, 2. Teil I 3; *Hammen*, AG 2001, 549, 551.

sation einer Börse in zweigeteilter Form präsentiert. Die Börse selbst wird – und auch das ist nirgends festgeschrieben – mittlerweile nahezu einhellig als teilrechtsfähige Anstalt des öffentlichen Rechts aufgefasst.[46] Sie wird von der zuständigen (Landes)Behörde – in Hessen dem Wirtschaftsministerium – errichtet (§ 1 Abs. 1 Satz 1 BörsG). Sie ist Teil der mittelbaren Staatsverwaltung.[47] Bedingt durch die Rechtsnatur muss hinter einer unselbständigen Anstalt ein rechtsfähiger Träger stehen.[48] Bei einer Börse als Zusammenkunft von Kaufleuten liegt es nahe, dass die örtlichen Industrie- und Handelskammern diese Funktion übernehmen. Diese sind ebenfalls Institutionen des öffentlichen Rechts, nämlich Körperschaften.[49] Die Berliner Wertpapierbörse und die Frankfurter Wertpapierbörse hatten diese Konstruktion zunächst auch gewählt. Solche Börsen werden als Kammerbörsen bezeichnet.[50] Im Gegensatz dazu gab es noch so genannte Vereinsbörsen, deren Träger privatrechtliche Vereine der ansässigen Wertpapierhändler waren.[51] Massiv gestiegener Investitionsbedarf und die Entwicklung zur Über-Örtlichkeit[52] stellten die tatsächliche Tauglichkeit sowie die rechtliche Zulässigkeit insbesondere der erstgenannten Trägervariante zunehmend in Frage.[53] Mit Beginn der neunziger Jahre setzte dann auch bei den Kammerbörsen eine Entwicklung hin zu privatrechtlichen Trägerorganisationen ein. Mittlerweile gibt es im Bereich der Wertpapierbörsen keine Kammerbörsen mehr.[54] Die ehemaligen Kammerbörsen wählten allerdings keinen Verein als Trägerorganisation, sondern eine Kapitalgesellschaft – in beiden Fällen eine Aktiengesellschaft.[55] Auch sämtliche Vereinsbörsen

---

46 VGH Kassel NJW-RR 1997, 110, 110; *Schwark*, BörsG, § 1 Rn. 19; *Peterhoff*, in: Schäfer, WPHG, § 1 BörsG Rn. 33; *Kümpel*, Bank- und Kapitalmarktrecht, Rn. 8.80; *Beck*, WM 1996, 2313, 2315; *Baums/ Segna*, Börsenreform, S. 29; *Hammen*, AG 2001, 549, 550 f.; Begründung des Entwurfs zum 2. Finanzmarktförderungsgesetz, BT-Drs. 12/6679, S. 63. A.A. *Breitkreuz*, Die Ordnung der Börse, S. 112: teilrechtsfähige Körperschaft des öffentlichen Rechts; ebenso *Uppenbrink*, Die deutschen Wertpapierbörsen als Körperschaften des öffentlichen Rechts, S. 91. Zu weiteren älteren Meinungen siehe *Schwark*, BörsG, § 1 Rn. 14; *Mues*, Die Börse als Unternehmen, S. 67 ff. Zu den neuerlichen privatrechtlichen Vorstößen de lege lata siehe nachstehend 1. Teil C II.

47 *Kümpel*, Bank- und Kapitalmarktrecht, Rn. 17.124; *Baums/ Segna*, Börsenreform, S. 92. Der Träger ist hingegen nur 'angegliedert', nicht auch 'eingegliedert', *Kümpel*, aaO, Rn. 17.125.

48 *Peterhoff*, in: Schäfer, WPHG, § 1 BörsG Rn. 34; *Köndgen/ Mues*, WM 1998, 53, 56 f.

49 *Emde*, Die demokratische Legitimation der funktionalen Selbstverwaltung, S. 118.

50 *Peterhoff*, in: Schäfer, WPHG, § 1 BörsG Rn. 35.

51 *Peterhoff*, in: Schäfer, WPHG, § 1 BörsG Rn. 35.

52 Gemäß § 1 Abs. 1 IHK-Gesetz ist die Industrie- und Handelskammer auf einen örtlichen Tätigkeitsbereich beschränkt.

53 Siehe dazu *Laule*, FS Heinsius, 437, 440 ff.; *Hammen*, AG 2001, 549, 554.

54 *Baums/ Segna*, Börsenreform, S. 28 (Fn. 33). Vgl. aber § 2 BörsO HanseatWBHH, wonach die Trägerschaft an der Hanseatischen Wertpapierbörse Hamburg zwischen einer Aktiengesellschaft, der BÖAG Börsen Aktiengesellschaft, und der Handelskammer Hamburg aufgeteilt ist.

55 Die Deutsche Börse AG (§ 2 BörsO FWB) beziehungsweise die Berliner Börse AG (§ 2 BörsO BerlinerWB; Börsenzeitung v. 24.08.2001, S. 3).

haben inzwischen diesen Schritt vollzogen.[56] In einigen Fällen wurde allerdings ein vereinsähnlicher Charakter beibehalten, indem der ehemalige Trägerverein alleiniger Anteilseigner geblieben ist.[57] Die Tatsache, dass gegenwärtig durchweg privatrechtlich organisierte Träger im Bereich der Wertpapierbörsen anzutreffen sind, schließt eine öffentlich-rechtliche Trägerschaft nicht aus. Eine solche ist etwa durch die Kreditanstalt für Wiederaufbau denkbar, wenn ein privatrechtlicher Börsenträger in die Insolvenz fiele.

Als Börsenbetreiber ist mithin die öffentlich-rechtliche Anstalt unter Einbeziehung eines zumeist privatrechtlichen Trägers anzusehen.[58] Das Verhältnis zwischen diesen beiden Einheiten war gesetzlich bislang nahezu ungeregelt.[59] Viele Fragen sind offen und im Streit.[60] Der Gesetzgeber des Vierten Finanzmarktförderungsgesetzes hat sich dem angenommen und für eine erste Klärung gesorgt. Die nach herrschender Meinung[61] bestehende und in den Börsenordnungen (vgl. statt aller § 2 Satz 2 BörsO FWB.) festgeschriebene Pflicht des Trägers, die Börse mit sachlichen, finanziellen und personellen Mitteln auszustatten, hat nunmehr auch in das Börsengesetz Eingang gefunden (§ 1 Abs. 2 Satz 2 BörsG). Zu dieser Pflicht zählt heutzutage insbesondere die Bereitstellung eines funktionsfähigen elektronischen Handelssystems.[62] Die nach § 1 Abs. 1 Satz 1 BörsG erteilte Erlaubnis verleiht dem Träger das Recht zum Betrieb der Börse im vorgegebenen gesetzlichen Rahmen. Gleichzeitig verpflichtet sie ihn dazu auf unbestimmte Zeit (Betriebspflicht).[63] Auch das ist nunmehr ausdrücklich festgeschrieben worden (§ 1 Abs. 2 BörsG).[64]

Das Rechtsinstitut der Betriebspflicht ist dem öffentlich-rechtlichen Marktrecht nicht unbekannt. § 69 Abs. 2 GewO verpflichtet den Veranstalter von – gleich-

---

[56] Träger der Hanseatischen Wertpapierbörse Hamburg sowie der Niedersächsischen Börse zu Hannover ist die BÖAG Börsen Aktiengesellschaft (§ 2 Abs. 1 – siehe aber Abs. 2! – BörsO HanseatWBHH bzw. § 2 BörsO NiedersBH). Träger der Bremer Wertpapierbörse ist die Bremer Wertpapierbörse AG (§ 2 BörsO BremerWB). Träger der Bayerischen Börse München ist die Bayerische Börse AG (§ 2 BörsO BayBM). Träger der Börse Düsseldorf ist die Börse Düsseldorf AG (§ 2 BörsO BDüsseldorf). Träger der Baden-Württembergischen Wertpapierbörse Stuttgart ist die börse-stuttgart AG (§ 2 BörsO BadWürttWBS).

[57] So bei der Bayerischen Börse München, vgl. *Hammen*, AG 2001, 549, 555. Ähnlich ist auch die Berliner Wertpapierbörse organisiert.

[58] Vgl. auch *Schneider/ Burgard*, WM 2000, SB 3, 24, 27; *Kümpel*, in: Kümpel/ Hammen, Börsenrecht, 2. Teil I 1 b.

[59] Der Träger fand in den §§ 2b Abs. 1 Satz 1, 3c Abs. 2 Satz 1, 4 Abs. 1 Satz 2, 5 Abs. 1 Satz 2 BörsG a.F. lediglich geringfügige Berücksichtigung.

[60] Vgl. die Aufzählung bei *Mues*, ZBB 2001, 353, 354.

[61] *Kümpel*, Bank- und Kapitalmarktrecht, Rn. 17.145; *Beck*, WM 1996, 2313, 2315.

[62] *Köndgen/ Mues*, WM 1998, 53, 58.

[63] *Schwark*, BörsG, § 1 Rn. 22; *Kümpel*, Bank- und Kapitalmarktrecht, Rn. 17.150 f.; *ders.*, in: Kümpel/ Hammen, Börsenrecht, 2. Teil II 1 c bb; *Göppert*, Das Recht der Börsen, S. 90 f. *Baums/ Segna*, Börsenreform, S. 31; *Mues*, ZBB 2001, 353, 357. Einzig durch Auflösung der Trägergesellschaft ist ein Freiwerden von der Verpflichtung denkbar, vgl. *Schwark*, BörsG, § 1 Rn. 22.

[64] Vgl. dazu *Beck*, BKR 2002, 662, 664 f.

sam wie Börsen wiederkehrend stattfindenden – Wochenmärkten, Jahrmärkten und Spezialmärkten (§§ 67 f. GewO) zur Durchführung der Veranstaltung.[65] Ähnlich wie Börsen können diese Märkte auch auf Dauer „festgesetzt" werden (§ 69 Abs. 1 Satz 2 GewO). Zwar ist, anders als beim Börsenträger, auf Antrag des Betroffenen hin diese Festsetzung nach § 69b Abs. 3 GewO zu ändern. Gemäß § 69b Abs. 3 Satz 2 GewO kann bei den angeführten Märkten einem Antrag auf Aufhebung der Festsetzung aber nur bei Unzumutbarkeit der Durchführung stattgegeben werden. Hier ist ein strenger Maßstab anzulegen.[66] De lege lata müsste die Börsenaufsicht in Ausübung ihres Ermessens auch über einen Antrag des Börsenträgers auf Entlassung aus der Pflicht zur Trägerschaft befinden. Insgesamt ergibt sich auch bei privatrechtlicher Ausgestaltung de lege ferenda daher keine Notwendigkeit, von der gesetzlichen Festlegung einer Betriebspflicht für Börsenbetreiber Abstand zu nehmen.[67]

Als das (voll)rechtsfähige Subjekt ist der Träger einer Börse grundsätzlich Zurechnungsobjekt der privatrechtlichen Rechtspositionen.[68]

Die herrschende Meinung sieht in dieser geschilderten Rechtskonstruktion eine Beleihung des Börsenträgers durch die zuständige Landesbehörde mit eben der Aufgabe der sachlichen, finanziellen und personellen Unterhaltung der unselbständigen Anstalt 'Börse'.[69] Der Beleihung liegt ein öffentlich-rechtliches Auftragsverhältnis zugrunde.[70]

Mit der Organisation des Börsenhandels hat der Träger – jedenfalls im Ausgangspunkt – nichts zu tun. Diese Erkenntnis ist seit dem so genannten Berliner Börsenstreit der Jahre 1902/ 03 einhellige Auffassung.[71] Diese Aufgabe liegt allein in den Händen der unselbständigen Anstalt. Sie hat eigens dafür eingesetzte Organe. Als wichtigste sind hier der Börsenrat (§ 9 bzw. § 11 BörsG) und die Börsengeschäftsführung (§ 12 BörsG) zu nennen. Sie organi-

---

65 Für Großmärkte nach § 66 GewO gilt das jedoch nicht.

66 *Tettinger*, in: Tettinger/ Wank, GewO, § 69b Rn. 32.

67 *Hopt/ Baum*, Börsenreform, S. 402 Fn. 483.

68 *Kümpel*, Bank- und Kapitalmarktrecht, Rn. 17.156; *Schwark*, BörsG, § 1 Rn. 19.

69 Begründung des Entwurfs zum 4. Finanzmarktförderungsgesetz, BT-Drs. 14/8017, S. 72; LG Frankfurt a.M. WM 2001, 1607, 1610; *Hopt/ Baum*, Börsenreform, S. 416; *Beck*, WM 1996, 2313, 2315; *Köndgen/ Mues*, WM 1998, 53, 57; *Kümpel*, Bank- und Kapitalmarktrecht, Rn. 17.152; *Wiede*, Die Börse als verwaltungsrechtliches Problem und Rechtsinstitut, S. 152; *Schwark*, BörsG, § 1 Rn. 21; *Schneider/ Burgard*, WM 2000, SB 3, 24, 27; *Groß*, Kapitalmarktrecht, § 2c BörsG Rn. 1c. A.A.: *Breitkreuz*, Die Ordnung der Börse, S. 188 f.: Verwaltungshelfer nach funktionaler Privatisierung. Diese Ansicht wird dem dem Träger zukommenden (tatsächlichen) Einfluß auf die Organisation des Börsengeschehens nicht gerecht. Dieser leistet mehr als nur den von *Breitkreuz*, aaO, ins Feld geführten "privaten Teilbeitrag mit funktionalem Bezug".

70 *Kümpel*, in: Kümpel/ Hammen, Börsenrecht, 2. Teil I 1 a sowie II 1 b.

71 Vgl. dazu *Kümpel*, Bank- und Kapitalmarktrecht, Rn. 17.143; *Köndgen/ Mues*, WM 1998, 53, 57.

sieren innerhalb der gesetzlichen Grenzen in weitreichender Autonomie die Marktveranstaltung 'Börse'. Dabei handelt es sich um öffentlich-rechtliche Verwaltungstätigkeit.[72] Soweit Börsenorgane mit Außenwirkung handeln, sind sie Behörden.[73]

Zusätzlich zu dem geschilderten Handel in der Börse, der sich in den Segmenten des amtlichen Marktes und des geregelten Marktes vollzieht (der Börsenhandel im engeren Sinne), findet noch ein Handel an der Börse statt (der Börsenhandel im weiteren Sinne).[74] Dieser als Freiverkehr bezeichnete Handel wird wiederum nicht von der Börse, sondern von einem eigenen Freiverkehrsveranstalter organisiert. Hier kann der Börsenträger dann doch handelsorganisierend tätig werden. Das ist aber nicht notwendigerweise so. Weit verbreitet ist das Veranstalten eines Freiverkehrs durch eine Vereinigung der ansässigen Wertpapierhändler.[75] Veranstalter kann auch eine außenstehende Person sein, wie das Beispiel der Newex – einem Untersegment des Freiverkehrs an der Frankfurter Wertpapierbörse – zeigt. Hier ist die Newex Börse AG, eine Gesellschaft österreichischen Rechts, für die Organisation des Handels verantwortlich.[76]

Entsprechend der rechtlichen Ausgestaltung der einzelnen Segmente bestehen auch die Beziehungen der Handelsteilnehmer und Emittenten zur Anstalt in öffentlich-rechtlicher Form (Anstaltsnutzungsverhältnis)[77] und zum Freiverkehrsveranstalter in privatrechtlicher Form[78]. Privatrechtliche Nebendienstleistungen werden vom Börsenträger jedoch auch in den öffentlich-rechtlichen Segmenten erbracht. Hierfür werden gesonderte – entgeltliche – Verträge abgeschlossen,[79] deren Zulässigkeit aufgrund der grundsätzlich abschließenden Gebührentatbestände des § 14 Abs. 1 BörsG allerdings nicht unumstritten ist.[80] Nicht mehr zu den Börsenleistungen im engeren Sinne zählt dagegen die Abwicklungsseite (Clearing und Settlement).[81]

---

72 Vgl. *Kümpel*, Bank- und Kapitalmarktrecht, Rn. 17. 172.

73 Das trifft vor allem auf die Geschäftsführung zu, *Kümpel*, Bank- und Kapitalmarktrecht, Rn. 17. 177.

74 Vgl. dazu *Kümpel*, Bank- und Kapitalmarktrecht, Rn. 17. 394, 17.396.

75 So etwa an der Bremer Wertpapierbörse, § 66 Abs. 2 und 3 BörsO BremerWB; ähnlich an der Hanseatischen Wertpapierbörse Hamburg, § 66 Abs. 2 und 3 BörsO HanseatWBHH; §§ 1 f. Freiverkehrsordnung HanseatWBHH.

76 Vgl. dazu nachstehend 1. Teil B I.

77 *Kümpel*, Bank- und Kapitalmarktrecht, Rn. 17. 203 ff.; *Mues*, Die Börse als Unternehmen, S. 80 f.; *Hammen*, ZBB 2001, 84, 91; *ders.*, AG 2001, 549, 561; *Beck*, WM 1996, 2313, 2315.

78 Vgl. dazu *Plückelmann*, Der Neue Markt der Deutsche Börse AG, S. 155 ff.

79 *Kümpel*, Bank- und Kapitalmarktrecht, Rn. 17. 211, 17.281; *Mues*, Die Börse als Unternehmen, S. 83; *Beck*, WM 1998, 417, 424.

80 Vgl. *Mues*, Die Börse als Unternehmen, S. 83 f.

81 Vgl. *Kümpel*, Bank- und Kapitalmarktrecht, Rn. 17. 216 f.

Das geschilderte Gemisch aus Neben- und Miteinander von Börse und Börsenträger ist Quelle einer Vielzahl von Zweifelsfragen, deren Klärung noch aussteht. So ist beispielsweise unklar, inwieweit der Träger eventuell seine Betriebspflicht verletzt, wenn er der Börse durch Betreiben einer anderen Börse oder einer alternativen Handelsplattform Konkurrenz macht oder andere Konkurrenten mit leistungsfähigen elektronischen Handelssystemen ausstattet.[82]

Unlängst hat *Kümpel*[83] einen beachtlichen Versuch unternommen, Licht ins Dunkel der Beziehung der Börse zu ihrem Träger zu bringen. Seiner Ansicht nach ist der im Rahmen der Beleihung zwischen dem jeweiligen Bundesland und dem Börsenträger bestehende öffentlich-rechtliche Auftrag mit einer gesetzlichen (Teil)Substitution verbunden. Der Träger als Inhaber der Börsenlizenz müsse danach zwingend einen Teil der Organisation des Börsenwesens von einer dazwischen geschalteten Anstalt des öffentlichen Rechts erledigen lassen. Hierin könne eine Parallele zum aktienrechtlichen Betriebsführungsvertrag im Sinne von § 292 Abs. 1 Nr. 3 AktG gesehen werden.[84] Diese Interpretation erfordert ein Umdenken. Bislang wird die Aufgabe der Organisation des Börsenhandels primär der Anstalt zugesprochen. Der Börsenträger trägt nach dieser Ansicht nur für die Ausstattung und Unterhaltung der Anstalt Sorge.[85] Der von *Kümpel* vertretenen Sichtweise liegt aber zwingend zugrunde, dass der Träger einer Börse infolge seiner Beleihung rechtlich zur Organisation des Handels verpflichtet ist und sich zur Erfüllung dieser Pflicht – dem Treffen der erforderlichen organisatorischen Vorkehrungen und der tatsächlichen Durchführung der Marktveranstaltung – der Anstalt des öffentlichen Rechts bedient, die mit dieser Aufgabe betraut ist.[86] Der Börsenträger wird dann im Wege der Beleihung allerdings mit einer Aufgabe betraut, die er selbst nicht durchführen kann: das Tätigwerden als öffentlich-rechtliche Selbstverwaltungseinheit. Indes wird diese (neue) Sichtweise von der Begründung zum Entwurf des Vierten Finanzmarktförderungsgesetzes getragen, welche ausführt: "Gleichzeitig wird der Träger durch die in Form der Beleihung zugewiesene Aufgabe verpflichtet, die genehmigte Börse als Veranstaltung [!] künftig zu betreiben und zu erhalten".[87] Immerhin stellt diese Interpretation die Tatsache, dass die öffentlich-rechtlichen Gebühren irgendwie an den Börsenträger fließen müssen, auf eine rechtliche Grundlage.[88]

---

82 Vgl. *Hammen*, AG 2001, 549, 559.

83 *Kümpel*, in: Kümpel/ Hammen, Börsenrecht, 2. Teil I 1 b.

84 *Kümpel*, in: Kümpel/ Hammen, Börsenrecht, 2. Teil I 2.

85 Vgl. *Beck*, WM 1996, 2313, 2316; *Spindler*, WM 2001, 1689, 1696.

86 So auch *Kümpel*, in: Kümpel/ Hammen, Börsenrecht, 2. Teil I 1 b bb.

87 Begründung zum Regierungsentwurf des 4. Finanzmarktförderungsgesetzes, BT-Drs. 14/8017, S. 72.

88 Vgl. *Kümpel*, in: Kümpel/ Hammen, Börsenrecht, 2. Teil I 2 c.

IV. Regionalbörsen

Börsen lassen sich gemäß § 1 Abs. 7 und 8 BörsG in Wertpapierbörsen einschließlich Terminbörsen und Warenbörsen einschließlich Warenterminbörsen unterteilen. Vorliegend interessieren in erster Linie die Wertpapierbörsen. Warenbörsen und Warenterminbörsen sind in Deutschland aber ebenfalls präsent.[89] Wertpapierbörsen sind in Berlin, Bremen, Düsseldorf, Frankfurt a.M., Hamburg, Hannover, München und Stuttgart ansässig.[90] Im Hinblick auf den Terminhandel ist die Eurex Deutschland als Teil der weltweit führenden Terminbörse Eurex, einer deutsch-schweizerischen „Gemeinschaftsbörse", zu nennen.[91] Gemäß § 1 Abs. 1 Satz 1 BörsG sind Börsen von der zuständigen obersten Landesbehörde zu genehmigen. Diese Behörde übt auch die Aufsicht über die Börse nach dem Börsengesetz aus (§ 1 Abs. 4 BörsG) und ist berechtigt, die Aufhebung bestehender Börsen anzuordnen (§ 1 Abs. 1 Satz 2 BörsG)[92]. Börsenwesen ist mithin Ländersache. Das entspricht der börsenrechtlichen Tradition mit ihren föderativen, dezentralen Verwaltungskompetenzen.[93] Daraus resultiert ein System von im Grundsatz gleichbedeutenden, unabhängigen Regionalbörsen. Die innerdeutsche Führungsrolle wechselte in früheren Zeiten – zum Teil bedingt durch äußere Umstände[94] – des Öfteren. Inzwischen hat sich die Frankfurter Wertpapierbörse (FWB) unangefochten an die Spitze gesetzt.[95] Dieser Umstand und die Einbindung der Eurex in den Konzern verleiten den Träger der Börse dazu, sich 'Deutsche Börse AG' zu nennen. Die Firma ist im Hinblick auf die Grundsätze der handelsrechtlichen Firmenbildung indes nicht ganz unproblematisch.[96]

---

[89] Bezüglich der bestehenden Warenbörsen vgl. Schäfer, WPHG/ *Peterhoff*, § 1 BörsG Rn. 28. Warenterminbörsen wurden nach der Legalisierung dieses Handels durch das 2. Finanzmarktförderungsgesetz im Jahre 1994 in Hannover (Landwirtschaftliche Produkte), Leipzig und Frankfurt a.M. (Strom) eröffnet.

[90] Zur historischen Entwicklung der deutschen Börsenplätze seit dem 2. Weltkrieg, vgl. *Schwilling*, FS Büschgen, 413, 415 ff. Zur Geschichte des deutschen Börsenwesens allgemein, vgl. *Pohl*, Zur Geschichte des deutschen Börsenwesens.

[91] Vgl. dazu nachstehend 1. Teil B I

[92] Vgl. dazu *Beck*, BKR 2002, 662, 664 f.

[93] *Nußbaum*, BörsG, § 1 Anm. IV; *Schwark*, BörsG, § 1 Rn. 24.

[94] Beispielsweise die Isolation Berlins nach dem 2. Weltkrieg.

[95] Im Aktienhandel können XETRA und der Frankfurter Parketthandel zusammen 96,9 % der Marktanteile für sich verbuchen, Börsenzeitung v. 3.01.2002, S. 5. Zur vorangegangenen Entwicklung, vgl. die Angaben bei *Schwilling* FS Büschgen, 413, 429 (Fn. 18).

[96] Die Ausführungen gelten mit einigen Einschränkungen auch für die Firmen der Trägergesellschaften der anderen Regionalbörsen.

V. Exkurs: Die Firma 'Deutsche Börse AG'

1990 wurde besagte Gesellschaft unter der Firma 'Frankfurter Wertpapierbörse AG' gegründet und 1992 in 'Deutsche Börse AG' umfirmiert.[97] Die angedeuteten Bedenken bestehen gleich in mehrfacher Hinsicht. Die Verwendung des Wortes 'Deutsche'[98] für den Träger einer Regionalbörse kann im Hinblick auf den Vorwurf der Irreführung[99] noch dadurch ausgeräumt werden, dass die Frankfurter Wertpapierbörse spätestens infolge der Einführung des elektronischen Handelssystems XETRA einen deutschlandweiten – und sogar darüber hinausgehenden – Geschäftsbereich erobert hat. Es darf jedoch nicht außer acht gelassen werden, dass geographische Bezeichnungen für sich genommen nicht zur Unterscheidung genügen.[100] Gleiches gilt für das Wort 'Börse'. Es handelt sich hier nur um eine Branchenbezeichnung, die für eine Unterscheidbarkeit – wie sie nunmehr von § 18 Abs. 1 HGB gefordert wird, aber auch bereits nach altem Recht gefordert war –[101] nicht ausreicht. Die Bezeichnung 'Börse' wird vielfältig gebraucht, beispielsweise auch für Spiel-Börse, Flug-Börse und Auto-Börse.[102] Kombiniert man nun zwei jeweils für sich genommen zur Unterscheidung nicht genügende Begriffe, so ist noch nicht gesagt, dass die Kombination zur Unterscheidung ausreicht. *Canaris*[103] weist zu Recht darauf hin, dass die Firma 'Deutsche Bank AG' den heutigen Anforderungen an die Firmenbildung nicht mehr genügen würde. Deutsche Banken gibt es schließlich mehrere. Ähnlich läßt sich im Hinblick auf die 'Deutsche Börse AG' argumentieren. Auch wenn die Frankfurter Wertpapierbörse die größte deutsche Börse ist, so gilt das nur für den Aktienhandel, nicht aber für den Optionsscheinhandel[104] und auch nicht für den isoliert betrachteten Handel in ausländischen Aktien[105]. Die Frankfurter Wertpapierbörse ist mithin nur in einem Teilbereich 'die' deutsche Börse. All dem läßt sich der Einwand entgegenhalten, dass der Geschäftsverkehr mit der Identifikation des dazugehörigen Unternehmens keine Schwierigkeiten (mehr)[106] hat und zum Zeitpunkt der Namengebung die Vormachtstellung der Frankfurter Wertpapierbörse noch im gesamten Wertpapierhandel deutlicher ausgeprägt war. Daher kann man die

---

97 Deutsche Börse AG, Börsenzulassungsprospekt, S. 89.

98 Vgl. dazu *Schmidt*, Handelsrecht, § 12 III 1 b bb; *Baumbach/ Hopt*, HGB, § 18 Rn. 25.

99 Nunmehr in § 18 Abs. 2 Satz 1 HGB für alle Unternehmensträger geregelt. Dieser Grundsatz galt allgemein aber auch schon vor der Handelsrechtsreform 1998, vgl. *Kraft*, in: Kölner Kommentar zum AktG, § 4 Rn. 6; *Schmidt*, Handelsrecht, § 12 III 1 b bb.

100 *Canaris*, Handelsrecht, § 10, Rn. 21.

101 *Kraft*, in: Kölner Kommentar zum AktG, § 4 Rn. 10.

102 Vgl. *Baumbach/ Hopt*, HGB, § 18 Rn. 30.

103 *Canaris*, Handelsrecht, § 10, Rn. 22.

104 Hier ist die Baden-Württembergische Wertpapierbörse Stuttgart führend.

105 Hier ist die Berliner Wertpapierbörse führend.

106 Zum Hineinwachsen in eine zulässige Firma vgl. *Schmidt*, Handelsrecht, § 12 III 1 b bb (a.E.).

Bezeichnung in dieser Hinsicht noch hinnehmen, wenngleich die Bedenken nicht vollständig ausgeräumt sind.

Gewichtiger erscheint jedoch der Einwand unzulässiger Täuschung über den Unternehmensgegenstand; dies im Hinblick darauf, dass der Name 'Deutsche Börse AG' den Eindruck erwecken kann – was er selbst bei einigen im Finanzdienstleistungssektor Beheimateten auch tut –, die Gesellschaft sei eine Börse. Die Börse ist aber, wie eingangs gesehen, die von dem Träger vollständig verschiedene unselbständige Anstalt des öffentlichen Rechts 'Frankfurter Wertpapierbörse'. Die Trägergesellschaft hat rechtlich mit der Organisation des Börsenhandels nichts zu tun. Daher müsste die Bezeichnung richtigerweise lauten: 'Börsenträgergesellschaft'. Ein ausgegliedertes Rechenzentrum einer Direktbank dürfte sich schließlich auch nicht Bank nennen, obwohl es möglicherweise den gesamten Online-Verkehr managt und die Bank dadurch gleichsam betreibt. Nun mag man sagen, die Besonderheiten des deutschen Börsenwesens bedingten die Zweistufigkeit. Der Begriff 'Börse' sei – in Anlehnung an die Beschreibung des Unternehmensgegenstandes in der Satzung der Deutsche Börse AG (§ 2 Abs. 1 lit. a der Satzung der Deutsche Börse AG.) – als Betreiben einer Börse nach den gesetzlichen Vorschriften aufzufassen. Die Irreführung sei, wenn überhaupt, dann zumindest nicht wesentlich (vgl. § 18 Abs. 2 Satz 1 HGB). Nichtsdestotrotz bleibt entgegenzuhalten, dass sich wohl nicht wenige der infolge des Börsengangs der Deutsche Börse AG am 5.02.2001 eingetretenen neuen Aktionäre nicht darüber im klaren sind, dass das Geschäftsfeld 'Betreiben einer Börse' durch weitreichende Ermessensentscheidung des Hessischen Wirtschaftsministeriums – und nicht wie gewöhnlich einzig durch Entscheidung des Unternehmens – wegfallen kann (§ 1 Abs. 1 Satz 2 BörsG). *Claussen*[107] weist zu Recht darauf hin, dass die Holzmüller-Doktrin des Bundesgerichtshofes[108] hier gerade nicht gilt. Zu dieser Unwissenheit der Anteilseigner trägt die Firmenwahl nicht unwesentlich bei. Selbst wenn man sich auf den Standpunkt stellt, die Firmenwahl müsse sich nicht an den Vorstellungen (potentieller) Anteilseigner orientieren oder ein Hinweis im Emissionsprospekt[109] genüge, so bestehen ähnliche Gefahren auch für Geschäftspartner. Besonders ausländische Kreditgeber oder Lieferanten wissen nicht immer um die Besonderheiten, die das deutsche Börsenrecht bereithält und vertrauen – aufgrund der gewählten Firmenbezeichnung berechtigterweise – auf den dauerhaften Verbleib des Unternehmensfeldes 'Börse' in den Händen der Deutsche Börse AG beziehungsweise auf den Nichtentzug der Erlaubnis ohne ein 'Verschulden' seitens des Unternehmens. Unter Umständen haben

---

107 *Claussen*, FAZ v. 6.02.2001, S. 35.

108 Danach fallen über den in § 119 Abs. 1 AktG aufgestellten Katalog hinaus solche Entscheidungen in den Zuständigkeitsbereich der Hauptversammlung, die grundlegende Änderungen in der Unternehmensstruktur betreffen oder sonstige wirtschaftlich große Tragweite aufweisen, BGHZ 83, 122 ff. ("Holzmüller"). Vgl. dazu *Semler*, in: Münchener Handbuch Aktiengesellschaft, § 34 Rn. 34 ff.

109 Vgl. Deutsche Börse AG, Börsenzulassungsprospekt, S. 19.

die Geschäftspartner nur aufgrund dieses – aus ihrer Sicht zukunftsträchtigen – Geschäftsfeldes dem Träger das Vertrauen zur Gewährung langfristiger Kredite entgegengebracht. Der dauerhafte Verbleib des Sektors 'Börse' bei der Deutsche Börse AG ist aber, wie bereits erwähnt, keinesfalls gesichert. Der Name 'Deutsche Börse AG' verunklart mithin die geschäftlichen Verhältnisse des Unternehmens und ist deshalb firmenrechtlich bedenklich.

VI. Aufsicht über Börsen

Börsen unterfallen einer umfassenden Staatsaufsicht.[110] Die öffentlich-rechtliche Selbstverwaltungseinheit 'Börse' untersteht einer Rechtsaufsicht der zuständigen obersten Landesbehörde als Börsenaufsichtsbehörde (§ 1 Abs. 1 u. 4 BörsG), in Hessen dem Wirtschaftsministerium. Der Träger der Börse unterfällt als Beliehener – jedoch nur in dieser Eigenschaft – der (Fach)Aufsicht der beleihenden Behörde.[111] Diese Aufgabe übt gemäß § 1 Abs. 1 Satz 1 BörsG ebenfalls die Börsenaufsichtsbehörde aus. Inhaltlich handelt es sich aber um zwei verschiedene Aufsichtstatbestände. Schließlich werden die Handelsteilnehmer der Börsen – und unter Umständen auch die Börsen oder Börsenträger selbst[112] – von den Aufsichtsvorschriften des Kreditwesengesetzes erfaßt und in dieser Hinsicht von der Bundesanstalt für Finanzdienstleistungsaufsicht kontrolliert. Diese Behörde übt weiterhin die Aufsicht nach dem Wertpapierhandelsgesetz aus (§ 4 Abs. 1 WpHG). Die Beaufsichtigung des Marktgeschehens erfolgt 'vor Ort' durch unabhängige Handelsüberwachungsstellen als selbständige Börsenorgane (§ 4 BörsG).

VII. Börsen im Ausland – Wirtschaftseinheiten mit Sonderstatus

Bevor auf die Umwälzung des deutschen Börsenwesens eingegangen werden kann, erscheint es hilfreich, den Blick über die Börsenstruktur in einigen anderen Ländern schweifen zu lassen. Es wird sich offenbaren, dass auch dort die Börsen keineswegs 'normale' Wirtschaftsunternehmen sind. Sie unterliegen strengen Regularien und genießen zum Teil erhebliche Sonderstellungen. Die weltweit bedeutendsten Wertpapierbörsen sind die New York Stock Exchange, die Nasdaq, die Tokyo Stock Exchange, die London Stock Exchange, die Euronext und die Frankfurter Wertpapierbörse.[113] Bereits an dieser Stelle ist dem

---

110 Ausführlich dazu *Schröder*, Der Wertpapierhandelsaufsicht nach dem Zweiten Finanzmarktförderungsgesetz, S. 69 ff.; *Kümpel*, Bank- und Kapitalmarktrecht, Rn. 18.1 ff.; *Claussen*, DB 1994, 969 ff.; *v. Rosen*, in: Assmann/ Schütze, Handbuch des Kapitalanlagerechts, § 2 Rn. 187 ff.

111 *Michaelis*, Der Beliehene, S. 154 ff.; *Backherms*, Das DIN als Beliehener, S. 37 ff.

112 Dazu *Hammen*, WM 2001, 929, 932 ff. Zu den europarechtlichen Grundlagen dieser Aufsicht vgl. nachstehend 1. Teil D III 3 c.

113 Accenture, Leaving Safe Havens, S. 8.

Bundesverband deutscher Banken beizupflichten, der bemerkt[114], dass aus einem internationalen Vergleich der börsenrechtlichen Regularien eher die Erkenntnis zu ziehen sei, dass das Börsenwesen auch im Ausland äußerst kompliziert strukturiert ist und sich eine Übertragung der dortigen Regelungen aufgrund mangelnder Vergleichbarkeit verbietet. Das deutsche System reihe sich in die vorzufindende Komplexität dieser Rechtsmaterie nahtlos ein.

Die folgende Darstellung beschränkt sich auf kurze Einblicke in die ausländischen Rechtsordnungen. Sie dient lediglich dem besseren Verständnis der Börsenlandschaft allgemein, nicht einer detaillierten Beschreibung der Rechtsverhältnisse der betreffenden Börsen. Aus der Vielzahl der in Betracht kommenden Rechtsordnungen sind nur einige wenige ausgewählt.[115]

1. Das englische Börsenwesen, die London Stock Exchange[116]

Das englische Recht unterwirft die Betätigung im Finanzdienstleistungsgeschäft einer staatlichen Genehmigungspflicht. Diese Pflicht trifft Börsen ebenso wie börsenähnliche Einrichtungen und Makler, was gleichzeitig bedeutet, dass in Großbritannien alternative Handelsplattformen und Börsen jeder Art grundsätzlich eine Betriebserlaubnis erhalten können. Auch ausländische Börsen können eine Zulassung beantragen. Im Übrigen organisiert sich das Börsenwesen auf der Grundlage einer gesetzlichen Rahmenregelung, dem Financial Services and Markets Act von 2000, weitestgehend selbst. Daher sind die Börsen Gesellschaften des privaten Rechts, wobei zu beachten ist, dass dem englischen Recht eine strikte Unterscheidung nach öffentlichem und privatem Recht fremd ist. Seit 1986 besteht eine Börsenaufsicht mit weitreichenden Eingriffsbefugnissen.[117] Zwar verfolgt das englische Kapitalmarktrecht grundsätzlich das Prinzip der Mindestregulierung. Der Investorenschutz hat eine solche Institution aber notwendig werden lassen. Weitere bedeutende Regularien werden von anerkannten Selbstverwaltungseinheiten gesetzt und überwacht. Eine solche ist die London Stock Exchange (LSE). Die berufsständische Vereinigung der Händler fällt ebenfalls in diese Kategorie. Diese Organisationen sind nicht im öffentlichen Recht verankert. Sie dürfen bei Erfüllung gewisser

---

114 Bundesverband deutscher Banken, Stellungnahme zum Gutachten, S. 23 f.; wortgleich: Deutsche Börse AG, Stellungnahme zum Gutachten, S. 17.

115 Eine schöne Klassifizierung der europäischen Börsensysteme findet sich bei *Izquierdo*, Die Liberalisierung und Harmonisierung des Börsenrechts als Problem des EG-Rechts, S. 127 ff.

116 Die nachfolgenden Angaben beruhen, soweit nicht anders gekennzeichnet, auf *Ellgerl Kalss*, Börsenreform, S. 593 ff. Sie wurden um einige aktuelle Ergänzungen, insbesondere zur Rechtsform der London Stock Exchange, erweitert. Diese basieren auf den von der London Stock Exchange ins Internet gestellten Informationen. Adresse: *http://www.londonstockexchange.com*; Rubriken >About Us >History (Stand: 5.08.2002).

117 Sie wurde ebenfalls durch den Financial Services Act im Jahre 1986 geschaffen. Vorher basierte die Überwachung des Börsensystems weitgehend auf der börseneigenen Aufsicht. Vgl. dazu *Bäumer*, Das Englische Börsenrecht, S. 154 ff.

Kriterien eigenverantwortlich Aufgaben von öffentlichem Interesse wahrnehmen, die anderenfalls beispielsweise von der Aufsicht zu erfüllen wären. Zwischen der Aufsicht und den Selbstverwaltungseinheiten war bis 1997 noch ein weiteres Gremium, der Securities and Investments Board (SIB) eingegliedert. Auch dieser war privatrechtlich organisiert, aber stärker in hoheitliche Strukturen eingebunden. So hatte er beispielsweise für die (zwangsweise) Durchsetzung der Regularien der Selbstverwaltungskörperschaften zu sorgen, die diesen nicht gestattet ist. Mittlerweile wurde auch die Zuständigkeit des Securities and Investments Boards auf die Financial Services Authority (FSA) übertragen. Dabei handelt es sich um die im Jahre 2000 neu geschaffene Allfinanzaufsichtsbehörde, die als Gesellschaft des privaten Rechts organisiert ist, aber öffentliche Aufgaben erfüllt.[118]

Die London Stock Exchange ist eine der ältesten Börsen Europas. Sie ist, ebenso wie die Frankfurter Wertpapierbörse, ein so genannter Händlermarkt, an dem nur zugelassene Personen am Handel teilnehmen dürfen. In Großbritannien hat die London Stock Exchange eine faktische Monopolstellung inne, die obrigkeitlich jedoch nicht festgeschrieben wurde. 1973 schlossen sich die übrigen Börsen des Vereinigten Königreichs, der Republik Irland[119], der Isle of Man und der Kanalinseln mit der London Stock Exchange zusammen. Das hatte die Schließung oder Herabstufung der anderen Börsen zu unselbständigen Zweigstellen zur Folge. Auch eine von verschiedenen Investmenthäusern betriebene Handelsplattform wurde 1986 in die Börse integriert. Durch die vergleichsweise einfache Möglichkeit des Erlangens einer Börsengenehmigung (beziehungsweise einer solchen zur Betätigung im Investmentgeschäft) und beflügelt durch den Einzug des Computers und des Internets ins Handelsgeschehen, beginnen sich jedoch allmählich Wettbewerber zu formieren.

Die London Stock Exchange war lange Zeit als Personengesellschaft organisiert. Das sollte der Gesellschaft einen größtmöglichen Einfluss auf die Zusammensetzung der Mitglieder sichern. Diese Struktur führte dazu, dass die Mitgliedschaft und damit der Handel an der Börse nur einheimischen Händlern vorbehalten blieb. Auch die Anzahl der Mitglieder war beschränkt. Das staatlich nicht regulierte Selbstorganisieren hatte im Laufe der Zeit noch zu weiteren fest gefügten Strukturen geführt, die dem Finanzplatz London zu schaden drohten.

Das machte es erforderlich, hoheitlich einzugreifen und die nicht mehr zeitgemäßen Strukturen zu beseitigen. Die restriktiven Bestimmungen hinsichtlich der Mitgliedschaft fielen den Reformen im Jahre 1986, bekannt als Big Bang,

---

118 *Fleischer*, RIW 2001, 817, 819; *Baas*, Die Bank 2001, 828, 829.

119 Die 1973 eingegliederte Börse von Dublin (Republik Irland) wurde 1995 aufgrund der Anforderungen der Richtlinie 93/22/EG (Wertpapierdienstleistungsrichtlinie), nach der jeder Mitgliedstaat über eine eigene gesetzliche Regulierung des Wertpapierhandels verfügen muss (vgl. dazu *Ellger/ Kalls*, Börsenreform, S. 605), wieder selbständig.

ebenso zum Opfer wie das Mindestprovisionenkartell der Makler und das System der Single Capacity[120]. Ausländischen Händlern war fortan die Teilnahme am Handel an der London Stock Exchange möglich.[121] Auch war eine Zulassung als Händler nicht mehr von der Stellung als Gesellschafter abhängig.

1986 wurde die London Stock Exchange in eine Private Limited Company, vergleichbar einer Gesellschaft mit beschränkter Haftung deutschen Rechts, umgewandelt. Bei dieser Gesellschaftsform können die Anteile nicht öffentlich zum Kauf angeboten werden, so dass die Gesellschaft eine gewisse Kontrolle über die Anteilseigner behielt. Bis in die neunziger Jahre bestand zusätzlich die Restriktion, dass nur Börsenmitglieder Anteilseigner werden konnten. In dieser Regulierung hat sich der genossenschaftliche Gedanke einer Börse erhalten. Seit 1992 ist natürlichen Personen eine Zulassung zum Börsenhandel verwehrt. Die Zulassung wird nur juristischen Personen oder Personengesellschaften erteilt. Natürliche Personen konnten damit auch nicht mehr Anteilseigner sein.

Im Jahre 2000 erfolgte dann eine Umwandlung in eine Public Limited Company, deren Aktien prinzipiell frei handelbar sind. Die Gesellschaft erlegte sich jedoch einige Restriktionen auf wie die Einführung der Aktien in einen Handel abseits der Börse[122] und eine Höchstgrenze von 4,9 % für den Erwerb von Anteilen. Der an anderer Stelle[123] ausführlich dargestellte Trend zum Going Public der Börsengesellschaften hat jedoch auch vor der London Stock Exchange nicht halt gemacht. Mitte 2001 wurden die gerade erwähnten Restriktionen abgeschafft und die Aktien in den normalen Börsenhandel eingeführt.[124] Damit hat sich die Entwicklung von einer Kammerbörse zu einem Börsenunternehmen vollendet. Unterstrichen wird dies dadurch, dass nach Umwandlung der London Stock Exchange von einer Personengesellschaft in eine Private Limited Company im Jahre 1986 der Gesellschaftsvertrag die Gewinnausschüttung an die Anteilseigner noch untersagte, nach Umwandlung der London Stock Exchange in eine Public Limited Company im Jahre 2000 diese Besonderheit aber weggefallen ist. Seit dem Börsengang kann der Kreis der Gesellschafter nicht mehr so leicht kontrolliert werden. Die London Stock Exchange hat aus diesen Gründen die Zuständigkeit als UK Listing Authority auch an die Financial Services Authority abgegeben.

Schließlich seien noch einige Detailaspekte erwähnt. Das Leitungsgremium der London Stock Exchange, der Board of Directors, ist ähnlich dem Börsenrat deutscher Börsen pluralistisch besetzt. Ihm gehören neben den Anteilseigner-

[120] Bei der Ausführung einer Order mussten ein Broker (dieser durfte nur für fremde Rechnung handeln) und ein Jobber (dem nur ein Handeln für eigene Rechnung gestattet war) mitwirken, was zwar Interessenkonflikte zu vermeiden half aber zu hohen Kosten führte.

[121] Dies führte in der Folgezeit zu zahlreichen Übernahmen der einheimischen Brokerfirmen durch ausländische Investmenthäuser.

[122] Über den Broker Cazenove & Co, *Fuchs*, Die Bank 2001, 164, 165.

[123] Vgl. nachstehend 1. Teil B II.

[124] Vgl. Börsenzeitung v. 20.07.2001, S. 3.

vertretern auch Repräsentanten von großen Unternehmen sowie von Fonds und von ausländischen Investmenthäusern an.

Das den Handelsablauf betreffende Regelwerk wird von diesem Board of Directors einseitig festgelegt. Es ist allerdings rein privatrechtlicher Natur. Die Verbindlichkeit gegenüber Börsenteilnehmern, die gleichzeitig Gesellschafter sind, ergibt sich aus der Ermächtigung des Boards im Gesellschaftsvertrag zum verbindlichen Erlass des Regelwerks. Da nunmehr auch Handelsteilnehmer existieren, die keine Anteilseigner der Börse sind, stellt sich die Frage der Geltung des Regelwerks gegenüber diesen Personen. Die Verbindlichkeit ist im Regelwerk selbst festgeschrieben. Grundlage dieser Regelung ist eine gesetzliche Absicherung des Rechts zum Erlass von Satzungsrecht auch zur Regelung des Handelsablaufs.[125]

Die London Stock Exchange hat ein eigenes, dem Vereinsrecht entlehntes[126] Disziplinar- und Schiedsgerichtswesen, für dessen Überwachung der Board zuständig ist. Im Zuge der Schaffung der erwähnten Allfinanzaufsichtsbehörde sind jedoch einige Befugnisse der Börse auf diese Institution übertragen worden.[127]

2. US-amerikanisches Börsensystem[128]

Der professionelle Handel mit Wertpapieren gehört in den USA zu den regulierten Wirtschaftszweigen (Regulated Industries). Die Beziehungen der Beteiligten untereinander und die Organisation der Märkte sind privatrechtlich ausgestaltet. Der Wertpapiersektor ist allerdings in großem Umfang gesetzlich und behördlich mit Regelungen überzogen und unterfällt einer intensiven staatlichen Aufsicht. Ein Wettbewerb der Börsenplätze untereinander ist ausdrücklich erwünscht.

Ähnlich wie in Großbritannien ist die staatliche Einflussnahme auf schlechte Erfahrungen zurückzuführen, die hier jedoch zeitlich weiter zurückreichen und tief greifender sind. Zu Beginn des 20. Jahrhunderts war das US-amerikanische Börsenwesen staatlich nahezu unreglementiert und somit weitgehend

---

125 Bundesverband deutscher Banken, Stellungnahme zum Gutachten, S. 24 f.; wortgleich: Deutsche Börse AG, Stellungnahme zum Gutachten, S. 18; *Mues*, Die Börse als Unternehmen, S. 203.

126 Vgl. Bundesverband deutscher Banken, Stellungnahme zum Gutachten, S. 24; wortgleich: Deutsche Börse AG, Stellungnahme zum Gutachten, S. 18.

127 Vgl. *Fleischer*, RIW 2001, 817, 820.

128 Die Ausführungen beruhen, soweit nicht anders angegeben, auf *Becker*, Börsenreform, S. 755 ff. Informationen zu aktuellen Rechtsentwicklungen an den einzelnen Handelsplätzen sind deren Internetauftritten entnommen. Bei der New York Stock Exchange (*http//www.nyse.com*) unter der Rubrik >About the NYSE (Stand: 5.08.2002); bei der American Stock Exchange (*http//www.amex.com*) unter den Rubriken >About Us >About Amex, (Stand: 5.08.2002), bei der Nasdaq (*http//www.nasdaq.com*) unter den Rubriken >Nasdaq Corporate >About Nasdaq (Stand: 5.08.2002).

durch das Prinzip der Selbstverwaltung geprägt. Der Börsenkrach im Jahre 1929 und die anschließende Weltwirtschaftskrise veranlassten den Staat zu tief greifenden Veränderungen. Anfang der dreißiger Jahre wurden Kodifikationen mit zwingenden Anforderungen an die Erstplatzierung von Wertpapieren (Securities Act von 1933) und an den Handel mit Wertpapieren sowohl im Hinblick auf die Organisation der Märkte und Teilnehmer als auch die Organisation des Handelsablaufs (Securities Exchange Act von 1934) verabschiedet, die bis heute die Grundlage der Regulierung im Bereich der Kapitalmärkte und des Börsenwesens bilden. Die Securities and Exchange Commission (SEC)[129] wurde als staatliche Aufsichtsbehörde inthronisiert. Das Prinzip der Selbstverwaltung wurde nicht nur beibehalten, sondern für Börsen sogar als zwingende Voraussetzung für eine Registrierung festgeschrieben[130]. Diese Selbstverwaltungseinheiten wurden allerdings einer strengen Aufsicht unterworfen. Die SEC besitzt weitreichende Eingriffs- und Regelungsbefugnisse. Auf sie gehen bedeutende behördliche Reglungen (Rules, Regulations und Releases) zurück.

Der Securities Exchange Act definiert, anders als die Börsengesetze der meisten anderen Länder, den Begriff der Börse. Börsen werden bei der SEC zur Registrierung angemeldet. Die Herbeiführung der Registrierung ist nicht vorgeschrieben, es besteht allerdings ein faktischer Zwang.[131] Die Börsen erlangen mit der Eintragung den Status einer anerkannten Selbstverwaltungseinheit. Damit verbunden ist die Auferlegung erheblicher Pflichten, aber auch die Übertragung quasi-staatlicher Befugnisse der Normsetzung[132] und der Disziplinargewalt. Die bedeutendsten dieser Börsen sind die New York Stock Exchange (NYSE) und die American Stock Exchange (Amex). Da die Definition des Börsenbegriffs lange Zeit an die traditionelle Parkettbörse anknüpfte, konnte die seit 1971 existierende Nasdaq (National Association of Securities Dealers Automated Quotation System) nicht als Börse registriert werden. Diese rein elektronische Handelsplattform ist ein von der Händlervereinigung NASD (National Association of Securities Dealers) getragenes außerbörsliches Handelssystem. Als solches unterfiel es keiner staatlichen Regulierung. Allerdings sind die das System betreibenden Händler und die NASD, welche eine anerkannte Selbstverwaltungseinrichtung ist,[133] in das Aufsichtsregime der SEC eingebunden.[134]

---

129 Vgl. dazu Deutsche Börse AG, Neuer-Markt-Report, S. 57 f.

130 Zur Registrierung der Börsen bei der SEC sogleich.

131 Einem Broker oder Dealer ist die Benutzung von Einrichtungen des zwischenstaatlichen Handels zum Zwecke des Handelns oder der Mitteilung des Handelns über eine Börse, die der amerikanischen Gerichtsbarkeit unterliegt, untersagt. Das gilt nicht, soweit die Einrichtung der SEC als Börse angemeldet ist, von der Registrierung ausgenommen wurde oder ein zu geringes Handelsvolumen aufweist.

132 Die verabschiedeten Normen bedürfen allerdings der Billigung durch die SEC.

133 Näheres zur NASD bei Deutsche Börse AG, Neuer-Markt-Report, S. 58.

Damit war auch hier eine umfassende staatliche Kontrolle gewährleistet. Inzwischen hat die SEC das Verhältnis von Börsen und außerbörslichen Handelsplattformen neu geregelt.[135] Börsen müssen nicht mehr zwingend in Form eines nicht gewinnorientierten, selbstregulierenden und auf Mitgliedschaftsbasis beruhenden Unternehmens organisiert sein. Außerbörsliche Handelsplattformen können um die Registrierung als Börse ersuchen. Alternativ dazu steht ihnen die Registrierung als Broker-Dealer offen, die weniger umfangreiche Pflichten nach sich zieht. Die Nasdaq hat die Registrierung als Börse bei der SEC beantragt, aber bislang noch nicht erhalten.[136]

Sowohl die New York Stock Exchange als auch die American Stock Exchange und die Nasdaq sind Händlermärkte. Der Zugang zum Handel ist allerdings unterschiedlich ausgestaltet. Während an der Nasdaq unbegrenzt viele Teilnehmer zugelassen werden können, sind die Mitgliederzahlen bei der New York Stock Exchange und auch bei der American Stock Exchange im Gesellschaftsstatut der Börse festgelegt. Der Status als volles Mitglied an der New York Stock Exchange ist mit dem Erwerb eines Anteils verbunden, der gekauft oder gepachtet werden muss; es gibt begrenzt noch anderweitige Zugangsmöglichkeiten. New York Stock Exchange und American Stock Exchange sind nicht gewinnorientierte Kapitalgesellschaften. Aufgrund der dargestellten Struktur können sie als vereinsähnliche Unternehmen bezeichnet werden.[137] Das Leitungsgremium der New York Stock Exchange, der Board of Directors, stellt in seiner personellen Besetzung einen repräsentativen Querschnitt der amerikanischen Finanzindustrie dar. Die Nasdaq war ursprünglich ein unselbständiges, von der NASD betriebenes Handelssystem, hat sich aber inzwischen in eine auf Profit gerichtete, eigenständige Kapitalgesellschaft umgewandelt und strebt derzeit ihren eigenen Börsengang an.[138] Auch bei der New York Stock Exchange zeigen die Signale inzwischen eindeutig in diese Richtung.[139] Seit 1998 gehört die American Stock Exchange zur NASD-Unternehmensgruppe.

3. Die Wiener Börse

Das österreichische Börsewesen hat in den letzten Jahren grundlegende Veränderungen erfahren. Die öffentlich-rechtlich organisierte Wiener Börse – die

---

134 Die Nasdaq verdankt ihre Existenz sogar einer Initiative der SEC: Diese empfand die Fragmentierung im außerbörslichen Handel als unbefriedigend und ersuchte die NASD, durch Automatisierung dieses Handels Abhilfe zu schaffen.

135 Vgl. dazu die Ausführungen der Österreichischen Bundeswertpapieraufsicht, Alternative Handelssysteme, S. 2 ff.; *Mues*, Die Börse als Unternehmen, S. 117.

136 Börsenzeitung v. 31.08.2001, S. 3.

137 Bundesverband deutscher Banken, Stellungnahme zum Gutachten, S. 24; wortgleich: Deutsche Börse AG, Stellungnahme zum Gutachten, S. 18.

138 Börsenzeitung v. 22.08.2001, S. 3.

139 *Budimir*, Die Bank 2001, 25, 25 f.

einzige österreichische Wertpapierbörse[140] – wurde in eine Gesellschaft des Privatrechts überführt.

Bis zum Jahre 1998[141] lag die Aufgabe des Betreibens der rechtlich nicht selbständigen Börse bei der Börsekammer, einer juristischen Person des öffentlichen Rechts mit dem Status einer autonomen Selbstverwaltungseinheit. Sie bestand aus 24 Börseteilnehmern[142] sowie vier Experten des Finanzministeriums[143] und einem Vertreter der Österreichischen Nationalbank. Innerhalb des vom österreichischen Börsegesetz gesteckten Rahmens genoss die Börsekammer weitreichende Autonomie. Sie bekam hierzu auch Verordnungskompetenz eingeräumt. Eine als Börsefonds bezeichnete, rechtlich verselbständigte Vermögensmasse diente der Aufbringung des Finanzbedarfs der Börse. Die Börsekammer hatte den Fonds zu verwalten. Die Organisation der Börse in Form der Selbstverwaltung schloss eine Eigenverantwortung im Bereich der Aufsicht ein. Darüber stand noch die staatliche Aufsicht durch das Finanzministerium. Der Handel in Wertpapieren war nicht notwendig über die Börse abzuwickeln, ein Börsenzwang war dem österreichischen Börserecht fremd. Die Errichtung von Privatbörsen (so genannte 'Winkelbörsen') war allerdings verboten. Die öffentlich-rechtliche Einbettung des Börsewesens in Österreich ging auf zwei maßgebliche Umstände zurück. Anders als in den meisten Ländern entstand die Wiener Börse nicht aus zwanglosen Zusammenkünften von Kaufleuten. Sie wurde vielmehr von der Finanzverwaltung als organisierter Markt für Staatsanleihen Mitte des 18. Jahrhunderts ins Leben gerufen. Außerdem übertrug Deutschland 1938 sein Börsewesen auf Österreich, was insbesondere die Eingliederung der Börse in die Industrie- und Handelskammer sowie die Errichtung einer Zulassungsstelle zur Folge hatte. Die auf diese Weise ins österreichische Börsenwesen gelangten Regelungen wurden allerdings nach dem Ende des Zweiten Weltkrieges wieder beseitigt.

Im Rahmen der Börsegesetznovelle von 1989 diskutierte man über die Einführung einer privatrechtlichen Trägerschaft der Börse. Da man aber damals noch meinte, die Vorteile einer öffentlich-rechtlichen Organisation wögen schwerer, hat man von dem Gedanken einstweilen wieder Abstand genommen. Bereits

---

140 Mit Ausnahme der Newex Börse AG, einem Gemeinschaftsunternehmen der Wiener Börse AG und der Deutschen Börse AG für den Handel in mittel- und osteuropäischen Wertpapieren.

141 Die Ausführungen betreffend den Zeitraum bis 1998 beziehen sich, soweit nichts anderes angegeben, auf *Kalls*, Börsenreform, S. 1167 ff. sowie *Pozniak*, ZBB 1998, 357, 359 ff.

142 Davon waren 16 Bankenvertreter, 5 Repräsentanten der Warenbörse sowie je ein Sensal (Kursmakler), Freier Makler und Wertpapierhändler; *Pozniak*, ZBB 1998, 357, 360.

143 Zwei Experten der Volkswirtschaftslehre und/ oder des Handels- und Wertpapierrechts sowie je ein Vertreter der Emittenten und der institutionellen Anleger, *Pozniak*, ZBB 1998, 357, 360.

kurze Zeit später gründete die Börsekammer eine privatrechtliche Aktiengesellschaft, der das operative Geschäft der Börse übertragen wurde.

1998 wurden die Börseorganisation im Allgemeinen und die Wiener Börse im Besonderen per Gesetz ins Privatrecht überführt. Die Neuordnung weist weitreichende Parallelen zu den Bestimmungen über Kreditinstitute auf.[144] Nunmehr ist das Betreiben einer Börse von der Erteilung einer Konzession durch das Finanzministerium abhängig (§ 2 Abs. 2 öst. BörsG). Der Antragssteller hat beim Vorliegen aller Voraussetzungen einen Anspruch auf Erteilung der Erlaubnis (§ 3 Abs. 1 öst. BörsG). Eine der Voraussetzungen ist allerdings, dass "die beabsichtigte Tätigkeit des Unternehmens weder für das volkswirtschaftliche Interesse an einem funktionsfähigen Börsewesen noch für die schutzwürdigen Interessen des anlagesuchenden Publikums eine Gefährdung" erwarten lässt. Zu berücksichtigen ist dabei insbesondere der "Einfluss auf die Liquidität der Märkte" (§ 3 Abs. 1 Nr. 2 öst. BörsG). Gerade letztere Einschränkung vermag die Entstehung weiterer Wertpapiermärkte zu blockieren.[145]

Die alte Börseorganisation Österreichs wies Parallelen zur Organisation des deutschen Börsenwesens auf. Dabei scheint ein Vergleich mit der Rechtslage in Deutschland vor dem Zweiten Finanzmarktförderungsgesetz näher zu liegen als mit der heutigen Situation. Nichtsdestotrotz verlangen die Gemeinsamkeiten der beiden Rechtssysteme in diesem Punkt ein näheres Eingehen auf die Rechtslage de lege lata in Österreich.

Der österreichische Börsehandel ist nunmehr privatrechtlich, vornehmlich auf Grundlage Allgemeiner Geschäftsbedingungen, organisiert. Das gilt auch für die Gebührenordnung. Diese Allgemeinen Geschäftsbedingungen werden von der Börse aufgestellt (§ 13 Abs. 1 bzw. § 13 Abs. 6 öst. BörsG). Die Allgemeinen Geschäftsbedingungen der Börse bedürfen mit Ausnahme der Gebührenordnung[146] der Genehmigung durch das Finanzministerium. Die Ausgestaltung der Börsenrechtsverhältnisse ist teilweise gesetzlich vorgegeben. So wird die Zulassung der Mitglieder durch Vertrag bewirkt (§ 14 Abs. 2 Satz 1 öst. BörsG). Die Börse unterliegt einem Kontrahierungszwang (§ 14 Abs. 2 Satz 2 öst. BörsG). Die von den Mitgliedern zu erfüllenden Voraussetzungen sind weitgehend in §§ 14 ff. öst. BörsG festgeschrieben. § 19 Abs. 1 öst. BörsG bestimmt eine Ausschlusspflicht, wenn ein Mitglied die Zulassungsvoraussetzungen nicht mehr erfüllt oder sonst seinen Pflichten nicht nachkommt.

In einigen Teilbereichen hat die privatrechtliche Börse, die in der Rechtsform einer Aktiengesellschaft organisiert sein muss (§ 3 Abs. 1 Nr. 1 öst. BörsG), die Stellung als beliehener Unternehmer (vgl. § 2 Abs. 1 Satz 2 öst. BörsG).

---

144 *Pozniak*, ZBB 1998, 357, 362 f.

145 *Pozniak*, ZBB 1998, 357, 363.

146 Vgl. aber wiederum § 81 Abs. 1 öst. BörsG, der für die Notierungsgebühren ein Einvernehmen mit der Bundeswertpapieraufsicht verlangt. Vgl. dazu *Pozniak*, ZBB 1998, 357, 367.

Das gilt im Bereich der Zulassung der Wertpapiere zum Börsenhandel und der Prospektanerkennung.[147]

Die Aktionäre der Börse unterliegen einer Anteilseignerkontrolle (§ 3 Abs. 1 Nr. 3 i.V.m. § 4 Abs. 2 Nr. 3 sowie § 6 öst. BörsG). Will sich die Börse selbst in größerem Umfang an einer anderen Börse beteiligen, mit ihr verschmelzen oder eine Zweigstelle im Ausland errichten, so ist dies an die Zustimmung der Aufsicht gebunden (§ 7 Abs. 1 öst. BörsG). Die Geschäftsleiter haben zahlreiche Voraussetzungen zu erfüllen (§ 3 Abs. 1 Nr. 7 - 14 öst. BörsG).

Die Funktion der Börse als erste Aufsichtsinstanz ist beibehalten worden. Gemäß § 25 Abs. 1 öst. BörsG hat das Börseunternehmen "den Börsehandel zu überwachen und während der Börsezeit die nach den Handelsregeln erforderlichen Entscheidungen zu treffen sowie für die Einhaltung der Handelsregeln zu sorgen." § 42 öst. BörsG ordnet die Überwachung der Börsesensale (diese entsprechen den deutschen Börsenmaklern/ Skontroführern) durch das Börseunternehmen an. In erster Linie soll die Kontrolle mittels eines technischen Überwachungssystems geschehen (§ 25 Abs. 2 öst. BörsG). Welche (privatrechtlichen) Überwachungsinstrumente in den Handelsregeln außerdem vorgesehen werden können, ist nicht erwähnt. Die Börse hat mit der staatlichen Aufsicht, die ähnlich der deutschen Zweiteilung gemäß § 45 Abs. 1 öst. BörsG durch das Bundesfinanzministerium und die Bundeswertpapieraufsicht erfolgt umfassend, zusammenzuarbeiten (vgl. §§ 25 f., 45 f. öst. BörsG). Die Aufsicht hat weitreichende Eingriffsbefugnisse. Sie ist selbst vor Ort präsent. Bei jeder Börse sind nach § 46 Abs. 1 Satz 1 öst. BörsG ein Börsekommissär und die erforderliche Anzahl an Stellvertretern durch die Aufsichtsbehörde zu bestellen. Sie sind den Weisungen des zuständigen Bundesministers unterworfen (§ 46 Abs. 1 Satz 3 öst. BörsG). Sie haben ein weitgehendes Informationsrecht, Teilnahmerechte an den Hauptversammlungen, an Sitzungen des Aufsichtsrates und seiner Ausschüsse und an einigen Sitzungen der Geschäftsleiter sowie ein Besuchsrecht für die Börseversammlung (vgl. § 46 Abs. 2 öst. BörsG). § 46 Abs. 3 öst. BörsG gibt ihnen das Recht, gegen alle Beschlüsse und Entscheidungen der Organe des Börseunternehmens wegen eines Rechtsverstoßes Einspruch zu erheben. Dieser Einspruch hat für die betreffende Maßnahme bis zur Entscheidung der Aufsichtsbehörde aufschiebende Wirkung.

Die Bestimmung der amtlich bestellten, freiberuflichen Vermittler im außerelektronischen Handel (Börsesensale) erfolgt durch die Bundeswertpapieraufsicht (§ 32 Abs. 2 öst. BörsG). Die Festsetzung der Höhe der Maklergebühr erfolgt ebenfalls hoheitlich durch den Landeshauptmann (§ 39 Abs. 2 öst.

[147] *Pozniak*, ZBB 1998, 357, 364.

BörsG). Die Bestellung der Freien Makler erfolgt dagegen durch das Börsenunternehmen (§ 57 Abs. 1 Satz 1 öst. BörsG).

4. Fazit

Trotz der Unterschiede im Detail weisen die Organisationsprofile der untersuchten Börsen zahlreiche Ähnlichkeiten auf. Als gemeinsame Nenner stechen insbesondere die Existenz weitreichender Autonomie, die einseitige Setzung der Regelwerke und eine umfassende Staatsaufsicht hervor. Vermutlich rühren die Übereinstimmungen daher, dass Börsen überall die gleiche Funktion zu erfüllen haben und deshalb ähnlichen Anforderungen genügen müssen. Das gilt umso mehr, seit die Börsenbetreiber zu einem Going Public streben und in diesem Zusammenhang der unternehmerische Gedanke gegenüber genossenschaftlichen Elementen die Oberhand gewinnt. Die verwandten Ergebnisse werden indes mit sehr verschiedenen Mitteln erreicht, was vornehmlich in den Rechtsstrukturen der einzelnen Länder begründet liegt. Hier ist auf die eingangs getroffene Feststellung der Komplexität der Börsenstrukturen zurückzukommen.

B. Die veränderte Börsenlandschaft

I. Markt der Märkte – Börsen im internationalen Wettbewerb

Es ist bereits hervorgehoben worden, dass die althergebrachte Vorstellung von Börsen als clubmäßig organisierten und eigenfinanzierten Treffpunkten der ansässigen Wertpapierhändler dem überkommenen Erklärungsmodell nicht mehr zu genügen vermag. Auslöser hierfür ist nicht nur die erwähnte Notwendigkeit einer Abgrenzung zu börsenähnlichen Veranstaltungen. Auch die Börsen selbst haben sich verändert.

Drei im Ausgangspunkt unabhängige Entwicklungen haben das beschriebene Bild von Börsen nahezu auf den Kopf gestellt: die Technologisierung des Handelsgeschehens, die stetig wachsende Bedeutung institutioneller und privater Anleger sowie die Globalisierung der Wirtschaft und des Kapitalmarktes. In ihrem Zusammenwirken haben diese Faktoren dazu geführt, dass ein Defizit des Börsenwesens beseitigt wurde, welches staatliche Regulierung seit jeher zu überbrücken versuchte: Börsen finden sich nunmehr unversehens im (internationalen) Wettbewerb wieder.[1] Das "Inselleben"[2] ist vorbei. Mit dem internationalen Wettbewerb wächst auch der nationale Wettbewerb.[3] War das Betätigungsfeld der deutschen Regionalbörsen bis vor einigen Jahren nahezu identisch, so beginnen sie sich zunehmend auf verschiedene Teilbereiche zu konzentrieren.[4] Je globaler sich die Frankfurter Wertpapierbörse ausrichtet, desto mehr Nischen tun sich für die anderen Regionalbörsen auf. Diese haben durchaus auch grenzüberschreitende Bedeutung. Begünstigt wurde diese Entwicklung von einer international zu beobachtenden Deregulierungspolitik im Kapitalmarktbereich.[5] Jedes Land will verständlicherweise für seine Unternehmen die besten Chancen im internationalen Wettbewerb eröffnen. Damit ist ein

---

1 *Rudolph/ Röhrl*, Börsenreform, S. 159 ff.; *Merkt*, Gutachten G zum 64. DJT, S. 9.

2 *Kopper*, FS Büschgen, 289, 309.

3 Vgl. *Neubacher*, Börsenzeitung v. 1.08.2002, S. 8.

4 So will die Düsseldorfer Börse zu einem Servicezentrum für Privatanleger avancieren, *Elberskirch*, Börsenzeitung v. 24.02.2001, Sonderbeilage B 7. Auch die Bayerische Börse München will mit der Einführung ihres neuen Handelssystems „Max-One.Eu" um Privatanleger werben. Vgl. dazu Börsenzeitung v. 12.06.2002, S. 1; *Flämig*, Börsenzeitung v. 12.06. 2002, S. 8.

5 Vgl. *Gerke/ Rapp*, DBW 54 (1994), 5, 5; *Köndgen*, ZHR 164 (2000), 648, 651; Monopolkommission, Sondergutachten 26, Nr. 2.

Regulierungswettbewerb um eine möglichst ausbalancierte Zurückhaltung mit staatlicher Einflussnahme entflammt.[6]

Besagter Wandel im Börsenwesen lässt sich an mehreren markanten Veränderungen festmachen:

Der Einzug von Technologie im Allgemeinen und vernetzten Computern im Besonderen hat dazu geführt, dass auf einer ersten Stufe, so wie im übrigen Wirtschaftssektor auch, ein neues Kommunikationsmittel zur Verfügung steht.[7] Da die an Börsen gehandelten Gegenstände bei Vertragsschluss typischerweise nicht mitgebracht werden, kann man das Börsenwesen als Paradebeispiel bezüglich der Eignung für den elektronischen Handel anführen. Der traditionelle Parketthandel wurde denn auch zunehmend computergestützt ausgestaltet. Das führte beispielsweise an der Frankfurter Wertpapierbörse dazu, dass die Händler nicht mehr anwesend sein müssen, ihre Aufträge vielmehr im eigenen Büro in das elektronische System eingeben können. Selbst die Makler könnten theoretisch 'Heimarbeit' verrichten. Nur aus traditionellen und überwachungstechnischen Gründen geschieht das (bislang) nicht.

Auf der nächsten Stufe führt der Einsatz von Telefon- und Computertechnologie zu einem rein elektronischen Handelssystem. Dieses System selbst verkörpert dann die Börse. Der elektronische Handel tritt als selbständige Handelsplattform neben den Parketthandel oder löst diesen vollständig ab.

Als Drittes ist schließlich noch die Organisation eines börsenmäßigen Wertpapierhandels im Internet vorstellbar,[8] wenngleich es dies derzeit wohl noch nicht gibt.[9]

Diese massiven Einschnitte in den Handelsablauf sind an keiner Börse spurlos vorbeigegangen.[10] Es hat jedoch seit Aufkommen der ersten rein elektroni-

---

6 *Rudolph/ Röhrl*, Börsenreform, S. 159 ff.; vgl. auch *Calliess*, EWS 2000, 432, 434 ff.

7 Vgl. dazu *Rudolph/ Röhrl*, Börsenreform, S. 153 ff.

8 Zu den Erscheinungsformen des Internets als Kapitalmarkt vgl. *Pfüller/ Westerwelle*, MMR 1998, 171 ff.; dies., Wertpapierhandel im Internet, Rn. 6 ff., insbes. 122 ff. Siehe zudem *Wastl/ Schlitt*, MMR 2000, 387 ff.; *Weber*, NJW 2000, 2061, 2067; *Riehmer/ Heuser*, NZG 2001, 385 ff.

9 *Pfüller/ Westerwelle*, Wertpapierhandel im Internet, Rn. 169.

10 *Steinhübel*, Die private Computerbörse für mittelständische Unternehmen, S. 235 ff.; *Köndgen*, ZHR 164 (2000), 648, 649; *Nobel*, FS Lutter, 1485, 1485. Zu den Anfängen der Elektronisierung des Handelsgeschehens vgl. *Gerke*, DBW 53 (1993), 725 ff; *Kümpel*, Bank- und Kapitalmarktrecht, Rn. 17. 54 ff.

schen Börse im Jahre 1971 – der Nasdaq als computergestütztem Telefonhandel – geraume Zeit gedauert, bis die Entwicklung zu einem nicht mehr umkehrbaren Trend wurde. Mittlerweile wird keine der großen Börsen mehr computerunabhängig betrieben.[11] Einige haben den Parketthandel ganz abgeschafft, andere in besagter Form computergestützt ausgeformt. An der Frankfurter Wertpapierbörse finden sich derzeit (noch)[12] beide Varianten: die rein elektronische Handelsplattform XETRA (Exchange Electronic Trading)[13] sowie der elektronisch unterstützte Parketthandel namens XONTRO. 94 % der DAX-Umsätze werden mittlerweile in XETRA erzielt.[14] Die Terminbörse Eurex wurde von Anfang an (im Jahre 1990 als Deutsche Terminbörse eröffnet) als reine Computerbörse betrieben.

Es ist schon angeklungen, dass sowohl der computergestützte Parketthandel als auch der ausschließlich elektronische Handel eine Präsenz der Handelsteilnehmer vor Ort überflüssig werden lassen. Die Börsenlandschaft ist nunmehr von – früher nicht gekannten – Fernmitgliedschaften geprägt.[15] Das bringt einige Veränderungen mit sich. So werden beispielsweise Mehrfachmitgliedschaften der Händler an verschiedenen Börsen erleichtert und auch rege genutzt.[16] Diese ziehen in weitem Umfang eine Internationalisierung des Teilnehmerkreises nach sich.[17] Diese Umstände führen dazu, dass die Handelsteilnehmer immer häufiger verschiedene Interessen haben. Sie selbst sehen sich eher als Kunden der Börse denn als Mitorganisatoren.[18] Der genossenschaftliche Gedanke gerät mehr und mehr in den Hintergrund.[19]

Letzteres wird auch dadurch gefördert, dass sich zunehmend die Computersysteme und deren Betreiber als Kern der Börse herauskristallisieren, während

---

[11] Als eine der Letzten hat die New York Stock Exchange (NYSE) den Einstieg in das Computerzeitalter vollzogen, vgl. *Budimir*, Die Bank 2001, 25 ff.

[12] Bereits seit der Einführung von XETRA wird die Forderung nach der Abschaffung des Parketthandels erhoben. Vgl. *Beck*, WM 1998, 417, 417; *Weber*, NJW 2000, 2061, 2062; *Bauer/ Möllers*, Die Beendigung des Parketthandels an der Frankfurter Wertpapierbörse. Vgl. auch Bundesverband der Kursmakler, Stellungnahme zum Gutachten, S. 15; *Breitkreuz*, Die Ordnung der Börse, S. 122 ff.

[13] Vgl. dazu *Beck*, WM 1998, 417 ff.; *Köndgen/ Mues*, WM 1998, 53, 53 f.

[14] Börsenzeitung v. 21.12.2001, S. 5.

[15] Die Stockholm Stock Exchange hatte hier 1995 eine Vorreiterrolle in Europa inne, *Rudolph/ Röhrl*, Börsenreform, S. 203.

[16] So nahm beispielsweise die Deutsche Bank zu Beginn des Jahres 2000 gleichzeitig an 30 Wertpapiermärkten für blue chips am Handel teil, vgl. *Köndgen*, FS Lutter, 1401, 1407.

[17] Im Januar 2001 waren 41 % der 440 an XETRA angeschlossenen Teilnehmer Ausländer, *Riehmer/ Heuser*, NZG 2001, 385, 386 Fn. 7.

[18] Vgl. Accenture, Leaving Safe Havens, S. 21.

[19] Vgl. *Mues*, Die Börse als Unternehmen, S. 116; *Köndgen*, ZHR 164 (2000), 648, 651. *Rudolph/ Röhrl*, Börsenreform, S. 167.

herkömmlicherweise die Gesamtheit der Händler das Bild einer Börse prägt.[20] Der vielerorts – so auch in Frankfurt a.M. – stattgefundene Auszug der Börsen aus repräsentativen, meist zentral gelegenen Gebäuden[21] ist nur zu gut Ausdruck davon, dass der die (elektronische) Börse markierende Zentralcomputer vom Betreiber problemlos von einem Ort zum anderen verlegt werden kann,[22] auch über Ländergrenzen hinweg. Für die stetig wachsende Bedeutung des Betreibers im Vergleich zu den Handelsteilnehmern lässt sich auch anführen, dass im elektronischen Handel das Computersystem und damit die Börse die Funktion der Makler übernimmt, indem sie selbst die einzelnen Geschäftsabschlüsse zustande bringt. Das führt zu einer vollkommen veränderten Stellung der Börse. Sie tritt aus der Eigenschaft einer Nachweismaklertätigkeit heraus und wird zum Vermittlungsmakler. Darüber hinaus tätigt sie nunmehr auch die Preisfeststellung selbst. Die Wettbewerbsfähigkeit der Börse wird maßgeblich durch das ihr zugrunde liegende Computersystem bestimmt.

Erst durch die weltweite elektronische Vernetzung werden internationale Börsenkooperationen möglich und sinnvoll. Gleiches gilt für die grenzüberschreitende Tätigkeit nationaler Börsen. Diese ist für elektronische Börsen im europäischen Binnenmarkt ausdrücklich zugelassen (Art. 15 Abs. 4 Satz 2 der Wertpapierdienstleistungsrichtlinie).

Im Gegensatz zu früher ist es nunmehr möglich und auch Realität, dass sich ernstzunehmende Wettbewerber formieren. Die vorzufindende Palette beginnt bei der Gründung neuer, elektronischer Börsen (wobei daran meist traditionelle Börsen beziehungsweise Börsenträger beteiligt sind). Allein in Deutschland lassen sich die Deutsche Terminbörse – nunmehr aufgegangen in der Eurex –[23], die Warenterminbörse Hannover[24], die Newex[25] sowie die unlängst

---

[20] Vgl. *Mues*, Die Börse als Unternehmen, S. 18; *Köndgen/ Mues*, WM 1998, 53, 57.

[21] Vgl. dazu *Nobel*, FS Lutter, 1485, 1486.

[22] *Nobel*, FS Lutter, 1485, 1495.

[23] Die Deutsche Terminbörse wurde 1990 als vollelektronische Börse errichtet. Träger war zunächst die Deutsche Terminbörse GmbH mit siebzehn Gesellschaftern aus dem Kreditgewerbe. Vgl. dazu *Kindermann*, WM 1989, SB 2, 5, 8. Zwischenzeitlich hat sie sich mit der schweizer Terminbörse SOFFEX zu Eurex zusammengeschlossen. Träger der Eurex Deutschland ist die Eurex Frankfurt AG, eine 100 %-ige Tochter der Eurex Zürich AG, welche wiederum zu 50 % zum Konzern Deutsche Börse AG gehört. Ausführlich dazu *Kümpel*, Bank- und Kapitalmarktrecht, Rn. 17.450 ff; Deutsche Börse AG, Börsenzulassungsprospekt, S. 67 f., 87 f., 90.

[24] Die Warenterminbörse Hannover wagte am 17.4.1998 mit Kontrakten auf Schlachtschweine sowie Kartoffeln einen Neubeginn im deutschen Warenterminhandel. Neben Unternehmen aus dem Agrarbereich ist an der Warenterminbörse Hannover AG – der Trägergesellschaft der Börse – die Trägergesellschaft der Niedersächsischen Börse zu Hannover sowie der Hanseatischen Wertpapierbörse Hamburg, die BÖAG Börsen Aktiengesellschaft maßgeblich beteiligt. Die Börse hat sich inzwischen etabliert, wenngleich das Engagement institutioneller Anleger noch zu wünschen übrig läßt. Vgl. dazu *Meyer-Bullerdiek/ Gommlich/ Tief-*

fusionierten Strombörsen in Leipzig und Frankfurt[26] anführen. Mit Blick auf das Ausland sind insbesondere die Easdaq, nunmehr firmierend unter Nasdaq Europe[27], die International Securities Exchange (ISE)[28], die französische Strombörse Powernext[29] sowie einige neue Börsen für Staatsanleihen[30] zu nennen. Alle diese Neugründungen sind international ausgerichtet.

Der Wettbewerb wird weiterhin durch die Entstehung alternativer oder börsenähnlicher Handelssysteme beeinflusst.[31] Aufgrund der vielfältigen Erscheinungsbilder lassen sich diese nicht einheitlich charakterisieren. Sie schließen die Lücke zwischen reinen Kommunikations- oder Informationssystemen und Börsen. Sie sind daher meist als Finanzdienstleister einzustufen.[32] Vorliegend

---

trunk, Die Bank 2000, 324 ff.; *Hartmann/ Meyer-Bullerdiek*, Die Bank 1996, 724 ff.; *Meyer/ Meyer*, Die Bank 1994, 450 ff.

25 Die Newex (New Europe Exchange) wurde am 3.11.2000 als Börse österreichischen Rechts gemeinsam von der Deutschen Börse AG und der Wiener Börse AG gegründet. Sie sollte die führende Börse für mittel- und osteuropäische Wertpapiere werden. Vgl. dazu *Radtke*, Die Bank 2000, 784 ff. Wegen erheblicher Anlaufschwierigkeiten wird das Vorhaben nunmehr in modifizierter Form als Teil des Freiverkehrs an der Frankfurter Wertpapierbörse fortgeführt; die Werte werden auf XETRA gehandelt. Der Träger dieses Freiverkehrssegments ist die österreichische Newex Börse AG, eine Börse österreichischen Rechts (§ 2 Freiverkehrsrichtlinien FWB). Vgl. dazu ZfK 2001, S. 754 u. 1021; Börsenzeitung v. 17.05. 2001, S. 5.

26 Die Frankfurter Strombörse European Energy Exchange (EEX) wurde im Sommer 2000 ins Leben gerufen. Träger ist die EEX AG, ein Gemeinschaftsunternehmen der Eurex Zürich AG (46, 5 %) und Teilnehmern aus dem Bereich der Stromindustrie. Vgl. dazu Deutsche Börse AG, Börsenzulassungsprospekt, S. 67, 71. Die Leipziger Strombörse LPX ging wenig früher an den Start. Momentan ist eine Fusion beider Börsen im Gange. Die neue Gesellschaft soll EEX heißen und ihren Sitz in Leipzig haben. Vgl. dazu Börsenzeitung v. 29.01.2002, S. 3; v. 23.01.2002, S. 3; v. 28.12.2001, S. 3; v. 2.03.2002, S. 3.

27 Die Easdaq (European Association of Securities Dealers Automated Quotation System) wurde 1995 von 100 Aktionären (allesamt Akteure am Kapitalmarkt) gegründet. Sie ist eine europäisch ausgerichtete und auf Wachstumsunternehmen orientierte Börse belgischen Rechts. Nachdem sich die Nasdaq maßgeblich an ihr beteiligt hat, firmiert sie inzwischen unter Nasdaq-Europe. Vgl. dazu *Plewka/ Aymans*, DB 1996, 2192, 2193 f.; *Hopt/ Baum*, Börsenreform, S. 354 ff.; *Juchem*, WM 1999, 385; *Hoppmann*, EWS 1999, 204, 207; Deutsche Börse AG, Neuer-Markt-Report, S.18.

28 Die International Securities Exchange (ISE) startete im Jahre 2000. Es handelt sich dabei um eine US-amerikanische Optionsbörse, die von mehreren Market-Maker-Firmen betrieben wird und inzwischen bereits 16 % Marktanteil in den USA verbuchen kann. Vgl. dazu Börsenzeitung v. 22.12.2001, S. 3.

29 Gestartet am 26.11.2001, Börsenzeitung v. 6.11.2002, S. 6.

30 Zum Beispiel die Brokertec Futures Exchange für US-Staatsanleihen, vgl. Börsenzeitung v. 6.12.2001, S. 3.

31 *Schwark*, WM 1997, 293, 299; *Beck*, WM 2000, 597, 602; *Wastl/ Schlitt*, MMR 2000, 387, 387; *Köndgen*, ZHR 164 (2000), 648, 651; *Rudolph/ Röhrl*, Börsenreform, S. 158 f. In den Jahren 1997 bis 2000 wuchs die Zahl derartiger Handelssysteme in Europa von 3 auf 26 an; wobei immerhin 6 in Deutschland ansässig waren (16 in Großbritannien sowie jeweils 1 in den Niederlanden, Belgien, Irland und Frankreich), Accenture, Leaving Safe Havens, S. 19 f.

32 *Hammen*, WM 2001, 929, 931 f. *Wittich*, Die Bank 2001, 278, 281; Österreichische Bundeswertpapieraufsicht, Alternative Handelssysteme, S. 4 ff.; Börsensachverständigenkommissi-

interessieren in erster Linie solche Systeme, über die auch ein Geschäftsabschluss zustande kommt und die damit in der Nähe von Börsen anzusiedeln sind. Diese unterscheiden sich wiederum danach, ob sie eine eigene Preisbildung vornehmen oder fremde Preise importieren, danach, ob sie publikumsoffen sind oder nicht sowie danach, ob sie eine Vielzahl von Interessenten auf einem Marktplatz zusammenführen oder lediglich bilaterale Verträge vermitteln.[33] Gerade Letztere sind von der Eigenschaft, Börse zu sein, schon um einiges entfernt. Aus der sich ständig verändernden Landschaft sind insbesondere Jiway[34], Instinet[35], Tradepoint[36], CatsOS[37], Tradelink[38], Archipelago[39] und Redibook[40] hervorzuheben.[41] Auch die Deutsche Bank hegt diesbezügliche

on, Empfehlungen zur Regulierung alternativer Handelssysteme, S. 7; *Kümpel*, in: Kümpel/ Hammen, Börsenrecht, 1. Teil II 1; *Spindler*, WM 2002, 1325, 1327.

33 Zur Systematisierung alternativer Handelsplattformen vgl. Accenture, Leaving Safe Havens, S. 16 f.; Österreichische Bundeswertpapieraufsicht, Alternative Handelssysteme, S. 4 ff.; *Kümpel*, in: Kümpel/ Hammen, Börsenrecht, 1. Teil II 2; Börsensachverständigenkommission, Empfehlungen zur Regulierung alternativer Handelssysteme, S. 4 ff.; *Spindler*, WM 2002, 1325, 1327.

34 Jiway ist eine seit November 2000 betriebene paneuropäische Handelsplattform der schwedischen OM-Gruppen. Ursprünglich waren Morgan Stanley Dean Winter & Co zu 40 % beteiligt, *Neubauer*, Die Bank 2001, 104, 104; *Fuchs*, Die Bank 2001, 164, 166; *Schmidt/ Schleef/ Küster Semic*, ZBB 2001, 69, 70; Accenture, Leaving Safe Havens, S. 42; Börsenzeitung v. 28.09.2001, S. 3.

35 Instinet ist – von der Nasdaq einmal abgesehen – die älteste US-amerikanische alternative Handelsplattform. Sie wird seit 1986 von der Nachrichtenagentur Reuters betrieben wird und ist auch in Deutschland aktiv. Die Gesellschaft ist seit Mai 2001 börsennotiert und hat erst kürzlich Island ECN, einen der größten Konkurrenten, übernommen. Vgl. dazu *Neubauer*, Die Bank 2001, 104, 105 u. 107; Accenture, Leaving Safe Havens, S. 43; Börsenzeitung v. 19.05.2001, S. 3; v. 11.06.2002, S. 3.

36 Tradepoint ist eine 1995 von ehemaligen Mitarbeitern der LSE gegründete britische Handelsplattform. Sie gehört mittlerweile zum Reuters-Konzern, an dem wiederum auch die Deutsche Bank beteiligt ist. Sie besitzt als eine der wenigen neuen Handelsplattformen eine Börsenzulassung, nämlich in den USA und in Großbritannien. Die Gesellschaft ist börsennotiert. Sie hat sich im Juni 2001 mit der schweizer Wertpapierbörse (SWX) zu der paneuropäischen Börse Virt-x zusammengeschlossen. Vgl. dazu *Schmidt/ Oesterhelweg/ Treske*, Kredit und Kapital 1997, 369, 377; *Schmidt/ Schleef/ Küster Simic*, ZBB 2001, 69, 70; Accenture, Leaving Safe Havens, S. 41; *Hellmann*, Börsenzeitung v. 2.02.2001, S. 6; Börsenzeitung v. 18.09.2001, S. 3 u. v. 22.06.2001, S. 3.

37 CatsOS wird seit 1995 von der Citybanktochter CrossMar betrieben. Aktien und Optionsscheine sind hierüber handelbar, *Neubauer*, Die Bank 2001, 104, 107; Börsenzeitung v. 23.08.2001, S. 3.

38 Tradelink wurde vom vwd initiiert. Ferner sind das Maklerunternehmen Lang & Schwarz sowie die Düsseldorfer Börse an dem Projekt beteiligt. Gegenwärtig wird das System unter dem Namen Quotrix in die Düsseldorfer Börse implementiert. Vgl. dazu *Neubauer*, Die Bank 2001, 104, 107; Börsenzeitung v. 22.09.2001, S. 3.

39 Archipelago wurde 1996 gegründet. Die Anteilseigner setzen sich aus von Investmentfirmen, Banken, alternativen Handelssystemen und einem Fernsehsender zusammen. Vgl. dazu Accenture, Leaving Safe Havens, S. 26; Börsenzeitung v. 30.11.2001, S. 5.

40 Redibook ging 1997 an den Start und verbucht mittlerweile 9,6 % des Nasdaq-Volumens für sich. Die Anteilseigner stammen aus dem Investmentbereich. Börsenzeitung v. 30.11.2001, S. 5.

Pläne.[42] Die Deutsche Börse AG hat zusammen mit internationalen Banken ein außerbörsliches Handelssystem für Bundesanleihen, Eurex-Bonds, gestartet.[43]

Schlussendlich sind noch (virtuelle) Emissionshäuser[44] sowie der Eigenvertrieb von Wertpapieren durch Emittenten[45] zu nennen. Letzterer bietet teilweise auch eine Handelsplattform für seine Aktien an.[46] Da Börsen in die Emissionstätigkeit aber nur mittelbar eingeschaltet sind,[47] sind diese neuen Wettbewerber nicht in erster Linie solche der Börsen.

Trotz dieser mannigfaltigen neuen Handelsmöglichkeiten ist der Konkurrenzkampf der etablierten Börsen untereinander – zumindest gegenwärtig noch – der dominierende Wettbewerbsfaktor.[48] Es darf jedoch nicht außer acht gelassen werden, dass die neuen Wettbewerber den traditionellen Börsen in nicht unerheblichem Umfang Marktanteile abgenommen haben.[49] Maßgeblicher Grund hierfür sind die geringeren Transaktionskosten[50] und eine auf spezielle Bedürfnisse zugeschnittene Produktpalette.

Die beschriebene Technologisierung des Handelsgeschehens hat die Börsen und deren (potentielle) Wettbewerber mit einem vollkommen neuen Instrumentarium ausgestattet und bislang nicht gekannte Möglichkeiten eröffnet. Trei-

---

41 Weitere alternative Handelsplattformen sind etwa das ICF German Trading System der Frankfurter ICF Kursmakler AG, XEOS von IBM Deutschland, Prime Access von Goldmann Sachs. Vgl. dazu *Neubauer*, Die Bank 2001, 104, 107; *Schmidt/ Schleef/ Küster Semic*, ZBB 2001, 69, 70; *Fuchs*, Die Bank 2001, 164, 166.

42 *Neubauer*, Die Bank 2001, 104, 107; *Wastl/ Schlitt*, WM 2001, 1702, 1702 Fn. 4; *Schmidt/ Schleef/ Küster Semic*, ZBB 2001, 69, 70.

43 Deutsche Börse AG, Börsenzulassungsprospekt, S. 70; Börsenzeitung v. 16.10.2001, S. 3.

44 Eines der ersten virtuellen Emissionshäuser war das amerikanische Unternehmen Wit Capital. Corp. In Deutschland sind auf diesem Gebiet unter anderem tätig: net.IPO AG, TradeCross AG, VEM Virtuelles Emissionshaus AG, KJD Aktien-Online AG, Berliner Effektenbank AG und auch die Deutsche Bank. Vgl. dazu *Schaefer*, MMR 2001, 491, 491; *Weber*, MMR 1999, 385, 385; *Assmann*, FS Schütze, 15, 17; *Pfüller/ Westerwelle*, Wertpapierhandel im Internet, Rn. 39 ff.

45 Oft erwähnter Pionier ist der Amerikaner Andrew D. Klein, der 1995 Aktien seiner Brauerei Springstreet Brewing Co. im Wert von 1,6 Mio. $ öffentlich im Internet zum Kauf anbot. Als erstes europäisches Unternehmen folgte 1996 die britische Internet-Software-Firma Argo-Interaktive dem amerikanischen Vorbild. Den Startschuss zu einigen deutschen Internet-Börsengängen machte 1997 die Internet 2000 AG (mittlerweile übernommen von Infinigate AG). Vgl. dazu *Weber*, MMR 1999, 385, 385; *Schaefer*, MMR 2001, 491, 491. Bis zum Einsetzen dieses neuen Trends kamen Selbstemissionen so gut wie nie vor, siehe dazu *Kümpel*, Bank- und Kapitalmarktrecht, Rn. 8.65.

46 *Schaefer*, MMR 2001, 491, 493.

47 Vgl. *Kümpel*, Bank- und Kapitalmarktrecht, Rn. 8.60.

48 Vgl. *Mues*, Die Börse als Unternehmen, S. 17; *Weber*, NJW 2000, 2061, 2061; *Wastl*, WM 1999, 620, 622; Deutsche Börse AG, Börsenzulassungsprospekt, S. 15.

49 So hat beispielsweise die Nasdaq innerhalb von nur drei Jahren einen Marktanteil von 40 % an alternative Handelsplattformen verloren, *Neubauer*, Die Bank 2001, 104, 104.

50 Vgl. *Neubauer*, Die Bank 2001, 104, 105; *Budimir*, Die Bank 2001, 25, 25.

bende Kraft der aufgezeigten Entwicklung sind zweifellos die schon angesprochene stark angestiegene Bedeutung der institutionellen Anleger, deren Globalisierung[51] wie auch die Globalisierung der Wirtschaft allgemein. Die institutionellen Anleger vermögen über Grenzen hinweg riesige Orderströme zu lenken.[52] Sie bestimmen mit ihren Forderungen die Weiterentwicklung der Börsenplätze.[53] Gleiches gilt für die großen Intermediäre, die zudem Überlegungen anstellen, die eigenen Kundenaufträge an der Börse vorbei im eigenen Hause zusammenzuführen (sog. Internalisierung oder auch In-House-Crossing).[54] Aufgrund der Zunahme privater Aktienanlage und der immer stärker an Bedeutung gewinnenden privaten Altersvorsorge in Deutschland und in den anderen Industrieländern[55] sowie des einströmenden ausländischen Kapitals wird sich deren Bedeutung auch in Zukunft noch verstärken. Global tätige Handelsteilnehmer sind beispielsweise besonders daran interessiert, die durch Mehrfachmitgliedschaften anfallenden Kosten zu reduzieren.[56] Sie fordern Konsolidierungen im Börsenwesen, zumindest im Abwicklungsbereich.[57]

Länderübergreifende Investitionen der Wirtschaft werden durch Mehrfachnotierungen der Gesellschaften erleichtert.[58] Die Globalisierung hat zur Folge, dass einzelne Unternehmen ihren Kapitalbedarf am nationalen Kapitalmarkt allein nicht mehr zu decken vermögen, so dass auch die Kapitalbeschaffung international geworden ist. Dabei geht der Trend weg von der Kreditfinanzierung hin zur Wertpapierfinanzierung (Securitisation)[59], was die Bedeutung des Börsenhandels nochmals verstärkt. Deutsche Unternehmen, die in einem ausländischen Markt engagiert sind, wollen zunehmend über eine dortige Börsennotierung Werbewirkung erreichen sowie weitere Investorengruppen ansprechen und sorgen auch aus diesem Grunde für Mehrfachnotierungen.[60] Die Handelbarkeit der Papiere an verschiedenen Börsen führt zu einer Streuung der Liquidität und schließlich zu einem einsetzenden Wettbewerb um diese Liquidi-

---

51 *Rudolph/ Röhrl*, Börsenreform, S. 148 ff.; Accenture, Leaving Safe Havens, S. 24.

52 So hat sich nach *Schmidt/ Oesterhelweg/ Treske*, Kredit und Kapital 1997, 369, 388, der Anteil institutioneller Anleger in den USA am umlaufenden Aktienbestand von 6,1 % im Jahre 1950 auf 44 % im Jahre 1995 erhöht.

53 Vgl. *Kopper*, FS Büschgen, 289, 309.

54 *Ackermann*, in: Krumnow/ Lange, Management Handbuch eBanking, S. 166. Vgl. auch Börsenzeitung v. 14.02.2002, S. 3.

55 *Kümpel*, Bank- und Kapitalmarktrecht, Rn. 8.181; Monopolkommission, Sondergutachten 26, Nr. 22; Accenture, Leaving Safe Havens, S. 22.

56 So nahm beispielsweise die Deutsche Bank zu Beginn des Jahres 2000 gleichzeitig an 30 Wertpapiermärkten für blue chips am Handel teil, vgl. *Köndgen*, FS Lutter, 1401, 1407.

57 Accenture, Leaving Safe Havens, S. 24 f., 31 ff.; Deutsche Börse AG, Börsenzulassungsprospekt, S. 59.

58 Vgl. *Nobel*, FS Lutter, 1484, 1496 f. Siehe allgemein dazu *Schiereck*, AG 1997, 362 ff.

59 Vgl. dazu *Claussen/ Erne*, Bank- und Börsenrecht, § 9 Rn. 5; *Kümpel*, Bank- und Kapitalmarktrecht, Rn. 8.3.; Monopolkommission, Sondergutachten 26, Nr. 16; *Rudolph/ Röhrl*, Börsenreform, S. 151.

60 Vgl. dazu *Beck*, WM 2000, 597, 605. So sind etwa an der NYSE mehr als 160 europäische Unternehmen (zweit)notiert, Accenture, Leaving Safe Havens, S. 9 Fn. 5.

tät. Jüngster Spross der Internationalisierung des Wertpapierhandels ist die Abschaffung der nationalen deutschen Wertpapierkennummern (WKN) zugunsten einer weltweit eindeutigen International Securities Identification Number (ISIN) voraussichtlich zum 22.04.2003.[61]

Der angeführte Wettbewerb im Börsenwesen äußert sich bei den traditionellen Börsen – und deren Trägern – in verschiedener Hinsicht. Er hat primär das Werben um die Gunst der (vor allem auch ausländischen) Emittenten und das Gewinnen von Handelsteilnehmern und deren Orderströmen zum Gegenstand.[62] Nationale Grenzen im Finanzmarkt sind endgültig aufgehoben. Er kann nur noch global betrachtet werden.[63] Auch die Öffnung der mittel- und osteuropäischen Kapitalmärkte hat für ein neues Betätigungsfeld sowohl der Handelsteilnehmer als auch der dortigen[64] wie auswärtigen[65] Börsen gesorgt. Die etablierten Börsen gehen zunehmend auf die Bedürfnisse der Handelsteilnehmer und Emittenten ein. Die Handelsregeln und die Handelssysteme werden nach deren Wünschen modifiziert. Als Beispiele hierfür mögen die Einführung des Feiertagshandels, die Anpassung der Handelszeiten[66], die Ermöglichung des Blockhandels[67] sowie die Abschaffung der Handels-Mindeststückzahl[68] genügen. Die Frankfurter Wertpapierbörse unterstützt gar die Ambitionen der Intermediäre, eine Internalisierung der Wertpapieraufträge durchzuführen, indem sie ihre Handelsplattform XETRA um ein solches System ergänzt (XETRA-Best).[69] Der Börsenhandel wird zunehmend unter Einschaltung einer

---

61 Börsenzeitung v. 23.01.2002, S. 3.

62 Vgl. *Schwark*, WM 1997, 293, 297; *Köndgenl Mues*, WM 1998, 53, 53; *Kullmannl van Aerssen*, ZBB 2000, 10, 11; *Kersting*, AG 1997, 222, 222; Monopolkommission, Sondergutachten 26, Nr. 94 ff.; 101 ff.

63 *Schmidtl Schleefl Küster Semic*, ZBB 2001, 69, 82.

64 Vgl. dazu *Schrothl Wenzeler*, Die Bank 1996, 617 ff.; *Wenzeler*, Die Bank 1996, 102 ff.; *Cambié*, Die Bank 1995, 54 ff.; *dies.*, Die Bank 1996, 244 ff.; *Rudolphl Röhrl*, Börsenreform, S. 225, 281.

65 So zum Beispiel die Aktivitäten der Deutschen Börse AG im Hinblick auf die Börse Newex.

66 Vgl. zur aktuellen Diskussion um eine erneute Anpassung, Börsenzeitung v. 26.01.2002, S. 3; v. 24.01.2002, S. 3; v. 15.01.2002, S. 3; v. 8.12.2001, S. 3.

67 XETRA XXL, vgl. dazu Börsenzeitung v. 19.05.2001, S. 3; v. 1.03.2001, S. 3, v. 14.02.2002, S. 3.

68 Vgl. Accenture, Leaving Safe Havens, S. 27; Börsenzeitung v. 15.12.2001, S. 3 (Borsa Italia); Börsenzeitung v. 21.02.2002, S. 5 (MDAX-Werte an der Frankfurter Wertpapierbörse).

69 Vgl. dazu *Merkt*, Gutachten G zum 64. DJT, S. 46 f.; *Neubacher*, Börsenzeitung v. 6.08.2002, S. 3; v. 3.07.2002, S. 5; v. 22.06.2002, S. 3; v. 31.05.2002, S. 3; v. 1.05.2002, S. 3; v. 27.04.2002, S. 3; v. 25.04.2002, S. 3; v. 23.04.2002, S. 3; v. 20.04.2002, S. 3; v. 19.04.2002, S. 3; v. 18.04.2002, S. 3; v. 26.01.2002, S. 3; *ders.*, Börsenzeitung v. 5.01.2002, S. 3; *Wohlfarth*, Börsenzeitung v. 31.01.2002, S. 3; *Schlüter*, Börsenzeitung v. 25.01.2002, S. 3; *Potthoff*, Börsenzeitung v. 13.06.2002, S. 3; *Mewes*, Börsenzeitung v. 10.05.2002, S. 4; Börsenzeitung v. 11.05.2002, S. 3; v. 7.03.2002, S. 4; v. 8.02.2002, S. 3. Auch die Nasdaq Deutschland (gemeinsames Projekt der Nasdaq, der Berliner Wertpapier-

Zentralen Gegenpartei vollzogen.[70] Die Einschaltung einer solchen Zentralen Gegenpartei mindert das Kontrahentenrisiko[71] und ermöglicht ein so genanntes Netting, das heißt eine tatsächliche Leistungserbringung erfolgt nur für die Überhangbeträge, nicht aber für jedes einzelne Wertpapiergeschäft.[72] Börsen tun Marktlücken auf und rufen neue spezialisierte Handelsplattformen in Form von – rein elektronischen – Börsen oder in Form von Handelssegmenten ins Leben. An vorderster Stelle stehen hier die zahlreich geschaffenen Wachstumssegmente.[73] Aber auch spezielle Mittelstandssegmente[74] oder solche für ausländische Werte[75] oder andere Themensegmente[76] wurden initiiert, wobei es sich häufig nur um Umstrukturierungen innerhalb eines schon bestehenden Marktes handelte. Besonders erfolgreich ist das 1999 eingeführte Freiverkehrssegment Euwax der Baden-Württembergischen Wertpapierbörse Stutt-

börse und der Bremer Wertpapierbörse) planen Ähnliches (Projektnahme: Best Ex), vgl. *Neubacher*, Börsenzeitung v. 19.06.2002, S. 3; Die Welt v. 2.10.2002, S. 25.

70 Allgemein zur Zentralen Gegenpartei: *Horn*, WM 2002, SB 2; *Pagnozzi/ Westerberg*, Börsenzeitung v. 29.06.2002, S. 3; *Potthoff/ Ferscha*, Börsenzeitung v. 26.06.2002, S. 5; *Heer/ Steiner*, Börsenzeitung v. 2.07.2002, S. 3; *Roegele*, Börsenzeitung v. 13.07.2002, S. 3.

71 *Gerke*, DBW 53 (1993), 725, 726.

72 Die genaue Ausgestaltung und die Funktionen der vorzufindenden Formen der Zentralen Gegenpartei sind indes sehr verschieden. Die Eurex kontrahiert beispielsweise nur mit ausgewählten Parteien über die dann wiederum die restlichen Teilnehmer ihre Geschäfte abwickeln (*Kindermann*, WM 1989, SB 2, S. 11; *Kümpel*, Bank- und Kapitalmarktrecht, Rn. 17.35; Deutsche Börse AG, Börsenzulassungsprospekt, S. 68). Die Leipziger Strombörse LPX (Börsenzeitung v. 28.12.2001, S. 3) und künftig wohl auch die Frankfurter Wertpapierbörse (Börsenzeitung v. 20.12.2001, S. 3) stellen ebenfalls eigene bzw. zum Träger gehörende Zentrale Gegenparteien zur Verfügung. Das LCH London Clearing House wird als unabhängiges Rechtssubjekt als Zentrale Gegenpartei für die London Stock Exchange, die Virt-x, die Liffe und weitere Börsen tätig (Börsenzeitung v. 23.01.2002, S. 5); gleiches gilt für EuroCCP an der Nasdaq Europe (Börsenzeitung v. 4.12.2001, S. 3) sowie für die Clearing Bank Hannover AG, ein Gemeinschaftsunternehmen der Commerzbank, der Nord LB und der Vereins- und Westbank, an der Warenterminbörse Hannover (*Meyer-Bullerdiek/ Gommlich/ Tieftrunk*, Die Bank 2000, 324, 324).

73 Neuer Markt in Frankfurt a.M. (1997), vgl. dazu *Potthoff/ Stuhlfauth*, WM 1997, SB 3; Start Up Market und High Risk Market in Hamburg, vgl. dazu *Breitkreuz*, Die Ordnung der Börse, S. 320; *Ledermann/ Marxen*, ZfK 1998, 28 f.; Le Nouveau Marché in Paris (1996); Nuovo Mercato in Italien (1999); Nasdaq Europe in Brüssel; Nuevo Mercado in Madrid; Swiss New Market in Zürich (im Sommer 2002 eingestellt, Börsenzeitung v. 24.07.2002, S. 3; NMAX in Amsterdam. Allgemein dazu Deutsche Börse AG, Neuer-Markt-Report, S. 16 f.

74 Prädikatsmarkt in München, vgl. dazu *Schmitt*, ZfK 1998, 27 f.; SMAX in Frankfurt (1999), vgl. dazu Deutsche Börse AG, Börsenzulassungsprospekt, S. 65; Börsenzeitung v. 23.10.2001, S. 3.

75 XETRA US-Stars (gestartet am 24.09.2001, Börsenzeitung v. 25.09.2001, S. 3; v. 1.06.2001, S. 3); XETRA Dutch Stars (gestartet am 12.11.2001, Börsenzeitung v. 13.01.2002, S. 3.), nunmehr XETRA European Stars, Börsenzeitung v. 7.02.2002, S. 5. Vgl. auch Börsenzeitung v. 27.11.2001, S. 3 und v. 21.12.2001, S. 5; das Freiverkehrssegment Newex.

76 Beispielsweise TechMark-Mediscience an der London Stock Exchange, Börsenzeitung v. 3.11.2001, S. 3.

gart für Optionsscheine.[77] Auch die Berliner Wertpapierbörse hat den Handel mit Zertifikaten und Optionsscheinen aufgenommen.[78] Darüber hinaus wurden Fonds[79] und Terminkontrakte auf Energie für den Börsenhandel entdeckt, ja selbst Wetterderivate[80]. Ein Ende dieser Entwicklung ist noch nicht abzusehen.

In zweiter Linie führt der Wettbewerb zunehmend zu Konsolidierungsbestrebungen der Börsenplätze.[81] Stärker als früher stehen ineffiziente Börsen unter Druck.[82] Aber auch die großen Börsen sind gezwungen, sich aktiv an der Konsolidierung zu beteiligen.[83] Pläne für Kooperationen und Übernahmen im Börsenwesen begegnen fast täglich. Innerhalb der europäischen Union ist dies, unter anderem hervorgerufen durch die Wettbewerbsbestimmungen des EG-Vertrages, die Einführung der gemeinsamen Währung[84] und die Regelungen in der Wertpapierdienstleistungsrichtlinie, verstärkt zu beobachten. Zwar ist die europäische Börsenlandschaft mit über 30[85] meist nationalen Börsen mit 12 verschiedenen elektronischen Handelssystemen und rund 20 Abwicklern noch stark fragmentiert,[86] der einsetzende Prozess des Zusammenrückens ist jedoch unübersehbar. Anfang 2002 haben sich sämtliche spanische Wertpapier-, Waren- und Terminbörsen unter dem Dach einer Holdinggesellschaft zusammengeschlossen.[87] Mit Euronext, Eurex[88], Newex, Virt-x[89] und Norex[90]

---

77 Dieses wurde 1999 eingeführt und hat bereits einen Marktanteil von 85 % im deutschen Optionsscheinhandel erlangt. Erst kürzlich wurden die Segmente neu gestaltet. Vgl. Börsenzeitung v. 23.01.2002, S. 3; v. 31.07.2002, S. 3.

78 Das Marktsegment heißt Zobex Zertifikate/ Optionsscheine Berlin Exchange, Börsenzeitung v. 5.12.2001, S. 3 u. v. 24.08.2001, S. 3.

79 XTF (Exchange Traded Funds) an der Frankfurter Wertpapierbörse (2000), vgl. dazu Deutsche Börse AG, Börsenzulassungsprospekt, S. 65; NextTrack (Januar 2001) an der Euronext, Börsenzeitung v. 20.11.2001, S. 3.

80 An der Terminbörse Liffe, Börsenzeitung v. 24.11.2001, S. 3. Vgl. dazu *Scholand/ Glas*, Die Bank 2002, 171 ff.

81 Zu den verschiedenen Möglichkeiten einer Kooperation vgl. *Nobel*, FS Lutter, 1485, 1506 ff.; Accenture, Leaving Safe Havens, S. 11 ff.

82 Vgl. *Gerke/ Rapp*, DBW 54 (1994), 5, 16: In der Schweiz wurden 1990 drei Wertpapierbörsen geschlossen und die restlichen drei zu einem elektronischen Handelssystem verbunden.

83 Accenture, Leaving Safe Havens, S. 15, 25 ff.: besonders diejenigen in 'zweiter Reihe'.

84 *Hellwig*, ZGR 1999, 781, 783; *Hoppmann*, Arbeitspapier Nr. 60, S. 48; vgl. Auch *Klenke*, Börsendienstleistungen im europäischen Binnenmarkt, S. 27; Accenture, Leaving Safe Havens, S. 19.

85 Dabei ist die Bedeutung der einzelnen Handelsplätze höchst unterschiedlich, vgl. die bei Accenture, Leaving Safe Havens, S. 14 f., vorgenommene Einteilung in drei Gruppen.

86 Accenture, Leaving Safe Havens, S. 9.

87 Börsenzeitung v. 16.02.2002, S. 3; v. 19.01.2002, S. 3; v. 21.06.2001, S. 3; v. 21.06.2002, S. 3.

88 Eurex ist der Zusammenschluss der schweizer Terminbörse SOFFEX und der Deutschen Terminbörse. Vgl. dazu *Kümpel*, Bank- und Kapitalmarktrecht, Rn. 17.450 ff.

sind in den letzten Jahren nennenswerte grenzüberschreitende Börsen beziehungsweise Börsenkooperationen geschaffen worden. Darüber hinaus existieren weitere, eher lose Kontakte.[91] Bei allen Formen des Zusammengehens stehen die jeweiligen elektronischen Plattformen im Vordergrund.[92] Aus den genannten Projekten ragt die Euronext heraus, die aus dem Zusammenschluss der Börsen Paris, Amsterdam und Brüssel hervorging und inzwischen auch die Börsen von Portugal[93], Finnland[94] und Warschau[95] an sich binden konnte. Ende 2001 hat der Börsenverbund die Londoner Terminbörse Liffe übernommen.[96] Der spektakulärste Versuch, die Fusion der Frankfurter Wertpapierbörse beziehungsweise der Deutsche Börse AG mit der London Stock Exchange im Jahre 2001, ist indes (erneut)[97] gescheitert. Auch global sind Anzeichen des Zusammenrückens auszumachen. Vor allem Bestrebungen zur Einführung eines 24-Stunden-Handels und zur Bündelung der Liquidität geben hier den Ausschlag. Erwähnenswert erscheint eine – derzeit noch informelle – Kooperation neun großer europäischer, amerikanischer und asiatischer Börsen.[98] Besonders aktiv am Konsolidierungsprozess beteiligt ist die Nasdaq. Sie hat inzwischen die Easdaq zu 58 % übernommen, die fortan unter Nasdaq Europe firmiert.[99] Neuester Coup ist eine Allianz der Nasdaq Europe mit der Berliner Wertpapierbörse und der Bremer Wertpapierbörse zur Nasdaq Deutschland.[100] Immer öfter schließen sich auch börsenähnliche Handelssysteme mit etablierten Börsen zusammen. Erstere können dadurch, je nach Ausgestaltung des Zusammenschlusses, den Status als anerkannte Börse erlangen. Die bereits angeführte Börse Virt-x ist ein solches Beispiel, wobei die beteiligte Handelsplattform Tradepoint ohnehin bereits eine englische und US-amerikanische

89 Virt-x ist eine aus der Fusion der Tradepoint (vgl. dazu die vorangegangenen Ausführungen) mit der Schweizer Börse hervorgegangene paneuropäische Börse. Vgl. dazu Accenture, Leaving Safe Havens, S. 41.

90 Norex ist eine Allianz der Copenhagen Stock Exchange, der Iceland Stock Exchange, der OM Stockholm Exchange und der Oslo Stock Exchange, vgl. Accenture, Leaving Safe Havens, S. 10 ff.

91 Vgl. Accenture, Leaving Safe Havens, S. 11. Die Verbindung europäischer Wachstumsmärkte zu Euro.NM ist inzwischen wieder aufgelöst worden. Siehe dazu *Hoppmann*, EWS 1999, 204, 206 f.; Deutsche Börse AG, Neuer-Markt-Report, S. 17.

92 Accenture, Leaving Safe Havens, S. 13.

93 Beide Börsen werden fusionieren, Börsenzeitung v. 31.01.2002, S. 5; v. 14.12.2001, S. 1; v. 15.06.2001; S. 3.

94 Die Börsen Euronext und HEX haben eine Über-Kreuz-Mitgliedschaft vereinbart, Börsenzeitung v. 28.09.2001, S. 3.

95 Es wurde zunächst eine Kooperation vereinbart, die nach dem Beitritt Polens zur Europäischen Union in eine Fusion übergehen könnte, Börsenzeitung v. 4.12.2001, S. 3.

96 Vgl. Börsenzeitung v. 30.10.2001, S. 3.

97 Zu einem vormaligen Versuch des Zusammengehens vgl. *Hoppmann*, EWS 1999, 204, 207 f.

98 Accenture, Leaving Safe Havens, S. 10 Fn. 6.

99 Börsenzeitung v. 9.06.2001, S. 6; v. 6.06.2001, S, 5.

100 Vgl. dazu *Neubacher*, Börsenzeitung v. 19.06.2002, S. 3; Börsenzeitung v. 15.11.2001, S. 3; v. 28.06.2002, S. 3.

Börsenzulassung besaß. Eindeutiger ist das Gemeinschaftsprojekt Quotrix der Düsseldorfer Börse und Tradelink in diese Kategorie einzuordnen.[101] Aus den USA ist die Kooperation der alternativen Handelssysteme Archipelago und Redibook – die zusammen die größte außerbörsliche Handelsplattform bilden –[102] mit der Pacific Exchange San Fransisco/ Los Angeles zu nennen.[103]

Die aufgezeigte Entwicklung ist noch längst nicht abgeschlossen. Sie wirft aber erstmals die Frage auf, ob Börsen im herkömmlich verstandenen Sinn und vor allem der herkömmlichen Funktion nach künftig noch Bestand haben werden. Diese Frage ist eindeutig zu bejahen.[104] Zwar herrscht, wie bereits hinreichend deutlich wurde, noch keine Einigkeit darüber, was eine Börse ausmacht und was sie von anderen Einrichtungen abgrenzt. Ihre Funktion lässt sich indes einigermaßen präzise beschreiben.[105] Eine Börse stellt ein Netzwerk zur Zusammenkunft der am Handel Interessierten zur Verfügung. Darin erschöpft sich die Funktion aber nicht. Die Börse bringt Kauf- und Verkaufsinteressen gezielt zusammen und hebt sich schon insofern von reinen Kommunikationsnetzwerken ab.[106] Den Interessenten wird damit eine langwierige und kostenintensive Suche nach einem Vertragspartner abgenommen. Börsen sorgen weiterhin für Kursfeststellungen in den Handelsgegenständen und damit für eine Bewertung der Unternehmen.[107] Ein entscheidender Vorteil der traditionellen Börsen – und hierin liegt auch ein Grund für die eben getroffene klare Überlebensvorhersage – ist die Sicherheit schneller und zuverlässiger Abwicklung.[108] Mit der Forderung nach einer solchen Abwicklung haben neu aufkommende Handelssysteme am meisten zu kämpfen.[109] Auch der Erfolg von Eigenemissionen über das Internet (unter Umständen mit der Eröffnung einer Handelsplattform) ist noch von einer anderen Seite her zu betrachten. Diese Aktivitäten spielen sich nämlich fast ausnahmslos in einem Umfang ab, in dem ein Börsengang aufgrund geringen Emissionsvolumens ohnehin nicht in Betracht kommt.[110] Bei großen Emissionen sind über einen Vertriebsweg hinaus auch

---

[101] Vgl. dazu Börsensachverständigenkommission, Empfehlungen zur Regulierung alternativer Handelssysteme, S. 5, 7; Börsenzeitung v. 27.10.2001, S. 3, v. 22.09.2001, S. 3; v. 22.06. 2001, S. 3.

[102] Sie können 15, 8 % des Nasdaq-Volumens für sich reklamieren, Börsenzeitung v. 30.11. 2001, S. 5.

[103] Börsenzeitung v. 30.11.2001, S. 5 u. v. 27.10.2001, S. 3.

[104] So auch *Köndgen*, FS Lutter, 1401, 1402.

[105] Ausführlich dazu: *Steinhübel*, Die private Computerbörse für mittelständische Unternehmen, S. 96 ff.

[106] Vgl. *Schaefer*, MMR 2001, 491, 493.

[107] *Weber*, Kapitalmarktrecht, S. 46 f.; *Beck*, WM 2000, 597, 599.

[108] So auch *Nobel*, FS Lutter, 1485, 1496.

[109] *Wastl/ Schlitt*, MMR 2000, 387, 390; *Neubauer*, Die Bank 2001, 104, 104; vgl. auch *Stolz/ Schmitz-Esser*, Die Bank 1997, 297, 299.

[110] *Stolz/ Schmitz-Esser*, Die Bank 1997, 297, 298; *Weber*, MMR 1999, 385, 385; *Schaefer*, MMR 2001, 491, 491; *Assmann*, FS Schütze, 15, 16.

Kontakte und damit Emissions- und Handelsintermediäre[111] erforderlich. Ein weiterer Aspekt wurde bislang bei der Diskussion um Börsen und börsenähnliche Systeme vernachlässigt: Im Gegenzug zur Ermöglichung einer erleichterten Aufnahme von Kapital in großem Umfang fordern Börsen von den Gesellschaften Transparenz und Information der Öffentlichkeit. Sie sorgen insofern für einen gewissen Ausgleich der Informationsunterschiede. Abgesichert werden diese Anforderungen durch Regelungen gegen Marktmissbrauch im weitesten Sinne. Grundlage dieser Verbindung zwischen Börse und Unternehmen ist eine Börsenzulassung des Emittenten. Ein solches Zulassungssystem mit umfangreichen Folgepflichten liegt bei börsenähnlichen Systemen nur in den seltensten Fällen vor. Die Finanzinstrumente werden – ähnlich dem herkömmlichen Freiverkehr – auf Betreiben der Händler oder des Marktveranstalters, selten aber auf Veranlassung des Emittenten, in den Handel einbezogen. Oft sind anderweitig börsennotierte Wertpapiere Gegenstand dieses Handels. Börsenähnliche Systeme der gegenwärtig vorzufindenden Art sind mithin sogar weitgehend auf die Existenz von (echten) Börsen angewiesen.

II. Börsenbetreiber als global agierende Technologieunternehmen

Es ist deutlich geworden, dass die Marktveranstaltung 'Börse' weltweit einen Prozess des Wandels durchlaufen hat. Diese Veränderungen haben auch die Börsenbetreiber nicht unberührt gelassen. Das ist nicht verwunderlich, da Markt und Betreiber so eng miteinander verzahnt sind, dass beide nicht isoliert betrachtet werden können. Das gilt umso mehr für das deutsche System, in dem das Betreiben eines Börsenhandels, also sowohl die Marktorganisation als auch die Organisation des Marktbetreibers, den zwingend staatlichen Aufgaben zugeordnet wird. Vom funktionellen Ansatzpunkt her ist indes eine differenzierte Betrachtungsweise geboten.

Es ist ebenfalls bereits angeklungen, dass die beiden Elemente des Börsenwesens – Markt und Betreiber – zusehends auseinanderrücken. Der Markt der Märkte macht es nämlich – anders als früher – erforderlich, dass ein Markt auch aktiv vermarktet und geänderten Bedürfnissen angepasst wird. Ein gutes Beispiel für diese Entwicklung ist der Neue Markt der Deutsche Börse AG, wo beides intensiv betrieben wird.[112]

Der Wettbewerb der Börsenplätze erlaubt es den Marktteilnehmern in weitem Umfang, die Handelsplätze zu wechseln. Sie sind mithin nicht wie früher auf ein gemeinsames Organisieren des Handels an 'ihrem Finanzplatz' angewiesen. Hinzu kommen sich immer weiter verstärkende Interessenunterschiede bei diesen Personen, die einheitliche Vorstellungen von einer optimalen Han-

---

[111] Was allerdings Banken und nicht Börsen übernehmen, *Kümpel*, Bank- und Kapitalmarktrecht, Rn. 8.65 ff.

[112] Vgl. *Potthoff/ Stuhlfauth*, WM 1997, SB 3, S. 3. Gleiches gilt für den SMAX, Ziff. 4.1 der SMAX-Teilnahmebedingungen.

delsorganisation immer seltener werden lassen. Nicht alle Handelsteilnehmer wollen und können (mehr) in die Aufgabe der Organisation des Marktes eingebunden werden. Dieses Organisieren verlagert sich deshalb und auch aufgrund der Technologisierung zunehmend auf einen mehr oder weniger von den Handelsteilnehmern verschiedenen Börsenbetreiber. Indem dieser allein die Verantwortung für die Einführung und die tägliche Funktionsfähigkeit des elektronischen Handelssystems trägt, bestimmt er die Struktur des Marktes. Damit hat sich die ursprünglich vorzufindende Situation, dass die Handelsteilnehmer gemeinsam die Marktstrukturen festlegen, endgültig gewandelt. Die Märkte institutionalisieren sich.[113] Börsen unterliegen einem bislang nicht gekannten Innovationsdruck.[114] Mit dieser Entwicklung ist auch eine Veränderung der Kostenstruktur verbunden.[115] Während die Handelsteilnehmer früher mit der Finanzierung der Präsenz vor Ort und des Mitwirkens am Organisieren des Handelsgeschehens einen hohen Anteil an den Gesamtkosten von vornherein selbst zu tragen hatten, sind diese Posten nunmehr weitgehend weggefallen. Die Finanzierung der neu hinzugekommenen elektronischen Ausstattung und vor allem der Software fällt allein auf Seiten des Börsenbetreibers an. Die Handelsteilnehmer haben lediglich die im Verhältnis dazu geringen individuellen Anschlusskosten zu tragen. Zwar legt die Börse die ihr entstehenden Kosten dann durch Gebühren etc. auf die Teilnehmer um. Es ist jedoch eine Kosten- und Geschäftspolitik erforderlich, die vorher in diesem Ausmaße nicht notwendig gewesen ist.

Der Betreiber kann nur mittels einer professionellen Organisation all diese Funktionen zufrieden stellend erfüllen. Zur Zeit des Erlasses des Börsengesetzes mag es so gewesen sein, dass dem Marktbetreiber keine große Aufmerksamkeit geschenkt werden musste.[116] Der Markt betrieb sich gleichsam von selbst. Das ist spätestens seit dem Einsetzen der oben aufgezeigten Entwicklung anders geworden.[117] Die Funktion einer Börse ist zwar im Wesentlichen gleich geblieben, organisatorische Mittel und Umfeld haben sich aber grundlegend verändert. Die Einrichtung 'Börse' erfordert inzwischen – auch aufgrund der technischen Entwicklung – einen hohen Organisationsgrad.[118] Organisation eines Börsenhandels heißt nunmehr in großem Umfang Software- und Hardwareentwicklung. Börsenbetreiber sind hochgradig technologisierte Unternehmen. Das alles verlangt, die Marktveranstaltung 'Börse' unternehmerisch zu betreiben. Der deutsche Gesetzgeber hat dem in einem ersten Schritt Rechnung getragen, als er im Jahre 1994 mit dem Zweiten Finanzmarktförderungsgesetz ein professionelles Leitungsorgan einführte. Im Zusammenwirken

---

113 *Baum*, RabelsZ 64 (2000), 633, 634; Accenture, Leaving Safe Havens, S. 27.

114 *Wastl*, WM 1999, 620, 622.

115 Vgl. auch *Gerke*, DBW (53) 1993, 725, 732 ff.

116 Vgl. *Hammen*, AG 2001, 549, 556.

117 Vgl. auch *Franke*, in: Assmann/ Schütze, Handbuch des Kapitalanlagerechts, Ergänzungsband, § 2 Rn. 17 ff.

118 *Mues*, Die Börse als Unternehmen, S. 28 f.; *Hopt*/ *Baum*, Börsenreform, S. 361.

mit den nunmehr privatrechtlich strukturierten Trägern ist aus der ehemals rein öffentlich-rechtlichen Verwaltungstätigkeit ein Börsenmanagement geworden.

Das Betreiben einer Börse ist denn auch bereits nach geltendem Recht – trotz der Einordnung als zwingend staatliche Aufgabe – als unternehmerische Tätigkeit einzustufen.[119] Das ergibt sich aus einer Gesamtschau des Börsenbetriebs. Die (Haupt)Leistung der Börse, die Organisation einer Marktveranstaltung für Emittenten und Wertpapierhändler, stellt sich als eine spezielle Finanzdienstleistung dar.[120] Diese Hauptleistung wird um eine zunehmend spezifizierte Palette von Nebenprodukten ergänzt.[121] Das Bild unternehmerischer Betätigung wird nicht zuletzt durch das System der Finanzierung geprägt. Der hohe Organisationsgrad erfordert finanzielle Mittel in nicht unerheblichem Umfang. Wenn der Staat den Börsenbetrieb nicht selbst finanzieren kann oder will, muss er sich privater Investoren bedienen. Deren Bereitstellen finanzieller Mittel ist stets unternehmerisch veranlasst. Wenn die Mittelaufbringung in dieser Weise unternehmerisch veranlasst ist, so muss sich auch die Mittelverwendung hieran orientieren.[122] Anderenfalls würde die Quelle rasch versiegen. Darum ist eine unternehmerische Ausrichtung zwingend. Alle Einnahmen (Gebühren und sonstige Entgelte[123]) fließen deshalb schon gegenwärtig an den Börsenträger und sorgen so für eine Gewinnerzielung.

Börsen sind mithin Unternehmen. Daran ändert auch die Zweiteilung in Börse und Träger nichts. Diese Trennung lässt sich zwar juristisch vollziehen, wirtschaftlich indes nicht. Die Börse ist nämlich ohne den Träger nicht funktionsfähig. Daher kann die Standortbestimmung des deutschen Börsenrechts nur unter Berücksichtigung der Einheit beider Teile des Systems erfolgen.[124] Beide zusammen ergeben das Bild eines unternehmerisch operierenden Verbundes. Die Überleitung der Trägerschaft der Frankfurter Wertpapierbörse von der Industrie- und Handelskammer Frankfurt a.M. auf die Frankfurter Wertpapierbörse AG, nunmehr firmierend unter Deutsche Börse AG, wurde folgerichtig auch als Unternehmenserwerb angesehen.[125]

---

119 *Mues*, Die Börse als Unternehmen, S. 19, 28 f.; *Hopt/ Baum*, Börsenreform, S. 404. *Köndgen*, JITE 154 (1998), 224, 234. Zur Frage der Unternehmereigenschaft der Börse im Sinne des Kartellrechts vgl. *Beck*, WM 2000, 597, 597 ff.; *v. Olenhusen*, Börsen und Kartellrecht, S. 111.

120 *Köndgen*, FS Lutter, 1401, 1410; *ders.*, ZHR 164 (2000), 648, 649; *Baums/ Segna*, Börsenreform, S. 37; *Claussen*, Finanz Betrieb 2000, 774, 775; *Kindermann*, WM 1989, SB 2, S. 8; vgl. auch *Mues*, Die Börse als Unternehmen, S. 17; *Nobel*, FS Lutter, 1485, 1485; *Beck*, WM 2000, 597, 597.

121 Vgl. etwa Deutsche Börse AG, Börsenzulassungsprospekt, S. 58.

122 Vgl. *Mues*, Die Börse als Unternehmen, S. 28 f.

123 Beispielsweise Nutzungsgebühren für das elektronische Handelssystem, vgl. *Mues*, Die Börse als Unternehmen, S. 230.

124 *Schneider/ Burgard*, WM 2000, SB 3, 24, 27; *Kümpel*, in: Kümpel/ Hammen, Börsenrecht, 2. Teil I 1 b.

125 *Laule*, FS Heinsius, 437, 455.

Auch das deutsche Börsenwesen mit seiner Trennung von Börse und Börsenbetreiber ist von der geschilderten Entwicklung nicht unberührt geblieben. Während im Zeitalter vor der Computerisierung sämtliche marktorganisatorischen Fragen durch die öffentlich-rechtlichen Börsenorgane getroffen wurden und der Träger weitgehend lediglich als Geldgeber auftrat,[126] so ist nunmehr zu beobachten, dass der Träger dadurch, dass er das elektronische Handelssystem betreibt, die Organisation des Börsenhandels zumindest faktisch ganz übernommen hat.[127] Als Beweis für diese tatsächliche Situation möge die Fiktion vom Entzug der Trägerschaft genügen. Früher hätte man in solch einem Fall nur einen neuen Geldgeber finden müssen. Heute bräuchte man – auch wenn das elektronische Handelssystem bei der Börse verbliebe –[128] einen neuen Organisator, der das System betreute und fortentwickelte, also den Börsenhandel organisierte. Diese Auswechselung wäre nur unter einigen Schwierigkeiten möglich. Schließlich bestimmt die Innovationsfreudigkeit des Trägers auch maßgeblich die Wettbewerbsfähigkeit der Börse.[129]

Damit lässt sich als Zwischenergebnis festhalten: Börsenbetreiber stellen sich zunehmend als normale Unternehmen des Finanzdienstleistungssektors dar. Sie sind hochgradig technologisiert.

Das Betreiben einer Börse kostet Geld. Das war schon immer so. Der Einzug moderner Technologie in alle Bereiche des Handelsablaufes mit der ihr verbundenen Eigenart permanenten Modernisierungsdrucks hat es aber erforderlich gemacht, diese Aussage zu präzisieren. Sie muss nunmehr lauten: Das Betreiben einer Börse kostet sehr viel Geld.[130] Es kostet so viel Geld, dass die Mitgliedsbeiträge der örtlichen Industrie- und Handelskammern in keiner Weise mehr genügten, die Börse als Selbstverwaltungseinrichtung der am Ort ansässigen Kaufleute zu unterhalten.[131] Hinzu kommt die oben bereits angesprochene Verschiebung der Kostentragung auf primärer Ebene von den Handelsteilnehmern weg und zu Lasten der Börse. Als Ausweg aus dieser Situation wur-

---

[126] Vgl. *Wiede*, Die Börse als verwaltungsrechtliches Problem und Rechtsinstitut, S. 66 ff.: Finanzierung und Verwaltung der äußeren Börsenangelegenheiten, das heißt nicht die Organisation des Handels.

[127] Vgl. auch *Mues*, Die Börse als Unternehmen, S. 19, 88; *Köndgen/ Mues*, WM 1998, 53, 57.

[128] Zur Frage, wem XETRA zuzurechnen ist, vgl. *Köndgen/ Mues*, WM 1998, 53, 58.

[129] Vgl. Deutsche Börse AG, Börsenzulassungsprospekt, S. 16 f.

[130] So dürfte beispielsweise die Entwicklung, Einführung und Weiterentwicklung von XETRA schon bislang insgesamt mindestens 1 Mrd. DM verschlungen haben. Etwa die Hälfte der über 1.000 Mitarbeiter der Deutschen Börse AG arbeiten im Geschäftsfeld Informationstechnologie, vgl. Deutsche Börse AG, Börsenzulassungsprospekt, S. 82. Auch in Zukunft werden diese Kosten eher noch steigen, denn zurückgehen, Accenture, Leaving Safe Havens, S. 28; *v. Rosen*, in: Assmann/ Schütze, Handbuch des Kapitalanlagerechts, § 2 Rn. 260.

[131] *Laule*, FS Heinsius, 437, 441. Zudem ist fraglich, ob die Industrie- und Handelskammer noch als Träger der nunmehr international ausgerichteten Börsen ohne regionalen Bezug agieren dürfte, vgl. *Hammen* AG 2001, 549, 554.

de die Trägerschaft der Frankfurter Wertpapierbörse von der Frankfurter Industrie- und Handelskammer auf eine privatrechtlich organisierte Trägergesellschaft, die Frankfurter Wertpapierbörse AG (nunmehr Deutsche Börse AG), übertragen. Aber auch das war nur ein Zwischenschritt zum Erschließen der größtmöglichen Geldquelle, dem breiten Anlegerpublikum am Kapitalmarkt. Der Börsengang der Deutsche Börse AG am 5.02.2001 zapfte diese Quelle erfolgreich an. Trotz aller geäußerten Bedenken[132] konnte man ihr diesen Schritt aus besagten finanziellen Gründen nicht verwehren.[133] Hinzu kommt der durch den Wettbewerb ausgelöste Konsolidierungsdruck, der neben den Börsen als Märkte natürlich auch und gerade die Betreiber betrifft. Besonders die gemeinsame Nutzung und Entwicklung der Computerhandelssysteme versprechen erhebliche Synergieeffekte.[134] Es muss dafür gesorgt werden, dass die Börsenbetreiber für diesen Wettbewerb gerüstet sind. Hier verschafft ein Börsengang den Unternehmen die notwendige Aquisitionswährung für Übernahmen, Fusionen etc.[135] Gerade in jüngster Vergangenheit hat sich deutlich bestätigt, dass eine Börse, die den Anspruch erhebt, zu den weltweit führenden zu gehören, sich aktiv am Konsolidierungswettbewerb beteiligen muss. Da verwundert es nicht, dass in den letzten Jahren der Börsengang von Börsen eine international zu beobachtende Erscheinung geworden ist.[136] Der Startschuss für diese Entwicklung fiel 1987 mit dem Börsengang der schwedischen OM-Gruppe, die unter anderem die Börsen in Stockholm und Kopenhagen betreibt.[137] Es folgten die Australian Stock Exchange (1998), die Hongkong Stock & Futures Exchanges und die Singapore Stock Exchange (beide 2000).[138] Auch Tradepoint ist seit längerem börsennotiert.[139] Seit dem Börsengang der Deutsche Börse AG haben die Börsen Euronext[140] und London Stock Exchange[141] sowie die alternative Handelsplattform Instinet[142] diesen Weg beschritten. Die Börse Oslo hat ihre Aktien abseits der Börse dem Handel zugänglich gemacht.[143] Bei weiteren Börsen laufen die Vorbereitungen auf Hoch-

---

132 Vgl. dazu *Fuchs*, Die Bank 2001, 164, 166 f.

133 Zur Finanzierung der vollständigen Übernahme des Wertpapierabwicklers Clearstream wurden im Sommer 2002 sogar noch 10 Mio. neue Aktien zu 44 € das Stück ausgegeben und zusätzlich Commercial Papers im Volumen von weiteren 400 Mio. € begeben, Börsenzeitung v. 7.06.2002, S. 1; v. 27.06.2002, S. 4.

134 So auch Bundesverband deutscher Banken, Stellungnahme zum Gutachten, S. 38; wortgleich: Deutsche Börse AG, Stellungnahme zum Gutachten, S. 26; *Merkt*, Gutachten G zum 64. DJT, S. 51.

135 *Fuchs*, Die Bank 2001, 164, 166.

136 Vgl. *Claussen*, ZBB 2000, 1, 3; *Nobel*, FS Lutter, 1485, 1487.

137 *Fuchs*, Die Bank 2001, 164, 164; *Mehner*, Börsenzeitung v. 25.01.2001, S. 6.

138 *Fuchs*, Die Bank 2001, 164, 164; *Kränzle*, Börsenzeitung v. 31.01.2001, S. 3; *Wälterlin*, Börsenzeitung v. 31.01.2001, S. 3.

139 *Hellmann*, Börsenzeitung v. 2.02.2001, S. 6.

140 Börsenzeitung v. 20.07.2001, S. 3.

141 Börsenzeitung v. 7.07.2001, S. 3.

142 Börsenzeitung v. 19.05.2001, S. 3.

143 Börsenzeitung v. 25.05.2001, S. 5.

touren. So vermelden die Börsen in Spanien, Tokio, Mailand und Kopenhagen sowie die Nasdaq, die Nasdaq Japan und die New York Stock Exchange angestrengte Schritte in diese Richtung.[144] Als erste US-amerikanische Börse hat die Chicago Mercantile Exchange (CME) einen Antrag auf Börsengang bei der SEC gestellt.[145]

Der Preis für die Finanzierung über die Börse ist zweifelsohne eine neue, nur begrenzt kontrollier- und planbare Anteilseignerstruktur mit neuen Interessenskonflikten.[146] Neben der Erleichterung der aktiven Beteiligung an Übernahmen und Fusionen vergrößert ein Börsengang auch die Gefahr, selbst übernommen zu werden. Eine erfolgreiche Platzierung und Behauptung[147] der Anteile erfordert zudem eine lukrative Geschäftspolitik, die das Vertrauen der Anleger zu gewinnen vermag. Dafür ist eine Orientierung am Shareholder Value[148], insbesondere die Erwirtschaftung eines zumindest akzeptablen Gewinns, notwendig.[149] Im Gegensatz zu genossenschaftlich ausgerichteten Unternehmen muss der Gesellschaftszweck auf Gewinnorientierung lauten. Andererseits sorgt eine Börsennotierung auch für eine Kontrolle des Managements durch den Kapitalmarkt, welche sich als vorteilhaft für die Behauptung im Wettbewerb darstellen kann.[150]

Es bleibt festzuhalten: Der Finanzierungsweg über die Börse muss auch den privatrechtlichen Börsenbetreibern de lege ferenda grundsätzlich offen stehen.[151]

Börsen sind mithin Unternehmen, die sich in punkto Geschäftspolitik und Finanzierung kaum von anderen Unternehmen unterscheiden. Sie müssen insbesondere schwarze Zahlen schreiben.[152] Da ist es nur folgerichtig zu fordern, dass den Börsen genügend Gestaltungsspielraum eingeräumt werden muss,

---

[144] *Fuchs*, Die Bank 2001, 164, 165; *Budimir*, Die Bank 2001, 25, 25; Börsenzeitung v. 20.02.2002, S. 3; v. 14.12.2001, S. 5; v. 6.07.2001, S. 3; v. 16.06.2001, S. 3.

[145] Börsenzeitung v. 12.06.2002, S. 5.

[146] *Fuchs*, Die Bank 2001, 164, 166.

[147] Eine dauerhaft gute Kursentwicklung ist wichtig, um den freien Kapitalmarkt auch für späteren Finanzierungsbedarf noch nutzen zu können.

[148] Zum Begriff des ‚shareholder value' vgl. *Schilling*, BB 1997, 373 ff.

[149] Vgl. auch Deutsche Börse AG, Stellungnahme zum Gutachten, S. 24; Bundesverband deutscher Banken, Stellungnahme zum Gutachten, S. 33; *Budimir*, Die Bank 2001, 25, 25 f.; *Harbarth*, ZGR 1998, 810, 813; *Fuchs*, Die Bank 2001, 164, 166. Vgl. zudem *Köndgen*, JITE 154 (1998), 224, 237; *Schön*, ZGR 1996, 429, 440.

[150] *Fuchs*, Die Bank 2001, 164, 167.

[151] Ähnlich *Baums/ Segna*, Börsenreform, S. 43; *Hammen*, AG 2001, 549, 556, 563.

[152] Vgl. die Berichte in der Börsenzeitung v. 17.07.2002, S. 5, 9; v. 24.01.2002, S. 3 (OM-Gruppen); v. 14.12.2001, S. 5 u. v. 16.11.2001, S. 3 u. v. 22.08.2001, S. 3 (Nasdaq); v. 7.11.2001, S. 3 (London Stock Exchange); v. 31.08.2001, S. 3 (Euronext); v. 20.02.2002, S. 3 u. v. 16.08.2001, S. 3 (Deutsche Börse AG); v. 3.07.2002, S. 5 (Börse Sydney); v. 2.08.2002, S. 3 (Berliner Wertpapierbörse)..

um durch Flexibilität und Eigenverantwortung im Wettbewerb mit den Konkurrenten bestehen zu können.[153] Der vorangegangene Abschnitt hat gezeigt, mit welchen Neuerungen die Börsen aufwarten. Insbesondere ein flexibles Eingehen auf die Bedürfnisse einzelner Marktteilnehmer(gruppen) ist dabei erforderlich.[154] Die radikale Verlagerung der primären Kostentragung auf die Börse und die notwendige finanzielle Absicherung des Betreibers bedingen zudem, dass dieser noch anderweitig tätig wird. Seine eigenentwickelte Technologie sowie die Vermarktung von Informationen bieten hierzu zahlreiche Möglichkeiten, welche die Deutsche Börse AG eindrucksvoll vorführt.[155]

Bereits hinreichend deutlich geworden ist die internationale Entwicklung hin zu Kooperationen, Fusionen und Übernahmen im Börsenwesen.[156] An dieser Forderung muss sich auch die Börsenorganisation de lege ferenda messen lassen. Der Gesetzgeber sollte hier nicht unnötige Hürden aufbauen.[157] Gegenwärtig sind in dieser Hinsicht in Deutschland noch einige Schwierigkeiten, beispielsweise bei der Einbindung der Börse oder ihres Trägers in einen internationalen Konzern,[158] zu verzeichnen. Diese machen, wie die deutsch-schweizerische Gemeinschaftsbörse Eurex sowie die – aus anderen Gründen – gescheiterte Fusion zwischen der London Stock Exchange und der Frankfurter Wertpapierbörse beziehungsweise der Deutsche Börse AG zeigen, solche Bemühungen nicht gänzlich unmöglich. Anhand der gewählten Konstruktionen und der verbliebenen Unsicherheiten zeigt sich jedoch bereits an diesen beiden Modellen, dass es de lege lata an genügend Spielraum noch fehlt.[159]

Die Deutsche Börse AG als Träger der Frankfurter Wertpapierbörse hat sich im angeführten internationalen Wettbewerb bislang hervorragend behaupten

---

153 *Hopt/ Baum*, Börsenreform, S. 366; Bundesverband deutscher Banken, Stellungnahme zum Gutachten, S. 22; wortgleich: Deutsche Börse AG, Stellungnahme zum Gutachten, S. 17; *Plückelmann*, Der Neue Markt der Deutschen Börse AG, S. 53.

154 *Schmidt/ Oesterhelweg/ Treske*, Kredit und Kapital 1997, 369, 381 u. 387; *Merkt*, Gutachten G zum 64. DJT, S. 51.

155 Vgl. dazu Accenture, Leaving Safe Havens, S. 29 ff.

156 Vgl. *Beck*, WM 2000, 597, 608; *Köndgen/ Mues*, WM 1998, 53, 53; *Nobel*, FS Lutter, 1485, 1489, 1506 ff.; *Wastl*, WM 1999, 620, 629; Accenture, Leaving Safe Havens, S. 25 ff.; Bundesverband deutscher Banken, Stellungnahme zum Gutachten, S. 39; wortgleich: Deutsche Börse AG, Stellungnahme zum Gutachten, S. 27. A.A. insoweit *Rudolph/ Röhrl*, Börsenreform, S. 243, die sich aber heute wohl kaum noch vertreten läßt.

157 So auch Bundesverband deutscher Banken, Stellungnahme zum Gutachten, S. 38; wortgleich: Deutsche Börse AG, Stellungnahme zum Gutachten, S. 26; Accenture, Leaving Safe Havens, S. 27 f.

158 Vgl. dazu *Schwark*, WM 2000, 2517 ff.

159 *Köndgen*, ZHR 164 (2000), 648, 654; einschränkend: *Hammen*, AG 2001, 549, 551 f.

können. Mit der Frankfurter Wertpapierbörse[160] und Eurex vereint sie nicht nur die weltweit sechstgrößte Aktienbörse und die weltgrößte Terminbörse unter einem Dach, sondern zugleich beide Facetten des Börsenhandels. Dadurch kann sie Rezessionen im einen Bereich aufgrund meist gegenläufiger Tendenzen im anderen Bereich abfedern. Auch im Abwicklungsbereich ist der Konzern[161] gut positioniert. Aus dem nationalen Kassenverein hat er – nunmehr vollendet durch die 100-%-ige Übernahme von Clearstream –[162] einen führenden europäischen Abwickler gemacht. In Europa ist nur die Börse Euronext vergleichbar positioniert. Durch weitere Dienstleistungen, wie das Vermarkten der elektronischen Handelssysteme XETRA und Eurex,[163] der Entwicklung elektronischer Marktplätze[164] und die Vermarktung von Informationsprodukten[165], wird zusätzlich (dringend benötigtes) Geld eingenommen.[166] Nicht zuletzt hat mit der Strombörse EEX (inzwischen fusioniert mit der Leipziger Strombörse LPX) auch der Unternehmensbereich 'spezielle Produktbörsen' einen fruchtbaren Anfang genommen. Weitere sollen folgen.

Zusammenfassend bleibt zu sagen: Börsen(betreiber) benötigen größtmöglichen Spielraum, um im internationalen Wettbewerb bestehen zu können. Sie haben sich zu finanzstarken und -bedürftigen Technologiekonzernen entwickelt.

---

160 Die Frankfurter Wertpapierbörse ist hinter der New York Stock Exchange, der Nasdaq, der Tokio Stock Exchange, der London Stock Exchange und Euronext die weltweit sechstgrößte Börse, Accenture, Leaving Safe Havens, S. 8.

161 Zur Konzernstruktur vgl. Deutsche Börse AG, Börsenzulassungsprospekt, S. 90.

162 Vgl. Börsenzeitung v. 2.02.2002, S. 1, 3.

163 Vgl. Deutsche Börse AG, Börsenzulassungsprospekt, S. 62 f., 77.

164 Vgl. Deutsche Börse AG, Börsenzulassungsprospekt, S. 81.

165 Vgl. Deutsche Börse AG, Börsenzulassungsprospekt, S. 75.

166 Zu den Betätigungsfeldern in '2. Reihe' vgl. Deutsche Börse AG, Börsenzulassungsprospekt, S. 58; Accenture, Leaving Save Havens, S. 29 ff.

C. Ausgangspunkt der Arbeit: Zumindest alternative Öffnung des Wirtschaftssektors 'Börsen' für Privatunternehmen

Das weitgehend öffentlich-rechtlich strukturierte deutsche Börsenwesen ist in der Vergangenheit Gegenstand einer Diskussion um die Frage der Privatisierung dieses Wirtschaftssektors geworden. Es steht damit in einer Reihe mit den großen bekannten Privatisierungsmaßnahmen im Telekommunikations-, Post- und Eisenbahnwesen. Die beiden letztgenannten Bereiche waren, ebenso wie die Börsen des gegenwärtigen Rechts, als unselbständige Anstalten des öffentlichen Rechts organisiert.[1] Im Übrigen liegen die Dinge jedoch anders.

I. Forderung nach privatrechtlichen Börsen

Es ist hinreichend deutlich geworden, dass sich das Börsenwesen in knapp zwei Jahrzehnten grundlegend gewandelt hat. Die rechtlichen Rahmenbedingungen versuchen, mit den Marktgegebenheiten Schritt zu halten. Von einer "verschlafene[n] Provinz des Rechts"[2] ist nichts mehr zu spüren. Die zahlreichen Änderungen des Börsenrechts haben zu einer Unübersichtlichkeit und Fragmentierung dieses Rechtsgebietes geführt. Selbst die mit der Materie vertrautesten Personen geben offen zu: "Die feinsinnige Unterscheidung zwischen öffentlich-rechtlichen Entscheidungen und Entscheidungen, die jenseits des Kerns der Börse liegen und damit privatem Recht unterfallen, ist schwer zu treffen und wird sogar innerhalb der Deutschen Börse nur von wenigen Experten durchgängig verstanden."[3] Das Börsengesetz bietet nicht genügend Spielraum, um flexibel im Wettbewerb agieren zu können. So ist die Börse gezwungen, immer neue Konstruktionen zu wählen, um diesen Fesseln zu entkommen.[4] Auch hier hat sich "[d]ie tatsächliche Entwicklung ... um Rechtsdogmatik

---

1 *Hopt/ Baum*, Börsenreform, S. 407 (Fn. 498).

2 *Köndgen*, ZHR 164 (2000), 648, 648.

3 Deutsche Börse AG, Stellungnahme zum Gutachten, S. 25; wortgleich zu Bundesverband deutscher Banken, Stellungnahme zum Gutachten, S. 35 f.

4 Zu denken ist hier insbesondere an die Strukturierung des Neuen Marktes der Deutsche Börse AG (welcher nunmehr nach Inkrafttreten des 4. Finanzmarktförderungsgesetzes auch als öffentlich-rechtliches Teilsegment strukturiert werden kann). Vgl. dazu *Potthoff/ Stuhlfauth*, WM 1997, SB 3, S. 4 ff.

nicht gekümmert."[5] Der Wandel in der Börsenlandschaft ist noch längst nicht abgeschlossen. Mit diesen tatsächlichen Gegebenheiten hat nicht nur Deutschland umzugehen. In vielen anderen Ländern ist in den vergangenen Jahren ein erhebliches Aufkommen an Reformen und Veränderungen im Börsenwesen zu beobachten gewesen. Dies vor Augen, wird auch hierzulande die Forderung nach einer grundlegenden Überarbeitung des Börsen(organisations)rechts immer lauter.[6] Dabei soll sich der Gesetzgeber nicht darauf beschränken, längst überfällige Anpassungen vorzunehmen. Er ist vielmehr aufgefordert, aktiv an der Neuordnung des Börsenwesens mitzuwirken.[7] Zahlreiche Stimmen in Wissenschaft und Praxis fordern die Zulassung rein privatrechtlich strukturierter Börsen. Diese Aussage trifft insbesondere ein vom Bundesfinanzministerium im Jahre 1996 in Auftrag gegebenes Gutachten der Verfasser *Hopt/ Rudolph/ Baum* zur Vorbereitung des Vierten Finanzmarktförderungsgesetzes.[8,9] Es hat zum Gegenstand, welche Rahmenbedingungen ein modernes marktorientiertes Börsengesetz festlegen soll und welche gesetzgeberischen Änderungen in Deutschland erforderlich sind, um ein solches Gesetz zu schaffen. Es sei an dieser Stelle schon vorweggenommen, dass der Gesetzgeber des Vierten Finanzmarktförderungsgesetzes den Vorschlägen des Gutachtens zur Einführung privater Börsen nicht gefolgt ist. Zu diesem Gutachten sind zahlreiche Stellungnahmen erschienen, die in der Frage der Zulassung privatrechtlicher Börsen zu teils unterschiedlichen Ergebnissen kommen.[10] Unabhängig von dem erwähnten Gutachten haben sich weitere Autoren ebenfalls für privatrechtliche Börsen ausgesprochen.[11] Die soeben angeführten

5 So – ohne das Börsenwesen vor Augen zu haben – der Befund von *Schoch*, DVBl 1994, 962, 977, zur allgemeinen Privatisierungspraxis der öffentlichen Hand.

6 Vgl. *Hellwig*, ZGR 1999, 781, 783; *Mues*, ZBB 2001, 232, 232; *Wastl/ Schlitt*, MMR 2000, 387, 396; *Potthoff/ Stuhlfauth*, WM 1997, SB 3, S. 12.

7 *Hellwig*, ZGR 1999, 781, 783; *Mues*, ZBB 1997, 15, 24.

8 Vgl. *Hopt/ Baum*, Börsenreform, S. 400 ff.

9 Dieses Gutachten wurde in erweiterter und aktualisierter Fassung 1997 unter dem Titel Börsenreform – Eine ökonomische, rechtsvergleichende und rechtspolitische Untersuchung in Buchform veröffentlicht. Die Ziele, Ausgangspunkte und Empfehlungen an den Gesetzgeber des Gutachtens (S. 1 - 14) sind außerdem in WM 1997, 1637 ff. abgedruckt. In WM 1997, SB 4 findet sich eine Zusammenfassung der rechtsvergleichenden Aspekte des Gutachtens der Verfasser *Hopt* und *Baum*.

10 Für private Börsen: Bundesverband deutscher Banken, Stellungnahme zum Gutachten, S. 28; wortgleich Deutsche Börse AG, Stellungnahme zum Gutachten, S. 21; *Claussen*, ZBB 2000, 1, 2; *Hellwig*, ZGR 1999, 781, 791 ff. *Köndgen*, ZHR 164 (2000), 648, 653; *Mues*, Die Börse als Unternehmen, S. 166, 229 ff.; *Merkt*, Gutachten G zum 64. DJT, S. 81 ff.; *ders.*, NJW-Beilage 23/2002, 41, 43 f. Etwas verhaltener: *Kümpel*, WM 1997, 1917, 1923; *Baums/ Segna*, Börsenreform [Anmerkung: Stellungnahme zum Gutachten im Auftrag der Regionalbörsen], S. 54; *Segna*, ZBB 1999, 144, 152; *ders.*, Arbeitspapier Nr. 75, S. 34. Dagegen: Hessische Börsenaufsichtsbehörde, Stellungnahme zum Gutachten, A II, B II; Bundesverband der Kursmakler, Stellungnahme zum Gutachten, S. 31 ff., 53.

11 Vgl. etwa *Schwark*, WM 1997, 293, 302; *Klenke*, WM 1995, 1089, 1092 f. *Nobel*, FS Lutter, 1485, 1488; *Wastl*, WM 1999, 620, 626 (Fn. 51); wohl auch Börsensachverständigenkommission, Empfehlungen zur Regulierung Alternativer Handelssysteme, S. 14. Einschränkend: *Hammen*, AG 2001, 549, 551.

Publikationen sind maßgebliche Grundlagen dieser Arbeit. Sie hat es sich zum Ziel gesetzt, ungeachtet der bisweilen rein politisch geführten Diskussion um die Vor- und Nachteile öffentlich-rechtlicher und privatrechtlicher Börsen, auf einer nächsten Stufe die möglichen rechtlichen Strukturen privatrechtlich organisierter Börsen zu beleuchten. Die Fragestellung lautet: Kann das gegenwärtig gemischt öffentlich-rechtliche und privatrechtliche Börsenwesen mit gleichem Erfolg, unter Umständen mittels sondergesetzlicher Regelungen, ganz oder zumindest größtenteils privatrechtlich organisiert werden? Genau das behaupten nämlich die oben genannten Verfechter privatrechtlicher Börsen.[12] Sie haben mannigfaltige Vorschläge in den Raum gestellt, deren umfassende Untersuchung noch aussteht. Sie soll in der vorliegenden Untersuchung geliefert werden. Dabei gilt es auch, die Erfahrungen mit privatrechtlichen Strukturelementen de lege lata zu berücksichtigen.

Dass man bei der Diskussion um private Börsen das gegenwärtige System 'kopieren' möchte, macht Sinn, denn es funktioniert – zumindest in seinem öffentlich-rechtlichen Teil[13] – nahezu reibungslos. Ein völliger Neuanfang wäre mit erheblichen Unsicherheiten und unvermeidlichen Anlaufschwierigkeiten verbunden.[14] Experimente mit den etablierten Börsen kann sich der Finanzplatz Deutschland nicht erlauben. Dieser Gesichtspunkt ist auch der Grund dafür, warum überwiegend lediglich eine alternative Öffnung des Wirtschaftssektors 'Börsen' für Private gefordert wird.[15] Insofern ist entgegen *Claussen*[16] die Frage nach der Rechtsform der deutschen Wertpapierbörsen doch eine Fragestellung, die für die Fortentwicklung des deutschen Kapitalmarktes zentrale Bedeutung hat. Stellt sich nämlich heraus, dass privatrechtliche Konstruktionen der öffentlich-rechtlichen Struktur unterlegen sind, kann eine Umstellung des Systems gravierende Folgen haben.[17] Gleiches gilt auch für den gegenteiligen Fall.[18]

Was sind nun die Gründe für die erhobene Forderung nach privaten Börsen? Es bleibt dabei, dass die Diskussion um das prinzipielle Für und Wider nicht im Detail dargestellt und weitergeführt wird. Dabei soll es bleiben. Zum Verständ-

---

12 Statt aller vgl. *Baums/ Segna*, Börsenreform, S. 54 sowie *Mues*, Die Börse als Unternehmen, S. 161 ff.

13 Zu den Problemen in den privatrechtlich strukturierten Segmenten nachstehend 2. Teil B VI 2.

14 Vgl. *Hopt/ Baum*, Börsenreform, S. 370.

15 So *Hopt/ Baum*, Börsenreform, S. 407 f.; Bundesverband deutscher Banken, Stellungnahme zum Gutachten, S. 28; wortgleich Deutsche Börse AG, Stellungnahme zum Gutachten, S. 21; *Baums/ Segna*, Börsenreform, S. 54; *Segna*, ZBB 1999, 144, 152; *Kümpel*, WM 1997, 1917, 1923. Weitergehend jedoch *Hellwig*, ZGR 1999, 781, 793 f.; *Merkt*, Gutachten G zum 64. DJT, S. 86 ff.; wohl auch *Köndgen*, ZHR 164 (2000), 648, 653; *Schwark*, WM 1997, 293, 302.

16 *Claussen*, ZBB 2000, 1, 2.

17 Vgl. auch *Hammen*, AG 2001, 549, 551; diesen Aspekt vernachlässigt *Merkt*, Gutachten G zum 64. DJT, S. 84.

18 *Köndgen*, FS Lutter, 1401, 1414 (Fn. 73).

nis der Aussage, dass das gegenwärtige System ins Privatrecht transferiert werden soll, ist jedoch eine Kenntnis der wichtigsten Argumente erforderlich.

Die stets im Zusammenhang mit Privatisierungen der öffentlichen Hand – so auch bei den eingangs erwähnten Wirtschaftsbereichen – im Raume stehenden finanziellen Interessen des Staates spielen im Börsenwesen keine Rolle (mehr). Die oben ausführlich dargestellte Nutzbarmachung privatrechtlicher, börsenfähiger Trägergesellschaften hat dafür bereits eine Lösung geboten.

Dagegen spielt das nächste, ebenfalls häufig angebrachte Argument der Wettbewerbsunfähigkeit staatlicher Organisationen[19] eine gewisse Rolle. Jedoch nimmt auch hier das Börsenwesen eine Sonderstellung ein. Zwar sind die Börsenorgane als die verantwortlichen Entscheidungsträger öffentlich-rechtlich strukturiert, durch die Besetzung des Börsenrates ausschließlich mit Personen aus dem Umfeld des Börsenhandels, die Organisation der Börsengeschäftsführung als professionelles Leitungsorgan und schließlich den (faktischen) Einfluss des unternehmerisch agierenden privatrechtlichen Trägers sind die meisten deutschen Börsen aber – und das gilt vor allem für die Frankfurter Wertpapierbörse – von einer herkömmlichen Behördenstruktur weit entfernt.[20]

Aus Gründen der Flexibilität ist ebenfalls keine gänzliche Umstellung auf das Privatrecht erforderlich,[21] wie die Aufhebung der Segmentstrenge und die Neuordnung der Bestimmungen zur Preisfeststellung durch das Vierte Finanzmarktförderungsgesetz zeigen.[22] Die Kombination von öffentlichem und privatem Recht ermöglicht sogar die Nutzung der Vorzüge beider Systeme.[23] Wenn dennoch der Wettbewerbsdruck als Grund für eine weiterreichende Gestaltungsfreiheit angeführt wird, so vermag das zumindest im hier ausgeführten Sinn nicht zu überzeugen.[24]

Teilweise richtig ist hingegen, dass dadurch, dass der Staat das Börsenwesen weitgehend für sich reserviert, potentielle Wettbewerber zurückgedrängt werden.[25] Wie oben ausgeführt, ist es Privatpersonen de lege lata nämlich nicht erlaubt, ohne eine im weitreichenden Ermessen stehende Genehmigung des Staates eine Börse zu betreiben. Der Forderung nach mehr Wettbewerb im Börsenwesen könnte also mit der Zulassung privatrechtlicher Börsen gedient werden, wenngleich hier die durch das Vierte Finanzmarktförderungsgesetz eingeführten Bestimmungen über elektronische Handelssysteme und über börsenähnliche Einrichtungen (§§ 58 ff. BörsG) schon für einigen Freiraum ge-

---

19 Vgl. *Hopt/ Baum*, Börsenreform, S. 403.

20 Vgl. auch *Baums/ Segna*, Börsenreform, S. 37.

21 So *Rudolph*, WM 1999, 371, 372.

22 Vgl. dazu Begründung zum Entwurf des 4. Finanzmarktförderungsgesetzes, BT-Drs. 14/8017, S. 63; *Möller*, WM 2001, 2405, 2406; *Mues*, ZBB 2001, 353, 357 ff.

23 Deutsche Börse AG, Stellungnahme zum Gutachten, S. 19; wortgleich zu Bundesverband deutscher Banken, Stellungnahme zum Gutachten, S. 26.

24 So auch Hessische Börsenaufsichtsbehörde, Stellungnahme zum Gutachten, A II.

25 So *Mues*, Die Börse als Unternehmen, S. 21.

sorgt haben. Die staatliche Einflussnahme auf das Börsenwesen kann eine Übernahme deutscher Börsen durch ausländische Konkurrenten verhindern – und sei es durch Entzug der Genehmigung nach § 1 Abs. 1 Satz 2 BörsG. Das ist von Vorteil. Im Gegenzug besteht aber die Gefahr, dass sinnvolle Kooperationen aufgrund der komplizierten Rechtsstruktur erschwert werden.[26] Diese Erkenntnis ist nicht zuletzt der gescheiterten Fusion zwischen der Frankfurter Wertpapierbörse beziehungsweise der Deutsche Börse AG und der London Stock Exchange zu 'iX' (International Exchange) zu verdanken, die nur unter Einschränkungen[27] oder gar nicht[28] für zulässig befunden wurde.

Weiterhin wird geltend gemacht, die Einordnung des Betreibens von Börsen als zwingend staatliche Aufgabe sei nicht mehr gerechtfertigt.[29] Die öffentlich-rechtliche Struktur biete keine Vorteile.[30] Selbst wenn dies zuträfe, wäre die Abschaffung keine rechtliche, sondern eine rein politische Entscheidung. Die Ansicht von *Mues*[31], dass die Ausgestaltung des Börsenwesens als Staatsmonopol gegen Grundrechte sowie europäisches Recht verstößt, hat sich nämlich nicht durchsetzen können. Richtig ist indes, dass gerade auf europäischer Ebene eine Liberalisierung des Börsenwesens im Gange ist. Man darf gespannt sein, ob die nationalen Bastionen noch lange verteidigt werden können. Hinzu kommt das Eindringen alternativer Handelssystemen in den Markt für Börsendienstleistungen und damit verbundene Überlegungen, diesen Systemen bei Vorliegen qualifizierter Merkmale de lege ferenda den Status als Börse zu verleihen.[32]

Häufig gebraucht, aber kaum weiterführend[33] ist das Argument, im Ausland seien Börsen ebenfalls privatrechtlich organisiert.[34] Dieser Umstand beruht nämlich zumeist nicht auf der Überzeugung, privatrechtliche Börsen seien öffentlich-rechtlichen überlegen, sondern auf einem gänzlich anderen Verständnis von staatlichen Strukturen und vom Verhältnis von öffentlichem zu privatem Recht. Eine Ausnahme stellt insofern das österreichische Recht dar. Das dortige Börsenwesen war bis vor kurzem dem deutschen vergleichbar organisiert. 1998 wurde es vollständig privatisiert[35] und könnte insofern als Vergleichsob-

---

26 *Köndgen*, FS Lutter, 1401, 1414; *Kurth*, WM 2000, 1521, 1521; *Claussen*, Finanz Betrieb 2000, 774, 778.

27 *Kümpel/ Hammen*, WM 2000, SB 3, 3 ff.; *Schwark*, WM 2000, 2517 ff.

28 *Schneider/ Burgard*, WM 2000, SB 3, 24 ff.; *Köndgen*, ZHR 164 (2000), 648, 653 f.

29 *Köndgen*, ZHR 164 (2000), 649, 653; *Schwark*, ZBB 2001, 311, 313.

30 *Rudolph*, WM 1999, 371, 372; *Hellwig*, ZGR 1999, 781, 793.

31 *Mues*, Die Börse als Unternehmen, S. 127 ff, 137 ff.

32 Börsensachverständigenkommission, Empfehlungen zur Regulierung Alternativer Handelssysteme, S. 14.

33 So auch *Baums/ Segna*, Börsenreform, S. 36; *Schröder*, Die Wertpapierhandelsaufsicht nach dem Zweiten Finanzmarktförderungsgesetz, S. 225.

34 Vgl. etwa *Hopt/ Baum*, Börsenreform, S. 401 f.; *Köndgen*, ZHR 164 (2000), 648, 649.

35 Ausführlich dazu nachstehend 1. Teil A VII 3. Ebenfalls ins Privatrecht überführt wurden die Börse Stockholm (1992), die Pariser Börse (1996) sowie die Mailänder Börse (1997) und un-

jekt für die deutsche Diskussion herangezogen werden. Jedoch ist die Vergleichbarkeit nur mit Einschränkungen gegeben. Zunächst haben der deutsche Gesetzgeber und die Frankfurter Wertpapierbörse mit der Professionalisierung der Börsenleitung und der Überleitung der Trägerschaft auf die Deutsche Börse AG einen entscheidenden Schritt weg von behördlichen Strukturen vollzogen. Die Umwandlung der Wiener Börse in eine Gesellschaft privaten Rechts stellt sich zudem eher als letzter Rettungsversuch dar, die Börse vor dem Versinken in die Bedeutungslosigkeit zu bewahren.[36] Hier ist die Situation in Deutschland eine ganz andere.

Zuzustimmen ist hingegen der Aussage, die Trennung zwischen Börse und Träger erscheine gekünstelt, sei nur schwer nachzuvollziehen und werfe nicht wenige Folgeprobleme auf.[37] Ähnlich wie das rechtsvergleichende kann die Aussage allein jedoch kein Argument für die Einführung privatrechtlicher Börsen sein.[38] Die Hessische Börsenaufsicht[39] weist zu Recht darauf hin, dass davon die Transaktionsbereitschaft der Investoren nicht abhängt. Zudem wurde bereits auf den Vorteil der Verbindung öffentlich-rechtlicher und privatrechtlicher Strukturen hingewiesen. Hinzu kommt, dass sich die Ausgestaltung des Börsenwesens im Ausland, wie bereits angesprochen wurde, ebenfalls als eine Rechtsmaterie mit zahlreichen Besonderheiten darstellt. Sie erscheint nicht als wesentlich einfacher.[40]

Es soll nicht verschwiegen werden, dass gegen eine Privatisierung erhebliche Bedenken geltend gemacht werden. Auf einen Nenner gebracht wird angeführt, eine adäquate Transformation der gemischt öffentlich-rechtlichen und privatrechtlichen Struktur de lege lata in eine rein privatrechtliche Organisation de lege ferenda sei nicht möglich.[41] Das gelte insbesondere für die autonome

längst die Börse Oslo. Vgl. *de Feo*, Die Bank 1998, 638, 639; *Merkt*, Gutachten G zum 64. DJT, S. 53; *Mehner*, Börsenzeitung v. 25.01.2001, S. 6; Börsenzeitung v. 16.06.2001, S. 1.

36 Was nur bedingt gelungen ist. Vgl. zu den neuesten Umstrukturierungsmaßnahmen bezüglich der Segmentierung: Börsenzeitung v. 10.10.2001, S. 3.

37 *Köndgen*, ZHR 164 (2000), 648, 649; vgl. auch *Baums/ Segna*, Börsenreform, S. 38. Anderer Ansicht ist insoweit die Hessische Börsenaufsichtsbehörde, Stellungnahme zum Gutachten, A II: "Zudem ist das deutsche Börsenrecht aufgrund seiner überschaubaren und abschließenden Kodifikation im Börsenrecht und den weiteren wenigen nachgeordneten börslichen Regelwerken nicht von besonderer Schwierigkeit und dürfte hinsichtlich der Verständlichkeit im internationalen Vergleich durchaus bestehen können."

38 Ähnlich wie hier *Baums/ Segna*, Börsenreform, S. 36; *Segna*, ZBB 1999, 144, 145.

39 Hessische Börsenaufsichtsbehörde, Stellungnahme zum Gutachten, A II.

40 So zu Recht Bundesverband deutscher Banken, Stellungnahme zum Gutachten, S. 23 ff.; wortgleich Deutsche Börse AG, Stellungnahme zum Gutachten, S. 17 ff.; Hessische Börsenaufsichtsbehörde, Stellungnahme zum Gutachten, A II.

41 Vgl. *Kümpel*, WM 1997, 1917 ff.; *ders.*, Bank- und Kapitalmarktrecht, Rn. 17.483 ff.; *ders.*, in Kümpel/ Hammen, Börsenrecht, 2. Teil III 4; *Breitkreuz*, Die Ordnung der Börse, S. 336. Hessische Börsenaufsichtsbehörde, Stellungnahme zum Gutachten, A II; *Kurth*, Börsenzeitung v. 6.05.2000, Sonderbeilage B 2.

Rechtsetzung durch den Börsenrat und die hoheitlichen Eingriffsbefugnisse der Börsenorgane.

Die Bedenkenträger sahen sich bestätigt, als zutage trat, dass das privatrechtliche Regelwerk Neuer Markt der Deutsche Börse AG nur bedingt änderungstauglich ist.[42] Die Deutsche Börse AG will nun auch die durch das Vierte Finanzmarktförderungsgesetz eröffnete Möglichkeit der individuellen Gestaltung von Teilbereichen der öffentlich-rechtlichen Segmente nutzen und den Neuen Markt zu einem solchen öffentlich-rechtlichen Teilsegment machen. [43] Das verstärkt den Eindruck, die Privatisierungsdiskussion sei mittlerweile zum Erliegen gekommen. Das ist jedoch nicht zutreffend.[44] Erstens hat die geforderte alternative Zulassung privater Börsen ja gerade nicht zur Folge, die Frankfurter Wertpapierbörse zwingend in eine privatrechtliche Börse umzuwandeln. Wenn sie die öffentlich-rechtliche Konstruktion für die bessere erachtet, kann sie sie sehr wohl beibehalten oder – wie das Beispiel Neuer Markt zeigt – sogar (wieder) intensivieren. Die Entscheidung über eine Privatisierung liegt schließlich bei der hessischen Börsenaufsicht. Der öffentlich-rechtliche Status ist in der Hand des Staates gesichert. Zweitens soll die Zulassung privater Börsen in erster Linie den Wettbewerb im Börsenwesen unterstützen und den aufstrebenden neuen Handelssystemen einen Börsenstatus ermöglichen. Diesen kann damit ein Gütesiegel verliehen werden, wie dies übrigens in Großbritannien sowie den USA möglich ist. Spätestens wenn die erste alternative Handelsplattform um eine Anerkennung als Börse ersucht, wird die Debatte neu entflammen. Die Börsensachverständigenkommission erachtet eine solche Anerkennung für sinnvoll.[45]

II. Private Börsen de lege lata?

Einer Auseinandersetzung mit der Forderung nach privatrechtlichen Börsen de lege ferenda muss die Frage vorangestellt werden, ob es nicht schon nach geltendem Recht privatrechtliche Börsen gibt oder ob sie wenigstens zulässig wären. Beides wird in der Tat vertreten.

Es wurde bereits ausgeführt, dass das Börsengesetz die Frage nach der Rechtsform der Börse nicht eindeutig beantwortet. Es wurde auch erwähnt, die herrschende Meinung ordne die Börse dem öffentlichen Recht zu. Seit Erlass des Börsengesetzes wurde das aber immer wieder bestritten. Anfänglich waren es insbesondere *Anschütz* und *Nußbaum*, die Börsen als privatrechtliche

---

42 Vgl. dazu nachstehend 2. Teil B VI 2.

43 *Beck/ Schlochtermeyer*, Börsenzeitung v. 14.11.2001, S. 5; vgl. auch Börsenzeitung v. 4.09. 2001, S. 1; Die Welt v. 27.09.2002, S. 17.

44 So auch *Mues*, ZBB 2001, 353, 354.

45 Börsensachverständigenkommission, Empfehlungen zur Regulierung Alternativer Handelssysteme, S. 14.

Veranstaltungen des Trägers ansahen.[46] Diese Auffassung muss als überholt angesehen werden, da der Gesetzgeber durch zahlreiche Änderungen des Börsengesetzes die öffentlich-rechtliche Börsenverfassung immer deutlicher herausgestellt hat.[47]

Seit Inkrafttreten des Zweiten Finanzmarktförderungsgesetzes im Jahre 1994, das sich bei der Neuordnung der Börsenorganisation an der Leitungsstruktur der Aktiengesellschaft orientierte,[48] vertritt *Claussen*[49] die Auffassung, es spräche bereits de lege lata mehr für eine privatrechtliche Struktur der Börsen. Die einzelnen öffentlich-rechtlichen Befugnisse der Börsenorgane könnten mit der Rechtsfigur der Beleihung erklärt werden. Das Gegenteil ist der Fall. Bereits die letztgenannte Aussage trifft nicht zu. Die öffentlich-rechtlichen Befugnisse der Börsenorgane sind insgesamt viel zu umfangreich, als dass das mit den Grundsätzen der Beleihung in Einklang gebracht werden könnte.[50] Die Rechtsetzungsfunktion des Börsenrates ist noch nicht einmal tauglicher Beleihungsgegenstand.[51] Schließlich kann man die im Börsengesetz vorgeschriebene Organisationsstruktur keiner Gesellschaftsform des Privatrechts zuordnen.[52] Das zeigt sich besonders deutlich am Börsenrat, der ein Aufsichtsorgan ist, aber auch Grundlagenzuständigkeiten ausübt sowie Geschäftsführungsangelegenheiten erledigt. Ein derart strukturiertes Organ ist dem Privatrecht unbekannt. Damit ist die Ansicht *Claussens* abzulehnen.

Gleiches gilt für die Ansicht von *Riehmer/ Heuser*[53], die behaupten, der Aufsichtsbehörde sei es unbenommen, neben Anstalten des öffentlichen Rechts auch privatrechtlichen Börsen eine Börsengenehmigung zu erteilen. Hiergegen spricht nämlich schon, dass die vom Börsengesetz vorgegebene Organisationsstruktur zwingend ist[54] und diese keiner Privatrechtsform entspricht. Börsen sind folglich öffentlich-rechtlicher Natur.

---

46 *Anschütz*, VerwArch 11 (1903), 519, 521; *Nußbaum*, BörsG, § 1 Anm. IV. Vgl. dazu auch die Ausführungen bei *Schwark*, BörsG, § 1 Rn. 14; *Mues*, Die Börse als Unternehmen, S. 67 f.

47 *Kümpel*, Bank- und Kapitalmarktrecht, Rn. 17.99 ff.

48 Begründung zum Entwurf des 2. Finanzmarktförderungsgesetzes, BT-Drs. 12/ 6679, S. 36.

49 *Claussen/ Erne*, Bank- und Börsenrecht, § 9 Rn. 22 f.; *Claussen/ Hoffmann*, ZBB 1995, 68, 71 f. Vgl. auch *Steinhübel*, Die private Computerbörse für mittelständische Unternehmen, insbesondere S. 48 f.

50 Vgl. auch *v. Olenhusen*, Börsen und Kartellrecht, S. 59 f.; *Schwark*, Festgabe BGH Band II, 455, 492.

51 Ausführlich dazu nachstehend 2. Teil B IV.

52 *Hammen*, AG 2001, 549, 550 f. Vgl. auch *Breitkreuz*, Die Ordnung der Börse, S. 87.

53 *Riehmer/ Heuser*, NZG 2001, 385, 387 f. Ähnliches ist auch bei *Steinhübel*, Die private Computerbörse für mittelständische Unternehmen, insbesondere S. 49, 201 u. 287, zu lesen.

54 Vgl. *Franke*, in: Assmann/ Schütze, Handbuch des Kapitalanlagerechts, Ergänzungsband, § 2 Rn. 21; *Schröder*, Die Wertpapierhandelsaufsicht nach dem Zweiten Finanzmarktförderungsgesetz, S. 226 ff.

Freilich bedarf diese Aussage einer Einschränkung, nämlich dann, wenn es um den Handel im Freiverkehr geht. Abgesehen von der Tatsache, dass die Existenz eines Freiverkehrshandels zwingend an das Bestehen einer (öffentlich-rechtlichen) Börse geknüpft ist, ist dieser vollständig selbständig organisiert. Die Organisation wird nicht von der Börse, sondern – im Beispiel der Frankfurter Wertpapierbörse – von dem privatrechtlichen Börsenträger übernommen. Da der Handel ebenfalls auf vollständig privatrechtlicher Grundlage stattfindet, ist es gerechtfertigt, hier von privatrechtlichen Börsen zu sprechen.[55] Konnte man den herkömmlichen Freiverkehr noch als bloßes Anhängsel zum öffentlich-rechtlichen Börsenhandel auffassen, so ist das bei den neuen zulassungsgebundenen Freiverkehrssegmenten[56] wie dem Neuen Markt und der Newex an der Frankfurter Wertpapierbörse, dem Prädikatsmarkt an der Bayerischen Wertpapierbörse München, dem Start-up-Market an der Hanseatischen Wertpapierbörse Hamburg und dem Euwax-Optionsscheinsegment an der Baden-Württembergischen Wertpapierbörse Stuttgart nicht mehr möglich. Gleiches gilt etwa für die Berliner Börse, wo der Freiverkehrshandel den Schwerpunkt der Börsentätigkeit bildet. Diese Umstände führen aber keinesfalls dazu, dass rein privatrechtliche Börsen existieren oder gegründet werden können. Grundlage dieser privatrechtlichen (Teil)Börsen sind nämlich, wie bereits erwähnt, stets öffentlich-rechtliche Börsen nach dem Börsengesetz.[57]

Es bleibt noch zu untersuchen, ob das Vierte Finanzmarktförderungsgesetz mit seiner Neuregelung der börsenähnlichen Einrichtungen in §§ 59 f. BörsG am Verbot der Privatbörsen etwas geändert hat. Nach *Reuschle/ Fleckner*[58] sind börsenähnliche Einrichtungen im Sinne von § 59 Satz 1 Halbsatz 1 BörsG solche elektronischen Handelssysteme, die auch die Tatbestandsvoraussetzungen des Börsenbegriffs in § 1 Abs. 1 Satz 1 BörsG erfüllen, aber nicht als Börse nach dieser Norm genehmigt worden sind und von einem Kreditinstitut o.ä. betrieben werden. Auch § 58 Abs. 1 Satz 1 BörsG spricht von elektronischen Handelssystemen (dem Oberbegriff der Neuregelung in §§ 58 ff. BörsG), die nicht als Börse nach § 1 Abs. 1 BörsG genehmigt sind, und scheint damit zum Ausdruck zu bringen, dass es tatsächlich eine Überschneidung im Anwendungsbereich der beiden Regelungskomplexe gibt. Diese Annahme vermag sich zudem auch auf die amtliche Begründung zum Gesetzesentwurf zu stützen, die davon ausgeht, es stehe der Börsenaufsichtsbehörde frei, ein elektronisches Handelssystem im Sinne von § 59 Satz 1 Halbsatz 1 BörsG als Börse nach § 1 Abs. 1 Satz 1 BörsG einzustufen oder aber der Aufsicht nach §§ 59 f.

---

55 So *Hammen*, AG 2001, 549, 551; *ders.*, WuB I G 7.- 5.01, 1045, 1048; *Kümpel*, WM 1985, SB 5, S. 7; Monopolkommission, Sondergutachten 26, Nr. 82.

56 Ausführlich dazu nachstehend 2. Teil B II

57 Vgl. *Kümpel/ Hammen*, WM 2000, SB 3, 3, 14.

58 *Reuschle/ Fleckner*, BKR 2002, 617, 623 f., 625; ähnlich *Spindler*, WM 2002, 1325, 1333 ff.

BörsG zu unterstellen.[59] Ist diese Sichtweise richtig, so ist das Verbot von Privatbörsen, wie es das Preußische Oberverwaltungsgericht in seiner Feenpalast-Entscheidung ausgesprochen hat,[60] aufgehoben.[61] Kreditinstitute etc. dürften dann – freilich ohne sich Börse zu nennen – Börsenveranstaltungen in Form elektronischer Handelssysteme durchführen. § 1 Abs. 1 BörsG würde seiner Funktion im Hinblick auf die staatliche Einflussnahme auf die Existenz von Börsenveranstaltungen schließlich vollends entledigt, da es für einen potentiellen ‚Börsenbetreiber' ohne weiteres möglich wäre, zunächst die Zulassung als Finanzdienstleistungsinstitut nach § 32 KWG zu erlangen und sich danach der Aufsicht nach §§ 59 f. BörsG zu unterstellen. Bereits das Betreiben eines börsenmäßigen Handels stellt nämlich eine Finanzdienstleistung nach § 1 Abs. 1a Satz 2 Nr. 1 u. 4 (eventuell auch Nr. 2) KWG dar. Dann bliebe für die in der amtlichen Begründung angesprochenen Unternehmen, die nicht Finanzdienstleistungsinstitut sind und ein elektronisches Handelssystem im Sinne von § 59 Satz 1 Halbsatz 1 BörsG betreiben und als Börse zu genehmigen sind,[62] eigentlich kein Raum mehr.[63]

Dies hat der Gesetzgeber aber keineswegs gewollt. Die öffentlich-rechtliche Rechtsform von Börsen sollte ausdrücklich beibehalten werden.[64] Nur börsenähnliche Systeme, nicht aber Börsen – auch im materiellen Sinne – sollen von Privaten betrieben werden dürfen. Auch die Begründung zu den nachträglich in den Gesetzesentwurf zum Vierten Finanzmarktförderungsgesetz eingefügten §§ 58 ff. BörsG unterscheidet strikt zwischen Börsen und börsenähnlichen Handelssystemen und nicht zwischen Börsen nach § 1 Abs. 1 Satz 1 BörsG und solchen nach § 59 Satz 1 Halbsatz 1 BörsG.[65] Es sollte lediglich eine Beaufsichtigung „derartiger Systeme“ (=„alternativer Transaktionssysteme“) sichergestellt werden.[66] Demnach ist § 1 Abs. 1 Satz 1 BörsG ein Börsenbegriff zugrunde zu legen, der über den Begriff der börsenähnlichen Einrichtung in § 59 Satz 1 Halbsatz 1 BörsG hinaus Tatbestandsmerkmale enthält, die die Eigenschaft einer Börse begründen. Hierfür kommt etwa die im Rahmen der Auseinandersetzung mit dem Börsenbegriff bereits angesprochene neutrale

59 Bericht des Finanzausschusses zum Entwurf des 4. Finanzmarktförderungsgesetzes, BT-Drs. 14/8601, S. 16.

60 PrOVGE 34, 315, 338.

61 So *Reuschle/ Fleckner*, BKR 2002, 617, 625.

62 Bericht des Finanzausschusses zum Entwurf des 4. Finanzmarktförderungsgesetzes, BT-Drs. 14/8601, S. 16.

63 Was auch die amtliche Begründung an anderer Stelle auch so sieht, Bericht des Finanzausschusses zum Entwurf des 4. Finanzmarktförderungsgesetzes, BT-Drs. 14/8601, S. 15.

64 Vgl. die Begründung zum Entwurf des 4. Finanzmarktförderungsgesetzes, BT-Drs. 14/8017, S. 63, die unter börslichen Handelssegmenten nur den amtlichen und den geregelten Markt, also Börsenhandel an einer Börse i.S.v. § 1 Abs. 1 Satz 1 BörsG, versteht.

65 Bericht des Finanzausschusses zum Entwurf des 4. Finanzmarktförderungsgesetzes, BT-Drs. 14/8601, S. 15.

66 Bericht des Finanzausschusses zum Entwurf des 4. Finanzmarktförderungsgesetzes, BT-Drs. 14/8601, S. 15.

Preisfestsetzung in betracht. Ist ein elektronisches Handelssystem dann nach der (neuen) Börsendefinition eine Börse im Sinne von § 1 Abs. 1 Satz 1 BörsG, so muss sie entweder als solche genehmigt oder aber untersagt werden. Diese Auslegung ist zwingend, will man die öffentlich-rechtliche Struktur aller deutschen (materiellen) Börsen aufrechterhalten, wovon der Gesetzgeber des Vierten Finanzmarktförderungsgesetzes ausgeht. Folglich bleibt es dabei, private Börsen sind nicht zulässig. Hält man das Betreiben materiell den Börsenbegriff erfüllender elektronischer Handelssysteme im Sinne von § 59 Satz 1 Halbsatz 1 BörsG entgegen diesen Ausführungen dennoch für zulässig,[67] so sind zumindest private Börsen im formellen Sinne weiterhin verboten.[68] Auch nach dieser Ansicht hat die Unterscheidung zwischen materiellen und formellen Börsen indes noch erhebliche Bedeutung, da die Ausgestaltung eines Börsenhandels wie ihn das Börsengesetz in §§ 1 ff. vorsieht, formellen Börsen vorbehalten bleibt und die europäischen Regelungen zum Börsenwesen[69] vielfach an staatliche Anerkennung von Institutionen und Verfahrensweisen anknüpfen, die materiellen Börsen im Sinne von § 59 Satz 1 Halbsatz 1 BörsG jedenfalls versagt bleibt.

Damit bleibt im Ergebnis festzuhalten: Das geltende Recht steht rein privatrechtlich organisierten (formellen) Börsen entgegen.

III. Abkehr von der Organisation einer Börse als zwingend staatliche Aufgabe

Das maßgeblich auf § 1 Abs. 1 BörsG beruhende Verständnis des Börsenwesens de lege lata sieht in der börsenmäßigen Veranstaltung des Wertpapierhandels eine dem Staat obliegende Aufgabe. Der Staat kommt dieser Aufgabe durch die Organisation des Börsenwesens in Form (teilrechtsfähiger) öffentlich-rechtlicher Anstalten nach, die den Börsenhandel für ihn in öffentlich-rechtlicher Form betreiben. Privatbörsen sind verboten. Die Zulassung privatrechtlicher Börsen bedeutet gleichzeitig die Streichung der Organisation des Börsenwesens aus dem Katalog exklusiv staatlicher Aufgaben. Das hat Folgen für die rechtliche Organisation und ist daher näher auszuführen.

Zunächst ist zu klären, was die Bezeichnung 'staatliche Aufgabe' bedeutet. Staatliches Tätigwerden im Allgemeinen muss stets vom Gemeinwohlgedanken getragen sein. Ein Handeln, welches nicht aus dieser Intention herrührt, ist dem Staat grundsätzlich verwehrt.[70] Alle Aufgaben des Staates lassen sich

---

[67] So *Reuschle/ Fleckner*, BKR 2002, 617, 625; *Spindler*, WM 2002, 1325, 1336.

[68] Vgl. *Spindler*, WM 2002, 1325, 1336.

[69] Vgl. dazu nachstehend 1. Teil D III 3.

[70] *Backherms*, Das DIN als Beliehener, S. 20; *Spannowsky*, ZGR 1996, 400, 408.

mithin als öffentliche Aufgaben beschreiben. Will man diese Einordnung weiter untergliedern, so finden sich dazu in der Literatur zahlreiche Begrifflichkeiten.[71] Ohne diesen noch weitere hinzufügen zu wollen und im Bewusstsein, dass eine Zuordnung zu einer der Gruppen mitunter sehr schwierig sein kann, seien im Rahmen dieser Arbeit mit zwingend oder exklusiv staatlichen Aufgaben jene gemeint, die nur vom Staat wahrgenommen werden können. Sie sind abzugrenzen von solchen staatlichen Aufgaben, die freilich auch im öffentlichen Interesse stehen, denen Private aber ohne besondere Ermächtigung nachgehen können,[72] wie beispielsweise die Tätigkeit privater Versorgungsunternehmen. Der Staat kann auch in diesem Bereich aktiv an der Aufgabenerfüllung mitwirken oder sich darauf beschränken sicherzustellen, dass die Aufgaben (allein von Privaten) zufrieden stellend erbracht werden. Exklusiv staatliche Aufgabe ist dann in diesen Fällen nur die Regulierung und Beaufsichtigung der Unternehmen. Es ist bereits angeklungen, dass die Aufstellung eines Kataloges der zwingend staatlichen Aufgaben Probleme bereitet. Anerkannt ist jedoch, dass der Staat in den Grenzen der Verfassung frei bestimmen kann, welche Aufgaben er in den Kreis der ausschließlich von ihm zu erledigenden Tätigkeiten aufnehmen will.[73] Umgekehrt ist es ihm, abgesehen von einem Kernbereich ureigenster Staatstätigkeit, möglich, eine bis dato zwingend staatliche Aufgabe (auch) der privaten Erledigung zugänglich zu machen.[74] Da (grund)gesetzliche Vorgaben in dieser Richtung fehlen, ist die Entscheidung eine überwiegend politische.[75] Einer Privatisierung sind sowohl Aufgaben als auch öffentliche Unternehmen oder auch beides zusammen zugänglich.[76] Hauptgründe für einen solchen Schritt des Staates sind zumeist finanzielle Interessen und/ oder die Notwendigkeit der Schaffung wettbewerbsfähiger Strukturen.[77] Letzteres ist häufig auf europäische Impulse oder internationale Einflüsse zurückzuführen und kann nur durch Herauslösen des Unternehmens aus der staatlichen Einbettung erreicht werden.[78] Zunehmend wird die Ansicht vertreten, der Staat könne als Unternehmer nicht erfolgreich operieren.[79]

Zur Verdeutlichung der Aufgabenklassifizierung seien kurz einige bekannte Privatisierungsbeispiele der jüngsten Vergangenheit in dieses Schema einge-

---

71 Ähnlich auch die Einschätzung von *Peters*, FS Nipperdey, Band II, 877, 877.

72 Vgl. *Habersack*, ZGR 1996, 544, 545; *Bansch*, Die Beleihung als verfassungsrechtliches Problem, S. 45; *Peters*, FS Nipperdey, Band II, 877, 877.

73 *Ossenbühl*, VVDStRL, Band 29, 137, 153; *Backherms*, Das DIN als Beliehener, S. 20 f.; *Stuible-Treder*, Der Beliehene im Verwaltungsrecht, S.31.

74 *Peine*, DÖV 1997, 353, 355; *Schoch*, DVBl. 1994, 962, 963.

75 *Schoch*, DVBl. 1994, 962, 974.

76 *Schoch*, DVBl. 1994, 962, 966.

77 Vgl. *Hefekäuser*, ZGR 1996, 385, 390; *Harbarth*, ZGR 1998, 810, 811; *Spannowsky*, ZGR 1996, 400, 402; *Schmidt*, ZGR 1996, 345, 348; *Ruckteschell*, ZGR 1996, 364, 368 f.

78 *Hefekäuser*, ZGR 1996, 385, 393.

79 *Reinhardt*, ZGR 1996, 374, 378.

ordnet. Die – noch nicht vollständig abgeschlossene – Überführung der staatseigenen Bereiche Post und Telekommunikation in mehrheitlich private Hand bedingte zunächst eine Aufgabenprivatisierung oder, genauer gesagt, eine graduelle Abstufung vom Bereich zwingend staatlicher Aufgaben in den Bereich einfacher staatlicher Aufgaben.[80] Bis zu diesem Zeitpunkt wurde das Erbringen besagter Leistungen als ausschließlich dem Staat obliegende Pflicht angesehen. Nunmehr kann – von Monopolen in Teilbereichen abgesehen[81] – jedermann in diesem Dienstleistungssektor agieren (so ausdrücklich Art. 87f Abs. 2 Satz 1 GG). Nach erfolgter Aufgabenprivatisierung und Umwandlung in zunächst privatrechtliche Eigengesellschaften befinden sich die beiden Unternehmen Deutsche Post AG und Deutsche Telekom AG gegenwärtig inmitten des Prozesses der Unternehmensprivatisierung.[82] Etwas anders gestaltete sich die Situation bei der Deutsche Bahn AG. Auch hier wird bekanntlich der Prozess der Unternehmensprivatisierung mit aller Entschlossenheit vorangetrieben. Jedoch musste hier keine Aufgabenprivatisierung vorangestellt werden. Beförderungsdienstleistungen im Schienenverkehr waren bereits vorher privaten Arrangements zugänglich – wenngleich von dieser Möglichkeit aufgrund anderer Schwierigkeiten nur bedingt Gebrauch gemacht worden ist. Gleiches gilt für Beförderungsdienstleistungen im Flugverkehr.

Bezüglich der Privatisierung des Börsenwesens obliegt dem Bund im Rahmen von Art. 74 Abs. 1 Nr. 11 GG ("Börsenwesen") die konkurrierende Gesetzgebungskompetenz. Wie bereits ausgeführt, hat sich der Staat de lege lata mit § 1 Abs. 1 BörsG die Veranstaltung des Börsenhandels zur ausschließlich eigenen Aufgabe gemacht. Als Besonderheit ergibt sich jedoch, dass die Unterhaltung der Börse mit personellen, sachlichen und finanziellen Mitteln seit einigen Jahren ausschließlich auf privatrechtliche Trägergesellschaften übertragen wurde. Diese sind mit der Erbringung jener (Teil)Aufgabe beliehen. Die Organisation des Börsenhandels als solchen ist indes beim Staat verblieben. Der Staat hat hier in einer Art funktionaler Privatisierung einen Teil der Erledigung der Aufgabe an Private übertragen.[83] Die Aufgabe an sich – insbesondere im Hinblick auf die Verantwortung – verbleibt vollständig beim Staat.

---

[80] Vgl. *Spannowsky*, ZGR 1996, 400, 403; *Hefekäuser*, ZGR 1996, 385, 389.

[81] Um diesen Prozeß schrittweise vollziehen zu können, wurde den Nachfolgeunternehmen ein weitreichendes Monopol eingeräumt, das jedoch Schritt für Schritt vollständigem Wettbewerb weichen soll. Vgl. dazu *Hefekäuser*, ZGR 1996, 385, 393 f.

[82] Vgl. dazu *Harbarth*, ZGR 1998, 810, 812; *Hefekäuser*, ZGR 1996, 385, 386 ff. Aktien der Deutschen Telekom AG wurden inzwischen bereits in drei Tranchen zum Kauf angeboten. Die Deutsche Post AG hat die erste Tranche erfolgreich am Kapitalmarkt platziert.

[83] Zum Begriff der funktionalen/ formellen Privatisierung staatlicher Aufgaben: *Peine*, DÖV 1997, 353, 354 f.; *Schoch*, DVBl. 1994, 962, 962 f. Zur Beleihung als Form dieser Privatisierungsart: *Peine*, DÖV 1997, 353, 362; *Stober*, Handbuch des Wirtschaftsverwaltungs- und Umweltrechts, § 74 I; *Schneider/ Burgard*, WM 2000, SB 3, 24, 26. Nach einer von *Schoch* (DVBl. 1994, 962, 967) vorgenommenen Zweckeinteilung kann man das Börsenwesen de lege lata der Finanzierungsprivatisierung zuordnen.

Eine Zulassung privatrechtlich organisierter Börsen bedingt, dass der Börsenhandel nicht mehr dem Staat als eigene Aufgabe zugerechnet werden kann[84]: Das Betreiben einer Börse wird dem Privatrecht unterstellt. Weder das Aufstellen der Satzung beziehungsweise des Gesellschaftsvertrages für die privatrechtliche Gesellschaft noch die Organisation des Marktgeschehens können dann wieder als ausschließlich staatliche Aufgabe angesehen werden. Gerade die Marktorganisation macht das Wesen einer Börse aus. Diese nach einer Zulassung Privater noch als zwingende Staatsaufgabe einzustufen, käme einer erneuten Verstaatlichung der Börsen gleich. Es gäbe dann eine private Betreiberorganisation, die Regelung der Grundfragen des Marktgeschehens bliebe indes in Staatshand. Es würde sich an der gegenwärtigen Situation nichts ändern. Privatisierung des Börsenwesens bedingt daher Privatisierung der Aufgabe beziehungsweise, anknüpfend an obige Ausführungen, graduelle Abstufung der Aufgabe. Ergänzend sei erwähnt, dass sich durch diese Neuordnung der Aufgabenbereiche an dem staatlichen Interesse an einem funktionierenden Kapitalmarkt nichts ändert: Das Betreiben einer Börse fällt aus dem Katalog zwingender Staatsaufgaben heraus. Die Aufgabe verbleibt aber im Bereich der einfachen staatlichen Aufgaben, für deren Erfüllung der Staat in wirtschaftslenkender Funktion die Verantwortung trägt.[85] Regulierung und Überwachung bleiben mithin zwingende Aufgaben.[86] Dabei muss im Einzelfall entschieden werden, wie weit die staatliche Einflussnahme durch regulierende Tätigkeit reichen soll. In den Bereichen der Eisenbahnen sowie des Post- und Telekommunikationsverkehrs hat das Grundgesetz beispielsweise dem Staat ausdrücklich auferlegt, eine angemessene Grundversorgung sicherzustellen (Art. 87e Abs. 4 bzw. Art. 87f Abs. 1 GG). Nach der hier vorgenommenen Einteilung handelt es sich dabei um einfache staatliche Aufgaben, da die Grundversorgung auch durch Private erbracht werden kann. Vergleichbare Vorschriften finden sich für das Börsenwesen nicht. Nach gradueller Aufgabenabstufung ist der Staat nicht mehr verpflichtet, selbst eine Börse zu betreiben. Er kann dies aber auch weiterhin tun, wenn er das für tunlich erachtet. Wenngleich nicht auf Dauer angelegt, so ist Vergleichbares jedoch in den bereits öfters angeführten Bereichen der Post und der Telekommunikation – inzwischen reduziert auf qualifizierte Beteiligungen – geschehen. Diese Vorgehensweise führt zu Eigen- oder Beteiligungsgesellschaften der öffentlichen Hand, wie sie im Bereich einfacher staatlicher Aufgaben vielfach anzutreffen sind. Neben den bereits erwähnten Unternehmen der Deutsche Bahn AG sowie der Deutsche Lufthansa AG sind hier vor allem Betriebe der Daseinsvorsorge unter Beteiligung der Kommunen zu nennen.[87]

---

84 *Mues*, Die Börse als Unternehmen, S. 94. Wohl auch *Baums/ Segna*, Börsenreform, S. 39.

85 Vgl. *Peters*, FS Nipperdey, Band II, 877, 878 f.; *Habersack*, ZGR 1996, 544, 545.

86 Vgl. auch *Spannowsky*, ZGR 1996, 400, 402, der deshalb von teilweiser Aufgabenprivatisierung spricht. Zur vergleichbaren Lage im Telekommunikationssektor vgl. zudem *Hefekäuser*, ZGR 1996, 385, 393.

87 Vgl. dazu *Spannowsky*, ZGR 1996, 400, 400 ff.; *Habersack*, ZGR 1996, 544, 545 f.

Der Umgruppierung der Aufgabe des Betreibens einer Börse steht im Übrigen auch nicht die gegenwärtige Betrauung der privatrechtlichen Börsenträger mit der Erfüllung einer (zwingend) öffentlich-rechtlichen Aufgabe entgegen. Diese Betrauung ist keine grundrechtsgeschützte Position.[88]

Die Neuordnung des Aufgabenkataloges des Staates durchzieht die Arbeit und wird an mehreren Stellen – insbesondere im Kontext einer möglichen Beleihung – relevant werden.

IV. Nebeneinander öffentlich-rechtlicher und privatrechtlicher Börsen

Die Forderung nach einer alternativen Zulassung privatrechtlicher Börsen bedingt ein Nebeneinander öffentlich-rechtlicher und privatrechtlicher Institutionen.[89] Das ist nicht ungewöhnlich. Die öffentliche Hand tritt vielfach in Konkurrenz zu Privaten. Dabei bedient sie sich gelegentlich auch, wie das Beispiel der Sparkassen und Landesbanken zeigt, öffentlich-rechtlicher Organisationsformen. Sind in diesem Beispiel die Leistungsbeziehungen zu den Kunden, im Unterschied zum öffentlich-rechtlichen Börsenwesen, privatrechtlich ausgestaltet, so lassen sich auch für eine rein öffentlich-rechtliche Konkurrenztätigkeit Beispiele anführen. Schwimmbäder können sowohl öffentlich-rechtlich als auch privatrechtlich organisiert sein. Sind sie öffentlich-rechtlicher Natur, so sind sie Anstalten des öffentlichen Rechts.[90] Sie haben dann eine weitere Wahlmöglichkeit, die Inanspruchnahme der Anstalt öffentlich-rechtlich oder privatrechtlich auszugestalten.[91]

Was nun das Nebeneinander öffentlich-rechtlicher und privater Börsen anbelangt, so wird geltend gemacht, ein solches führe insbesondere unter dem Gesichtspunkt eines fairen Wettbewerbs zu nicht hinnehmbaren Komplikationen.[92] In der Konsequenz sei eine zwingende Privatisierung durchzuführen[93] oder aber von dem Vorhaben der Privatisierung ganz Abstand zu nehmen. Dass letztere Lösung nicht im Interesse des Wettbewerbsgedankens steht, braucht nicht näher begründet zu werden. Warum auch eine vollständige Privatisierung (zunächst noch) ausscheidet, wurde bereits dargelegt. Mit den zu erwartenden Schwierigkeiten ist also auch hier umzugehen.[94] Die Praxis wird

---

88 *Schoch*, DVBl. 1994, 962, 971.

89 Vgl. *Hopt/ Baum*, Börsenreform, S. 407 f.; *Kümpel*, WM 1997, 1917, 1923.

90 *Erichsen*, in: Erichsen, Allgemeines Verwaltungsrecht, § 29 Rn. 32.

91 *Erichsen*, in: Erichsen, Allgemeines Verwaltungsrecht, § 29 Rn. 33.

92 Vgl. *Hellwig*, ZGR 1999, 781, 793; *Merkt*, Gutachten G zum 64. DJT, S. 86 ff.

93 *Hellwig*, ZGR 1999, 781, 794.

94 Vgl. *Hellwig*, ZGR 1999, 781, 793, zu den Erfahrungen im Telekommunikationsbereich. Auch Anstaltslast und Gewährträgerhaftung bei den öffentlich-rechtlichen Kreditinstituten sind hierfür beispielhaft.

zeigen müssen, wie gut der Grundsatz, nach dem öffentlich-rechtliche Unternehmen nicht mit wettbewerbsverzerrenden Sonderrechten ausgestattet werden dürfen,[95] umgesetzt werden kann.

V. Umwandlung öffentlich-rechtlicher in privatrechtliche Börsen

Wenn aus Gründen erhöhter Flexibilität und Wettbewerbsfähigkeit privatrechtliche Börsen gefordert werden, so muss trotz der oben genannten Gründe für die (vorläufige) Beibehaltung der öffentlich-rechtlichen Struktur eine Umwandlung öffentlich-rechtlicher in privatrechtliche Börsen möglich sein:[96] Auch diese Börsen benötigen den gesamten zur Verfügung stehenden Spielraum an rechtlichen Gestaltungsvarianten. Mit einem einfachen Verweis auf die Vorschriften der §§ 168 ff. UmwG – Ausgliederung aus dem Vermögen von Gebietskörperschaften –[97] ist es indes nicht getan. Zutreffend ist, dass ein Formwechsel der Börse mangels Rechtsfähigkeit nicht in Betracht kommt (vgl. § 301 UmwG).[98] Auch einen Formwechsel eines Konglomerates, wie das von Börse und Träger, sieht das Umwandlungsgesetz nicht vor. Es bleibt einzig eine 'Überleitung' der teilrechtsfähigen Anstalt auf ein Privatrechtssubjekt. Nahe liegend ist es dabei, die schon existierende Trägergesellschaft zu wählen. Aus dem Umwandlungsgesetz kommen dann in der Tat nur die angeführten Vorschriften der §§ 168 ff. UmwG in Frage. Ausgliederung eines Unternehmens bedeutet aber Übertragung der Vermögensteile (§ 123 Abs. 3 UmwG).[99] Privatrechtliches Zuordnungssubjekt bei der Börse ist, wie bereits ausgeführt, der Träger und nicht das jeweilige Bundesland als errichtende Gebietskörperschaft. Somit besitzt das Land keine Vermögensteile der Börse, die nach §§ 168 ff. UmwG ausgegliedert werden könnten. Bei der Börse als Anstalt – und damit indirekt beim Land – sind die öffentlich-rechtlichen Beziehungen zu den Handelsteilnehmern und Emittenten angesiedelt (öffentlich-rechtliche Anstaltsnutzungsverhältnisse). Diese Beziehungen gilt es bei der Umwandlung zu übertragen und ins Privatrecht zu überführen. Dafür können die Vorschriften der §§ 168 ff. UmwG nur herangezogen werden, wenn man den 'Kundenstamm', der prinzipiell ein übertragungsfähiges Vermögen darstellt,[100] als Unternehmen im Sinne der Vorschrift ansieht. Problematisch ist hier, dass nach §§ 168 ff. UmwG nur Unternehmen in ihrer Gesamtheit ausgegliedert werden können, nicht aber einzelne Rechtspositionen.[101] Auch bei Befürwortung dieser Betrachtungsweise bleibt jedoch die angesprochene Schwierigkeit bestehen, dass die öffent-

---

[95] *Hopt/ Baum*, Börsenreform, S. 404, 408. Zur europarechtlichen Ebene dieser Frage vgl. *Badura*, ZGR 1997, 291, 298 f.; *Schroeder*, EWS 2002, 174, 175.

[96] *Hopt/ Baum*, Börsenreform, S. 408; *Baums/ Segna*, Börsenreform, S. 63.

[97] So *Hopt/ Baum*, Börsenreform, S. 409.

[98] Vgl. dazu *Schmidt*, in: Lutter, UmwG, § 301 Rn. 6.

[99] *Schmidt*, in: Lutter, UmwG, Vor § 168 Rn. 9.

[100] *Teichmann*, in: Lutter, UmwG, § 132 Rn. 38.

[101] *Schmidt*, in: Lutter, UmwG, § 168 Rn. 9.

lich-rechtlichen Rechtsbeziehungen nicht einfach übergeleitet werden können, sondern auf eine neue, privatrechtliche Grundlage gestellt werden müssen. § 132 UmwG ordnet die Geltung der Vorschriften des allgemeinen Rechts an. Somit sind gesetzliche Sonderregelungen erforderlich.[102]

[102] Vgl. *Schmidt*, in: Lutter, UmwG, Vor § 168 Rn. 11, § 171 Rn. 7, zum vergleichbaren Problem der Überleitung beamtenrechtlicher Dienstverhältnisse.

D. Die Rahmenbedingungen

Bevor auf die Neuordnung des Börsenwesens näher eingegangen werden kann, sind die Grenzen abzustecken, innerhalb derer sich ein neues Börsengesetz bewegen muss.

I. Wirtschafts- und finanzpolitische Zielvorgaben

Sind Börsen Unternehmen, stellt sich wie bei den anderen Wirtschaftszweigen die Frage nach der Intensität staatlicher Regulierungsmaßnahmen. Hin und wieder ist bereits die Forderung nach Gewährung eines flexiblen Rechtsrahmens angeklungen. Diesen Fragenbereich gilt es noch etwas zu spezifizieren.

Der moderne Staat beschränkt sich auf das erforderliche Mindestmaß obrigkeitlicher Einflussnahme.[1] Es muss nicht besonders betont werden, dass eine solche Politik den Unternehmen, von geschützten Monopolen einmal abgesehen, entgegenkommt. Eingangs der Arbeit ist jedoch schon deutlich geworden, dass Börsen – und da stellt Deutschland keine Ausnahme dar – herkömmlicherweise besonders intensiv staatlich reglementiert und kontrolliert sind. Von der allgemeinen Markt- und Gewerbefreiheit nach §§ 1 Abs. 1, 66 ff. GewO[2] ist nicht mehr viel übrig. Das hat seinen Grund – neben der in einigen Staaten historisch gewachsenen Verflechtung von Börse und Staat[3] – in der besonderen Bedeutung des Börsenwesens für das Wirtschaftssystem.

1. Stellung der Börsen im Wirtschaftssystem

Börsen sind einer der Hauptbestandteile des Kapitalmarktes.[4] Der Kapitalmarkt als Ganzes versorgt die Wirtschaft und auch den Staat mit den benötigten Finanzmitteln.[5] Er führt die zur Verfügung stehenden Investitionsmittel einer wirt-

---

1 Was nicht darüber hinwegtäuschen darf, dass staatliche Regulierung in nicht unbeträchtlichem Ausmaß existiert, vgl. *Schulte*, Die Regulierung der deutschen Effektenbörsen S. 14 f.

2 *Frotscher*, in: Schmidt, Öffentliches Wirtschaftsrecht, Besonderer Teil 1, § 1 V 1; *Stober*, Besonderes Wirtschaftsverwaltungsrecht, § 46 VI 1.

3 Vgl. *Weber*, Kapitalmarktrecht, S. 46 f. (Österreich). Ausnahmen stellen die USA und Großbritannien dar. Vgl. dazu nachstehend 1. Teil A VII 1 u. 2.

4 Vgl. *Weber*, Kapitalmarktrecht, S. 46 f.; *Mues*, Die Börse als Unternehmen, S. 125; *ders.* ZBB 1997, 15, 15; *Claussen/ Erne*, Bank- und Börsenrecht, § 9 Rn. 3; *Kümpel*, Bank- und Kapitalmarktrecht, Rn. 17.1; *Kümpel/ Hammen*, WM 2000, SB 3, 3, 9.

5 *Köndgen*, FS Lutter, 1401, 1401.

schafts- und wohlfahrtspolitisch sinnvollen Verwendung zu. Die knappen Ressourcen sollen dahin gelangen, wo sie am dringendsten benötigt werden und den meisten Gewinn versprechen (Allokationsfunktion).[6] Dem Kapitalmarkt obliegt darüber hinaus die Aufgabe der Bewertung einzelner Unternehmen. Er besitzt auch in dieser Hinsicht herausragende Bedeutung für die Volkswirtschaft.[7] Aus diesen Gründen kommt dem Kapitalmarkt und mit ihm den Börsen im Vergleich zu anderen Wirtschaftszweigen eine zentrale Rolle zu.[8] Die Funktionsunfähigkeit des deutschen Kapitalmarktes hätte ungleich schwerere Auswirkungen als ein Untergehen beispielsweise der Textilproduktion. Deutsche Unternehmen könnten sich nicht mehr mit dem benötigten Kapital eindecken, da – anders als Textilien – Geld im Ausland nicht unbegrenzt zur Verfügung gestellt werden kann und ausländische Investoren ohnehin nur begrenzt in nicht funktionsfähigen Kapitalmärkten investieren. Auch die angesprochene Vermögensbildungsfunktion für die Bevölkerung könnte durch ausländische Kapitalmärkte nicht zufrieden stellend abgesichert werden. Nicht unberücksichtigt bleiben dürfen schließlich die drohenden direkten wie indirekten Arbeitsplatzverluste sowie ein auf lange Zeit bleibender Imageschaden.

Folglich hat der Staat für einen dauerhaft funktionierenden deutschen Finanzplatz Sorge zu tragen. Dabei stehen die Regelungsziele Funktionenschutz und Anlegerschutz im Vordergrund.[9] Der Anlegerschutz ist als Ausprägung des Sozialstaatsprinzips (Art. 20 Abs. 1 GG) verfassungsrechtlich verankert.[10] Die schützenswerten Anlegerinteressen sind dabei nicht nur finanzieller Natur.[11] Hier mögen die Stichworte 'Umweltaktien' und 'Arbeitnehmerbeteiligung' genügen. Der Staat kommt seiner Schutzfunktion nach, indem er sämtlichen Finanzmarktakteuren teils sehr strenge und detaillierte Vorschriften auferlegt und deren Einhaltung intensiv überwacht. Dabei muss er stets die internationale Wettbewerbsfähigkeit der Unternehmen im Auge behalten.[12]

---

6 *Mues*, Die Börse als Unternehmen, S. 125; *Claussen/ Erne*, Bank- und Börsenrecht, § 9 Rn. 1; *Kümpel*, Bank- und Kapitalmarktrecht, Rn. 17.97; *Assmann*, ZBB 1989, 49, 52; *Steinhübel*, Die private Computerbörse für mittelständische Unternehmens, S. 23; *Zimmer*, DB 1998, 969, 970.

7 *Weber*, Kapitalmarktrecht, S. 46 f.

8 Vgl. auch *Hopt/ Baum*, Börsenreform, S. 361; *Kümpel*, Bank- und Kapitalmarktrecht, Rn. 17.97.

9 Ausführlich dazu *Kümpel*, Bank- und Kapitalmarktrecht, Rn. 17.97; *Mues*, Die Börse als Unternehmen, S. 45 ff.; *Steinhübel*, Die private Computerbörse für mittelständische Unternehmen, S. 85 ff.; *Schröder*, Die Wertpapierhandelsaufsicht nach dem Zweiten Finanzmarktförderungsgesetz, S. 35 ff. Siehe außerdem *Hopt/ Baum*, Börsenreform, S. 365; *Claussen/ Erne*, Bank- und Börsenrecht, § 9 Rn. 1a; *Möllers*, AG 1999, 433, 434; *Merkt*, Gutachten G zum 64. DJT, S. 57 f.; *Spindler*, WM 2002, 1325, 1328 ff.

10 Vgl. dazu *Mues*, Die Börse als Unternehmen, S. 46 ff.; *Hopt*, Der Kapitalanlegerschutz im Recht der Banken, S. 261 ff. sowie 288 ff.; *Assmann*, ZBB 1989, 49 ff.; *Möllers*, ZGR 1997, 334 ff.

11 Vgl. *Weber*, Kapitalmarktrecht, S. 387 f.

12 *Baum*, RabelsZ 64 (2000), 633, 634 f.

Der deutsche Gesetzgeber befindet sich hier auf einer Linie mit dem europäischen (vgl. Erwägungsgrund 39 der Richtlinie 93/22/EG [Wertpapierdienstleistungsrichtlinie]).[13] Viele Bereiche des Kapitalmarktrechtes (so das Versicherungsrecht, das Bankrecht und auch in Teilen das übrige Finanzdienstleistungsrecht) sind europarechtlich umfassend erschlossen.[14]

Nur angerissen werden soll an dieser Stelle, dass die Verfolgung nationaler Interessen im Zuge der Verwirklichung eines integrierten europäischen Finanzbinnenmarktes[15] gewissen Grenzen unterliegt. So wäre eine gänzliche Abschottung des Marktes gegenüber anderen europäischen Wettbewerbern als eklatanter Verstoß gegen die Grundfreiheiten ohne weiteres unwirksam. Aber auch bei weniger einschneidenden Maßnahmen stellt sich die Frage, ob der Schutz des nationalen Kapitalmarktes, der auch einen Schutz gegenüber anderen nationalen europäischen Kapitalmärkten bedeutet, ein legitimes Ziel verkörpert oder ob vielmehr nur ein einheitlicher europäischer Kapitalmarkt Gegenstand der Betrachtung sein darf.[16] Aufgrund der Tatsache, dass das Börsenrecht noch nicht hinreichend harmonisiert ist,[17] wird man die Frage nach der Legitimität dieses Schutzzieles aber wohl bejahen müssen.[18]

Börsen haben gegenüber anderen Kapitalmarktakteuren nochmals eine herausragende Stellung. In sämtlichen nationalen Kapitalmärkten finden sich Börsen in monopol- oder oligopolartigen Strukturen wieder.[19] Börsen scheinen mehr als alle anderen Wirtschaftszweige auch in gewissem Umfang zu einer Konzentration zu neigen. Hinzu kommt, dass die Monopolbildung lange Zeit vom Staat unterstützt wurde.[20] Zwar ist gegenwärtig eine Welle des aufkommenden echten Wettbewerbs zu verzeichnen; ob diese von Dauer ist, ist indes noch nicht geklärt. Es ist schließlich vorstellbar, dass sich die aufbrechenden nationalen Monopole lediglich in internationale umwandeln. Im Gegensatz zu den nationalen sind diese allerdings nicht gesetzlich absicherbar, so dass insbesondere durch die neuen technischen Möglichkeiten wohl dauerhaft zumindest Nischenanbieter gewährleistet erscheinen.[21] Der Grund für den Konzent-

---

13 Siehe auch *Weber*, Kapitalmarktrecht, S. 349, 354 ff.

14 Zum europäischen Börsenrecht nachstehend 1. Teil D III 3.

15 Vgl. dazu nachstehend 1. Teil D III 4.

16 So richtete beispielsweise die Wirtschaftsrechtliche Abteilung des 64 DJT ihr Interesse allein auf die Förderung des deutschen Kapitalmarktes. Vgl. die Aufgabenstellung zu den Gutachten F und G: „Empfiehlt es sich, im Interesse des Anlegerschutzes und zur Förderung des Finanzplatzes Deutschland das Kapitalmarkt- und Börsenrecht neu zu regeln?"

17 Dazu nachstehend 1. Teil D III 3.

18 So wohl auch *Baum*, RabelsZ 64 (2000), 633, 634.

19 Vgl. *Gerke/ Rapp*, DBW 54 (1994), 5, 11; *Hopt/ Baum*, Börsenreform, S. 362.

20 Vgl. Accenture, Leaving Safe Havens, S. 14; *Merkt*, Gutachten G zum 64. DJT, S. 51.

21 Eine Duopolisierung der großen Börsen und die Besetzung regionaler und anderer Nischen durch die anderen Börsen ist auch die Vorhersage der Studie von Accenture, Leaving Safe

rationssog ist ein weiteres Mal in der Doppelstellung der Börsen als Unternehmen sowie als Märkte auszumachen.[22] Ein Markt bewegt sich nämlich dann in Richtung der Idealvorstellung, wenn er zumindest in einem Teilbereich alles und das stets zum besten Preis anbieten kann. Gerade für letzteres ist eine Konzentration auf einige wenige, zumindest aber eine Berücksichtigung der anderen existierenden Teilmärkte bei der Preisbildung erforderlich.[23] Aus diesem Grund ist auch die mit dem Vierten Finanzmarkförderungsgesetz eingeführte Preisbildungsregelung des § 24 Abs. 2 BörsG zu betrachten. Danach ist ein Börsenpreis nunmehr unter Berücksichtigung aller inländischen Börsen und börsenähnlichen Einrichtungen sowie ausländischen organisierten Märkte und nicht mehr nur des Handels an der eigenen Börse, zu bilden.[24] Neben dem Markt verspricht sich auch der Marktbetreiber Vorteile von einer Konzentration. Liquidität des Marktes ist gleichbedeutend mit Umsatz und Gewinn. Zudem können die – wie gesehen nicht unerheblichen – Kosten für elektronische Handelssysteme geteilt werden.[25]

Besonders deutlich ist die Monopolbildung in der Schweiz auszumachen. Dort haben im Zuge der Einführung des Computerhandels einige Regionalbörsen den Betrieb eingestellt und alle anderen haben sich zu einer einzigen Börse, der SWX, verbunden.[26] Inzwischen hat sich die SWX sogar durch den Zusammenschluss mit der Handelsplattform Tradepoint zu der paneuropäischen Börse Virt-x entwickelt.

Diese monopol- oder oligopolartigen Strukturen machen den Kapitalmarkt gegen Ausfälle besonders anfällig. Das ist ein entscheidender Unterschied zum Bankensektor. Der Ausfall eines großen Instituts hätte für den Finanzplatz Deutschland zweifellos schwere, gleichwohl keine existenziellen Folgen;[27] der Untergang der Frankfurter Wertpapierbörse dagegen wohl schon. Rund 2.000 Kreditinstituten stehen 8 Wertpapierbörsen zuzüglich einiger Spezialbörsen gegenüber. Gleiches gilt im übrigen für ein 'Abwandern' der Börsen, wie es

---

Havens, S. 34 ff., für die Entwicklung der europäischen Börsenlandschaft in den kommenden Jahren.

22 So auch *Merkt*, Gutachten G zum 64. DJT, S. 51.

23 Vgl. *Gerke*/ *Rapp*, DBW 54 (1994), 5, 17 f.; *Köndgen*, FS Lutter, 1401, 1404. Vgl. dazu auch *Claussen*, Finanz Betrieb 2000, 774, 776; *Klenke*, Börsendienstleistungen im Europäischen Binnenmarkt, S. 43 f. Einschränkend: *Steinhübel*, Die private Computerbörse für mittelständische Unternehmen, S. 177 f.

24 Vgl. dazu *Hammen*, AG 2001, 549, 559 ff.; *Kümpel*, in Kümpel/ Hammen, Börsenrecht, 1. Teil I 5.

25 Accenture, Leaving Safe Havens, S. 25.

26 Vgl. *Blanchard*, Börsenreform, S. 915 ff.; *Köndgen*, ZHR 164 (2000), 648, 650 f.; *Gerke*/ *Rapp*, DBW 54 (1994), 5, 16.

27 Vgl. dazu *Schulte*, Die Regulierung der deutschen Effektenbörsen, S. 42. In den Jahren 1962 bis 1993 gab es insgesamt 44 Bankenzusammenbrüche, *ders.* aaO, S. 269. Auch in jüngster Vergangenheit waren Krisen in einigen etablierten Häusern zu verzeichnen. So waren beispielsweise im Jahre 2001 die Bankgesellschaft Berlin, die Schmidt-Bank sowie die Contard&Metall Bank in finanzielle Not geraten. Für die Contard&Metall Bank wurde im Mai 2002 sogar ein Moratorium nach § 46a KWG verhängt, Börsenzeitung v. 7.05.2002, S. 1.

beispielsweise bei der letztendlich gescheiterten Fusion zwischen der Frankfurter Wertpapierbörse beziehungsweise der Deutsche Börse AG und der London Stock Exchange zu 'iX' befürchtet worden war.[28] Die Intervention des Staates im Bankenwesen kann sich aus diesen Gründen auf einen im Vergleich zu Börsen geringeren Umfang von Struktur- und Ordnungsvorschriften beschränken.[29]

Damit ist als Ausprägung der Funktionsfähigkeit des Kapitalmarktes dringend sicherzustellen, dass dauerhaft funktionsfähige Börsen in Deutschland existieren. Das macht es erforderlich, hier mehr als in anderen Wirtschaftszweigen aufsichtsmäßig und/ oder regulierend[30] tätig zu werden.

Es kann jedoch nicht genug betont werden, dass die Marschrichtung der Entwicklung vom internationalen Wettbewerb und nicht vom nationalen oder europäischen Gesetzgeber und auch nicht von Regulierungs- und Aufsichtsbehörden vorgegeben wird.[31] Börsen müssen daher mit genügend Flexibilität und Autonomie ausgestattet werden und ein mit Anreizen versehenes innovationsfreudiges Umfeld vorfinden, um auf geänderte Bedürfnisse reagieren zu können.[32] Der Staat sollte das Mittel der Regulierung daher nur in begrenztem Umfang einsetzen;[33] es ist ohnehin nur eingeschränkt tauglich, drohendem Marktversagen entgegenzuwirken.[34] Sowohl Kapitalmärkte als auch Regulierungstätigkeit sind menschliche Veranstaltungen und – worauf *Weber*[35] zu Recht hinweist – von Natur aus unvollkommen. Eine zu große Regulierungsdichte ist, wie das Beispiel Japans zeigt, ebenso wenig ein Garant für ein dauerhaft gesundes Finanzsystem wie der weitgehende Verzicht auf staatliche Intervention. Der japanische Finanzsektor war lange Zeit durch eine nahezu allzuständige Aufsichtsbehörde, deren intransparente Handlungsweise, eine hohe Regulierungsdichte, Marktabschottung, Absicherung auch ineffizienter Unternehmen sowie fehlende gerichtliche Kontrolle administrativer Entscheidungen gekennzeichnet.[36] Neben der massiven Durchdringung des Systems mit privaten Interessen war vor allem die fehlende internationale Wettbewerbsfähigkeit Schuld am schlussendlichen Versagen.[37] Eine vergleichbare Abschottung ist bei den anderen führenden Industrienationen nicht auszumachen und

---

28 Vgl. *Reckers*, WM 2000, 1631.

29 Vgl. *Kümpel*, Bank- und Kapitalmarktrecht, Rn. 17.97; *ders.*, in Kümpel/ Hammen, Börsenrecht, 2. Teil I 3 b.

30 Zum Unterschied zwischen 'normaler' Staatsaufsicht und Regulierung siehe *Schneider*, ZHR 164 (2000), 513, 514 ff.; *Schulte*, Die Regulierung der deutschen Effektenbörsen, S. 9 f.

31 So auch *Köndgen*, FS Lutter, 1401, 1402 f.; Monopolkommission, Sondergutachten 26, Nr. 4.

32 *Hopt/ Baum*, Börsenreform, S. 366 f.

33 *Hopt/ Baum*, Börsenreform, S. 362 f. Vgl. dazu *Böhlhoff*, FS Heinsius, 19 ff.

34 Vgl. *Schulte*, Die Regulierung der deutschen Effektenbörsen, S. 55 ff.

35 *Weber*, Kapitalmarktrecht, S. 47.

36 Vgl. dazu *Baum*, RabelsZ 64 (2000), 633, 638 ff.

37 *Baum*, RabelsZ 64 (2000), 633, 645 ff.

steht auch in Deutschland nicht zur Debatte. Als Beleg hierfür mögen die allgemeine Anerkennung und die Forderung nach mehr Wettbewerb im Börsenwesen genügen.[38] Auch die Deutsche Börse AG als Betreiber der Frankfurter Wertpapierbörse sieht Vorteile in einer Schaffung freien Wettbewerbs, insbesondere durch eine wettbewerbsorientierte Gebührenpolitik.[39] Gemäß § 6 Abs. 1 BörsG hat die Aufsichtsbehörde bereits gegenwärtig darauf hinzuwirken, dass die Vorschriften des Gesetzes gegen Wettbewerbsbeschränkungen eingehalten werden. Aufgrund dieser Vorschrift wird vertreten, dass Börsen schon de lege lata kartellrechtlich keine Sonderstellung einnehmen.[40] Auch der Gesetzgeber des Vierten Finanzmarktförderungsgesetzes hat die Bedeutung eines wettbewerbsorientierten Rechtsrahmens noch einmal hervorgehoben.[41]

Die erwähnte Zurückhaltung moderner Staaten im Bereich der Regulierung der Wirtschaft setzt sich im Börsenwesen zunehmend durch. Das gilt auch für Deutschland. Nachdem der Börsenhandel lange Zeit nur in einem vorgezeichneten engen gesetzlichen Rahmen erlaubt war, wird insbesondere seit der Zulassung des Freiverkehrs und des Terminhandels ein neuer Weg beschritten.[42] Börsen sind selbst für die Ausgestaltung des Handels zuständig, welcher in weitem Umfang erlaubt ist. Ein weiterer bedeutender Schritt des Rückzugs des Staates aus der Organisation des Börsenhandels erfolgte, wie schon mehrfach erwähnt, im Vierten Finanzmarktförderungsgesetz. Die nähere Ausgestaltung der gesetzlich vorgezeichneten Segmente bleibt den Börsen überlassen und die amtliche, das heißt öffentlich-rechtliche, Preisfeststellung ist wegfallen (vgl. §§ 24 ff. BörsG).[43] Die Zulassung privatrechtlicher Börsen de lege ferenda wäre ohne Zweifel der größte Schritt im Prozess des (maßvollen) Rückzugs des Staates aus diesem Bereich.

2. Merkmale eines funktionsfähigen Börsenwesens

Was sind nun die Eckpfeiler eines funktionsfähigen Börsenwesens, an denen sich auch und gerade eine Reform messen lassen muss? Eine Börse wird nur

[38] *Hopt/ Baum*, Börsenreform, S. 363; zustimmend: Bundesverband der Kursmakler, Stellungnahme zum Gutachten, S. 8.

[39] Deutsche Börse AG, Stellungnahme zum Gutachten, S. 14; wortgleich zu: Bundesverband deutscher Banken, Stellungnahme zum Gutachten, S. 18.

[40] *Hopt/ Baum*, Börsenreform, S. 363. Zustimmend: Bundesverband deutscher Banken, Stellungnahme zum Gutachten, S. 25; wortgleich: Deutschen Börse AG, Stellungnahme zum Gutachten, S. 19. Siehe außerdem Stellungnahme des Bundesverbandes der Kursmakler, S. 8 u. 12 ff. Ausführlich dazu *v. Olenhusen*, Börsen und Kartellrecht, S. 127 ff.

[41] Begründung zum Regierungsentwurf des 4. Finanzmarktförderungsgesetzes, BT-Drs. 14/8017, S. 62. Vgl. auch die Begründung zum Regierungsentwurf des 2. Finanzmarktförderungsgesetzes, BT-Drs. 12/6679, S. 34.

[42] Vgl. dazu *Mues*, ZBB 1997, 15, 22; *ders.*, ZBB 2001, 353, 355.

[43] Vgl. dazu *Mues*, ZBB 2001, 353, 357 ff.

dann langfristig erfolgreich sein, wenn sie wettbewerbsfähige Marktbedingungen bieten kann. Das erfordert, sie ihrerseits in ein effizientes Umfeld einzubetten. Hierauf wurde bereits an anderer Stelle näher eingegangen. Solche den Börsenbetreiber betreffende Regelungen müssen diesem also ein wettbewerbsfähiges Handeln ermöglichen. Beschränkungen sind dagegen insbesondere aufgrund des erhöhten Bedürfnisses nach Sicherstellung eines möglichst dauerhaft gesunden Unternehmens und nach Früherkennung drohender Schieflagen denkbar. Daneben kann die Schaffung effizienter Marktstrukturen Auswirkungen auf die Organisation des Betreibers haben. Insofern dienen organisatorische Einschränkungen beim Betreiber der Schaffung effizienter Marktstrukturen.

Letztere werden von mehreren Faktoren bestimmt: Liquidität des Marktes, Informationseffizienz im Hinblick auf die Beseitigung von Informationsasymmetrien und die sofortige Einpreisung kursrelevanter Tatsachen, größtmögliche Bewertungsgüte der gehandelten Wertpapiere, günstige, schnelle und sichere Transaktionen, transparente und faire Marktbedingungen, ein offener, aber kontrollierter Marktzutritt und schließlich eine ansprechende Segmentierung.[44] Von besonderer Bedeutung sind dabei die Transaktionskosteneffizienz, die Marktliquidität und die Integrität des Finanzplatzes.[45] Nahezu selbstverständlich sind Sicherheit und Zuverlässigkeit bei Handel und Abwicklung, die in § 33 Abs. 1 WPHG eine gesetzliche Verankerung erfahren haben.[46] Gerade im Hinblick auf den Einsatz von Computersystemen ist diese Forderung aber hervorzuheben,[47] weil Systemausfälle international genauestens verfolgt werden.[48] Systemsicherheit wird insbesondere durch die Faktoren Datenschutz, Stabilität und Erreichbarkeit bestimmt.[49] Jedoch ist in dieser Hinsicht ein Vertrauen auf den Systembetreiber unerlässlich. Die Aufsicht kann die Funktionsfähigkeit eines Computersystems nur bedingt überprüfen. Die allgemeine Forderung nach Sicherheit und Zuverlässigkeit wird auch im Hinblick auf das so genannte Kontrahentenrisiko relevant. Dieses tritt durch vielfache Fernmitgliedschaften und der damit verbundenen Einbuße an Kontrollierbarkeit im Vergleich zu früher sehr viel stärker zu Tage. Unabdingbare Voraussetzung für ein funktionsfähiges Börsenwesen ist schließlich die schon angesprochene

[44] Vgl. dazu *Gerke/ Rapp*, DBW 54 (1994), 5, 10 ff.; *Rudolph/ Röhrl*, Börsenreform, S. 169 ff.; *Baums/ Segna*, Börsenreform, S. 36 f.; *Segna*, ZBB 1999, 144, 145. Allgemein zum Kapitalmarkt vgl. *Weber*, Kapitalmarktrecht, S. 48 ff., 354 ff.

[45] *Hopt/ Baum*, Börsenreform, S. 364 ff.; Börsensachverständigenkommission, Empfehlungen zur Regulierung alternativer Handelssysteme, S. 9. Zum Erfordernis der Liquidität siehe ferner *Beck*, WM 2000, 597, 600; *Köndgen/ Mues*, WM 1998, 53, 60.

[46] Börsensachverständigenkommission, Empfehlungen zur Regulierung alternativer Handelssysteme, S. 16.

[47] *Gerke*, DBW 53 (1993), 725, 739; Deutsche Börse AG, Börsenzulassungsprospekt, S. 79.

[48] Vgl. Börsenzeitung v. 9.06.2001, S. 6 zu einer Computerpanne mit 90minütiger Handelsunterbrechung an der New York Stock Exchange.

[49] Börsensachverständigenkommission, Empfehlungen zur Regulierung alternativer Handelssysteme, S. 11.

Integrität des Finanzplatzes. Diese wird insbesondere durch anlegerschützende Vorschriften wie das Verbot von Marktmanipulation und Insiderhandel gewahrt.[50] Auch gehäuft auftretende sonstige Unregelmäßigkeiten im Handelsablauf würden potentielle Käufer und Verkäufer fernhalten.[51] Darum gehört die Gewährleistung eines ordnungsgemäßen Handelsablaufs im weiteren Sinne ebenfalls zu den Anforderungen an ein funktionsfähiges Börsenwesen. Von herausragender Bedeutung ist dabei die Garantie einer qualitativ hochwertigen und jederzeit gesicherten Bildung eines Börsenpreises in den gehandelten Wertpapieren.[52] Die Sicherstellung einer ordnungsgemäßen Abwicklung des Börsenhandels gehört – obwohl nicht zu den Börsenleistungen im engeren Sinne zählend – ebenfalls hierzu.[53]

Gewähr für die Einhaltung dieser Regeln kann nur eine effiziente Marktaufsicht bieten.[54] Daher muss der gegenwärtige Standard zumindest erhalten bleiben. Bei starker Deregulierung ist wohl gar eine Intensivierung notwendig.[55] Das schließt die Existenz der Handelsüberwachungsstellen als Aufsicht 'vor Ort' ein.[56] Auch die Handelsteilnehmer haben an einer wirksamen Aufsicht ein besonderes Interesse. Sie sind darauf angewiesen, auf die Redlichkeit und Leistungsfähigkeit der anderen Handelsteilnehmer vertrauen zu können. Gerade durch die neue Form der Fernmitgliedschaft ist das für sie selbst noch schwerer zu überprüfen als früher. Nicht zuletzt ist eine effiziente Marktaufsicht Voraussetzung dafür, das Vertrauen der Anleger zu gewinnen.

Zum Anlegerschutz gehört neuerdings auch die Notwendigkeit einer Aufklärung über die verschiedenen Möglichkeiten des bestehenden börsenmäßigen und börsenähnlichen Handels.[57] Bezüglich letzterem ist eine lebhafte Diskussion um ein Regulierungsbedürfnis entbrannt.[58] Der Gesetzgeber des Vierten

---

50 *Wittich*, Die Bank 2001, 278, 279.

51 *Mues*, Die Börse als Unternehmen, S. 31.

52 *Wastl/ Schlitt*, MMR 2000, 387, 390; *Kümpel*, Bank- und Kapitalmarktrecht, Rn. 17.42 ff.

53 *Mues*, Die Börse als Unternehmen, S. 46.

54 Vgl. zur Bedeutung einer effizienten Aufsicht die Begründung zum Regierungsentwurf zum 2. Finanzmarktförderungsgesetz, BT-Drs. 12/6679, S. 62; Hessische Börsenaufsicht, Stellungnahme zum Gutachten, A II; *Hoppmann*, EWS 1999, 204, 204. Vgl. auch *Izquierdo*, Die Liberalisierung und Harmonisierung des Börsenrechts als Problem des EG-Rechts, S. 162; *Schröder*, Die Wertpapierhandelsaufsicht nach dem Zweiten Finanzmarktförderungsgesetz, S. 40.

55 *Hopt/ Baum*, Börsenreform, S. 367; Bundesverband deutscher Banken, Stellungnahme zum Gutachten, S. 28; wortgleich Deutsche Börse AG, Stellungnahme zum Gutachten, S. 20.

56 *Hopt/ Baum*, Börsenreform, S. 368; *Baums/ Segna*, Börsenreform, S. 46, 51.

57 Vgl. *Schmidt/ Schleef/ Küster Simic*, ZBB 2001, 69, 70; Börsensachverständigenkommission, Empfehlungen zur Regulierung alternativer Handelssysteme, S. 2; *Merkt*, Gutachten G zum 64. DJT, S. 95 f.

58 Vgl. dazu Börsensachverständigenkommission, Empfehlungen zur Regulierung alternativer Handelssysteme; Österreichische Bundeswertpapieraufsicht, Alternative Handelssysteme;

Finanzmarktförderungsgesetzes hat sich dem in §§ 58 ff. BörsG angenommen und sämtliche elektronischen Handelssysteme einer Anzeigepflicht (§ 58 Abs. 1 BörsG) sowie börsenähnliche Einrichtungen der Aufsicht nach §§ 59 f. BörsG unterworfen.

Der an anderer Stelle bereits beschriebene Strukturwandel im Börsenwesen sowie die intendierte Zulassung privater Börsen lassen es künftig noch mehr geboten erscheinen, auf die Erfüllung des wirtschaftspolitischen Mandats hinzuwirken. Die langfristige Sicherung des Finanzplatzes muss gegenüber kurzfristigen Gewinnen im Vordergrund stehen.[59] Auch der Mittelstand darf nicht zugunsten großer Emittenten, deren Papiere weitaus mehr Umsatz versprechen, vernachlässigt werden.[60]

Es bleibt festzuhalten: Die Funktionsfähigkeit des Kapitalmarktes und der Anlegerschutz sind die zentralen Regelungsziele im Kapitalmarktrecht. Hierauf muss durch die Schaffung effizienter Marktstrukturen hingearbeitet werden. Das ist in erster Linie durch Marktordnungsvorschriften zu erreichen. In bestimmten Fragen kann aber auch die Organisation des Marktbetreibers zu den angestrebten Bedingungen beitragen. Nur dort sind gesetzgeberische Eingriffe angezeigt.

3. Regulierung grenzüberschreitend tätiger Unternehmen

Es wurde bereits deutlich, dass der nationale Gesetzgeber bei der Neuordnung des Börsenwesens nicht umhinkommt, einen Blick über die Grenzen zu werfen. Das verlangen der internationale Wettbewerb sowie die noch zu behandelnden Vorschriften der Europarechts. Eine solche grenzüberschreitende Perspektive offenbart zugleich ein weiteres Problem: die Beaufsichtigung inländischer Tätigkeit ausländischer Kapitalmarktakteure.

Innerhalb der Europäischen Union ist für Banken, Versicherungen und Wertpapierdienstleister mit der Festschreibung der Herkunftslandkontrolle und der Einräumung eines Europapasses die Frage im Grundsatz weitgehend geklärt.[61] Wie noch zu zeigen sein wird, bereitet die Einordnung von Börsen hier einige Schwierigkeiten. Aber auch die Bestimmung des Sitzes eines solchen

Hammen, WM 2001, 929, 929 ff.; *Oppitz*, ÖBA 2000, 1084 ff.; *Kümpel*, in Kümpel/ Hammen, Börsenrecht, 1. Teil II; *Kurth*, Börsenzeitung v. 30.5.2001, S. 5.

59 So schon die Sorge beim Börsengang der Deutsche Börse AG, *Fuchs*, Die Bank 2001, 164, 166.

60 Vgl. *Schwilling*, FS Büschgen, 413, 437. Zu den Finanzierungsproblemen des Mittelstandes vgl. *Steinhübel*, Die Computerbörse für mittelständische Unternehmen, S. 128 ff.

61 *Wittich*, Die Bank 2001, 278, 280; *Hammen*, AG 2001, 549, 560. Bezüglich Versicherungen und Banken vgl. *Götting*, CR 2001, 528 ff.

Unternehmens ist vor allem bei Computerbörsen und Internetdiensten – die sich auch nach der Richtlinie 2000/31/EG (E-Commerce-Richtlinie) auf das Herkunftslandprinzip berufen können[62] – nicht immer einfach. Vielfach wurde bezüglich der Festlegung des Sitzes auf den Standort des Zentralrechners beziehungsweise des Matching-Servers oder den Ort des Heraufladens von Inhalten abgestellt.[63] Man musste jedoch schnell einsehen, dass das kein taugliches Kriterium war. Da jene Tätigkeiten problemlos an allen Orten der Welt vorgenommen werden können, wären nationale Rechtsvorschriften allzu leicht zu umgehen.[64] Nunmehr wird der Sitz der Börse oder ihrer Organe für maßgeblich erachtet.[65]

Hat man den Sitz eines solchen Unternehmens schließlich bestimmt, so gestaltet es sich fast noch schwieriger, das Verhältnis nationalen (Aufsichts)-Rechts zu Dienstleistern aus Drittstaaten auszumachen. Ein Vertrauen auf die Kontrolle im Sitzland kommt pauschal für alle Drittstaaten mangels vergleichbarer Standards und Verlässlichkeit nicht ernsthaft in Betracht. Als Anknüpfungspunkt scheint sich das Marktortprinzip, das heißt die aufsichtsrechtliche Maßgeblichkeit aller Orte, an denen das Unternehmen seine Leistung anbietet, herauszukristallisieren.[66] Jedoch birgt auch hier die Behandlung von Internetdienstleistern besondere Schwierigkeiten, da aufgrund unbegrenzter Zugriffsmöglichkeiten im Prinzip die gesamte Welt Marktort wäre.[67] Da es aber nicht angeht, dass der Anbieter sämtliche Rechtsordnungen der Welt beachtet,[68] müssen weitere Einschränkungen vorgenommen werden. Technisch ist es nämlich nicht möglich, ein Internetangebot nur auf bestimmte Regionen zu beschränken.[69] Einzig durch so genannte Disclaimer können Einschränkungen ausdrücklich erklärt werden.[70] Daher ist wohl für eine Anwendung nationalen Rechts neben der generellen Zugriffsmöglichkeit auch eine gesteigerte Kontaktaufnahme des Anbieters zu (potentiellen) inländischen Kunden zu fordern.[71] Das dafür notwendige Maß kann für professionelle Kunden und Privatkunden unterschiedlich hoch ausfallen, mit der Folge, dass sich professionelle Kunden in erster Linie 'zum Anbieter hinbegeben', während bei Privatkunden

---

62 Vgl. dazu *Spindler*, NZG 2000, 1058, 1059 f.; *ders.*, WM 2001, 1689, 1690 f.; *Riehmer/ Heuser*, NZG 2001, 385, 388 f.

63 Vgl. *Kümpel*, Bank- und Kapitalmarktrecht, Rn. 17.73; *Pfüller/ Westerwelle*, Wertpapierhandel im Internet, Rn. 164; *Riehmer/ Heuser*, NZG 2001, 385, 388 f. m.w.N.

64 Vgl. *Spindler*, WM 2001, 1689, 1697; *Kümpel*, in: Kümpel/ Hammen, Börsenrecht, 1. Teil I 1 b bb.

65 *Groß*, Kapitalmarktrecht, § 2c BörsG Rn. 3a; vgl. auch *Kümpel*, in: Kümpel/ Hammen, Börsenrecht, 1. Teil I 1 b bb; *Spindler*, WM 2001, 1689, 1697; *ders.*, WM 2002, 1325, 1338.

66 Vgl. dazu *Spindler*, NZG 2000, 1058, 1064; *Merkt*, Gutachten G zum 64. DJT, S. 128.

67 *Assmann*, FS Schütze, 15, 24; *Spindler*, NZG 2000, 1058, 1059.

68 *Spindler*, NZG 2000, 1058, 1059.

69 *Spindler*, NZG 2000, 1058, 1059.

70 Vgl. *Spindler*, NZG 2000, 1058, 1061 ff.; *Weber*, MMR 1999, 385, 387.

71 Vgl. zu der ähnlichen Lage im Versicherungs- und Bankenbereich *Götting*, CR 2001, 528 ff.

der Anbieter eher 'zum Kunden kommt.[72] Nach dem Marktortprinzip wäre jedenfalls oftmals deutsches (Aufsichts)Recht anwendbar, da der Kauf von Wertpapieren stets die Lieferung nach sich zieht, die dann unter Einschaltung inländischer Vermittler geschieht und die Dienstleistung damit im Inland erbracht wird.[73] Insgesamt ist die Entwicklung hier noch im Fluss. Der Gesetzgeber des Vierten Finanzmarktförderungsgesetzes hat sich diesbezüglich für eine weitreichende Lösung entschieden und in § 37i Abs. 1 Satz 1 WPHG auch solche ausländischen organisierten Märkte einer Genehmigungspflicht unterstellt, die Inländern lediglich den Fernzugang über elektronische Medien anbieten.[74] Mithin ist nunmehr jedes 'Eindringen' in den deutschen Börsenmarkt genehmigungspflichtig. Das gilt für europäische Anbieter im Hinblick auf Art. 15 Abs. 4 Satz 2 der Wertpapierdienstleistungsrichtlinie natürlich nicht (§§ 37i Abs. 4, 37m WPHG).

Wenn nun nach diesen Kriterien feststeht, dass ein ausländisches Unternehmen in Deutschland aktiv wird und eine Erlaubnis benötigt, so ist damit noch nicht sichergestellt, dass diese – mit allen gesetzlichen Folgen – auch beantragt wird. Die Durchsetzung deutschen Verwaltungsrechts im Ausland ist nämlich mit einigen Schwierigkeiten verbunden. Der Aufsichtsbehörde ist es auch rein tatsächlich unmöglich, die Zugangswege der ausländischen Unternehmen zu den deutschen Kunden (insbesondere Internet, Telefon, Post) zu sperren. Auch hier hat das Vierte Finanzmarktförderungsgesetz eine interessante Lösung gefunden: Um die genannte Konzessionsbeantragung durchzusetzen, erlaubt § 37l WPHG der Aufsichtsbehörde, inländischen Wertpapierdienstleistern die Ausführung der Kundenaufträge über nicht genehmigte ausländische Märkte zu untersagen.

Die vorstehenden Darlegungen haben gezeigt, dass der deutsche Gesetzgeber und deutsche Aufsichtsbehörden im Inland aktiven ausländischen Dienstleistern nur begrenzt beikommen können. Umgekehrt ist es Unternehmen, die in Deutschland keine Zulassung erlangen können oder erlangen wollen, ein leichtes, ihre Tätigkeit grenzüberschreitend aus dem Ausland zu erbringen. Es muss vermieden werden, dass auch seriöse Anbieter aufgrund übermäßiger Restriktionen ihren Sitz in so genannte 'Oasen' (ver)legen. Die echten Internet-Oasen wie San Marino, Brunei oder Hongkong[75] sind für Börsen weniger interessant, da Anlagestrategien und damit auch die Orderströme oft die Einhaltung gewisser Standards verlangen. Aber auch innerhalb der Europäischen Union gibt es mit zahlreichen Vergünstigungen lockende, aufstre-

[72] *Spindler*, WM 2001, 1689, 1697. Vgl. zu dieser Sichtweise auch *Pfüller/ Westerwelle*, Wertpapierdienstleistungen im Internet, Rn. 160.

[73] *Weber*, MMR 1999, 385, 389; *Spindler*, NZG 2000, 1058, 1064.

[74] Vgl. dazu *Möller*, WM 2001, 2405, 2409; *Mues*, ZBB 2001, 353, 355; *Spindler*, WM 2002, 1325, 1339 ff.

[75] *Hoeren*, MMR 1998, 297 ff.

bende Standorte, wie etwa das International Financial Services Centre (IFSC) in Dublin[76], an dem sich mit der FINEX – einer Tochter der New York Cotton Exchange – auch bereits eine Börse angesiedelt hat.

4. Schlussbemerkungen

Es ist deutlich geworden, dass viele Faktoren den Kapitalmarkt und das Börsenwesen beeinflussen. Es wurde schon betont, dass übermäßige Regulierung fehl am Platze ist, das System andererseits auch nicht ohne bestimmte Festlegungen auskommt. Hier gilt es im Sinne eines internationalen Wettbewerbs der rechtlichen Rahmenbedingungen und zugunsten der Akteure am Finanzplatz Deutschland ein ausbalanciertes Verhältnis zu finden.[77] Insgesamt sollten sich die börsenrechtlichen Regelungen de lege ferenda daran orientieren, dass Vertrauen in den Finanzplatz durch sinnvolle, an praktischen und globalwirtschaftlichen Maßstäben ausgerichtete Überwachung zu festigen.[78] Dazu ist ein Mindestmaß an organisatorischen Vorschriften angebracht, die eine solche Überwachung ermöglichen, das öffentliche Verständnis für das System fördern und einen angemessenen Schutz der Kunden der Börse, also der Handelsteilnehmer und Emittenten, sowie der Anleger gewährleisten. Die Organisation des Marktbetreibers kann zum Gelingen dieses Vorhabens beitragen. Der Einfluss ist indes begrenzt. Im Sinne größtmöglicher Flexibilität sind zwingende Vorgaben auf ihre Wirksamkeit und Notwendigkeit zu überprüfen. Darauf ist an entsprechender Stelle einzugehen.

II. Die Wirtschaftsgrundrechte des Grundgesetzes

Das Grundgesetz gewährt in weitem Umfang die freie wirtschaftliche Betätigung. Die Privatisierung des Börsenwesens ist verbunden mit der Aufhebung der staatlichen Exklusivität der Aufgabe des Betreibens von Börsen. Das hat zur Folge, dass die verfassungsrechtlichen Anforderungen uneingeschränkt berücksichtigt werden müssen. Das gilt auch und besonders für spezialgesetzliche Grundrechtseingriffe. Das geltende Börsenorganisationsrecht ist aufgrund seiner öffentlich-rechtlichen Rechtsnatur nach herrschender Ansicht nur sehr begrenzt an den Grundrechten zu messen. Deren Geltungsumfang ist damit im vorliegenden Zusammenhang nicht geläufig. Es erscheint angebracht, die wichtigsten Grundlagen kurz ins Bewusstsein zu rufen.

---

[76] Vgl. dazu *Storck*, Die Bank 1997, 395 ff.; *Calliess*, EWS 2000, 432, 434 f.

[77] Vgl. auch *Hammen*, AG 2001, 549, 549; *Merkt*. Gutachten G zum 64. DJT, S. 10.

[78] Vgl. *Redicker*, Die Bank 1999, 418, 419.

1. Grundsatz der Privatautonomie (Art. 2 Abs. 1 GG)

Die individuelle Ausgestaltung der Rechtsverhältnisse auf dem Gebiet des Privatrechts unterliegt im Grundsatz keiner Beschränkung. Es herrscht Privatautonomie.[79] Abschlussfreiheit, Kontrahentenwahlfreiheit, inhaltliche Gestaltungsfreiheit, Typenfreiheit sowie Auflösungs- und Abänderungsfreiheit sind die Eckpfeiler dieses Prinzips.[80] Die Privatautonomie ist allgemein durch Art. 2 Abs. 1 GG und partiell durch speziellere Grundrechte (insbesondere Art. 9 Abs. 1, 12 Abs. 1, 14 Abs. 1 GG) als individuelles Grundrecht sowie als Institutsgarantie abgesichert.[81] Sie ist eine normativ konstituierte Freiheit. Zur Ausübung der Privatautonomie bedarf es, im Gegensatz zu den natürlichen Grundfreiheiten wie den Rechten auf Leben und körperliche Unversehrtheit (Art. 2 Abs. 2 Satz 1 GG) oder der Religionsfreiheit (Art. 4 Abs. 1 GG) erst noch der Festsetzung eines Rahmens. Ohne die Schaffung rechtlich verbindlicher, von der Rechtsordnung vorgesehener und gesicherter Gestaltungsmöglichkeiten wäre eine Grundrechtsausübung nämlich nicht möglich.[82] Erst durch die Festlegung von Rechtswirkungen und insbesondere der Durchsetzbarkeit wird aus einem beliebigen Versprechen eine rechtsverbindliche Äußerung.[83] Es ist daher erforderlich, das Grundrecht durch Gesetze auszugestalten. Diese notwendigen Regelungen stellen keine Beschränkungen der Privatautonomie dar.[84]

2. Vereinigungsfreiheit (Art. 9 Abs. 1 GG) und Typenzwang im Gesellschaftsrecht

Gesellschaftsrecht ist das Recht der privaten Zweckverbände.[85] Es befasst sich mit dem zweckgerichteten Zusammenwirken von Personen aufgrund privatrechtlichen Vertrages.[86] Das Unternehmensorganisationsrecht entspringt dem allgemeinen Vertragsrecht. Art. 9 Abs. 1 GG garantiert als spezielleres Grundrecht gegenüber Art. 2 Abs. 1 GG die Vereinigungsfreiheit als Unterfall

---

79 *Medicus*, Allgemeiner Teil des BGB, § 17 I 2 b; *Schmidt*, Gesellschaftsrecht, § 5 III 3 a; *Bydlinski*, System und Prinzipien des Privatrechts, S. 147.

80 *Höfling*, Vertragsfreiheit, S. 3 f. Fn. 18; *Bydlinski*, System und Prinzipien des Privatrechts, S. 150; *Dilcher*, NJW 1960, 1040, 1040.

81 BVerfGE 8, 274, 328; 12, 341, 347; 70, 115, 123; *Kannengießer* in: Schmidt-Bleibtreu/Klein, Vorb. zu Art. 1 Rn. 25b; Art. 2 Rn. 14; *Pieroth/ Schlink*, Grundrechte, Rn. 370; *Höfling*, Vertragsfreiheit, S. 28 (zur Institutsgarantie); *Waltermann*, Rechtsetzung durch Betriebsvereinbarung, S. 63.

82 Vgl. *Pieroth/ Schlink*, Grundrechte, Rn. 212; *Waltermann*, Rechtsetzung durch Betriebsvereinbarung, S. 63.

83 *Höfling*, Vertragsfreiheit, S. 22.

84 Vgl. *Pieroth/ Schlink*, Grundrechte, Rn. 209.

85 *Wiedemann*, Gesellschaftsrecht, § 1 I 1

86 *Kraft/ Kreutz*, Gesellschaftsrecht, A I; *Schmidt*, Gesellschaftsrecht, § 1 I 1 a.

der Privatautonomie.[87] Da die schuldvertragsrechtlichen Regelungen auf Zwei-Personen-Austauschverhältnisse zugeschnitten sind, erscheinen die dort vorzufindenden Konfliktlösungen für das Gesellschaftsrecht nicht immer passend. Darum wird das Vertragsrecht in nicht unerheblichem Umfang von einem selbständigen Organisationsrecht überlagert oder verdrängt.[88] Das Prinzip der Privatautonomie erfährt auf dem Gebiet des Gesellschaftsrechts hierdurch weitere Einschränkungen. Die grundlegendste Beschränkung ist darin zu erblicken, dass der Gesetzgeber zwingend nur eine begrenzte Anzahl vorgegebener Gesellschaftsformen zur Auswahl stellt. Diese sind zum Teil an inhaltliche (zum Beispiel Handelsgewerbe als Gesellschaftszweck bei der Offenen Handelsgesellschaft) und/ oder organisatorische Vorgaben (zum Beispiel die Organstruktur bei der Aktiengesellschaft) gebunden. Innerhalb dieses Typenzwangs besteht größtmögliche Auswahl- und Gestaltungsfreiheit[89], wobei besonders die Wahl der Gesellschaftsform der Aktiengesellschaft zahlreiche gesetzlich zwingende Vorschriften mit sich bringt.[90] Die vorgegebenen Grundtypen sind nahezu uneingeschränkt miteinander kombinierbar.[91] Dem Erfindungsreichtum sind hier, oft getrieben vom "Steuerrecht als unerwünschter Rechtsquelle des Gesellschaftsrechts"[92], keine Grenzen gesetzt.

Damit ist die oben genannte Typenfreiheit als Element der Privatautonomie einem numerus clausus von Gesellschaftstypen gewichen. Auch die inhaltliche Gestaltungsfreiheit wird, wie gerade schon angesprochen, zum Teil stark beschränkt. Geht diese Typisierung über die – auch im Rahmen von Art. 9 Abs. 1 GG erforderliche – inhaltliche Ausgestaltung des Grundrechts[93] hinaus und schränkt durch zwingendes Gesetzesrecht die Vereinigungsfreiheit beziehungsweise die Privatautonomie ein, ist sie verfassungsrechtlich gerechtfertigt[94]: Gesellschaften haben gegenüber normalen Schuldverhältnissen eine intensivere Beziehung zu den Beteiligten und dem gesellschaftlichen Umfeld.[95] Die Sicherheit des Rechtsverkehrs erfordert einheitliche und verlässliche Standards.[96] Der Schutz der Gläubiger, der Gesellschafter sowie der Arbeitnehmer rechtfertigt als Gut von Verfassungsrang den Eingriff in die Privatautonomie.[97]

---

87 *Wiedemann*, Gesellschaftsrecht, § 1 I 1; *Bydlinski*, System und Prinzipien des Privatrechts, S. 150 und 469.

88 *Wiedemann*, ZGR 1996, 286, 286.

89 *Jahnke*, ZHR 146 (1982), 595, 599; *Schmidt*, Gesellschaftsrecht, § 5 II 1 b; *Wiedemann*, Gesellschaftsrecht, § 1 III 1 a cc; *Steding*, Gesellschaftsrecht, Rn. 46.

90 *Wiedemann*, ZGR Sonderheft 13, S. 5, 10.

91 *Steding*, NZG 2000, 182, 182 f. Zuletzt billigte der Bundesgerichtshof die Rechtsform der GmbH & Co. KGaA, BGHZ 134, 392, 392.

92 *Steding*, NZG 2000, 182, 184.

93 Vgl. BVerfGE 50, 290, 354 f.

94 *Wiedemann*, ZGR Sonderheft 13, S. 5, 6.

95 *Wiedemann*, Gesellschaftsrecht, § 1 III 1 a cc.

96 Vgl. *Schmidt*, Gesellschaftsrecht, § 5 II 1 a; *Steding*, Gesellschaftsrecht, Rn. 45; *Kraft/ Kreutz*, Gesellschaftsrecht, A V 1.

97 *Wiedemann*, ZGR Sonderheft 13, S. 5, 7 ff.; *Steding*, NZG 2000, 182, 182.

Das ist allgemein anerkannt[98] und soll an dieser Stelle nicht weiter untersucht werden.

3. Berufsfreiheit (Art. 12 Abs. 1 GG)

Eine weitere Säule der freien wirtschaftlichen Betätigung stellt die Berufsfreiheit (Art. 12 Abs. 1 GG) dar. Sie bietet Schutz gegen Beschränkungen der (berufsmäßigen) Betätigung natürlicher und juristischer (Art. 19 Abs. 3 GG) Personen auf dem von ihnen gewählten Gebiet der Wirtschaft. Alle staatlichen Maßnahmen mit subjektiv oder objektiv berufsregelnder Tendenz sind an diesem Grundrecht zu messen.[99]

4. Weitere Wirtschaftsgrundrechte

Sowohl natürliche als auch juristische (Art. 19 Abs. 3 GG) Personen des Privatrechts genießen außerdem den Schutz der Grundrechte der Unverletzlichkeit der Geschäftsräume (Art. 13 GG)[100] und der Eigentumsgarantie (Art. 14 GG) sowie die aus dem Gleichheitssatz (Art. 3 Abs. 1 GG) folgenden Gewährleistungen. Unter den Schutz des Art. 14 GG fallen alle privatrechtlichen vermögenswerten Güter im Hinblick auf ihren Bestand.[101] Dazu zählen insbesondere auch das Recht am eingerichteten und ausgeübten Gewerbebetrieb[102] und das Anteilseigentum[103].

5. Zusammenfassung

Es bleibt folgendes festzuhalten: Interessierte Personen können sich am Wirtschaftsleben beteiligen, indem sie allein oder gemeinsam mit anderen, unter Wahl einer aus dem Typenkatalog passend erscheinenden, größtenteils inhaltlich frei ausgestaltbaren Unternehmens- und Gesellschaftsform, auf einem beliebigen, Privaten allgemein zugänglichen Gebiet der Wirtschaft, in frei gewählter Art und Weise tätig werden. Das dabei Aufgebaute und Erwirtschaftete unterfällt grundrechtlichem Eigentumsschutz. Alle über eine bloße Grundrechtsausgestaltung hinausgehenden Einschränkungen, insbesondere polizei- und (sonder)ordnungsrechtlicher Natur, bedürfen einer Rechtfertigung.

---

98 *Jahnke*, ZHR 146 (1982), 595, 598; *Wiedemann*, Gesellschaftsrecht, § 12 I 3 b cc.

99 Vgl. *Jarass*, in: Jarass/ Pieroth, GG, Art. 12 Rn. 11 f.

100 Vgl. dazu *Pieroth/ Schlink*, Grundrechte, Rn. 876; *Schmidt-Beibtreu*, in: Schmidt-Beibtreu/ Klein, GG, Art. 13 Rn. 3.

101 *Schmidt-Beibtreu*, in: Schmidt-Beibtreu/ Klein, GG, Art. 14 Rn. 3a.

102 BVerfGE 77, 130, 136; BGHZ 23, 157, 162 f.; 92, 34, 37; BVerwGE 62, 224, 226.

103 BVerfGE 50, 290, 341; 100, 289, 301 f.

III. Europarechtliche Rahmenbedingungen

Kein Rechtsproblem auf dem Gebiet des Wirtschaftsrechts kann heutzutage mehr ohne die Erörterung der jeweils einschlägigen europarechtlichen Regelungen einer Lösung zugeführt werden. Daher sei im Rahmen der allgemeinen Erörterungen auch das Europarecht auf seine Normierungen zum Börsenrecht hin untersucht. Ausdrücklich ausgeklammert sei die Frage der Vereinbarkeit des gegenwärtigen Börsenorganisationsrechts mit dem Gemeinschaftsrecht. Dazu hat *Mues*[104] ausführlich Stellung genommen.

Die Doppelstellung der Börse als Markt und als marktveranstaltendes Unternehmen wurde bereits hervorgehoben. Die vorliegende Arbeit hat die Organisation einer privatrechtlichen Börse zum Gegenstand, so dass in erster Linie Vorschriften zur Organisationsstruktur des Marktveranstalters, also des Börsenorganisationsrechts im Sinne von Unternehmensorganisationsrecht, von Interesse sind. Um es vorwegzunehmen: ein so verstandenes Börsenorganisationsrecht ist auf europäischer Ebene (fast) nicht anzutreffen.[105] Die Organisation der Märkte war hingegen schon mehrfach Gegenstand gemeinschaftsrechtlicher Rechtsetzung. An dieser Stelle möge ein kurzer Hinweis auf die vielfältigen Anforderungen an die gelisteten Wertpapiere, die Emittenten, die Marktaufsicht und den Zugang zum Handel genügen. Diese in erster Linie marktbezogenen Vorschriften bleiben nicht ohne Auswirkungen auf die Organisation des Marktbetreibers. Beide Regelungsbereiche sind aufeinander abzustimmen und bedingen sich gegenseitig. So betreffen beispielsweise die Fragen der Mitgliedschaft der Händler und der Aufstellung des Regelwerks sowohl das eine als auch das andere Gebiet.

Die kapitalmarktrechtlichen Bestimmungen bilden die Eckpfeiler der Ordnung des Börsenwesens in den Mitgliedstaaten. Bezüglich der Organisation der Marktbetreiber sind ergänzend auch die allgemeinen gesellschafts- und unternehmensrechtlichen Regelungen heranzuziehen.

1. Vorschriften des Primärrechts

Das Primärrecht der Europäischen Gemeinschaft gewährt natürlichen und juristischen Personen insbesondere Niederlassungsfreiheit (Art. 43, 48 EGV)

---

[104] *Mues*, Die Börse als Unternehmen, S. 137 ff.

[105] *Nobel*, FS Lutter, 1485, 1501; *Izquierdo*, Die Liberalisierung und Harmonisierung des Börsenrechts als Problem des EG-Rechts, S. 85; *Weber*, in Dauses, Handbuch des EU-Wirtschaftsrechts, Band 1, F III, Rn. 135. Streitig ist zudem die Kompetenz der Europäischen Union zum Erlass derartiger Vorschriften durch Sekundärrecht. Ablehnend: *Assmann*, in: Assmann/ Schütze, Handbuch des Kapitalanlagerechts, § 1 Rz. 95; *Hopt/ Baum*, Börsenreform, S. 311. Unter dem (wie oben aufgezeigt richtigem) Verständnis der Börse als Unternehmen bejahend: *Mues*, Die Börse als Unternehmen, S. 138 (Fn. 282); *Köndgen*, FS Lutter, 1401, 1410; *Hammen*, WM 2001, 929, 934 (Fn. 56).

und Dienstleistungsfreiheit (Art. 49, 55, 48 EGV).[106] Unter Berufung auf diese beiden Freiheiten ist eine Teilnahme am Wirtschaftsleben eines jeden anderen Mitgliedstaates durch Begründung einer Niederlassung gleich welcher Art (einschließlich Unternehmenskauf)[107] oder Erbringung grenzüberschreitender Dienstleistungen, ohne eine solche dauerhafte Niederlassung zu unterhalten, möglich.[108,109] Ergänzt werden die genannten Rechte durch die Kapitalverkehrsfreiheit (Art. 56 EGV).[110] Diese garantiert die schrankenlose Übertragung von Sach- oder Geldkapital von einem Mitgliedstaat in einen anderen.[111] Gemäß Art. 56 Abs. 1 EGV sind alle Beschränkungen des Kapitalverkehrs zwischen den Mitgliedstaaten verboten. Die Vorschrift hat unmittelbare Wirkung.[112] Niederlassungs- und Dienstleistungsfreiheit beinhalten in erster Linie Diskriminierungsverbote.[113] Ob über das Diskriminierungsverbot hinaus auch ein allgemeines Beschränkungsverbot abgeleitet werden kann, ist im einzelnen streitig.[114] Für die Dienstleistungsfreiheit wird das inzwischen angenommen.[115] Auch bei der Niederlassungsfreiheit ist eine ähnliche Entwicklung zu verzeichnen.[116]

Subsidiär[117] einschlägig ist das allgemeine Diskriminierungsverbot des Art. 12 EGV. Von besonderer Bedeutung sind auch die Wettbewerbsvorschriften der Art. 81 ff. EGV, auf die im Rahmen dieser Arbeit nicht näher eingegangen wird. Dennoch sei ein kurzer Hinweis auf Art. 86 EGV erlaubt. Gemäß Absatz 1 der Vorschrift sind selbst öffentliche Unternehmen und solche, die mit besonderen oder ausschließlichen Rechten ausgestattet sind, grundsätzlich der Wettbewerbsordnung unterstellt. Nach Absatz 2 gilt dies auch für Unternehmen, die

---

106 Die Freizügigkeit der Arbeitnehmer (Art. 39 ff. EGV) und der freie Warenverkehr (Art. 23 ff. EGV) sind vorliegend von untergeordnetem Interesse und werden daher nicht näher betrachtet.

107 *Wackerbarth*, WM 2001, 1741, 1749.

108 Vgl. Lenz/ *Scheuer*, EGV, Art. 43 EGV, Rn. 2; Lenz/ *Hakenberg*, EGV, Vorbem. Art. 49-55 EGV, Rn. 2.

109 Zur Dienstleistungsfreiheit im Börsenwesen im Allgemeinen und zur Abgrenzung zwischen Dienstleistungs- und Niederlassungsfreiheit in der Frage des Aufstellens von Handelsbildschirmen in einem anderen Mitgliedstaat im Besonderen vgl. *Klenke*, Börsendienstleistungen im Europäischen Binnenmarkt, S. 112 ff. bzw. S. 119 ff.

110 Zum Zusammenspiel aller drei Freiheiten im Börsenwesen vgl. *Weber*, EuZW 1992, 561, 564. Vgl. auch *Wackerbarth*, WM 2001, 1741, 1749.

111 Lenz/ *Weber*, EGV, Vorbem. Art 56-60 EGV, Rn. 8.

112 Lenz/ *Weber*, EGV, Art 56 EGV, Rn. 24; *Weber*, EuZW 1992, 561, 562.

113 Zur Niederlassungsfreiheit: Lenz/ *Scheuer*, EGV, Art. 43 EGV, Rn. 4; *Habersack*, Europäisches Gesellschaftsrecht, Rn. 25. Zur Dienstleistungsfreiheit: Lenz/ *Hakenberg*, EGV, Art. 49/50 EGV, Rn. 21.

114 *Klinke*, ZGR 1998, 212, 215. Vgl. auch *Mues*, Die Börse als Unternehmen, S. 143 f. m.w.N.

115 Lenz/ *Hakenberg*, EGV, Art. 49/50 EGV, Rn. 23 f.

116 Vgl. Lenz/ *Scheuer*, EGV, Art. 43 EGV, Rn. 7 ff.; Groeben/ *Troberg*, EGV, Art. 52 EGV (a.F.), Rn. 60; *Schwarz*, Europäisches Gesellschaftsrecht, Rn. 136 ff.; *Habersack*, Europäisches Gesellschaftsrecht, Rn. 25.

117 Vgl. *Schwarz*, Europäisches Gesellschaftsrecht, Rn. 132.

mit Dienstleistungen von allgemeinem wirtschaftlichem Interesse betraut sind,[118] sowie für Finanzmonopole. Ausnahmen sind nur zulässig, soweit die Erfüllung der besonderen Aufgabe sie erfordern. Das wird nur selten der Fall sein.[119]

De lege lata ist streitig, ob das deutsche Börsenwesen den Grundfreiheiten der Niederlassungs- und Dienstleistungsfreiheit unterfällt.[120] Gemäß der Ausnahmebestimmung in Art. 45 (i.V.m. Art. 55) EGV könnte das Betreiben einer Börse als eine Tätigkeit einzustufen sein, "die in einem Mitgliedstaat dauernd oder zeitweise mit der Ausübung öffentlicher Gewalt verbunden" ist. Wäre das zu bejahen, würden die Vorschriften über die Niederlassungs- und Dienstleistungsfreiheit auf das deutsche Börsenwesen keine Anwendung finden. Gegenstand der Untersuchung ist nun aber eine privatrechtliche Organisation des Börsenwesens de lege ferenda. In dieser Konstellation stellt sich die Frage nach dem Vorliegen des besagten Ausnahmetatbestandes scheinbar nicht mehr. Sie wird aber in dem Augenblick wieder aktuell, in dem einzelne Bereiche des Börsenwesens, beispielsweise die Zulassung oder die Handelsüberwachung, trotz Privatisierung mit hoheitlichen Befugnissen ausgestattet werden. Daher ist die aufgeworfene Frage zu beantworten. Voranzustellen ist, dass die Erteilung ausschließlicher Rechte an einzelne Unternehmen aus Gründen des öffentlichen Interesses gemeinschaftsrechtlich keinen Bedenken unterliegt.[121]

Eine der hier geschilderten vergleichbare Situation ist in Österreich vorzufinden. Dort wird ein Börseunternehmen bei der Zulassung der Wertpapiere als Beliehener tätig.[122] *Pozniak*[123] will aufgrund dieses Umstandes das gesamte, nunmehr gemäß §§ 2 Abs. 2, 3 Abs. 1 Nr. 1 öst. BörseG ausdrücklich privatrechtlich organisierte österreichische Börsewesen von Art. 45 EGV erfasst sehen und damit nicht am Maßstab der Niederlassungs- und Dienstleistungsfreiheit messen. Diese generalisierende Betrachtungsweise ist mit dem Sinn der

---

[118] Vgl. auch den durch den Vertrag von Amsterdam eingefügten Art. 16 EGV. Dieser anerkennt die Notwendigkeit und Bedeutung solcher Unternehmen mit Sonderstellung in den Mitgliedstaaten.

[119] Vgl. dazu *Wilmowsky*, ZHR 155 (1991), 545, 571 f.; *Lenz*/ *Grill*, EGV, Art. 86 EGV, Rn. 27 f.; *Badura*, ZGR 1997, 291, 299 f.

[120] Vgl. dazu *Mues*, Die Börse als Unternehmen, S. 144 ff.; *Klenke*, Börsendienstleistungen im Europäischen Binnenmarkt, S. 124 ff.

[121] EuGH, Rs. 155/73 (Sacchi), Slg. 1974, 409, Rn. 14; *Mues*, Die Börse als Unternehmen, S. 137.

[122] *Pozniak*, ZBB 1998, 357, 364. Zwar ist in § 2 Abs. 1 Satz 2 öst. BörseG von einem Handeln des Börseunternehmens als beliehenes Unternehmen nach dem Börsegesetz die Rede, dass dies für die Zulassung der Fall sein soll, ist dort (§§ 64 ff. öst. BörseG) aber nicht angeordnet. Die öffentlich-rechtliche Ausgestaltung des Verfahrens, die besagte Erwähnung der Beleihung im österreichischen Börsegesetz und die Gesetzgebungsgeschichte sprechen gleichwohl für die Annahme einer Beleihung in diesem Punkt.

[123] *Pozniak*, ZBB 1998, 357, 362 Fn. 50.

Vorschrift nicht in Einklang zu bringen. Wäre die Annahme *Pozniaks* richtig, könnte ein Mitgliedsstaat durch Einräumung geringster hoheitlicher Kompetenzen ganze Wirtschaftszweige vom Anwendungsbereich besagter Grundfreiheiten ausnehmen. Richtig ist, dass Art. 45 EGV gerade die Fälle betrifft, in denen Private staatliche Aufgaben erfüllen.[124] Die Vorschrift kommt bei der Rechtsfigur der Beleihung damit grundsätzlich in Betracht. Als Ausnahmevorschrift ist sie eng auszulegen.[125] Die Unterschiede zwischen den Mitgliedsstaaten im Hinblick auf die Ausgestaltung der Verwaltungsorganisationen machen eine einheitliche Bestimmung des Anwendungsbereiches des Art. 45 EGV unmöglich. Es ist vielmehr erforderlich, den Besonderheiten eines jeden Staates Rechnung zu tragen und stets gesondert zu prüfen, ob die Tätigkeit unter Berücksichtigung der jeweiligen Gegebenheiten der Vorschrift in Art. 45 EGV unterfällt.[126] Um einer Aushöhlung der Grundfreiheiten vorzubeugen, können aber nur solche Tätigkeiten der Norm genügen, die eine unmittelbare und spezifische Ausübung öffentlicher Gewalt darstellen.[127] Es muss ein echtes Über-/ Unterordnungsverhältnis bestehen; allein die öffentlich-rechtliche Handlungsform genügt nicht.[128] Enthält die zu beurteilende Betätigung sowohl hoheitliche als auch nicht hoheitliche Elemente, sind bei Trennbarkeit der Tätigkeiten diese einzeln zu bewerten.[129] Nur die tatsächlich sich im Über-/ Unterordnungsverhältnis befindlichen Betätigungen unterfallen der Ausnahmevorschrift des Art. 45 EGV.

Damit unterfällt bei privatrechtlicher Organisation der Börse de lege ferenda dieser Sektor den genannten Freiheiten aus dem EG-Vertrag. Sollten einzelne Tätigkeitsbereiche mit hoheitlichen Befugnissen versehen werden, ist nur für diese an eine Anwendung der Art. 45, 55 EGV zu denken. Ob die Vorschriften dann einschlägig sind, muss im Einzelfall je nach Ausgestaltung der Rechtsbeziehungen entschieden werden, da, wie gesagt, ein echtes Über-/ Unterordnungsverhältnis notwendig ist.

Im Beispiel Österreichs ergibt sich damit, dass außerhalb des Bereichs der Zulassung die Grundfreiheiten der Niederlassungs- und Dienstleistungsfreiheit auch für Börsen zur Anwendung kommen. Für die Zulassung wäre dies noch

---

124 Vgl. Groeben/ *Troberg*, EGV, Art. 55 EGV (a.F.), Rn. 1.

125 Vgl. EuGH, Rs. 2/74 (Reyners), Slg. 1974, 631, Rn. 42/43; Rs. 147/86 (Kommission/Griechenland), Slg. 1988, 1637, Rn. 7; Lenz/ *Scheuer*, EGV, Art. 45 EGV, Rn. 3.

126 Vgl. EuGH, Rs. 2/74 (Reyners), Slg. 1974, 631, Rn. 48/50; Rs. 147/86 (Kommission/Griechenland), Slg. 1988, 1637, Rn 8; Rs. C-42/92 (Thijssen), Slg. 1993, I-4047, Rn. 9 ff.; Lenz/ *Scheuer*, EGV, Art. 45 EGV, Rn. 2.

127 EuGH, Rs. 2/74 (Reyners), Slg. 1974, 631, Rn. 44/45; Rs. 147/86 (Kommission/Griechenland), Slg. 1988, 1637, Rn. 7; Rs. C-3/88 (Kommission/Italien), Slg. 1989, 4035, Rn. 13; Rs. C-42/92 (Thijssen), Slg. 1993, I-4047, Rn. 8.

128 Groeben/ *Troberg*, EGV, Art. 55 EGV (a.F.), Rn. 2; vgl. auch *Klenke*, Börsendienstleistungen im Europäischen Binnenmarkt, S. 126.

129 Vgl. EuGH, Rs. 2/74 (Reyners), Slg. 1974, 631, Rn. 46/47; Lenz/ *Scheuer*, EGV, Art. 45 EGV, Rn. 3; Groeben/ *Troberg*, EGV, Art. 55 EGV (a.F.), Rn. 1; *Mues*, Die Börse als Unternehmen, S. 145.

genauer zu untersuchen. Das soll vorliegend aber dahingestellt bleiben, da die Frage für das deutsche Börsenwesen nur bei vergleichbarer Umsetzung relevant wäre, was sich aber an dieser Stelle noch nicht abschätzen lässt.

Damit bleibt festzuhalten, dass ein privatrechtlich organisiertes Börsenwesen den Grundfreiheiten des EG-Vertrages unterfällt. Die Einräumung spezifischer hoheitlicher Befugnisse ändert hieran grundsätzlich nichts. Es können sich lediglich für die speziell betroffenen Tätigkeiten Ausnahmen gemäß Art. 45, 55 EGV ergeben.[130]

2. Unternehmensrechtliches Sekundärrecht

Das sekundäre Wirtschaftsrecht der Europäischen Union hat eine Fülle von Richtlinien vorzuweisen. Wie bereits erwähnt, beschäftigt sich keines dieser Normengefüge speziell mit dem Organisationsrecht der Börsenunternehmen. Die allgemeinen unternehmensrechtlichen Bestimmungen ergeben jedoch einen Rahmen, der auch für diesen Bereich wirtschaftlicher Betätigung einzuhalten ist. So ist nach einer grundlegenden Entscheidung des Europäischen Gerichtshofes die Vorschrift in Art. 25 Abs. 1 Satz 1 der Richtlinie 77/91/EWG (Kapitalrichtlinie), wonach die Kapitalerhöhung einer Aktiengesellschaft von der Hauptversammlung beschlossen werden muss, auch für volkswirtschaftlich besonders bedeutende Wirtschaftsbereiche, beispielsweise das Bankenwesen, uneingeschränkt anwendbar.[131] Die Vorschrift gilt für die betreffende Gesellschaftsform, die Aktiengesellschaft, unabhängig von ihrem Betätigungsfeld.[132] Auch umfassende Regelungen des Wirtschaftszweiges durch spezielles Sekundärrecht ändern hieran nichts, solange diese Sonderbestimmungen nicht ausdrücklich anderes vorschreiben.[133]

Neben der gerade erwähnten Kapitalrichtlinie sind die Richtlinie 68/151/EWG (Publizitätsrichtlinie), die Richtlinie 89/667/EWG (Ein-Personen-GmbH-Richtlinie), die Richtlinie 78/855/EWG (Fusionsrichtlinie) und die Richtlinie 82/891/EWG (Spaltungsrichtlinie) von organisationsrechtlichem Interesse.[134] Alle diese Richtlinien haben aber nur spezielle Detailfragen zum Regelungsgegenstand, auf die gegebenenfalls an entsprechender Stelle einzugehen ist.

---

130 Vgl. *Klenke*, Börsendienstleistungen im Europäischen Binnenmarkt, S. 128, der die Anwendung der Art. 55, 66 EGV a.F. (entspricht 45; 55 EGV n.F.) auf die amtliche Kursfeststellung alten Rechts zumindest für vertretbar hielt.

131 EuGH, Rs. C-441/93 (Pafitis), Slg. 1996, I-1347, Rn. 20 ff., 49 f.; vgl. auch *Hammen*, AG 2001, 549, 565.

132 EuGH, Rs. C-441/93 (Pafitis), Slg. 1996, I-1347, Rn. 19; *Schwarz*, Europäisches Gesellschaftsrecht, Rn. 616.

133 Vgl. *Habersack*, Europäisches Gesellschaftsrecht, Rn. 189.

134 Ein vollständiges Bild des unternehmensrechtlichen Sekundärrechts liefert *Wiesner*, BB 2001, Beilage 8, S. 2 ff., 11 ff.

Von großer Bedeutung für das Organisationsstatut einer Aktiengesellschaft[135] ist dagegen die Strukturrichtlinie.[136] Diese wurde bislang allerdings noch nicht verabschiedet. Größter Streitpunkt im Rahmen der Arbeiten an dieser Richtlinie ist die Arbeitnehmermitbestimmung.[137] Aufgrund des jahrelangen Disputes um dieses Rechtsinstitut und der fehlenden Annäherungsbereitschaft unter den Verhandlungspartnern stagnieren die Arbeiten seit längerem. Es ist gar von einem Scheitern der Richtlinie die Rede.[138] Möglicherweise bekommt das Vorhaben aber nach dem kürzlich gefundenen Konsens über die Frage der Mitbestimmung im Zusammenhang mit der Europäischen Aktiengesellschaft[139] neuen Auftrieb. Die Strukturrichtlinie rückt zudem noch aus einem weiteren Gesichtspunkt erneut in den Mittelpunkt des Interesses. Im Zusammenhang mit der Umsetzung des Aktionsplanes für einen integrierten europäischen Finanzbinnenmarkt[140] wurde wiederholt bemängelt, dass Unterschiede in den Unternehmensverfassungen der Mitgliedstaaten den ungestörten Kapitalfluss zu behindern vermögen.[141] Als Beispiel werden die unterschiedlichen Regelungen betreffend die Ausübung von Stimmrechten angeführt,[142] die im übrigen im Zusammenhang mit der Diskussion um eine europäische Übernahmerichtlinie ebenfalls ins Kreuzfeuer der Kritik geraten sind.[143] Zwar wird festgestellt, dass zum jetzigen Zeitpunkt noch kein einheitliches Modell absehbar sei,[144] straffere gesellschaftsrechtliche Strukturen werden gleichwohl angestrebt[145] und auch für realisierbar gehalten[146]. Bei der Umsetzung des Aktionsplanes werden auch zur Frage der Verbesserung der Rahmenvorschriften der Unternehmensverfassung Anstrengungen unternommen.[147] Diese beginnen zwar zunächst lediglich mit der Ermittlung der Verhältnisse in den Mitgliedstaaten.[148] Da das Vorhaben des integrierten Finanzbinnenmarktes aber entschieden ver-

---

135 Die Gesellschaft mit beschränkter Haftung beziehungsweise verwandte Formen in anderen Mitgliedstaaten sind von einer Vereinheitlichung dagegen noch weit entfernt, *Lutter*, ZGR 2000, 1, 7.

136 Ausführlich dazu *Striebeck*, Reform des Aktienrechts durch die Strukturrichtlinie der Europäischen Gemeinschaften.

137 *Hopt*, ZIP 1998, 96, 104; *Lutter*, ZGR 2000, 1, 18.

138 *Wiesner*, ZIP 2000, 1792, 1794; *Lutter*, ZGR 2000, 1, 8.

139 Vgl. dazu *Pluskat*, EuZW 2001, 524 ff.; *Wiesner*, ZIP 2001, 397, 397 f.

140 Umfassend zu diesem Vorhaben nachstehend 1. Teil D III 4.

141 Kommission der EG, Aktionsrahmen, KOM (1998) 625, S. 11; dies., Aktionsplan, KOM (1999) 232, S. 14; zugleich ZBB 1999, 254, 260; Lamfalussy-Bericht, S. 17.

142 Kommission der EG, Aktionsplan, KOM (1999) 232, S. 14; zugleich ZBB 1999, 254, 260. Vgl. auch *Hopt*, ZIP 1998, 96, 102, 106; *Hellwig*, EWS 2001, 580, 582.

143 Vgl. Börsenzeitung v. 11.01.2002, S. 1, 3; v. 21.02.2002, S. 6.

144 Kommission der EG, Aktionsrahmen, KOM (1998) 625, S. 11.

145 Kommission der EG, Aktionsplan, KOM (1999) 232, S. 8; zugleich ZBB 1999, 254, 257.

146 Vgl. Lamfalussy-Bericht, S. 17.

147 Kommission der EG, Aktionsrahmen, KOM (1998) 625, S. 14.

148 Kommission der EG, Aktionsplan, KOM (1999) 232, S. 14, 24; zugleich ZBB 1999, 254, 260, 264; vgl. auch Kommission der EG, Aktionsplan, 3. Fortschrittsbericht, KOM (2000) 692/2 Final, S. 20; zugleich ZBB 2000, 437, 444.

folgt wird, kommt auch diesem Teil der Arbeiten wesentliche Bedeutung zu.[149] Dieser Aspekt darf folglich bei der Behandlung der europarechtlichen Fragen der Unternehmensstrukturen nicht außer acht bleiben. Dem Europarecht ist eine Vorauswirkung noch nicht erlassener Richtlinien jedoch fremd.[150] Eine solche Vorauswirkung von Richtlinien kann schon gar nicht für den Vorschlag der Strukturrichtlinie gelten, auf den man sich seit über zwanzig Jahren noch nicht einigen konnte. Daher ist eine irgendgeartete rechtliche Berücksichtigung der Normen dieses Vorschlages eigentlich verwehrt. Gleichwohl sind einige Detailregelungen des Richtlinienvorschlages vorliegend von Interesse, so dass unter dem Gesichtspunkt der Möglichkeit einer zukünftigen Verabschiedung der Richtlinie kurze Exkurse an den entsprechenden Stellen vertretbar erscheinen.

Die Kapitalmarktfähigkeit der Unternehmensanteile setzt voraus, dass Aktiengesellschaften nach vergleichbaren Grundsätzen organisiert sind.[151] Die Aktie ist ein standardisiertes Anlageobjekt.[152] Die Schaffung eines einheitlichen europäischen Kapitalmarktes macht es erforderlich, diesen Grundsatz über die nationalen Grenzen hinaus zu erstrecken. Auch europaweit gilt es, die Aktien und mit ihnen die Aktiengesellschaften so weit wie nötig zu vereinheitlichen.[153] Keineswegs ist damit eine Vollvereinheitlichung des europäischen Gesellschaftsrechts gemeint. Eine solche wäre weder umsetzbar noch erstrebenswert. Innerhalb eines harmonisierten Rechtsrahmens ist ein Wettbewerb der Gesetzgeber sogar erwünscht.[154] Zu dem noch weiter zu harmonisierenden Rahmen gehören indes die Grundstrukturen der Aktiengesellschaft, auf die Anleger vertrauen können müssen.[155] Es wäre folglich nicht ratsam, die (noch) bestehenden Unterschiede weiter zu vertiefen. Sonderbestimmungen bedürften zumindest einleuchtender Gründe.[156] So gesehen wäre eine nationale Regelung entgegen gemeinschaftsrechtlichen Vorstellungen wenig befriedigend.[157] Die Vorschriften des Vorschlages zur Strukturrichtlinie sind (unter der gebotenen Zurückhaltung) in die Betrachtungen mit einzubeziehen. Auf die

---

149 Vgl. dazu *Hopt*, ZGR 2000, 779, 812.

150 *Ehricke*, ZIP 2001, 1311, 1312 f. Eindringlich *Lutter*, AG 1997, Sonderheft, 52, 56 f.

151 *Lutter*, ZGR 2000, 1, 10.

152 *Kümpel*, Bank- und Kapitalmarktrecht, Rn. 8.187.

153 Vgl. *Hopt*, AG 1997, Sonderheft, 42, 48; *Hellwig*, EWS 2001, 580, 581.

154 Vgl. dazu *Schön*, ZHR 160 (1996), 221, 232 ff.; *Deckert*, RabelsZ 64 (2000), 478, 488 f., 495; *Merkt*, RabelsZ 59 (1995), 545 ff.; *Ebke*, RabelsZ 62 (1998), 195, 207 ff.; *Grundmann*, ZGR 2001, 783 ff.

155 Vgl. *Schön*, ZHR 160 (1996), 221, 239; *Lutter*, in: Grundmann, Systembildung und Systemlücken in Kerngebieten des Europäischen Privatrechts, 121, 140; *ders.*, AG 1997, 538, 540.

156 Vgl. dazu *Roth*, Festgabe BGH, Band II, 847, 881: "Der nationale Gesetzgeber, aber auch die Judikative, stehen hier vor der immer dringlicher werdenden Aufgabe, das nationale Recht mit dem Gemeinschaftsrecht abzustimmen. ... Politik der freiwilligen Rechtsharmonisierung". Vgl. auch *Lutter*, ZGR 2000, 1, 10 f.

157 Eher ablehnend: *Lutter*, AG 1997, Sonderheft, 52, 55 f.

sich aus diesem Problemkreis ergebenden Detailfragen ist an entsprechender Stelle einzugehen.

3. Kapitalmarktrechtliches Sekundärrecht

Einleitend zu diesem Kapitel ist bereits angeklungen, dass das Kapitalmarktrecht der Europäischen Union einige Richtlinien mit Börsenbezug aufzuweisen hat. Regelungsgegenstand dieser Richtlinien ist, auch das wurde schon angerissen, vorwiegend die Organisation des Marktgeschehens. Mit Anforderungen an die zuzulassenden Wertpapiere, die Emittenten, die Marktaufsicht und den Zugang der Handelsteilnehmer zu diesen Märkten hat sich ein europarechtlicher Rahmen für die Marktorganisation herausgebildet. Dieser Rahmen wird insbesondere durch die Richtlinie 2001/34/EG (Richtlinie zur amtlichen Notierung), die Richtlinie 89/592/EWG (Insiderrichtlinie) sowie die Richtlinie 93/22/EWG (Wertpapierdienstleistungsrichtlinie) geformt.[158] Er bleibt nicht ohne Auswirkungen auf die Struktur des Marktbetreibers.

a) Maßgebliche Bestimmungen der Richtlinie betreffend die zur amtlichen Notierung zugelassenen Wertpapiere (Richtlinie zur amtlichen Notierung)

Die Richtlinie zur amtlichen Notierung beinhaltet Bestimmungen zur Koordination der Zulassungsbedingungen, Anforderungen an den zur Zulassung zu veröffentlichenden Prospekt, Veröffentlichungspflichten der Emittenten sowie Mitteilungspflichten bei Beteiligungserwerb und -veräußerung von Wertpapieren, die zur amtlichen Notierung an Wertpapierbörsen in den Mitgliedstaaten zugelassen sind oder einen diesbezüglichen Antrag gestellt haben. Sie stellt eine Zusammenfassung der Börsenzulassungsrichtlinie, der Börsenzulassungsprospektrichtlinie, der Halbjahresberichtsrichtlinie und der Transparenzrichtlinie dar und wirkt sich indirekt auf die Organisation des Börsenwesens aus.

Zwar ist kein Mitgliedstaat verpflichtet, eine amtliche Notierung von Wertpapieren beizubehalten oder einzuführen. Er wird dies aber tun,[159] weil die strengen, europaweit einheitlichen Bestimmungen für Anleger vertrauensbegründend wirken (so genannter "Gütesiegeleffekt")[160] und Mehrfachnotierungen innerhalb

---

[158] Ein vollständiges Bild des kapitalmarktrechtlichen Sekundärrechts liefert *Wiesner*, BB 2001, Beilage 8, S. 6 f., 14 f. Das Verhältnis der börsenrechtlichen Richtlinien zueinander ist anschaulich dargestellt bei *Weber*, in Dauses, Handbuch des EU-Wirtschaftsrechts, Band 1, F III, Rn. 15 ff., wobei bei der Darstellung jedoch fraglich ist, ob alle Märkte im Sinne der Insiderrichtlinie auch zwingend geregelte Märkte im Sinne der Wertpapierdienstleistungsrichtlinie sind (so *ders.*, aaO, Rn. 37).

[159] Vgl. auch Bankenverband, Stellungnahme zum Gutachten, S. 46.

[160] *Mues*, Die Börse als Unternehmen, S. 202.

der Europäischen Union erleichtert werden (Erwägungsgrund 2 der Richtlinie)[161]. Es steht außer Frage, dass das Börsenwesen auch künftig eine amtliche Notierung ermöglichen muss. Die Entscheidung über die tatsächliche Einführung eines Handels mit amtlicher Notierung an den einzelnen Börsen kann diesen jedoch (weiterhin) selbst überlassen bleiben.[162]

Der Anwendungsbereich der Richtlinie erstreckt sich, wie bereits erwähnt, auf Wertpapiere mit amtlicher Notierung (Art. 2 Abs. 1 der Richtlinie). Die Richtlinie führt, ebenso wie schon die ihr zugrunde liegenden vier einzelnen Richtlinien, nicht aus, welche Merkmale einen Markt zu einem solchen mit amtlicher Notierung werden lassen. Der Begriff der amtlichen Notierung wurde erstmals durch die Börsenzulassungsrichtlinie eingeführt. Eine genaue Definition konnte damals nicht gefunden werden. Es mussten die unterschiedlichsten Ausformungen der Organisation der Marktsegmente in den einzelnen Mitgliedstaaten berücksichtigt werden. Ziel der Richtlinie war nur, die Marktsegmente der einzelnen Mitgliedstaaten mit den höchsten gesetzlichen Anforderungen zu harmonisieren,[163] nicht dagegen, neue Marktsegmente zu schaffen, und auch nicht, jegliches staatlich organisierte oder anerkannte Börsenwesen der Richtlinie zu unterwerfen[164]. Dies gilt auch heute noch. Daher ist der den Mitgliedstaaten verbliebene Gestaltungsspielraum denkbar weit.[165] Dennoch müssen Abgrenzungskriterien gefunden werden, die eine amtliche Notierung im Sinne der Richtlinie begründen. Zum einen ist die Erfüllung dieses Tatbestandsmerkmales für einen Markt und seine Beteiligten mit weitreichenden Konsequenzen verbunden. Zum anderen muss geklärt werden, inwieweit der Gesetzgeber bestehende Strukturen verändern darf, ohne die Eigenschaft der Segmente als Handel mit oder ohne amtliche Notierung im Sinne der Richtlinie zu verändern. Diese Abgrenzungskriterien haben sich gemäß der Intention der Richtlinie an der Organisation der obersten Marktsegmente in den Mitgliedstaaten zu orientieren. Ausfüllungsbedürftig ist dabei sowohl das Tatbestandsmerkmal 'amtlich' als auch das der 'Notierung'. Unter Beachtung der Entstehungsgeschichte der Norm ist für 'Amtlichkeit' eine Mitwirkung staatlicher oder staatlich anerkannter Stellen zu fordern. Der Spielraum ist, wie bereits erwähnt, groß. Komplizierter gestaltet sich die Konkretisierung des Wortes 'Notierung'.

---

161 Vgl. auch *Weber*, in Dauses, Handbuch des EU-Wirtschaftsrechts, Band 1, F III, Rn. 91; *Izquierdo*, Die Liberalisierung und Harmonisierung des Börsenrechts als Problem des EG-Rechts, S. 45.

162 Dafür auch: *Mues*, Die Börse als Unternehmen, S. 226. Bereits de lege lata wird dies etwa von *Kümpel/ Hammen*, WM 2000, SB 3, 3, 7 vertreten.

163 *Weber*, in Dauses, HB des EU-Wirtschaftsrechts, Band 1, F III, Rn. 39.

164 Obwohl im Zeitpunkt der Entstehung der Richtlinie vielfach – so auch in Deutschland – nur ein staatlich anerkanntes Segment existierte, war dies von Anfang an unstreitig. In Erwägungsgrund 23 der neuen, zusammenfassenden Richtlinie machen Rat und Parlament der Europäischen Union dies deutlich. Vgl. auch *Kümpel*, WM 1985, SB 5, S. 3.

165 Davon geht auch die Richtlinie aus (vgl. Erwägungsgrund 5 der Richtlinie).

Die Literatur hat bislang kaum Versuche unternommen, den Begriff zu definieren. Einige Ansätze sind bei *Izquierdo*[166] auszumachen. Sie weist ebenfalls auf die außerordentlich große Bedeutung der Frage der Einordnung hin und schlägt – ohne Unterscheidung von 'amtlich' und 'Notierung' – vor, entweder die strengen Zulassungsbedingungen oder die größere Zuverlässigkeit bei der Preisbildung oder aber die ausdrückliche Zulassung durch eine bestimmte Instanz ausschlaggebend sein zu lassen.[167] Sie selbst zieht wohl den letztgenannten Ansatz vor. Hierbei gilt es aber zu bedenken, dass die Richtlinie zwischen Zulassung und Notierung unterscheidet.[168] Sie knüpft ihre Rechtsfolgen an einen Markt mit amtlicher Notierung und nicht an einen Markt mit amtlicher Zulassung. Der Begriff der Notierung weist gegenüber der Zulassung eine dynamische Komponente auf. Demnach muss sich die Amtlichkeit auf etwas Fortlaufendes erstrecken, nicht nur auf den einmaligen Akt der Zulassung.[169] Da die Richtlinie weder an die Preisbildung anknüpft noch diesbezügliche Festlegungen trifft, ist dieses Kriterium weniger zur Abgrenzung geeignet. Eine amtliche Preisfeststellung ist sicherlich ein Indiz für das Vorliegen eines Handels mit amtlicher Notierung, sie ist aber nicht notwendig, um eine solche zu begründen. Anders sieht das *Weber*[170], der für eine amtliche Notierung die Preisfeststellung durch eine amtlich anerkannte Instanz verlangt. Richtigerweise ist staatlicherseits lediglich ein ordnungsgemäßer Preisbildungsprozess im Rahmen der Organisation des Handelsablaufs, nicht die einzelne Preisbildung selbst, zu gewährleisten.[171] Unter Notierung ist vielmehr die laufende Einbeziehung der Wertpapiere in den Börsenhandel zu verstehen. Dazu gehören sowohl die erstmalige Zulassung als auch die Organisation des laufenden Handels in diesem Wertpapier. Diese Annahme wird durch Art. 18 der Richtlinie bestätigt.[172] Absatz 1 der Vorschrift spricht von der Aussetzung der Kursnotiz eines Wertpapiers als kurzzeitige Maßnahme und stellt dem in Absatz 2 der Norm die Einstellung der amtlichen Notierung als endgültige Maßnahme gegenüber. Hieraus wird deutlich, dass die ständige Kursnotiz, also der durch Aufnahme auf den Kurszettel dokumentierte fortlaufende Handel, Teil der amtlichen Notierung ist.

---

[166] *Izquierdo*, Die Liberalisierung und Harmonisierung des Börsenrechts als Problem des EG-Rechts, S. 50 f. *Klenke*, Börsendienstleistungen im europäischen Binnenmarkt, S. 159, hält die von *Izquierdo* aufgestellten Kriterien für unzulänglich ohne selbst eine Lösung zu unterbreiten.

[167] *Izquierdo*, Die Liberalisierung und Harmonisierung des Börsenrechts als Problem des EG-Rechts, S. 51.

[168] Art. 2 Abs. 1 der Richtlinie und im Folgenden noch viele weitere Vorschriften sprechen von der "Zulassung zur amtlichen Notierung".

[169] De lege lata entscheiden in Deutschland sowohl im amtlichen Markt – als ein der Richtlinie unterfallendes Segment – als auch im geregelten Markt – als ein der Richtlinie nicht unterfallendes Segment – behördliche Stellen über die Zulassung (vgl. §§ 31 Abs. 1, 49 Abs. 2 Satz 2 BörsG).

[170] *Weber*, in Dauses, Handbuch des EU-Wirtschaftsrechts, Band 1, F III, Rn. 39.

[171] Vgl. auch *Kümpel*, Bank- und Kapitalmarktrecht, Rn. 14.42.

[172] Auch § 37 Abs. 1 BörsG verwendet die Begrifflichkeiten in diesem Sinne.

Für einen Handel mit amtlicher Notierung ist demnach zu fordern, dass die Zulassung zum Handel und der Handel selbst staatlich oder durch staatliche anerkannte Stellen reglementiert – nicht aber notwendigerweise selbst organisiert – werden, die Einhaltung dieses Rahmens vom Staat oder anerkannten Stellen sichergestellt und überwacht wird[173] und der Staat selbst den Anspruch erhebt, ein Segment von höchster Qualität geschaffen zu haben. Letztere Einschränkung ist notwendig, um dem Staat die Organisation von Segmenten unterhalb des Handels mit amtlicher Notierung zu ermöglichen. Die Aufnahme der staatlichen oder staatlich anerkannten Aufsicht in die Begriffsbestimmung rechtfertigt sich trotz der zum Zeitpunkt des Erlasses der Richtlinie im Vergleich zu heute nur begrenzt bestehenden Aufsichtsregelungen. Auch damals wurde das Geschehen an der Börse, oftmals in Form von staatlich anerkannter Selbstverwaltung, bereits überwacht.[174]

Die gefundene Lösung muss sich zwar den Vorwurf der Vermischung von Tatbestand und Rechtsfolge gefallen lassen. Der europäische Gesetzgeber tut sich bei der Definition von Märkten aber stets schwer. Auch bei der Definition des geregelten Marktes in der Wertpapierdienstleistungsrichtlinie werden beide Ebenen kombiniert (vgl. Art. 1 Nr. 13 der Wertpapierdienstleistungsrichtlinie). Entstehungsgeschichte und Zweck der Richtlinie machen zudem eine stark anwendungsorientierte Auslegung erforderlich. Es sollen die obersten Segmente der Mitgliedstaaten unter die Richtlinie fallen, andere Segmente aber nicht. Letzteres hat der europäische Gesetzgeber ausdrücklich anerkannt (siehe Erwägungsgrund 23 der Richtlinie).

Bei der Schaffung des geregelten Marktes im Börsengesetz[175], der gerade kein Markt mit amtlicher Notierung werden sollte,[176] hat man das Fehlen der amtlichen Preisfeststellung als das der Anwendbarkeit der Richtlinie entgegenstehende Element erachtet.[177] Das Börsengesetz a.F. setzte gar den Begriff der Notierung mit dem der Preisfeststellung gleich (§ 36 Abs. 1 BörsG).[178] Zweifellos war der Handel mit amtlicher Notierung nach dem Börsengesetz a.F. (§§ 36 ff. a.F.) ein solcher im Sinne der Richtlinie. Immerhin sollte die Richtlinie gerade auch für dieses Segment gelten. Die Abschaffung der amtlichen Preis-

---

173 Bis dahin ähnlich auch *Weber*, in Dauses, Handbuch des EU-Wirtschaftsrechts, Band 1, F III, Rn. 39, der die Begriffsbestimmung aber nicht aus der Börsenzulassungsrichtlinie selbst herleitet, sondern aus der Geltung der Insider- und der Wertpapierdienstleistungsrichtlinie auch für den Handel mit amtlicher Notierung.

174 Vgl. etwa die Situation in Großbritannien vor dem Big Bang, dazu nachstehend 1. Teil H I.

175 Durch Gesetz v. 16.12.1986 (BGBl. I, S. 2478).

176 Siehe Begründung des Regierungsentwurfs zum Börsenzulassungsgesetz, BT-Drs. 10/4296, S. 16.

177 Vgl. *Kümpel*, WM 1988, 1621, 1622, 1626; *ders.* Bank- und Kapitalmarktrecht, Rn. 8.91 u. 17.389 f.; *Schrader*, Geregelter Markt und geregelter Freiverkehr, S. 9; *Claussen/ Erne*, Bank- und Börsenrecht, § 9, Rn. 41; *Breitkreuz*, Die Ordnung der Börse, S. 43.

178 Ebenso *Kümpel*, WM 1988, 1621, 1622; *ders.* Bank- und Kapitalmarktrecht, Rn. 17.383.

feststellung durch das Vierte Finanzmarktförderungsgesetz (vgl. §§ 23 ff. BörsG) macht es nun erforderlich, sich mit dem Begriff der amtlichen Notierung erneut auseinanderzusetzen. Durch das genannte Gesetz wurde die Art der Kursfeststellung von der Zulassung der Wertpapiere zu einem bestimmten Segment vollständig entkoppelt.[179] Die Preisfeststellung ist nunmehr für alle Segmente gleich geregelt. Sie kann damit kein Anknüpfungspunkt für die vorzunehmende Unterscheidung der Märkte mehr sein. Wie der Gesetzgeber ausdrücklich betont, hat das für die Anwendbarkeit der einschlägigen europäischen Richtlinien keine Auswirkungen.[180] Unter Bezugnahme auf die obigen Ausführungen zum Begriff der amtlichen Notierung und den sehr weiten einzelstaatlichen Gestaltungsspielraum kann dem so gefolgt werden. Es stellt sich dann nur eine Frage: Warum soll der geregelte Markt nach dem nunmehr geltenden Börsenrecht kein Handel mit amtlicher Notierung im Sinne der Richtlinie sein? Einziger Unterschied in der Konstruktion beider Segmente nach der Neufassung des Börsengesetzes ist, dass die grundlegenden Handelsbedingungen beim amtlichen Markt weitgehend im Börsengesetz, beim geregelten Markt dagegen maßgeblich in der Börsenordnung festgeschrieben sind,[181] wobei der Börse für die Ausgestaltung der Börsenordnung durch das Vierte Finanzmarktförderungsgesetz weitergehende Gestaltungsfreiheiten eingeräumt wurden. Es handelt sich sowohl beim Börsengesetz als auch bei der Börsenordnung um materielle Gesetze, die von Trägern öffentlich-rechtlicher Gewalt erlassen werden. Insofern ist beides amtlich im Sinne des europäischen Rechts. Bereits nach alter Rechtslage – also der zusätzlichen amtlichen Preisfeststellung im Amtlichen Handel – wurde der Geregelte Markt als halbamtlicher bezeichnet.[182] Nachdem dieses vormals maßgebliche Kriterium weggefallen ist, ist im Hinblick auf die Richtlinie kein grundlegender Unterschied zwischen den Segmenten auszumachen. An dieser Stelle vermag dann nur die, wie oben aufgezeigt, für die Begriffsbestimmung maßgebliche Intention des Gesetzgebers weiterzuhelfen, mit dem geregelten Markt kein Segment im Sinne der Richtlinie schaffen zu wollen.

In Bezug auf das Segment des Handels mit amtlicher Notierung erlegen die Art. 11 Abs. 1, 105 Abs. 2 der Richtlinie den Mitgliedstaaten die Pflicht auf, die Zulassungsstellen mit den zur Erfüllung ihrer Aufgaben erforderlichen Zuständigkeiten und Befugnissen auszustatten. Aber auch diese Pflicht wird ebenso wenig konkretisiert wie die Frage der Rechtsstellung der Zulassungsstelle.

---

179 Begründung zum Regierungsentwurf des 4. Finanzmarktförderungsgesetzes, BT-Drs. 14/8017, S. 63.

180 Begründung zum Regierungsentwurf des 4. Finanzmarktförderungsgesetzes, BT-Drs. 14/8017, S. 79.

181 Vgl. *Schäfer*, ZIP 1987, 953, 957 zu den Unterschieden beider Segmente de lege lata.

182 *Schwark*, NJW 1987, 2041, 2045; *Schäfer*, ZIP 1987, 953, 954; *Kümpel*, WM 1988, 1621, 1622; *Ledermann*, in: Schäfer/ WPHG, Vor § 71 BörsG Rn. 2.

Mues[183] entnimmt den Vorschriften, dass die Zulassungsstelle für den Handel mit amtlicher Notierung hoheitlich ausgestaltet werden muss. Dem kann nicht gefolgt werden. Zwar liegt dieser Schluss, insbesondere für Deutschland und der dort geltenden Trennung von öffentlichem und privaten Recht, nahe. Er ist aber nicht zwingend. Ob privaten Personen gegenüber anderen privaten Personen gewisse Kompetenzen, insbesondere Durchsetzungsmacht, eingeräumt werden kann, hängt vom jeweiligen nationalen Recht ab. Ebenso unterschiedlich ist in den Mitgliedstaaten der Umfang der staatlichen Einflussnahme und Beteiligung am Wirtschaftsleben. Diesen Unterschieden muss die Richtlinie Rechnung tragen. Sie tut dies auch, indem sie äußerst weit gefasste Formulierungen verwendet. Im Falle der Zulassungsstelle im Sinne der Art. 11 Abs. 1, 105 Abs. 2 der Richtlinie führt das dazu, dass die rechtliche Ausgestaltung dieser Einrichtung keine Regelung erfährt. Damit ist auch für Deutschland nicht zwingend ein hoheitliches Organ erforderlich. Soweit durch privatrechtliche Konstruktionen die Anforderungen der Art. 11 Abs. 1, 105 Abs. 2 der Richtlinie erfüllt werden können, ist eine solche Lösung zulässig.[184] Auch der in Art. 19 Abs. 1 der Richtlinie geforderte Rechtsbehelf gegen die Ablehnung des Zulassungsantrages oder die Notierungseinstellung kann bei privatrechtlicher Ausgestaltung gewahrt werden. Ebenso ist ein Auskunftsrecht gegenüber den Emittenten nach Art. 16 Abs. 1 der Richtlinie privatrechtlich regelbar.

Art. 18 der Richtlinie fordert eine dahingehende Ausgestaltung der Befugnisse der zuständigen Stellen, dass eine (kurzfristige) Aussetzung der Kursnotiz (Absatz 1 der Norm) und eine (gänzliche) Einstellung der amtlichen Notierung (Absatz 2 der Norm) ausgesprochen werden können, wenn ein ordnungsgemäßer Handel in diesem Wertpapier nicht mehr gewährleistet werden kann. Wie diese Befugnis auszugestalten ist, dazu enthält sich die Richtlinie. Hier gilt das vorstehend zur Zulassungsstelle Gesagte.

Die Überwachung der Rechtmäßigkeit des Börsenzulassungsprospektes (Art. 20, 35 Abs. 1, 105 Abs. 2 der Richtlinie), der Einhaltung der Veröffentlichungspflichten der Emittenten (Art. 66 Abs. 1, 67 Abs. 1, 68, 70, 105 Abs. 2 der Richtlinie) sowie der Mitteilungspflichten bei Beteiligungserwerb und -veräußerung (Art. 85 Abs. 1, 105 Abs. 2 der Richtlinie) ist ebenfalls durch Ausstattung der zuständigen Stellen mit den erforderlichen Zuständigkeiten und Befugnissen sicherzustellen. Auch hier gilt das bereits Ausgeführte. Nicht alle diese Aufgaben fallen jedoch der Börse selbst zu.

---

183 *Mues*, Die Börse als Unternehmen, S. 145. An anderer Stelle der Arbeit (S. 204) äußert er sich etwas zurückhaltender, indem er die Umsetzungsfreiheit der Mitgliedstaaten anerkennt, für Deutschland aber unter ausdrücklichem Offenlassen der Frage nach der rechtlichen Zulässigkeit rein privatrechtlicher Konstruktionen von deren Unzweckmäßigkeit ausgeht.

184 Ebenso *Baums/ Segna*, Börsenreform, S. 87. Gleichfalls *Mues*, Die Börse als Unternehmen, S. 204, an anderer Stelle.

b) Die Insiderrichtlinie

Die Insiderrichtlinie knüpft an Wertpapiere an, die "zum Handel auf einem Markt zugelassen sind, der von staatlich anerkannten Stellen reglementiert und überwacht wird, regelmäßig stattfindet und der Öffentlichkeit direkt oder indirekt zugänglich ist" (Art. 1 Nr. 2 letzter Halbsatz der Richtlinie). Diese Marktdefinition deckt sich weder mit dem Begriff der Wertpapiere mit amtlicher Notierung noch mit der des geregelten Marktes im Sinne der sogleich zu erläuternden Wertpapierdienstleistungsrichtlinie.[185] Sie dient als Anknüpfungspunkt für verbotene Insidergeschäfte, ist folglich Teil der diesbezüglichen Aufgreiftatbestände und für die Organisation der Märkte nicht unmittelbar von Bedeutung.

c) Börsenrechtliche Normierungen der Wertpapierdienstleistungsrichtlinie

Die Wertpapierdienstleistungsrichtlinie dient der Verwirklichung der Niederlassungs- und Dienstleistungsfreiheit der Wertpapierfirmen (Erwägungsgrund 1 der Richtlinie).[186] Diese werden mit einem 'europäischen Pass' ausgestattet, der es ihnen erlaubt, nach Zulassung im Heimatland im gesamten Gemeinschaftsgebiet tätig zu werden (vgl. Art. 3 und 14 der Richtlinie).

Zu klären ist zunächst, ob eine Börse selbst Wertpapierfirma im Sinne der Richtlinie ist.[187] Weder die öffentlich-rechtliche Ausgestaltung der Börse de lege lata noch die Zuweisung einer Aufgabe von besonderer volkswirtschaftlicher Bedeutung de lege lata wie de lege ferenda verhindern zunächst die Anwendung der Richtlinie.[188]

Der Begriff der Wertpapierfirma ist in Art. 1 Nr. 2 i.V.m. Art. 1 Nr. 1 sowie Abschnitte A und B des Anhangs der Richtlinie legaldefiniert. Danach ist jede juristische Person, die im Rahmen ihrer üblichen beruflichen oder gewerblichen Tätigkeit gewerbsmäßig für Dritte Dienstleistungen der in Abschnitt A des Anhangs der Richtlinie bezeichneten Art erbringt, die sich auf Wertpapiere (legal-

---

[185] Vgl. dazu *Hopt*, FS Schimansky, 631, 636; *Weber*, in Dauses, Handbuch des EU-Wirtschaftsrechts, Band 1, F III, Rn. 37, 39.

[186] *Hopt*, FS Schimansky, 631, 633; *Potthoff/ Stuhlfauth*, WM 1997, SB 3, S. 6; *Kurth*, WM 2000, 1521, 1523.

[187] Die Frage des Verhältnisses von Börsen zum nationalen Recht der Finanzdienstleister – und damit auch der umgesetzten Richtlinie – bleibt hier ausgeblendet. Die diesbezüglichen Normierungen vermag der nationale Gesetzgeber im Rahmen des Umsetzungsspielraumes zu ändern, so dass die Richtlinie für die hier anstehende Betrachtung maßgeblich ist. Zur angesprochenen Frage vgl. *Hammen*, WM 2001, 929, 932 ff.; *Spindler*, WM 2001, 1689, 1698.

[188] Ausführlich dazu *Hammen*, WM 2001, 929, 933.

definiert in Art. 1 Nr. 4 der Richtlinie) oder andere im Anhang B der Richtlinie aufgezählte Finanzinstrumente beziehen, eine Wertpapierfirma.

Die Einordnung von Börsen als Wertpapierfirmen hängt folglich von der Erbringung einer der in Abschnitt A der Richtlinie aufgezählten Dienstleistungen ab. Zur Beantwortung dieser Frage ist eine Differenzierung der Tätigkeiten einer Börse erforderlich, wie sie eingangs der Arbeit bereits vollzogen wurde. Die herkömmliche Funktion beschränkt sich auf die Nachweismakelei.[189] Diese Tätigkeit lässt sich unter den Begriff der "Annahme und Übermittlung – für Rechnung von Anlegern – von Aufträgen, die einer oder mehrere der in Abschnitt B genannten Instrumente zum Gegenstand haben" (Abschnitt A Nr. 1 lit. a des Anhanges der Richtlinie), subsumieren.[190] Nach Erwägungsgrund 13 der Richtlinie ist darunter nämlich auch "die Zusammenführung von zwei oder mehreren Anlegern, durch die ein Geschäftsabschluss zwischen diesen Anlegern ermöglicht wird", zu verstehen. Dass bei Kleinanlegern deren Angebote nicht unmittelbar zusammengeführt werden, sondern professionelle Wertpapierhändler zwischengeschaltet sind, tut der Anwendung der Richtlinie keinen Abbruch. Einerseits versteht die Richtlinie unter Anlegern sowohl institutionelle als auch private (vgl. Erwägungsgrund 32 der Richtlinie), so dass bezüglich zum Handel zugelassener institutioneller Anleger der Tatbestand unzweifelhaft gegeben ist. Bei der Weiterleitung von Aufträgen nicht zum Handel zugelassener Anleger ist der Tatbestand aber ebenfalls erfüllt: Auch wenn der Auftrag vom Intermediär abgegeben wird, handelt es sich doch im Ergebnis um einen Auftrag des dahinter stehenden Kunden. Lediglich aus Gründen des Funktionenschutzes soll dieser nicht selbst Vertragspartner werden, sondern der zugelassene, die Gewähr der Erfüllung bietende Händler. Die nur indirekten Auswirkungen der Börsendienstleistungen auf die (Klein)Anleger ändern im Ergebnis nichts daran, dass die Tätigkeit der Börse als Zusammenführen von Aufträgen der Anleger anzusehen ist.[191]

Gemäß Art. 2 Abs. 1 Satz 1 der Richtlinie gilt das Normengefüge der Wertpapierdienstleistungsrichtlinie grundsätzlich für sämtliche Wertpapierfirmen. Einschränkungen gelten für Banken (Art. 2 Abs. 1 Satz 2 der Richtlinie). Art. 2 Abs. 2 der Richtlinie macht weitere Ausnahmen. Eine lediglich die Nachweismakelei betreibende Börse herkömmlicher Art, das heißt ein Händlermarkt, erfüllt den Ausnahmetatbestand des Art. 2 Abs. 2 lit. g der Richtlinie: Sie hält weder Geld noch Wertpapiere ihrer Kunden; die Entgegennahme und Weiterleitung der Aufträge[192] ist die einzige Wertpapierdienstleistung; die Börse hat

---

[189] *Kümpel*, Bank- und Kapitalmarktrecht, Rn. 17.34; *Hammen*, WM 2001, 929, 933.

[190] So auch *Hammen*, WM 2001, 929, 934; *Oppitz*, ÖBA 2000, 1084, 1090. Vgl. auch *Kümpel*, in Kümpel/ Hammen, Börsenrecht, 2. Teil I 1 e.

[191] Vgl. *Hammen*, WM 2001, 929, 934.

[192] Die unterschiedliche Wortwahl in Art. 2 Abs. 2 lit. g 2. Spiegelstrich der Richtlinie im Vergleich zu Erwägungsgrund 13 sowie Anhang A Nr. 1 lit. a der Richtlinie ("entgegennehmen und weiterleiten" im Gegensatz zu "Annahme und Übermittlung") ist ein wenig verwirrend. Der nahezu gleiche Sinngehalt der unterschiedlichen Begriffe lässt darauf schließen, dass

nur die aufgezählten professionellen Kunden und ihre Tätigkeit ist mit dem Börsengesetz und den nachrangigen Vorschriften auf einzelstaatlicher Ebene einer Regelung unterworfen. Damit ist eine nur die Nachweismakelei betreibende Börse vom Anwendungsbereich der Wertpapierdienstleistungsrichtlinie ausgenommen.

Anders stellt sich die Situation dar, sobald die Börse über die Nachweismakelei hinaus Wertpapierdienstleistungen gegenüber den Handelsteilnehmern erbringt. So geschieht dies etwa beim Matchen der Aufträge im elektronischen Handelssystem XETRA (vgl. § 36 Abs. 2 Satz 1 der Bedingungen für die Geschäfte an der FWB). Hier übernimmt die Börse Funktionen, die im Parketthandel von Maklern, welche der Börse nicht zuzurechnen sind, wahrgenommen werden. Sie ordnet die sich ausführbar gegenüberstehenden Aufträge einander zu und führt sie zu einem Geschäftsabschluss zusammen. Damit erfährt der Tätigkeitsbereich eine nicht unerhebliche Erweiterung. Die Börse erlangt eine dem Vermittlungsmakler vergleichbare Stellung.[193] Sieht man die Börse beim Zustandekommen des Vertrages im elektronischen Handelssystem als Vertreter beider Seiten an,[194] dann stellt sich die Tätigkeit nicht nur als Annahme und Übermittlung der Aufträge im Sinne von Anhang A Nr. 1 lit. a der Richtlinie dar. Vielmehr ist darin auch eine Ausführung der Aufträge für fremde Rechnung im Sinne von Anhang A Nr. 1 lit. b der Richtlinie zu sehen. Für diese Tätigkeit ist eine Ausnahmevorschrift nicht gegeben. Die Richtlinie wäre anwendbar. Hält man letztgenannten Tatbestand für nicht erfüllt, so ändert dies am Ergebnis nichts. Der bei Nachweismakelei erfüllte Ausnahmetatbestand des Art. 2 Abs. 2 lit. g der Richtlinie ist hier nicht einschlägig. Die Wertpapierdienstleistung der Börse geht über die Entgegennahme und Weiterleitung beziehungsweise Annahme und Übermittlung der Aufträge hinaus. Zwar steht diesen Tätigkeiten nach Erwägungsgrund 13 der Richtlinie die Zusammenführung der Anleger, durch welche ein Geschäftsabschluss zwischen diesen beiden ermöglicht wird, gleich. Dieser Tatbestand erfasst aber nur jene Fälle, in denen sich die Wertpapierdienstleistung in der unveränderten, rein technischen Weiterleitung der Aufträge beziehungsweise dem Zusammenführen der Anleger, im Sinne eines Bekanntmachens, erschöpft. Er spricht ausdrücklich nicht von der Zusammenführung der Aufträge, sondern der Anleger, und nicht von einem Geschäftsabschluss, sondern von dessen Ermöglichung. Der Ver-

hier kein unterschiedlicher Anwendungsbereich eröffnet werden sollte. Diese Annahme wird getragen von der Tatsache, dass in der englischen Fassung der Richtlinie alle drei Stellen mit der gleichen Wortwahl ("reception and transmission") bedacht wurden.

193 *Hammen*, WM 2001, 929, 934. Vgl. auch *Wastl/ Schlitt*, WM 2001, 1702, 1706; *Kümpel*, in: Kümpel/ Hammen, Börsenrecht, 1. Teil II 1 a.

194 Die Stellung der Börse beim Zustandekommen des Vertrages im elektronischen Handel ist ebenso umstritten wie die der Makler im Parketthandel. Die herrschende Meinung tritt für eine Botenstellung ein, vgl. *Schwark*, BörsG, § 30 Rn. 8; *Baumbach/ Hopt*, HGB, § 32 BörsG Rn. 1. Daneben werden mit gewichtigen Gründen sowohl Aktiv- als auch Passivvertretung befürwortet. Vgl. dazu *Kümpel*, WM 1991, SB 4, S. 7 f. m.w.N.; *Rinker*, Vertragsschluss im börslichen elektronischen Handelssystem, Rn. 301; allgemein für Makler: *Canaris*, Handelsrecht, § 21 Rn. 17.

tragsschluss selbst muss nach Erbringung dieser Wertpapierdienstleistung erst noch erfolgen. Er kommt durch die Anleger selbst, jedenfalls aber ohne (weitere) Mitwirkung dieses Wertpapierdienstleisters zustande. In XETRA sorgt die Börse für die Zuordnung der sich ausführbar gegenüberstehenden Aufträge und bringt sodann den Vertragsschluss zustande. Das geht über die von Art. 2 Abs. 2 lit. g, 2. Spiegelstrich der Richtlinie festgelegte Ausnahme hinaus. Damit ist dieser Ausnahmetatbestand nicht erfüllt. Es handelt sich auch nicht um nur gelegentlich vorkommende Wertpapierdienstleistungen (vgl. die Ausnahmevorschrift in Art. 2 Abs. 2 lit. c der Richtlinie). Die Richtlinie ist damit anwendbar. Dieses Ergebnis wird gestützt von Art. 15 Abs. 6, 1. Spiegelstrich der Richtlinie. Danach ist für das (inzwischen ehemalige) deutsche Kursmaklerwesen eine Ausnahme vom Anwendungsbereich des Art. 15 der Richtlinie gemacht. Im Umkehrschluss folgt daraus, dass für Tätigkeiten wie die der Kursmakler, also die Zusammenführung der Aufträge[195], die Richtlinie grundsätzlich einschlägig sein muss, die eben untersuchte Ausnahmevorschrift des Art. 2 Abs. 2 lit. g der Richtlinie also nicht greifen kann.[196]

Damit lautet das Zwischenergebnis: Börsen, deren Tätigkeit über die Nachweismakelei hinausgeht, unterfallen als Wertpapierdienstleister der Wertpapierdienstleistungsrichtlinie.

Man könnte nun noch erwägen, dass Börsen nach Sinn und Zweck der Richtlinie konkludent von deren Anwendungsbereich ausgenommen sind.[197] Immerhin scheint die Richtlinie eher auf die Börsenteilnehmer denn auf die Börsen selbst zugeschnitten zu sein:[198] Wozu sollte eine Börse die Zugangsberechtigung zum Handel an einer anderen Börse gemäß Art. 15 Abs. 1 der Richtlinie benötigen? Auch wenn die Richtlinie in erster Linie auf die Handelsteilnehmer zugeschnitten ist, so bedeutet dies aber keinesfalls, dass nicht auch die Börsen selbst, zumindest teilweise, vom Regelungsbereich erfasst werden.[199] Auch der Zugang einer Börse zum Handel an einer anderen Börse macht unter Umständen durchaus Sinn. So ist denkbar, dass eine Börse, die selbst eine zentrale Gegenpartei organisiert, sich Wertpapiere beschaffen muss. Gegen eine Anwendung der Richtlinie auf Börsen könnte Erwägungsgrund 39 Satz 1 der Richtlinie anzuführen sein. Dieser bestimmt, dass die Festlegung der Struktur der geregelten Märkte weiterhin den Mitgliedstaaten überlassen bleibt. Davon betroffen sind aber nur geregelte Märkte, nicht Börsen schlechthin. Zudem ist nur die Organisation des Marktes, nicht aber die des Marktbetreibers erfasst. Es wird also vorgeschrieben, wie der geregelte Markt betrieben werden soll, nicht von wem.[200] Ähnliches gilt für Art. 14 Abs. 3 der Richtlinie. Die daraus resultierende Möglichkeit der Mitgliedstaaten, den Wertpapierhandel

195 Die Feststellung des Kurses ist keine Wertpapierdienstleistung im Sinne der Richtlinie.

196 So auch *Hammen*, WM 2001, 929, 934; *ders.*, AG 2001, 549, 560.

197 So *Spindler*, WM 2001, 1689, 1698; *Wastl/ Schlitt*, MMR 2000, 387, 395.

198 So *Hammes*, ZBB 2001, 498, 500 f.

199 So sind aber wohl die Ausführungen von *Hammes*, ZBB 2001, 498, 501, zu verstehen.

200 Vgl. auch *Hammen*, WM 2001, 929, 935.

auf geregelte Märkte zu beschränken, betrifft nur die Frage der Verlagerung des Handels auf geregelte Märkte, nicht deren Zulassung.[201] Letzteres zu bestimmen, wird allerdings von Art. 15 Abs. 5 der Richtlinie in die Hände der Mitgliedstaaten gelegt.[202] Geregelte Märkte erhalten damit ausdrücklich keinen (vollständigen) europäischen Pass. Einen solchen in eingeschränktem Umfang sieht jedoch Art. 15 Abs. 4 Satz 2 der Richtlinie für nicht präsenzgebundene Märkte vor.[203] Zwar mag man das als Ausfluss der eigentlich intendierten Gewährung der Freiheiten für die (klassischen) Wertpapierdienstleister ansehen.[204] Nichtsdestotrotz verschafft die Richtlinie den geregelten Märkten in diesem Punkt eigene Rechte. Unausräumbar für die Anwendbarkeit der Richtlinie auf Börsen spricht auch Erwägungsgrund 13 der Richtlinie. Er unterstellt die klassische Nachweismakelei grundsätzlich der Richtlinie. Für Börsen gilt schließlich auch (noch) kein abschließendes europäisches Sonderrecht,[205] damit unterfallen sie der Richtlinie.

In Konsequenz der (teilweisen) Stellung der Börsen als Wertpapierdienstleister im Sinne der Richtlinie haben diese die Vorgaben der Richtlinie zu beachten. Indem sie wegen des Anbietens einer bestimmten Wertpapierdienstleistung in den Anwendungsbereich der Richtlinie gelangen, unterfällt der Richtlinie die gesamte Tätigkeit.[206] Deshalb findet beispielsweise eine Geschäftsleiterkontrolle nach Art. 3 Abs. 3, 2. Spiegelstrich der Richtlinie statt. Der europäische Paß bleibt Börsen allerdings verwehrt. Das gilt zum einen ausdrücklich für geregelte Märkte, Art. 15 Abs. 5 der Richtlinie[207] (mit der erwähnten Ausnahme des Art. 15 Abs. 4 Satz 2 der Richtlinie). Für Handelssysteme, die Börsen aber keine geregelten Märkte sind, trifft dies aber ebenso zu. Da die Richtlinie den Mitgliedstaaten die Möglichkeit einräumt, den Handel auf geregelte Märkte zu beschränken (Art. 14 Abs. 3 der Richtlinie),[208] können diese auch weniger einschneidende Maßnahmen vorsehen. Das ist in Deutschland der Fall: Nicht der Richtlinie unterfallender Börsenhandel darf nur an Börsen, die gleichzeitig auch

201 Vgl. *Mues*, Die Börse als Unternehmen, S. 141.

202 *Schwark*, Festgabe BGH Bd. II, 455, 495 hält diese Bestimmung mit den Grundfreiheiten des EG-Vertrags nicht für vereinbar und folglich einen Anspruch auf Genehmigung des Betreibens eines geregelten Marktes bereits de lege lata für vertretbar.

203 Dazu sogleich.

204 So *Mues*, Die Börse als Unternehmen, S. 138 f., 141.

205 Ausführlich dazu *Hammen*, WM 2001, 929, 935. Die gegenteilige Annahme im nationalen Recht, vgl. *Hopt/ Baum*, Börsenreform, S. 380, mag dort vertretbar sein. Auf europäischer Ebene kann von einer Verdrängung der Wertpapierdienstleistungsrichtlinie durch spezielle börsenrechtliche Vorschriften nicht gesprochen werden.

206 Vgl. *Hammen*, WM 2001, 929, 934.

207 *Schwark*, Festgabe BGH Bd. II, 455, 495, hält diese Vorschrift im Hinblick auf die Grundfreiheiten für problematisch.

208 Diese Möglichkeit der Einführung eines Börsenzwanges ist nicht unumstritten. Vgl. *Klenke*, Börsendienstleistungen im europäischen Binnenmarkt, S. 179 ff.; *Hoppmann*, Arbeitspapier Nr. 60, S. 54 f.

geregelte Märkte betreiben, zugelassen werden (vgl. § 57 Abs. 1 BörsG.). Das hat zur Folge, dass die nicht geregelten Märkte ebenfalls keinen Europapass besitzen.

Auch über die Frage der Einordnung der Börsen als Wertpapierfirmen im Sinne der Richtlinie hinaus hat besagtes Normengefüge Bedeutung für die Organisation einer Börse, weil in ihm der Begriff des 'geregelten Marktes' eingeführt wird. Die endgültige Ausgestaltung eines solchen geregelten Marktes bleibt zwar den Mitgliedstaaten überlassen (Erwägungsgrund 39 der Richtlinie). Es ergeben sich jedoch einige feststehende Anforderungen hierfür aus der Richtlinie. Die Wertpapierdienstleistungsrichtlinie bestimmt, vergleichbar der Richtlinie betreffend die zur amtlichen Notierung zugelassenen Wertpapiere, keineswegs zwingend die Einführung eines geregelten Marktes. Zum Handel mit amtlicher Notierung kommt hinzu, dass geregelte Märkte unter bestimmten Umständen einen Europapass besitzen. Die Konstruktion des Neuen Marktes der Frankfurter Wertpapierbörse, der gerade ein geregelter Markt im Sinne der Richtlinie sein sollte,[209] zeigt, dass ein Bedürfnis nach Einhaltung der durch die Richtlinie aufgestellten Anforderungen besteht.[210] Auch die Easdaq - nunmehr unter Nasdaq Europe firmierend - wurde als geregelter Markt gestaltet.[211] Das Börsenwesen muss daher rechtlich so strukturiert sein, dass geregelte Märkte im Sinne der Richtlinie existieren können.[212]

Der Begriff des geregelten Marktes ist in Art. 1 Nr. 13 der Richtlinie legaldefiniert. Der Definition ist zu entnehmen, dass ein solcher Markt vor allem dadurch gekennzeichnet ist, dass er regelmäßig funktioniert und seine Zulassungs-, Zugangs- und Funktionsbedingungen von der zuständigen Behörde erlassen oder genehmigt wurden. Außerdem muss er in das Verzeichnis der geregelten Märkte aufgenommen und die Melde- und Transparenzvorschriften der Wertpapierdienstleistungsrichtlinie müssen eingehalten werden. Insofern ist hier die bereits angesprochene Vermischung von Tatbestand und Rechtsfolge anzutreffen. Die Elemente der Begriffsbestimmung sind fast ausschließlich formeller Natur.[213] Die genannten Anforderungen sind höher als jene, die die Insiderrichtlinie an einen ihr unterworfenen Markt stellt. Um Begriffsverwechslungen zwischen einem geregelten Markt im Sinne des § 49 Abs. 1 Satz

---

209 Es ist jedoch fraglich, ob das gelungen ist. Vgl. dazu nachstehend 2. Teil B VII 5.

210 Vgl. dazu *Potthoff/ Stuhlfauth*, WM 1997, SB 3, S. 6 f.; *Mues*, Die Börse als Unternehmen, S. 207; *Kersting*, AG 1997, 222, 223; *Plückelmann*, Der Neue Markt der Deutsche Börse AG, S. 205; *Kümpel/ Hammen*, WM 2000, SB 3, 3, 4; Deutsche Börse AG, Neuer-Markt-Report, S. 56.

211 *Plewka/ Aymans*, DB 1996, 2192, 2193.

212 So im Ergebnis auch *Hopt/ Baum*, Börsenreform, S. 434; Bankenverband, Stellungnahme zum Gutachten, S. 46 f.

213 *Nobel*, FS Lutter, 1485, 1502.

1 BörsG und einem geregelten Markt im Sinne der Wertpapierdienstleistungsrichtlinie zu vermeiden, wurde in Umsetzung der Richtlinie der Begriff des organisierten Marktes gewählt (vgl. § 2 Abs. 5 WPHG). Gegenwärtig fallen der amtliche Markt, der geregelte Markt und nach herrschender Meinung[214] der Neue Markt unter die Definition des geregelten Marktes im Sinne der Richtlinie.[215]

Geregelte Märkte dürfen nicht als geschlossene Veranstaltungen geführt werden (Art. 15 Abs. 1 Unterabsatz 2 der Richtlinie). Vielmehr muss grundsätzlich allen Wertpapierfirmen der Zugang offen stehen (Erwägungsgrund 36 der Richtlinie). Damit wäre die Einführung einer begrenzten Sitzezahl für Händler wie an der New York Stock Exchange nicht zulässig. Die London Stock Exchange musste eine ähnlich lautende Regelung folglich aufheben.

Art. 15 Abs. 4 Satz 1 der Richtlinie eröffnet Handelsteilnehmern die Möglichkeit der grenzüberschreitenden Fernmitgliedschaft zu nicht präsenzgebundenen geregelten Märkten. Im Gegenzug wird in Art. 15 Abs. 4 Satz 2 der Richtlinie den geregelten Märkten das Recht zugestanden, in den Mitgliedstaaten geeignete Vorkehrungen zu treffen, die zur Zulassung und zum Anschluss der Wertpapierfirmen an den geregelten Markt erforderlich sind. Damit wurde für elektronische Handelssysteme ein 'kleiner Europapass' geschaffen.[216] Dieser Europapass ist insoweit gegeben, als es um die Ermöglichung des Zugangs zum bereits bestehenden geregelten Markt im Herkunftsland des Marktes geht. Die Zulassung von neuen geregelten Märkten im Aufnahmeland unterliegt weiterhin dem Regelungsregime der Mitgliedstaaten (Art. 15 Abs. 5 der Richtlinie). Elektronische Handelssysteme haben damit nicht ohne weiteres das Recht, einen neuen geregelten Markt in anderen Mitgliedstaaten zu betreiben.[217] Hierfür sind die Zulassungsvoraussetzungen als Börse bzw. als börsenähnliches Handelssystem in den jeweiligen Ländern einschlägig, die durch die Richtlinie nicht geändert wurden. Gleiches gilt, wenn ein Netzwerkbetreiber unter Ausnutzung dieses Europapasses von einem Mitgliedstaat aus seine Tätigkeit nahezu vollständig auf einen anderen Mitgliedstaat ausrichten würde. Dieser Tatbestand wäre aufgrund der Tatsache, dass Umfang und Schwerpunkt der Tätigkeit im Aufnahmestaat angesiedelt sind, unabhängig von der Präsenz des Betreibers an der Niederlassungsfreiheit und nicht an der Dienstleistungsfreiheit zu messen.[218] Indem Art. 15 Abs. 4 Satz 2 der Richtlinie den nicht prä-

---

214 Zu diesbezüglichen Zweifeln siehe nachstehend 2. Teil B VII 5.

215 *Schäfer*, in: Schäfer/ WPHG, § 2 WPHG Rn. 54.

216 Vgl. *Hopt/ Baum*, Börsenreform, S. 321; *Hoppmann*, EWS 1999, 204, 206; *Wittich*, WM 1999, 1613, 1613.

217 Vgl. *Schwark*, WM 1997, 293, 298.

218 Siehe dazu EUGH Rs. 33/74 (Van Binsbergen), Slg. 1974, 1299, 1309, Rn. 13; Rs. 205/84 (Kommission/ Bundesrepublik Deutschland), Slg. 1986, 3755, 3801, Rn. 22; Groeben/ *Tro-*

senzgebundenen geregelten Märkten in einem anderen Mitgliedstaat nur erlaubt, Vorkehrungen für einen Zugang zum Markt im Herkunftsland zu schaffen, und Art. 15 Abs. 5 der Richtlinie die Genehmigung und Untersagung neuer geregelter Märkte von der Richtlinie unberührt sein lässt, hat die Richtlinie gerade nicht die echte Verwirklichung der Niederlassungsfreiheit für geregelte Märkte im Auge.[219] Beschränkungen richten sich nach den allgemeinen Kriterien. Sie sind zulässig, soweit sie durch Allgemeininteressen gerechtfertigt sind und nicht diskriminierend wirken.[220] Dabei ist von besonderer Bedeutung, ob der Dienstleistungserbringer in seinem Heimatland ausreichender Reglementierung unterliegt.[221] Gerade letzteres ist bei der Organisation der Börsenbetreiber (noch) fraglich. Mangels einheitlicher Rahmenbedingungen und aufgrund nicht vergleichbarer Regulierungsansätze ist das (restriktionsbedürftige) Börsenorganisationsrecht stark auf einzelstaatliche Normierungen und damit auf Beschränkungen angewiesen.

Der Aufbau eines europaweiten elektronischen Netzwerkes ist gleichwohl unter Berufung auf den spezifischen Europapass möglich, wird allerdings, soweit es sich um neue Initiativen handelt, kaum von Deutschland ausgehen.[222] Dem steht das Verbot von Privatbörsen de lege lata entgegen.[223]

Die Richtlinie verlangt die Sicherstellung und Überwachung der Einhaltung der aufgestellten Vorschriften (vgl. Art. 20 bis 24 der Richtlinie). Dazu gehört insbesondere die Marktaufsicht. Wie und von wem die Aufsicht durchzuführen ist, führt die Richtlinie nicht näher aus. Sie reiht sich damit in die Systematik der bereits dargestellten Richtlinien ein. Die Aufsicht kann auch hier durch unmittelbare oder mittelbare Staatsverwaltung, durch Beliehene sowie durch Private organisiert werden.[224] Art. 22 Abs. 2 der Richtlinie verlangt nur eine staatliche Anerkennung der Aufsichtsinstanz. Darüber hinaus ist gemäß Art. 22 Abs. 3 der Richtlinie zu gewährleisten, dass die Aufsichtsstelle mit den nötigen Befugnissen ausgestattet ist.

---

berg, EGV, Art. 52, Rn. 6; *Hopt/ Baum*, Börsenreform, S. 321, Fn. 144; *Weber*, in: Dauses, Handbuch des EU-Wirtschaftsrechts, Band 1, F III, Rn. 141.

219 Anders für sonstige (klassische) Wertpapierdienstleister!

220 EuGH Rs. 205/84 (Kommission/ Bundesrepublik Deutschland), Slg. 1986, 3755, 3802 f., Rn. 27; *Hammen*, EuZW 1996, 460, 462.

221 EuGH Rs. 205/84 (Kommission/ Bundesrepublik Deutschland), Slg. 1986, 3755, 3802 f., Rn. 27.

222 Darauf weisen auch *Wastl/ Schlitt*, MMR 2000, 387, 396 hin. Ähnlich *Schwark*, WM 1997, 293, 298.

223 Daran haben auch die neuen Regelungen betreffend die elektronischen Handelssysteme und die börsenähnlichen Einrichtungen in §§ 58 ff. BörsG nur wenig geändert.

224 *Hopt/ Baum*, Börsenreform, S. 325; *Baums/ Segna*, Börsenreform, S. 87; *Weber*, in Dauses, Handbuch des EU-Wirtschaftsrechts, Band 1, F III, Rn. 101.

4. Finanzbinnenmarkt 2005

Im Oktober 1998 hat die Kommission in Erfüllung einer Aufforderung seitens des Europäischen Rates[225] mit der Verkündung eines Aktionsrahmens[226] die Vollendung des Binnenmarktes für Finanzdienstleistungen[227] bis zum Jahre 2005 in Angriff genommen. Die Kommission sieht den Finanzdienstleistungssektor als denjenigen mit dem größten Wachstumspotential an.[228] Von einem voll funktionsfähigen Finanzbinnenmarkt verspricht man sich wettbewerbsfähigere und innovative Finanzdienstleistungen.[229] Davon sollen sowohl Verbraucher (Anleger), kapitalsuchende Unternehmen sowie das Finanzdienstleistungsgewerbe selbst profitieren. Durch die Einführung des Euro sei die Vollendung des Finanzbinnenmarktes in greifbare Nähe gerückt. Es existierten aber aufgrund regulatorischer, administrativer und steuerlicher Hemmnisse weiterhin fragmentierte Kapitalmärkte in den einzelnen Mitgliedstaaten.[230] Die verbliebenen Hindernisse seien nunmehr aus dem Weg zu räumen. Die Umsetzung des Vorhabens soll in erster Linie durch die Schaffung effektiverer Strukturen zur Rechtsetzung und -durchsetzung sowie durch die Beseitigung noch verbliebener Schranken erfolgen.[231] Eine vollständige Neuordnung wird nicht angestrebt.[232]

Der Europäische Rat von Wien vom 11. und 12. Dezember 1998 forcierte die Arbeiten erneut und forderte das Erarbeiten eines konkreten Arbeitsprogramms.[233] Dabei wurde die Bedeutung des Finanzdienstleistungssektors als Motor für Wachstum und die Schaffung von Arbeitsplätzen nochmals hervorgehoben. Daraufhin wurde die Politische Gruppe für Finanzdienstleistungen (FSPG) ins Leben gerufen. Sie setzt sich aus den persönlichen Vertretern der Wirtschafts- und Finanzminister und aus Vertretern der Europäischen Zentralbank zusammen und steht unter dem Vorsitz der Kommission. Sie hat die Aufgabe, der Kommission beratend zur Seite zu stehen.

Im Mai 1999 erfolgte dann die Vorstellung des konkreten Aktionsplanes[234]. Dieser bestätigte die im Aktionsrahmen getroffenen Aussagen und legte einen konkreten Plan für die Inangriffnahme des Projektes vor. Er enthält neben all-

---

225 Der Europäische Rat von Cardiff (15. und 16. Juni 1998), Schlussfolgerungen des Vorsitzes, Ziff. 17, forderte "die Kommission auf, ... einen Rahmen für Maßnahmen zur Verbesserung des Binnenmarktes für Finanzdienste vorzulegen".

226 Kommission der EG, Aktionsrahmen, KOM (1998) 625.

227 Kommission der EG, Aktionsrahmen, KOM (1998) 625, S. 1.

228 Kommission der EG, Aktionsrahmen, KOM (1998) 625, S. 1.

229 Kommission der EG, Aktionsrahmen, KOM (1998) 625, S. 5.

230 Kommission der EG, Aktionsrahmen, KOM (1998) 625, S. 10.

231 Kommission der EG, Aktionsrahmen, KOM (1998) 625, S. 5.

232 Kommission der EG, Aktionsrahmen, KOM (1998) 625, S. 6.

233 Europäischer Rat von Wien (11. und 12. Dezember 1998), Schlussfolgerungen des Vorsitzes, Ziff. 51.

234 Kommission der EG, Aktionsplan, KOM (1999) 232; abgedruckt in ZBB 1999, 254 ff.

gemeinen Erwägungen einen mit Prioritätsstufen versehenen Maßnahmenkatalog. Seither wird dieser Plan abgearbeitet. Die Fortschritte werden in etwa halbjährlichen Fortschrittsberichten bekannt gegeben. In diesen Zwischenberichten wird der Rahmen jeweils neu abgesteckt und präzisiert. Seit Mitte 2001 kann der aktuelle Stand des Projektes auch im Internet verfolgt werden.[235] Das Vorhaben wird mit aller Anstrengung weiterverfolgt. Der Europäische Rat begleitet den Vorgang mit nachdrücklichen Aufforderungen zum Weitermachen[236] und möchte stets unterrichtet werden.[237] Der gesteckte Zeitrahmen soll unbedingt eingehalten werden. Die Einführung des so genannten Komitologieverfahrens unter Einbindung eines Wertpapierausschusses soll auf dem Gebiet der Finanzdienstleistungen eine schnellere und flexiblere Rechtsetzung ermöglichen.[238]

Der Veränderungsprozess geht natürlich auch an den Börsen, dem Kern des Kapitalmarktes,[239] nicht spurlos vorbei. Neben den bereits von europäischen Regelungen betroffenen Materien wie der Zulassung von Wertpapieren zum Börsenhandel, Börsenzulassungsprospekten und dem Zugang der Teilnehmer zum Handel an der Börse werden erstmals unmittelbar strukturelle Fragen des Börsenorganisationsrechts auf der Ebene der Europäischen Union behandelt.[240] Sie sollen in eine Überarbeitung der Wertpapierdienstleistungsrichtlinie einfließen.[241]

Der Aktionsrahmen trifft diesbezüglich noch keine greifbaren Aussagen. Um einiges deutlicher äußert sich aber der Aktionsplan. Er fordert eine Definition der Märkte und Börsen, die automatische Gewährleistung der Fernmitgliedschaft für Handelsteilnehmer bei Erfüllung festgelegter Qualifikationsbedingungen sowie einen gemeinsamen Ansatz betreffend die Regulierung alternativer Handelssysteme.[242]

In den Zwischenberichten gewinnen die diesbezüglichen Vorstellungen immer mehr an Kontur. Im Ersten Zwischenbericht nach sechs Monaten war natur-

---

235 Auf der Binnenmarktseite der Europäischen Kommission (*http://europa.eu.int/comm/internal _market/*) unter den Rubriken >Finanzdienstleistungen >Binnenmarkt (Stand: 5.08.2002).

236 Vgl. Europäischer Rat von Köln vom 3. und 4. Juni 1999, Schlussfolgerungen des Vorsitzes, Ziff. 25 f.

237 Kommission der EG, Aktionsplan, 1. Fortschrittsbericht, S. 1.

238 Vgl. Kommission der EG, Aktionsplan, KOM (1999) 232, S. 16, 29; zugleich ZBB 1999, 254, 262, 268; *Seitz*, BKR 2002, 340, 341 f. Das Komitologieverfahren hat seine Rechtsgrundlage in Art. 202 dritter Spiegelstrich des EGV und dem Beschluss des Rates v. 28.06.1999 (1999/468/EG). Allgemein zum Komitologieverfahren: Dauses/ *Schloh*, Handbuch des EU-Wirtschaftsrechts, Band 1, A II, Rz. 238 ff.; vgl. auch Anhang 5 des Ersten Berichts des Ausschusses der Weisen.

239 Vgl. *Schwilling*, FS Büschgen, 413, 414.

240 Zur Kompetenz der EU auf diesem Gebiet siehe Fn. 114 dieses Abschnittes.

241 Kommission der EG, Aktionsplan, KOM (1999) 232, S. 23; zugleich ZBB 1999, 254, 263.

242 Kommission der EG, Aktionsplan, KOM (1999) 232, S. 5; zugleich ZBB 1999, 254, 256.

gemäß noch nicht allzu viel zu berichten. Es zeichnete sich aber bereits ab, dass mit Nachdruck an dem Vorhaben gearbeitet wurde. Die Arbeiten an der Nachbesserung der Wertpapierdienstleistungsrichtlinie gingen planmäßig voran.[243] Der Europäische Rat von Lissabon vom 23. und 24. März 2000 unterstützte die Bemühungen nachhaltig und schaltete sich mit weiteren Forderungen zur Intensivierung der Arbeiten ein.[244] So forderte er die unbedingte Einhaltung des straffen Zeitplanes, die Schaffung eines Europapasses für Emittenten, die Erleichterung der Teilnahme aller Investoren an einem integrierten Markt sowie die Intensivierung der Zusammenarbeit der Regulierungs- und Aufsichtsbehörden über Finanzmärkte. Diesen Forderungen hat sich die Kommission im Zweiten Zwischenbericht angenommen.[245] In diesem Bericht wird auf die gestiegene Bedeutung alternativer Handelsplattformen und das Aufkommen von Kooperationsbemühungen zwischen den traditionellen Börsen eingegangen.[246] Insbesondere im Zusammenhang mit den alternativen Handelsplattformen ist hervorzuheben, dass die Kommission diese keineswegs etwa zum Schutze der Börsen eindämmen will. Im Gegenteil: Der elektronische Handel berge Möglichkeiten, die der Verwirklichung des Finanzbinnenmarktes dienlich seien und den Finanzraum international konkurrenzfähiger machen könnten.[247] Es wird erkannt, dass diese Systeme bereits gegenwärtig die Anforderungen an geregelte Märkte im Sinne der Wertpapierdienstleistungsrichtlinie erfüllen können.[248] In einem Grünbuch soll geklärt werden, ob die gegenwärtigen Vorschriften zur Regulierung solcher Handelsplattformen ausreichen und angemessen erscheinen.[249]

Der Dritte Zwischenbericht hebt ein zufrieden stellendes Vorankommen bei der Umsetzung des Planes hervor und betont erneut die Wichtigkeit der Schaffung eines einheitlichen Finanzbinnenmarktes.[250] Er schließt sich ansonsten den Ausführungen im Zweiten Zwischenbericht an.[251] Besondere Würdigung erfährt der elektronische Handel, indem darauf hingewiesen wird, dass sich vor allem die USA gegenüber ausländischen Betreibern abschotten, zugleich aber amerikanische Handelssysteme sich in Europa ungehindert ausbreiten.[252]

---

243 Kommission der EG, Aktionsplan, 1. Fortschrittsbericht, S. 5.

244 Europäischer Rat von Lissabon (23. und 24. März 2000), Schlussfolgerungen des Vorsitzes, Ziff. 20 f.

245 Kommission der EG, Aktionsplan, 2. Fortschrittsbericht, KOM (2000) 336, S. 2 und 10 ff.

246 Kommission der EG, Aktionsplan, 2. Fortschrittsbericht, KOM (2000) 336, S. 4 und 6.

247 Vgl. Kommission der EG, Aktionsplan, 2. Fortschrittsbericht, KOM (2000) 336, S. 6.

248 Kommission der EG, Aktionsplan, 2. Fortschrittsbericht, KOM (2000) 336, S. 7.

249 Kommission der EG, Aktionsplan, 2. Fortschrittsbericht, KOM (2000) 336, S. 7.

250 Kommission der EG, Aktionsplan, 3. Fortschrittsbericht, KOM (2000) 692/2 Final, S. 1 f.; zugleich ZBB 2000, 437, 437.

251 Vgl. Kommission der EG, Aktionsplan, 3. Fortschrittsbericht, KOM (2000) 692/2 Final, S. 8; zugleich ZBB 2000, 437, 439.

252 Kommission der EG, Aktionsplan, 3. Fortschrittsbericht, KOM (2000) 692/2 Final, S. 12; zugleich ZBB 2000, 437, 442.

Zwischenzeitlich war der Ausschuss der Weisen unter dem Vorsitz von Baron Lamfalussy eingesetzt worden.[253] Er sollte den gegenwärtigen Stand der Umsetzung der für die europäischen Wertpapiermärkte geltenden Rechtsvorschriften erforschen. Der Ausschuss hat haben am 9.11.2000 einen Zwischenbericht und am 15.02.2001 den Abschlußbericht vorgelegt.[254] Zur Umsetzung des Aktionsplans halten die Weisen eine Reform des Rechtsetzungsprozesses auf dem Gebiet der Finanzdienstleistungen für dringend notwendig[255] und schlagen dafür ein Vier-Stufen-Modell vor,[256] welches mit Beginn des Jahres 2002 arbeitsfähig sein sollte. Die Schaffung eines integrierten Finanzbinnenmarktes sei dringend erforderlich, anderenfalls würde sich die derzeitige Fragmentierung noch verstärken.[257] Nach einer umfassenden Begründung der von einem integrierten Finanzbinnenmarkt erwarteten Effekte folgt eine Auflistung der derzeit noch vorhandenen integrationshemmenden Faktoren. Börsenorganisationsrechtlich sind hier insbesondere die ungenügenden Regularien betreffend die alternativen Handelssysteme und, was erstmals so präzise erwähnt wird,[258] der fehlende Europapass für geregelte Märkte zu nennen.[259] Letzteres steht sogar auf einer bis 2003 umzusetzenden Prioritätenliste. Der Wettbewerb im Finanzdienstleistungssektor soll weiter gefördert werden.[260]

Der Europäische Rat hat sich uneingeschränkt hinter die Forderungen des Rates der Weisen gestellt.[261] In einer Entschließung des Europäischen Rates von Stockholm vom 23. und 24. März 2001[262] befürwortete der Rat die Einführung des Vier-Stufen-Modells zur Beschleunigung des Gesetzgebungsprozesses, die Einsetzung eines Wertpapierausschusses in beratender Funktion sowie als Organ für das Komitologieverfahren und schließlich die Einsetzung eines Ausschusses der Regulierungsbehörden.

Im Vierten Zwischenbericht hat die Kommission die Umsetzung der Entschließung des Europäischen Rates von Stockholm in Angriff genommen. Zum wiederholten Mal wird auf die Notwendigkeit der Umsetzung des Projektes hingewiesen. Der Wettbewerbs- und Konsolidierungsdruck im Finanzdienstleis-

---

253 Das Mandat wurde von den Wirtschafts- und Finanzministern der Europäischen Union (ECOFIN) am 17.07.2000 erteilt.

254 Es handelt sich dabei um den so genannten Ersten Bericht des Ausschusses der Weisen und den Lamfalussy-Bericht.

255 Lamfalussy-Bericht, S. 12, 19 ff.; Auch *Köndgen*, FS Lutter, 1401, 1412 hält den derzeitigen Rechtsetzungsvorgang für nicht zukunftstauglich.

256 Lamfalussy-Bericht, S. 26 ff.

257 Lamfalussy-Bericht, S. 13.

258 Vorher war dieses Ziel den Reformbemühungen noch nicht zu entnehmen. So auch *Köndgen*, FS Lutter, 1401, 1412.

259 Lamfalussy-Bericht, S. 18 f.

260 Lamfalussy-Bericht, S. 29.

261 Vgl. Europäischer Rat von Nizza vom 7., 8. und 9. Dezember 2000, Schlussfolgerungen des Vorsitzes, Ziff. 30 (dort zum Ersten Bericht des Rates der Weisen).

262 Europäischer Rat von Stockholm (23. und 24. März 2001), Schlussfolgerungen des Vorsitzes, Ziff. 18 f., sowie Anlage I.

tungssektor habe stetig zugenommen.[263] Die Einsetzung des Wertpapierausschusses und des Ausschusses der Regulierungsbehörden wurden in die Wege geleitet.[264] Ersterer soll zunächst, abweichend vom Vorschlag des Rates der Weisen, nur in beratender Funktion, nicht als Organ eines Komitologieverfahrens agieren.[265] Die Schaffung eines europäischen Passes für anerkannte Börsen wurde entsprechend dem Vorschlag des Rates der Weisen in die Agenda aufgenommen.[266]

Die Generaldirektion Binnenmarkt der Europäischen Kommission hat erste konkrete Änderungsvorschläge bezüglich der Wertpapierdienstleistungsrichtlinie zur Diskussion gestellt.[267] Sie greift einige der bereits angesprochenen Regelungsbereiche auf. Davon sind besonders die Neudefinition der geregelten Märkte, die Einführung eines übergeordneten Begriffs des organisierten Marktes sowie die Einräumung des Rechtes für geregelte Märkte zu nennen, Zweigniederlassungen in den Mitgliedstaaten einzurichten.[268]

Dem Fünften und Sechsten Zwischenbericht zufolge ist mit einer Verabschiedung dieser Richtlinie nicht vor Mitte 2003 zu rechnen.[269] Etwas früher sollen die Prospektrichtlinie[270], die den Europäischen Pass für Emittenten regelt, sowie eine Richtlinie gegen Marktmissbrauch[271], die die bisherige Insiderrichtlinie ersetzen soll, in Kraft treten.[272] Insgesamt sei trotz einiger Schwierigkeiten ein gutes Vorankommen im gesetzten Zeitplan zu verzeichnen.[273] Nach langwierigen Verhandlungen zwischen der Kommission und dem Europäischen Parlament ist auch bezüglich der beschleunigten Rechtsetzung im Wege des Komitologieverfahrens ein Kompromiss erzielt worden.[274]

---

263 Kommission der EG, Aktionsplan, 4. Fortschrittsbericht, KOM (2001) 286 endgültig, S. 2 f.

264 Kommission der EG, Aktionsplan, 4. Fortschrittsbericht, KOM (2001) 286 endgültig, S. 3, 9. Die Ausschüsse wurden eingesetzt durch Beschlüsse der Kommission vom 6. Juni 2001 (2001/527/EG und 2001/528/EG), ABl. EG Nr. L 191 v. 13.07.2001, S. 43 u. 45.

265 Kommission der EG, Aktionsplan, 4. Fortschrittsbericht, KOM (2001) 286 endgültig, S. 3; Erwägungsgrund 9 sowie Art. 2 des Beschlusses der Kommission vom 6. Juni 2001 (2001/528/EG), ABl. EG Nr. L 191 v. 13.07.2001, S. 45.

266 Kommission der EG, Aktionsplan, 4. Fortschrittsbericht, KOM (2001) 286 endgültig, S. 4 f.

267 Kommission der EG, Überblick über die vorgeschlagenen Anpassungen der Wertpapierdienstleistungsrichtlinie vom Juli 2001. Vgl. auch *Hammes*, ZBB 2001, 498 ff.; *Spindler*, WM 2002, 1365, 1369 ff.; Börsenzeitung v. 26.03.2002, S. 3; v. 20.07.2001, S. 3.

268 Kommission der EG, Überblick über die vorgeschlagenen Anpassungen der Wertpapierdienstleistungsrichtlinie vom Juli 2001, insbesondere S. 7 ff., 14 ff., 37 f.

269 Kommission der EG, Aktionsplan, 5. Fortschrittsbericht, KOM (2001) 712 endgültig, S. 10; dies., Aktionsplan, 6. Fortschrittsbericht, KOM (2002) 267, S. 15.

270 Ausführlich dazu *Führhoff/ Ritz*, WM 2001, 2280 ff.; *Kopp-Colomb/ Lenz*, AG 2002, 24 ff.

271 Ausführlich dazu *Weber*, EuZW 2002, 43 ff.

272 Kommission der EG, Aktionsplan, 5. Fortschrittsbericht, KOM (2001) 712 endgültig, S. 10; dies., Aktionsplan, 6. Fortschrittsbericht, KOM (2002) 267, S. 15 ff.

273 Kommission der EG, Aktionsplan, 6. Fortschrittsbericht, KOM (2002) 267, S. 2 ff.

274 *Seitz*, BKR 2002, 340, 341.

5. Schlussfolgerungen

Zur Frage privatrechtlicher oder öffentlich-rechtlicher Strukturen des Börsenbetreibers äußert sich das Gemeinschaftsrecht nicht. Beide Systeme sind zulässig.[275] Das Europarecht legt es nahe, das Börsenrecht so zu gestalten, dass es einen Börsenhandel mit amtlicher Notierung sowie die Organisation geregelter Märkte im Sinne der jeweiligen Richtlinie ermöglicht und außerdem Börsensegmente existieren können, die die Anforderungen der Insiderrichtlinie erfüllen. Das ist dann der Fall, wenn ein Markt organisiert werden kann, für den die Zulassungs-, Zugangs- und Funktionsbedingungen behördlich erlassen oder genehmigt werden, der von einer staatlich anerkannten Stelle überwacht wird und an dem eine amtliche Notierung möglich ist. Darüber hinaus darf der Mitgliederkreis gesetzlich nicht beschränkt werden. Elektronisch vernetzte geregelte Märkte im Sinne der Wertpapierdienstleistungsrichtlinie verfügen bereits heute über einen europäischen Pass. Die intensiven Bemühungen der Europäischen Kommission im Zusammenhang mit der Umsetzung des Aktionsplanes Finanzbinnenmarkt bis zum Jahre 2005 beziehungsweise bis zum Jahre 2003 werden zu einer weiteren Öffnung des Marktes führen.

---

275 *Schwark*, WM 1997, 293, 301; ebenso *Mues*, Die Börse als Unternehmen, S. 137, der aber die konkrete rechtliche Ausgestaltung des Börsenwesens de lege lata als nicht mit der Niederlassungsfreiheit der Art. 43 ff. EGV vereinbar ansieht, S. 150.

Zweiter Teil. Die privatrechtliche Börsengesellschaft de lege ferenda

A. Die Rechtsform

Die Entscheidung zugunsten privatrechtlich organisierter Börsen lässt als erstes die Frage nach der Rechtsform einer solchen Unternehmung aufkommen.

I. Grundsatz der Rechtsformenvielfalt

Die im Kapitalmarktrecht allgemein anzutreffende hohe Regelungsdichte einmal unberücksichtigt gelassen, wählen Unternehmer im Zusammenspiel einer Vielzahl von Gründen eine für sie passend erscheinende Organisationsform.[1] Kriterien sind vor allem das Unternehmerrisiko, die Haftung, die Leitungsstrukturen, die Kosten, die Finanzierung, die steuerrechtliche Einordnung, der Ein- und Austritt von Gesellschaftern sowie der Zugang zum Markt für Unternehmenskontrolle.[2] Allen diesen Faktoren gleichermaßen gerecht zu werden, vermag keine Unternehmensform. Es sind daher Kompromisse notwendig. Das wiederum macht es erforderlich, staatlicherseits mehrere Ausgestaltungsvarianten zu eröffnen.[3] Dem wird Rechnung getragen, indem ein Typenkatalog mit mehr als zehn Gesellschaftsformen sowie die Rechtsfigur des Einzelkaufmanns zur Verfügung stehen. Die Grundtypen können zudem weitgehend inhaltlich flexibel und frei kombinierbar gestaltet werden. Zwar sind nur wenige der vorgezeichneten Gesellschaftsformen wirklich universell einsetzbar,[4] für die meisten Vorhaben steht aber eine ausreichende Auswahl offen. Jeder Unternehmer kann damit selbst entscheiden, in welcher Hinsicht er besagte Kompromisse eingeht.

---

1 Einen schönen Überblick liefert *Steding*, JA 2002, 338 f.

2 Vgl. dazu *Schmidt*, Gesellschaftsrecht, § 5 II 2 b; *Köndgen*, JITE 154 (1998), 224, 244.

3 BVerfGE 50, 290, 355.

4 *Schmidt*, Gesellschaftsrecht, § 5 II 2 a.

Für das Betreiben einer Börse sind prinzipiell mehrere der zur Verfügung stehenden Unternehmensformen vorstellbar. Im Folgenden soll nun der Frage nachgegangen werden, ob einem potentiellen Börsenunternehmer bei der Wahl seiner Organisationsform Einschränkungen aufzuerlegen sind, ob also für Börsen ein Rechtsformzwang festzuschreiben ist. Eine solche gesetzgeberische Maßnahme wäre keineswegs eine vollständig neue Erscheinung.

II. Eingeschränkter numerus clausus für bestimmte Handelsgeschäfte

In bestimmten Bereichen wirtschaftlicher Betätigung ist die Liste der zur Verfügung stehenden Gesellschaftsformen erheblich kürzer. Verschiedene Handelsgeschäfte dürfen danach mehr oder weniger nur in festgelegten Rechtsformen betrieben werden:

Erlaubnispflichtigen Kreditinstituten ist die Rechtsform des Einzelkaufmanns verwehrt (§ 2a Abs. 1 KWG). Hypothekenbanken und Schiffspfandbriefbanken können zwischen den Rechtsformen der Aktiengesellschaft und der Kommanditgesellschaft auf Aktien wählen (§§ 2 HypBankG, 2 Abs. 1 SchiffsbankG). Nach § 1 Abs. 3 Satz 1 KAGG stehen Unternehmern, die das Investmentgeschäft nach dem Vertragstyp betreiben, lediglich die Rechtsformen der Aktiengesellschaft und der Gesellschaft mit beschränkter Haftung zur Verfügung. Investmentgesellschaften, die nach dem Gesellschaftsprinzip organisiert sind, müssen nach § 51 Abs. 2 Satz 1 KAGG zwingend die Rechtsform der Aktiengesellschaft annehmen.[5] Ein privatrechtliches Versicherungsunternehmen hat sich gemäß § 7 Abs. 1 VAG in der Rechtsform der Aktiengesellschaft oder des Versicherungsvereins auf Gegenseitigkeit zu organisieren. Die stärkste Einschränkung betrifft private Bausparkassen. Diese dürfen gemäß § 2 Abs. 1 BausparkG nur in der Rechtsform der Aktiengesellschaft betrieben werden.

Weitere Beschränkungen, insbesondere bei staatlich oder standesrechtlich gebundenen Berufen wie Steuerberatern (vgl. § 49 StBerG) oder Wirtschaftsprüfern (vgl. § 27 WPO) und bis vor kurzem Kursmaklern (vgl. § 34a BörsG a.F.), sollen hier außer Betracht bleiben. Dort stehen standesrechtliche Besonderheiten und/ oder die persönliche Eignung des Unternehmers im Vordergrund. Ebenfalls nicht weiter eingegangen wird auf die Unternehmensbeteiligungsgesellschaften. Zwar ist auch hier eine Rechtsformbeschränkung gegeben. § 2 Abs. 1 UBGG reduziert nämlich den Typenkatalog auf die Rechtsformen der Aktiengesellschaft, der Kommanditgesellschaft auf Aktien, der Gesellschaft mit beschränkter Haftung und der Kommanditgesellschaft. Eine echte Zugangsbeschränkung zu unternehmerischer Betätigung ist damit indes nicht verbunden. Wer sich den strengen Reglementierungen des Gesetzes nicht un-

---

5 Bei Letzterem handelt es sich jedoch um keine echte Zugangsbeschränkung.

terwerfen will, kann die von den Unternehmensbeteiligungsgesellschaften ausgeübte Tätigkeit auch in anderweitiger Organisationsstruktur betreiben. Er darf sich dann nur nicht Unternehmensbeteiligungsgesellschaft nennen (vgl. § 1 Satz 1 UBGG). Diese Bezeichnung stellt eine Art Gütesiegel dar und ist mit steuerlichen Vorteilen verbunden. Ähnliches gilt auch für die schon angesprochene Investmentaktiengesellschaft nach § 51 KAGG.

III. Rechtsformzwang für Börsenbetreiber

Der Vergleich mit diesen ebenfalls am Kapitalmarkt tätigen Unternehmen scheint zwangsläufig zu der angesprochenen Frage zu führen, ob eine privatrechtlich organisierte Börse ebenfalls einer Beschränkung der möglichen Rechtsformen unterworfen werden soll. *Hopt/ Baum*[6] halten die Einführung eines solchen Rechtsformzwangs für erstrebenswert und legen die Beschränkung auf Aktiengesellschaften und Gesellschaften mit beschränkter Haftung, jedenfalls aber auf juristische Personen nahe. *Mues*[7] plädiert für eine an dem österreichischen Modell (vgl. § 3 Abs. 1 Nr. 1 öst. BörsG.) orientierte ausschließliche Zulassung der Aktiengesellschaft, ohne dafür einen hinreichenden Grund anzuführen. Dass die Möglichkeit der Kapitalaufnahme durch einen Börsengang nur Aktiengesellschaften offen steht, kann als Rechtfertigung nicht genügen. Das ist eine Überlegung, die den Betreibern überlassen bleiben muss.

Diese kurzen Ausführungen sollen vorerst zur Beantwortung der Frage, welche Rechtsform(en) für Börsen vorgeschrieben werden könnte(n), genügen. Im Folgenden wird zunächst allgemein zur Einführung einer Rechtsformbeschränkung Stellung genommen, um sodann auf einzelne Rechtsformen einzugehen. Neben den Erwägungen über die Zweckmäßigkeit und Geeignetheit der verschiedenen Rechtsformen für das Unternehmen 'Börse' stellt sich vor allem die Frage nach der Verfassungsmäßigkeit einer solchen Beschränkung.

1. Grundrechtsbeeinträchtigung

Die Statuierung eines Rechtsformzwanges für Börsen könnte den (potentiellen) Betreiber in seinen Grundrechten verletzen. In Betracht kommen die bereits erwähnten Grundrechte der Vereinigungs- und der Berufsfreiheit (Art. 9 Abs. 1 und 12 Abs. 1 GG) sowie als Auffanggrundrecht die allgemeine Handlungsfreiheit in Gestalt der wirtschaftlichen Betätigungsfreiheit (Art. 2 Abs. 1 GG). Der Gleichbehandlungsgrundsatz (Art. 3 Abs. 1 GG) soll hier außer Betracht bleiben. Vor allem im Hinblick auf die Vielfalt börsenähnlicher Systeme

---

6 *Hopt/ Baum*, Börsenreform, S. 400, 406; zustimmend *Baums/ Segna*, Börsenreform, S. 42 f.; *Segna*, ZBB 1999, 144, 148; *Merkt*, Gutachten G zum 64. DJT, S. 91.

7 *Mues*, Die Börse als Unternehmen, S. 225 f.

ist eine Vergleichsgruppenbildung nur schwer möglich. Der Gedanke einer Benachteiligung von Börsen gegenüber diesen börsenähnlichen Systemen bei der Wahl der Unternehmensform ist gleichwohl nicht von vornherein von der Hand zu weisen. Übermäßige Restriktionen können hieran scheitern.

Das Grundrecht der Vereinigungsfreiheit (Art. 9 Abs. 1 GG) könnte im Hinblick auf die Reservierung des Gesellschaftszwecks 'Betreiben einer Börse' für bestimmte Gesellschaftsformen sowie wegen der Festschreibung eines Zwanges für natürliche Personen, eine Gesellschaft zu gründen, einschlägig sein.

Das genannte Grundrecht in seiner kollektiven Form (i.V.m. Art. 19 Abs. 3 GG) schützt indes nur die Tätigkeiten einer Vereinigung, die einen vereinsspezifischen Bezug aufweisen. Beschränkungen, die Privatleute ebenso wie Vereinigungen treffen, sind an den speziellen Individualgrundrechten zu messen.[8] Das Verbot des Betreibens einer Börse jenseits der geforderten Rechtsformen trifft die anderen Gesellschaftstypen ebenso wie Privatleute. Art. 9 Abs. 1 GG ist folglich in erstgenannter Hinsicht nicht einschlägig.

Einen Zwang zur Gründung einer Vereinigung im Sinne von Art. 9 Abs. 1 GG bewirkt ein Rechtsformzwang ebenfalls nicht. Eine Aktiengesellschaft oder eine Gesellschaft mit beschränkter Haftung kann nämlich auch als Einpersonengesellschaft gegründet werden (§§ 2 AktG, 7 Abs. 2 Satz 3 GmbHG). Diese sind keine Vereinigungen im Sinne von Art. 9 Abs. 1 GG.[9] Daher ist der Anwendungsbereich des Grundrechts vorliegend nicht eröffnet.

Bedeutsamer erscheint hingegen das Grundrecht der Berufsfreiheit (Art. 12 Abs. 1 GG). Ungeachtet der Frage, ob der Betrieb einer Börse nach gegenwärtigem Verständnis unter Art. 12 Abs. 1 GG fällt oder nicht,[10] ist dieses – wie vorstehend erwähnt – nach einer Öffnung des Wirtschaftssektors für Private anzunehmen. Die Tätigkeit des Betreibens einer Börse wird von dem Erfordernis der Gründung einer bestimmten Gesellschaftsform abhängig gemacht. Damit ist unabhängig davon, ob das Betreiben einer Börse einen eigenen Beruf darstellt oder lediglich eine Modalität eines anderen Berufes ist, in beiden Fällen das 'Wie' der beruflichen Tätigkeit und damit die Berufsausübung betroffen.[11] Der Rechtsformzwang bezweckt gerade eine Einschränkung der Berufsausübung. Die staatliche Maßnahme greift damit gezielt ein. Der Rechtsformzwang ist folglich an Art. 12 Abs. 1 GG zu messen.

---

8 *Jarass* in: Jarass/ Pieroth, GG, Art. 9 Rn. 9.

9 *Jarass*, in: Jarass/ Pieroth, GG, Art. 9 Rn. 3.

10 Vgl. dazu ausführlich *Mues*, Die Börse als Unternehmen, S. 127 ff.; *Steinhübel*, Die private Computerbörse für mittelständische Unternehmen, S. 210 ff.

11 Für eine Einordnung eines solchen numerus clausus als Beschränkung der Berufsausübungsfreiheit auch: *Kaulbach* in: Fahr/ Kaulbach, VAG, § 7 Rn. 5.

2. Rechtfertigung des Grundrechtseingriffs

a) Anforderungen an die Rechtfertigung

Das Bundesverfassungsgericht und ihm folgend das überwiegende Schrifttum unterteilen Eingriffe in Art. 12 Abs. 1 GG und deren Rechtfertigung nach der Intensität der Beeinträchtigung in drei Stufen: Eingriffe in die Berufsausübung sowie subjektive und objektive Zulassungsbeschränkungen.[12] Eingriffe in die Berufsausübung als unterste Stufe sind aus Gründen des Allgemeinwohls von Verfassungsrang zu rechtfertigen.[13] Zu beachten ist jedoch, dass diese Einordnung in Stufen nicht schemenhaft erfolgen darf. Die Prüfung ist lediglich eine besondere Ausgestaltung der Verhältnismäßigkeit.[14] Die Grenzen sind fließend und die Anforderungen an die Rechtfertigung auch innerhalb der einzelnen Stufen unterschiedlich. Daher erforderte im vorliegenden Zusammenhang eine Beschränkung auf die Rechtsform der Aktiengesellschaft (wie in § 2 Abs. 1 BausparkG) einen höheren Rechtfertigungsaufwand als eine Regelung wie die in § 2a Abs. 1 KWG, wonach nur Einzelkaufleute ausgeschlossen sind. Auch wenn die Eingriffe auf unterster Stufe grundsätzlich aus einfachen Gründen des Allgemeinwohls gerechtfertigt werden können, so darf nicht außer acht gelassen werden, dass es sich um ernsthafte Grundrechtseinschränkungen handelt, die mehr als nur einer floskelhaften Begründung bedürfen.[15]

Hopt/ Baum[16] führen das Bedürfnis nach ausreichendem Anleger- und Gläubigerschutz als Rechtfertigungsgrund an. Dabei müssten Kapitalaufbringung und -erhaltung unbedingt gut abgesichert und kontrolliert werden. Der Rechtsformzwang hätte auch positive Folgen für den Schutz der Funktionsfähigkeit des Kapitalmarktes. Ebenso sieht das *Mues*[17], der zudem das besondere Interesse des Staates an einem effizient organisierten Börsenunternehmen und die erhöhte Sicherheit bezüglich eines dauerhaften Bestandes bei Kapitalgesellschaften in die Ebene der Rechtfertigungsgründe erhebt. Ferner wird maßgeblich auf die bereits bestehenden Rechtsformbeschränkungen verwiesen.[18]

---

12 Entwickelt im Apothekenurteil BVerfGE 7, 377, 400 ff. Vgl. auch *Jarass*, Wirtschaftsverwaltungsrecht, § 3 Rn. 25 ff.; *Hammen*, ZHR 160 (1996), 133, 140.

13 BVerfGE 7, 377, 405 f.

14 BVerfGE 13, 97, 104.

15 *Hammen*, ZHR 160 (1996), 133, 140.

16 *Hopt/ Baum*, Börsenreform, S. 406; so auch *Baums/ Segna*, Börsenreform, S. 42 f.

17 *Mues*, Die Börse als Unternehmen, S. 225 f.

18 *Hopt/ Baum*, Börsenreform, S. 406; *Mues*, Die Börse als Unternehmen, S. 225; wohl auch *Baums/ Segna*, Börsenreform, S. 42.

b) Rechtfertigung der bestehenden Rechtsformbeschränkungen

Auf dem Sektor der Hypothekenbanken wurden bereits durch das Hypothekenbankgesetz vom 13.07.1899 die wählbaren Rechtsformen eingeschränkt. Nach § 2 des Gesetzes war ab sofort offenen Handelsgesellschaften, Kommanditgesellschaften, Gesellschaften mit beschränkter Haftung, eingetragenen Genossenschaften und Einzelpersonen der Betrieb einer Hypothekenbank untersagt. § 1 des Gesetzes nimmt die Festlegung auf die Rechtsformen der Aktiengesellschaft und der Kommanditgesellschaft auf Aktien in die Definition mit auf. Der Betrieb durch rechtsfähige Vereine blieb davon unberührt.[19]

Zur Zeit der Schaffung jenes Gesetzes hatten Hypothekenbanken einen solchen Geschäftsumfang erreicht, dass deren ordnungsgemäßes Geschäftsgebaren im besonderen öffentlichen Interesse stand. Vereinzelt aufgetretene Fehler bei der Führung der Geschäfte und dadurch verursachte wirtschaftliche Schieflagen führten zu der Sorge, dass durch eine mögliche Erschütterung des Vertrauens, welches Hypothekenbanken inzwischen genossen, weiten Teilen der Bevölkerung schwere Schädigungen drohten.[20] Die Beschränkung auf die Aktiengesellschaft und die Kommanditgesellschaft auf Aktien wurzelt in der Überzeugung, dass die großvolumigen und langlaufenden Verbindlichkeiten der Institute gegenüber den Anlegern "unter allen Umständen eines von Anfang an gesicherten und thunlichst gegen nachträgliche Verminderungen geschützten eigenen Kapitals" bedürften und dies nur bei den angegebenen Rechtsformen der Fall sei.[21] Bei allen anderen Unternehmensformen einschließlich der eingetragenen Genossenschaft fehle es an rechtlich gesicherten Grundlagen.[22] Durch das Fünfte Änderungsgesetz zum Hypothekenbankgesetz vom 14.01.1963 wurde auch der rechtsfähige Verein unter Berufung auf ein mangelndes Bedürfnis nicht mehr zugelassen.[23] Für das dem Hypothekenbankgesetz nachgebildete Schiffspfandbriefbankgesetz vom 14.08.1933 gelten ähnliche Erwägungen.[24]

---

[19] Vgl. Begründung des Entwurfs zum HypBankG, Sammlung der Drucksachen des Reichstags, 10. Legislaturperiode, I. Session 1898/99, Nr. 106, S. 19; *Bellinger/ Kerl*, HypBankG, § 7 Rn. 4.

[20] Begründung des Entwurfs zum HypBankG, Sammlung der Drucksachen des Reichstags, 10. Legislaturperiode, I. Session 1898/99, Nr. 106, S. 14.

[21] Begründung des Entwurfs zum HypBankG, Sammlung der Drucksachen des Reichstags, 10. Legislaturperiode, I. Session 1898/99, Nr. 106, S. 18.

[22] Begründung des Entwurfs zum HypBankG, Sammlung der Drucksachen des Reichstags, 10. Legislaturperiode, I. Session 1898/99, Nr. 106, S. 18.

[23] Vgl. Begründung des Entwurfs zum Fünften Änderungsgesetz zum HypBankG, Bundestagsdrucksachen IV/ 624, S. 11; *Bellinger/ Kerl*, HypBankG, § 7 Rn. 4.

[24] Zur Verwandtschaft dieser Gesetze: *Rümker* in: Schimansky/ Bunte/ Lwowski, Bankrechtshandbuch, Band III, § 124 Rn. 42.

Seit der Schaffung des Bausparkassengesetzes vom 16.11.1972 ist nach § 2 des Gesetzes nur noch die Aktiengesellschaft als Rechtsform einer privaten Bausparkasse zulässig. Bis zu dieser Zeit erlaubte § 114 VAG a.F.[25] auch die Gründung einer Bausparkasse in der Form einer Kommanditgesellschaft auf Aktien oder einer Gesellschaft mit beschränkter Haftung. Davor gab es keine diesbezüglichen Einschränkungen.

Die ursprüngliche Restriktion in § 114 VAG a.F. entsprang dem Bedürfnis, künftig nur noch Rechtsformen zuzulassen, deren Verhältnisse klar und nachprüfbar gestaltet sind.[26] Das wurde insbesondere von der Aktiengesellschaft sowie der Kommanditgesellschaft auf Aktien erwartet. Auch die Gesellschaft mit beschränkter Haftung wurde im Hinblick auf die damals (noch) guten Erfahrungen mit dieser Gesellschaftsform als Betreiber einer Bausparkasse zugelassen.[27] Die Genossenschaft schied bereits nach dieser Vorschrift aus. Die Grundkonzeption des Bausparens lässt sich zwar mit den Prinzipien des Genossenschaftsgedankens vereinbaren, indes erfordert das Bausparen ein hohes Maß an Kapitalzuwachs und ist damit auf überörtliche Geschäftstätigkeit angewiesen.[28] Die Genossenschaft wurde als hierfür ungeeignet betrachtet.[29]

Im Zeitpunkt der Schaffung des Bausparkassengesetzes stand man der Frage nach den für Bausparkassen geeigneten Gesellschaftsformen noch weitreichend kritisch gegenüber. Gegen die Kommanditgesellschaft auf Aktien wurde ein mangelndes Bedürfnis, gegen die Gesellschaft mit beschränkter Haftung die eingeschränkte Eignung zu breiter Kapitalaufbringung sowie die geringe Verbreitung dieser Rechtsform angeführt.[30] Somit sollte fortan nur noch die Aktiengesellschaft zulässig sein.

Der Rechtsformzwang für Versicherungsgesellschaften in § 7 VAG geht im Ansatz auf das Versicherungsaufsichtsgesetz vom 12.05.1901 zurück. Bereits in diesem Gesetz wurde – anfangs in § 6 des Gesetzes – die Versicherung nach dem Prinzip der Gegenseitigkeit[31] auf den Versicherungsverein auf Gegenseitigkeit sowie der Betrieb von Lebens-, Unfall-, Haftpflicht-, Feuer- und Hagelversicherungen auf die Aktiengesellschaft und den Versicherungsverein

---

25 I.d.F. der Neubekanntmachung des VAG (welches anfänglich auch die Bausparkassen zum Regelungsgegenstand hatte) vom 6.6.1931, RGBl. I 1931, S. 315. Eingeführt wurde diese Vorschrift (damals als § 91c VAG) durch das Änderungsgesetz zum VAG vom 30.3.1931, RGBl. I 1931, S. 102.

26 Begründung des Entwurfs zum Änderungsgesetz zum VAG, Verhandlungen des Reichstags V. Wahlperiode 1930, Bd. 450, Anlagen-Nr. 848, S. 30.

27 Vgl. *Fromm/ Goldberg*, VAG (1966); § 114 Anm. 1.

28 Siehe *Lehmann/ Schäfer/ Cirpka*, BauspkG, § 2 Anm. 2.

29 Begründung des Entwurfs zum Änderungsgesetz zum VAG, Verhandlungen des Reichstags V. Wahlperiode 1930, Bd. 450, Anlagen-Nr. 848, S. 30.

30 Begründung des Entwurfs zum BausparkG, BT-Drs. VI/ 1900, S. 16.

31 Dieses Prinzip bedeutet, dass jeder Versicherte zugleich auch an der Gesellschaft beteiligt ist.

auf Gegenseitigkeit beschränkt. Durch das Erste Durchführungsgesetz/ EWG zum VAG vom 18.12.1975 wurde die zwingende Verwendung einer der beiden genannten Gesellschaftsformen für alle Sparten von Versicherungen eingeführt.

Anlass für die Schaffung des Versicherungsaufsichtsgesetzes war die Rechtszersplitterung in Deutschland[32] und die Anerkennung einer Fürsorgepflicht des Staates im Hinblick auf die drohende Gefahr einer schweren Schädigung des Gemeinwohls infolge denkbarer Missbräuche des Versicherungswesens[33].

Grund für die ursprüngliche Beschränkung betreffend die Versicherung nach dem Prinzip der Gegenseitigkeit waren Zweifel an der Geeignetheit von Genossenschaften und die Überzeugung, mit dem Versicherungsverein auf Gegenseitigkeit eine angemessene Rechtsform für diesen Geschäftsbereich geschaffen zu haben.[34] Der Rechtsformzwang bei den oben aufgeführten speziellen Arten der Versicherung war bedingt durch das Bestreben, die besonderen Anforderungen an den dauerhaften Bestand und die Kapitalsicherheit einer solchen Unternehmung bestmöglich zu erfüllen. Gerade diesen Versicherungszweigen wurde aufgrund der allgemeinen Verbreitung, der großen finanziellen Bedeutung für die Versicherungsnehmer und der Absicherung oftmals langfristiger Risiken eine hohe volkswirtschaftliche Bedeutung beigemessen.[35] Die Rechtsform der Aktiengesellschaft sorgt am zuverlässigsten für einen vom Schicksal und dem Willen einzelner Gesellschafter unabhängigen Bestand des Unternehmens.[36]

Die Ausweitung des Rechtsformzwangs auf alle Versicherungszweige durch das Erste Durchführungsgesetz/EWG zum VAG war im Rahmen der Umsetzung der Ersten Schadensversicherungsrichtlinie erforderlich geworden.[37] Eine derartige Erweiterung des Rechtsformzwanges war aufgrund der gestiegenen wirtschaftlichen Bedeutung weiterer Versicherungszweige bereits seit längerem gefordert worden.[38] Sie ist gerechtfertigt durch das besondere Interesse der Öffentlichkeit am dauerhaften Bestand des gesamten Versicherungswesens.[39] Es soll die Erfüllbarkeit der Versicherungsverträge gesichert werden.[40]

---

32 Begründung des Entwurfs zum VAG, Sammlung der Drucksachen des Reichstags, 10. Legislaturperiode, II. Session 1900/02, I. Band, Nr. 5, S. 29 f.

33 Begründung des Entwurfs zum VAG, Sammlung der Drucksachen des Reichstags, 10. Legislaturperiode, II. Session 1900/02, I. Band, Nr. 5, S. 35.

34 Begründung des Entwurfs zum VAG, Sammlung der Drucksachen des Reichstags, 10. Legislaturperiode, II. Session 1900/02, I. Band, Nr. 5, S. 53 f.

35 Begründung des Entwurfs zum VAG, Sammlung der Drucksachen des Reichstags, 10. Legislaturperiode, II. Session 1900/02, I. Band, Nr. 5, S. 54.

36 Begründung des Entwurfs zum VAG, Sammlung der Drucksachen des Reichstags, 10. Legislaturperiode, II. Session 1900/02, I. Band, Nr. 5, S. 54 f.

37 Begründung des Entwurfs zum Ersten Durchführungsgesetz/EWG zum VAG, Bundestagsdrucksachen VII/ 3687, S. 15, 17; *Goldberg* in: Goldberg/ Müller, VAG, § 7 Rn. 1.

38 *Fromml Goldberg*, VAG (1966), § 7 Anm. 1 sowie 4 a.E.

39 *Kaulbach* in: Fahr/ Kaulbach, VAG, § 7 Rn. 5; vgl. auch *Götting*, CR 2001, 528, 529.

Für Kapitalanlagegesellschaften wurden mit dem Gesetz über Kapitalanlagegesellschaften vom 16.4.1957 in § 1 Abs. 2 (nunmehr § 1 Abs. 3) dieses Gesetzes die Rechtsformen der Aktiengesellschaft und der Gesellschaft mit beschränkter Haftung festgeschrieben. Ausschlaggebend hierfür war die gesetzliche Pflicht dieser Gesellschaften, ihren Jahresabschluss prüfen zu lassen und zu veröffentlichen.[41] Es sollte also eine ausreichende Publizität gewährleistet werden.[42]

Nach dem Gesellschaftsprinzip organisierte Investmentaktiengesellschaften sind nach § 51 Abs. 2 Satz 1 KAGG zwingend als Aktiengesellschaften zu formieren. Hier musste die der Aktie immanente Umlauffähigkeit gewährleistet werden.[43] Allerdings ist die Investmentaktiengesellschaft nur eine geschützte Bezeichnung, eine Art 'Gütesiegel'.[44] Ähnlich den Vorschriften über Unternehmensbeteiligungsgesellschaften behalten die §§ 51 ff. KAGG die von Investmentaktiengesellschaften betriebenen Geschäfte nicht ausschließlich dieser Unternehmensform vor. Eine Beschränkung des Unternehmensgegenstandes ist damit nicht verbunden.

§ 2a Abs. 1 KWG untersagt dem Einzelkaufmann das Betreiben von Bankgeschäften. Die Norm wurde im Jahre 1976 eingeführt.[45] Sie stellt gegenüber den bisher dargestellten Rechtsformzwängen eine deutlich geringer einschneidende Maßnahme dar. Dennoch wurde sie vom Gesetzgeber als ernsthafte Beeinträchtigung der Berufsfreiheit (Art. 12 Abs. 1 GG) angesehen.[46] Sie ist gerechtfertigt durch die Schutzbedürftigkeit der Kunden vor Vermögensverlusten und den Schutz des Vertrauens der Öffentlichkeit in die Funktionsfähigkeit der Kreditwirtschaft.[47] Bei einer Einzelfirma ist das Risiko einer Beeinträchtigung dieser Interessen zu groß und kann insbesondere nicht anderweitig wirksam abgefangen werden. Betriebsvermögen und Privatvermögen sind hier nicht hinreichend voneinander getrennt. Die Gläubiger – und zwar auch solche aus privaten Geschäften des Einzelkaufmannes – haben unmittelbar auf beide Vermögensteile Zugriff. Die privaten Geschäfte des Einzelkaufmanns kann die Bundesanstalt für Finanzdienstleistungsaufsicht jedoch nicht überwachen.

---

40 *Goldberg* in: Goldberg/ Müller, VAG, § 7 Rn. 2.

41 Vgl. *Baur*, Investmentgesetze, § 1 KAGG Rn. 41.

42 Vgl. Bericht des Abgeordneten Neuburger, BT-Drs. II/ 2973 (neu), S. 2.

43 Begründung des Entwurfs zum 3. Finanzmarktförderungsgesetz, BT-Drs. 13/8933, S. 126.

44 Begründung des Entwurfs zum 3. Finanzmarktförderungsgesetz, BT-Drs. 13/8933, S. 126.

45 Durch das Zweite Gesetz zur Änderung des KWG vom 24.3.1976.

46 Vgl. Begründung zum Zweiten Änderungsgesetz zum KWG, BT-Drs. VII/ 3657, S. 10; vgl. auch *Reischauer/ Kleinhans*, KWG, Nr. 115, § 2a KWG Rn. 3.

47 Zweifelnd allerdings *Reischauer/ Kleinhans*, KWG, Nr. 115, § 2a Rn. 3. Zu den angeführten Schutzgütern des Kreditwesengesetzes vgl. auch *Götting*, CR 2001, 528, 531.

Deshalb ist die genannte Rechtsformeinschränkung im Interesse der Kunden erforderlich.[48]

Zusammenfassend ist festzustellen, dass die Ausgestaltung der Rechtsformzwänge im Hinblick auf die Frage der zulässigen Unternehmensformen stark differiert. Diese Unterschiede lassen sich jedoch auf die Frage reduzieren, inwieweit man neben der Aktiengesellschaft noch andere Rechtsformen zulassen wollte. Deren Geeignetheit wurde in den verschiedenen Geschäftszweigen des Finanzsektors unterschiedlich eingestuft. Die Gründe für die Einführung eines Rechtsformzwangs sind demgegenüber nahezu identisch. Im Vordergrund steht der Kundenschutz. Die zugelassenen Unternehmensformen sollen den Grundstein für eine dauerhafte, gesunde und durchschaubare Finanzierung des Unternehmens legen, damit die eingelegten Gelder der Bevölkerung nicht gefährdet werden. Der Schutz des funktionierenden Kapitalmarktes folgt hieraus und war erwünschter Nebeneffekt. Der überragende Gesichtspunkt des Kundenschutzes als Individualrechtsgut lässt diese Vorschriften auch im Hinblick auf Art. 12 Abs. 1 GG unbedenklich erscheinen.[49]

Aus dem vorstehend entfalteten System ragt die Bestimmung in § 2a Abs. 1 KWG heraus, die für das Bankgewerbe mit Ausnahme des Einzelkaufmanns alle anderen Unternehmensformen, mithin auch Personengesellschaften, zulässt. Bemerkenswert ist dabei, dass der Gesetzgeber den Schutz des eingelegten Kapitals auch ohne einen einschneidenden Rechtsformzwang für gewährleistet und lediglich die Rechtsform des Einzelkaufmanns mangels Trennung von Betriebs- und Privatvermögen für ungeeignet hielt. Diese bewusste Zurückhaltung des Gesetzgebers wurde gefördert durch die Tatsache, dass gewöhnliche Bankeinlagen typischerweise nicht so langfristig angelegt sind wie diejenigen der anderen angeführten Anlageformen und dass die bestehenden Banken in allen denkbaren Gesellschaftsformen organisiert waren und sind[50].

Zu bedenken ist schließlich, dass nur das Bausparkassengesetz, das Gesetz über Kapitalanlagegesellschaften sowie § 2a Abs. 1 KWG sich bei ihrer Entstehung am strengen Maßstab des Grundgesetzes haben messen lassen müssen.

---

48 Vgl. Begründung zum Zweiten Änderungsgesetz zum KWG, BT-Drs. VII/ 3657, S. 10.

49 *V. Caemmerer*, JZ 1958, 41, 44 (Fn. 32).

50 Die in der Rechtsform des Einzelkaufmannes betriebenen Banken durften auch nach 1976 bestehen bleiben. Vgl. *Reischauer/ Kleinhans*, KWG, Nr. 115, § 2a Rn. 4.

c) Vergleichbarkeit

Die Rechtfertigung eines Rechtsformzwangs für Börsen durch Verweis auf die bestehenden Beschränkungen[51] erfordert eine vergleichbare Lage bei den aufgeführten Branchen und den Börsen.

Alle betroffenen Unternehmen sind am Kapitalmarkt tätig. Sehr verschieden sind jedoch die Betätigungsfelder. Die Spezialkreditinstitute und viele Versicherungszweige betreiben die Verwaltung fremder Gelder in Form langfristiger Anlagen und der langfristigen Absicherung von Risiken. Gerade hieraus ergibt sich – auch im Unterschied zu einer gewöhnlichen Geschäftsbank – ein gesteigertes Bedürfnis nach Sicherung eines dauerhaften Bestandes des Unternehmens und der Einlagen. Große Teile der Bevölkerung sind darauf angewiesen, sichere rechtliche Grundlagen vorzufinden. Auch verständige Bürger sind nicht in der Lage, die Vertrauenswürdigkeit eines solchen Unternehmens hinreichend zu beurteilen. Der Abschluss von langfristigen Finanzverträgen aller Art ist aber heutzutage häufig existenznotwendig. Deshalb trifft den Staat eine besondere Schutzpflicht.[52] Daher wurden in diesen sensiblen Bereichen einschneidende Rechtsformzwänge als Grundpfeiler einer gesicherten Unternehmensstruktur eingeführt. Schon erwähnt wurde, dass in dem ebenfalls volkswirtschaftlich äußerst bedeutenden Bereich der normalen Geschäftsbanken demgegenüber nur ein kleiner Einschnitt in die Freiheit der Auswahl der Unternehmensform gemacht wurde.

Das Geschäftsfeld einer Börse besteht primär in der Ermöglichung ständiger Handelbarkeit und Bewertung von umlauffähigem Kapital und der Zusammenführung von Angebot und Nachfrage. Die Börse ist die Schaltzentrale des Kapitalumsatzes. Volkswirtschaftlich ist gerade diese Einrichtung hoch bedeutend, weshalb ihre Funktionsfähigkeit rechtlich gesichert werden muss.

Im Vordergrund steht dabei ein möglichst gesunder, dauerhafter Bestand des Unternehmens. Dazu gehört – wie bei den bereits mehrfach erwähnten anderen Unternehmen auch – die Sicherung der Erfüllung der bestehenden Verpflichtungen.[53] Mit den aufgeführten Instituten ist die Börse jedoch nicht vergleichbar: Sie verwaltet kein fremdes Geld und ist auch im eigentlichen Transaktionsprozess nicht in die Veräußerungs- oder Erwerbskette eingebunden.[54] Sie führt lediglich Kauf- und Verkaufsinteressenten zusammen. Weiterhin sind an diesem Platz nur geschäftserfahrene Kaufleute zugegen, die gegenüber dem Normalkunden eines nur eingeschränkten Schutzes bedürfen. Aus diesen Gründen liegen die schützenswerten Interessen im Hinblick auf die größtmög-

---

[51] *Hopt/ Baum*, Börsenreform, S. 406; *Mues*, Die Börse als Unternehmen, S. 225; wohl auch *Baums/ Segna*, Börsenreform, S. 42.

[52] Siehe bereits die Begründung des Entwurfs zum VAG, Sammlung der Drucksachen des Reichstags, 10. Legislaturperiode, II. Session 1900/02, I. Band, Nr. 5, S. 35 f.

[53] *Laule*, FS Heinsius, 437, 451.

[54] Die Abwicklung zählt nicht zu den Börsenleistungen im engeren Sinne. Sie wird von separaten Unternehmen betrieben.

liche Gewähr gesunder Börsenunternehmen völlig anders. Das Hauptanliegen des Rechtsformzwangs bei den Spezialkreditinstituten und Versicherungsunternehmen, der Schutz des unerfahrenen Privatkunden vor dem Verlust seines Vermögens,[55] spielt hier keine Rolle. Es muss folglich nach anderen Rechtfertigungsgründen für Rechtsformzwänge gesucht werden.

d) Anlegerschutz und Schutz eines funktionsfähigen Kapitalmarktes als Rechtfertigungsgründe

Die Verfechter eines Rechtsformzwanges für Börsen[56] führen, wie bereits erwähnt, den Anlegerschutz als Rechtfertigungsgrund ins Feld. Dieser Anlegerschutz ist von dem vorstehend erörterten Schutz der Kunden vor Vermögensverlusten zu unterscheiden. Anlegerschutz in diesem Sinne meint den Schutz vor anstößigem Verhalten bei der Durchführung von Wertpapiergeschäften.[57] Ein in dieser Weise verstandener Anlegerschutz ist ebenfalls ein schützenswertes Rechtsgut. Er steht im Rahmen börsenrechtlicher Gesetzgebung stets im Mittelpunkt des Interesses. Ihm wird durch Vorschriften über einen ordnungsgemäßen und fairen Handelsablauf einschließlich einer fairen Preisbildung Rechnung getragen. Diese Überlegung zeigt indes den entscheidenden Unterschied auf: Anlegerschützende Regelungen besagter Art sind in erster Linie Marktordnungsvorschriften. Mit der Organisation des Betreibers haben sie allenfalls mittelbar zu tun. Durch Anforderungen an die Rechtsform des Betreibers einer Börse wird die Ordnungsmäßigkeit des Handelsablaufs nicht wesentlich beeinflusst. Folglich scheidet der Anlegerschutz als Rechtfertigungsgrund für Rechtsformbeschränkungen aus.

Die gewöhnlichen Gläubiger eines des Unternehmens sind bei der Börse nicht schutzbedürftiger als bei anderen Unternehmens. Damit ist auch aus dieser Gläubigerschutzperspektive ein Rechtsformzwang nicht zu rechtfertigen.

Als Rechtfertigungsgrund kommt allein die Funktionsfähigkeit des Kapitalmarktes und mit ihm des Börsenwesens in Betracht. Neben dem Anlegerschutz handelt es sich um das zweite wichtige Schutzgut im Kapitalmarktrecht. Ob dieses Allgemeininteresse geeignet ist, einen einschneidenden Rechtsformzwang zu rechtfertigen, erscheint jedoch fraglich. Die Funktionsfähigkeit einer Börse betrifft nämlich einzig ihre Eigenschaft als Marktveranstaltung. Diese Funktionsfähigkeit muss daher ebenfalls durch Marktordnungsvorschriften ge-

---

55 Vgl. *Kübler*, Gesellschaftsrecht, § 20 I 2 a cc.

56 *Hopt/ Baum*, Börsenreform, S. 400, 406; zustimmend *Baums/ Segna*, Börsenreform, S. 42 f.; *Segna*, ZBB 1999, 144, 148; *Merkt*, Gutachten G zum 64. DJT, S. 91; *Mues*, Die Börse als Unternehmen, S. 225 f.

57 Vgl. *Meier-Schatz*, ZBB 1997, 325, 326.

sichert werden. Dass hinter einem funktionierenden Markt ein geeigneter Betreiber stehen sollte, wurde an anderer Stelle erläutert und steht außer Frage. Deshalb bedarf auch der Betreiber einiger gesetzgeberischer Aufmerksamkeit. Allerdings ist zu bezweifeln, ob das Bedürfnis nach einem funktionsfähigen Börsenwesen auf dieser zweiten Regelungsebene zu so massiven Eingriffen in die Grundrechte wie umfassenden Rechtsformbeschränkungen berechtigt. Dies könnte nur dann angenommen werden, wenn die vorgeschriebenen Gesellschaftsformen gegenüber den nicht zugelassenen eine (deutlich) erhöhte Gewähr dauerhaften Bestandes[58] bieten würden. Zumindest innerhalb des Kataloges der Kapitalgesellschaften, deren Fortbestehen vom Ein- und Austritt einzelner Gesellschafter weitgehend unabhängig ist, kann diesbezüglich kein unabweisbares Bedürfnis nach Ausschluss einzelner Formen festgemacht werden. Das Gedeihen der Marktveranstaltung hängt weitgehend vom Management des Betreibers, weniger von der gewählten Rechtsform ab. Mögliche Defizite einzelner Gesellschaftsformen können durch geringer einschneidende Maßnahmen wie die zwingende Einführung eines Aufsichtsrates oder eine umfassende staatliche Aufsicht wettgemacht werden.[59] Die Forderung von *Mues*, nur die Aktiengesellschaft zuzulassen,[60] ist jedenfalls als zu weitgehend abzulehnen. Vielmehr muss daran erinnert werden, dass die Deutsche Terminbörse (nunmehr aufgegangen in der Eurex) anfangs von einer Gesellschaft mit beschränkter Haftung getragen wurde, ohne dass dies Anlass zu Beanstandungen gegeben hat.[61] Dass die Zulassung nur einer einzigen Gesellschaftsform zu wenig Flexibilität gewährt, musste auch der Gesetzgeber im Hinblick auf das – allerdings aufgrund des vollkommen anders gelagerten Regelungshintergrundes nur bedingt zum Vergleich geeignete – Gesetz über Unternehmensbeteiligungsgesellschaften einsehen. Nachdem anfänglich aus Gründen eines höchsten Schutzstandards und größtmöglicher Umlauffähigkeit der Anteile allein die Aktiengesellschaft zugelassen war,[62] hat man den Katalog wenig später erheblich ausgeweitet und neben der Kommanditgesellschaft auf Aktien und der Gesellschaft mit beschränkter Haftung sogar die Kommanditgesellschaft zugelassen.[63] Was nun die Personengesellschaften und den Einzelkaufmann im hier untersuchten Kontext anbelangt, so ist anders als bei Kapitalgesellschaften bei beiden Formen in der Tat zu befürchten, dass sich die Unternehmer eines Tages wieder aus dem Geschäftsfeld zurückziehen. Auch ist es um einiges schwieriger, für einzelkaufmännische Unternehmen und Gesellschaftsanteile an Personengesellschaften einen geeigneten Nachfolger zu finden. Die umfassende persönliche Haftung des Nachfolgers sowohl für

---

58 Zu diesem Anliegen vgl. *Kümpel/ Hammen*, WM 2000, SB 3, 3, 12.

59 *Hopt/ Baum*, Börsenreform, S. 400, 406.

60 *Mues*, Die Börse als Unternehmen, S. 225 f.

61 *Kindermann*, WM 1989, SB 2, S. 8.

62 Begründung zum Entwurf des UBGG, BT-Drs. 10/4551, S. 14.

63 Vgl. Begründung zum Entwurf zum 3. Finanzmarktförderungsgesetz, BT-Drs. 13/8933, S. 138.

künftige als auch für bestehende Verbindlichkeiten (vgl. §§ 25, 28, 128, 130, 159 f., 161, 171 ff. HGB) und das dafür – im Gegensatz zu Kapitalgesellschaften ungleich höhere – notwendige Vertrauen der Gesellschafter untereinander sind dafür die Hauptgründe. Andererseits hängt der Fortbestand eines Unternehmens – und das gilt für Personengesellschaften und Kapitalgesellschaften gleichermaßen – eher von der Geschäftslage und Lauterkeit der Gesellschafter und der Geschäftsführer als von der Unternehmensform ab. So können Banken in der Rechtsform einer Personengesellschaft oder des Einzelkaufmanns häufig eine lange Tradition vorweisen. Dass die Zahl dieser Banken zurückgeht, spricht wiederum gegen die genannten Rechtsformen. Im globalen Wettbewerb sind sie nur bedingt konkurrenzfähig. Es spricht mithin viel für die Zulässigkeit eines Ausschlusses von Personengesellschaften.

Genossenschaften sind ebenfalls stark personalistisch strukturiert.[64] Gleichwohl gehören sie zu den Körperschaften des privaten Rechts. An ihnen wird die Grenze zulässiger Rechtsformbeschränkungen aufgezeigt werden können. Dies soll vorliegend jedoch offen bleiben.[65]

Nur kurz gestreift werden soll der Verein. In seiner nichtwirtschaftlichen Ausprägung (§ 21 BGB) ist er für primär unternehmerische Tätigkeit nicht gedacht. Auf den ersten Blick scheint die Tatsache, dass bei einigen Regionalbörsen solche Vereine als Träger fungierten, anderes nahe zu legen. Dem ist jedoch nicht so. Veranstalter der Börse, mithin Unternehmer, ist die Anstalt des öffentlichen Rechts. Solange sich der Träger auf die herkömmliche Ausstattungsfunktion beschränkt, kann dessen Tätigkeit Gegenstand vereinsmäßiger Betätigung im Sinne von § 21 BGB sein. Es wurde bereits dargelegt, dass das Betreiben einer Börse ein unternehmerisches Verhalten verlangt. Daher kann der Börsenhandel selbst nicht von einem nichtwirtschaftlichen Verein veranstaltet werden.[66] Anderenfalls würde man einer Diskussion, wie sie bei anderen wirtschaftlich tätigen Vereinen entbrannt ist,[67] Tür und Tor öffnen. Der Funktionsfähigkeit des Kapitalmarktes wäre damit nicht gedient. Auch eine ausnahmsweise Zulassung wirtschaftlicher Vereine nach § 22 BGB kommt nicht in Betracht. Soweit die gängigen Gesellschaftsformen für die Organisation der betreffenden Unternehmung tauglich und zumutbar sind, ist für wirtschaftliche Vereine kein Raum.[68] Zwar wäre eine spezialgesetzliche Ausnahme theoretisch denkbar,[69] aber aufgrund eines dann bestehenden Nebeneinanders von wirtschaftlichen Vereinen und anderen Gesellschaftsformen nicht sehr sinnvoll. Dagegen lässt sich auch nicht die Existenz des Versicherungs-

64 Vgl. dazu *Schmidt*, Gesellschaftsrecht, § 41.

65 Vgl. dazu *Laule*, FS Heinsius, 437, 454; *Mues*, Die Börse als Unternehmen, S. 225.

66 So auch *Baums/ Segna*, Börsenreform, S. 44 f.

67 Vgl. dazu nachstehend 2. Teil B VII 2 c.

68 Palandt/ *Heinrichs*, BGB, § 22 Rn. 1; *Schmidt*, Gesellschaftsrecht, § 24 II 2 a); *ders.*, AcP 182 (1982), 1, 34 ff..

69 Vgl. Palandt/ *Heinrichs*, BGB, § 22 Rn. 1; *Segna*, ZBB 1999, 144, 149; *Mues*, Die Börse als Unternehmen, S. 225; *Schmidt*, AcP 182 (1982), 1, 37 ff.

vereins auf Gegenseitigkeit (§§ 15 ff. VAG) anführen,[70] der gemäß § 7 Abs. 1 VAG privaten Versicherungsunternehmen neben der Rechtsform der Aktiengesellschaft offen steht. Die 39 speziellen Vorschriften im Versicherungsaufsichtsgesetz lassen ihn ebenso wie Kapitalgesellschaften eher als neue Gesellschaftsform erscheinen denn als Verein im Sinne von § 22 BGB. Auch aus Gründen der Unternehmensstruktur bestehen gegen Vereine Vorbehalte.[71]

Alles in allem ergibt sich somit folgendes Bild: Legt man Wert auf die größtmögliche Absicherung eines dauerhaften Bestandes aller Börsen, so erscheint es angebracht, nur Kapitalgesellschaften als mögliche Rechtsformen zuzulassen. Möchte man aufstrebenden Nischenanbietern alle Möglichkeiten offen halten und stellt man sich auf den Standpunkt, ein ständiges auf und ab bei kleinen Börsen schade dem Finanzplatz nicht, so ist von Einschränkungen abzusehen. Die Rechtsform hat auf den Unternehmenserfolg nur begrenzten Einfluss. Da kleine Börsen aber auch einmal wachsen können und spätestens dann verlangt werden müsste, dass sie auf gesicherter Grundlage operieren, spricht viel dafür, den Kreis zulässiger Rechtsformen von vornherein auf Kapitalgesellschaften zu beschränken, um Unsicherheiten und abträgliche Experimente zu vermeiden. Da der Spielraum innerhalb des Kataloges der Kapitalgesellschaften noch hinreichend groß ist, erscheint eine solche Einschränkung nicht unangemessen. Das Schutzgut der Funktionsfähigkeit des Kapitalmarktes, hier insbesondere des Börsenwesens, würde damit den Eingriff in die Berufsfreiheit (Art. 12 Abs. 1 GG) rechtfertigen.

e) Europarechtliche Aspekte

Es bleibt noch, auf die Frage einzugehen, ob das Europarecht einem nationalen Rechtsformzwang entgegensteht. Das ist zu verneinen, bedarf aber näherer Begründung. Rechtsformzwänge für bestimmte Branchen sind auch in anderen Mitgliedstaaten anzutreffen.[72] Dabei ist stets zu fragen, ob über die Festlegung auf bestimmte Rechtsformen für inländische Unternehmen hinaus auch der Marktzutritt für Unternehmen aus anderen Mitgliedstaaten untersagt ist.

Die Einführung eines Rechtsformzwanges mit einer solchen Marktzutrittsschranke, das heißt der Untersagung einer bestimmten Tätigkeit im Inland für inländische Unternehmen jenseits der geforderten Rechtsformen sowie generell für alle ausländischen Unternehmen, würde es ausländischen Börsenun-

70 Einen spezialgesetzlich zugelassenen Verein sieht darin *Schmidt*, AcP 182 (1982), 1, 37 f.

71 Vgl. dazu *Mues*, Die Börse als Unternehmen, S. 225; *Baums/ Segna*, Börsenreform, S. 44 f.; *Laule*, FS Heinsius, 437, 454; *Schmidt*, AcP 182 (1982), 1, 13; *Hammen*, AG 2001, 549, 555.

72 Vgl. die Nachweise bei *Schwarz*, Europäisches Gesellschaftsrecht, Rn. 530 ff.

ternehmen erheblich erschweren, in Deutschland als Börse aktiv zu werden. Erst nach Gründung einer deutschen Tochterfirma mit deutscher Börsenzulassung stünde ihnen der Markt offen. Das würde sowohl die Dienstleistungsfreiheit (Art. 49 ff. EGV) als auch die Niederlassungsfreiheit (Art. 43 ff. EGV) einschränken und bedürfte eines gewichtigen Rechtfertigungsgrundes.[73] Dieser kann im Börsenwesen nicht (mehr) gefunden werden. Art. 15 Abs. 4 Satz 2 der Wertpapierdienstleistungsrichtlinie gewährt nicht Präsenzgebundenen geregelten Märkten im Sinne der Richtlinie nämlich einen Europapass. Eine generelle Marktabschottung wäre in diesem Bereich folglich nicht möglich. Deshalb ist solche eine Abschottung in §§ 37i ff. WPHG auch nicht vorgesehen.

Solange ein Rechtsformzwang für inländische Unternehmen nicht mit der soeben beschriebenen generellen Beschränkung des Marktzutritts für Börsenunternehmen aus anderen Mitgliedstaaten einhergeht, das heißt ausländische Börsen als solche grenzüberschreitend in Deutschland tätig werden dürfen und nur inländische Börsen einem Rechtsformzwang unterworfen werden, fehlt es sowohl aus dem Blickwinkel der Niederlassungsfreiheit als auch unter dem der Dienstleistungsfreiheit an einer Benachteiligung ausländischer Unternehmer. EG-ausländische Unternehmen haben dann zum deutschen Markt in gleicher Weise Zutritt wie inländische. Sie können unter Ausnutzung der Dienstleistungsfreiheit oder mittels einer unselbständigen Zweigniederlassung als ausländische Börse tätig werden.[74] Sie können über die Gründung einer selbständigen deutschen Tochtergesellschaft oder einer deutschen Hauptniederlassung nach deutschem Recht eine Börsenzulassung beantragen. Mit Blick auf die verbotene Diskriminierung aufgrund der Staatsangehörigkeit[75] könnte man meinen, ausländische Gesellschaften seien gegenüber deutschen benachteiligt. Dass eine französische Aktiengesellschaft erst noch eine deutsche Tochtergesellschaft gründen muss, um als deutsche Börse zugelassen werden zu können, während eine bestehende deutsche Aktiengesellschaft keine neue Gesellschaft ins Leben rufen muss, ist indes keine Besonderheit des Rechtsformzwanges, sondern bedingt durch den allgemeinen Stand der gegenseitigen Anerkennung von Gesellschaften. Danach werden ausländische Gesellschaften im Inland zwar als Rechtspersönlichkeiten anerkannt und sind insofern inländischen juristischen Personen gleichgestellt.[76] Sie gelten dann aber immer noch als ausländische Gesellschaft und nicht als die entsprechende

---

[73] Vgl. EuGH Rs. C-263/99 (Kommission/ Italien), EWS 2001, 335 ff.; EuGH Rs. C-101/94 (Kommission/ Italien), Slg. 1996-I, 2691 ff.; *Klinke*, ZGR 1998, 212, 220 ff.

[74] Vgl. auch *Breitkreuz*, Die Ordnung der Börse, S. 166 f.; *Hammen*, AG 2001, 549, 560.

[75] Vgl. dazu EuGH Rs. C-263/99 (Kommission/ Italien), EWS 2001, 335, Ziff. 10 ff.; *Müller-Huschke*, in: Schwarze, EU-Kommentar, Art. 43 EGV Rn. 34; *Schwarz*, Europäisches Gesellschaftsrecht, Rn. 133.

[76] *Schmidt*, Gesellschaftsrecht, § 1 II 8 a; *Müller-Huschke*, in: Schwarze, EU-Kommentar, Art. 48 EGV Rn. 26.

deutsche Gesellschaftsform.[77] Eine identitätswahrende Sitzverlegung einer Gesellschaft wird von der Niederlassungsfreiheit ebenso wenig umfasst wie die Anerkennung als gleichwertige Gesellschaftsform.[78] Hier ist gerade ein entscheidender Unterschied zur Freizügigkeit der Arbeitnehmer gegeben, die sich als natürliche Personen nicht erst 'neu organisieren' müssen. Natürliche Personen sind als solche anerkannt, während juristische Personen nur allgemein als Rechtsträger anerkannt sind. Die Niederlassungsfreiheit juristischer Personen geht damit nicht so weit wie die natürlicher Personen.[79] Da somit eine ausländische Aktiengesellschaft nicht zwingend einer deutschen gleichzusetzen ist, können diese Gesellschaften auch nicht per se die gleichen Rechte wie deutsche Aktiengesellschaften verlangen. Die Gewährung einer deutschen Börsenzulassung auch für ausländische Gesellschaften ist demnach bei Einführung eines Rechtsformzwanges (noch) völlig ins Belieben der Mitgliedstaaten gestellt (vgl. auch Art. 15 Abs. 5 Wertpapierdienstleistungsrichtlinie).

Insoweit ist nicht nachvollziehbar, wenn *Mues*[80] die Forderung nach einen Rechtsformzwang unterstützt, es aber für europarechtswidrig hielte, ein Sitz- und Hauptverwaltungserfordernis im Inland festzuschreiben, wie dies § 3 Abs. 1 Nr. 15 öst. BörsG tut, es von Art. 3 Abs. 2 der Wertpapierdienstleistungsrichtlinie für Wertpapierfirmen verlangt wird und es im übrigen auch in §§ 1 Abs. 3 Satz 2, 51 Abs. 5 Satz 1 Nr. 2 KAGG und § 2 Abs. 3 UBGG[81] für deutsche Kapitalanlagegesellschaften, Investmentaktiengesellschaften und Unternehmensbeteiligungsgesellschaften ausdrücklich festgeschrieben ist. Die Frage des Sitzes der Gesellschaft hat nämlich in Ländern, die wie Deutschland der Sitztheorie folgen,[82] keine eigenständige Bedeutung. Eine deutsche Aktiengesellschaft muss ihren tatsächlichen wie satzungsmäßigen Sitz ohnehin in Deutschland haben.[83] Wenn § 2 Abs. 1 BausparkG anordnet: "Private Bausparkassen dürfen nur in der Rechtsform der Aktiengesellschaft betrieben werden", so ist damit zwingend eine deutsche Aktiengesellschaft gemeint.[84] Da diese, wie erwähnt, ihren Sitz in Deutschland haben muss, ist eine Festschrei-

---

77 Vgl. *Schwarz*, Europäisches Gesellschaftsrecht, Rn. 1418 sowie *Müller-Huschke*, in: Schwarze, EU-Kommentar, Art. 48 EGV Rn. 26 zum – allerdings nicht in Kraft getretenen – Anerkennungsübereinkommen.

78 Vgl. Münchener Handbuch Aktiengesellschaft/ *Wiesner*, § 8 Rn. 3; MüKo-AktG/ *Heider*, § 5 Rn. 65; *Müller-Huschke*, in: Schwarze, EU-Kommentar, Art. 48 EGV Rn. 1.

79 *Nagel*, Wirtschaftsrecht der Europäischen Union, S. 85.

80 *Mues*, Die Börse als Unternehmen, S. 226.

81 Die beiden Letztgenannten mit dem Anknüpfungspunkt Geschäftsleitung anstelle von Hauptverwaltung.

82 Vgl. dazu MüKo-AktG/ *Heider*, § 5 Rn. 18; *Schmidt*, Gesellschaftsrecht, § 1 II 8 a.

83 Münchener Handbuch Aktiengesellschaft/ *Wiesner*, § 8 Rn. 3; MüKo-AktG/ *Heider*, § 5 Rn. 18 ff., 59 ff.

84 *Lehmann/ Schäfer/ Cirpka*, BausparkG, § 2 Anm. 3.

bung des Sitzerfordernisses, wie beispielsweise in § 1 Abs. 3 Satz 2 KAGG, nur deklaratorischer Natur.[85]

Mangelt es an einer relevanten Ungleichbehandlung, so ist die Niederlassungsfreiheit nur in Form der allgemeinen Beschränkungsfreiheit einschlägig. Aus dem oben ausgeführten Blickwinkel der Funktionsfähigkeit des Börsenwesens sind Rechtsformbeschränkungen gerechtfertigt.[86] Das Börsenorganisationsrecht ist auf europäischer Ebene noch nicht hinreichend vergleichbar organisiert, als das von gleichen Schutzstandards gesprochen werden könnte.

Das hier gefundene Ergebnis wird auch durch die Vorschriften Wertpapierdienstleistungsrichtlinie gestützt, welche nichtjuristischen Personen als Rechtsform für Wertpapierdienstleistungsunternehmen eher skeptisch gegenübersteht. Nach Art. 1 Nr. 2 Unterabsätze 2 u. 3 der Richtlinie können diese nur zugelassen werden, wenn sie den juristischen Personen vergleichbare Schutzstandards bieten. Daraus folgt, dass die Mitgliedstaaten Rechtsformbeschränkungen für Wertpapierdienstleister vornehmen können. Im Übrigen überlässt Art. 15 Abs. 5 der Wertpapierdienstleistungsrichtlinie es den Mitgliedstaaten, neue geregelte Märkte zu genehmigen oder zu untersagen, mithin die Erfordernisse der Genehmigung zu bestimmen.

Das Europarecht steht einem Rechtsformzwang folglich nicht entgegen.

f) Ergebnis

Der Forderung von *Hopt/ Baum*[87] nach einer Beschränkung der möglichen Rechtsformen einer Börse auf juristische Personen ist beizupflichten.[88]

Eingangs der Arbeit ist bereits hinreichend deutlich geworden, dass sich die Rechtsform der Aktiengesellschaft (bzw. vergleichbarer Rechtsformen im Ausland) für große Börsen zum internationalen Standard entwickelt. Grund hierfür sind vor allem die Möglichkeiten einer Finanzierung über die organisierten Kapitalmärkte. Daher wird diese Gesellschaftsform den folgenden Ausführungen als Maßstab zugrunde gelegt. Daneben gilt es stets auch einen Blick auf die Gesellschaft mit beschränkter Haftung zu werfen, deren gesetzliche Grundlagen im GmbH-Gesetz – anders als die Vorschriften im Aktiengesetz – weitgehend disponibel sind.

---

[85] *Baur*, Investmentgesetze, § 1 KAGG Rn. 45.

[86] Zu den Anforderungen an die Rechtfertigung nicht diskriminierender Maßnahmen vgl. *Hammen*, EuZW 1996, 460, 462.

[87] *Hopt/ Baum*, Börsenreform, S. 400, 406.

[88] Die Rechtsform der Genossenschaft wurde im Rahmen der Untersuchung ausgeklammert.

IV. Genehmigungspflicht für Satzung und Gesellschaftsvertrag

Als Mittel aufsichtsrechtlicher Vorabkontrolle könnte die Festlegung einer Genehmigungspflicht für die Satzung oder den Gesellschaftsvertrag der Börsengesellschaft und deren Änderungen zugunsten der Aufsichtsbehörde angezeigt sein. Vergleichbares ist in §§ 5 Abs. 1, 2 u. 3 Nr. 1, 13 Abs. 1 VAG für Versicherungsunternehmen festgeschrieben und war in § 34a Abs. 2 BörsG a.F. für Kursmaklergesellschaften zu finden. *Hopt/ Baum*[89] unterstützen eine solche Lösung für Börsengesellschaften de lege ferenda.

Art. 37 Abs. 2 lit. b des aktuellen Vorschlages zur Strukturrichtlinie geht davon aus, dass die Festschreibung eines solchen Genehmigungserfordernisses für Aktiengesellschaften nicht grundsätzlich ausgeschlossen ist. Über die Zulässigkeit sagt diese Norm, die zudem noch nicht in Kraft getreten ist, indes nichts aus. Hier ist das spezielle (Sekundär)Recht heranzuziehen.

Dieses bereitet für Börsen einige Einordnungsschwierigkeiten. Solange nicht vollständig Klarheit darüber besteht, ob und unter welchen Umständen Börsen Wertpapierdienstleistungsunternehmen sind, muss grundsätzlich die Wertpapierdienstleistungsrichtlinie auch für Börsen im Auge behalten werden. Diese Richtlinie reguliert in weitem Umfang jene Unternehmen, enthält sich dabei aber jeglicher Äußerungen über eine Genehmigungspflicht der Satzung. Gut vertretbar lässt sich aus einem Vergleich mit anderen Finanzmarktbereichen schlussfolgern, ein Genehmigungserfordernis solle es für Wertpapierdienstleister gerade nicht geben.[90] Für Versicherungsunternehmen ist diese nämlich sekundärrechtlich zugelassen[91] und das deutsche Kursmaklerwesen ist von maßgeblichen Bestimmungen der Wertpapierdienstleistungsrichtlinie ausdrücklich ausgenommen (Art. 15 Abs. 6, 1. Spiegelstrich der Richtlinie).

Auch die Unterwerfung von Kapitalmaßnahmen – die ebenfalls Satzungsänderungen darstellen (vgl. §§ 23 Abs. 3 Nr. 3, 182 ff. AktG) – unter ein Genehmigungserfordernis begegnet im Hinblick auf Art. 25 Abs. 1 Satz 1, 30 Abs. 1 Satz 1 der Kapitalrichtlinie Bedenken. Diese Normen weisen Kapitalmaßnahmen der Zuständigkeit der Hauptversammlung zu. Inwieweit dabei noch Raum für eine Mitwirkung der Aufsichtsbehörde bleibt, ist ungeklärt.[92] § 13 Abs. 1 Satz 3 VAG nimmt deshalb solche Satzungsänderungen von Versicherungsgesellschaften, die Kapitalerhöhungen zum Gegenstand haben, von dem Genehmigungserfordernis aus.

Da ein Genehmigungserfordernis zahlreiche wesentliche Unternehmensrisiken auch nicht mindern kann,[93] ist die Wirksamkeit dieses Mittels nur beschränkt,

---

89 *Hopt/ Baum*, Börsenreform, S. 402 (Fn. 482). Zustimmend wohl auch *Mues*, Die Börse als Unternehmen, S. 226.

90 Vgl. *Hammen*, AG 2001, 549, 565.

91 Vgl. Nachweise bei *Hammen*, AG 2001, 549, 565.

92 Vgl. *Hammen*, AG 2001, 549, 565.

93 Vgl. *Hammen*, AG 2001, 549, 564 ff.

folglich von der Festschreibung eines solchen Erfordernisses Abstand zu nehmen.

B. Das Börsenregelwerk

Die Gestaltung der Rechtsbeziehungen zwischen den am Börsengeschehen Beteiligten kristallisiert sich zunehmend als eine zentrale Fragestellung der Börsenorganisation heraus. Spätestens die Rechtsstreitigkeiten der Deutsche Börse AG mit am Neuen Markt gelisteten Emittenten um die Wirksamkeit der einseitigen Einfügung von Ausschlussregeln für so genannte 'Pennystocks' in das Regelwerk Neuer Markt haben das hinreichend deutlich werden lassen.[1] Die Thematik des Regelwerks betrifft in erster Linie die Organisation des Marktgeschehens. Sie beeinflusst darüber hinaus aber auch die Organisation des Marktbetreibers. Das zunächst für den Fall, dass das Regelwerk des Marktes und das Organisationsstatut des Marktbetreibers miteinander verbunden sind, wie das gegenwärtig der Fall ist und im Übrigen auch de lege ferenda vorgeschlagen wird. Aber auch sonst sind die angesprochenen Regelungsbereiche voneinander abhängig: Die Rechtsbeziehungen zu den 'Kunden' müssen auf rechtlich sicherer Grundlage stehen.[2] Anders als gewöhnliche privatrechtliche Vertragsgestaltungen in anderen Wirtschaftszweigen stellen sich diese Beziehungen als netzwerkartige Strukturen dar. Daraus resultieren nicht wenige Besonderheiten, die auf die Organisation des Marktbetreibers durchschlagen können. Soll die Organisation des Marktbetreibers den Grundstein für einen funktionsfähigen Markt legen, dann kann diese Organisation nicht losgelöst von der rechtlichen Struktur des Marktes und damit vom Regelwerk erfolgen.

I. Begriff des Regelwerks

Aus dem Blickwinkel des vorstehend Gesagten wird deutlich, dass die Organisation von Markt und Marktbetreiber auf der Ordnung von drei unterschiedlichen Rechtsbeziehungen beruhen: der Binnenorganisation des Marktbetreibers, der Beziehungen des Marktbetreibers zu den Emittenten sowie seiner Beziehungen zu den Handelsteilnehmern. Aus der Verbindung der Börse zu den Handelsteilnehmern ergeben sich weiterhin Auswirkungen auf die Beziehungen der Handelsteilnehmer untereinander. Hier wird die Doppelstellung der Börse als Markt und als Marktbetreiber erneut deutlich. Als Betreiber schließt

---

1 Näheres dazu nachstehend 2. Teil B VI 2.

2 *Hammen*, ZBB 2000, 293, 294; *Rudolph/ Röhrl*, Börsenreform, S. 168.

sie die Zugangsverträge ab, als Markt legt sie die Handelsbedingungen auch zwischen den Beteiligten fest.

Wenn im Folgenden vom Regelwerk die Rede ist, so sind darunter diejenigen Klauselwerke zu verstehen, die die Beziehungen der Börse zu den Handelsteilnehmern sowie den Emittenten ordnen. Dazu gehört auch die Gebührenordnung[3]. Es ist bereits angeklungen, dass die angesprochenen Bereiche einander beeinflussen. Daher ist eine strikte Trennung nicht möglich und auch nicht erforderlich. Festsetzungen des Regelwerks enthalten oftmals auch Bestimmungen über die Organisation des Marktbetreibers.

Bereits an dieser Stelle sei noch einmal besonders hervorgehoben, dass das Regelwerk einer Börse zwei im Grundsatz völlig verschiedene Rechtsbeziehungen erfasst: Das Verhältnis der Börse zu den Emittenten sowie das Verhältnis der Börse zu den Handelsteilnehmern. Letztere lassen sich in unterschiedliche Untergruppen, etwa Makler, Betreuer (so genannte Designated Sponsors)[4] und Händler, einteilen. Diese können wiederum weiter untergliedert werden. So handeln Händler teils für eigene teils für fremde Rechnung. Schließlich gibt es nun auch noch Handelsteilnehmer, die mehreren Gruppen gleichzeitig zuzuordnen sind, etwa denen der Emittenten und der Händler. Auch die Betreuer sind gleichzeitig Händler. Aus dieser und weiteren Aufsplittungen ergeben sich einige gewichtige Unterschiede, auf die an entsprechender Stelle einzugehen ist.

II. Das Regelwerk de lege lata

Wenn die Gestaltung der rechtlichen Struktur des Börsenwesens im Allgemeinen und die Setzung des Regelwerks im Besonderen so bedeutsam sind, so stellen sich vor allem die Fragen, wer für diese Gestaltungsakte zuständig ist und wie die Regelungen Geltungskraft erlangen. Ausgehend von einem Grundstock gesetzlicher Bestimmungen wird im Zusammenspiel staatlicher und privater Rechtsgestaltung der Börsenhandel zum Leben erweckt. Das gilt für das Regelwerk ebenso wie für die anderen Fragen der Börsenorganisation.

1. Marktstruktur der deutschen Wertpapierbörsen

Wie bereits ausgeführt wurde, ist das Börsenwesen im Grundsatz öffentlichrechtlich ausgestaltet. Die Wertpapierbörse organisiert als teilrechtsfähige An-

---

3 Die Begriffe Gebühr und Entgelt werden synonym verwendet ohne zu unterscheiden, ob es sich um privatrechtliche oder öffentlich-rechtliche Zahlungsverpflichtungen handelt.

4 Designated Sponsors sind zu handelsunterstützenden Maßnahmen in bestimmten Papieren verpflichtet (vgl. §§ 23 ff. BörsO FWB). Sie wurden mit dem Neuen Markt eingeführt. Vgl. dazu *Plewka/ Aymans*, DB 1996, 2191, 2195 sowie *Plückelmann*, Der Neue Markt der Deutsche Börse AG, S. 158 ff.

stalt des öffentlichen Rechts die Segmente amtlicher Markt und geregelter Markt (§§ 30 ff., 49 ff. BörsG). Daneben kann an einer öffentlich-rechtlichen Börse ein Freiverkehr zugelassen werden (§ 57 Abs. 1 BörsG). Die Organisation des Freiverkehrs liegt nicht in den Händen der Börse.[5] Diese ist nur für die Zulassung des Handelssegmentes zuständig. Der Freiverkehr ist privatrechtlich ausgestaltet.[6] Ihm liegt ein eigenes Regelwerk zugrunde.

Amtlicher und geregelter Markt sind zulassungsgebundene Segmente (§§ 30, 49 BörsG). Die Einbeziehung der Wertpapiere in den Börsenhandel erfordert nämlich Anträge seitens der Emittenten. Im herkömmlichen Freiverkehr ist das nicht der Fall. Hier kommen die Wertpapiere auf Betreiben eines Marktteilnehmers in den Handel (vgl. § 4 Freiverkehrsrichtlinien FWB). Zwischen Börse und Emittent besteht keine Rechtsbeziehung. Bis vor kurzem nicht gekannte rechtliche Konstruktionen haben hier aber zu einer Veränderung geführt. Nunmehr existieren an den deutschen Börsen auch zulassungsgebundene Freiverkehrssegmente. An der Frankfurter Wertpapierbörse sind das der Neue Markt, XTF Exchange Traded Funds und die Newex.[7] Der Neue Markt setzt als Besonderheit[8] die Zulassung der Wertpapiere zum geregelten Markt und damit eine öffentlich-rechtliche Zulassung voraus (Abschnitt 2 Ziff. 2.3 Abs. 1 Regelwerk Neuer Markt). Die Aufnahme in den Neuen Markt selbst erfolgt dann allerdings durch privatrechtlichen Vertrag mit der Deutschen Börse AG.[9] Dem Neuen Markt vergleichbar sind die Segmente XTF Exchange Traded Funds an der Frankfurter Wertpapierbörse (vgl. die Teilnahmebedingungen XTF Exchange Traded Funds)[10] und Start Up Market an der Hanseatischen Wertpapierbörse Hamburg (vgl. § 66a BörsO HanseatWBHH)[11] organisiert. Eine

---

5 An der Frankfurter Wertpapierbörse ist der Träger des Freiverkehrs die Deutsche Börse AG (§ 2 S. 1 BörsO FWB). Diese ist gleichzeitig der (privatrechtliche) Träger der öffentlich-rechtlichen Anstalt FWB.

6 LG Frankfurt a.M. WM 2001, 1607, 1610.

7 Die Einordnung des Neuen Marktes in das System der Börsensegmente ist nicht unumstritten. Gleiches dürfte für das Segment XTF Exchange Traded Funds gelten. So wie hier: *Potthoff/ Stuhlfauth*, WM 1997, SB 3, S. 4; *Claussen/ Erne*, Bank- und Börsenrecht, § 9 Rn. 48b. *Breitkreuz*, Die Ordnung der Börse, S. 318; *Bauer/ Pleyer/ Hirche*, BKR 2002, 102, 106. *Wolf*, WM 2001, 1785, 1786, nimmt dagegen an, der Neue Markt stehe selbständig neben dem Freiverkehr. Allerdings habe er sich auch im Rahmen des § 57 BörsG zu bewegen. Auch die Monopolkommission, Sondergutachten 26, Ziff. 74 ff., spricht von einem eigenen Segment. Als Begründung vermag *Wolf* § 66a BörsO FWB anzuführen (vgl. allerdings zur Frage der Rechtmäßigkeit dieser Vorschrift nachstehend 2. Teil B VI 2). Im Ergebnis ändert das jedenfalls nichts. Für ein Teilsegment des Geregelten Marktes hält *Gebauer*, EWiR, § 78 BörsG 1/01, 865, 866, den Neuen Markt.

8 Auf *Potthoff/ Stuhlfauth*, WM 1997, SB 3, S. 12, geht die Bezeichnung "hybrides Modell" zurück.

9 LG Frankfurt a.M. WM 2001, 1607, 1610; *Plückelmann*, Der Neue Markt der Deutsche Börse AG, S. 155 ff.

10 Ein Segment für börsengehandelte Fondsanteile.

11 Ein Segment für Wachstumswerte. Vgl. dazu *Ledermann/ Marxsen*, ZfK 1998, 28 f.

Mischform zwischen dem herkömmlichen Freiverkehr und seiner neuen zulassungsgebundenen Form findet sich an der Bayerischen Börse München mit dem Prädikatsmarkt (vgl. §§ 8 ff. Freiverkehrsrichtlinien BayBM).[12] Dort verpflichtet sich der Emittent nach bereits erfolgter Einbeziehung der Wertpapiere in den Handel zur Einhaltung von Publizitätspflichten etc. (vgl. § 9 Freiverkehrsrichtlinien BayBM). Auch die im SMAX-Segment[13] an der Frankfurter Wertpapierbörse gelisteten Unternehmen haben sich zur Einhaltung erhöhter Publizität verpflichtet. In diesem Segment besteht jedoch die Eigentümlichkeit, dass die gelisteten Unternehmen bereits in einem der öffentlich-rechtlichen Segmente an der Frankfurter Wertpapierbörse notiert sind und auch dort gehandelt werden. Die Verpflichtung auf erhöhte Publizität erfolgt indes gegenüber der Deutsche Börse AG, die gemäß der Präambel der SMAX-Teilnahmebedingungen Träger dieses Segmentes ist. Anders als im Neuen Markt erfolgt der Handel in den SMAX-Werten – wie bereits erwähnt – weiterhin in einem öffentlich-rechtlichen Segment. Gleichwohl hat das zusätzliche privatrechtliche[14] Listing im Handelsablauf Bedeutung. Designated Sponsors sorgen für zusätzliche Liquidität im elektronischen Handel (Ziff. 2 Abs. 4 der SMAX-Teilnahmebedingungen). Das Segment lässt sich daher nicht in die bekannten Strukturen einordnen. Aufgrund der aufgezeigten Ausgestaltung handelt es sich insbesondere um mehr als nur einen Index. Spezielle Indizes werden von den SMAX-Teilnahmebedingungen denn auch gesondert in Ziff. 4.2 und 4.3 geregelt. Das Qualitätssegment für Unternehmen unterhalb der DAX-100-Werte[15] kann in Abgrenzung zu den echten Handelssegmenten als reines Listingsegment bezeichnet werden.[16]

2. Parketthandel und elektronischer Handel

Der Abschluss der Börsengeschäfte in den einzelnen Segmenten erfolgt(e) traditionell im Parketthandel. Hier kommt der Vertragsschluss zwischen den Parteien nur unter Mitwirkung eines Maklers zustande. Diese Vermittlungstätigkeit ist privatrechtlicher Natur und der Börse nicht zuzurechnen.[17] Die Leistung der Börse gegenüber den Handelsteilnehmern besteht allein in der Ermöglichung des Handels und der Börsenpreisfeststellung.[18]

---

12 Vgl. dazu *Schmitt*, ZfK 1998, 27 f.; *Helmis/ Schiereck/ Paix*, ZBB 2002, 161 ff.

13 Small Caps Exchange, eingeführt 1999.

14 *Nägel*, Die Bank 1999, 180, 181.

15 Vgl. *Nägel*, Die Bank 1999, 180, 180.

16 Andere wählen die Bezeichnung Themensegment (*Nägel*, Die Bank 1999, 180, 180) oder unechtes Marktsegment (*Breitkreuz*, Die Ordnung der Börse, S. 44).

17 *V. Olenhusen*, Börsen und Kartellrecht, S. 40.

18 Vgl. *Kümpel*, Bank- und Kapitalmarktrecht, Rn. 17.265.

Beginnend mit der schrittweisen Einführung des Computerhandels in den neunziger Jahren hat dieser den Parketthandel zunehmend verdrängt.[19] Gegenwärtig ist der elektronische Handel an der Frankfurter Wertpapierbörse durch das Wertpapierhandelssystem XETRA organisiert. Es ermöglicht den Handel in allen Segmenten. Dieser Computerhandel wird nicht als eigenständige Börse oder eigenständiges Börsensegment angesehen, sondern als eine Modalität des Handels in den bestehenden Segmenten.[20] Im Unterschied zum Parketthandel kommt in XETRA der Vertragsschluss ohne Mitwirkung von Skontroführern zustande (§ 25 BörsG). Das System selbst sorgt für den Vertragsschluss (§ 36 Abs. 2 Satz 1 der Bedingungen für die Geschäfte an der FWB; so genanntes Matching)[21]. Diese Tätigkeit kann dann nur dem Systembetreiber, in den öffentlich-rechtlichen Segmenten also der Börse, zugeordnet werden. Als weitere Handelsteilnehmer wurden bereits die Betreuer angesprochen. Diese im Zusammenhang mit dem Neuen Markt eingeführte Personengruppe betreut jeweils bestimmte Wertpapiere mit handelsunterstützenden Maßnahmen (vgl. §§ 23 Abs. 3, 23b BörsO FWB sowie Abschnitt 3 Ziff. 4 Regelwerk Neuer Markt.).[22]

Bereits seit längerem wird die Forderung nach der gänzlichen Abschaffung des Parketthandels erhoben. Ein solches Vorgehen wäre vor Inkrafttreten des Vierten Finanzmarktförderungsgesetzes im Segment des Amtlichen Handels aufgrund der in §§ 29 Abs. 1 Satz 1, 36 Abs. 1 BörsG a.F. zwingend geforderten Kursfeststellung durch amtlich bestellte Kursmakler rechtlich fraglich gewesen.[23] Nunmehr ist die Einstellung des Parketthandels zugunsten eines ausschließlichen Computerhandels in § 25 BörsG ausdrücklich zugelassen.

3. Normen und Normgeber

Der rechtliche Rahmen des soeben beschriebenen Börsenhandels setzt sich, wie angedeutet, aus einem Netzwerk unterschiedlichster Bestimmungen zusammen. Zur Verdeutlichung der Komplexität dieses Normengeflechtes seien die wichtigsten Bestimmungen kurz angeführt:

---

19 94 % der DAX-Umsätze werden mittlerweile in XETRA erzielt, Börsenzeitung v. 21.12.2001, S. 5; vgl. auch *Bauer/ Möllers*, Die Beendigung des Parketthandels, S. 19.

20 So *Weber*, NJW 2000, 2061, 2062; *Beck*, WM 1998, 417, 421; vgl. auch *Wastl/ Schlitt*, MMR 2000, 387, 389, 391.

21 Vgl. *Hammen*, ZBB 2000, 293, 294.

22 Vgl. dazu *Plewka/ Aymans*, DB 1996, 2191, 2195 sowie *Plückelmann*, Der Neue Markt der Deutschen Börse AG, S. 158 ff.

23 § 43 Abs. 1 Satz 1 Nr. 2 BörsG a.F. war wohl als abschließende Ermächtigungsvorschrift zur Einstellung der amtlichen Notierung anzusehen. A.A. *Bauer/ Möllers*, Die Beendigung des Parketthandels, S. 65 f.

Gesetzliche Grundlagen für die Organisation des Börsenhandels stellen die Vorschriften über Maklerverträge in §§ 652 ff. BGB, 93 ff. HGB, das Auftrags-, Geschäftsbesorgungs- und Dienstvertragsrecht sowie die umfassenden Regelungen im Börsengesetz und im Wertpapierhandelsgesetz dar. Im Rahmen der öffentlich-rechtlich ausgestalteten Beziehungen sind die angeführten privatrechtlichen Bestimmungen nur eingeschränkt anwendbar. Ihrem Inhalt nach sind die öffentlich-rechtlichen Rechtsbeziehungen jedoch mit den privatrechtlichen Vertragstypen vergleichbar.[24] Das Börsengesetz verdrängt als Spezialgesetz weitgehend die Gewerbeordnung.[25]

Bereits auf dieser Regelungsebene wird der Dualismus im deutschen Börsenwesen deutlich. Das Börsengesetz regelt detailliert den amtlichen Markt und die Grundzüge des geregelten Marktes als öffentlich-rechtliche Segmente (vgl. §§ 30 ff., 49 ff. BörsG.). Dagegen wird der privatrechtliche Freiverkehr lediglich legalisiert, bleibt ansonsten aber unreglementiert. Einzige Bedingungen sind gemäß § 57 Abs. 1 BörsG die Gewährleistung einer ordnungsgemäßen Durchführung des Handels und der Geschäftsabwicklung durch Handelsrichtlinien sowie die erforderliche (öffentlich-rechtliche) Zulassung dieses Segments durch die Börse. Diese Zulassung stellt einen Verwaltungsakt dar.[26]

Bei den Bestimmungen zur Regulierung der öffentlich-rechtlichen Marktsegmente nimmt die Börsenzulassungsverordnung (§32 BörsG) als Rechtsverordnung des Bundes die nächste Ebene der Normenhierarchie ein. Das rechtliche Umfeld wird zudem entscheidend von Rechtsverordnungen der Landesregierungen geprägt. Auf der Grundlage von Ermächtigungen im Börsengesetz sind in Hessen insbesondere die Sanktionsausschussverordnung (§ 20 Abs. 1 BörsG) und speziell für die Frankfurter Wertpapierbörse die Rechtsverordnung über die nähere Bestimmung über die Zulassungsverfahren und die Rechte und Pflichten der Skontroführer (§ 28 BörsG) und die Verordnung über die Wahl der Börsenräte der FWB und der Eurex (§ 10 Abs. 3 BörsG) ergangen.

Auf der nächsten Stufe stehen die im Rahmen des Selbstverwaltungsrechts der Börsen ergangenen Bestimmungen. Der Börsenrat erlässt gemäß § 9 Abs. 2 Nr. 1 u. 5 BörsG die Börsenordnung, die Gebührenordnung und die Bedingungen für die Geschäfte an der Börse (Börsenusancen).[27] Börsenordnung

[24] Vgl. *Kümpel*, Bank- und Kapitalmarktrecht, Rn. 17.207.

[25] Vgl. vorstehend 1. Teil A II.

[26] Vgl. *Ledermann*, in: Schäfer, WPHG, § 78 BörsG Rn. 1.

[27] Weitere Rechtsakte: Ordnung zur Prüfung der beruflichen Eignung als Börsenhändler an der FWB (Börsenhändlerprüfungsordnung) (auf Grundlage von § 16 Abs. 6 Satz 4 BörsG), Geschäftsordnung für die Geschäftsführung FWB (auf Grundlage von § 9 Abs. 2 Satz 1 Nr. 4 BörsG).

und Gebührenordnung bedürfen der Genehmigung durch die Börsenaufsichtsbehörde (§ 13 Abs. 5 Satz 1 bzw. § 14 Abs. 2 Satz 1 BörsG).[28]

Die Börsenordnung ergeht in der Rechtsform einer Satzung (§ 13 Abs. 1 Satz 1 BörsG). Als Satzung wird auch die Gebührenordnung angesehen.[29] Die Rechtsnatur der Usancen ist umstritten.[30] Gemein ist diesen Regelwerken der verbindliche Charakter gegenüber allen Beteiligten.[31] Die einseitige Regelsetzung und -anpassung ermöglicht flexible Reaktionen auf geänderte Bedingungen im wirtschaftlichen Umfeld und schnellstmögliche Geltung der Änderungen für alle Beteiligten. Eine umfangreiche und damit langfristige sowie kostenintensive Beteiligung der betroffenen Kreise (über die repräsentative Mitwirkung im Börsenrat hinaus) entfällt.

Dieser Vorgang wird vielfach als autonome Rechtsetzung bezeichnet.[32] Rechtsetzung bedeutet in diesem Zusammenhang Verwaltungstätigkeit in Form von Selbstverwaltung, nicht Arbeit eines Legislativorgans. Die aus dem Börsengesetz abgeleitete Befugnis zur autonomen Rechtsetzung geht einher mit der Einordnung der Börse als (unselbständige) Anstalt des öffentlichen Rechts.[33] Selbständige Verwaltungsträger auf der Ebene mittelbarer Staatsverwaltung, zu denen neben Körperschaften und Stiftungen auch die Anstalten zählen, besitzen das Recht, ihre internen Angelegenheiten autonom im Wege materieller Rechtsetzung zu regeln. Der Selbstverwaltungsgedanke und die nach Art. 20 GG notwendige demokratische Legitimation der Normsetzung fordern eine repräsentative Vertretung der betroffenen Gruppen im Rechtsetzungsorgan der Selbstverwaltungseinheit.[34] Bei der Börse sichert die Zusammensetzung des Börsenrates die Beachtung dieser Anforderung. Gem. § 9 Abs. 1 BörsG i.V.m. § 1 der Verordnung über die Wahl der Börsenräte der FWB und der Eurex sind die am Börsengeschehen Beteiligten im Börsenrat vertreten.

Die weiteren Handelssegmente an der Frankfurter Wertpapierbörse, also der Freiverkehr sowie Neuer Markt, XTF Exchange Traded Funds und Newex als Teil dieses Freiverkehrs, sind, wie bereits erwähnt, lediglich durch die Freiverkehrsrichtlinien, das Regelwerk Neuer Markt sowie die XTF-Teilnahme-

---

[28] So ebenfalls die Börsenhändlerprüfungsordnung , § 16 Abs. 6 Satz 4 BörsG.

[29] *Kümpel*, Bank- und Kapitalmarktrecht, Rn. 17.495; *Schwark*, BörsG, § 5 Rn. 1.

[30] Vgl. dazu *Kümpel*, Bank- und Kapitalmarktrecht, Rn. 8.220 (Handelsbräuche); ähnlich auch *Schwark*, BörsG, Einl. §§ 50-70 Rn. 43; *Segna*, ZBB 1999, 144, 151 (Allgemeine Geschäftsbedingungen); *v. Olenhusen*, Börsen und Kartellrecht, S. 67 (privat- und öffentlich-rechtliche Doppelnatur); *Breitkreuz*, Die Ordnung der Börse, S. 134 f. (Rechtssätze sui generis).

[31] *Kümpel*, Bank- und Kapitalmarktrecht, Rn. 8.220 u.17.271.

[32] Vgl. *Kümpel*, Bank- und Kapitalmarktrecht, Rn. 17.488.

[33] So die überwiegende Ansicht, vgl. *Mues*, Die Börse als Unternehmen, S. 79. Allgemein zur Verknüpfung von Satzung und öffentlich-rechtlicher Autonomie: BVerfGE 12, 319, 325.

[34] Vgl. *Papenfuß*, Die personellen Grenzen der Autonomie öffentlich-rechtlicher Körperschaften, S. 148.

bedingungen reglementiert.[35] Diese werden durch die Deutsche Börse AG erlassen (§§ 66 Abs. 2 Satz 1, 66a Abs. 2 Satz 1 BörsO FWB).[36] Die Segmente sind rein privatrechtlich organisiert.[37] Es wurde jedoch schon an anderer Stelle ausgeführt, dass das Betreiben eines Freiverkehrs untrennbar mit der öffentlich-rechtlich organisierten Börse verbunden ist:[38] Freiverkehr und Neuer Markt bedürfen der Zulassung durch die Börse, § 57 Abs. 1 BörsG, §§ 66 Abs. 1, 66a Abs. 1 Satz 1 BörsO FWB. Die Geschäftsführung der Börse kann verlangen, dass bestimmte Regelungen in die Freiverkehrsrichtlinien oder das Regelwerk Neuer Markt aufgenommen werden (§ 66 Abs. 2 Satz 2 bzw. § 66a Abs. 2 Satz 2 BörsO FWB). Hierdurch wird den Anforderungen in § 57 Abs. 1 BörsG genügt. Der Handel im Freiverkehr und im Neuen Markt findet an der Börse statt (§§ 66 Abs. 1, 66a Abs. 1 Satz 2 BörsO FWB). Die Notierung im Neuen Markt setzt die Zulassung zum geregelten Markt voraus (Abschnitt 2 Ziff. 2.3 Abs. 1 Regelwerk Neuer Markt). Die Einbeziehung der Wertpapiere in den Neuen Markt selbst erfolgt dann aber aufgrund eines privatrechtlichen Vertrages zwischen der Deutsche Börse AG und dem Emittenten.[39] Nicht zuletzt verweisen die Freiverkehrsrichtlinien FWB und das Regelwerk Neuer Markt weitreichend auf die Vorschriften über den amtlichen Markt (§ 12 Abs. 1 Freiverkehrsrichtlinien FWB bzw. Abschnitt 3 Ziff. 1 Regelwerk Neuer Markt).

Vom äußeren Erscheinungsbild[40] und der tatsächlichen Handhabung des Normengefüges her liegt der Schluss auf eine öffentlich-rechtliche Regelung nahe. Wegen der privatrechtlichen Rechtsnatur des Trägers scheidet dies aber aus.[41] Es handelt sich vielmehr um Allgemeine Geschäftsbedingungen.[42] Die Ansicht, die genannten Regelwerke seien Handelsbräuche gemäß § 346 HGB oder Gewohnheitsrecht,[43] überzeugt nicht. Wie sollen Bedingungen, die ständig den tatsächlichen Gegebenheiten neu angepasst werden, infolge tatsächlicher freiwilliger Befolgung durch alle Beteiligten über einen längeren Zeitraum

---

35 Für die Freiverkehrsregelwerke der anderen Wertpapierbörsen gelten die Ausführungen entsprechend. Auch auf das Newex-Segment wird im Folgenden nicht mehr gesondert eingegangen.

36 Zur Frage der Rechtmäßigkeit dieser Bestimmungen vgl. nachstehend 2. Teil B VI 2.

37 Vgl. *Ledermann*, in: Schäfer, WPHG, § 78 BörsG Rn. 1.

38 Vgl. *Kümpel/ Hammen*, WM 2000, SB 3, S. 14 f.

39 Vgl. LG Frankfurt a.M. WM 2001, 1607, 1610: *Plückelmann*, Der Neue Markt der Deutsche Börse AG, S. 155 ff.

40 Das gilt nicht für die XTF-Teilnahmebedingungen.

41 Vgl. *Claussen/ Erne*, Bank- und Börsenrecht, § 9 Rn. 48b; *Bachmann*, WM 2001, 1793, 1796.

42 So die herrschende Meinung, vgl. *Ledermann*, in: Schäfer, WPHG, § 78 BörsG Rn. 1 a.E.; *Potthoff/ Stuhlfauth*, WM 1997, SB 3, S. 8.

43 Vgl. dazu m.w.N. *Bachmann*, WM 2001, 1793, 1796; *Schwark*, BörsG, § 78 Rn. 4; *Wastl*, WM 1999, 620, 625.

allgemeine Anerkennung[44] finden? Kann man bei den Usancen des Amtlichen Handels und des Geregelten Marktes noch von gemeinsamer Regelsetzung sprechen und darin einen Ansatzpunkt der Anerkennung sehen, so ist das bei der einseitigen Setzung der Regeln durch die privatrechtliche Betreibergesellschaft nicht möglich. Ebenso ist es nicht möglich, die bisher meist erfolgte widerspruchslose Hinnahme der Änderungen als Handelsbrauch anzusehen.[45] Die Nichtbeanstandung bezog sich jeweils nur auf die einzelnen Änderungen, nicht auf die Anerkennung eines jederzeitigen Änderungsrechts.[46] Die ebenfalls nicht überzeugende Ansicht, die genannten Normen seien privat gesetztes Recht, ist an anderer Stelle ausführlich dargestellt.[47]

Das bereits angesprochene und als reines Listingsegment bezeichnete Sondersegment SMAX (Small Caps-Exchange) der Deutsche Börse AG ist wesentlich eindeutiger im (reinen) Privatrecht verankert. Nach Ziff. 1 Abs. 1 Satz 1 der SMAX-Teilnahmebedingungen schließen die Emittenten mit der Deutsche Börse AG einen Vertrag. Die Teilnahmebedingungen sind als Allgemeine Geschäftsbedingungen formuliert. So bestimmt beispielsweise Ziff. 1 Abs. 2 der SMAX-Teilnahmebedingungen: "Änderungen dieser Bedingungen werden dem Emittenten schriftlich bekannt gegeben. Sie gelten als genehmigt, wenn der Emittent nicht unverzüglich nach Bekanntgabe der Änderungen schriftlich Widerspruch erhebt." Eine solche Klausel ist typisch für Allgemeine Geschäftsbedingungen und macht auch nur dort Sinn. Diese Formulierungen sind im übrigen auch in den XTF-Teilnahmebedingungen zu lesen (vgl. Ziff. 2 Abs. 1 Satz 1 sowie Abs. 6 der XTF-Teilnahmebedingungen), die – wie bereits erwähnt – auch dem Regelwerk Neuer Markt in manchen Punkten gleichen.

Der rechtliche Rahmen der Börsenorganisation und insbesondere das Regelwerk werden somit durch eine Vielzahl rechtlich unterschiedlicher Instrumente von einer nahezu ebenso großen Anzahl hierzu berufener Stellen bestimmt. Die börsenrechtlichen Regelungen setzen sich aus einem Gesetzes- und einem börseneigenen Regelwerk zusammen.

---

44 Zu den Anforderungen an das Vorliegen eines Handelsbrauchs vgl. *Baumbach/ Hopt*, HGB, § 346 Rn. 1.

45 So aber *Bachmann*, WM 2001, 1793, 1798.

46 Vgl. auch PLG Frankfurt a.M. WM 2002, 924, 926 f.

47 Vgl. dazu nachstehend 2. Teil B VI 2.

III. Das Aufstellen des Regelwerks de lege ferenda zwischen Selbstbestimmung und staatlicher Vorgabe

Die Darstellung des komplexen Normgefüges börsenrechtlicher Regelungen zeigt deutlich, dass ein ausgewogenes Verhältnis gesetzlicher Festlegungen einerseits und marktnaher, von der Börse selbst gestalteter Regelungen andererseits unumgänglich ist. Detaillierte Gesetzeslösungen sind selten ausgereift und erlauben keine flexible Reaktion auf veränderte wirtschaftliche Bedingungen. So hat es zum Beispiel über einhundert Jahre hinweg, unbeeindruckt von Inflation und Geldmarktsituation, einen gesetzlichen Zinssatz und einen Verzugszinssatz von vier Prozent gegeben (§§ 246, 288 Abs. 1 Satz 1 BGB a.F.). Daher muss den Börsen genügend Spielraum verbleiben, sich dem Wettbewerb innovationsfreudig mit einem attraktiven Angebot von Börsendienstleistungen stellen zu können. Mit anderen Worten: Börsen benötigen Autonomie.[48] Ganz ohne gesetzliche Mindestanforderungen kommt das wirtschafts- und finanzpolitisch sensible Börsenwesen andererseits freilich nicht aus. Das gilt gerade auch für die Organisation des Handels und die Preisfeststellung.[49] Die Erfüllung europarechtlicher Bestimmungen, etwa die Umsetzung der Richtlinie zur amtlichen Notierung, erfordern ebenfalls gesetzliche Normierungen.[50] Darüber hinaus ist die Unterhaltung einer effizienten Aufsicht oberstes Gebot. Diese muss gesetzlich verankert werden. Wo genau die Grenze zwischen staatlicher Vorgabe und Autonomie zu ziehen ist, fällt in das Ermessen des Gesetzgebers und soll darum hier nicht weiter verfolgt werden.

De lege ferenda soll die Börsengesellschaft nach Ansicht vieler ein Privatrechtssubjekt sein. Die eigene Struktur kann sie im Rahmen spezieller börsenrechtlicher Beschränkungen nach gesellschaftsrechtlichen Grundsätzen selbst ausgestalten. Die Geschäftsbeziehungen zu den Emittenten und den Handelsteilnehmern sind als privatrechtliche Verträge ausgestaltet. Änderungen dieser Verträge bedürfen nach dem allgemeinen zivilrechtlichen Grundsatz in § 311 Abs. 1 BGB wiederum eigenständiger Änderungsverträge und zwar mit jedem einzelnen Teilnehmer. Eine solche Vertragsänderungspraxis zieht unter Umständen langwierige Verhandlungen und Kosten nach sich. Man denke nur an die im elektronischen Handel per Fernmitgliedschaft angeschlossenen Händler, die etwa in Asien oder Südamerika beheimatet sind. Will man unterschiedliche Handelsbedingungen vermeiden, gilt es, die Zustimmung all dieser

---

48 *Baums/ Segna*, Börsenreform, S. 47; vgl. auch *Kümpel*, WM 1997, 1917, 1919.

49 Vgl. *Hopt/ Baum*, Börsenreform, S. 375; Börsenaufsicht, Stellungnahme zum Gutachten, A IV.

50 So bedürfen die in dieser Richtlinie aufgestellten Zulassungs- und Publizitätsvorschriften wohl einer Umsetzung durch ein materielles Gesetz, vgl. *Mues*, Die Börse als Unternehmen, S. 203 f. Allgemein zur Umsetzungsform: *Streinz*, in: Handbuch des Staatsrechts, Band VII, § 182 Rn. 11 ff.

Personen zur Vertragsänderung abzuwarten. Das ist unpraktikabel.[51] Unter diesem Gesichtspunkt wird die einseitige Gestaltung des Regelwerks de lege lata vielfach als vorteilhaft angesehen.[52] Es muss jedoch angemerkt werden, dass die Rechtsetzung de lege lata zwar teilweise allein durch die Börse erfolgt, in deren Rechtsetzungsorgan die beteiligten Gruppen aber repräsentativ mitwirken. Das gilt nicht bei den Freiverkehrssegmenten an der Frankfurter Wertpapierbörse und dem SMAX. Die Aufstellung des Regelwerks erfolgt dort aber auch nicht durch öffentlich-rechtliche Rechtsetzung. Es wurde bereits erwähnt, dass diese Regelwerke Allgemeine Geschäftsbedingungen verkörpern.

Allerdings soll – so die Reformvorschläge – auch in einer privatrechtlich organisierten Börse die einseitige Setzung des Regelwerks erhalten bleiben.[53]

Dieser Abschnitt der Arbeit befasst sich mit rechtlichen Gestaltungsmöglichkeiten, die eine solch einseitige Rechtsetzung durch die Börse im weitesten Sinne realisierbar erscheinen lassen. Dabei stehen die Beziehungen der Börse zu den Emittenten einerseits und zu den Handelsteilnehmern andererseits, das Regelwerk, im Vordergrund. Nur in diesen Verhältnissen wird das angesprochene Problem der Erlangung von Geltungskraft relevant. Die organisationsrechtlichen Fragen kann ein Unternehmen ohnehin selbst regeln. Diese werden nur insofern in die Betrachtungen einbezogen, als dass sie mit den anderen erwähnten Rechtsverhältnissen verkettet sind.

Im Zuge der Diskussion um die Einführung privatrechtlicher Börsen sind mannigfaltige Vorschläge zu einseitiger Gestaltung des Regelwerks gemacht worden. Sie reichen von öffentlich-rechtlichen Lösungen über vertragsrechtliche Gestaltungen bis hin zu gesellschaftsrechtlicher Einbettung. Im folgenden wird auf diese Vorschläge näher eingegangen.

IV. Rechtsetzung durch einen Beliehenen

1. Der Vorschlag *Claussens*

Claussen[54] hält es für denkbar, eine privatrechtlich organisierte Börse mit öffentlich-rechtlicher Befugnis zur einseitigen Setzung von rechtsverbindlichen

---

51 *Kümpel*, in: Kümpel/ Hammen, Börsenrecht, 2. Teil III 4 c cc.

52 Vgl. *Bachmann*, WM 2001, 1793, 1797; *Kümpel*, in: Kümpel/ Hammen, Börsenrecht, 2. Teil I 3.

53 Vgl. *Segna*, ZBB 1999, 144, 150 sowie *Plückelmann*, Der Neue Markt der Deutsche Börse AG, S. 8.

54 *Claussen*, ZBB 2000, 1, 7. Ähnlich auch *Riehmer/ Heuser*, NZG 2001, 385, 387; *Bauer/ Pleyer/ Hirche*, BKR 2002, 102, 113 f.

Akten auszustatten. Der Börsenrat könne mit Rechtsetzungsmacht beliehen werden. Dabei genügt nach seiner Ansicht die Beleihung mit der Kompetenz zum Erlass der Börsenordnung. Die Gebührenordnung und wohl auch die Usancen könnten, unter Beibehaltung des Genehmigungsvorbehalts zugunsten der Aufsicht, privatrechtlich kreiert werden. Offen bleibt dabei allerdings, wie die letztgenannten Regelungen Verbindlichkeit erlangen sollen. Denkt *Claussen* dabei etwa an Allgemeine Geschäftsbedingungen? *Claussen* äußert sich auch nicht zu der Frage, aus welchem Personenkreis sich der Börsenrat in diesem Modell zusammensetzen und wie seine Stellung im Gefüge der privatrechtlichen Gesellschaft sein soll. Ist etwa der Aufsichtsrat gemeint oder ein vollkommen eigenständiges Organ? Unklar bleibt zudem der Inhalt einer solchen Börsenordnung: Soll sie Organisationsstatut des Unternehmens oder Regelwerk oder gar beides sein? De lege lata ist die Börsenordnung eine Mischung aus diesen beiden Elementen. Im Gesellschaftsrecht findet sich eine solche Mischform dagegen nicht. Indem *Claussen* erwähnt, "gesellschaftsrechtliche Bindungen zwischen den Aktionären der Börsen-AG und der jeweils geltenden Börsenordnung wären entbehrlich"[55], geht er offensichtlich davon aus, dass die Börsenordnung hier Grundlage der Organisation des Geschäftsablaufs, mithin Regelwerk und nicht Verfassungsstatut der Gesellschaft, sein soll.

Festzuhalten bleibt als Kern dieser Idee: Ein Organ des Unternehmens Börse, ein Börsenrat, soll mit der (öffentlich-rechtlichen) Befugnis beliehen werden, das grundlegende Regelwerk für den Geschäftsablauf an der Börse, eine Börsenordnung, einseitig und verbindlich für alle Beteiligten zu erlassen. *Claussen* bezeichnet diese Lösung als "Modell TÜV".[56] Im Folgenden wird die rechtliche Zulässigkeit einer solchen Konstruktion untersucht.

2. Die Rechtsfigur der Beleihung

Durch Beleihung können natürliche und juristische Personen des Privatrechts mit der Wahrnehmung hoheitlicher Verwaltungsaufgaben betraut werden.[57] Diese Personen werden im Umfang der Beleihung Teil der mittelbaren Staatsverwaltung.[58] Sie sind derjenigen juristischen Person des öffentlichen Rechts

---

55 *Claussen*, ZBB 2000, 1, 7.

56 *Claussen*, ZBB 2000, 1, 7.

57 Vgl. *Schmalz*, Allgemeines Verwaltungsrecht, Rn. 741; *Maurer*, Allgemeines Verwaltungsrecht, § 23 Rn. 56; *Benz*, Die verfassungsrechtliche Zulässigkeit der Beleihung einer Aktiengesellschaft mit Dienstherrenbefugnissen, S. 81.

58 So die h.M. Vgl. *Peine*, Allgemeines Verwaltungsrecht, Rn. 34; *Stuible-Treder*, Der Beliehene im Verwaltungsrecht, S. 98.

zuzuordnen, die den Beleihungsakt vorgenommen hat.[59] Im Verhältnis zu Dritten sind sie als selbständig handelnde Hoheitsträger anzusehen.[60] Daher ist diese Beziehung öffentlich-rechtlich ausgestaltet. Der Beleihung liegt der Gedanke zugrunde, dass durch die Erfüllung von Hoheitsaufgaben außerhalb des Verwaltungsapparats dieser entlastet werden kann und zugleich private Sachkenntnis und Initiative sowie die technischen und betrieblichen Mittel und Möglichkeiten von privaten Wirtschaftsunternehmen nutzbar gemacht werden können.[61] Sie stellt sich als eine Form der funktionalen Privatisierung dar.[62] Das Rechtsinstitut der Beleihung findet im Verfassungsrecht keine ausdrückliche Grundlage. Rechtsgrundlage und insbesondere die Grenzen der Zulässigkeit sind noch nicht abschließend geklärt.[63] Die Rechtsfigur der Beleihung wird jedoch überwiegend als mit dem Grundgesetz vereinbar angesehen.[64] Art. 33 Abs. 4 GG fordert, die Ausübung hoheitsrechtlicher Befugnisse "in der Regel" Angehörigen des öffentlichen Dienstes zu übertragen, was eine Öffnung zumindest für einzelne Aufgabenbereiche nicht ausschließt. Auch aus den Verfassungsbestimmungen zur Verwaltung (Art. 83 ff. GG) folgt nicht die Unzulässigkeit der Rechtsfigur der Beleihung, weil diese Vorschriften die Verwaltungsorganisation nicht abschließend regeln.[65] Die Übertragung von Hoheitsaufgaben auf Private hat in Deutschland zudem eine lange Tradition.[66]

Eine Beleihung muss durch oder aufgrund eines Gesetzes erfolgen.[67] Aus Art. 33 Abs. 4 GG wird ganz überwiegend gefolgert, dass eine derartige Kompentenzübertragung eine Ausnahmeerscheinung bleiben muss. Sie ist damit nicht in großem Umfang, sondern nur in einem fest umrissenen, begrenzten Aufgabenbereich zulässig.[68] Über die ordnungsgemäße Erfüllung der Aufga-

---

[59] *Beck*, WM 1996, 2313, 2319.

[60] *Maurer*, Allgemeines Verwaltungsrecht, § 23 Rn. 59. Neben dem hoheitlichen Handeln im Rahmen der Erfüllung des Beleihungsauftrages kann der Beliehene natürlich auch privatrechtlich auftreten.

[61] *Peine*, Allgemeines Verwaltungsrecht, Rn. 38; *Maurer*, Allgemeines Verwaltungsrecht, § 23 Rn. 57; *Michaelis*, Der Beliehene, S. 10.

[62] Vgl. *Peine*, DÖV 1997, 353, 362; *Stober*, Handbuch des Wirtschaftsverwaltungs- und Umweltrechts, § 74 I.

[63] Vgl. *Ipsen*, Allgemeines Verwaltungsrecht, S. 104 (Fn. 32).

[64] BVerwGE 57, 55, 60; *Steiner*, Öffentliche Verwaltung durch Private, S. 259. Einschränkend: *Bansch*, Die Beleihung als verfassungsrechtliches Problem, S. 127 ff.

[65] *Stober*, Handbuch des Wirtschaftsverwaltungs- und Umweltrechts, § 74 II 2; *Backherms*, Das DIN als Beliehener, S. 34; *Benz*, Die verfassungsrechtliche Zulässigkeit der Beleihung einer Aktiengesellschaft mit Dienstherrenbefugnissen, S. 109.

[66] *Bansch*, Die Beleihung als verfassungsrechtliches Problem, S. 27; *Ossenbühl*, VVDStRL, Heft 29, 137, 201.

[67] *Maurer*, Allgemeines Verwaltungsrecht, § 23 Rn. 58; *Stober*, Handbuch des Wirtschaftsverwaltungs- und Umweltrechts, § 74 IV 1.

[68] *Backherms*, Das DIN als Beliehener, S. 35; *Peine*, Allgemeines Verwaltungsrecht, Rn. 38; *Benz*, Die verfassungsrechtliche Zulässigkeit der Beleihung einer Aktiengesellschaft mit Dienstherrenbefugnissen, S. 109.

ben durch den Beliehenen wacht die staatliche Aufsicht.[69] Der Beliehene unterliegt bei der Erfüllung seiner Aufgaben der Bindung an die Grundsätze öffentlich-rechtlicher Verwaltungstätigkeit.[70]

3. Der Beliehene im Börsenwesen de lege lata

Der Gedanke einer Beleihung auf dem Gebiet des Börsenwesens ist nicht neu. Auch wenn eine Beleihung nicht ausdrücklich im Gesetz verankert ist,[71] wird vielfach auf Grundlage der Vorschrift in § 1 Abs. 1 BörsG der Träger einer Börse als Beliehener angesehen. Gegenstand der Beleihung sei der Betrieb einer Börse als gegenwärtig öffentlich-rechtlich geprägte Aufgabe.[72]

Andere stufen nicht den Börsenträger, sondern die Börsenorgane als Beliehene ein.[73] Das setzt voraus, die Börsenorgane als Privatrechtssubjekte anzusehen.[74] Die Klassifizierung der Börse als öffentlich-rechtliche Anstalt zieht aber eine öffentlich-rechtliche Einstufung der für diese Einheit handelnden Organe nach sich. Eine Trennung ist hier nicht möglich. Die Organe werden gerade für die Börse tätig. *Claussen/ Hoffmann*[75] versuchen diese Argumentation zu entkräften, indem sie alle hoheitlichen Befugnisse bei den Organen ansiedeln, um so bereits de lege lata zu einer privatrechtlichen Einordnung der Börse zu gelangen. Dem stehen aber weitreichende Bedenken entgegen.[76] Das Börsengesetz selbst unterscheidet deutlich zwischen Börse und Träger (vgl. § 1 Abs. 2 u. 3; § 7 Abs. 1 Satz 1, § 12 Abs. 2 Satz 1 BörsG) und rechnet die Tätigkeit der Börsenorgane gerade der Börse und nicht dem Träger zu (vgl. etwa § 4 Abs. 1 Satz 1, § 9 Abs. 1 Satz 1, § 12 Abs. 2 Satz 1 BörsG). Auch der dann vorzufindende Umfang der Beleihung und nicht zuletzt die hier zu untersuchende Beleihung mit Rechtsetzungsbefugnissen widersprechen dieser Ansicht. Folglich

---

69 *Stuible-Treder*, Der Beliehene im Verwaltungsrecht, S. 105 f.; *Stober*, Handbuch des Wirtschaftsverwaltungs- und Umweltrechts, § 74 IV 2.

70 *Bansch*, Die Beleihung als verfassungsrechtliches Problem, S. 105, 154; *Ossenbühl*, VVDStRL, Heft 29, 137, 192.

71 Gleichwohl geht der Gesetzgeber von einer Beleihung aus, vgl. die Begründung zum Entwurf des 4. Finanzmarktförderungsgesetzes, BT-Drs. 14/8017, S. 72.

72 Vgl. *Köndgen/ Mues*, WM 1998, 53, 57.

73 So *Michaelis*, Der Beliehene, S. 114, zu den Börsenvorständen nach alter Rechtslage; die Argumente lassen sich jedoch auch auf die heutige Geschäftsführung der Börse übertragen. Ebenso: *Stober*, Handbuch des Wirtschaftsverwaltungs- und Umweltrechts, § 74 III. De lege lata wird eine solche Einordnung etwa von *Claussen/ Hoffmann*, ZBB 1995, 68, 71, erwogen.

74 Vgl. *Michaelis*, Der Beliehene, S. 115.

75 *Claussen/ Hoffmann*, ZBB 1995, 68, 71.

76 Vgl. dazu auch *Hammen*, AG 2001, 549, 549 ff.

können die Organe der Börse nach heutigem Verständnis keine Beliehenen sein.

4. Beleihung mit Rechtsetzungsbefugnissen

a) Rechtsnatur einer solchen Börsenordnung

Die einseitige Gestaltung des Regelwerks in der gewünschten Weise ist lediglich in Form materieller Rechtsetzung denkbar. Es handelt sich um Regelungen, die sich im Zeitpunkt ihres Erlasses an eine unbestimmte Zahl von Personen richten und unbestimmt viele Sachverhalte erfassen. Solche abstrakt-generellen Regelungen können durch Verwaltungsakte oder ähnliche Rechtshandlungen nicht erreicht werden.[77] Auch die Rechtsfigur der Allgemeinverfügung hilft vorliegend nicht weiter.[78] Für eine personenbezogene Allgemeinverfügung nach § 35 Satz 2, 1. Alternative VwVfG mangelt es an der konkreten Maßnahme; für die sachbezogene Allgemeinverfügung nach § 35 Satz 2, 2. u. 3. Alternative VwVfG fehlt die öffentlich-rechtliche Sache, als welche eine Börse nach erfolgter Privatisierung nicht angesehen werden kann. Es kommen mithin die Rechtsinstitute der Satzung und der Rechtsverordnung in Betracht.

Die von *Claussen* vorgeschlagene Beleihung ist folglich eine Beleihung mit Rechtsetzungsbefugnissen. An dieser Stelle tritt der entscheidende Unterschied zum TÜV hervor: Der TÜV bzw. seine Sachverständigen erlassen keine Rechtsnormen, sondern Verwaltungsakte im Rahmen ordnungspolizeilichen Handelns.[79]

Im Folgenden gilt es, die Zulässigkeit einer Beleihung mit Rechtsetzungsbefugnissen zu klären.

b) Beleihung mit Satzungsmacht

Satzungen sind Rechtsvorschriften, die von in den Staat eingeordneten Institutionen des öffentlichen Rechts im Rahmen der ihnen gesetzlich verliehenen

---

77 Vgl. *Erichsen*, Allgemeines Verwaltungsrecht, § 12 II 6.

78 Allgemein zur Allgemeinverfügung vgl. *Erichsen*, in: Erichsen, Allgemeines Verwaltungsrecht, § 12 II 6.

79 Vgl. *Maurer*, Aufgaben, Rechtstellung und Haftung der Technischen Überwachungsvereine, S. 22 ff., 173: Die Festlegung der Prüfungsrichtlinien und der Gebühren erfolgt durch den Staat. Die Funktion des TÜV beschränkt sich auf Prüfung und Überwachung. Siehe auch *Sauer*, DVBl. 1970, 486, 491; *Bachmann*, WM 2001, 1793, 1794; *Jarass*, Wirtschaftsverwaltungsrecht, § 6, Rn. 27. Die Stellung des TÜV als Beliehener ist aber keineswegs unumstritten. Der Rechtsfigur der Beleihung steht etwa *Stober*, Handbuch des Wirtschaftsverwaltungs- und Umweltrechts, § 74 III, ablehnend gegenüber. Vgl. auch *Benz*, Die verfassungsrechtliche Zulässigkeit der Beleihung einer Aktiengesellschaft mit Dienstherrenbefugnissen, S. 66 ff.

Autonomie mit Wirksamkeit für die ihnen angehörigen und unterworfenen Personen erlassen werden.[80] Satzungsautonomie setzt damit das Selbstverwaltungsrecht voraus.

De lege lata ist die Börsenordnung eine Satzung (§ 13 Abs. 1 Satz 1 BörsG). Die Satzungsgewalt der Börse bzw. des Börsenrates ist verbunden mit der Stellung der Börse als Selbstverwaltungseinheit, nämlich als Anstalt des öffentlichen Rechts.

De lege ferenda soll nach Ansicht vieler die Rechtsform der Anstalt des öffentlichen Rechts der einer privatrechtlichen Gesellschaft weichen. Eine Beleihung des Börsenrates mit öffentlich-rechtlichen Satzungsbefugnissen wäre dann an die (erneute) Einräumung von Selbstverwaltungsrechten gekoppelt. Dieses Instrumentarium soll dem Börsenrat dazu dienen, die grundlegenden Fragen der Marktorganisation einseitig regeln zu können. Auf diesem Gebiet besitzt der Börsenrat dann eine öffentlich-rechtliche Autonomie. Die Einräumung von Satzungsmacht hat gegenüber der Befugnis zum Erlass von Rechtsverordnungen den Vorteil, dass Art. 80 GG nicht beachtet zu werden braucht.[81] Gleichwohl darf nicht außer acht gelassen werden, dass seit dem 'Facharztbeschluss' des Bundesverfassungsgerichts anerkannt ist, dass Grundrechtseingriffe durch Satzungen zwar zulässig sind, aber schwerwiegende Eingriffe dem Gesetzesvorbehalt unterliegen.[82]

Es ist bereits an dieser Stelle zum Ausdruck zu bringen, dass die gedankliche Vorstellung der hier aufgezeigten Konstruktion von vornherein skeptisch zu beurteilen ist.

Die Ausgestaltung der neuen Börsenstruktur als derartige Kombination privatrechtlicher und öffentlich-rechtlicher Elemente stellt keine vollständige Loslösung vom bisherigen System dar. Deshalb ist es fraglich, ob die angestrebten Reformziele auf diesem Weg überhaupt erreicht werden können.[83]

Aber auch im Hinblick auf die rechtliche Zulässigkeit sind Bedenken angebracht. Sie betreffen die Frage, ob der Staat beliebig Selbstverwaltungsrechte und damit Satzungsautonomie einzuräumen vermag und vor allem, ob dies im Wege der Beleihung geschehen kann.

---

[80] BVerfGE 10, 20, 49 f.; 33, 125, 156; *Papenfuß*, Die personellen Grenzen der Autonomie öffentlich-rechtlicher Körperschaften, S. 24; *Erichsen*, Allgemeines Verwaltungsrecht, § 6 VII 1; *Ossenbühl*, Handbuch des Staatsrechts, Band III, § 66, Rn. 1.

[81] Vgl. BVerfGE 12, 319, 325; *Kümpel*, WM 1997, 1917, 1918.

[82] BVerfGE 33, 125, 155 ff.; *Ossenbühl*, in: Handbuch des Staatsrechts, Band III, § 66, Rn. 26 ff.; vgl. auch *Mues*, Die Börse als Unternehmen, S. 162.

[83] So sieht *Pozniak*, ZBB 1998, 357, 378 beispielsweise in der Beleihung der Zulassungsstelle mit hoheitlichen Befugnissen einen Widerspruch im System der Privatisierung des Börsenwesens in Österreich. Vgl. auch Hessische Börsenaufsicht, Stellungnahme zum Gutachten, A II.

Art. 28 Abs. 2 GG anerkennt das Selbstverwaltungsrecht der Gemeinden. Aus Art. 5 Abs. 3 GG wird vielfach das Recht zur akademischen Selbstverwaltung hergeleitet.[84] Die anderen Selbstverwaltungseinheiten, wie Innungen, Sozialversicherungsträger, etc., sind historisch gewachsen und werden verfassungsrechtlich für zulässig erachtet. Die Anerkennung der Verfassungskonformität basiert auf der Einhaltung grundlegender Prinzipien bei der Ausgestaltung der Selbstverwaltung.[85] Dazu gehört, dass die Autonomie stets durch den Selbstverwaltungsgedanken legitimiert sein muss.[86] Das ist nur dann der Fall, wenn gesellschaftliche Kräfte sie selbst betreffende öffentlich-rechtliche Angelegenheiten in einem überschaubaren Bereich eigenverantwortlich regeln. Das gilt nicht nur dann, wenn diese Angelegenheiten ihre Wurzeln originär im Bereich dieser Gruppe haben, wie es beispielsweise bei Gemeinden der Fall ist. Es ist vielmehr auch in den Fällen zu fordern, in denen es sich, wie nach dem gegenwärtigen Verständnis im Börsenwesen, um eine originär staatseigene Aufgabe handelt, die zur eigenen Wahrnehmung dem betroffenen Personenkreis erst übertragen wurde, also eine abgeleitete Selbstverwaltungsangelegenheit ist.[87] Die Satzungsgebung hat also durch die von ihr betroffenen Kreise zu erfolgen.

Art. 20 GG verlangt, dass öffentlich-rechtliche Rechtsetzung demokratisch legitimiert sein muss. Eine mittelbare Legitimation reicht dabei aus, ist aber auch mindestens erforderlich.[88] Satzungen sind vom Staate abgeleitetes, aber kein staatlich gesetztes, sondern autonomes Recht.[89] Bereits aus dem Blickwinkel der Autonomie erscheint eine Überleitung der demokratischen Legitimation vom die Selbstverwaltungseinrichtung zulassenden Gesetzgeber auf die Selbstverwaltungseinheit problematisch. Die Legitimationskette hier ähnlich wie bei der Ministerialbürokratie über das Parlament auf das Staatsvolk zurückzuführen, ist aber auch in personeller Hinsicht nicht möglich. Die Gremien der Selbstverwaltungskörperschaften werden nämlich von den betroffenen Personenkreisen und nicht vom Parlament oder der Exekutive bestellt. Das Rechtsetzungsorgan einer Selbstverwaltungskörperschaft bedarf folglich der

---

84 So *Hendler*, Selbstverwaltung als Ordnungsprinzip, S. 301.

85 Vgl. BVerfGE 33, 125, 157; *Ossenbühl*, in: Handbuch des Staatsrechts, Band III, § 66 Rn. 2, 24.

86 Vgl. BVerfGE 33, 125, 157; *Ossenbühl*, in: Handbuch des Staatsrechts, Band III, § 66 Rn. 24; *Bachmann*, WM 2001, 1793, 1794. Zur insoweit vergleichbaren Rechtslage in Österreich vgl. *Weber*, Kapitalmarktrecht, S. 398 f.

87 Vgl. *Baums/ Segna*, Börsenreform, S. 92; *Wiede*, Die Börse als verwaltungsrechtliches Problem und Rechtsinstitut, S. 156 ff.

88 BVerfGE 47, 253, 275; vgl. *Papenfuß*, Die personellen Grenzen der Autonomie öffentlich-rechtlicher Körperschaften, S. 148; *Emde*, Die demokratische Legitimation der funktionalen Selbstverwaltung, S. 386 ff. Man kann diese Form der Legitimation auch als mitgliedschaftlich bezeichnen.

89 Vgl. *Ossenbühl*, in: Handbuch des Staatsrechts, Band III, § 66 Rn. 22.

eigenen demokratischen Legitimation gegenüber dem betroffenen Teilvolk.[90] Daraus ergibt sich das Erfordernis, dass die betroffenen Kreise auch entsprechend ihrer Gewichtung innerhalb der betroffenen Gruppe repräsentiert sein müssen. Zudem ist wenigstens eine demokratische Grundstruktur der Binnenorganisation der Selbstverwaltungseinheit zu fordern.[91] Durch Wahlen und andere Strukturelemente müssen die Grundlagen einer demokratischen Vertretung sichergestellt sein.

Aus dem Selbstverwaltungsprinzip und dem Erfordernis demokratischer Legitimation folgt weiterhin, dass die Setzung von Rechtsnormen mit unmittelbarer Außenwirkung, also die Erstreckung auf Externe, von engen Ausnahmen abgesehen, nicht zulässig ist.[92] Selbst die Einräumung einer solchen Kompetenz durch formelles Gesetz begegnet Bedenken.[93] Dagegen sprechen der Parlamentsvorbehalt, der Gedanke der Verfremdung der Verwendung des Rechtsinstituts der Satzung und nicht zuletzt die Entfernung vom Gedanken der Selbstverwaltung. Setzt man sich über diese Einwände hinweg, so ist eine in jedem Falle zu fordernde Voraussetzung einer solchen gesetzlichen Ausnahme, dass die Außenstehenden im Verhältnis zu den 'eigentlich' Betroffenen von untergeordneter Bedeutung sind.[94] Anderenfalls könnte von einer Selbstverwaltung nicht mehr gesprochen werden.

Damit sind bezüglich der Einräumung von Autonomie selbst im öffentlichrechtlichen Bereich enge Grenzen gesetzt. Bereits bei Anstalten des öffentlichen Rechts muss die Einhaltung des Selbstverwaltungsgedankens näher hinterfragt werden. Anstalten haben keine Mitglieder, sondern Nutzer. Die erforderliche Beteiligung der potentiellen Nutzergruppen sicherzustellen, ist hier nicht so einfach möglich, wie die Repräsentation bei Körperschaften zu organisieren, deren Mitgliederkreis fest umrissen ist. Die funktionelle Sonderstellung der Anstalt erlaubt dennoch die Einräumung von Autonomie.[95] Das angesprochene Problem der angemessenen Beteiligung aller Betroffenen wird aber

---

90 BVerfGE 47, 253, 275; *Papenfuß*, Die personellen Grenzen der Autonomie öffentlichrechtlicher Körperschaften, S. 150.

91 *Frotscher*, Festgabe Unruh, 127, 127, bezeichnet die Selbstverwaltung als "Schule der Demokratie"; vgl. auch *Papenfuß*, Die personellen Grenzen der Autonomie öffentlichrechtlicher Körperschaften, S. 152; *Emde*, Die demokratische Legitimation der funktionalen Selbstverwaltung, S. 408 ff.

92 Vgl. *Papenfuß*, Die personellen Grenzen der Autonomie öffentlich-rechtlicher Körperschaften, S. 157, 175.

93 Vgl. *Papenfuß*, Die personellen Grenzen der Autonomie öffentlich-rechtlicher Körperschaften, S. 174 f.

94 Vgl. BVerfG NZA 2000, 948, 949; *Ossenbühl*, in: Handbuch des Staatsrechts, Band III, § 66 Rn. 33.

95 Vgl. *Ossenbühl*, in: Handbuch des Staatsrechts, Band III, § 66 Rn. 25.

dann relevant, wenn sich der Kreis der Nutzer der Anstalt erweitert, ohne dass der neuen Gruppe eine Beteiligung an der Autonomiemacht eingeräumt wird.

Gerade in letztgenannter Hinsicht wird die Legitimation der einseitigen Setzung von Innenrecht durch die Börse de lege lata in Frage gestellt.[96] Das Regelwerk der Börse gilt nämlich nicht nur für die Handelsteilnehmer der jeweiligen Börse, sondern gemäß § 17 BörsG i.V.m. § 18 BörsO FWB auch für solche, die über eine Fernmitgliedschaft, so genannte 'Remote Membership', an den Börsenhandel angebunden sind und lediglich eine Börsenzulassung an einer anderen deutschen Wertpapierbörse besitzen. Dieser Personenkreis ist im Börsenrat der (Ziel)Börse nicht vertreten und damit bei der Begebung des Regelwerks nicht repräsentiert. Er hat keinen Einfluss auf den Inhalt und das Zustandekommen der Normen. Zwar ist nach § 17 Abs. 1 BörsG eine Anerkennung des Regelwerks erforderlich, eine derartige Zustimmung ist jedoch keine echte Mitwirkung, wie in Selbstverwaltungsangelegenheiten. Die Mitgestaltung des Regelwerks an der zulassenden (Heimat)Börse ersetzt dies nicht. Das gilt auch, wenn die Regelwerke vergleichbar sind.[97] Eine derartige 'Überleitung' demokratischer Legitimation ist dem deutschen Recht fremd. Gerade im Hinblick auf mögliche – auch schon in hinreichendem Umfang erfolgte – Änderungen der Börsenordnungen kann eine ursprüngliche Vergleichbarkeit dieser Normgefüge keine Rechtfertigung sein. Von einer Beteiligung des Personenkreises derartiger Fernmitglieder kann daher nicht gesprochen werden. Diese rechtlichen Bedenken zeigen einmal mehr, dass sich XETRA mit seinem von der Frankfurter Wertpapierbörse verschiedenen Teilnehmerkreis sehr nah an der Eigenschaft bewegt, selbst Börse zu sein.[98]

Vorliegend besteht die Besonderheit, dass der Gesetzgeber in § 17 BörsG die Geltungserstreckung der Börsenordnung auf die genannte Gruppe von Außenstehenden zugelassen hat. Gesetzliche Ermächtigungen solcher Art sind aber, wie soeben ausgeführt, erheblichen Bedenken ausgesetzt. Sie widersprechen dem Grundgedanken der Selbstverwaltung.[99] Die für Ausnahmen zu fordernde untergeordnete Bedeutung der Außenstehenden[100] ist bei XETRA nicht erfüllt. Es gibt eine Vielzahl von Handelsteilnehmern, die nur an anderen Regional-

---

96 Vgl. *Mues*, Die Börse als Unternehmen, S. 162 f.

97 So die Begründung zum Gesetzesentwurf des durch das 2. Finanzmarktförderungsgesetz v. 26.07.1994 eingefügten § 7a BörsG a.F., BT-Drs. 12/ 6679, S. 67.

98 Vgl. *Mues*, Die Börse als Unternehmen, S. 163. IBIS, das Vorgängersystem von XETRA, wurde nur deshalb nicht als eigene Börse angesehen, weil es (ursprünglich) kein Handelssystem war; vgl. *Gottschalk*, ZBB 1991, 23, 24. Erst die engen Vorgaben des Börsengesetzes führten zum dem gegenwärtigen Verständnis des elektronischen Handels als Handelsmodalität, vgl. *Kümpel*, WM 1991, SB 4, S. 13.

99 So auch *Mues*, Die Börse als Unternehmen, S. 162 f.

100 *Ossenbühl*, in: Handbuch des Staatsrechts, Band III, § 66 Rn. 33.

börsen, nicht aber an der Frankfurter Wertpapierbörse zugelassen sind und gleichwohl über XETRA an den Frankfurter Handel angeschlossen sind.

Hammen[101] führte an, dass die in § 3a Abs. 3 Satz 7 BörsG a.F. vorgesehene Möglichkeit der Einführung eines Entsenderechts für Organe des Handelsstandes[102] in den Börsenrat dem Gedanken der Selbstverwaltung widersprach. Nur die unmittelbar am Börsengeschehen beteiligten Gruppen seien in die Einrichtung zu integrieren. Vertreter sonstiger (gesellschaftlich relevanter) Gruppen hätten dort nichts zu suchen. Letzteres sahen auch die Verfasser des Vierten Finanzmarktförderungsgesetzes so, die die genannte Vorschrift gegen Ende des Gesetzgebungsverfahrens ersatzlos gestrichen haben.[103]

Ob den angeführten, selbst von öffentlich-rechtlich organisierten Börsen kaum zu erfüllenden Anforderungen an Selbstverwaltungseinheiten von einem privatrechtlich organisierten Beliehenen genüge getan werden kann, erscheint fraglich.

Allen Bedenken voran stehen die gedanklichen Schwierigkeiten, die Rechtsfiguren Privatrechtssubjekt und öffentlich-rechtliche Selbstverwaltungseinheit überhaupt zu verbinden.[104] Satzungsmacht setzt Autonomie voraus. Im Rahmen der Autonomie besteht, wenn unter Umständen auch nur für einen engen Bereich, ein umfassendes Recht zur eigenverantwortlichen Aufgabenausführung. Beleihung ist dagegen gerade nicht umfassend, sondern nur mit einzelnen Aufgabenbereichen möglich.[105] Aus diesem Grunde scheinen sich Beleihung und Autonomie prinzipiell gegenseitig auszuschließen. Nach *Claussen* soll der Börsenrat lediglich die Börsenordnung erlassen, nicht dagegen die Usancen etc., mithin einen stark eingeschränkten Zuständigkeitsbereich haben. Eine derartige Einschränkung des Aufgabenbereiches wiederum, nach der der Selbstverwaltungsträger nur noch einen Rahmen setzt, die genaue Ausgestaltung anderen Personen vorbehalten bleibt, entspricht zwar dem Gedanken der Beleihung, nicht aber dem der Selbstverwaltung. Auch das spricht von vornherein gegen das Modell.

Nach herrschender Meinung ist der Gesetzgeber in der Gestaltung der Staatsorganisation frei, solange er nicht gegen Verfassungsgrundsätze, etwa das

---

101 *Hammen*, AG 2001, 549, 552.

102 Zum Begriff vgl. die Begründung zum Änderungsgesetz zum Börsengesetz v. 28.04.1975, BT-Drs. 7/101, S. 10.

103 Vgl. den Bericht des Finanzausschusses zum Entwurf des 4. Finanzmarktförderungsgesetzes, BT-Drs. 14/8601, S. 13.

104 Dies unter Berufung auf das herkömmliche Verständnis der Selbstverwaltung ablehnend: *Hendler*, Selbstverwaltung als Ordnungsprinzip, S. 280. So wohl im i.E. auch *Mues*, Die Börse als Unternehmen, S. 161; *Kümpel*, WM 1997, 1917, 1921; *Schwark*, WM 1997, 293, 302; *Wolf*, WM 2001, 1785, 1792.

105 *Backherms*, Das DIN als Beliehener, S. 35; *Steiner*, Öffentliche Verwaltung durch Private, S. 273.

Demokratieprinzip oder das Rechtsstaatsprinzip verstößt.[106] In einer juristischen Person des Privatrechts ist jedoch ein demokratisch legitimiertes Gremium nur schwer vorstellbar. Zwar könnte ein bei einer solchen Person eingerichteter 'Börsenrat' die betroffenen Kreise in einer ähnlichen Weise wie der Börsenrat des geltenden Rechts repräsentieren. Der dauerhafte Bestand eines solchen binnenpluralistischen Modells bei Privatrechtssubjekten sowie die Einhaltung der verfassungsrechtlichen Grundsätze der Normgebung können jedoch bei einer privatrechtlichen Rechtsform nicht hinreichend abgesichert werden. Die Garantie der Einhaltung dieser Prinzipien muss aber als Voraussetzung für die Einräumung öffentlich-rechtlicher Befugnisse angesehen werden.[107] Den Maßstab für die Zulässigkeit der Einräumung öffentlich-rechtlicher Autonomie setzt das Grundgesetz. Der Erlass formeller Gesetze wird dort durch detaillierte Regelungen festgelegt (Art. 70 ff. GG). Rechtsverordnungen durch die Exekutive sind nur in den engen Grenzen des Art. 80 GG zulässig. Die Autonomie der Gemeinden als öffentlich-rechtliche Körperschaften ist durch Art. 28 Abs. 2 GG festgeschrieben. Der Status eines autonomen öffentlich-rechtlichen Rechtsetzungsorgans erlaubt die Setzung materiellen Rechts in einem begrenzten Bereich, dort jedoch umfassend. Derartig bedeutsame Kompetenzen durch einfachgesetzliche Ermächtigung an Private zu verleihen, besitzt keine Legitimation: Die öffentlich-rechtliche Rechtsetzung ist nach dem Grundgesetz dem Staate vorbehalten.[108] Satzungsautonomie kann daher nicht im Wege der Beleihung an Private übertragen werden.[109]

Es bleibt festzuhalten, dass die Beleihung des „Börsenrates" eines Privatrechtssubjekts mit Satzungsautonomie bereits im Ansatz unzulässig ist.

---

106 *Bansch*, Die Beleihung als verfassungsrechtliches Problem, S. 77. Vgl. auch BVerfGE 17, 371, 377.

107 Das folgt aus dem Umstand, dass es sich um öffentlich-rechtliche Befugnisse handelt, vgl. Art. 20 GG. Bei privatrechtlicher Rechtsetzung ist die Frage schon nicht mehr so einfach zu beantworten, vgl. dazu *Kirchhof*, Private Rechtsetzung, S. 296, sowie nachstehend 2. Teil B VI 3.

108 *Kirchhof*, Private Rechtsetzung, S. 133 f., stellt nicht auf die Rechtsetzung sondern auf die Geltungsanordnung als staatliches Monopol ab, vorliegend ergibt dies keinen Unterschied.

109 So auch *Michaelis*, Der Beliehene, S. 42; *Hopt/ Baum*, Börsenreform, S. 460; *Baums/ Segna*, Börsenreform, S. 47; Deutsche Börse AG, Stellungnahme zum Gutachten, S. 19; *Bansch*, Die Beleihung als verfassungsrechtliches Problem, S. 84; *Kümpel*, in: Kümpel/ Hammen, Börsenrecht, 2. Teil III 4; *Breitkreuz*, Die Ordnung der Börse, S. 82; *Uppenbrink*, Die deutschen Wertpapierbörsen als Körperschaften des öffentlichen Rechts, S. 48. A.A., jedoch ohne Begründung, *Riehmer/ Heuser*, NZG 2001, 385, 387.

c) Das Regelwerk als Rechtsverordnung

Rechtsverordnungen sind hoheitliche, abstrakt-generelle Regelungen der Exekutive.[110] Eine weitergehende materielle, allgemeingültige Eingrenzung ist nur schwer vorzunehmen. Rechtsverordnungen sind daher in erster Linie an formellen Kriterien, wie der Bezeichnung als Rechtsverordnung oder der Angabe der Ermächtigungsvorschrift, festzumachen.[111]

Die Möglichkeit, die Verwaltung mit der Setzung von materiellem Recht zu betrauen, ergibt sich aus Art. 80 GG[112]. Diese Norm zieht aber auch die Grenzen der Rechtmäßigkeit einer solchen Delegation. In Absatz 1 der Vorschrift sind die zulässigen Adressaten genannt. Satz 4 ermöglicht eine Subdelegation, ohne ausdrücklich Einschränkungen vorzunehmen. Nach der Vorstellung mancher Befürworter privatrechtlich organisierter Börsen soll eine Privatperson durch Beleihung mit einem Recht zum Erlassen von Verordnungen die Kompetenz eingeräumt bekommen, materielles Recht zu setzen. Diese Konstruktion erweckt Bedenken. Es stellt sich erneut die Frage nach demokratischer Legitimation des Rechsetzungegremiums. Damit ist fraglich, ob auch Privatpersonen als Empfänger einer Ermächtigung im Sinne von Art. 80 Abs. 1 Satz 4 GG in Betracht kommen.

Art. 80 GG regelt die Kompetenzverteilung im Verhältnis von Legislative und Exekutive. Aus der (teilweisen) Öffnung des Bereichs der materiellen Gesetzgebung zugunsten der Verwaltung kann nicht gefolgert werden, alle Formen der Verwaltungsorganisation seien darin eingeschlossen,[113] zumal sich die Verfassung zur Frage der Einsetzung von Privaten in der Verwaltungsstruktur ausschweigt. Das Grundgesetz regelt detailliert die Frage der Kompetenzen und des Verfahrens zur Gesetzgebung. Sie ist dort ausschließlich dem Staat vorbehalten. Darüber hinaus bedarf die materielle Gesetzgebung gemäß Art. 20 GG der demokratischen Legitimation.[114] Privatpersonen vermögen diese nicht von der Exekutive abzuleiten.

Schoch[115] weist in ähnlichem Zusammenhang zu Recht auf die gegen die Anerkennung von technischen Regelwerken durch Gerichte bestehenden Bedenken hin.[116] Es ist nicht hinreichend gewährleistet, dass diese Regelwerke durch

---

110 Vgl. *Erichsen*, Allgemeines Verwaltungsrecht, § 6 Rn. 12.

111 *Pieroth*, in Jarass/ Pieroth, GG, Art. 80, Rn. 2.

112 Und den entsprechenden Vorschriften in den Länderverfassungen.

113 Vgl. *Ossenbühl*, in: Handbuch des Staatsrechts, Band III, § 64 Rn. 30; *Brenner*, in: v. Mangold/ Klein, GG, Art. 80, Rn. 53; *Stern*, Staatsrecht, Band II, § 38 III 2.

114 Zumindest die öffentlich-rechtliche. Zu dem Problem der Legitimation privatrechtlicher Rechtsetzungsgremien vgl. *Kirchhof*, Private Rechtsetzung, S. 296, sowie nachstehend 2. Teil B VI 3.

115 *Schoch*, DVBl. 1994, 962, 975.

116 Wobei zu beachten ist, dass diese Normen nur von einer Mindermeinung als öffentlich-rechtlich angesehen werden. Nach herrschender Meinung handelt es sich um einen Fall pri-

pluralistisch besetzte Gremien zustande kommen. Somit besteht ein Demokratiedefizit beim Zustandekommen solcher Normen. Die Einordnung als unverbindliche Richtwerte,[117] darf nicht darüber hinwegtäuschen, dass eine faktische Bindungswirkung gleichwohl gegeben ist.

Aufgrund der geäußerten Bedenken verstößt eine Übertragung von Verordnungsbefugnis auf Private nach überwiegender Ansicht gegen das Demokratieprinzip.[118] Daran ändert auch die Auswahl der Rechtsfigur der Beleihung nichts.

Hinzu kommt vorliegend folgendes: Wie *Bansch*[119] zu Recht anführt, vermischen sich bei einer Beleihung private und öffentliche Interessen. Im Rahmen des Beleihungsauftrages muss der Beliehene ausschließlich im öffentlichen Interesse handeln. Der Übernahme staatlicher Aufgaben durch den Beliehenen liegt aber stets auch Eigennutz oder Gewinnstreben zugrunde. Ohne Vorteile würde ein Privater hoheitliche Funktionen nicht ausüben wollen. Dass sich der Beliehene bei der Ausübung der ihm übertragenen hoheitlichen Aufgaben von seinen privaten Interessen nicht völlig frei machen kann, liegt auf der Hand.[120] In manchen Fällen mag gar eine Versuchung zu unlauterer, eigennütziger Interessenverfolgung nahe liegen.[121] Dieser Gefahr muss so gut wie möglich entgegengewirkt werden. Bei einem Handeln des Beliehenen in ausschließlich vollziehender Verwaltungstätigkeit im Rahmen enger gesetzlicher Vorschriften verlaufen derartige Konflikte noch in einem überschaubaren Rahmen. Anders verhält es sich dagegen, wenn Private (auch) normsetzende Funktionen übernehmen. Zum einen wird der Spielraum hier sehr groß. Selbst eine umfassende Aufsicht kann dann nicht die Garantie der hinreichenden Beachtung der öffentlichen Interessen bieten. Dem Vorschlagenden kommt bekanntermaßen stets ein großer Einfluss auf das Endwerk zu. Der Aufsicht fallen unter Umständen nur grobe Verstöße gegen die öffentlichen Interessen auf. Kleinere Interessenüberlagerungen bleiben unentdeckt. Zum anderen begründen öffentlich-rechtliche Normen im Vergleich zu privaten Rechtsakten in gewissem Um-

---

vater Rechtsetzung. Vgl. dazu *Hellermann*, NZG 2000, 1097, 1110; *Schoch* DVBl. 1994, 962, 975.

117 Vgl. *Schoch*, DVBl. 1994, 962, 975.

118 *Ossenbühl*, in: Handbuch des Staatsrechts, Band III, § 64 Rn. 30; *Pieroth*, in: Jarass/ Pieroth, GG, Art. 80, Rn. 19; *Bachmann*, WM 2001, 1793, 1794; *Baums/ Segna*, Börsenreform, S. 33; *Breitkreuz*, Die Ordnung der Börse, S: 82; *Uppenbrink*, Die deutschen Wertpapierbörsen als Körperschaften des öffentlichen Rechts, S. 48.

119 *Bansch*, Die Beleihung als verfassungsrechtliches Problem, insbesondere S. 115 f., 122; Das Vorliegen von Interessenkonflikten ist auch angesprochen bei *Stober*, Handbuch des Wirtschaftsverwaltungs- und Umweltrechts, § 74 IV 2; *Steiner*, Öffentliche Verwaltung durch Private, S. 283 ff.

120 Aus der Überführung der Aufgabenerfüllung in den von privaten Egoismen bestimmten Wettbewerb wird sich häufig gerade ein Vorteil für das Gemeinwohl versprochen (vgl. *Schoch*, DVBl. 1994, 962, 968), so dass der Interessenwiderstreit im System angelegt ist.

121 Vgl. auch *Backherms*, Das DIN als Beliehener, S. 39.

fang einen Anschein der Rechtmäßigkeit. Ein solches Vertrauen können von Privaten gesetzte Normen nicht rechtfertigen. Dagegen hilft auch die Einräumung umfassenden Rechtsschutzes nur begrenzt. Für Klagen gegen hoheitliche Akte liegt die Hemmschwelle aufgrund des Rechtsscheines nämlich um einiges höher als in Privatrechtsverhältnissen. Damit ist eine Übertragung der Befugnis zur Rechtsetzung mittels Verordnungen im Wege der Beleihung unzulässig.[122]

5. Weitere Einwände gegen eine Beleihung

Das soeben gefundene Ergebnis der Unvereinbarkeit der Rechtsfigur der Beleihung mit dem von *Claussen* vorgeschlagenen Modell wird noch durch ein weiteres Argument unterstützt. Es ergeben sich Bedenken hinsichtlich des Beleihungsgegenstandes. Der Staat überträgt bei der Beleihung die Ausübungskompetenz auf den Privaten, die Sachkompetenz bleibt beim Staat.[123] Daher ist die ausschließliche Sachkompetenz des Staates Voraussetzung einer jeden Beleihung. Mithin sind nur zwingend staatliche Aufgaben einer Beleihung zugänglich.[124] Kann ein Privatrechtssubjekt öffentlichen Aufgaben auch ohne besondere Ermächtigung durch den Staat nachgehen, rechtfertigt sich nämlich die (ausnahmsweise zulässige) Übertragung von Hoheitsrechten auf Private nicht.[125] Auch wenn die Zuordnung von Aufgaben zum Bereich zwingend staatlicher Aufgaben oft Schwierigkeiten bereitet und die auf dieses Merkmal im Rahmen der Abgrenzung der Beleihung von anderen Rechtsfiguren abstellen-

---

122 So auch *Stuible-Treder*, Der Beliehene im Verwaltungsrecht, S. 28; *Michaelis*, Der Beliehene, S. 38 f.; *Bansch*, Die Beleihung als verfassungsrechtliches Problem, S. 84; *Baums/ Segna*, Börsenreform, S. 47; *Segna*, ZBB 1999, 144, 150; *Hopt/ Baum*, Börsenreform, S. 416; Bankenverband, Stellungnahme zum Gutachten, S. 27; Deutsche Börse AG, Stellungnahme zum Gutachten, S. 19; *Ossenbühl*, in: Handbuch des Staatsrechts, Band III, § 64 Rn. 30; *Stern*, Staatsrecht, Band II, § 38 III 2; *Kirchhof*, Private Rechtsetzung, S. 249; im Ergebnis auch LG Frankfurt a.M. WM 2001, 1607, 1610. Die früher gelegentlich vertretene gegenteilige Ansicht beruhte maßgeblich auf dem Verständnis des ohnehin als Spezialfall zu behandelnden Tarifrechts und ist mittlerweile aufgegeben worden. So nahm etwa *Wolff*, Verwaltungsrecht II, bereits in der 3. Auflage 1970 (§ 104 I b) ausdrücklich Abstand von seinen bis zur 2. Auflage 1967 (§ 104 I b) gemachten Ausführungen zur Zulässigkeit einer Beleihung mit Rechtsetzungsbefugnissen. Er ließ sich insoweit von den Ausführungen *Michaelis'* (aaO.) überzeugen. Auch *Wilke*, in: v. Mangoldt/ Klein, GG, 2. Auflage 1974, Art. 80 VIII 3, begründete die Zulässigkeit der Normsetzung durch Beliehene mit einem Verweis auf *Wolff*. Auch dieser Kommentar vertritt nunmehr die allgemein herrschende Auffassung (*Brenner*, in v. Mangold/ Klein, GG, Art. 80, Rn. 53).

123 *Stuible-Treder*, Der Beliehene im Verwaltungsrecht, S. 99.

124 *Stuible-Treder*, Der Beliehene im Verwaltungsrecht, S. 31; *Steiner*, Öffentliche Verwaltung durch Private, S. 46. Vgl. auch *Peine*, DÖV 1997, 353, 356; *Peters*, FS Nipperdey, Band II, 877, 880, 894.

125 *Benz*, Die verfassungsrechtliche Zulässigkeit der Beleihung einer Aktiengesellschaft mit Dienstherrenbefugnissen, S. 37.

de so genannte Aufgabentheorie deshalb von vielen abgelehnt wird,[126] muss an diesem Erfordernis bei der Bestimmung des tauglichen Beleihungsgegenstandes festgehalten werden.[127]

Das Zulassen rein privatrechtlich organisierter Börsen de lege ferenda führt zwangsläufig zur Abstufung der Aufgabe des Betreibens einer Börse und damit auch der Marktorganisation zur einfachen staatlichen Aufgabe. Sie ist damit einer Beleihung nicht (mehr) zugänglich.

Schließlich seien noch einige Konsequenzen der Beleihung von praktischer Relevanz angerissen. Beliehene sind im Rahmen ihrer spezifischen Tätigkeit der gleichen Grundrechtsbindung gemäß Art. 1 Abs. 3 GG unterworfen wie staatliche Organe.[128] Die Notwendigkeit der Beachtung dieses Grundsatzes schränkt die angestrebte Flexibilität ein. Im Privatrecht sind dagegen nur die Wettbewerbsvorschriften zu beachten. Diese sind weniger einschränkend. Ähnliches gilt für die intensive Staatsaufsicht über Beliehene im Vergleich zu 'normaler' Wirtschaftsaufsicht[129].

Mit Problemen behaftet erscheint auch das Verhältnis eines Börsenrates im Sinne des hier untersuchten Modells zur Geschäftsführung der Gesellschaft. Indem dieser Börsenrat die Grundfragen der Marktorganisation festschreibt, gibt er der Geschäftsführung in dieser Hinsicht den Rahmen des möglichen Handelns vor. Das widerspricht dem Modell eigenverantwortlicher Leitung eines Unternehmens durch die Geschäftsführung, wie es insbesondere in der Aktiengesellschaft zwingend vorgegeben ist.[130]

Damit muss auch aufgrund dieser inhaltlichen Erwägungen dem Instrument der Beleihung eine Absage erteilt werden.

6. Ergebnis zur Beleihung

Eine Beleihung im von *Claussen* vorgeschlagenen Sinne ist eine solche mit Rechtsetzungsbefugnissen. Das ist nicht zulässig. Dem Börsenregelwerk mit-

---

126 So *Stober*, Handbuch des Wirtschaftsverwaltungs- und Umweltrechts, § 74 I.

127 So auch *Benz*, Die verfassungsrechtliche Zulässigkeit der Beleihung einer Aktiengesellschaft mit Dienstherrenbefugnissen, S. 34, 37.

128 *Stuible-Treder*, Der Beliehene im Verwaltungsrecht, S. 113; *Wolff/ Bachof/ Stober*, Verwaltungsrecht II, § 104, Rn. 7; *Michaelis*, Der Beliehene, S. 199.

129 Die sich allerdings (gerade) bei einem privatrechtlichen Börsenwesen als sehr intensiv gestalten müsste.

130 Vgl. dazu nachstehend 2. Teil B VIII 2 c.

tels Beleihung eines Unternehmers zur verbindlichen Gültigkeit zu verhelfen, kann daher nicht angehen.

V. (Aufsichts)Behördliche Mitwirkung an der Normgebung

Die Einbeziehung von Instrumenten des öffentlichen Rechts lässt eine weitere Konstruktion denkbar erscheinen: die Begründung der Verbindlichkeit des Regelwerks durch öffentlich-rechtlichen Akt der (Aufsichts)Behörde. Auch diese Konstruktion führt zu einer weitreichenden Überlagerung des de lege ferenda privatisierten Börsenwesens durch öffentliches Recht. Es ist daher nicht verwunderlich, dass sie bislang keine Anhänger gefunden hat. Einzig *Claussen*[131] hat über ähnliches nachgedacht.

1. Grundgedanke

Nach dem hier untersuchten Modell soll die Börse in Kooperation mit der (Aufsichts)Behörde die Fähigkeit erlangen, das Regelwerk einseitig verbindlich zu gestalten. Die Mitwirkung der Aufsicht betrifft dabei nicht die Frage, ob das Regelwerk zu seiner Gültigkeit der Genehmigung bedarf.[132] Vielmehr geht es um einen solchen konstitutiven Akt der Behörde, der das Regelwerk gegenüber allen Beteiligten verbindlich werden lässt. Ein Organ der Börse arbeitet das Regelwerk aus, anschließend wird es durch die Behörde rechtsverbindlich erlassen. Derart privat initiiertes Recht ist vom Grundsatz her rechtstechnisch möglich und dogmatisch zulässig.[133] Privat erlassene Normen bedürfen zu ihrer Gültigkeit staatlicher Anerkennung,[134] die sie mit dem Akt der Behörde erfahren.

Es ist bereits angeklungen, dass *Claussen*[135] ähnliche Gedanken geäußert hat. In seinem als zweites bezeichnetem Modell erwägt er, eine Börsenordnung in die Satzung der Börsen-Aktiengesellschaft aufzunehmen und die Börsenbenutzer zu Aktionären zu machen. Änderungen sollen dann bei der Aufsicht angezeigt werden müssen. Deren Geltung würde dann "durch das öffentlich-rechtliche Handeln der Aufsicht mit bindender Kraft vorgegeben" werden.[136] Vorliegend ist zunächst nur letztere Aussage von Interesse.

---

131 *Claussen*, ZBB 2000, 1, 8 f.

132 Dazu nachstehend 2. Teil B VII 5.

133 Vgl. *Kirchhof*, Private Rechtsetzung, S. 135.

134 Vgl. *Kirchhof*, Private Rechtsetzung, S. 120, 136.

135 *Claussen*, ZBB 2000, 1, 8 f.

136 Nicht ganz nachvollziehbar ist allerdings der Zusammenhang dieser Form der Erlangung von Geltungskraft mit der von *Claussen* gleichzeitig geforderten Anerkennung der jeweils geltenden Börsen- und Gebührenordnung durch die Börsenteilnehmer im Rahmen der Zulassung sowie die Aussage zum Mehrheitsbeschluss der Hauptversammlung.

Als erstes stellt sich die Frage nach der Rechtsnatur eines solchen Behördenhandelns. Rechtsverbindliche Akte gegenüber Privatpersonen können durch Verwaltungsakte sowie durch materielle Rechtsetzung erreicht werden. Die Rechtsfigur des Verwaltungsaktes erscheint vorliegend allerdings nicht geeignet. § 35 Satz 1 VwVfG definiert als Verwaltungsakt jede hoheitliche Maßnahme, die eine Behörde zur Regelung eines Einzelfalls auf dem Gebiet des öffentlichen Rechts trifft und die auf unmittelbare Rechtswirkung nach außen gerichtet ist. Indem die Behörde das Regelwerk gegenüber allen Betroffenen für verbindlich erklärt, ist diese Erklärung nicht lediglich eine Regelung gegenüber der Börse, sondern auch und gerade gegenüber den Handelsteilnehmern und Emittenten. Deren Anzahl ist im Zeitpunkt des Erlasses noch nicht abzusehen, mithin nicht bestimmbar. Gleiches gilt für die Arten und Anzahl der Geschäftsabschlüsse. Solche abstrakt-generellen Regelungen sind der Rechtsform des Verwaltungsaktes nicht zugänglich.[137] Das gilt auch für die Allgemeinverfügung nach § 35 Satz 2 VwVfG.[138] Es kommt mithin nur ein Handeln durch materielle Rechtsetzung in Betracht.

2. Die Allgemeinverbindlicherklärung nach § 5 Tarifvertragsgesetz (TVG)

An dieser Stelle bietet sich ein kurzes Eingehen auf die Allgemeinverbindlicherklärung von Tarifverträgen gemäß § 5 TVG an.[139] Der Bundesminister für Arbeit und Soziales kann einen Tarifvertrag unter bestimmten Voraussetzungen für allgemeinverbindlich erklären. Dazu ist insbesondere das Einvernehmen mit dem aus je drei Vertretern der Spitzenorganisationen der Arbeitgeber sowie der Arbeitnehmer zu bildenden Tarifausschuss erforderlich (§ 5 Abs. 1 Satz 1 TVG). Die Aussetzung dieses Erfordernisses in der Baubranche sorgte mit einer entsprechenden, durch das Gesetz zu Korrekturen in der Sozialversicherung und zur Sicherung der Arbeitnehmerrechte v. 19.12.1998 in § 1 Abs. 3a Arbeitnehmerentsendegesetz eingefügten Regelung für einiges Aufsehen.[140] Die Bestimmung fand indes die Anerkennung durch das Bundesverfassungsgericht.[141]

Die Allgemeinverbindlicherklärung hat gemäß § 5 Abs. 4 TVG zur Folge, dass alle Arbeitnehmer und Arbeitgeber im Geltungsbereich dieses Tarifvertrages, mithin auch die nichtorganisierten, gebunden werden. Die Rechtsnatur dieser Erklärung ist im Tarifvertragsgesetz nicht festgeschrieben und deshalb umstritten. Die Meinungen reichen von der Einordnung als Verwaltungsakt über die

---

137 Vgl. *Erichsen*, Allgemeines Verwaltungsrecht, § 12 Rn. 45 ff.

138 Vgl. dazu die Ausführungen in 2. Teil B IV 4 a.

139 Eine vergleichbare Regelung findet sich in § 19 Heimarbeitsgesetz.

140 Siehe dazu *Kreiling*, NZA 2001, 1118, 1118 f.

141 BVerfG NZA 2000, 948 f.

Beurteilung als Rechtsverordnung oder als Maßnahme mit Doppelnatur bis hin zur Annahme einer Rechtsetzung sui generis.[142] Wegen dieses Meinungsstreits ist die Allgemeinverbindlicherklärung vorliegend von Interesse: Es müsste gegebenenfalls das soeben gefundene Ergebnis bezüglich der Zulässigkeit eines Verwaltungsaktes neu überdacht werden.

Im Folgenden sind die Fragen nach der Verwaltungsaktsqualität der Allgemeinverbindlicherklärung und der Vergleichbarkeit dieser Maßnahme mit der Setzung des Börsenregelwerks näher zu beleuchten.

Es darf nicht übersehen werden, dass bereits der Tarifvertrag selbst eine Sonderstellung im deutschen Normengefüge einnimmt. Seine Verortung im sozialpolitischen Spannungsfeld des (kollektiven) Arbeitsrechts lässt einen Vergleich mit anderen Gebieten des Rechts nur bedingt sinnvoll erscheinen. Dieser Einzelerscheinung liegt zudem die aus Art. 9 Abs. 3 GG folgende Tarifautonomie zugrunde.[143] Der Tarifvertrag kann weder gänzlich dem öffentlichen, noch dem privaten Recht zugeordnet werden.[144] Die Allgemeinverbindlicherklärung weist daher bereits von vornherein Besonderheiten gegenüber den üblichen Rechtsfiguren auf.

Die Vertreter der Einordnung der Erklärung als Verwaltungsakt sehen in der Maßnahme eine einmalige Anordnung der Erstreckung eines konkreten Tarifvertrages auf Nichtorganisierte und keinen abstrakten Rechtssatz.[145] Diese Argumentation ist angreifbar, wenn man bedenkt, dass auch künftige Arbeitsverträge unter den für allgemeinverbindlich erklärten Tarifvertrag fallen. Im Zeitpunkt der Erklärung ist auch noch nicht abzusehen, wie viele Verträge der Tarifvertrag und damit auch die Erklärung erfassen werden. Daher wird die Verwaltungsakteigenschaft der Allgemeinverbindlicherklärung überwiegend abgelehnt.[146] Das überzeugt. Dieser Auffassung ist im Übrigen auch der Gesetzgeber, der für die schon angeführte spezielle Regelung in der Baubranche die Rechtsform der Rechtsverordnung festgeschrieben hat (§ 1 Abs. 3a Satz 1 Arbeitnehmerentsendegesetz).[147]

Die Wirkung der Allgemeinverbindlicherklärung zeigt einen weiteren Unterschied zum Börsenregelwerk auf. Die Erklärung hat zur Folge, dass ein be-

---

142 Vgl. *Wank*, in: Wiedemann, TVG, § 5 Rn. 33 ff.

143 Vgl. BVerfGE 44, 322, 341; *Pieroth/ Schlink*, Grundrechte, Rn. 738.

144 Vgl. *Wiedemann*, in: Wiedemann, TVG, § 1 Rn. 39 ff.

145 Nachweise bei *Wank*, in: Wiedemann, TVG, § 5 Rn. 34.

146 Vgl. *Wank*, in: Wiedemann, TVG, § 5 Rn. 35 ff.

147 Vgl. dazu *Kreiling*, NZA 2001, 1118, 1118 f.

stimmter Tarifvertrag mit konkreten Rechten und Pflichten gegenüber außenstehenden Personen wirksam wird. Betrachtet man das Regelwerk der Börse und lenkt dabei den Blick auf das Verhältnis der Börse zu den Handelsteilnehmern, so wird deutlich, dass die Rechte und Pflichten sich erst bei der (täglichen) Inanspruchnahme der Börsendienstleistungen beziehungsweise dem Vermitteln jedes einzelnen Geschäftes konkretisieren. Vorher sind sie eher als abstrakte Regeln der Organisation des Marktgeschehens anzusehen. Ein solches Regelwerk entspricht schon seiner äußeren Erscheinung nach eher dem Bild einer Rechtsnorm als dem eines Verwaltungsaktes.

3. Handeln durch Rechtsverordnung

Die Rechtsfigur der Satzung als Form materieller Rechtsetzung entfällt vorliegend ebenfalls. Diese ist – wie vorstehend dargelegt – ausschließlich Selbstverwaltungseinheiten zugänglich. Das einer Behörde zur Verfügung stehende Mittel, hoheitliche, abstrakt-generelle Regelungen zu erlassen, ist die Rechtsverordnung. Eine solche kommt auch hier in Betracht. Inhaltliche Vorgaben für die Gestaltung privatrechtlicher Verträge durch Rechtsverordnung sind dem deutschen Recht nicht fremd.

Die eben angesprochene Allgemeinverbindlicherklärung von Tarifverträgen lässt sich hier anführen, soweit sie als Rechtsverordnung eingestuft wird.[148]

Verbindliche Bestimmungen betreffend die Ausgestaltung von Geschäftsbeziehungen finden sich beispielsweise auch in der Pfandleiherverordnung. Sie basiert auf der Ermächtigungsnorm in § 34 Abs. 2 GewO. Es handelt sich allerdings um keine umfassende Regelung des Geschäftsablaufs, sondern um die Festlegung von Rahmenbedingungen und Mindestanforderungen.[149] Aus diesem Grunde ist es auch gerechtfertigt, dass die Pfandleiher am Zustandekommen der Vorschriften nicht beteiligt sind. Der Vergleich mit dem Pfandleiher ist angebracht, weil es sich bei einer privatrechtlichen Börse um ein Finanzdienstleistungsinstitut im Sinne von § 1 Abs. 1a Satz 2 Nr. 1 KWG handelt.[150] Auch der Pfandleiher unterfiele nach § 1 Abs. 1 Satz 2 Nr. 2 KWG dem Kreditwesengesetz, wenn die Anwendbarkeit dieses Gesetzes nicht durch § 2 Abs. 1 Nr. 5 KWG ausgeschlossen wäre.

---

148 Vgl. *Wank*, in: Wiedemann, TVG, § 5 Rn. 35 ff.

149 Vgl. *Hammen*, WM 1995, 185, 185. In § 10 der Verordnung sind Höchstzinssätze festgelegt. Weitere (zwingende) Vorgaben für den Inhalt des Vertrages zwischen Pfandleiher und Verpfänder finden sich in §§ 5 (Annahme des Pfandes), 6 (Pfandschein), 7 (Aufbewahrung), 8 (Versicherung), 9 (Verwertung) der Verordnung.

150 Vgl. dazu *Hammen*, WM 2001, 929, 933 ff.

Als Beispiel für eine Rechtsverordnung, die unter Beteiligung der betroffenen Kreise zustande kommt, lässt sich § 29 Binnenschiffsverkehrsgesetz a.F.[151] anführen. Frachtentgelte in der Binnenschifffahrt wurden durch Frachtenausschüsse festgesetzt (§ 21 Abs. 1 d.G. a.F.). Diese Ausschüsse bestanden je zur Hälfte aus Vertretern der Schifffahrt und der Verlader (§ 25 d.G. a.F.). Die Beschlüsse der Ausschüsse bedurften der Genehmigung des Bundesministers für Verkehr (§ 28 d.G. a.F.) und wurden von diesem als Rechtsverordnung erlassen (§ 29 d.G. a.F.).[152] Die Festsetzung der Entgelte war bindend (§ 31 d.G. a.F.).

Im Preisgesetz von 1948 findet sich eine Ermächtigung zur Festsetzung von Entgelten für Güter und Leistungen jeder Art, ausgenommen Arbeitsleistungen. Diese ursprünglich nur als kurzfristiges Übergangsgesetz geplante Regelung hat durch Verlängerungen noch heute Gültigkeit.[153] Preisverordnungen auf dieser Ermächtigungsgrundlage sollen jedoch nicht zum Regelfall werden. Nur in Zeiten, in denen die Interessen der Gesamtwirtschaft aus sozialen und allgemeinwirtschaftlichen Gründen eine Preisfestlegung erfordern, darf die marktwirtschaftliche Funktion des Preises außer Kraft gesetzt werden.[154] Von den ursprünglich zahlreichen Regelungen dieser Art sind nur einige wenige übrig geblieben.

Die Setzung des Regelwerks durch Rechtsverordnung ist prinzipiell auch im Börsenwesen realisierbar. Durch gesetzliche Ermächtigungsnorm könnte eine Verordnungsbefugnis der Behörde begründet werden, wie es beispielsweise bereits gegenwärtig in § 32 Abs. 1 BörsG für die Börsenzulassungsverordnung festgeschrieben ist. Zu beachten ist, dass das Börsenwesen, soweit es um Verwaltungsangelegenheiten geht, Ländersache ist, mithin eine Landesbehörde Adressat der Ermächtigung sein muss. Weiterhin wäre erforderlich, dass die Börse das Regelwerk ausarbeitet. Ein in § 32 Abs. 1 BörsG nicht vorhandenes Initiativrecht der Börse käme dann als Neuerung hinzu. Ein solches ist aus dem Blickwinkel des Art. 80 GG prinzipiell unschädlich, solange der Behörde die letzte Entscheidungsbefugnis verbleibt.[155] Die Behörde ist beim Erlass der Rechtsverordnung an die Grundrechte gebunden. Daher lässt die untersuchte Konstruktion nur schwerlich Sonderbedingungen für einzelne Beteiligte zu, und belastende Maßnahmen bedürfen der Rechtfertigung. Im Unterschied zur Beleihung ist hier nicht erforderlich, das Betreiben einer Börse als

151 Dieses Gesetz wurde 1993 durch das Gesetz zur Aufhebung der Tarife im Güterverkehr aufgehoben.

152 Ausnahmsweise konnte der Bundesminister für Verkehr aus Gründen des allgemeinen Wohls die Entgelte auch ohne Mitwirkung der Ausschüsse festsetzen (§ 30 d.G. a.F.).

153 Nunmehr unbefristet bis zum Erlass eines neuen Preisgesetzes gültig (Gesetz v. 29.3.1951 [BGBl. I, S. 223]).

154 Vgl. *Meng*, DVBl 1980, 613, 613.

155 Vgl. BVerfG NJW 1981, 1087, 1087.

zwingend staatliche Aufgabe einzustufen. Ein Recht des Staates, regelnd einzugreifen, setzt lediglich das Vorliegen einer 'normalen' staatlichen Aufgabe voraus. Eine solche soll das Organisieren des Börsenhandels de lege ferenda bleiben. Daher kann der Staat regelnd tätig werden. Der (Aufsichts)Behörde kann folglich die Kompetenz zum Erlassen von Rechtsverordnungen in der hier untersuchten Art und Weise eingeräumt werden.

Zu hinterfragen ist allerdings die unterschiedliche Intensität der Beteiligung der vom Regelungsbereich der Rechtsverordnung erfassten Personenkreise. Auf der einen Seite steht die Börse, die einen maßgeblichen Anteil am Zustandekommen und vor allem am Inhalt der Rechtsverordnung trägt. Auf der anderen Seite stehen die Handelsteilnehmer und die Emittenten. Sie haben nach der angeführten denkbaren Ausgestaltung des Modells keinerlei Mitwirkungsrechte. Auch beim Erlass einer Rechtsverordnung sind jedoch die Prinzipien des Grundgesetzes zu beachten. Hierzu gehören das Demokratie- und das Rechtsstaatsgebot.[156] Diese gebieten, dass, wenn Betroffene im Rahmen der Rechtsetzung beteiligt werden, auch allen Betroffenen gleichmäßig die Chance zur Beteiligung zu eröffnen ist. Hiernach müsste den Handelsteilnehmern und Emittenten zumindest Gehör gewährt werden.

4. Inhaltliche Gesichtspunkte und Zweckmäßigkeit

Mit Bejahung der prinzipiellen Zulässigkeit der Setzung eines Börsenregelwerks durch Rechtsverordnung ist noch nichts über den möglichen Umfang und die Zweckmäßigkeit des Einsatzes dieses Instruments gesagt.

Vorstehend wurde festgestellt, dass die Handelsteilnehmer jedenfalls Gehör finden müssen. Eine vollständig einseitige Setzung des Regelwerks ist also im Wege einer Rechtsverordnung nicht umzusetzen. Nachteilig könnte auch sein, wenn die Behörde von ihrem Recht Gebrauch macht, von einem Vorschlag der Börse abzuweichen. Die Vorteile des Instruments der Rechtsverordnung gegenüber einem Aushandeln der Vertragsbedingungen zwischen den Beteiligten oder der Regelung durch Allgemeine Geschäftsbedingungen schwinden mithin. Probleme tauchen zudem auf, sobald in einem Bundesland mehr als nur eine Börse (gleichen Typs) existiert. Zwar ist eine Rechtsverordnung für jede einzelne Börse, auch mit unterschiedlichen Inhalten, denkbar.[157] Die Behörde ist aber beim Erlass der Verordnung an die Beachtung der grundgesetzlichen Normen und Werte gebunden und könnte deshalb einheitliche Richtli-

156 Allgemein dazu *Böckenförde*, in: Handbuch des Staatsrechts, Band I, § 22; *Schmidt-Aßmann*, in: Handbuch des Staatsrechts, Band I, § 24.

157 Bereits gegenwärtig existieren Rechtsverordnungen speziell für eine Börse, so zum Beispiel die Verordnung über die Wahl der Börsenräte an der FWB und der Eurex.

nien vorgeben. Damit erfährt das Vorschlagsrecht der Börsen eine weitere Abwertung. Standardisierung der Vertragsbeziehungen über den Bereich einer Börse hinaus ist nämlich nicht gewollt. Gerade bei der Gebührenfrage werden die Börsen kein Interesse an einer Einheitlichkeit haben. Beim Wettbewerb um die Anleger ist die Gebührenfrage wesentlich, so dass einheitliche Standards kontraproduktiv für aufstrebende Börsen sind.

Was den Umfang der möglichen Regelung mittels Rechtsverordnung anbelangt, so sind mehrere Wege denkbar.

Die Rechtsverordnung kann detaillierte Regelungen enthalten, die das gesamte Regelwerk ausmachen. Ein materielles Gesetz in diesem Umfang muss hohen Anforderungen an die Rechtfertigung der Beschränkung der Vertragsfreiheit genügen. Das würde auch dann gelten, wenn die Behörde die Rechtsverordnungen auf Vorschlag der Börse erließe. Zudem sind die Handelsteilnehmer und Emittenten von der Rechtsverordnung betroffen, und auch ihnen gegenüber muss eine Rechtfertigung erfolgen. Ob das Interesse an einem funktionierenden Kapitalmarkt so weitreichende Einschränkungen zu rechtfertigen vermag, erscheint fraglich. Es ist weiterhin zweifelhaft, ob gerade der Verwaltung eine solch umfassende Einwirkungsbefugnis zugestanden werden kann. Nach der Wesentlichkeitstheorie des Bundesverfassungsgerichts sind die wesentlichen Grundrechtseingriffe durch die Legislative festzusetzen und können nicht eigenverantwortlich der Exekutive übertragen werden.[158] Daher sind die grundlegenden Festlegungen des Regelwerks – wie bislang auch – in einem förmlichen Gesetz zu treffen. Damit wird das Regelwerk nach dem hier untersuchten Modell von der Börse und zwei weiteren Normgebern – dem Parlament und einer Behörde – erlassen. Das macht eine intensive Abstimmung der Arbeiten erforderlich, die sicherlich nicht immer bestmöglich funktionieren wird. Darüber hinaus ist ein derart gestaltetes Regelwerk, was eine flexible Anpassung an veränderte Bedingungen angeht, sehr starr und mit Blick auf die anvisierten Ziele der Reform ungeeignet.

Weniger beschränkende Wirkung hat die Festlegung von Rahmenbedingungen. Eine solche Lösung ist ohne Schwierigkeiten möglich.[159] Die Rahmenbedingungen hängen aber nicht in erster Linie von den Vorstellungen der Börse, sondern primär von gesetzespolitischen Erwägungen ab, so dass diese Variante für das untersuchte Modell gemeinsamer Regelsetzung von Börse und Aufsicht nicht weiter hilfreich erscheint. Eine (bundeseinheitliche) Regelung im

158 Vgl. BVerfGE 61, 260, 275; 49, 89, 126; *Kirchhof*, Private Rechtsetzung, S. 146; *Waltermann*, Rechtsetzung durch Betriebsvereinbarung, S. 151.

159 Vgl. etwa § 4 Abs. 1 Pflichtversicherungsgesetz, der eine Verordnungsermächtigung (und -verpflichtung) zugunsten des Bundesjustizministeriums enthält, für die Kfz-Haftpflichtversicherung den Umfang des notwendigen Versicherungsschutzes und damit den Grundinhalt der Versicherungsverträge festzulegen.

Börsengesetz ist (wie bisher) sachgerechter. Eine einheitliche (Bundes)Verordnung kann mangels Kompetenz jedoch nicht erlassen werden. Die Verwaltungskompetenz im Bereich der Börsenorganisation liegt nämlich – wie bereits ausgeführt – bei den Ländern. Dies zu ändern, erscheint politisch nicht durchsetzbar.

Die Ausgestaltung der Verordnung als Regelwerk mit abdingbaren Normen, wie beispielsweise die Bundesgebührenordnung für Rechtsanwälte[160], ist für das untersuchte Vorhaben wenig sinnvoll. Das Regelwerk soll gerade einheitlich und verbindlich gelten.

Die Einführung einer Verordnungsermächtigung in Form einer optionalen Lösung als eine Art Missstandsbefugnis, etwa bei mangelnder Konsensfähigkeit der Beteiligten, erscheint demgegenüber zweckmäßiger. Hierdurch ist sichergestellt, dass die (Aufsichts)Behörde ein Mittel zur Hand hat, welches im Bedarfsfalle eingesetzt werden kann, um ordnenderweise in den Handel einzugreifen. Ähnliches ist aus dem Versicherungsaufsichtsrecht bekannt. § 81a Satz 2 VAG bestimmt, dass "die Aufsichtsbehörde einen Geschäftsplan mit Wirkung für bestehende oder noch nicht abgewickelte Versicherungsverhältnisse ändern oder aufheben" kann. Der Geschäftsplan enthält gemäß § 5 Abs. 3 Nr. 2 VAG die grundlegenden Angaben zum Vertragsgegenstand und bei einigen speziellen Versicherungssparten die Allgemeinen Versicherungsbedingungen.

Als letztes ist noch kurz eine Bemerkung zu behördlich festgesetzten Entgelten anzubringen. Solche Festsetzungen sind rechtspolitisch untunlich. Das hat seinen Grund vor allem in der erheblich wettbewerbseinschränkenden Wirkung solcher Vorgaben. Im Hinblick auf die geforderte und auch immer stärker werdende Wettbewerbsausrichtung der Börsen und die restriktive Anerkennung von Ausnahmen vom Prinzip des freien Wettbewerbs, insbesondere seitens der Wettbewerbshüter der Europäischen Union, ist von einer Festschreibung der Entgelte im Börsenwesen durch Rechtsverordnung abzusehen.

5. Zusammenfassung

Die Setzung des Regelwerks durch Rechtsverordnung seitens der (Aufsichts)Behörde nach Ausarbeitung durch die Börse ist rechtlich möglich. Die Handelsteilnehmer und Emittenten sind jedoch zumindest zu hören, und der Behörde muss die letzte Entscheidungskompetenz verbleiben. Je nach Intensität einer solchen Regelung ergeben sich hinsichtlich Zulässigkeit oder Zweckmäßigkeit allerdings einige Bedenken. Alles in allem erscheint eine Regelung durch Rechtsverordnung nur bedingt sinnvoll.

160 Im Hinblick auf die Gebühren, vgl. § 3 der Bundesgebührenordnung für Rechtsanwälte.

VI. Private Rechtsetzung

Die im Börsenrecht vorfindbare Schnittstelle zwischen öffentlichem und privatem Recht bietet Raum für ein weiteres Gedankengebilde.

1. Das Modell

Es wird die Meinung vertreten, einer privatrechtlich organisierten Börse könne die Befugnis zum Erlassen privaten Rechts erteilt werden.[161] Hierbei soll es sich nicht um eine Form öffentlich-rechtlicher Rechtsetzung und auch nicht um die Schaffung Allgemeiner Geschäftsbedingungen oder ähnlicher Regelwerke handeln. Vielmehr soll (ausnahmsweise) ein Privatrechtssubjekt gesetzlich ermächtigt werden, einseitig ein verbindliches privatrechtliches Normengefüge erlassen zu können. Normgebendes Organ wäre bei einer Aktiengesellschaft dann der Vorstand. Die Verfechter dieser Ansicht führen vergleichbare Rechtskonstruktionen in Frankreich und in Großbritannien an.[162] Es liegt auf der Hand, dass dieser Vergleich für die Zulässigkeit des Modells nach deutschem (Verfassungs)Recht nicht aussagekräftig ist. Etwas genauer ist hingegen ein zweites Argument zu beleuchten:

2. Freiverkehrsrichtlinien und Regelwerk Neuer Markt als privat gesetztes Recht?

Bereits gegenwärtig sei diese Form einseitiger Normgebung im Freiverkehr anzutreffen. Die Freiverkehrsrichtlinien sowie das Regelwerk Neuer Markt verkörperten derartige Normen.[163]

Ein flüchtiger Blick in die einschlägigen Vorschriften scheint diese Ansicht zu bestätigen. Nach §§ 66 Abs. 2 Satz 1, 66a Abs. 2 Satz 1 BörsO FWB "erlässt" die Deutsche Börse AG die genannten Regelwerke. Demgemäß geht auch die Deutsche Börse AG davon aus, sie sei zu einseitiger Setzung der genannten

---

[161] Bundesverband deutscher Banken, Stellungnahme zum Gutachten, S. 28; wortgleich Deutschen Börse AG, Stellungnahme zum Gutachten, S. 20. Vgl. auch *Bachmann*, WM 2001, 1793, 1794 f.; *Bauer/ Pleyer/ Hirche*, BKR 2002, 102, 116; *Merkt*, Gutachten G zum 64. DJT, S. 113.

[162] Bundesverband deutscher Banken, Stellungnahme zum Gutachten, S. 24 f., 28; wortgleich Deutschen Börse AG, Stellungnahme zum Gutachten, S. 18, 20.

[163] Bundesverband deutscher Banken, Stellungnahme zum Gutachten, S. 28; wortgleich Deutschen Börse AG, Stellungnahme zum Gutachten, S. 20. Zum gleichen Ergebnis kommen *Breitkreuz*, Die Ordnung der Börse, S. 309, 313, 320 sowie *Bauer/ Pleyer/ Hirche*, BKR 2002, 102, 116; *Pluskat*, WuB I G 7. – 2.02, 556, 558. Offen lässt die Frage *Bachmann*, WM 2001, 1793, 1794 f., 1798.

Regelwerke befugt.[164] Es wird zwar stets betont, der Neue Markt sei ein privatrechtliches Segment. Die Art und Weise der Gestaltung der Rechtsbeziehungen hat die Deutsche Börse AG jedoch ohne weiteres aus den öffentlichrechtlich strukturierten Segmenten der Frankfurter Wertpapierbörse übernommen. Bis zur Einfügung der Delisting-Regeln in das Regelwerk Neuer Markt im Oktober 2001 hatte sich niemand gegen diese "ein bisschen die alte hochherrschaftliche Struktur"[165] widerspiegelnde Verfahrensweise zur Wehr gesetzt. Darin ein allgemeines Einverständnis bezüglich eines Änderungsrechts durch die Betroffenen zu sehen,[166] geht indes zu weit. Schließlich sind die Betroffenen im normgebenden Organ nicht einmal repräsentativ vertreten. Erst besagte Regelwerksänderung hat die Diskussion in Praxis[167] und Wissenschaft[168] über die Rechtsgrundlagen des erfolgreichsten Wachstumssegments Europas und die Tauglichkeit des Regelwerks angeschoben.[169] An dieser Stelle der Arbeit ist jener Teil der Diskussion von Interesse, der sich mit einseitiger privater Rechtsetzung auseinandersetzt. Auf die Einordnung des Regelwerks als Allgemeine Geschäftsbedingungen, wie sie die herrschende Meinung vornimmt,[170] ist später noch zurückzukommen.[171]

---

[164] Vgl. neben den bereits angeführten Aussagen der Deutsche Börse AG, Stellungnahme zum Gutachten, S. 20, auch zahlreiche Äußerungen in der Presse, so etwa *Potthoff*, Börsenzeitung v. 21.7.2001, S. 3. Siehe auch die Begründung des Antrags auf Klageabweisung im Urteil des Landgerichts Frankfurt a.M., WM 2001, 1607, 1609.

[165] Nach *Schauber*, Börsenzeitung v. 17.8.2001, S. 3 zitierte Aussage von Foris-Vorstandschef *Christian Rollmann*. Die Foris AG erzielte als erste Emittentin des Neuen Marktes im Herbst 2001 mit einer einstweiligen Verfügung einen Aufschub der Geltung der neuen Delistingregelungen. Das Urteil ist abgedruckt in: WM 2001, 1607 ff. Die 2. Instanz hat aufgrund fehlenden Verfügungsgrundes aber anders entschieden, OLG Frankfurt a.M. ZIP 2002, 303 ff. Dazu *Hammen*, EWiR, § 78 BörsG 1/02, 335 f. In einem anderen Fall (OLG Frankfurt a.M. WM 2002, 924 ff.) hat das Berufungsgericht den Anträgen von Emittenten auf Erlass einer einstweiligen Verfügung entsprochen.

[166] Vgl. *Bauer/ Pleyer/ Hirche*, BKR 2002, 102, 104.

[167] Das Landgericht Frankfurt a.M. hatte sich mit zahlreichen Anträgen von Emittenten auf Erlass einstweiliger Verfügungen gegen die Anwendung der eingefügten Delisting-Regeln in das Regelwerk Neuer Markt zu befassen (insgesamt über 30, *Hammen*, EWiR, § 78 BörsG 1/02, 335, 335). Das – soweit ersichtlich – einzige veröffentlichte Urteil ist besagtes in WM 2001, 1608 ff. Urteile der Berufungsinstanz (OLG Frankfurt a.M.) sind abgedruckt in WM 2002, 924 ff. und ZIP 2002, 303 ff. Weitere Stellungnahmen von Praktikern: *Tobien/ Schick*, FAZ v. 15.8.2001, S. 23; *Römermann/ Schröder*, BKR 2001, 83 ff.; *Gebauer*, EWiR § 78 BörsG 1/01, 865, 866.

[168] Stimmen aus der Wissenschaft: *Hammen*, WuB I G 7. - 5.01, 1045 ff.; *ders.*, EWiR, § 78 BörsG 1/02, 335 f.; *ders.*, Börsenzeitung v. 25.8.2001, S. 8; *Bachmann*, WM 2001, 1793 ff.; *Wolf*, WM 2001, 1785 ff.; *Bauer/ Pleyer/ Hirche*, BKR 2002, 102 ff.; *Pluskat*, WuB I G 7 – 2.02, 556 ff.; *Merkt*, Gutachten G zum 64. DJT, S. 109 ff.

[169] *Wastl*, WM 1999, 620, 625, befand, um die Rechtsnatur der Freiverkehrsrichtlinien bestehe ein "unerheblicher akademischer Streit".

[170] Für LG Frankfurt a.M., WM 2001, 1607, 1610 ist das die einzig denkbare Rechtsnatur. Vgl. auch *Potthoff/ Stuhlfauth*, WM 1997, SB 3, 8; *Plückelmann*, Der Neue Markt der Deutsche

Dass die Konstruktion des Regelwerks als privat gesetzte Normen dem deutschen Recht fremd ist, erkennen auch die Verfechter dieser Einordnung.[172] Dennoch sei ausnahmsweise eine solche Form der Rechtsschaffung möglich.

Ausgangspunkt der Organisation des Freiverkehrs ist § 57 Abs. 1 BörsG. Die Norm verlangt als Voraussetzung für dessen Zulassung, dass "durch Handelsrichtlinien eine ordnungsgemäße Durchführung des Handels und der Geschäftsabwicklung gewährleistet erscheint." Damit setzt sie die Existenz von Handelsrichtlinien voraus, mehr aber nicht.[173] Zweifellos klingt das Wort "Richtlinien" nach einseitigem Aufstellen.[174] In § 57 Abs. 1 BörsG ist aber weder davon die Rede, wer diese Richtlinien erlässt, noch welchen Inhalt sie haben und auch nicht, welcher Rechtsnatur sie sind.[175] Schon gar nicht ist bestimmt, der Träger des Freiverkehrs dürfe sie einseitig und rechtsverbindlich erlassen.[176] Von einem Träger des Freiverkehrs ist in der Norm gar keine Rede. Anders lautende Ausführungen in der Gesetzesbegründung[177] entspringen der damaligen Vorstellung vom Freiverkehr. Sie haben in das Gesetz keinen Eingang gefunden. Die den Freiverkehr zulassende Institution ist die Börse selbst (§ 57 Abs. 1 BörsG). Dass diese nicht für das Regelwerk des Freiverkehrs zuständig ist, wurde durch das Zweite Finanzmarktförderungsgesetz klargestellt. § 78 BörsG in der vor dem Zweiten Finanzmarktförderungsgesetz geltenden Fassung bestimmte, dass die Börsenordnung näheres zum Freiverkehr festlegt. Diese Vorschrift ist ausdrücklich aufgehoben worden.[178] Es sollte nämlich vermieden werden, dass auf den Freiverkehr die Ad-hoc-Berichterstattungspflichten Anwendung finden. Das hätte für die Unternehmen der im Freiverkehr gehandelten Papiere, die meist an der Handelsaufnahme in ihren Papieren

---

Börse AG, S. 145; *Wolf*, WM 2001, 1785, 1786; *Römermann/ Schröder*, BKR 2001, 83, 84; *Schwark*, FS BGH Band II, 455, 455.

171 Nachstehend 2. Teil B VII 3.

172 Bundesverband deutscher Banken, Stellungnahme zum Gutachten, S. 25; wortgleich Deutsche Börse AG, Stellungnahme zum Gutachten, S. 18; *Bauer/ Pleyer/ Hirche*, BKR 2002, 102, 116. Auch *Bachmann*, WM 2001, 1993, 1794 f., stimmt darin zu, dass sich auf so unterschiedlichen rechtlichen Gebilden wie Testamenten, Tarifverträgen, Vereinsordnungen, Haussatzungen und Allgemeinen Geschäftsbedingungen nur schwerlich ein tragfähiges Gerüst einer Kategorie 'Private Rechtsetzung' aufbauen lässt.

173 So auch LG Frankfurt a.M., WM 2001, 1607, 1610; *Hammen*, WuB I G 7. - 5.01, 1045, 1047; *Breitkreuz*, Die Ordnung der Börse, S. 303.

174 Vgl. dazu *Bauer/ Pleyer/ Hirche*, BKR 2002, 102, 108 ff.; *Pluskat*, WuB I G 7 – 2.02, 556, 558.

175 Ausführlich zur Auslegung des Begriffs „Richtlinie" vgl. *Hammen*, EWiR, § 78 1/02, 335, 335.

176 So auch OLG Frankfurt a.M. WM 2002, 924, 927; *Hammen*, WuB I G 7. - 5.01, 1045, 1047; ders., EWiR, § 78 BörsG 1/02, 335, 335; *Wolf*, WM 2001, 620, 625. Nicht überzeugend insoweit *Breitkreuz*, Die Ordnung der Börse, S. 310 f.

177 Begründung zum 2. Finanzmarktförderungsgesetz, BT-Drs. 12/6679, S. 76: "... Handelsrichtlinien zu regeln, die von einem privatrechtlichen Träger des Freiverkehrs festgelegt werden." Vgl. dazu *Bauer/ Pleyer/ Hirche*, BKR 2002, 102, 109 ff.

178 Begründung zum Entwurf des 2. Finanzmarktförderungsgesetzes, BT-Drs. 12/6679, S. 76.

nicht beteiligt waren, nur schwer erfüllbare Pflichten nach sich gezogen. Daher befürchtete man zu Recht ein "Austrocknen des Freiverkehrs"[179]. Oftmals ist der Träger der Börse auch Veranstalter des Freiverkehrs.[180] Das muss aber nicht so sein[181] und § 57 BörsG verlangt das auch nicht. So ist es zum Beispiel zulässig, wenn die Börsenhändler den Freiverkehr selbst veranstalten, wie das etwa an der Berliner Wertpapierbörse der Fall ist. Dort ist der Berliner Freiverkehrhandel e.V. der Veranstalter (§ 1 Abs. 1 Freiverkehrsrichtlinien BerlinerWB). Dann kann von einem im Verhältnis zu den Handelsteilnehmern selbständigen Träger des Freiverkehrs nur schwerlich gesprochen werden.[182] Die Einbeziehung der Newex in den Freiverkehr an der Frankfurter Wertpapierbörse ist ein weiteres Beispiel für das Auseinanderfallen von Börsenträger und Freiverkehrsveranstalter. Der nunmehr zum Freiverkehr der Frankfurter Wertpapierbörse gehörende Teilbereich Newex wird von einer Aktiengesellschaft österreichischen Rechts, der Newex Börse AG (§ 2 Abs. 2 Satz 1 Freiverkehrsrichtlinien FWB), veranstaltet. § 57 BörsG bestimmt auch nicht, dass der Veranstalter des Freiverkehrs das Regelwerk selbst aufstellen müsse. Ebenso möglich erscheint die Ausarbeitung durch einen (unabhängigen) Dritten.[183] Im Neuen Markt[184] als Teilsegment des Freiverkehrs kommt noch ein weiteres hinzu: Wie *Hammen*[185] zu Recht anführt und *Bauer/ Pleyer/ Hirche*[186] nicht genügend gewichten, hat § 57 BörsG nur den herkömmlichen Freiverkehr im Auge. In diesem Segment beantragen nicht die Emittenten die Einbeziehung in den Handel, sondern die Händler. Die Emittenten müssen noch nicht einmal zustimmen. Die Konzeption des Neuen Marktes, bei dem, wie in den beiden öffentlich-rechtlichen Segmenten, die Emittenten die Handelsaufnahme beantragen, konnte § 57 BörsG nicht berücksichtigen. Für das Verhältnis des Veranstalters des Börsenfreiverkehrs zu den Emittenten nun aus besagter Norm eine private Rechtsetzungsbefugnis der Deutsche Börse AG herzuleiten, übersteigt jegliche mögliche Auslegung.

---

179 Begründung zum Entwurf des 2. Finanzmarktförderungsgesetzes, BT-Drs. 12/6679, S. 76.

180 So an der Frankfurter Wertpapierbörse, vgl. § 1 Freiverkehrsrichtlinien FWB; an der Baden-Württembergischen Wertpapierbörse Stuttgart, § 1 Freiverkehrsrichtlinien BadWürttWBS; an der Bayerischen Börse München, § 1 Freiverkehrsrichtlinien BayBM; an der Hanseatischen Wertpapierbörse Hamburg, § 1 Abs. 1 Freiverkehrsrichtlinien HanseatWBHH.

181 Das sieht auch die Gesetzesbegründung zu § 78 BörsG im 2. Finanzmarktförderungsgesetz, BT-Drs. 12/ 6679, S. 76.

182 Vgl. *Hammen*, WuB I G 7. - 5.01, 1045, 1047.

183 Das übersieht *Breitkreuz*, Die Ordnung der Börse, S. 303 f.

184 Gleiches gilt für die ähnlich strukturierten Segmente XTF Exchange Traded Funds an der Frankfurter Wertpapierbörse und Start-Up-Market an der Hanseatischen Wertpapierbörse Hamburg.

185 *Hammen*, EWiR, § 78 BörsG 2/02, 335, 336; *ders.*, Börsenzeitung v. 25.8.2001, S. 8.

186 *Bauer/ Pleyer/ Hirche*, BKR 2002, 102, 108 ff.

Als Hauptargument der Verfechter privater Rechtsetzung im Bereich des Freiverkehrs dienen die Vorschriften der §§ 66 und 66a der BörsO FWB,[187] insbesondere Absatz 2 Satz 1 beider Normen. Bei genauerer Betrachtung können diese Bestimmungen jedoch keine Rechtsgrundlage für den einseitigen Erlass der Regelwerke begründen. Der Wortlaut der Vorschrift gibt für eine derart folgenreiche Festsetzung nichts her.[188] Zwar ist darin bestimmt: "Das Regelwerk ... erlässt die Deutsche Börse AG." Zur Rechtsnatur des Regelwerks ist jedoch nichts gesagt. Daher kann der Bestimmung nicht entnommen werden, dass eine neue Form von Rechtsnormen kreiert werden sollte.[189] Solch eine weitreichende Konsequenz bedürfte eindeutiger Festsetzung seitens des Gesetzgebers.[190] Selbst wenn man zu dem entgegengesetzten Ergebnis käme, so wäre damit noch nichts über die Rechtmäßigkeit einer solchen Rechtsfigur gesagt.[191] Die Frankfurter Wertpapierbörse hat nämlich als Satzungsgeber keine Befugnis zu derartigen Normierungen.[192] Sie kann als Anstalt des öffentlichen Rechts ihre Satzungsbefugnis nicht auf eine originäre Zuständigkeit in einem Selbstverwaltungsbereich begründen, wie dies beispielsweise Gemeinden vermögen. Die Satzungsbefugnis ist allein eine staatlich verliehene.[193] Der Umfang dieser Satzungsbefugnis wird vom Umfang der Übertragung bestimmt und begrenzt.[194] Die Einräumung von Autonomie erfolgt durch das Börsengesetz. Damit ergibt sich der Rahmen der Satzungsmacht aus dem Börsengesetz. Weitergehende Vorschriften als solche, die dort erlaubt werden, sind nicht zulässig.[195] Das ist zum Beispiel auch der Grund, warum der Neue Markt in den privatrechtlichen Freiverkehr integriert wurde: Die gesetzlichen Anforderungen im Amtlichen Handel und im Geregelten Markt durften nach dem Börsengesetz in der vor dem Vierten Finanzmarktförderungsgesetz geltenden

---

187 Entsprechende Bestimmungen finden sich auch in den Börsenordnungen der anderen Regionalbörsen.

188 Vgl. auch *Wolf*, WM 2001, 1785, 1787; *Hammen*, Börsenzeitung v. 25.8.2001, S. 8.

189 So wohl auch *Tobien/ Schick*, FAZ v. 15.8.2001, S. 23, die unter Verweis auf § 66a BörsO FWB zur AGB-Eigenschaft des Regelwerks Neuer Markt gelangen.

190 OLG Frankfurt a.M. WM 2002, 924, 927; *Hammen*, EWiR, § 78 1/02, 335, 335. So wohl auch *Merkt*, Gutachten G zum 64. DJT, S. 112 f. A.A. *Bauer/ Pleyer/ Hirche*, BKR 2002, 102, 116.

191 Das wird weder von *Breitkreuz*, Die Ordnung der Börse, S. 310 f., noch von *Bauer/ Pleyer/ Hirche*, BKR 2002, 102, 112 f., problematisiert.

192 Dieser Gedankenanstoß ist *Herrn stud. iur. Andreas Fleckner* zu verdanken, der im WS 2001/ 02 am Lehrstuhl für Bürgerliches Recht, Handels- und Wirtschaftsrecht, Deutsches und Europäisches Bank- und Kapitalmarktrecht der Universität Gießen (Prof. Dr. Horst Hammen und Prof. Dr. Siegfried Kümpel) eine Seminararbeit zum Thema "Der Ausschluss sog. Penny Stocks vom privatrechtlich organisierten Freiverkehr an der Börse" vorlegte.

193 *Breitkreuz*, Die Ordnung der Börse, S. 113 ff. Vgl. auch *Hammen*, EWiR, § 78 1/02, 335, 336.

194 Vgl. dazu *Waltermann*, Rechtsetzung durch Betriebsvereinbarung, S. 60.

195 Vgl. *Breitkreuz*, Die Ordnung der Börse, S. 115; *Nietsch*, Börsenzeitung v. 2.11.2001, S. 6.

Fassung nicht verschärft werden.[196] Anders sah das offenbar die Bayerische Börse München, die bereits vor dem Inkrafttreten des Vierten Finanzmarktförderungsgesetzes im Amtlichen Handel einen 'Top Quality Market' und im Geregelten Markt einen 'Prädikatsmarkt Select' mit verschärften Anforderungen an die Publizitätspflichten der Emittenten betrieb (§§ 25a ff., 59a ff. BörsO BayBM). Sie hatte damit die erst seit dem Inkrafttreten des Vierten Finanzmarktförderungsgesetzes geltende Rechtslage[197] vorweggenommen.

Nach geltendem Recht ist es den Börsen verwehrt, über die im Börsengesetz eröffneten Möglichkeiten hinaus Vorschriften über den Freiverkehr zu treffen. Da das Börsengesetz, wie oben gesehen, zur Frage des Regelwerks eines Freiverkehrs so gut wie keine Aussagen trifft, darf die Frankfurter Wertpapierbörse auch keine weiteren Vorschriften zum Freiverkehr in die Börsenordnung aufnehmen.[198] Das wird besonders deutlich, wenn man sich vor Augen führt, dass eben diese Möglichkeit früher bestand, dann aber ausdrücklich aus dem Gesetz verbannt wurde. Die Ausgestaltung des Freiverkehrs hat durch die in § 57 Abs. 1 BörsG erwähnten Handelsrichtlinien zu erfolgen.[199] Nun kann man auf den Gedanken verfallen, die Börse dürfe in der Börsenordnung Voraussetzungen für eine Genehmigung des Freiverkehrs nach § 57 Abs. 1 BörsG festschreiben.[200] Auch dem ist nicht so. § 57 Abs. 1 BörsG normiert als Voraussetzung für die Zulassung eines Freiverkehrs lediglich die Gewährleistung eines ordnungsgemäßen Handels durch Handelsrichtlinien. Darum hat jeder, der an einer Börse einen Freiverkehr betreiben möchte, einen Anspruch gegen die Börse auf fehlerfreie Ermessensausübung, die diese nicht schon vorher durch Festlegungen in der Börsenordnung einschränken darf. Die Festlegungen in §§ 66 Abs. 2 Satz 2, 66a Abs. 2 Satz 2 BörsO FWB, wonach die Geschäftsführung der Börse die Aufnahme gewisser Bestimmungen in die Handelsrichtlinien verlangen kann, hält sich noch im Rahmen des Zulässigen. Hierdurch werden nur die durch § 57 Abs. 1 BörsG selbst aufgestellten Voraussetzungen sichergestellt. Weitergehende Anordnungen betreffend die Organisation eines Freiverkehrs, wie Bestimmungen über die Trägerschaft[201], über das die Han-

---

[196] Vgl. *Potthoff/ Stuhlfauth*, WM 1997, SB 3, S. 4; *Möller*, WM 2001, 2405, 2406; *Mues*, ZBB 2001, 353, 358 f.

[197] Vgl. dazu *Möller*, WM 2001, 2405, 2406; *Mues*, ZBB 2001, 353, 358 f. Zu den Plänen der Frankfurter Wertpapierbörse, die Segmente neu zu gestalten vgl. *Becker*, Börsenzeitung v. 2.07.2002, S. 20; Börsenzeitung v. 16.05.2002, S. 3; Die Welt v. 27.09.2002, S. 17.

[198] Es ist mithin zweifelhaft, ob die §§ 66 und 66a der BörsO FWB überhaupt rechtmäßig sind. Das übersehen *Bachmann*, WM 2001, 1793, 1795 und *Breitkreuz*, Die Ordnung der Börse, S. 303, deren Ausführungen maßgeblich auf diesen Normen aufbauen.

[199] *Breitkreuz*, Die Ordnung der Börse, S. 299.

[200] Ähnlich *Bauer/ Pleyer/ Hirche*, BKR 2002, 102, 107.

[201] So § 66 Abs. 1 BörsO BayBM, § 66 Abs. 3 BörsO HanseatWBHH, § 66 Abs. 1 BörsO BremerWB, § 66 Abs. 3 NiedersBH, § 66 Abs. 4 BörsO BDüsseldorf.

delsrichtlinien erlassende Gremium[202] oder gar über die (eigentlich längst abgeschaffte) Verzahnungen mit der öffentlich-rechtlichen Anstalt[203] lassen sich nicht rechtfertigen.[204]

Folglich stellen die Regelungen in §§ 66 und 66a der BörsO FWB keine (wirksame) Rechtsgrundlage für den Erlass privaten Rechts dar.

De lege lata können damit weder die Freiverkehrsrichtlinien noch das Regelwerk Neuer Markt als Normen privater Rechtsetzung angesehen werden. Die Vertreter der Gegenauffassung versuchen eher die tatsächliche Handhabe der Deutsche Börse AG zu erklären, als diese Handhabe auf ihre Zulässigkeit hin zu hinterfragen.[205]

3. Zulässigkeit privater Rechtsetzung

Dass die Freiverkehrsregelwerke des geltenden Rechts einer privaten Rechtsetzung nicht zuzuordnen sind, bedeutet nicht, dass es private Rechtsetzung im deutschen Rechtssystem von vornherein nicht geben kann.

Erklärungsnöte beim Erfassen einiger Rechtsfiguren des Privatrechts[206] haben zu der Erkenntnis geführt, dass nicht allein der Staat Schöpfer von Rechtsnormen ist. Vielmehr sind auch Private an der Normgebung beteiligt. Das ist aus Gründen der Praktikabilität nicht zu beanstanden. Der Staat ist auf einen gewissen Grad an Selbstorganisation seiner Bürger angewiesen.[207] Viele Bereiche dieser Selbstorganisation haben eine lange Tradition. Man denke nur an

---

202 So §§ 66 Abs. 2 Satz 1, 66a Abs. 2 Satz 1 BörsO FWB, § 66 Abs. 2 Satz 1 BörsO BadWürttWBS, § 66 Abs. 2 Satz 1 BörsO BayBM, §§ 66 Abs. 2 Satz 1 u. Abs. 3, 66a Abs. 2 Satz 1 BörsO HanseatWBHH, § 66 Abs. 2 Satz 1 BörsO BerlinerWB, § 66 Abs. 2 Satz 1 BörsO BremerWB, § 66 Abs. 2 Satz 1 NiedersBH, § 66 Abs. 2 Satz 1 BörsO BDüsseldorf.

203 Vgl. §§ 66 Abs. 2 Satz 1, 66a Abs. 2 Satz 1, BörsO HanseatWBHH, § 66 Abs. 2 Satz 1 BörsO BerlinerWB, § 66 Abs. 2 Satz 1 BörsO BDüsseldorf: einvernehmliches Erlassen der Freiverkehrsbestimmungen mit Börsenorganen bzw. durch den Börsenrat selbst; sowie § 4 Abs. 1 Nr. 13 BörsO HanseatWBHH, § 4 Abs. 1 Nr 13 BörsO BremerWB, § 4 Abs. 1 Nr. 13 BörsO NiedersBH, § 4 Abs. 1 Nr. 12 BörsO BDüsseldorf: Bestellung des den Freiverkehr betreibenden Freiverkehrsausschusses durch den Börsenrat.

204 A.A. *Bauer/ Pleyer/ Hirche*, BKR 2002, 102, 107.

205 Diesen Vorwurf macht *Bachmann*, WM 2001, 1793, 1795, auch *Breitkreuz*.

206 Es seien nur beispielhaft Tarifverträge, Betriebsvereinbarungen, Vereinssatzungen sowie Testamente genannt. Allgemeine Geschäftsbedingungen sind entgegen teilweise anders lautenden Stimmen nicht als Form privater Rechtsetzung anzusehen (so die herrschende Meinung, vgl. *Ossenbühl*, in: Handbuch des Staatsrechts, Band III, § 61, Rn. 31; *Wolf/ Horn/ Lindacher*, AGBG, Einl. Rn. 13). Sie entfalten erst nach vertraglicher Einbeziehung Wirksamkeit (§ 305 Abs. 2 BGB). Eine umfassende Untersuchung aller einseitigen Gestaltungsmöglichkeiten ist bei *Kirchhof*, Private Rechtsetzung, S. 181 ff., zu finden. Speziell zu Tarifverträgen und Betriebsvereinbarungen: *Waltermann*, FS Söllner, 1251 ff.; *ders.*, Rechtsetzung durch Betriebsvereinbarung.

207 Vgl. auch *Ossenbühl*, in: Handbuch des Staatsrechts, Band III, § 61, Rn. 31.

die Tarifautonomie, die der Verfassungsgesetzgeber in Art. 9 Abs. 3 GG sogar verfassungsrechtlich abgesichert hat.[208] Trotz der Anerkennung privater Rechtsgestaltung und damit einer Absage an ein staatliches Rechtsetzungsmonopol[209] kommt allein dem Staat die Funktion des Trägers der Rechtsordnung[210] und damit die Entscheidung zu, was Recht sein soll. Private rechtsgestaltende Maßnahmen, die über den mitwirkenden und zustimmenden Personenkreis hinaus Geltung beanspruchen, bedürfen staatlicher Anerkennung.[211] Diese Anerkennung wird beispielsweise dem Tarifvertrag zuteil, indem § 4 Abs. 1 Satz 1 TVG die unmittelbare und zwingende Geltung zwischen den Tarifvertragsgebundenen anordnet. Diese Anerkennung bedeutet nicht, dass der Staat das betreffende Normgefüge in den Kreis des von ihm gesetzten Rechts erhebt.[212] Es erlangt durch diesen Akt Geltungskraft, bleibt aber nichtstaatliches Recht. Der Staat besitzt das Rechtsanerkennungsmonopol.[213] Bei der Anerkennung privater Normen unterliegt der Staat selbstverständlich den verfassungsrechtlichen Bestimmungen. Er kann mithin nicht beliebig privaten Normen Geltungskraft verleihen.[214] Insbesondere im Hinblick auf den Einsatz dieses Instruments für das Börsenregelwerk de lege ferenda ist fraglich, wodurch die Grenze der Zulässigkeit bestimmt wird.

Darum sind nunmehr der Begriff der Rechtsetzung und der der Rechtsnorm zu klären. Eine Rechtsnorm zeichnet sich insbesondere dadurch aus, dass sie unabhängig vom Willen der Betroffenen Gültigkeit erlangt (Heteronomität) und eine beim Erlass noch nicht überschaubare Anzahl an Personen erfasst (Generalität).[215] Damit liegt unter anderem dann keine Rechtsnorm vor, wenn aufgrund eines einseitigen Gestaltungsrechts eine Bestimmung zustande kommt, dieses Gestaltungsrecht aber auf individualvertraglicher Einbeziehung be-

---

208 BVerfGE 44, 322, 341; *Pieroth/ Schlink*, Grundrechte, Rn. 738.

209 *Kirchhof*, Private Rechtsetzung, S. 124 f.; *Waltermann*, Rechtsetzung durch Betriebsvereinbarung, S. 123; *ders.*, FS Söllner, 1251, 1261; *Ossenbühl*, in: Handbuch des Staatsrechts III, § 61, Rn. 30.

210 *Kirchhof*, Private Rechtsetzung, S. 50.

211 BVerfGE 34, 307, 317; 44, 322, 345, 349; *Kirchhof*, Private Rechtsetzung, S. 134; *Waltermann*, Rechtsetzung durch Betriebsvereinbarung, S. 124.

212 *Breitkreuz*, Die Ordnung der Börse, S. 310.

213 *Waltermann*, Rechtsetzung durch Betriebsvereinbarung, S. 124; *ders.* FS Söllner, 1251, 1263; *Kirchhof*, Private Rechtsetzung, S. 134.

214 Vgl. auch *Bachmann*, WM 2001, 1793, 1795.

215 *Kirchhof*, Private Rechtsetzung, S. 95. *Waltermann*, Rechtsetzung durch Betriebsvereinbarung, S. 93.

ruht.[216] Das gilt auch bei gleichlautenden Massenverträgen, also bei Allgemeinen Geschäftsbedingungen.[217]

Es ist bereits angeklungen, dass die Untersuchungen zur Existenz privat gesetzten Rechts ihren Ausgangspunkt in der Schwierigkeit der rechtlichen Einordnung einiger Rechtsfiguren haben. In all diesen Fällen kann man von starker einseitiger Beeinflussung eines Rechtsverhältnisses oder zumindest vom fehlenden Einfluss einzelner betroffener Personen sprechen. In keinem dieser Fälle handelt es sich jedoch um eine wirklich einseitige, umfassende und endgültige Rechtsgestaltung durch eine einzelne Partei dieser Rechtsbeziehungen. Das sei kurz erklärt.

Wenngleich vorliegend nur bedingt zum Vergleich geeignet, ist kurz auf ein Rechtsinstrument einzugehen, dass vielfach zur privaten Rechtsetzung gezählt wird – das Testament. Durch einseitigen Willen des Erblassers kann ein Testament in Abweichung von der gesetzlichen Regel die Rechtslage bezüglich des Vermögens des Erblassers bestimmen (§§ 1937, 1939, 1940 BGB). Hierdurch widerfahren den Erben aber nur Vorteile. Eventuell drohender Nachteile können sie sich problemlos etwa durch Ausschlagung der Erbschaft (§§ 1942 Abs. 1, 1953 Abs. 1 BGB) oder Begrenzung der Haftung auf den Nachlass (§ 1975 BGB) entziehen. Dem Schutz vor 'ungerechtfertigter' Enterbung tragen die Vorschriften über den Pflichtteil hinreichend (§§ 2303 ff. BGB) Rechnung.

Tarifverträge und Vereinssatzungen gelten, mit Ausnahmen,[218] nur für Mitglieder des jeweiligen Verbandes.[219] Es handelt sich also um inneres Verbandsrecht. Dieses beruht auf einer Mehrheitsentscheidung eines meist nach demokratischen Grundsätzen gewählten Organs. Dass nicht auf die Zustimmung eines jeden einzelnen Mitgliedes Rücksicht genommen werden kann, liegt im Wesen derartiger Vereinigungen. Sie müssen unabhängig vom Mitgliedsstatus und Willen einzelner Personen funktionsfähig sein. Im ganzen gesehen stellt sich diese Form der Rechtsetzung aber eher als gemeinschaftliche denn als einseitige dar.

Einseitig wird dagegen etwa eine Hausordnung erlassen. Da zum Zeitpunkt des Erlasses nicht abzusehen ist, wie viele Personen von ihrem Regelungsbereich erfasst werden und insbesondere auch andere Personen als die Mieter

---

216 *Kirchhof*, Private Rechtsetzung, S. 232; *Ossenbühl*, in: Handbuch des Staatsrechts, Band III, § 61, Rn. 47.

217 *Wolf/ Horn/ Lindacher*, AGBG, Einl. Rn. 13.

218 Zur Geltung tariflicher Normen auch für nicht tarifgebundene Arbeitnehmer vgl. *Kreiling*, NZA 2001, 1118, 1121.

219 Bei Firmentarifverträgen unterscheidet sich die Verpflichtung des Arbeitgebers nicht von gewöhnlichen schuldrechtlichen Verträgen, da der Arbeitgeber selbst am Vertragsschluss beteiligt ist.

daran gebunden sind, wird sie als Rechtsnorm angesehen.[220] Die Hausordnung bestimmt aber nur den Umfang der Benutzung des Hauses. Dies steht dem Hausrechtsinhaber kraft seines Herrschaftsrechts zu. Weitergehende Bestimmungen, etwa Verpflichtungen, können darin nicht getroffen werden.[221]

Wirklich einseitige Rechtsetzung, also die Erstellung eines umfangreichen Rechte- und Pflichtenkataloges ohne eine maßgebliche Mitwirkung der Betroffenen oder der Schaffung eines Ausgleichs durch die Einräumung von Schutzrechten, ist nirgends vorzufinden. Die von manchen intendierte Ermächtigung des Leitungsorgans einer privatrechtlichen Börsengesellschaft ist aber, wenn man einmal eine denkbare gesetzliche Anordnung einer zwingenden Anteilseignerstellung der Handelsteilnehmer[222] oder einer repräsentativen Vertretung der Beteiligten im Aufsichtsrat[223] ausklammert, nun aber so gelagert. Diese Konstruktion begegnet großen Bedenken. Zwar wird insbesondere von *Kirchhof*[224] betont, dass eine demokratische Binnenstruktur der privaten Normgeber nicht gefordert werde, sie vielmehr dem Zweck der Tätigkeit sogar abträglich sein könne. Letzteres sei etwa bei Vereinen der Fall, deren Leistungen nach dem Zweck vornehmlich Nichtmitgliedern zukommen sollten. *Kirchhof* rechtfertigt seine Aussage damit, dass die Mitglieder bei Missfallen über die Vereinspolitik austreten könnten.[225] Die existierenden privaten Normgeber haben aber nicht selten monopolartige Stellungen, so dass ein Austritt faktisch erschwert wird. Das gilt selbst für den lokalen Sportverein, wenn in erreichbarer Nähe kein anderer Klub vorzufinden ist. Das Argument *Kirchhofs* lässt sich zudem auch auf Gemeinden übertragen: Auch hier können die Bürger wegziehen, wenn ihnen die Gemeindepolitik nicht genehm ist. Gleichwohl wird dies nicht ernsthaft erwogen. Dem Minderheitenschutz kommt nämlich ein hoher Stellenwert zu. Mit der Erteilung des staatlichen Geltungsbefehls erhebt der Staat als Träger der Rechtsordnung das privat gesetzte Recht in diese Rechtsordnung. Er übernimmt insoweit auch ein gewisses Maß an Verantwortung für das Zustandekommen der Normen. Wenn man schon keine demokratische Binnenstruktur fordert, so muss jedenfalls ein am Regelungszweck orientierter Pluralismus des normgebenden Organs gewahrt sein. *Kirchhof* zieht die Grenze für eine mögliche Fremdbestimmung im Verein dort, wo die Mitglieder keinen Einfluss haben.[226] Gleiches muss für die Fälle gelten, in denen ein(e) oder mehrere Vereinsmitglieder(gruppen) im Verhältnis zu den anderen Mitglie-

220 *Kirchhof*, Private Rechtsetzung, S. 356.
221 *Kirchhof*, Private Rechtsetzung, S. 368 f.
222 Dazu nachstehend 2. Teil B VIII; vgl. auch 2. Teil C I 4.
223 Dazu nachstehend 2. Teil D.
224 *Kirchhof*, Private Rechtsetzung, S. 293 ff.
225 *Kirchhof*, Private Rechtsetzung, S. 295.
226 *Kirchhof*, Private Rechtsetzung, S. 299.

der(gruppe)n weit überwiegenden Einfluss ausüben. Die hier vertretene Auffassung wird gestützt durch die Rechtsprechung des Bundesverfassungsgerichts. Das Gericht hat nämlich Bedenken gegen die Unterwerfung privater Personen unter die Rechtsetzungsgewalt autonomer Normgeber geäußert, welche den Betroffenen gegenüber nicht hinreichend legitimiert sind.[227] Die gesetzliche Festschreibung der Befugnis zu privatrechtlicher Rechtsetzung durch das Leitungsorgan einer privatrechtlich organisierten Börse, welches gerade nicht pluralistisch besetzt ist, ist folglich verfassungswidrig.

Eine Normgebung in der soeben beschriebenen sehr einseitigen Weise ist im Börsenwesen aber nicht zwingend erforderlich. Es genügt, wenn ein arbeitsfähiges Gremium geschaffen wird, das rechtsverbindlich das Regelwerk festsetzt. In diesem Gremium wäre eine repräsentative Vertretung der am Börsengeschehen beteiligten Personen zu verwirklichen. Das erinnert an den Börsenrat de lege lata. Aber auch die Zulässigkeit einer solchen Rechtsfigur de lege ferenda muss erst noch untersucht werden.

Zunächst gilt es zu bedenken, dass die Vertreter der Börse bei dieser Lösung von den anderen Repräsentanten überstimmt werden können. Das ist nicht immer interessengerecht. Ein Blick auf die Gebührenordnung macht das deutlich: Bei einer als Publikumsaktiengesellschaft ausgestalteten Börse haben die Aktionäre ein berechtigtes Interesse daran, durch (angemessen) hohe Gebühren eine möglichst hohe Rendite ihres Kapitaleinsatzes zu erzielen. Die Interessen der Handelsteilnehmer und Emittenten sind meist genau entgegengesetzt auf niedrige Gebühren gerichtet. Da der Börse ihr gerechtfertigtes Interesse an maßgeblichem Einfluss auf die Gebührenfrage nicht abgesprochen werden kann,[228] müsste daher die repräsentative Mitwirkung aller Beteiligten in diesem Bereich zu Gunsten der Börse eingeschränkt werden. Dann aber hat das vorgestellte Regelungssystem eine erste Lücke. Hinzu tritt folgendes:

Private Normgeber unterliegen als Privatpersonen nicht der Bindung durch die Grundrechte.[229] Die Unterwerfung von Privatpersonen unter Regelungen, die von anderen Privatpersonen getroffen wurden, kann daher überhaupt nur gerechtfertigt[230] werden, wenn entweder eine Mitwirkung aller betroffenen Gruppen an der Normgebung gewährleistet ist oder aber hinreichend Schutzme-

---

[227] BVerfGE 64, 208, 214; 44, 322, 348; 33, 125, 158; Siehe auch *Kreiling*, NZA 2001, 1118, 1121; *Hellermann*, NZG 2000, 1097, 1102.

[228] Vgl. *Hammen*, AG 2001, 549, 557 f., der dafür plädiert hat, das Börsengesetz dahingehend zu ändern, dass die Gebührenordnung nicht gegen den Willen des Trägers erlassen werden kann. Das wurde im Vierten Finanzmarktförderungsgesetz allerdings nicht aufgegriffen.

[229] *Kirchhof*, Private Rechtsetzung, S. 522. Bei den Tarifvertragsparteien ist das jedoch umstritten, vgl. *Waltermann*, FS Söllner, 1251, 1273 ff.

[230] Zum Erfordernis der Rechtfertigung privat gesetzten Rechts: *Kirchhof*, Private Rechtsetzung, S. 506; *Hellermann*, NZG 2000, 1097, 1102.

chanismen zur Verfügung stehen, mit denen sich die Normunterworfenen gegen Unbilligkeiten zur Wehr setzen können. Aber auch dann ist eine Anerkennung privater Rechtsetzung nicht ohne Bedenken, wie die zahlreichen Erklärungs- und Rechtfertigungsversuche der herkömmlichen Fälle privater Normgebung offenbaren.[231] Es zeigt sich nämlich, dass bereits diese beiden Grundprinzipien nicht durchgehend erfüllt werden können. Stets werden auch Außenstehende, also bei der Normgebung nicht repräsentierte Personen, vom Regelungsbereich erfasst, oder der Rechtsschutz gegen einseitige Bestimmungen ist unvollkommen. Der Bundesgerichtshof will diesen Bedenken mit einer Billigkeitskontrolle nach § 242 BGB entgegentreten.[232] Eine solche Billigkeitskontrolle hilft aber zumindest im Börsenwesen nicht weiter. Die Interessen der beteiligten Personen sind zu verschieden. Deshalb kann kein einheitlicher Kontrollmaßstab festgelegt werden, der in gleicher Weise wie eine (repräsentative) Beteiligung an der Setzung des Regelwerks die Interessen jeder Gruppe hinreichend berücksichtigt. Zudem ist die Gewährleistung einer repräsentativen Beteiligung im Börsenwesen Bedenken ausgesetzt. Der Kreis der am Börsenhandel beteiligten Personen hat sich in den letzten Jahren erheblich ausgedehnt. Das macht eine hinreichende Berücksichtigung aller Gruppen in einem arbeitsfähigen, also vor allem zahlenmäßig begrenzten Gremium beinahe unmöglich. Dabei hat sich nicht nur die Anzahl der Teilnehmer deutlich erhöht, auch deren Herkunft, Geschäftsausrichtung und Intention im Hinblick auf die Teilnahme am Börsenhandel überhaupt und am Börsenhandel einer speziellen Börse unterscheiden sich in zunehmendem Maße. Eine repräsentative Vertretung ist daher nur bedingt möglich. Das spricht gegen die Einräumung privater Rechtsetzungskompetenz.

Hinzu kommt, dass zwei gesetzliche Regelungen neueren Datums, welche außerstaatlicher Rechtsetzung zum Gegenstand haben, im Schrifttum heftig angegriffen werden. Es handelt sich dabei um die mit dem Gesetz zur Kontrolle und Transparenz im Unternehmensbereich (KonTraG) im Jahre 1998 in § 342 HGB eingeführten privaten Rechnungslegungsgremien sowie den im Jahre 2002 mit dem Transparenz- und Publizitätsgesetz (TransPuG) in § 161 AktG verankerten Corporate Governance Kodex für börsennotierte Unternehmen.[233] Nach § 342 Abs. 1 Satz 1 Nr. 1 HGB kann das Bundesministerium der Justiz eine privatrechtlich organisierte Einrichtung durch Vertrag mit der Erarbeitung von Konzernrechnungslegungsvorschriften beauftragen. Die Beachtung der von dieser Einrichtung aufgestellten – privatrechtlichen – Vorschriften durch die Unternehmen hat Vermutungswirkung für die Ordnungsgemäßheit

---

231 Vgl. zur immer noch nicht geklärten Rechtslage bei Tarifverträgen: *Waltermann*, FS Söllner, 1251, 1254 f.

232 Vgl. BGHZ 128, 93, 101. Einen ähnlichen Weg schlägt *Bachmann*, WM 2001, 1793, 1798, für das Regelwerk Neuer Markt vor.

233 Zu den Gemeinsamkeiten der angeführten Regelungsbereiche vgl. *Ulmer*, ZHR 166 (2002), 150, 161 ff.

der Erfüllung der Rechnungslegungspflichten eines Konzerns (§ 342 Abs. 2 HGB). Die so aufgestellten Regeln sind allerdings nicht zwingend. Jedes Unternehmen kann selbst entscheiden, ob es seine Rechnungslegung hieran ausrichtet. Gleichwohl ist ein gewisser Druck zur Beachtung der Grundsätze vorhanden. Abweichungen würden zumindest Begründungsaufwand verursachen. Daher werden solche Abweichungen meist unterbleiben. Unternehmen werden das vorgeschlagene Muster befolgen. Deshalb sind die Rechnungslegungsvorschriften trotz der nicht zwingenden Ausgestaltung als rechtsnormähnlich einzustufen.[234] Das hat zur Folge, dass die Normgebung sich an den Grundsätzen rechtstaatlicher und demokratischer Rechtsetzung messen lassen muss. An dieser Stelle sind vorliegend vielfach Bedenken gegen die vom Gesetzgeber in § 342 HGB gefundene Lösung aufgekommen. Anforderungen an die Organisation der anzuerkennenden Einrichtung werden nämlich von § 342 Abs. 1 Satz 2 HGB nur in geringem Umfang aufgestellt: Die Einrichtung muss aufgrund ihrer Satzung die Gewähr dafür bieten, dass die Rechnungslegungsvorschriften unabhängig und unter Beteiligung der fachlich interessierten Öffentlichkeit zustande kommen. Ob hierdurch dem Demokratiegebot und der Wesentlichkeitstheorie genüge getan ist, erscheint fraglich.[235] Auch die verfassungsrechtliche Zulässigkeit der in § 342 Abs. 2 HGB angeordneten Vermutungswirkung wird angezweifelt.[236] Ähnliche Erwägungen treffen für den Corporate Governance Kodex[237] zu. Durch die in § 161 AktG von börsennotierten Unternehmen geforderte Entsprechungserklärung (sog. comply-or-explain-Klausel)[238] wird der Kodex gesetzlich verankert. Auch hier erhalten Vorschriften, die durch nichtstaatliche Stellen, die Regierungskommission Deutscher Corporate Governance Kodex (Kodex-Kommission), ausgearbeitet werden, auf mittelbarem Wege erhebliche Bedeutung.[239] Die im Kodex niedergelegten Grundsätze sind – soweit sie über sich bereits aus dem Aktiengesetz ergebenden Pflichten hinausreichen – nicht zwingend. Allerdings wird durch die von Vorstand und Aufsichtsrat jährlich vorzunehmende Erklärung nach § 161 AktG, inwieweit den Verhaltensempfehlungen des Kodex entsprochen wurde und wird, ein faktischer Zwang zur Einhaltung dieser Empfehlungen ausgehen.[240] Schließlich soll die Einhaltung des Kodex für Kapitalanleger einen Entschei-

---

234 Vgl. *Hommelhoff/ Schwab* in: Staub, HGB, § 342 Rn. 13.

235 Vgl. *Hellermann*, NZG 2000, 1097, 1100 ff.; *Ulmer*, ZHR 166 (2002), 150, 162. Vgl. auch *Hommelhoff/ Schwab* in: Staub, HGB, § 342 Rn. 15 ff.

236 *Hommelhoff/ Schwab* in: Staub, HGB, § 342 Rn. 89.

237 Endgültige Version vom 26.02.2002, abgedruckt in ZIP 2002, 452 ff. und abrufbar im Internet unter (Stand: 5.08.2002): *http:\\www.corporate-governance-code.de.*

238 Die Erklärung ist nach § 285 Nr. 16 HGB im Anhang des Jahresabschlusses der Gesellschaft zu veröffentlichen und gemäß § 325 Abs. 1 Satz 1 HGB jährlich den zum Handelsregister einzureichenden Unterlagen beizufügen.

239 Die Frage nach der Rechtsnatur des Kodex untersucht ausführlich *Ulmer*, ZHR 166 (2002), 150, 158 ff.

240 *Seibert*, BB 2002, 581, 583 f.; *Wolf*, ZRP 2002, 59, 60.

dungsmaßstab bilden.[241] Damit ist die Akzeptanz von Abweichungen von diesem Kodex mit Unsicherheiten verbunden, zumindest wird ein nicht unerheblicher Begründungsaufwand verursacht.[242] Kommt einem rechtlich an sich nicht verbindlichen Vorschriftenkatalog über die gesetzliche Vorschrift in § 161 AktG derartige Bedeutung zu, so ist auch hier nach der Einhaltung der Grundsätze rechtstaatlicher und demokratischer Normgebung zu fragen. Angesichts des Fehlens jeglicher Vorschriften betreffend die Zusammensetzung der Kodex-Kommission sowie deren Arbeitsweise sind – wie bei den privaten Rechnungslegungsgremien – starke Zweifel im Hinblick auf die Verfassungsmäßigkeit angebracht.[243] Die im Tatsächlichen vorzufindende pluralistische Organisation und Verfahrensweise[244] vermag über die mangelnde gesetzliche Absicherung nur begrenzt hinwegzuhelfen. Auch der Gedanke, aufgrund der im elektronischen Bundesanzeiger vorgesehenen Veröffentlichung des Kodex das Bundesministerium der Finanzen als demokratisch legitimiertes Organ und Letztverantwortlichen auszumachen,[245] überzeugt nicht. § 161 AktG spricht ausdrücklich von Verhaltensempfehlungen der Kodex-Kommission. Um staatlich gesetztes Recht soll es sich auch gerade nicht handeln.[246] Daran ändert die Bekanntmachung durch das Bundesministerium der Finanzen nichts.

Wegen dieser Bedenken gegen die Schaffung neuer Kategorien privat gesetzten Rechts versuchen die Verfechter des hier untersuchten Modells eine dogmatische Verankerung in den gängigen Rechtsfiguren. Nahe liegend und übertragbar erscheint einigen die rechtliche Lage im Vereinsrecht. Es wird betont, dass Kapitalgesellschaften nur ein Sonderfall des Vereins seien und gerade im Vereinsrecht auch Nichtmitglieder von Regelungen erfasst würden.[247] Das Regelwerk werde als eine Art 'Vereinsordnung' aufgestellt werden. Diesen Vergleich gilt es zu hinterfragen.

Die Geltung einer Vereinsordnung auch für Nichtmitglieder ist ein breit diskutiertes Thema.[248] Die betroffenen Sachverhalte lassen sich in zwei Gruppen

---

[241] *Seibert*, BB 2002, 581, 581; *Seibt*, AG 2002, 249, 250; *Ulmer*, ZHR 166 (2002), 150, 151, 153.

[242] Vgl. *Ulmer*, ZHR 166 (2002), 150, 163 f. Vgl. auch die Begründung zum Regierungsentwurf zum TransPuG, BT-Drs. 14/8769, S. 21.

[243] Vgl. auch *Seibt*, AG 2002, 249, 250; *Ulmer*, ZHR 166 (2002), 150, 161 ff.; *Schüppen*, ZIP 2002, 1269, 1278. Ausdrücklich für Verfassungswidrigkeit des § 161 AktG *Wolf*, ZRP 2002, 59, 60.

[244] Vgl. *Seibert*, BB 2002, 581, 581 f.

[245] So wohl *Seibert*, BB 2002, 581, 582.

[246] *Ulmer*, ZHR 166 (20029, 150, 159.

[247] *Breitkreuz*, Die Ordnung der Börse, S. 312.

[248] Vgl. dazu *Edenfeld*, Die Rechtsbeziehungen des bürgerlich-rechtlichen Vereins zu Nichtmitgliedern.

unterteilen. Oftmals unterwerfen sich vereinsfremde Personen durch eine Vereinbarung mit dem Verein, häufig durch konkludente Willenserklärung, dessen Regularien.[249] In diesen Fällen erlangt das vereinsrechtliche Normengefüge durch Individualvereinbarungen Geltung. Diese Vereinbarungen sind dann auch Grundlage etwaiger Änderungen der Bestimmungen. Die weiteren Rechtsfolgen sind dann weniger im Vereinsrecht, sondern im allgemeinen Zivilrecht, insbesondere in § 315 BGB, zu suchen.[250] Geltungsgrund der Vereinsordnung gegenüber Nichtmitgliedern ist der Vertrag, nicht die Satzungsbefugnis als solche.[251] Es handelt sich damit nicht um einen Fall privatrechtlicher Rechtsetzung des Vereins gegenüber dem Nichtmitglied.[252] Abweichend gestaltet sich die Situation, wenn ein Nichtmitglied, ohne eine Vereinbarung getroffen zu haben, lediglich rein tatsächlich am Vereinszweck teilhat, beispielsweise die Sportanlagen des Vereins benutzt. Hier ist das Nichtmitglied den Regeln unabhängig von seiner Willensentscheidung ausgesetzt. Es unterliegt mithin der Normgewalt des Vereins. Das gilt aber in erster Linie für die Ausgestaltung des Umfangs der Benutzungsberechtigung. Teilweise wird eine Unterwerfung ohne rechtsgeschäftliche Grundlage sogar gänzlich abgelehnt.[253] Ein umfangreicher Pflichtenkatalog kann Nichtmitgliedern in dieser Weise nicht auferlegt werden.[254] Die letztgenannte Fallgruppe ist daher für die Organisation des Börsenhandels nicht geeignet.

Es bleibt die Möglichkeit, sämtliche Börsenteilnehmer in einem neben der Börse[255] bestehenden Verein zusammenzufassen, der sich dann aufgrund vereinsrechtlicher Vorschriften das Regelwerk als Satzung oder anderweitige Vereinsordnung selbst schafft. Soweit ersichtlich, hat dieses Modell noch niemand erwogen. Es ist auch gänzlich unpraktisch. Das wird gerade im Hinblick auf die große Anzahl der Emittenten deutlich. So waren im Herbst 2001 Bemühungen, alle Emittenten des Neuen Marktes in einem Interessenverein (Neuer Markt e.V.) zusammenzuschließen, wenig erfolgreich, weil die Bereitschaft zu solch einer Aktivität nur begrenzt vorhanden war und die Interessen zu stark

---

249 An dieses Modell denken *Baums/ Segna*, Börsenreform, S. 48 f.

250 Vgl. dazu nachstehend 2. Teil B VII 2.

251 Vgl. *Kirchhof*, Private Rechtsetzung, S. 232, 237 f.; *Heermann*, NZG 1999, 325, 326.

252 *Kirchhof*, Private Rechtsetzung, S. 283. Ebenso sehen das *Baums/ Segna*, Börsenreform, S. 48 f. Auch *Breitkreuz*, Die Ordnung der Börse, S. 312, geht von einer, die Rechtsnormqualität ausschließenden vertraglichen Einbeziehung der Handelsbedingungen aus, kommt dann aber in nicht nachvollziehbarer Weise dennoch zum Ergebnis, es handele sich um einseitige Rechtsetzung (aaO, S. 313).

253 *Heermann*, NZG 1999, 325, 331.

254 *Kirchhof*, Private Rechtsetzung, S. 286 f.

255 Zu dem Gedanken, die Börsenteilnehmer in die Börse selbst zu integrieren nachstehend 2. Teil B VIII.

divergierten.[256] Zudem verkompliziert sich das Börsenrecht im Vergleich zur gegenwärtigen Rechtslage. Es würde wiederum eine zweigeteilte Organisation existieren, mit dem Unterschied zum geltenden Recht, dass keiner der beiden Teile dem öffentlichen Recht zuzuordnen wäre. Die Reibungsverluste, die durch die Existenz zweier verschiedener Einrichtungen entstehen und die gegenwärtig durch gewisse Maßnahmen gering gehalten werden,[257] würden sich vermutlich so sehr vergrößern, dass die Börse nur noch eingeschränkt arbeitsfähig wäre. Der Börse verbliebe zudem zuwenig Einfluss auf die Organisation des Handels. Daher ist auch dieses Modell zu verwerfen.

4. Zusammenfassung

Die Betrauung einer privatrechtlich organisierten Börse mit privater Rechtsetzungsgewalt außerhalb bereits existierender Rechtsfiguren ist dem deutschen Recht unbekannt. Sie ist nicht zulässig.[258] Das gilt insbesondere dann, wenn ein normsetzendes Organ geschaffen werden soll, das im Hinblick auf den Regelungsgegenstand und den von den Normen betroffenen Personenkreis nicht hinreichend pluralistisch besetzt ist. Unter Heranziehung der herkömmlichen Konstruktionen erscheint einzig eine Anlehnung an vereinsrechtliche Gestaltungsformen denkbar. Will man die Handelsteilnehmer und Emittenten nicht vereinsähnlich integrieren, kommt nur die Unterwerfung unter ein von der Börse aufgestelltes Regelwerk in Betracht. Das ist nach Vertragsrecht zu beurteilen.

VII. Privatvertragliche Gestaltungsmöglichkeiten

Die Ansiedlung des Regelwerks im Zivilrecht liegt nach einer gesetzlichen Zulassung privatrechtlicher Börsen besonders nahe. Ein derartiges Modell stellt die konsequenteste Umsetzung des Privatisierungsgedankens dar. Das Zivilrecht erweist sich auch als tauglich, eine einseitige Beeinflussung von Vertragsbeziehungen zu ermöglichen. Im Rahmen der Diskussion um privatrechtliche Börsen sind auch in dieser Hinsicht bereits Vorschläge unterbreitet worden. An erster Stelle wird die Vorschrift in § 315 BGB genannt.[259] Nach dieser Norm ist die Vereinbarung eines einseitigen Leistungsbestimmungsrechts zu-

---

256 Vgl. dazu Börsenzeitung v. 29.11.2001, S. 3.

257 Vor allem durch Personalunion oder zumindest enge Verflechtung der Gremien der Betreibergesellschaft und der öffentlich-rechtlichen Anstalt. Vgl. *Köndgen*, JITE 154 (1998), 224, 232; *Laule*, FS Heinsius, 437, 452. Kritisch dazu *Breitkreuz*, Die Ordnung der Börse, S. 152 ff.; *Kümpel*/ *Hammen*, WM 2000, SB 3, 3, 10; *Hammen*, AG 2001, 549, 564.

258 So auch *Mues*, Die Börse als Unternehmen, S. 203.

259 Vgl. *Hellwig*, ZGR 1999, 781, 792; *Mues*, Die Börse als Unternehmen, S. 163; *Claussen*, ZBB 2000, 1, 8; *Merkt*, Gutachten G zum 64. DJT, S. 85.

lässig. Im Rahmen einer Vereinbarung nach § 315 BGB ist auch ein Unterwerfungsvertrag denkbar, in dem sich der Vertragspartner von vornherein mit Änderungen einverstanden erklärt.[260] Weiterhin führen die Verfechter privatrechtlicher Börsen das Rechtsinstitut der Allgemeinen Geschäftsbedingungen an.[261] Allgemeine Geschäftsbedingungen stellen bereits ihrer Natur nach ein Mittel der einseitigen Bestimmung von Vertragsinhalten dar. Sie können darüber hinaus mit einer dem § 315 BGB ähnlichen Klausel ausgestattet werden.

1. Vorbemerkungen

a) Notwendigkeit einheitlicher Vertragsbedingungen

Neben der Frage des Wirksamwerdens einseitig von der Börse beschlossener Änderungen entstehen bei ausschließlicher Verortung der Rechtsbeziehungen im Privatvertragsrecht praktische Folgefragen, die in den bisher erörterten Varianten öffentlich-rechtlicher und privatrechtlicher Rechtsetzung so nicht auftauchten.[262]

Die privatrechtliche Konstruktion eines einseitigen Bestimmungsrechts setzt einen bestehenden Vertrag voraus. Ein solches Recht kann die genaue Bestimmung der Leistungsmodalitäten sowie die nachträgliche Änderung des Vertrages betreffen. Nicht ohne weiteres möglich ist das Aufzwingen der Bedingungen des Vertragsschlusses selbst. Mit diesen muss sich der Vertragspartner erst einverstanden erklären. Anders als die bereits behandelten Konstruktionen und nach der Rechtslage de lege lata sind die privatvertraglichen Zugangsbedingungen zum Börsenhandel prinzipiell verhandelbar. Ist dem so, so wird jeder Emittent und Handelsteilnehmer versucht sein, lebhaft auf den Vertragsinhalt Einfluss zu nehmen. Lukrative Emittenten und Handelsteilnehmer werden von den Börsen mit günstigen Bedingungen umworben. Diese günstigen Bedingungen können aber nicht allen Vertragspartnern offeriert werden. Damit zeichnet sich ein Ende der einheitlichen Bedingungen für alle Handelsteilnehmer und Emittenten ab. Das ist im Börsenhandel nicht hinnehmbar. Die Effizienz dieses Handels hängt maßgeblich von der Schnelligkeit, Zuverlässigkeit und Transparenz der Geschäftsabläufe ab.[263] Eine einheitliche Grundlage der Vertragsbeziehungen ist hierfür unabdingbare Vorausset-

---

260 Vgl. *Baums/ Segna*, Börsenreform, S. 48.

261 Vgl. *Hopt/ Baum*, Börsenreform, S. 402 (Fn. 482).

262 Die hessische Börsenaufsichtsbehörde weist in ihrer Stellungnahme zum Gutachten (A II) zu Recht darauf hin, dass die Einbeziehung und Änderung privatvertraglicher Bedingungen einen nicht unerheblichen Aufwand verursacht.

263 Vgl. *Kümpel*, Bank- und Kapitalmarktrecht, Rn. 17.210; *Plückelmann*, Der Neue Markt der Deutsche Börse AG, S. 13.

zung.[264] Sie wird teilweise sogar als begriffsnotwendig für das Vorliegen eines Börsenhandels betrachtet.[265] Soll eine Börse kostengünstig arbeiten, so sind standardisierte Geschäftsabläufe auch aus diesem Grunde zwingend. Um der erwähnten Gefahr der Zersplitterung zu begegnen, ist über ein Genehmigungserfordernis der Vertragsbedingungen seitens der Aufsichtsbehörde und die zwingende Verwendung dieser Bedingungen nachzudenken.[266]

Es ist weiterhin fraglich, ob sich alle Vertragspartner auf die Festschreibung eines einseitigen Änderungsrechts einlassen werden. Sollte das nicht der Fall sein, scheint eine Lösung ähnlich der in Nr. 1 Ziff. (2) der SMAX-Teilnahmebedingungen und Ziff. 2 Abs. 6 der XTF-Teilnahmebedingungen angebracht. Danach gelten die bekannt gemachten Änderungen als genehmigt, wenn der Emittent nicht unverzüglich widerspricht. Eine solche Lösung ist allerdings der Forderung nach einheitlichen Vertragsbedingungen abträglich.[267] Auch bezüglich der Änderungen scheint ein Genehmigungserfordernis seitens der Aufsichtsbehörde die bessere Lösung zu sein.

b) Der Freiverkehr als Vorbild?

Nicht möglich ist die Übernahme der gegenwärtig im Freiverkehr und im Neuen Markt praktizierten Technik. Bis vor kurzem wurden Änderungen der von der Deutsche Börse AG erlassenen privatrechtlichen Regelwerke ohne weiteres für wirksam erachtet. Die Freiverkehrsrichtlinien enthalten dazu keinerlei Festsetzungen. Ziffer 1. 2. Regelwerk Neuer Markt hat lediglich die Veröffentlichung von Änderungen zum Gegenstand. Wie diese zustande kommen sollen, ist dagegen nicht geregelt.[268] Die tatsächliche Handhabe der Deutsche Börse AG ist rechtlich nicht einzuordnen und nur aufgrund der Nähe zum öffentlich-rechtlich organisierten Markt zu erklären. Das Regelwerk hat damit faktisch am öffentlich-rechtlichen Charakter anderer Regelwerke teil.[269] Die Änderungspra-

---

[264] Vgl. *Riehmer/ Heuser*, NZG 2001, 385, 390 f; *Kümpel*, in: Kümpel/ Hammen, Börsenrecht, 2. Teil III 4 c cc; *Bauer/ Pleyer/ Hirche*, BKR 2002, 102, 103 f., 115. Das gilt im Übrigen auch für die Anschlussbedingungen und Netzwerksvoraussetzungen in einem elektronischen Handelssystem, *Beck*, WM 1998, 417, 424 f.

[265] Vgl. *Wastl/ Schlitt*, WM 2001, 1702, 1704. Siehe auch *Plückelmann*, Der Neue Markt der Deutsche Börse AG, S. 143; *Schwark*, BörsG, § 1 Rn. 5; *Laule*, FS Heinsius, 437, 441.

[266] Dazu nachstehend 2. Teil B VII 5.

[267] Vgl. *Schauber*, Börsenzeitung v. 29.11.2001, nach dem Regelwerksänderungen zur "Farce" verkommen, wenn sie nicht für alle gelten. Genau das hat die Deutsche Börse AG aber erreicht, indem sie den Emittenten des Neuen Marktes unterschiedliche Erklärungen bezüglich der Anerkennung des Regelwerks abgenommen hat. Vgl. *ders.*, aaO, S. 8; sowie OLG Frankfurt a.M. WM 2002, 924, 926.

[268] So auch OLG Frankfurt a.M. WM 2002, 924, 926.

[269] Die Börsenordnung ist eine Satzung, § 13 Abs. 1 Satz 1 BörsG. Die Rechtsnatur der Usancen für den amtlichen Markt und den geregelten Markt ist dagegen äußerst umstritten, vgl. *Kümpel*, Bank- und Kapitalmarktrecht, Rn. 8.220.

xis entbehrt bereits gegenwärtig jeder rechtlichen Grundlage. Das Vorliegen einer Form privater Rechtsetzung wurde bereits abgelehnt.

Der Freiverkehr hat damit de lege lata noch kein überzeugendes Konzept im Hinblick auf die Rechtsnatur des Regelwerks vorzuweisen, das de lege ferenda einfach übernommen werden könnte.

c) Beeinflussung von Drittbeziehungen

Hinzuweisen ist auf eine weitere Besonderheit, die ebenfalls erst auf der privatrechtlichen Ebene auftritt. Über die Vertragsbeziehung der Börse zu den Handelsteilnehmern und Emittenten hinaus sind Festlegungen bezüglich der Vertragsverhältnisse dieser Personen untereinander erforderlich. Grund hierfür ist die auch in diesen Beziehungen notwendige Einheitlichkeit des Handelsablaufs einschließlich der Abwicklung. Besonders deutlich tritt dies zutage, wenn die gegenwärtige Form des Skontroführerhandels beibehalten wird. In diesem Fall muss die Börse auch die Grundsätze der Vertragsbeziehungen der Skontroführer zu den Händlern festschreiben. Weniger deutlich hervortretend, aber dennoch bedeutsam, sind die erforderlichen Standards in den Beziehungen der Händler untereinander, insbesondere im Hinblick auf die Vertragsmodalitäten[270], aber auch der Emittenten zu ihren jeweiligen Betreuern (zum Beispiel im Hinblick auf handelsunterstützende Maßnahmen)[271].

Privatvertragliche Beziehungen entfalten grundsätzlich nur in den diesen Verträgen zugrunde liegenden Verhältnissen Rechtswirkungen. Insbesondere Verträge zu Lasten Dritter sind dem deutschen Zivilrecht unbekannt.[272] Eine Beeinflussung von Drittverhältnissen ist aber durch eine Aufnahme diesbezüglicher Bedingungen in die Verträge der Börse mit den Händlern und Emittenten, die ja ihrerseits auch standardisiert sind, denkbar. Die Zulassungen der Händler und Emittenten werden von der Eingehung der Verpflichtung zur Einhaltung dieser Bestimmungen abhängig gemacht. Ähnlich sind Internetauktionshäuser organisiert, die Auktionen von Privaten ermöglichen.[273] In diesem Bereich ist ein Streit darüber entbrannt, wie die in den Allgemeinen Geschäftsbedingungen der Auktionshäuser enthaltenen Modalitätenregelungen auch in den Verträgen der Teilnehmer untereinander Geltung erlangen. Die angebotenen Lösungen reichen von einer Auslegung der in der Auktion abgegebenen Willens-

---

270 Darauf weisen auch die Hessische Börsenaufsichtsbehörde, Stellungnahme zum Gutachten, A II; der Bankenverband, Stellungnahme zum Gutachten, S. 28, sowie wortgleich die Deutsche Börse AG, Stellungnahme zum Gutachten, S. 20, hin. Zur ähnlich gelagerten Problematik bei Internetauktionen sogleich.

271 Vgl. etwa die Designated Sponsors im Neuen Markt. Dazu: *Plückelmann*, Der Neue Markt der Deutsche Börse AG, S. 163 ff.

272 BGHZ 58, 216, 220; 61, 359, 361; Palandt/ *Heinrichs*, BGB, Einf. v. § 328 Rn. 10.

273 Vgl. dazu OLG Hamm DB 2001, 88, 89 (ricardo.de); *Sester*, CR 2001, 98, 98 ff.; *Wiebe*, MMR 2000, 323.

erklärungen anhand der genannten Allgemeinen Geschäftsbedingungen[274] über die Auslegung der Teilnehmerverträge als Verträge zu Gunsten Dritter[275] bis hin zu Vorverträgen zwischen allen Teilnehmern durch Abschluss des Teilnahmevertrages mit dem Auktionshaus[276]. Da Einigkeit darüber herrscht, dass die Regelungen Rechtswirkungen entfalten, soll an dieser Stelle die Diskussion nicht vertieft werden. Bei der Börse ist das Problem auch insofern entschärft, als dass die eingestellten Angebote zweifellos bindend sein müssen und außerdem am Vertragsschluss eine vermittelnde Person, ein Dritter oder die Börse selbst, beteiligt ist. Diese bestimmt dann, anders als bei den Internetauktionen, auch den Preis.

d) Recht auf Teilnahme am Börsenhandel

Weniger Probleme bereitet dagegen die Frage der Sicherstellung eines allgemeinen Zugangsrechts. Hier braucht nur auf das allgemeine Prinzip der Teilnahmefreiheit im Marktrecht nach § 70 GewO zurückgegriffen werden, wonach jedermann, der zu dem vom Marktveranstalter bestimmten Teilnehmerkreis gehört, einen subjektiven Anspruch gegen eben diesen Veranstalter auf Teilnahme besitzt. Eine Versagung des Zugangs ist gemäß § 70 Abs. 3 GewO nur aus sachlich gerechtfertigten Gründen möglich. Einen solchen Anspruch haben sowohl Anbieter als auch Besucher der Marktveranstaltung.[277] Damit ist ein Börsen-Markt für Emittenten wie für Handelsteilnehmer jederzeit zugänglich.

---

274 So OLG Hamm DB 2001, 88, 89 (Das Urteil wurde vom BGH – allerdings unter Ausklammerung der angesprochenen Rechtsfrage – bestätigt, BGH BB 2001, 2600 ff.). Vgl. auch *Hollerbach*, DB 2000, 2001, 2006.

275 *Wiebe*, MMR 2000, 323, 325.

276 *Sester*, CR 2001, 98, 107, der anführt, die Rechtsfigur des Vertrages zu Gunsten Dritter würde überspannt (aaO, S. 104). Das Argument ist einleuchtend. Gleiches lässt sich indes auch gegen seine Annahme von Vorverträgen mit allen registrierten Teilnehmern anführen. Die Willenserklärung des einzelnen (potentiellen) Teilnehmers kann kaum in dieser Richtung verstanden werden. Dieser entdeckt eine spezielle Sache in der Auktion und will genau jene erwerben. Er will mithin mit genau dem dazugehörigen Verkäufer einen Vertrag schließen. Dass er dazu erst noch einen Teilnehmervertrag mit dem Auktionshaus abschließen muss, nimmt er in Kauf. Er will aber keinesfalls mit allen anderen (unter Umständen mehreren hunderttausend) Teilnehmern kontrahieren. Ebenso wenig hat er ein Interesse daran, dass der Verkäufer einen angemessenen Preis für das in die Auktion gestellte Objekt erlangt (was nach *Sester* durch die Konstruktion über Vorverträge kontrolliert werden soll, *Sester*, aaO, S. 105). Im Gegenteil: Dem Ersteigerer ist an einem möglichst geringen Preis gelegen. Das ist auch genau der Unterschied zu den von *Sester* vergleichsweise angeführten Publikumspersonengesellschaften (aaO, S. 107 f.). Während sich der – aus welchem Grunde auch immer – in eine Gesellschaft Eintretende bewusst ist, eben gerade einer Gesellschaft beizutreten, will der an einer Auktion Teilnehmende gerade nicht gemeinsam mit anderen einen Zweck verfolgen, er will nur etwas erwerben. Es wäre ihm sogar am liebsten, wenn kein anderer Bieter zugegen wäre.

277 *Frotscher*, in: Schmidt, Öffentliches Wirtschaftsrecht, Besonderer Teil 1, § 1 V 4 a; *Stober*, Besonderes Wirtschaftsverwaltungsrecht, § 46 VI 4.

Auf Kartellrechtstatbestände, mit der Folge, dass ein Zugang nur bei marktbeherrschenden Börsen besteht,[278] oder § 826 BGB[279] kommt es deshalb erst in zweiter Linie an. Damit ist auch der Vorschrift in Art. 15 Abs. 1 Unterabsatz 2 der Wertpapierdienstleistungsrichtlinie genüge getan, wonach die Mitgliedstaaten dafür Sorge zu tragen haben, dass Zugangsbeschränkungen für Händler an geregelten Märkten im Sinne der Richtlinie nicht bestehen. Auch die Richtlinie betreffend die zur amtlichen Notierung zugelassenen Wertpapiere setzt die Gewährleistung eines Anspruchs der Emittenten auf Notierung voraus (vgl. Art. 11 ff. der Richtlinie).

Insgesamt empfiehlt sich aber eine ausdrückliche Normierung dieses Regelungsbereichs, damit nicht wie beim Neuen Markt die irrtümliche Vorstellung aufkommt, die Emittenten hätten kein Recht auf Zulassung ihrer Wertpapiere zum Handel.[280] Das Regelwerk Neuer Markt selbst hält sich im Übrigen an den von § 70 GewO vorgegebenen Rahmen (vgl. Abschnitt 2 Ziff. 2.1.1. Abs. 2). Dort ist bestimmt, dass ein Zulassungsantrag nur unter bestimmten Voraussetzungen abgelehnt werden kann.

2. Einseitiges Vertragsanpassungsrecht nach § 315 BGB

Neben der automatischen Anpassung[281], insbesondere bei Preisregelungen, und der Vereinbarung einer Neuverhandlungspflicht[282] ist die Aufnahme eines Leistungsbestimmungsvorbehalts zugunsten einer Partei ein gebräuchliches Mittel, Langzeitverträge flexibel zu gestalten.[283] Durch vertraglich vereinbarte Gestaltungsrechte kann sich eine Partei vorbehalten, den Vertrag den geänderten Umständen und Vorstellungen anzupassen.

a) Anwendungsbereich der Norm

§ 315 BGB bestimmt in seinem Absatz 1, dass bei Vereinbarung eines einseitigen Leistungsbestimmungsrechts diese Bestimmung im Zweifel nach billigem Ermessen zu erfolgen hat. Die Vorschrift setzt damit die Zulässigkeit der Ver-

---

278 So aber *Mues*, Die Börse als Unternehmen, S. 181 ff., 208 f.; *Plückelmann*, Der Neue Markt der Deutsche Börse AG, S. 148 ff.; wohl auch *Hellwig*, ZGR 1999, 781, 805.

279 So *Baumbach/ Hopt*, HGB, § 78 BörsG Rn. 3.

280 So die herrschende Meinung: *Plückelmann*, Der Neue Markt der Deutsche Börse AG, S. 154 (die dann aber § 20 GWB bejaht); *Breitkreuz*, Die Ordnung der Börse, S. 314 f.; *Stuhlfauth*, WM 2001, 330, 331; *Kersting*, AG 1997, 222, 223; *Ledermann*, in: Schäfer, WPHG, § 78 BörsG Rn. 6; *Baumbach/ Hopt*, HGB, § 78 BörsG Rn. 3.

281 Eine solche kommt vorliegend nicht in Frage.

282 Siehe dazu nachstehend 2. Teil B VII 3 d.

283 Vgl. *Horn*, NJW 1985, 1118, 1119; *Wolf*, WM 2001, 1785, 1786.

einbarung einer einseitigen Leistungsbestimmung voraus und bestimmt eine Auslegungsregel für die Ausübung des Bestimmungsrechts.

Dem Wortlaut nach betrifft § 315 BGB den Fall, dass im Vertrag die Bestimmung der Leistung einer Partei vorbehalten ist. Diese Konstellation erscheint vorliegend von geringem Interesse. Bei Vertragsschluss werden sich die Parteien auf die zu diesem Zeitpunkt geltenden Modalitäten festlegen wollen. Anliegen der Börse ist dann, nachträglich Vertragsanpassungen und Ergänzungen vornehmen zu können. Dazu bedarf es einer Unterwerfung des einen Vertragspartners unter ein Anpassungsrecht der anderen Partei. Auf diesen Fall findet § 315 BGB nach allgemeiner Meinung entsprechende Anwendung.[284] Zum Teil wird jedoch vertreten, die Vereinbarung einer Änderungsbefugnis sei nur für Fragen der Leistungsmodalitäten zulässig, nicht jedoch für sonstige Vertragsbestimmungen.[285] Der Wortlaut von § 315 BGB legt eine solche Auslegung nahe. Indes gilt es zu bedenken, dass der gewöhnliche schuldrechtliche Vertrag ausschließlich von Leistung und Gegenleistung geprägt ist. Alle Modalitäten eines solchen Vertrages lassen sich diesen beiden Kategorien zuordnen. Als Beispiel hierfür möge genügen, dass die Einräumung eines vertraglichen Rücktrittsrechts (keine Leistungsbestimmung im engeren Sinne) sicherlich Auswirkungen auf das Wertverhältnis der ausgetauschten Leistungen besitzt. Eine Grenzziehung, welche Bestimmung als Leistungsmodalität im engeren Sinne anzusehen ist, ist folglich unmöglich. Zudem kann § 315 BGB analog angewendet werden. Damit kann grundsätzlich der gesamte Vertragsinhalt einer Änderungsbefugnis unterworfen werden.[286] Auch hinsichtlich der in Frage kommenden Vertragstypen gibt es keine Einschränkungen.[287] Deshalb ist § 315 BGB nahezu unbeschränkt anwendbar.

Manche vertreten die Auffassung, dass es bei der Anwendung von § 315 BGB doch gewisse Grenzen gebe.[288] Es wird darauf hingewiesen, dass § 315 BGB für schuldrechtliche Austauschbeziehungen gedacht sei.[289] Bei allzu vielen widerstreitenden Interessen einer großen Zahl Beteiligter könne der Bestimmungsberechtigte gar nicht mehr sachgerecht entscheiden. Es sei daher äu-

---

284 Vgl. BGH DB 1976, 669, 670; MüKo-BGB/ *Gottwald*, § 315, Rn. 12; Soergel, BGB/ *Wolf*, § 315, Rn. 6; *Horn*, NJW 1985, 1118, 1121.

285 *Horn*, NJW 1985, 1118, 1123.

286 Vgl. *Baur*, Vertragliche Anpassungsregelungen, S. 72.

287 Soergel, BGB/ *Wolf*, § 315, Rn. 8.

288 So *Kümpel*, in: Kümpel/ Hammen Börsenrecht, 2. Teil III 4 c aa.

289 Ähnlich Staudinger, BGB/ *Rieble*, § 315, Rn. 106: "§ 315 BGB ist auf die Austauschgerechtigkeit in Zwei-Personen-Schuldverhältnissen zugeschnitten." Dennoch macht er bei Drittwirkungen keine Einschränkungen.

ßerst zweifelhaft, ob die Norm für komplexe Vertragsgeflechte wie börsenrechtliche Zulassungsverträge[290] geeignet sei.[291]

b) Grenzen der Gestaltungsfreiheit

Nun gibt es nicht nur diese grundsätzlichen Bedenken. Vielmehr gilt es, auch die rechtspraktische Tauglichkeit einseitiger Bestimmungsrechte für den hier untersuchten Vorschlag privatrechtlich organisierter Börsen zu hinterfragen. Geht man mit der herrschenden Meinung davon aus, dass § 315 BGB der Vereinbarung umfassender Änderungsvorbehalte jeglicher Art nicht entgegensteht, so beurteilt sich die Wirksamkeit individualvertraglicher Unterwerfungsvereinbarungen hauptsächlich nach den allgemeinen zivilrechtlichen Grundsätzen. Dazu gehört das Erfordernis der Bestimmtheit des Vertragsgegenstandes.[292] Die Parteien müssen sich darüber im Klaren sein, welches Tun, Dulden oder Unterlassen sie erwartet (vgl. §§ 194 Abs. 1, 241 Abs. 1, 311 Abs. 1 BGB). Eine prozessuale Durchsetzung ist ebenfalls nur bei hinreichender Bestimmtheit möglich (vgl. § 253 Abs. 2 Nr. 2 ZPO). § 315 Abs. 1 BGB lockert das Bestimmtheitsgebot zugunsten eines einseitigen Bestimmungsrechts.[293] Dieses Gebot wird jedoch nur gelockert, nicht beseitigt. Die Unbestimmtheit darf nicht so weit gehen, dass eine vertragliche Bindung der einen Partei ganz entfällt oder die Tragweite ihrer Verpflichtung überhaupt nicht mehr feststellbar ist.[294] Inhalt und Umfang des Anpassungsrechts müssen folglich bestimmt oder bestimmbar sein.[295] Anderenfalls fehlt es an einer wirksamen Vereinbarung.

Für privatrechtlich organisierte Börsen bedeutet dies, dass die vertragliche Regelung erkennen lassen muss, inwieweit die Börse zur Anpassung berechtigt sein soll. Die Bandbreite der in Frage kommenden einseitigen Änderungsrechte reicht von der Bestimmung der Gegenleistung, also einem Preisanpassungsrecht, über die Beeinflussung von Leistung und Gegenleistung bis hin

---

[290] Die Frage der Einordnung der Verträge in die gesetzlich geregelten Vertragstypen soll an dieser Stelle nicht weiter verfolgt werden. Es genügt festzustellen, dass es sich um typengemischte schuldrechtliche Verträge handelt. Vgl. im Einzelnen zu den zwischen Emittenten und der Börse geschlossenen Verträgen OLG Frankfurt a.M. WM 2002, 924, 925; *Wolf*, WM 2001, 1785, 1788 f.; *Plückelmann*, Der Neue Markt der Deutsche Börse AG, S. 155 ff.

[291] Nach MüKo-BGB/ *Gottwald*, § 315 Rn. 85, ist § 315 BGB auf Bestimmungsrechte in Gesellschaftsverträgen beispielsweise anwendbar. Vgl. dazu auch Staudinger, BGB/ *Rieble*, § 315, Rn. 51; *Bachmann*, WM 2001, 1793, 1797.

[292] *Esser/ Schmidt*, Schuldrecht Allgemeiner Teil 1, § 14 I.

[293] Staudinger, BGB/ *Rieble*, § 315, Rn. 4.; Soergel, BGB/ *Wolf*, § 315, Rn. 1; *Baur*, Vertragliche Anpassungsregelungen, S. 61.

[294] BGHZ 55, 248, 250; BGH NJW 1986, 845; Soergel, BGB/ *Wolf*, § 315, Rn. 11; *ders.*, WM 2001, 1785, 1786; vgl. auch Staudinger, BGB/ *Rieble*, § 315, Rn. 11, der von der Notwendigkeit der Festlegung der Identität des Schuldverhältnisses spricht.

[295] *Bilda*, Anpassungsklauseln in Verträgen, S. 27; vgl. *Esser/ Schmidt*, Schuldrecht Allgemeiner Teil 1, § 14 I, MüKo-BGB/ *Gottwald*, § 315, Rn. 14.

zur Änderung des ganzen Vertrages.[296] Ersteres genügt dem Bestreben der Börse nach einseitiger Setzung des Regelwerks nur sehr eingeschränkt. Auf letzteres werden sich die Vertragspartner nur schwerlich einlassen; zudem bestehen rechtliche Bedenken. Alle Klauseln zwischen diesen beiden Polen bedürfen zudem einer genauen Beschreibung des Umfangs des Änderungsrechts, um dem erwähnten Bestimmtheitsgebot zu genügen. Eine Änderungsbefugnis für Leistung und Gegenleistung bedarf folglich feststehender Anhaltspunkte für die Ausübung dieses Rechts. § 315 Abs. 1 BGB erachtet im Zweifel die Billigkeit für ausschlaggebend. Es muss aber aus dem Vertrag erkennbar sein, nach welchen Kriterien die berechtigte Partei die Änderungen vornehmen darf.[297] Anderenfalls ist auch eine billige Bestimmung nicht durchführbar. Bei Preisen bereitet eine solche billige Bestimmung in der Regel weniger Probleme. Die Anpassung von Vertragsklauseln, insbesondere die Einführung von neuen Bestimmungen, bedarf dagegen weiterer Anhaltspunkte, die die Grenzen der Billigkeit abstecken.[298] Die schon angesprochene Vereinbarung eines umfassenden Änderungsrechts genügt einerseits den Anforderungen an die Bestimmtheit. Dies darf andererseits aber nicht so weit gehen, dass eine Partei den Vertragsinhalt vollständig einseitig festlegen kann.[299] Hier fehlt es an den Voraussetzungen einer vertraglichen Bindung.[300] Zudem ist nicht einmal das Mindestmaß an vertraglicher Austauschgerechtigkeit gewahrt,[301] wenn eine Partei faktisch nicht gebunden ist. Dies alles gilt auch für das Börsenwesen. Einem Unternehmen werden erheblich Anstrengungen, auch finanzieller Art, abverlangt, wenn es einen Börsengang vollziehen will. Wenn nun die Börse nach einer vergleichsweise geringen Zeitspanne von einigen Jahren von einem uneingeschränkten Änderungsrecht Gebrauch machen und sich von jeder vertraglichen Verpflichtung befreien könnte, wäre das nicht ohne weiteres rechtlich hinnehmbar. Genau diese Situation ist aber eingetreten, als die Deutsche Börse AG für die betroffenen Unternehmen überraschend Ausschlussklauseln in das Regelwerk Neuer Markt aufgenommen hat.

Aus den vorangegangenen Überlegungen ergibt sich für die Vereinbarung eines Anpassungsrechts zugunsten einer privatrechtlichen Börse folgendes: Der zwischen den Parteien geschlossene Vertrag muss das Anpassungsrecht so genau umreißen, dass bei einer Änderung oder einer Einfügung von Bestimmungen erkennbar ist, ob das Anpassungsrecht die Maßnahme umfasst oder ob die Anpassung hierüber hinausgeht. Anderenfalls ist die Einräumung eines Anpassungsrechts zu unbestimmt und damit unwirksam. Unwirksam ist insbe-

296 Vgl. *Baur*, Vertragliche Anpassungsregelungen, S. 72.

297 Vgl. *Baur*, Vertragliche Anpassungsregelungen, S. 74.

298 *Horn*, NJW 1985, 1118, 1121; vgl. dazu auch BGHZ 55, 248, 250 f.

299 Vgl. BGHZ 55, 248, 250; Staudinger, BGB/ *Rieble*, § 315, Rn. 34.

300 Vgl. BGHZ 55, 248, 250.

301 Vgl. dazu *Canaris*, Die Bedeutung der iustitia distributiva im deutschen Vertragsrecht, S. 8, 46 ff.

sondere eine vollständige Unterwerfung des Vertrages unter die Änderungsbefugnis der Börse.

c) Vereinsrechtliche Überlagerung

Hier fügt sich ein von *Baums/ Segna*[302] unterbreiteter, dem Vereinsrecht entlehnter Vorschlag ein. Ähnlich der Erstreckung des internen Vereinsrechts auf Nichtmitglieder sollen sich die Handelsteilnehmer und Emittenten unter ein von einem Börsenorgan erlassenes Regelwerk unterwerfen. Die Börse soll zur Änderung dieses Regelwerkes berechtigt sein. Im Vereinsrecht ist eine solche Unterwerfung von Nichtmitgliedern (von eng begrenzten Ausnahmen abgesehen) nur durch privatrechtlichen Vertrag nach § 311 Abs. 1 BGB möglich.[303] Die Vereinbarung der Geltung auch von Satzungsänderungen, so genannte 'dynamische Verweisung', wird als Regelung im Sinne von § 315 BGB angesehen.[304] Gegenüber der Anwendung des § 315 BGB in gewöhnlichen schuldrechtlichen Beziehungen besteht folgende Besonderheit: Der Verein regelt im Rahmen weitreichender Autonomie innerhalb des Vereinszwecks seine Belange. Dieser Autonomie sind in erster Linie seine Mitglieder unterworfen. In verschiedenen Situationen besteht aber auch ein Bedürfnis nach schuldrechtlicher Integration dritter Personen. Diese Personen werden dann ebenfalls dem Vereinsrecht, mithin der Vereinsautonomie, unterworfen. Hält man in solchen schuldrechtlichen Verträgen dynamische Verweisungen auf das jeweils geltende Vereinsrecht für zulässig und sieht diese Vertragsbestimmungen als solche im Sinne von § 315 BGB an, so ist das gleichbedeutend mit einer Reduzierung der Voraussetzungen einseitiger Bestimmungsrechte im Sinne von § 315 BGB. Dies muss deshalb so sein, da solch weitgehende Unterwerfungen unter das Bestimmungsrecht des Vertragspartners in gewöhnlichen schuldrechtlichen Verträgen den vorstehend angesprochenen Bedenken im Hinblick auf den Bestimmtheitsgrundsatz unterlägen. Die herrschende Meinung stellt folglich in vereinsrechtlich bedingten Sonderfällen an die Voraussetzungen eines einseitigen Bestimmungsrechts im Sinne von § 315 BGB geringere Anforderungen.[305] Dieser Aspekt könnte auch vorliegend von Bedeutung sein.

---

302 *Baums/ Segna*, Börsenreform, S. 48 f.; *Segna*, ZBB 1999, 144, 150. Als vergleichbare Situation führen sie die Lizenzverträge zwischen den Profifußballern und dem Deutschen Fußballbund (DFB) an.

303 BGHZ 128, 93, 103; *Lukes*, FS Westermann, 325, 344; *Pfister*, JZ 1995, 464, 465.

304 So Soergel-BGB/ *Hadding*, § 25, Rn. 35; *Edenfeld*, Die Rechtsbeziehungen des bürgerlichrechtlichen Vereins zu Nichtmitgliedern, S. 213 f.; *Heermann*, NZG 1999, 325, 332; *Pfister*, JZ 1995, 464, 476.

305 So spricht *Heermann*, NZG 1999, 325, 332, bei Sportvereinen vom "status sportivus eines Athleten", in welchen aufgrund der Eigenart des Sports und unter Rückgriff auf § 315 BGB eingegriffen werden kann.

Die Vergleichbarkeit der Organisation der Börsengeschäfte mit der Teilhabe von Nichtmitgliedern am Vereinszweck[306] muss jedoch bezweifelt werden. Ausgangspunkt der Überlegungen ist das Vereinsrecht in §§ 21 ff. BGB. Vereine gestalten ihre internen Rechtsbeziehungen durch Setzung von Innenrecht in Form einer Satzung (§ 25 BGB), und bei Bedarf zusätzlich durch Vereinsordnungen[307]. Der Verein ist das Grundmodell körperschaftlich strukturierter Gesellschaftsformen wie der Aktiengesellschaft und der Gesellschaft mit beschränkter Haftung.[308] Insoweit ist eine Vergleichbarkeit noch gegeben. Bei der Unterwerfung von Nichtmitgliedern unter Vereinsrecht geht es um die Teilhabe des Nichtmitglieds am Vereinszweck.[309] Das Nichtmitglied bekommt teilweise eine mitgliedschaftsähnliche Stellung eingeräumt. Davon zu trennen sind die Beziehungen des Vereins zu 'echten' Dritten. Möchte ein Außenstehender nicht wie ein Mitglied am Vereinszweck teilhaben, sondern mit dem Verein als ganzem in Verbindung treten, so ist dies ein normales Rechtsgeschäft des Vereins als Rechtssubjekt. Dieses Geschäft hat mit den Vereinsinterna nichts zu tun. Zuzugeben ist, dass ein schuldrechtlicher Vertrag mit einem Nichtmitglied im Vergleich zu einer vollen Mitgliedschaft einen erhöhten Austauschcharakter aufweist. Der Außenstehende nimmt die Vereinsleistungen in Anspruch, hat jedoch nur begrenzte Mitgliedsrechte und -pflichten. Dennoch steht die (teilweise) Einräumung einer Mitgliedstellung und nicht der schuldrechtliche Leistungsaustausch im Vordergrund. Nicht anders ist die Situation bei Vereinen (beispielsweise Stipendiengebern), deren Zweck in der Ausrichtung auf Nichtmitglieder besteht.[310] Das Nichtmitglied hat entweder über einen bloßen Leistungsaustausch hinaus am Vereinszweck teil oder aber es wird ein gewöhnlicher schuldrechtlicher Vertrag begründet.

Im Börsenwesen sollen die Handelsteilnehmer und Emittenten nicht die Stellung von Anteilsinhabern der Börse erhalten, sondern Geschäftspartner der Börse werden. Wird de lege ferenda die Börse losgelöst vom Genossenschaftsgedanken als privatrechtliche Gesellschaft strukturiert,[311] so kann man die Geschäftsbeziehungen zu den 'Kunden' nicht als Teilhabe am Gesellschaftszweck deklarieren. Eine solche Börse will nicht in erster Linie ihren Geschäftspartnern eine Zusammenkunft ermöglichen, sondern mit dem Betätigungsfeld Börsenwesen Gewinn erzielen.[312] Jede andere Sichtweise wäre ver-

---

306 So *Baums/ Segna*, Börsenreform, S. 49; *Segna*, ZBB 1999, 144, 150.

307 *Kirchhof*, Private Rechtsetzung, S. 277.

308 Vgl. *Schmidt*, Gesellschaftsrecht, § 3 I 2 b.

309 Vgl. *Edenfeld*, Die Rechtsbeziehungen des bürgerlich-rechtlichen Vereins zu Nichtmitgliedern, S. 24.

310 Vgl. *Edenfeld*, Die Rechtsbeziehungen des bürgerlich-rechtlichen Vereins zu Nichtmitgliedern, S. 24.

311 Zur Integration der Handelsteilnehmer in die Börsengesellschaft nachstehend 2. Teil C I 4.

312 So auch *Hammen*, WuB I G 7.- 5.01, 1045, 1048, bezüglich der von der Deutsche Börse AG betriebenen "Privatbörse" 'Neuer Markt'.

gleichbar mit, um beim von *Baums/ Segna*[313] ins Spiel gebrachten Profifußball zu bleiben, der Annahme primär gemeinnütziger Tätigkeit der Profifußballvereine.[314] Nur soweit es darum geht, die Nutzung der Börseneinrichtungen und die Unterwerfung unter das Hausrecht zu regeln, ist eine Teilhabe an einem gemeinsamen Zweck denkbar. Aber auch hier überwiegt der schuldrechtliche Charakter. Das berücksichtigen *Baums/ Segna* zu wenig.

An diesem Ergebnis ändert auch die Tatsache nichts, dass die Rechtsbeziehungen der Börse zu dem einzelnen Emittenten oder Handelsteilnehmer erheblich von den Beziehungen zu den anderen am Börsengeschehen Beteiligten abhängig sind. Ein funktionierender Markt ist auf die Mitwirkung vieler Parteien angewiesen. Anderenfalls bleiben Liquidität und Händler der Börse fern. Jeder Emittent ist damit prinzipiell an der Existenz möglichst vieler weiterer Emittenten interessiert. Ihm ist auch daran gelegen, dass es an der Börse geordnet zugeht und 'schwarze Schafe' entfernt werden. Gleiches gilt für die Handelsteilnehmer. Neben individuellen Interessen müssen daher auch stets die Interessen der 'Gemeinschaft' beachtet werden. Obwohl sich das Börsengebilde aus diesem Blickwinkel als ein Geflecht von Vertragsbeziehungen, fast schon als Netzwerk darstellt,[315] stehen weiterhin die schuldrechtlichen Zweierbeziehungen im Vordergrund.[316] Lediglich bei der Interessenabwägung sind die gemeinschaftlichen Interessen mit einzubeziehen.[317]

Ungeachtet dieser Bedenken sind den vereinsrechtlichen Unterwerfungsklauseln der aufgeführten Art auch inhaltliche Grenzen gesetzt. Eine vollständige Unterwerfung unter den Vereinszweck und unter das gesamte Vereinsregelwerk ist als Umgehung einer Mitgliedschaft bedenklich.[318] Die fehlende Mitwirkung des Außenstehenden an vereinsinternen Dingen rechtfertigt lediglich eine Erstreckung des Vereinsregelwerks auf einen sachlich begrenzten Bereich. Der Einbuße an Mitwirkungsbefugnissen müssen Vorteile für den Außenstehenden gegenüberstehen, die er durch die Unterwerfung erlangt.[319] *Lukes*[320]

313 Vgl. *Baums/ Segna*, Börsenreform, S. 48.

314 Nach überwiegender Ansicht haben die vorwiegend (noch) in rechtsfähigen Vereinen i.S.v. § 21 BGB organisierten Profifußballclubs den Status des gemeinnützigen Vereins längst verlassen. Sie sind damit zu prinzipiell eintragungsunfähigen wirtschaftlichen Vereinen nach § 22 BGB geworden. Auch das Nebenzweckprivileg vermag über die wirtschaftliche Ausrichtung nicht hinwegzuhelfen. Nur aus den besonderen Umständen ist zu erklären, dass die zuständigen Behörden den Vereinen noch nicht die Rechtsfähigkeit nach § 43 Abs. 2 BGB entzogen haben. Vgl. dazu *Heermann*, ZIP 1998, 1249, 1257; *Segna*, ZIP 1997, 1901, 1903 f.; *Schad*, NJW 1998, 2411, 2413. Gleiches gilt für den ADAC, vgl. *Schad*, aaO, 2412.

315 Vgl. *Bachmann*, WM 2001, 1793, 1797; *Kümpel*, in: Kümpel/ Hammen, Börsenrecht, 2. Teil III 4 c aa. Vgl. auch OLG Frankfurt a.M. WM 2002, 924, 927 f.

316 Vgl. auch *Plückelmann*, Der Neue Markt der Deutsche Börse AG, S. 145.

317 So auch *Bachmann*, WM 2001, 1793, 1796.

318 *Lukes*, FS Westermann, 325, 342.

319 *Lukes*, FS Westermann, 325, 343.

verlangt weiterhin, dass die Auswirkungen der Unterwerfung schon beim Abschluss des Vertrages überschaubar sind. Es darf keine unübersehbare Ausdehnung der Vereinsgewalt auf Nichtmitglieder erfolgen. Diese Anforderungen sind nichts anderes, als eine Ausprägung des bereits erörterten Bestimmtheitsgebots. Wie erwähnt, erlaubt hier der Vereinszweck als weitere Grenze lediglich einen etwas höheren Grad an Unbestimmtheit als gewöhnlich bei § 315 BGB. Dieser Vereinszweck ist in der Satzung festgehalten und kann zuverlässig als Auslegungshilfe herangezogen werden. Die Gründe für einen privatrechtlichen Vertragsschluss bleiben dagegen im Verborgenen und sind mitunter für beide Parteien verschieden. Sie sind daher nur sehr bedingt taugliche Bestimmungshilfen im Rahmen des § 315 BGB. Gerade die letzte Erwägung trifft für die Organisation des Marktes 'Börse' de lege ferenda zu. Fehlt der genossenschaftliche Grundgedanke, sind die Beziehungen der Börse zu den Handelsteilnehmern und Emittenten rein schuldrechtlicher Natur. Ein gemeinsamer Zweck lässt sich nur für einen Kern der Verbindung ausmachen. Als Beispiel möge die Gegenüberstellung von einem gewöhnlichen Börsengang eines Emittenten mit einem Zweitlisting genügen, welches lediglich zu Werbezwecken erfolgt. Dass hier die Vertragsbedingungen zur Einbeziehung der Papiere in den Börsenhandel unterschiedliche Auswirkungen haben, liegt auf der Hand. Ähnliches lässt sich für Handelsteilnehmer mit Doppelzulassung anführen.

Hieraus folgt, dass es auch bei einer vereinsrechtlichen Anknüpfung bei den Bestimmtheitsanforderungen bleiben muss, die im Rahmen einer Vereinbarung nach § 315 BGB bestehen. Ein irgendwie gearteter Börsenzweck kann über die im jeweiligen Vertrag getroffenen Bestimmungen hinaus nicht herangezogen werden.

d) Weitere Schranken

Bei Preisanpassungsklauseln ist allgemein die Vorschrift in § 2 des Preisangaben- und Preisklauselgesetzes (PaPkG)[321] zu beachten. Leistungsbestimmungsrechte im Sinne von § 315 BGB sind jedoch, anders als automatische Anpassungsklauseln, aus dem Blickwinkel von § 2 PaPkG unbedenklich.[322]

Im übrigen wird die Grenze der Zulässigkeit durch die Regelung in § 138 BGB gezogen. Für sich genommen ist die (eventuell unwiderrufliche) einseitige Un-

---

320 *Lukes*, FS Westermann, 325, 343 f.

321 § 2 des Preisangaben- und Preisklauselgesetzes vom 9.6.1998 ist die Nachfolgeregelung des § 3 Satz 2 Währungsgesetz. Näheres dazu bei *Vogler*, NJW 1999, 1236 ff.

322 MüKo-BGB/ *Gottwald*, § 315, Rn. 17; *Wolf*, ZIP 1987, 341, 341.

terwerfung unter das Bestimmungsrecht des Vertragspartners dabei noch nicht sittenwidrig.[323]

Bei marktbeherrschender Stellung einer Börse wie sie bei der größten deutschen Börse nicht auszuschließen ist, sind Anpassungsklauseln auch aus dem Blickwinkel des Missbrauchs einer marktbeherrschenden Stellung zu betrachten (§ 22 Abs. 4 und 5 GWB).[324]

e) Ergebnis

Alles in allem sind Klauseln nach dem Vorbild des § 315 BGB generell dazu geeignet, die einseitige Änderung von Vertragsbedingungen zu ermöglichen. Dabei ist jedoch das Bestimmtheitsgebot zu beachten. Das hat zur Folge, dass einer privatrechtlich organisierten Börse nur ein fest umrissener Kreis an Änderungsbefugnissen eingeräumt werden könnte. Es ist nicht möglich, eine uneingeschränkte Änderungsbefugnis wirksam zu vereinbaren.

Gelegentlich wird betont, es sei selbstverständlich, dass Börsen ihr Regelwerk einseitig anpassen können. Das gelte beispielsweise dann, wenn Börsen die Struktur ihrer Segmente grundlegend umgestalten.[325] Aus dem Bedürfnis nach einem solchen Änderungsrecht kann man freilich nicht auf die rechtliche Zulässigkeit schließen. Die rechtliche Zulässigkeit ergibt sich in erster Linie aus den Grundprinzipien unserer Rechtsordnung. Sind die Vertragsbeziehungen und mit ihnen das Regelwerk privatrechtlicher Natur, so gilt für die Vereinbarung eines einseitigen Änderungsrechts die Vorschrift in § 315 BGB in den aufgezeigten Grenzen. Für unvorhersehbar notwendig gewordene Änderungen stehen zwar (zusätzlich) die Rechtsinstitute der ergänzenden Vertragsauslegung[326] und des Wegfalls der Geschäftsgrundlage (§ 313 BGB) zur Verfügung. Die Anerkennung eines umfassenden einseitigen Änderungsrechts aufgrund ergänzender Vertragsauslegung, wie es das Primary Markets Arbitration Panel – das für den Neuen Markt zuständige Börsenschiedsgericht – ausgesprochen hat,[327] geht gleichwohl zu weit.[328] Die angeführten Rechtsinstitute werden nur in einigen wenigen Fällen eine sofortige Änderung des Regelwerks zulassen.

---

[323] Vgl. *Bilda*, Anpassungsklauseln in Verträgen, S.28.

[324] Siehe *Baur*, Vertragliche Anpassungsregelungen, S. 89 ff.; *Horn*, NJW 1985, 1118, 1124.

[325] Vgl. OLG Frankfurt a.M. WM 2002, 924, 928; *Bauer/ Pleyer/ Hirche*, BKR 2002, 102, 104.

[326] Vgl. OLG Frankfurt a.M. WM 2002, 924, 928.

[327] Primary Markets Arbitration Panel, Schiedsspruch v. 10.09.2001, BKR 2001, 153, 157 ff.; Schiedsspruch v. 12.02.2002, BKR 2002, 410, 419 ff. sowie Schiedsspruch v. 20.02.2002, BKR 2002, 468, 470 ff.

[328] Zudem ist die Argumentation des Schiedsgerichts widersprüchlich, wenn es zunächst ein ausdrücklich vertraglich vereinbartes einseitiges Änderungsrecht wegen Verstoßes gegen die Vorschriften in §§ 305 ff. BGB für unwirksam hält und sodann ein solches Änderungsrecht im Wege ergänzender Vertragsauslegung doch wieder herbeiführt, vgl. Primary Markets Arbitration Panel, BKR 2001, 153, 155 ff. So wie hier *Krämer*, BKR 2001, 131, 133 f.

Eine Auslegung wie sie das Primary Markets Arbitration Panel vertritt, ist mit dem aufgezeigten Schutzbedürfnis der Vertragspartner einer Börse nicht vereinbar. Die ergänzende Vertragsauslegung kann nur zu konkreten Rechten, Pflichten und Vertragsmodalitäten führen. Ein umfassendes Recht zu einseitiger Vertragsanpassung kann damit nicht begründet werden.

An die Möglichkeit, für Börsen eine gegenüber § 315 BGB erweiterte Änderungsbefugnis spezialgesetzlich[329] festzuschreiben, ist höchstens bezüglich einzelner bestimmter Punkte zu denken. Eine allumfassende einseitige Gestaltungsmöglichkeit vorzusehen, widerspräche den aufgezeigten Grundprinzipien des Vertragsrechts.

3. Allgemeine Geschäftsbedingungen

Wie oben bereits deutlich wurde, stehen als weiteres Rechtsinstitut zur einseitigen Beeinflussung von Vertragsbeziehungen Allgemeine Geschäftsbedingungen zur Verfügung. Die Definition in § 305 Abs. 1 BGB macht das deutlich: Allgemeine Geschäftsbedingungen sind vom Verwender gestellte Vertragsbedingungen. Ein Aushandeln mit der anderen Partei beseitigt die Eigenschaft als Allgemeine Geschäftsbedingungen (§ 305 Abs. 1 Satz 3 BGB). Wird das Klauselwerk als eine Art Musterbedingungen von Vertretern aller Beteiligten ausgearbeitet, so ändert das an der Eigenschaft als Allgemeine Geschäftsbedingungen nichts.[330] Zum einen verlangen die Vorschriften der §§ 305 ff. BGB nämlich nicht, dass die Bedingungen vom Verwender vorformuliert werden. Zum anderen hat der Vertragspartner beim konkreten Vertragsschluss keine Möglichkeit zum individuellen Aushandeln. Zur endgültigen Klassifizierung als Allgemeine Geschäftsbedingungen fehlt nur noch das Merkmal "für eine Vielzahl von Verträgen vorformulierten Vertragsbedingungen".

a) Das Vorliegen Allgemeiner Geschäftsbedingungen

Eine effiziente Organisation des Börsenhandels erfordert eine Standardisierung der Geschäftsabläufe,[331] mithin einheitliche Vertragsbestimmungen. Auch wenn im einzelnen die angesprochene Gefahr der Uneinheitlichkeit der Vertragsbeziehungen auftaucht, so wird doch im großen und ganzen Gleichartig-

---

[329] Zur Möglichkeit, spezialgesetzlich Änderungsrechte einzuräumen, vgl. Staudinger, BGB/ *Rieble*, § 315 Rn. 201; *Wolf*, WM 2001, 1785, 1787. Beispiele für derartige Normen sind §§ 172; § 178g Abs. 2 VVG. Diese gewähren ein Anpassungsrecht jedoch nur in geringem Umfang und nur unter Mitwirkung eines unabhängigen Treuhänders oder der Aufsichtsbehörde.

[330] Ulmer-Brandner-Hensen/ *Ulmer*, AGBG, § 1, Rn. 59; MüKo-BGB/ *Basedow*, § 1 AGBG Rn. 14; *Bachmann*, WM 2001, 1793, 1795.

[331] Vgl. *Kümpel*, Bank- und Kapitalmarktrecht, Rn. 17.210.

keit bestehen bleiben. Der Wunsch nach Effizienz und Transparenz im Börsenhandel begründet ein Bedürfnis nach gänzlich einheitlichen Bedingungen. Es ist daher sogar darüber nachzudenken, das Anliegen nach gleichartigen Vertragsbedingungen durch zusätzliche Maßnahmen, etwa durch die Festschreibung einer Genehmigungspflicht für die Allgemeinen Geschäftsbedingungen durch die Aufsicht, zu unterstützen. Die von der Börse vorformulierten Verträge sind mithin auch für eine Vielzahl von Verträgen gedacht. Gestaltet man die Rechtsbeziehungen der Börse zu den Emittenten und Handelsteilnehmern auf privatvertraglicher Ebene, werden diesen Beziehungen folglich Allgemeine Geschäftsbedingungen zugrunde liegen.[332] So sind schon de lege lata der Freiverkehr an der Frankfurter Wertpapierbörse und mit ihm der Neue Markt durch Allgemeine Geschäftsbedingungen geregelt.[333] Im unternehmerischen Verkehr finden die Vorschriften der §§ 305 ff. BGB bekanntermaßen Anwendung (vgl. § 310 Abs. 1 BGB). Ein eventuelles behördliches Genehmigungserfordernis beseitigt die Eigenschaft eines Regelwerks als Allgemeine Geschäftsbedingungen und die Anwendbarkeit dieser Normen nicht (vgl. § 8 Abs. 2 UnterlassungsklagenG [§ 16 AGBG a.F.]). Das Klauselwerk unterliegt somit einer Inhaltskontrolle, jedoch nach § 310 Abs. 1 BGB lediglich gemäß § 307 Abs. 1 u. 2 BGB.

Die inhaltliche Ausgestaltung einseitiger Vertragsbeeinflussung durch Allgemeine Geschäftsbedingungen ist auf mehreren Wegen möglich.

Bereits das Stellen der Allgemeinen Geschäftsbedingungen verkörpert eine Form von einseitiger Vorgabe der Bedingungen. Hierauf müssen sich die Vertragspartner aber freiwillig einlassen. Die Börse kann Allgemeine Geschäftsbedingungen keineswegs zwingend vorschreiben.

Von besonderem Interesse sind an dieser Stelle Vertragsanpassungsklauseln, die der Börse ein flexibles Reagieren auf geänderte Bedürfnisse ohne langwierige Verhandlungen ermöglichen. Dabei steht die Vereinbarung einer einseitigen Änderungsbefugnis im Vordergrund. Derartige Regelungen sind vor allem in zwei Varianten bekannt: Genehmigungsfiktionen und einseitige Änderungsvorbehalte.

---

[332] So auch *Segna*, ZBB 1999, 144, 151; *Kümpel*, WM 1997, 1917, 1918; *Hopt/ Baum*. Börsenreform, S. 402 Fn. 482; *Riehmer/ Heuser*, NZG 2001, 385, 390 f. Im privatisierten Börsenwesen Österreichs ist das gesamte Regelwerk als Allgemeine Geschäftsbedingungen ausgestaltet, vgl. § 13 öst. BörseG.

[333] So die herrschende Meinung, vgl. *Plückelmann*, Der Neue Markt der Deutsche Börse AG, S. 145 f.

b) Genehmigungsfiktionen

Weit verbreitet sind Klauseln, wie sie in Nr. 1 Abs. 2 AGB-Banken zu finden sind. Diese Bestimmung enthält eine Genehmigungsfiktion für bekannt gemachte Änderungen der Allgemeinen Geschäftsbedingungen nach nicht erfolgtem Widerruf. Die Klausel erfüllt die sich aus § 308 Nr. 5 BGB ergebenden Anforderungen bezüglich einer angemessenen Frist und bezüglich der Verpflichtung zur Belehrung bei Fristbeginn über die Bedeutung des Schweigens. Zweifel werden aber hinsichtlich der Vereinbarkeit mit dem Europarecht geäußert.[334] Da die entsprechende Richtlinie nur die Rechtsbeziehungen von Unternehmern zu Verbrauchern betrifft, ist diese Frage vorliegend nicht weiter von Bedeutung. Das Klauselverbot in § 308 Nr. 5 BGB ist nämlich bei der Verwendung der AGB gegenüber Unternehmern, also beispielsweise gegenüber Handelsteilnehmern einer Börse, nicht anwendbar (§ 310 Abs. 1 Satz 1 BGB). Die Inhaltskontrolle richtet sich folglich nach § 307 Abs. 1 u. 2 BGB. Die Grundgedanken der Klauselverbote der §§ 308, 309 BGB fließen jedoch in die Wertung im Rahmen der allgemeinen Inhaltskontrolle nach § 307 Abs. 1 u. 2 BGB mit ein.[335] Dies ergibt sich schon aus § 310 Abs. 1 Satz 2 BGB. Wie die Norm weiter offenbart, verbietet sich indes eine unreflektierte Übernahme der speziellen Klauselverbote in §§ 308, 309 BGB in den unternehmerischen Verkehr. Es ist vielmehr auf die Gewohnheiten und Gebräuche des Handelsverkehrs angemessen Rücksicht zu nehmen. Grundsätzlich trifft der hinter den Klauselverboten stehende Gerechtigkeitsgedanke aber auch auf den unternehmerischen Verkehr zu.[336] Den nicht unmittelbar anwendbaren Klauseln kommt eine Indizwirkung für eine unangemessene Benachteiligung im unternehmerischen Verkehr zu.[337] Diese allgemeinen Erwägungen gelten auch für den Tatbestand in § 308 Nr. 5 BGB. Bei Verwendung unerwarteter Erklärungsfiktionen sind auch Unternehmer schutzwürdig.[338] Der Bundesgerichtshof nimmt daher eine auf § 307 Abs. 1 u. 2 BGB übergeleitete Geltung des § 308 Nr. 5 BGB im unternehmerischen Verkehr an.[339] Bei Genehmigungsfiktionen ist jedoch zu bedenken, dass dieses Instrument im Handelsverkehr weit verbreitet ist (vgl. §§ 362 I; 377 II HGB),[340] während es im Privatrechtsverkehr als unüblich erscheint. Daher sind im unternehmerischen Verkehr geringere An-

334 Insoweit für eine Unwirksamkeit dieser Klausel aufgrund eines Verstoßes gegen Nr. 1 j) des Anhangs der Richtlinie 93/13/EWG (Richtlinie über missbräuchliche Klauseln in Verbraucherverträgen): MüKo-BGB/ *Basedow*, § 23 AGBG Rn. 163.

335 BGHZ 90, 273, 277; 103, 316, 328

336 Vgl. BGHZ 90, 273, 277.

337 BGHZ 103, 316, 328; Ulmer-Brandner-Hensen/ *Brandner*, AGBG, § 24 Rn. 19. MüKo-BGB/ *Basedow*, § 24 AGBG Rn. 6.

338 Wolf-Horn-Lindacher/ *Wolf*, AGBG, § 10 Nr. 5 Rn. 55. Soergel, BGB/ *Stein*, § 10 AGBG Rn. 60.

339 Vgl. BGHZ 101, 357, 365; so auch MüKo-BGB/ *Basedow*, § 10 Nr. 5 AGBG Rn. 14.

340 Siehe auch MüKo-BGB/ *Basedow*, § 10 Nr. 5 AGBG Rn. 14.

forderungen an die Zulässigkeit von Genehmigungsfiktionen zu stellen.[341] § 308 Nr. 5 BGB stellt mit seinen formalen Anforderungen kein taugliches Kriterium für die Prüfung solcher Klauseln im unternehmerischen Verkehr dar. Angebracht erscheint eine Kontrolle ausschließlich anhand der Wertung des § 307 Abs. 1 u. 2 BGB.[342] Eine Unwirksamkeit kommt daher bei Klauseln in Betracht, die im Handelsverkehr unüblich sind.[343]

Gegenwärtig finden sich in Ziff. 1 Abs. 2 SMAX-Teilnahmebedingungen sowie in Ziff. 2 Abs. 6 der XTF-Teilnahmebedingungen Genehmigungsfiktionen, wonach bekannt gemachte Änderungen bei Fehlen eines unverzüglichen Widerspruchs als genehmigt gelten. Diese Klauseln gehen über Nr. 1 Abs. 2 AGB-Banken hinaus und zeigen, dass auch im Börsenwesen derartige Vereinbarungen üblich sind. Ähnlich geartete Klauseln sind deshalb rechtlich zulässig.

Die Ausübung eines in einer solchen Klausel zugestandenen Widerspruchsrechts durch einige der Vertragspartner der Börse würde allerdings die unliebsame Konsequenz nach sich ziehen, dass die erforderliche Einheitlichkeit der Vertragsbedingungen aller Handelsteilnehmer und Emittenten nur bedingt gewahrt bliebe. Dieser Folge kann sich die Börse auch nicht durch Kündigung der widersprechenden Vertragspartner entziehen. Die Ausübung eines vertraglich zugestandenen Rechts vermag als solche keinen (außerordentlichen) Kündigungsgrund abzugeben.[344] Die Börse kann versucht sein, die genannten Auswirkungen dadurch abzumildern, dass sie eine prinzipielle Zustimmungspflicht der Vertragspartner beziehungsweise ein eigenes Kündigungsrecht bei Widerspruch der anderen Seite in das Regelwerk aufnimmt. Derartige Klauseln wären nicht von vornherein unzulässig.[345] Das Verbot eines grundlosen Rücktrittsvorbehalts in § 308 Nr. 3 BGB gilt ausdrücklich nicht für Dauerschuldverhältnisse, zu denen Verträge mit Emittenten und Handelsteilnehmern zu zählen sind[346]. Die Zulässigkeit bestimmt sich damit nach § 307 Abs. 1 u. 2 BGB. Besonders die Emittenten, aber auch die Handelsteilnehmer unternehmen enorme Anstrengungen, die Zulassungsbedingungen der Börse zu erfüllen. Sie haben daher ein berechtigtes Interesse daran, die Vertragsbeziehungen langfristig aufrechtzuerhalten. Bezüglich des Vertragsinhaltes orientieren sie sich am ursprünglichen Vertrag. Wie bereits ausgeführt, sind sie im Hinblick auf nicht vorhersehbare Änderungen schutzwürdig. Dieser Schutz wird unterwandert, wenn man ein Kündigungsrecht der Börse bei einem nicht akzeptierten Vertragsänderungsversuch beliebig zulässt. Aus diesen Gründen kann den

---

341 Ulmer-Brandner-Hensen/ *Schmidt*, AGBG, § 10 Nr. 5 Rn. 18.

342 So auch Ulmer-Brandner-Hensen/ *Schmidt*, AGBG, § 10 Nr. 5 Rn. 18.

343 Wolf-Horn-Lindacher/ *Wolf*, AGBG, § 10 Nr. 5 Rn. 55.

344 Vgl. OLG Köln WM 1996, 150, 150; LG Hamburg WM 1996, 814, 815 f.

345 Vgl. LG Hamburg WM 1996, 814, 815.

346 Vgl. *Wolf*, WM 2001, 1785, 1788.

Vertragspartnern auch nicht eine unbedingte Zustimmungspflicht zu anstehenden Änderungen auferlegt werden. Zulässig ist hingegen die Festschreibung einer Pflicht zu wohlwollender Prüfung des Änderungsbegehrens. Freilich wäre eine solche Pflicht kaum praktisch handhabbar.

c) Einseitige Änderungsvorbehalte

Die nächste Gruppe einseitige Gestaltung ermöglichender Klauseln bilden Leistungsbestimmungsrechte und Änderungsvorbehalte. Sie stellen die oben angesprochene Verbindung von § 315 BGB und Allgemeinen Geschäftsbedingungen dar. Insbesondere *Hellwig* und *Claussen* sehen in dieser Konstruktion einen für das Börsenregelwerk de lege ferenda gangbaren Weg.[347] In den gängigen Klauselwerken sind sie nur in Einzelfällen anzutreffen, zum Beispiel in Nr. 12 Abs. 3 AGB-Banken, wonach die Bank die Entgelte für Bankdienstleistungen nach billigem Ermessen ändern kann.

Die Zurückhaltung der Banken bei der Festschreibung eines einseitigen Bestimmungsrechts in Allgemeinen Geschäftsbedingungen besteht nicht ohne Grund. Die inhaltliche Zulässigkeit der einzelnen Vertragsbestandteile beurteilt sich in Allgemeinen Geschäftsbedingungen nach wesentlich strengeren Maßstäben als in Individualvereinbarungen.[348] Bei letzteren setzt der Bestimmtheitsgrundsatz zwar bereits deutliche, aber noch keine all zu engen Grenzen. Bei Allgemeinen Geschäftsbedingungen ist das anders.[349] Zwar ist im unternehmerischen Bereich die Meßlatte der Angemessenheitskontrolle nicht so hoch zu legen wie bei der Verwendung von Allgemeinen Geschäftsbedingungen gegenüber Verbrauchern. Es wurde aber bereits deutlich, dass die Vorschriften der §§ 305 ff. BGB auch Unternehmer gegen die Verwendung unbilliger Klauseln schützen. Die Grundrichtung der Kontrolle ist also die gleiche.[350]

Nach der Rechtsprechung des Bundesgerichtshofes unterliegen Allgemeine Geschäftsbedingungen dem Transparenzgebot.[351] Dieses ist in § 307 Abs. 1 Satz 2 BGB nunmehr ausdrücklich normiert.[352] Danach müssen Klauseln klar

---

[347] Bezüglich des Regelwerks im Ganzen: *Hellwig*, ZGR 1999, 781, 792; zur Gebührenordnung: *Claussen*, ZBB 2000, 1, 8.

[348] *Bilda*, Anpassungsklauseln in Verträgen, S. 30 f. Dass die Eigenschaft der Börsen- oder Gebührenordnung als Allgemeine Geschäftsbedingungen die Inhaltskontrolle nach den §§ 305 ff. BGB nach sich zieht, sehen auch *Baums/ Segna*, Börsenreform, S. 49, erwarten aber aus dieser Kontrolle gleichwohl keine gravierenden Bedenken gegen die Zulässigkeit von Klauseln ähnlich der Vorschrift in § 315 BGB..

[349] Die Hessische Börsenaufsichtsbehörde, Stellungnahme zum Gutachten, A II, weist zu Recht auf die restriktive Rechtsprechung im Recht der Allgemeinen Geschäftsbedingungen hin. Ähnlich auch *Wolf*, WM 2001, 1785, 1786; *Römermann/ Schröder*, BKR 2001, 83, 85.

[350] Vgl. *Derleder*, WM 2001, 2029, 2030.

[351] Vgl. BGHZ 106, 42, 49

[352] Früher wurde das Prinzip aus § 9 AGBG a.F. hergeleitet. Vgl. *Horn*, WM 1997, SB 1, S. 4.

und verständlich sein. Sie sind so zu formulieren, dass ihr Regelungsgehalt für einen Durchschnittskunden ohne große Probleme zu erfassen ist.[353] Das Transparenzgebot gilt auch im unternehmerischen Verkehr.[354] Natürlich ist auch in dieser Hinsicht auf die Gewohnheiten und Gebräuche des Handelsverkehrs Rücksicht zu nehmen. Die Anforderung an die Transparenz von Klauseln dürfen zudem nicht überspannt werden.[355] Das Erfordernis der Transparenz ist hier gleichwohl noch neben dem Bestimmtheitsgebot zu beachten.[356]

Der Weg zur Kontrolle von Leistungsbestimmungsrechten ist nicht durch § 307 Abs. 3 Satz 1 BGB versperrt.[357] Solche Rechte bestimmen nämlich nicht die Leistung selbst. Sie statuieren ein Recht zur Bestimmung der Leistung. Das weicht von der Grundregel in § 311 Abs. 1 BGB ab, nach der die Leistungsinhalte im Vertrag festzuschreiben sind.[358] Auch ein Verweis auf § 315 BGB ändert an diesem Befund nichts. Die Norm gewährt kein Leistungsbestimmungsrecht, sondern setzt eine solche Vereinbarung voraus. Damit weicht ein Leistungsbestimmungsrecht von der gesetzlichen Regelung des § 311 Abs. 1 ab.[359] Der Ausschlusstatbestand in § 307 Abs. 3 Satz 1 BGB greift nicht ein. Leistungsbestimmungsrechte und Änderungsvorbehalte sind einer Inhaltskontrolle unterworfen.

Bereits die Zulässigkeit solcher Klauseln in Allgemeinen Geschäftsbedingungen ist nicht unumstritten.[360] Prinzipiell ist aber von ihrer Zulässigkeit auszugehen. Die Existenz der Vorschrift in § 315 BGB zeigt, dass die Vereinbarung einseitiger Bestimmungsrechte nicht gänzlich als unbillig empfunden wird und daher prinzipiell auch in Allgemeinen Geschäftsbedingungen zulässig sein muss. Diese Annahme wird durch die Regelung in §§ 308 Nr. 4, 309 Nr. 1 BGB bestätigt. Die Verwendung von Änderungsvorbehalten bezüglich der versprochenen Leistung ist nach § 308 Nr. 4 BGB Verbrauchern in der Regel nur zulässig, soweit der Verwender ein erhebliches Interesse geltend machen kann

[353] Vgl. BGHZ 106, 42, 49; 112, 115, 117; 130, 150, 153; Ulmer-Brandner-Hensen/ *Brandner*, AGBG, § 9 Rn. 87; *Horn*, WM 1997, SB 1, S. 18.

[354] Ulmer-Brandner-Hensen/ *Brandner*, AGBG, § 9 Rn. 107.

[355] *Horn*, WM 1997, SB 1, S. 19.

[356] *Wolf*, WM 2001, 1785, 1791; vgl. auch Ulmer-Brandner-Hensen/ *Brandner*, AGBG, § 9 Rn. 100. Zum Unterschied beider Prinzipien: *Metz*, BKR, 2001, 21, 28.

[357] BGHZ 124, 351, 362; 97, 212, 215; 93, 252, 255; Ulmer- Brandner-Hensen/ *Brandner*, AGBG, § 8 Rn. 29; MüKo-BGB/ *Gottwald*, § 315 Rn. 21; *Horn*, NJW 1985, 1118, 1121; *ders.* WM 1997, SB 1, S. 11.

[358] BGHZ 81, 229, 232.

[359] BGHZ 89, 206, 211.

[360] Vgl. Nachweise bei BGHZ 93, 252, 256; sowie *Horn*, NJW 1985, 1118, 1121. Siehe auch Staudinger, BGB/ *Rieble*, § 315 Rn. 175.

und die Einräumung des Rechtes für den Verbraucher zumutbar erscheint.[361] § 309 Nr. 1 BGB verbietet kurzfristige Preiserhöhungen. Die Norm nimmt Dauerschuldverhältnisse ausdrücklich von ihrem Anwendungsbereich aus. Zudem werden mittel- und langfristige Preiserhöhungen gerade nicht ausgeschlossen. Es gilt jedoch zu beachten, dass sich die nicht unter §§ 308, 309 BGB fallenden Klauseln an § 307 Abs. 1 u. 2 BGB messen lassen müssen. Dieser Prüfung liegt dann stets der Gedanke zugrunde, dass Änderungsvorbehalte für den Vertragspartner weitaus schlechter zu überblicken sind als beispielsweise Rücktrittsvorbehalte oder sonstige Befreiungsklauseln.[362] Sie sind zudem auch gefährlicher, da die Leistungspflicht bestehen bleibt und der Verwender bestimmen kann, welche Gegenleistung der Vertragspartner erhält. Die Vorschriften in §§ 308, 309 BGB sind gemäß § 310 Abs. 1 Satz 1 BGB im Börsenwesen wegen der Stellung der Vertragspartner als Unternehmer nicht anwendbar. Gleichwohl können sie als Richtschnur für die Prüfung nach § 307 Abs. 1 u. 2 BGB herangezogen werden.[363] Bei der Verwendung Allgemeiner Geschäftsbedingungen gegenüber Unternehmern ist dann ein weniger strenger Maßstab anzusetzen. Die Grenze der Zulässigkeit von Änderungsklauseln ist abstrakt nur schwer abzustecken und im einzelnen äußerst umstritten.[364] Auch zwischen Unternehmern gelten der Grundsatz der Vertragsbindung sowie der Vertrauensschutz als maßgebliche Grundprinzipien. Diesen Prinzipien widersprechen die in Rede stehenden Klauseln teilweise. Im unternehmerischen Verkehr ist die exakte Einhaltung der versprochenen Leistung oftmals sogar besonders wichtig. Ein im freien Belieben des Verwenders stehendes Änderungsrecht, das an keine Voraussetzungen gebunden ist, wäre auch im unternehmerischen Verkehr unangemessen.[365] Der Bundesgerichtshof hat wiederholt Klauseln verworfen, die ein zu weitgehendes oder zu unbestimmtes Änderungsrecht vorsahen.[366] Es wurden jedoch auch gewisse Änderungsklauseln[367] sowie Preisanpassungsklauseln[368] gebilligt. Aber auch bei diesen Klauseln darf der Vertragspartner nicht unangemessen benachteiligt werden.

---

361 Vgl. Ulmer-Brandner-Hensen/ *Schmidt*, AGBG, § 10 Nr. 4 Rn. 9.

362 Vgl. Ulmer-Brandner-Hensen/ *Schmidt*, AGBG, § 10 Nr. 4 Rn. 1.

363 Wolf-Horn-Lindacher/ *Wolf*, AGBG, § 10 Nr. 4, Rn. 26. Für die stark auf Verbraucher zugeschnittene Klausel des § 309 Nr. 1 BGB gilt das jedoch nur eingeschränkt, vg. MüKo-BGB/ *Basedow*, § 11 Nr. 1 AGBG Rn. 25.

364 Vgl. Nachweise bei *Horn*, NJW 1985, 1118, 1121.

365 BGHZ 93, 29, 35; 97, 212, 217 f.; Ulmer-Brandner-Hensen/ *Schmidt*, AGBG, § 10 Nr. 4 Rn. 12; Wolf-Horn-Lindacher/ *Wolf*, AGBG, § 10 Nr. 4 Rn. 28; MüKo-BGB/ *Basedow*, § 10 Nr. 4 AGBG Rn. 12; *Römermann/ Schröder*, BKR 2001, 83, 85.

366 Vgl. etwa BGHZ 136, 394, 402; 124, 351, 362 f.; 93, 29, 34 f.; 89, 206, 211 f.; BGH WM 1999, 1367, 1367 ff.

367 So z.B. BGH NJW 1991, 2559, 2563 f. zu Allgemeinen Bausparbedingungen mit der Begründung, die erforderliche Kontrolle durch eine Aufsichtsbehörde im Rahmen des Genehmigungsverfahrens und der allgemeine Bauspargedanke machte den Änderungsvorbehalt nicht unzumutbar, sondern, im Gegenteil, sogar notwendig.

Änderungsvorbehalte im unternehmerischen Verkehr sind mithin nur zulässig, wenn die betreffende Klausel die Gründe und den Umfang des Änderungsrechts erkennen lässt und die Interessen des Vertragspartners angemessen berücksichtigt werden.[369] Das Börsenwesen stellt hier keine Ausnahme dar.[370] Zwar ist gemäß den Ausführungen *Bachmanns*[371] darüber nachzudenken, ob das Erfordernis eines besonders flexiblen Regelwerks nicht die Grenze der Zulässigkeit zu Gunsten eines etwas umfangreicheren Änderungsrechts hinausschiebt. Man mag daher darüber diskutieren, ob es wirklich erforderlich ist, alle Änderungstatbestände detailliert aufzuführen. An der Schutzbedürftigkeit insbesondere der Emittenten und damit am Bedürfnis der Inhaltskontrolle solcher Allgemeiner Geschäftsbedingungen ist indes nicht zu rütteln. Gerade die Handhabe der Deutsche Börse AG im Zusammenhang mit der Einfügung der Delisting-Regeln für Penny Stocks in das Regelwerk Neuer Markt hat offenbart, dass die Vertragspartner sich plötzlich und unverschuldet um die Vertragsgrundlage gebracht wieder finden können, für die sie, worauf bereits des Öfteren hingewiesen wurde, enorme (finanzielle) Anstrengungen unternommen haben. Noch am ehesten möglich scheint zu sein, die Entgeltregelungen mit einem Änderungsvorbehalt zu versehen. Im unternehmerischen Bereich ist ähnliches aus Kreditverträgen mit variablem Zins bekannt.[372] Allerdings ergeben sich auch hier genügend Probleme, dem Transparenz- sowie dem Bestimmtheitsgebot zu genügen. Insofern möge ein kurzer Hinweis auf die, wenn auch nur bedingt vergleichbare, neuerdings wieder entbrannte Diskussion um die richtige Formulierung von Zinsanpassungsklauseln im Bankgewerbe genügen.[373] Auch in diesem Bereich ist die Verwendung der Allgemeinen Geschäftsbedingungen gegenüber Unternehmern grundsätzlich ebenso betroffen wie die Verwendung gegenüber Verbrauchern.[374] Bei Zinsen besteht zudem der Vorteil, dass in Form vergleichbarer Bezugsgrößen wie dem Leitzinssatz der Europäischen Zentralbank Anhaltspunkte für eine Anpassung gegeben

---

368 BGHZ 93, 252, 257 ff.; vgl. dazu *Wolf*, ZIP 1987, 341 ff. m.w.N.

369 BGHZ 124, 351, 362 f.; 89, 206, 211; MüKo-BGB/ *Basedow*, § 10 Nr. 4 AGBG Rn. 12; Soergel-BGB/ *Stein*, § 10 AGBG Rn. 46. A.A. *Römermann*/ *Schröder*, BKR 2001, 83, 85, die sich generell gegen die Zulässigkeit von Änderungsklauseln zu Gunsten der Börse aussprechen.

370 So auch *Kümpel*, in: Kümpel/ Hammen, Börsenrecht, 2. Teil III 4 c bb; Primary Markets Arbitration Panel, BKR 2002, 153, 157.

371 *Bachmann*, WM 2001, 1793, 1796 f.

372 MüKo-BGB/ *Gottwald*, § 315 Rn. 16.

373 Die Diskussion wurde maßgeblich ausgelöst durch die in der Entscheidung des BGH (BGH WM 1999, 2545, 2547) angedeutete Verschärfung des Transparenzgebotes in diesem Bereich. Vgl. dazu LG Dortmund BKR 2002, 599 ff.; *Schimansky*, WM 2001, 1169 ff.; *Bruchner*, BKR 2001, 16 ff.; *Metz*, BKR 2001, 21 ff.; *Derleder*, WM 2001, 2029 ff.; *Pahlke*, ZBB 2001, 287 ff.; *Mackenthun*/ *Sonnenhol*, WM 2001, 1585 ff.; *Schebesta*, BKR 2002, 564 ff.

374 *Bruchner*, BKR 2001, 16, 16. Vgl. auch BGHZ 97, 212, 215 ff.

sind. Bei anderen Preisen ist das eher weniger der Fall, was die Anforderungen an Transparenz und Bestimmtheit erhöht.[375]

Die Vorschriften der §§ 305 ff. BGB können im Übrigen nicht dadurch umgangen werden, dass sich die Emittenten und Handelsteilnehmer zur Anerkennung der geänderten Bedingungen in einer gesonderten individualvertraglich gestalteten Vereinbarung verpflichten. Derartige Verpflichtungen sind nämlich auch dann als Allgemeine Geschäftsbedingungen anzusehen, wenn unterschiedliche Formulierungen verwendet werden, weil der stets gleiche Inhalt von der Börse vorgegeben würde.[376] Ein individuelles Aushandeln liegt hier nicht vor.[377] Insoweit ist dem Landgericht Frankfurt a.M. zu widersprechen, das eine derartige Praxis der Deutsche Börse AG im Neuen Markt gebilligt hatte.[378]

Nur die Schaffung eines weiteren Ausnahmetatbestandes nach dem Vorbild in § 310 Abs. 4 Satz 1 BGB würde erlauben, Änderungsrechte in einem Umfang zu vereinbaren, wie sie nach dem allgemeinen Zivilrecht zulässig sind. Man muss sich aber bewusst sein, dass dann den Handelsteilnehmern und Emittenten weniger Schutz zukommt als allen anderen Unternehmern. Den Ausnahmetatbeständen der Vorschrift in § 310 Abs. 4 Satz 1 BGB liegt die Erwägung zugrunde, dass im kollektiven Arbeitsrecht[379] bereits genügend andere Schutzvorschriften bestehen und dass im Familien-, Erb- und Gesellschaftsrecht die auf Kontrolle von schuldrechtlichen Verträgen ausgerichteten Klauseln der §§ 305 ff. BGB nicht passen.[380] Es sei erneut darauf hingewiesen, dass trotz der netzwerkartigen Verknüpfungen und gegenseitigen Beeinflussungen der vertraglichen Beziehungen im Börsenwesen der schuldrechtliche Charakter der Verträge überwiegt.

d) Andere Lösungen

Wenn nun die anfänglich angedachten Rechtsfiguren das Bedürfnis nach einseitiger Setzung des Regelwerks nicht befriedigen können, so stellt sich die

---

375 Vgl. auch *Metz*, BKR 2001, 21, 28.

376 Vgl. BGH WM 1995, 1455, 1456; Ulmer-Brandner-Hensen/ *Ulmer*, AGBG, § 1 Rn. 47; *Wolf*, WM 2001, 1785, 1787; *Bachmann*, WM 2001, 1793, 1795. Vgl. auch den Schiedsspruch des Primary Markets Arbitration Panel BKR 2002, 153, 156.

377 BGH WM 1995, 1455, 1456; *Römermann/ Schröder*, BKR 2001, 83, 85. *Wolf*, WM 2001, 1785, 1787, führt zur Begründung auch das Umgehungsverbot des § 306a BGB an, wobei zu beachten ist, dass dieses nach herrschender Ansicht für die §§ 305 – 306 BGB keine Relevanz besitzt (Ulmer-Brandner-Hensen/ *Ulmer*, AGBG, § 7 Rn. 6), insofern die Verneinung des individuellen Aushandelns der bessere Weg erscheint.

378 Vgl. LG Frankfurt a.M., WM 2001, 1607, 1610; offen gelassen in OLG Frankfurt a.M. WM 2002, 924, 926.

379 Auch Individualarbeitsverträge sind der Kontrolle Allgemeiner Geschäftsbedingungen nunmehr unterstellt (§ 310 Abs. 4 Satz 2 BGB).

380 Ulmer-Brandner-Hensen/ *Ulmer*, AGBG, § 23, Rn. 3, 13, 16, 19.

Frage, ob nicht andere Lösungen für die einseitige Gestaltung des Regelwerks möglich sind.

Man könnte erwägen, dass die Börse jeweils nach einer Neufassung ihrer Allgemeinen Geschäftsbedingungen nur noch nach diesen kontrahieren will und sie fortan ihren Geschäftsabschlüssen zugrunde legt. Und in der Tat ist eine solche Vorgehensweise der Börse im Verhältnis zu den Handelsteilnehmern nicht von vornherein ausgeschlossen. Sie wäre durchführbar, wenn man die rechtlichen Beziehungen zwischen den Beteiligten nicht als reine Dauerschuldverhältnisse beurteilt, sondern bei jedem einzelnen Geschäft oder börsentäglich beim Betreten des Saales beziehungsweise beim Anmelden im Computersystem einen neuen Vertragsschluss annimmt. Der Zulassungsvertrag wäre dann eine Art Rahmenvertrag.

Indes passt dieser Gedanke nicht für die Beziehungen der Börse zu den Emittenten. Hier liegt ein echtes Dauerschuldverhältnis vor. Die vorangegangenen Ausführungen haben schon des Öfteren gezeigt, dass gerade in diesen Beziehungen ein einseitiges Änderungsrecht besonders wichtig ist. Daher hält das Modell auch insgesamt keine Lösung für das vorliegend untersuchte Problem bereit.

Es bleibt die Möglichkeit, befristete Verträge abzuschließen. Das bietet der Börse die Chance, wenigstens von Zeit zu Zeit in vorgegebenen Abständen die Angemessenheit der Bedingungen überprüfen zu können. Als erstes muss die Zeitspanne festgelegt werden. Bereits dies gestaltet sich einigermaßen schwierig. Änderungen des Regelwerks werden nicht selten mehrmals im Jahr erforderlich.[381] So kurze Befristungen sind den Emittenten aber in keiner Weise zuzumuten. Überhaupt ist fraglich, ob eine Befristung den Emittenten im Hinblick auf die meist auf sehr lange Dauer ausgerichteten Investitionen in einen Börsengang angedient werden kann. Befristungen unterfallen zudem der Kontrolle nach § 307 Abs. 1 u. 2 BGB. Normalerweise ist der Vertragspartner vor zu langen Befristungen zu schützen (vgl. § 309 Nr. 9 BGB). Wenn sich die Lage aber wie hier genau andersherum verhält, wenn also die Rechtsbeziehungen nach objektiver Interessenlage langfristig orientiert sind, dann muss eine Rechtfertigung für kurze Fristen erfolgen. Eine solche – wenn auch nur bedingt vergleichbare – Situation ist im Arbeitsrecht vorzufinden, wo befristete Arbeitsverträge bei einer eigentlich auf Dauer ausgerichteten Vertragsbeziehung nur sehr eingeschränkt möglich sind.[382]

---

381 Nach *Bauer/ Pleyer/ Hirche*, BKR 2002, 102, 103, wurde das Regelwerk Neuer Markt innerhalb von vier Jahren dreizehnmal geändert.

382 Vgl. *Junker*, Arbeitsrecht, Rn. 436 ff.

Den Vertragspartnern ist darum zumindest die Gewähr einzuräumen, die Vertragsbeziehungen zu angemessenen Konditionen verlängern zu können. Die Verlängerung als solche ist schon durch den ohnehin bestehenden offenen Marktzutritt gewährleistet. Eine zusätzliche Absicherung ist in zwei Varianten denkbar. Davon ist die erste, nämlich die Festschreibung einer Neuverhandlungspflicht[383] für die Börse, gleich wieder zu verwerfen. Einerseits ist die Tauglichkeit des Mittels ohnehin nur begrenzt, weil die Vertragspartner keine Gewähr haben, dass es tatsächlich zu einer Verlängerung kommt. Andererseits ist die Lösung vorliegend gänzlich ungeeignet, da die Börse nicht mit jedem einzelnen Emittenten und Handelsteilnehmer wirklich verhandeln kann. Vielmehr müssen einheitliche Bedingungen gewahrt werden. Darum bietet sich allenfalls eine zweite Variante an, den Vertragspartnern eine Option auf die Verlängerung des Vertrages zu den geänderten Bedingungen einzuräumen. Hiergegen lässt sich indes einwenden, dass es sich um keine echte Option handelt, wenn einer der Vertragspartner den Inhalt der Vereinbarung beliebig beeinflussen, ja gänzlich beseitigen kann. Über den allgemeinen Marktzutritt hinaus wäre zudem nichts gewonnen. Es bliebe die Frage nach der Sicherstellung der Angemessenheit der Verlängerungsbedingungen. Auch diesem Anliegen kann im Rahmen befristeter Verträge nicht zufrieden stellend entsprochen werden. Die Vertragspartner müssen vielmehr darauf vertrauen, dass sich die Börse aus Wettbewerbsgesichtspunkten um angemessene Bedingungen bemüht. Eine solche Lösung ist mit dem Schutzziel der Funktionsfähigkeit des Kapitalmarktes kaum zu vereinbaren. Mögen große und weltweit tätige Unternehmen einfach den Börsenplatz wechseln können, wenn ihnen die Bedingungen vor Ort nicht zusagen. Kleinere Unternehmen können sich vor solchen Benachteiligungen nicht schützen. Nicht selten sind diese Unternehmen auf bestimmte Börsenplätze beschränkt. So kann eine in Düsseldorf ansässige und an der dortigen Börse notierte Aktiengesellschaft bei dem an der Berliner Wertpapierbörse handelnden Anlegerpublikum völlig unbekannt sein. Solche vom regionalen Bekanntheitsgrad abhängigen Emittenten müssten an anderen Börsenorten mit Nachteilen aufgrund des geringeren Bekanntheitsgrades rechnen oder gar auf eine Börsennotierung verzichten. Ein Verweis auf die Vorschriften des Gesetzes gegen Wettbewerbsbeschränkungen vermag den Einwand der fehlenden Absicherung angemessener Vertragsbedingungen nur bedingt abzumildern. Die Rechnungen, unter welchen Konditionen sich ein Börsengang oder eine Teilnahme am Börsenhandel lohnen und unter welchen Bedingungen die Notierung oder die Beziehung noch aufrechterhalten werden können, sind sehr unterschiedlich. Hier orientieren sich die Emittenten und Handelsteilnehmer berechtigterweise an den Bedingungen zu Zeiten ihres Börsenganges beziehungsweise ihrer (Erst)Zulassung. Dass der Fortbestand dieser Bedingungen nur für die Zeit einer relativ kurzen Befristung wirklich ge-

[383] Allgemein zu gesetzlichen Neuverhandlungspflichten *Horn*, AcP 181 (1981), 255, 266 ff.; *Martinek*, AcP 198 (1998), 329, 356 ff.

sichert sein soll, alles weitere nur auf vagen Aussichten beruht, vermag bei den Börsenhändlern vielleicht noch gerechtfertigt werden, bei den Emittenten geht dies indes nicht an.

Bislang nicht angesprochen, aber nicht minder bedeutsam ist die Tatsache, dass kurzfristige, unter Umständen dringend notwendige Änderungen mit einer solchen Befristungslösung gerade nicht möglich sind. Auch aus diesem Grunde ist sie ungeeignet.

4. Zwischenergebnis

Die Bilanz der sich privatvertraglich auftuenden Gestaltungsmöglichkeiten ist eher ernüchternd. Entgegen den Vorstellungen der Verfechter privater Börsen bietet § 315 BGB keine Patentlösung. Zum einen ist nach dieser Norm kein allumfassendes Gestaltungsrecht konstruierbar. Zum anderen liegen den zwischen der Börse und den Emittenten sowie den Handelsteilnehmern geschlossenen Verträgen aufgrund der erforderlichen Standardisierung Allgemeine Geschäftsbedingungen zugrunde. Dieser Befund zieht eine Inhaltskontrolle nach den Vorschriften der §§ 305 ff. BGB nach sich. Diese Normen stellen insbesondere gegenüber § 315 BGB auch im unternehmerischen Verkehr wesentlich strengere Anforderungen. Alles in allem kann privatvertraglich nur in begrenztem Umfang ein einseitiges Gestaltungsrecht vereinbart werden.

Ein solches Ergebnis mag auf den ersten Blick verwundern. Sollte doch im Rahmen der Privatautonomie vereinbar sein, was beliebt. Genau das ist aber nicht der Fall. Es gibt Grenzen. Indem der Staat seinen Bürgern vertragliche Bindungs- und Gestaltungsfreiheit gewährleistet, also deren kundgemachten Willen Anerkennung und Rechtsschutz zuteil werden lässt, muss er auch, wie *Becker*[384] es nennt, "Qualitätsanforderungen" für diese Anerkennung aufstellen. Dazu gehört, dass ein Mindestmaß an Vertrags- und Austauschgerechtigkeit gewahrt bleiben muss.[385] Letzteres ist gerade dann nicht mehr der Fall, wenn eine Vertragspartei unverhältnismäßig stark dem einseitigen Diktat der anderen Partei unterworfen wird. Zur Bestärkung dieses Verständnisses der Vertragsfreiheit sei angeführt, dass in anderen Rechtsordnungen, etwa in Belgien[386], Klauseln, die eine Vertragsanpassung durch eine Partei ermöglichen sollen, weitreichend überhaupt nicht zulässig sind.

---

384 *Becker*, WM 1999, 709, 718.

385 Vgl. *Becker*, WM 1999, 709, 718; *Canaris*, Die Bedeutung der iustitia distributiva im deutschen Vertragsrecht, S. 8, 46 ff.

386 Vgl. *Philippel Herring*, RIW 2001, 270 ff.

5. Genehmigung der Vertragsbedingungen durch die Aufsichtsbehörde

Es wurde festgestellt, dass sich eine privatvertragliche Gestaltung der Beziehungen der Börse zu den Handelsteilnehmern sowie den Emittenten als Verwendung Allgemeiner Geschäftsbedingungen qualifiziert. Daran schließt sich die bereits angeklungene Frage nach einer gesetzlichen Festlegung der Genehmigungsbedürftigkeit dieser Allgemeinen Geschäftsbedingungen durch die Aufsichtsbehörde an. Sie wird von vielen bejaht.[387] Neben staatlicher Kontrolle[388] über die Geschäftstätigkeit des Unternehmens könne auch die Berücksichtigung der Interessen aller beteiligten Gruppen als bedeutender Vorteil einer solchen Konstruktion angesehen werden.[389] Als nachteilig werden jedoch teilweise eine Hemmung der Flexibilität sowie des Wettbewerbs geltend gemacht.[390] Letzteres ist zutreffend, kann und muss jedoch bei überwiegend positiven Effekten der Konstruktion hingenommen werden. Wie die vorangegangenen Ausführungen offenbaren, besteht ein solcher positiver Effekt in der zwingend vorgeschriebenen Verwendung der Vertragsbedingungen. Dadurch ist nämlich sichergestellt, dass ausschließlich einheitliche Vertragsbedingungen existieren.

Eine Genehmigungspflicht ändert freilich an der Anwendbarkeit der §§ 305 ff. BGB und damit der Inhaltskontrolle nichts.[391] Das ergibt sich aus § 8 Abs. 2 UnterlassungsklagenG (§ 16 AGBG a.F.), der anordnet, dass die genehmigenden Aufsichtsbehörden in einem gerichtlichen Verfahren über die Rechtmäßigkeit von Allgemeinen Geschäftsbedingungen zu hören sind und damit vom Nebeneinander der behördlichen Genehmigung und der richterlichen Inhaltskontrolle ausgeht.[392] Die Genehmigung bietet zwar eine gewisse Gewähr für die Angemessenheit der Allgemeinen Geschäftsbedingungen,[393] aufgrund unter-

---

[387] Vgl. *Hellwig*, ZGR 1999, 781, 792; *Mues*, Die Börse als Unternehmen, S. 231; *Merkt*, Gutachten G zum 64. DJT, S. 85. Einschränkend: *Hopt/ Baum*, Börsenreform, S. 402 Fn. 482, 460; Bankenverband, Stellungnahme zum Gutachten, S. 23; Deutsche Börse AG, Stellungnahme zum Gutachten, S. 17.

[388] *Beck*, WM 1998, 417, 429. Auf den Vorteil der Transparenz der Geschäftsbedingungen weist auch *Schmidt*, in: Prölls, VAG, § 10 Rn. 1, hin.

[389] *Hellwig*, ZGR 1999, 781, 792.

[390] *Hopt/ Baum*, Börsenreform, S. 460, Bankenverband, Stellungnahme zum Gutachten, S. 23; Deutsche Börse AG, Stellungnahme zum Gutachten, S. 17. So auch die Argumentation für die Abschaffung der Genehmigungspflicht bei Allgemeinen Versicherungsbedingungen, vgl. *Schmidt*, in: Prölls, VAG, § 10 Rn. 1.

[391] BGHZ 86, 284, 291; BGH NJW 1991, 2559, 2559 ff.; *Lehmann/ Schäfer/ Cirpka*, BausparkG, § 5 Anm. 26b; MüKo-BGB/ *Basedow*, Vor § 8 AGBG Rn. 1.

[392] Vgl. auch Löwe- v. Westphalen-Trinkner/ *Löwe*, AGBG, § 16 Rn. 1.

[393] Vgl. *Baums/ Segna*, Börsenreform, S. 49.

schiedlicher Maßstäbe beider Kontrollverfahren[394] ist zusätzliche richterliche Inhaltskontrolle aber gerechtfertigt. Eine fehlende Genehmigung würde die Wirksamkeit geschlossener Verträge nicht berühren.[395] Auch das macht die Kontrolle nach §§ 305 ff. BGB notwendig.

Schließlich sollte die Genehmigung eine gebundene Entscheidung der Behörde sein und nicht in deren Ermessen liegen.[396] Das ist ebenso wie die Forderung nach einer gebundenen Entscheidung betreffend die Zulassung von Börsen[397] eine Folge der Forderung nach einer Privatisierung des Börsenwesens. Bei neu zu errichtenden Börsen könnte die Genehmigung als Teil des Geschäftsplans im Rahmen der Genehmigung des Geschäftsbetriebes nach dem Vorbild des § 5 Abs. 3 Nr. 2 , 2. Halbsatz VAG eingereicht werden.[398]

Aufsichtlich zu genehmigende Allgemeine Geschäftsbedingungen finden sich gegenwärtig im Bausparwesen (§§ 5, 8, 9 BausparkG), im Gesetz über Kapitalanlagegesellschaften (§ 15 KAGG), im Hypothekenbanken-[399] und Schiffspfandbriefbankenwesen (§ 15 HypBankG, § 15 SchiffsbankG) sowie in einigen anderen Bereichen[400].

Auch dem deutschen Börsenwesen ist die aufsichtsbehördliche Genehmigung von Regelwerken nicht unbekannt. Die §§ 13 Abs. 5 Satz 1 sowie 14 Abs. 2 Satz 1 BörsG fordern diese Form der Mitwirkung der Aufsicht für das wirksame Zustandekommen von Börsen- und Gebührenordnung.

Die Allgemeinen Geschäftsbedingungen der Banken und der Sparkassen unterliegen dagegen keiner förmlichen Genehmigungspflicht. Sie sind jedoch Gegenstand der allgemeinen Aufsicht nach § 6 KWG.[401]

Besonders erwähnenswert erscheint an dieser Stelle noch das Versicherungswesen. Die Allgemeinen Versicherungsbedingungen bedurften bis 1994 einer Genehmigung durch die Aufsichtsbehörde (vgl. §§ 5 Abs. 3 Nr. 2, 13 Abs. 1 VAG a.F).[402]. Diese Genehmigungspflicht wurde durch das Dritte Durchführungsgesetz/ EWG zum VAG abgeschafft. Die Vorabkontrolle der

---

394 BGHZ 86, 284, 291.

395 *Baur*, Investmentgesetze, § 15 KAGG Rn. 15.

396 So jetzt auch im KAGG, *Baur*, Investmentgesetze, § 15 KAGG Rn. 16.

397 So die allgemeine Forderung de lege ferenda, vgl. *Hopt/ Baum*, Gutachten, S. 405.

398 Ähnlich *Mues*, Die Börse als Unternehmen, S. 226.

399 Dort sind allerdings nur die Grundzüge der Vertragsbedingungen zu genehmigen.

400 Zum Beispiel die Beförderungsbedingungen im Luftverkehr, § 21 I LuftVG; § 39 Personenbeförderungsgesetz; § 12 II 1 Nr. 4, § 7 Fernunterrichtsschutzgesetz.

401 Löwe-v. Westphalen-Trinkner/ *Löwe*, AGBG, § 16 Rn. 19; MüKo-BGB/ *Basedow*, § 23 AGBG Rn. 161.

402 I.d.F. der Bekanntmachung v. 17.12.1992 (BGBl. 1993 I, S. 2)

Bedingungen und Tarife im Versicherungswesen stand der Verwirklichung der Dienstleistungsfreiheit entgegen.[403] Nunmehr finden sich in § 10 VAG lediglich Anforderungen an den Inhalt der Allgemeinen Versicherungsbedingungen. Lediglich bei Pensions- und Sterbekassen sowie substitutiver Krankenversicherung und Pflichtversicherung sind die Allgemeinen Versicherungsbedingungen dem Antrag auf Genehmigung des Geschäftsbetriebs beizufügen (§ 5 Abs. 3 Nr. 2, 2. Halbsatz bzw. § 5 Abs. 5 Nr. 1 VAG). Bei allen anderen Versicherungsarten sind nur noch der Geschäftsplan sowie seine Änderungen genehmigungspflichtig (§§ 5, 13 Abs. 1 VAG). Der freie Dienstleistungsverkehr ist durch §§ 13a ff. und 110a ff. VAG gewährleistet. Damit ist die Vorabkontrolle im Versicherungswesen auf einen geringen Umfang gesenkt und die Kontrolle europaweit vereinheitlicht worden.

Rechtspolitisch besteht daher im Zuge des europäischen Einigungsprozesses kein Trend zur völligen Abschaffung einer Vorabkontrolle. Sie wird nur vereinheitlicht und soweit nötig, im Wege der Rechtsangleichung auch einmal eingeschränkt. Wo jedoch eine Rechtsvereinheitlichung noch ungewiss ist, kann eine solche Kontrolle durch die Mitgliedstaaten geregelt werden. Rechtspolitische Erwägungen sprechen somit nicht gegen die Einführung genehmigungsbedürftiger Allgemeiner Geschäftsbedingungen.

In der Einleitung zu den europarechtlichen Rahmenbedingungen der Börsenorganisation wurde bemerkt, dass solche Bedingungen nur im Ansatz existieren. Diese Feststellung gilt freilich nicht für das Verhältnis der Aufsichtsbehörde zum Regelwerk der Börse. Geregelte Märkte im Sinne der Wertpapierdienstleistungsrichtlinie zeichnen sich unter anderem dadurch aus, dass "die Funktionsbedingungen des Marktes, die Bedingungen für den Zugang zum Markt sowie ... die Bedingungen, die ... Finanzinstrumente erfüllen müssen, um ... auf dem Markt gehandelt werden zu können, ... durch Bestimmungen festgelegt sind, die von den zuständigen Behörden erlassen oder genehmigt wurden" (Art. 1 Nr. 13, 2. Spiegelstrich der Richtlinie). Wird also das Regelwerk in privatrechtlicher Form von einer ebenfalls privatrechtlich organisierten Börse aufgestellt, ist eine Genehmigung durch die Aufsichtsbehörde zwingende Voraussetzung für die Anerkennung als geregelter Markt im Sinne der Richtlinie.[404] Anders als die Richtlinie zur amtlichen Notierung spricht die Wertpapierdienstleistungsrichtlinie auch ausdrücklich nur von Behörden und nicht von staatlich anerkannten Stellen. Sie hat damit in diesem Punkt auch die Anforderungen an die Organisation des Handels mit amtlicher Notierung erhöht. Aus dem Gesagten geht hervor, dass allein das Erlassen des Regelwerks durch die Börse den genannten Voraussetzungen der Wertpapierdienstleistungsrichtlinie noch nicht genügt. Nun mag man darüber streiten, wie detailliert das von der

[403] Vgl. *Schmidt*, in: Prölls, VAG, § 10 Rn. 1.
[404] So auch *Mues*, Die Börse als Unternehmen, S. 206.

Aufsicht zu genehmigende Regelwerk sein muss und ob noch Platz für alleinverantwortliche Ausfüllungen seitens der Börse verbleibt.[405] Der Wortlaut der erwähnten Norm ist mit seiner Aufzählung jedenfalls so deutlich, dass das Regelwerk nahezu umfassend der Mitwirkung der Aufsicht in der genannten Art und Weise bedarf. Auch die Privatisierung des Börsenwesens in Österreich orientierte sich an diesem Erfordernis.[406]

Diese Feststellung begründet Zweifel an der Einordnung des Neuen Marktes als geregelter Markt im Sinne der Wertpapierdienstleistungsrichtlinie. Diese Eigenschaft wird allgemein bejaht.[407] Zur Begründung wird maßgeblich auf die notwendige Zulassung der Papiere zum Geregelten Markt, bei dem es sich um einen geregelten Markt im Sinne der Richtlinie handelt, abgestellt.[408] Diese Argumentation ist gut vertretbar. Allerdings ist damit lediglich eine der drei genannten Voraussetzungen für die Klassifizierung als geregelter Markt im Sinne der Wertpapierdienstleistungsrichtlinie erfüllt.[409] Die Funktionsbedingungen des Marktes sowie die Bedingungen für den Zugang zum Markt sind einzig im Regelwerk Neuer Markt zu finden. Dieses bedarf nach gegenwärtiger Regelung nicht der Genehmigung durch die Aufsicht. In § 66a Abs. 2 Satz 2 BörsO FWB ist lediglich vorgesehen, dass die Geschäftsführung der Frankfurter Wertpapierbörse die Aufnahme bestimmter Bestimmungen verlangen kann. Dieser Einfluss erfüllt nicht die Voraussetzung des Erlassens oder Genehmigens der Funktions- und Zugangsbedingungen durch eine Behörde.[410] Auch in dem Dulden der Bedingungen durch Nichtgeltendmachen des Rechtes zur Aufnahme weiterer Bestimmungen kann keine Genehmigung erblickt werden.

---

405 So ist zum Beispiel ein Genehmigungserfordernis für die Gebührenordnung nicht unproblematisch, da – sollte dieses nicht von Art. 1 Nr. 13 2. Spiegelstrich der Wertpapierdienstleistungsrichtlinie gefordert sein – ein solches Genehmigungserfordernis prinzipiell dazu geeignet ist, die Dienstleistungsfreiheit zu beeinträchtigen und insofern einer Rechtfertigung bedürfte, vgl. EuGH Rs. C-263/99 (Kommission/ Italien) EWS 2001, 335, 337.

406 Die Genehmigungspflicht bezieht sich nahezu umfassend auf das gesamte Regelwerk (vgl. § 13 Abs. 2 öst BörseG). Die Gebührenordnung ist jedoch ausdrücklich ausgenommen (§ 13 Abs. 6 Satz 3 öst. BörseG).

407 So *Plückelmann*, Der Neue Markt der Deutsche Börse AG, S. 203 ff.; *Potthoff/ Stuhlfauth*, WM 1998, SB 3, S. 7; *Hopt/ Baum*, Börsenreform, S. 410; *Kersting*, AG 1997, 222, 223; Deutsche Börse AG, Neuer-Markt-Report, S. 56.

408 Vgl. *Potthoff/ Stuhlfauth*, WM 1998, SB 3, S. 7; *Plückelmann*, Der Neue Markt der Deutsche Börse AG, S. 208 ff., die allerdings maßgeblich auf den, hinsichtlich seiner Rechtmäßigkeit fragwürdigen, § 66a der BörsO FWB abstellt (*Plückelmann*, aaO, S. 212). Sie gewichtet zudem nicht hinreichend die Unterschiede der Marktbegriffe der Insiderrichtlinie und der Wertpapierdienstleistungsrichtlinie.

409 Vgl. auch *Hopt*, FS Schimansky, 631, 645 f., 648 sowie *Weber*, in: Dauses, Handbuch des EU-Wirtschaftsrechts, Band 1, F III, Rn. 34, die ebenfalls strikt zwischen Funktions-, Zugangs- und Zulassungsbedingungen unterscheiden.

410 So auch *Plückelmann*, Der Neue Markt der Deutsche Börse AG, S. 210.

Daher ist fraglich, ob der Neue Markt ein geregelter Markt im Sinne der Wertpapierdienstleistungsrichtlinie ist.[411]

Es bleibt festzuhalten, dass das 'Ob' eines Genehmigungserfordernisses privatrechtlich aufgestellter Allgemeiner Geschäftsbedingungen einer privatrechtlich organisierten Börse durch die Aufsichtsbehörde nicht zur Disposition steht. Für geregelte Märkte im Sinne der Wertpapierdienstleistungsrichtlinie ist das ein zwingendes Erfordernis. Für alle anderen Segmente ist die behördliche Genehmigung nicht zwingend vorgeschrieben. Hier müssen über die Einführung eines Genehmigungserfordernisses praktische Erwägungen entscheiden. Dabei sind in der Tat Segmente denkbar, die in hohem Maße auf Selbstorganisation aufbauen und dieses Instrument nicht benötigen, es vielmehr sogar hinderlich sein kann.

VIII. Die Ausgestaltung als Satzung oder Gesellschaftsvertrag

In eine gegenüber den bislang erörterten Modellen nochmals völlig andere Richtung zielt der Vorschlag, Handelsteilnehmer zu Anteilseignern der Börsengesellschaft zu machen. Das Regelwerk soll dann vollständig oder teilweise in der Satzung beziehungsweise dem Gesellschaftsvertrag Platz finden.[412] Eine weitere Frage ist dann, ob das Gesellschaftsstatut noch der Genehmigung durch die Aufsicht bedarf. Zur Änderung des Unternehmensstatuts und damit auch der Handelsbedingungen ist bei dieser Ausgestaltung keine Zustimmung aller Betroffenen erforderlich. So genügt bei der Aktiengesellschaft gemäß § 179 Abs. 2 Satz 1 AktG eine Dreiviertelmehrheit des vertretenen Kapitals (bei gleichzeitiger mindestens einfacher Stimmenmehrheit gemäß § 133 Abs. 1 AktG)[413]. Die Satzung kann sogar eine einfache Kapitalmehrheit vorsehen.[414] In Anlehnung an die vorangegangenen Ausführungen kann auch diese Lösung als eine am Vereinsrecht orientierte bezeichnet werden. Neben der Frage der Zulässigkeit einer solchen 'Rechtsetzung' wird bei dieser Konstruktion auch die der Realisierbarkeit der Beteiligung der Handelsteilnehmer und weiterer Personen am Unternehmen relevant.

---

411 Diese Frage ohne Begründung verneinend: *Claussen*, DB 1998, 177, 178.

412 So *Hopt/ Baum*, Börsenreform, S. 402 (Fn. 482); diesen Vorschlag aufgreifend: *Claussen*, ZBB 2000, 1, 7 f. Vgl. auch *Baums/ Segna*, Börsenreform, S. 50, die eine solche Konstruktion für die Börsen- und Gebührenordnung erwägen, ihr jedoch aus Gründen der Flexibilität eher ablehnend gegenüberstehen.

413 *Hüffer*, AktG, § 179 Rn. 14.

414 *Hüffer*, AktG, § 179 Rn. 19.

1. Vorbemerkungen

Im Rahmen der Erörterung privatvertraglicher Konstruktionen war aufgefallen, dass in den Vertragsbeziehungen der Börse zu den Handelsteilnehmern und Emittenten auch Drittbeziehungen geregelt werden müssen. Dieses Problem stellt sich vorliegend nicht. In der Satzung beziehungsweise dem Gesellschaftsvertrag werden gerade auch die Beziehungen der Anteilseigner untereinander festgelegt.

Das hier untersuchte Modell ist von vornherein höchstens für die Beziehungen der Börse zu den Handelsteilnehmern tauglich. Es nämlich ist schlichtweg nicht praktikabel, alle Emittenten zu Anteilseignern der Börse zu machen. Bezüglich dieser Rechtsbeziehungen ist auf die bereits erörterten Möglichkeiten zurückzugreifen. Gegenüber den Emittenten ist eine einseitige Änderungsbefugnis aber am dringlichsten. Bei den Handelsteilnehmern ist nämlich, wie gesehen, auch denkbar, ab einem gewissen Zeitpunkt den Vertragsbeziehungen schlicht eine neue Fassung der Allgemeinen Geschäftsbedingungen zugrunde zu legen und somit zu einer Änderung zu kommen. Bei den Emittenten ist eine solche Vorgehensweise aber unpraktikabel. Daher ist bereits an dieser Stelle die Sinnhaftigkeit des zu untersuchenden Modells zu bezweifeln.

Zu betonen ist weiterhin, dass jede Änderung des Regelwerks die Einberufung aller Handelsteilnehmer zur Hauptversammlung mit all ihren umfangreichen Voraussetzungen zur Folge hat. Ein solches Verfahren ist weder besonders flexibel noch billig.[415]

Alle nichtgesellschaftsrechtlichen Regelungen einer Satzung müssen zudem die Kontrolle durch die §§ 305 ff. BGB fürchten,[416] so dass auch hierdurch die erhofften Vorteile der Konstruktion schwinden.

Ein dem hier untersuchten verwandtes Modell ist in § 10 Abs. 2 VAG vorzufinden. Dort heißt es: "Bei Versicherungsvereinen auf Gegenseitigkeit und öffentlich-rechtlichen Versicherungsunternehmen können die Bestimmungen des Absatzes 1 statt in den allgemeinen Versicherungsbedingungen in der Satzung enthalten sein." Gegenüber herkömmlichen Bestandteilen eines Gesellschaftsstatuts ergeben sich aber nicht unbedeutende Einschränkungen. § 41 Abs. 3 VAG erlaubt eine Erstreckung geänderter Allgemeiner Versicherungsbedingungen auf bereits abgeschlossene Verträge nur dann, wenn der Gesellschaf-

415 Vgl. auch *Baums/ Segna*, Börsenreform, S. 50.

416 Vgl. BGHZ 136, 394, 397; *Weigel*, in: Prölls, VAG, § 17 Rn. 14.

ter/ Versicherungsnehmer zustimmt oder die geänderte Bestimmung ausdrücklich ein Änderungsrecht vorsieht. Wie angesprochen, unterliegen Satzungsbestandteile, die Allgemeine Versicherungsbedingungen verkörpern, der Inhaltskontrolle nach den §§ 305 ff. BGB.[417] Das muss auch für ein Änderungsrecht gelten.[418] Damit ergibt sich gegenüber dem Verwenden gewöhnlicher Allgemeiner Geschäftsbedingungen kein Vorteil. Der Wortlaut von § 10 Abs. 2 VAG offenbart gleichzeitig die besondere Situation: Die beiden Rechtsformen Versicherungsverein auf Gegenseitigkeit und öffentlich-rechtliche Versicherungsunternehmen sind ausschließlich am Wohle der Geschäftspartner, also der Versicherten, orientiert. Die Verankerung der Grundprinzipien der Geschäftsbeziehungen in der Satzung mutet dann auch nicht mehr befremdlich an. Unternehmenszweck ist die Förderung der Interessen der Versicherten und nicht Gewinnerzielung mittels eines Versicherungsunternehmens, wie dies bei anderen privatrechtlich organisierten Versicherungsunternehmen der Fall ist.

Dieser Gedanke leitet zu einem weiteren Problem über. Die Organisation des Börsenwesens in der hier untersuchten Art und Weise enthielte eine genossenschaftsähnliche Ausrichtung. Eine solche generell zu fordern, ist rechtspolitisch äußerst bedenklich. Die nationale und die internationale Entwicklung weisen nämlich in eine andere Richtung. Börsen gehen an die Börse, lautet das Schlagwort. Eine Börsennotierung der Gesellschaft hat zur Folge, dass das untersuchte Modell nicht mehr zuverlässig funktionieren kann. Abgesehen von der Tatsache, dass nach einem Börsengang die häufige Einberufung von Hauptversammlungen nicht mehr möglich ist und die handelsspezifischen Festlegungen in der Satzung für die neuen Kapitalgeber ins Leere laufen, vermag eine gegebenenfalls bestehende Sperrminorität Änderungsbemühungen betreffend die Handelsbedingungen lahm zu legen. Der direkte Einfluss der reinen Kapitalgeber auf das Regelwerk wäre insgesamt wenig förderlich. Soll folglich bei der Organisation des Börsenwesens vom genossenschaftlichen Gedanken Abstand genommen werden,[419] so liegt die Aufnahme des Regelwerks in das Gesellschaftsstatut auch aus diesem Grunde eher fern.

Möglicherweise liegt sie jedoch für andere als genossenschaftlich ausgerichtete Börsen nicht nur fern, sondern ist für die gängigen Gesellschaftsformen auch gar nicht zulässig. § 10 Abs. 2 VAG spricht nicht ohne Grund nur von

---

[417] *Weigel*, in: Prölls, VAG, § 17 Rn. 14 m.w.N.

[418] Anders insoweit *Weigel*, in: Prölls, VAG, § 17 Rn. 14, § 41 Rn. 13 und 15, der Klauseln i.S.v. § 41 Abs. 3 Satz 2 VAG für korporationsrechtliche Bestimmungen hält. Das vermag aber nicht zu überzeugen. § 41 Abs. 3 VAG nimmt Allgemeine Versicherungsbedingungen gerade von einer Behandlung als gesellschaftsrechtliche Bestimmungen aus. Satz 2 der Vorschrift enthält eine Sonderbestimmung zu § 315 BGB.

[419] Ausführlich dazu nachstehend 2. Teil C I 4.

Versicherungsvereinen auf Gegenseitigkeit und öffentlich-rechtlichen Versicherungsunternehmen.

2. Die Satzung einer Aktiengesellschaft

Begonnen werden soll an dieser Stelle mit der Behandlung der Satzung der Aktiengesellschaft. Es wurde bereits herausgearbeitet, dass diese Gesellschaftsform de lege ferenda von einer Börsengesellschaft gewählt werden können sollte. Fraglich ist nun, ob die Festschreibung der Grundprinzipien des Handelsablaufs in der Satzung aktienrechtlich zulässig ist.

Die Zuständigkeiten der Hauptversammlung sind in § 119 AktG aufgeführt. Gemäß § 119 Abs. 1 Nr. 5 AktG fällt hierunter auch die Befugnis zu Satzungsänderungen. Die Ursprungssatzung wird von den Gründern, mithin den ersten Aktionären, erstellt (§§ 2, 29 AktG). Damit sind die Aktionäre für die Satzungsgebung zuständig. Die formelle Seite der Kompetenz ist gegeben. Zweifelhaft ist jedoch die materielle.

a) Der Grundsatz der Satzungsstrenge im Aktienrecht

Die Satzung hat das Grundstatut zur Errichtung und die Festschreibung des inneren Aufbaus der Gesellschaft sowie die damit verbundenen Rechte und Pflichten der Gründer zum Inhalt. Sie ist Schuld- und Organisationsvertrag.[420]

Inhalt der Satzung können neben den typischen korporationsrechtlichen Bestimmungen (so genannte materielle Satzungsbestandteile) auch einfache schuldrechtliche Verpflichtungen der Gesellschafter gegenüber der Gesellschaft oder der Gesellschafter untereinander (so genannte formelle Satzungsbestandteile) sein.[421] Letztere sind rechtlich zulässig und unterliegen insbesondere nicht den strengen Vorgaben für Satzungsinhalte.[422] Sie haben jedoch mit der Satzung, außer dem tatsächlichen Zusammenhang, nichts zu tun.[423] Ihre Behandlung richtet sich nach den normalen zivilrechtlichen Vorschriften. Sie sind nicht an die Mitgliedschaft gebunden. Daher gehen solchermaßen begründete Verpflichtungen nicht mit einer Übertragung der Aktie über. Vielfach ist eine gesonderte Schuldübernahme nach §§ 414, 415 BGB oder eine Vertragsübernahme erforderlich. Diese Art der Verpflichtung ist zudem nicht mit

420 MüKo-AktG/ *Pentz*, § 23 Rn. 37.
421 MüKo-AktG/ *Pentz*, § 23 Rn. 39.
422 Vgl. *Hüffer*, AktG, § 54 Rn. 7 f.
423 Vgl. MüKo-AktG/ *Pentz*, § 23 Rn. 41 f.

Mehrheitsbeschlüssen abänderbar und deshalb hier nicht weiter von Interesse. Im Folgenden ist daher nur von echten, materiellen Satzungsbestandteilen die Rede.

Inhaltliche Anforderungen an die Satzung stellt § 23 Abs. 2, 3 u. 4 AktG. Die Zulässigkeit weiterer Bestimmungen regelt § 23 Abs. 5 AktG. Die letztgenannte Bestimmung unterscheidet zwischen Regelungen, die vom Aktiengesetz abweichen, und solchen, die es ergänzen. Zulässig sind (selbstverständlich) vom Aktiengesetz ermöglichte Bestimmungen. Vorliegend kommt zunächst § 55 Abs. 1 AktG in Betracht.

b) Die Einhaltung des Regelwerks als Nebenpflicht nach § 55 Abs. 1 AktG

Die Aufnahme des Regelwerks in die Satzung könnte als Nebenpflicht der Aktionäre einzustufen sein, nach der sie besagtes Regelwerk einzuhalten haben.

§ 55 Abs. 1 AktG befasst sich mit den Anforderungen an über die Einlagepflicht gemäß § 54 Abs. 1 AktG hinausgehende (Neben)Leistungspflichten der Aktionäre. Diese korporationsrechtlich zu verankern, ist danach möglich, wenn es sich um wiederkehrende, nicht in Geld bestehende Leistungen handelt und vinkulierte Namensaktien ausgegeben werden. Dabei ist es durchaus zulässig, diese Pflichten nicht allen Aktionären aufzuerlegen. Es muss dann eine zusätzliche Gattung Aktien ausgegeben werden.[424] Andere als wiederkehrende, nicht in Geld bestehende Leistungspflichten können nicht mitgliedschaftlich begründet werden. Ausgeschlossen sind demnach Geldleistungen, einmalige Leistungen, aber auch Dauerleistungen.[425] So ist die Vereinbarung einer "entgeltliche[n] Inanspruchnahme von Dienstleistungen der AG, z.B. der Vermittlung beim Abschluss von Geschäften"[426], unzulässig.

Es ist jedoch zu beachten, dass nach dem vorliegend untersuchten Modell die Aktionäre durch die Satzung zu keiner Leistung verpflichtet werden. Die Satzung soll lediglich die Grundlage für spätere – rein schuldrechtliche – Verpflichtungen sein. Aus ihr ergibt sich auch noch keine Verpflichtung zum Eingehen dieser späteren Verbindlichkeiten. Sie ist folglich kein Vorvertrag. Die festgelegten Bestimmungen sollen nur eingreifen, falls Verpflichtungen entstehen. Die Satzung ersetzt mithin nicht einen schuldrechtlichen Vertrag zwischen der Börse und den Handelsteilnehmern.

---

424 *Hefermehl* in: Geßler-Hefermehl-Eckardt-Kropff, AktG, § 55 Rn. 11; Kölner Kommentar zum AktG/ *Lutter*, § 55 Rn. 4.

425 Kölner Kommentar zum AktG/ *Lutter*, § 55 Rn. 6, 8.

426 So wörtlich *Hefermehl* in: Geßler-Hefermehl-Eckardt-Kropff, AktG, § 55 Rn. 13, ohne dabei sicherlich das Börsenwesen vor Augen gehabt zu haben.

Es könnte sich allerdings aus der Satzung eine Verpflichtung der Aktionäre ergeben, stets die dort festgelegten Vertragsbedingungen zur Grundlage der Geschäftsbeziehungen zu machen, oder, anders ausgedrückt, die Verwendung anders lautender Bestimmungen zu unterlassen. Auch Unterlassungspflichten sind prinzipiell als Leistungspflichten im Sinne von § 55 AktG einzustufen.[427] Allerdings greift auch dieser Gedanke nicht. Gegenstand der Regelung soll die Festlegung der Vertragsbedingungen sein, zu denen die Handelsteilnehmer an der Börse handeln können. Sie betreffen mithin nur das Verhältnis der Börse zu den Handelsteilnehmern, nicht aber zu außen stehenden Dritten. Ein Verstoß gegen die festgelegten Bestimmungen ist ohne Mitwirkung der Börse nicht denkbar. Diese muss den Teilnehmern erst den Handel ermöglichen. Daher legen die Bestimmungen in erster Linie die Handlungsmöglichkeiten für die Börse selbst fest. Folglich ist die Organisation der Tätigkeit des Unternehmens betroffen und nicht eine Verpflichtung der Gesellschafter zu Leistungen statuiert.

Für die Geschäftspartner der Börse – die Handelsteilnehmer – wird zwingend eine Stellung als Anteilseigner der Börsengesellschaft vorgeschrieben. Diese Bestimmung hat indes – den eben gemachten Ausführungen folgend – ebenfalls die Festlegung des der Börse eröffneten Handlungsspielraums zur Folge und nicht die Aufstellung einer Pflicht für die Aktionäre.

§ 55 Abs. 1 AktG ist mithin nicht einschlägig. Eine Konstruktion über Nebenpflichten gemäß § 55 AktG wird dem hier verfolgten Anliegen zudem nicht gerecht. Die Verpflichtung sowie der Umfang sind in der Aktienurkunde anzugeben (§ 55 Abs. 1 Satz 3 AktG). Die Auferlegung neuer Verpflichtungen durch eine Satzungsänderung bedarf nach § 180 Abs. 1 AktG der Zustimmung aller Aktionäre, was jedoch gerade vermieden werden soll.

c) Widerspruch zur Leitungskompetenz des Vorstandes nach § 76 Abs. 1 AktG

Das Aktiengesetz ergänzende Satzungsbestimmungen sind gemäß § 23 Abs. 5 Satz 2 AktG grundsätzlich zulässig, soweit das Aktiengesetz keine abschließende Regelung enthält. Dagegen sind vom Aktiengesetz abweichende Regelungen gemäß § 23 Abs. 5 Satz 1 AktG nur gestattet, wenn das Gesetz Abweichungen ausdrücklich zulässt. Die Zulässigkeit von Abweichungen muss sich dabei aus dem Wortlaut des Gesetzes ergeben. Ein Schweigen des Gesetzes genügt nicht.[428] Abweichungen und Ergänzungen lassen sich nicht scharf voneinander abgrenzen. Ergänzungen können zur Abweichung werden, wenn die

---

[427] Kölner Kommentar zum AktG/ *Lutter*, § 55 Rn. 5.

[428] Vgl. *Hüffer*, AktG, § 23 Rn. 35; MüKo-AktG/ *Pentz*, § 23 Rn. 153.

Funktion gesetzlicher Bestimmungen geändert wird.[429] Abweichungen von Bestimmungen des Aktiengesetzes sind insbesondere Regelungen, die den Aufbau und die Organisation der Gesellschaft betreffen.[430] Hier hat das Aktiengesetz eine nahezu abschließende und umfassende Normierung getroffen. Die Grundstrukturen des Innenverhältnisses sind nicht disponibel.[431] Dazu gehört die Zuständigkeitsverteilung zwischen den Organen.[432]

Die zu untersuchende Konstruktion könnte von der grundlegenden Zuständigkeitsverteilung der Organe in der Aktiengesellschaft abweichen. Indem die Aktionäre in der Hauptversammlung die Bedingungen festlegen, zu denen die Gesellschaft Geschäfte abschließt, übernehmen sie die Organisation des Handelsgeschehens, also die Hauptaufgabe einer Börse. Einzig die Zulassung der Emittenten und die Hilfsgeschäfte bleiben im Verantwortungsbereich des Vorstandes. Das widerspricht den herkömmlichen Vorstellungen von der Geschäftspolitik einer Aktiengesellschaft. Es stellt sich die Frage, ob von einer eigenverantwortlichen Leitung der Gesellschaft durch den Vorstand, wie § 76 Abs. 1 AktG sie fordert, noch gesprochen werden kann und ob die Zuweisung einer derartigen Kompetenz an die Hauptversammlung überhaupt möglich ist. Beide Fragen sind eng miteinander verbunden.

Die Hauptversammlung entscheidet grundsätzlich nicht über Fragen der Geschäftsführung (vgl. § 119 Abs. 2 AktG). Die Ausgestaltung der Geschäftsbeziehungen eines Unternehmens gehört zu den Geschäftsführungsaufgaben. Daher wird im hier behandelten Modell die Hauptversammlung in die Geschäftsführung eingebunden. Dies ist so im Aktiengesetz nicht vorgesehen. Der Katalog der Zuständigkeiten in § 119 Abs. 1 AktG ist allerdings nicht abschließend. Die Kompetenzen der Hauptversammlung können durch die Satzung erweitert werden (§ 119 Abs. 1, 1. Halbsatz AktG). Dabei sind jedoch wiederum die durch die Vorschrift in § 23 Abs. 5 AktG gezogenen Grenzen zu beachten.[433] Daraus ergibt sich, dass die Hauptversammlung zwar in der Satzung mit zusätzlichen Kompetenzen betraut werden kann, jedoch nur mit solchen, die nicht zwingend anderen Organen zugewiesen sind. Die Hauptversammlung kann nicht selbst entscheiden, welche Kompetenzen ihr als Vertretung der Anteilseignerschaft zukommen. Diese ergeben sich vielmehr aus dem Aktiengesetz. Es gilt die Satzungsstrenge des Aktienrechts. Zwingende dem

429 Kölner Kommentar zum AktG/ *Kraft*, § 23 Rn. 82.

430 MüKo-AktG/ *Pentz*, § 23 Rn. 156.

431 Kölner Kommentar zum AktG/ *Kraft*, § 23 Rn. 84.

432 *Hüffer*, AktG, § 23 Rn. 36; Münchener Handbuch Aktiengesellschaft/ *Wiesner*, § 6 Rn. 10; *Kessler*, RIW 1998, 602, 604.

433 Vgl. *Hüffer*, AktG, § 119 Rn. 10; *Schmidt*, Gesellschaftsrecht, § 28 IV 1 c.

Vorstand oder dem Aufsichtsrat obliegende Aufgaben können der Hauptversammlung nicht übertragen werden.[434]

Der Vorstand leitet das Unternehmen in eigener Verantwortung (§ 76 Abs. 1 AktG). Damit ist die Wahrnehmung der Unternehmerfunktion in der Aktiengesellschaft in eigenem Ermessen gemeint.[435] Er entscheidet über Zielsetzung, Organisation, Führungsgrundsätze und Geschäftspolitik der Gesellschaft. Diese Unternehmensleitung ist der wichtigste Teil der dem Vorstand insgesamt zugewiesenen Geschäftsführung.[436] Die Geschäftsführungsbefugnis des Vorstandes kann im Innenverhältnis durch Satzung, Aufsichtsratsbeschluss, Hauptversammlungsbeschluss sowie den Geschäftsordnungen des Vorstandes und des Aufsichtsrates eingeschränkt werden (§ 82 Abs. 2 AktG). Eine solche Einschränkung muss sich gemäß dem Wortlaut der Norm im Rahmen der Vorschriften über die Aktiengesellschaft, also des Aktiengesetzes, halten. Erfolgt sie durch die Satzung, ist wiederum die Regelung in § 23 Abs. 5 AktG zu beachten. Daraus folgt: § 76 Abs. 1 AktG darf nicht beeinträchtigt werden. Die Übertragung von Geschäftsführungsbefugnissen an die Hauptversammlung ist demnach unzulässig.[437] Indem nach dem hier untersuchten Modell die Organisation des Marktes zu einem Großteil auf die Hauptversammlung verschoben werden soll, wäre die Leitung des Unternehmens durch den Vorstand nur noch sehr eingeschränkt möglich. Der Handlungsrahmen wäre durch das Regelwerk exakt abgesteckt. Dem Vorstand verbliebe nicht genügend Ermessensspielraum im Sinne von § 76 Abs. 1 AktG. Auch *Mertens*[438] hält es für unzulässig, "dass der Vorstand nach außen nur unter Beachtung bestimmter Formen zu handeln befugt sein soll oder ihm die Benutzung bestimmter Rechtsgeschäftstypen" untersagt ist. Da eine gesetzliche Öffnungsklausel im Sinne von § 23 Abs. 5 Satz 1 AktG vorliegend nicht vorhanden ist, verstößt die untersuchte Satzungsbestimmung gegen § 76 Abs. 1 AktG. Dafür spricht auch § 323 Abs. 1 Satz 1 AktG, der für eingegliederte Aktiengesellschaften (§§ 319 ff. AktG) ein Weisungsrecht der Hauptgesellschaft gegenüber der eingegliederten Gesellschaft im Hinblick auf die Leitung des Unternehmens zugesteht und damit eine Ausnahme von § 76 Abs. 1 AktG statuiert. Die Hauptgesellschaft im Sinne von § 323 Abs. 1 Satz 1 AktG ist einziger Aktionär der eingegliederten Gesellschaft (vgl. §§ 319 Abs. 1 Satz 1, 320 Abs. 1 Satz 1, 320a Satz 1 AktG). Die Vorschrift zeigt, dass nur in diesem Fall der (einzige) Aktionär Einfluss auf die Leitung der Gesellschaft haben soll. Dabei ist zu betonen, dass die Stellung als einziger beziehungsweise nahezu einziger Aktionär noch nicht einmal genügt. Es ist vielmehr noch eine Eingliederung nach §§ 319 Abs. 1 Satz 1 bzw. 320 Abs. 1 Satz 1 AktG notwendig.

---

434 *Hüffer*, AktG, § 119 Rn. 10.

435 Vgl. Kölner Kommentar zum AktG/ *Mertens*, § 76 Rn. 4, 10.

436 Vgl. *Hüffer*, AktG, § 76 Rn. 7.

437 Münchener Handbuch Aktiengesellschaft/ *Wiesner*, § 6 Rn. 10.

438 Kölner Kommentar zum AktG/ *Mertens*, Vorb. § 76 Rn. 21.

d) Das Regelwerk als Beschränkung des Unternehmensgegenstandes

Möglicherweise kann die Aufnahme der Bestimmungen in die Satzung jedoch als zulässige Beschränkung des Unternehmensgegenstandes angesehen werden. Der Unternehmensgegenstand ist gemäß § 23 Abs. 3 Nr. 2 AktG in der Satzung anzuführen. Er beschreibt die von der Gesellschaft beabsichtigte Art der Tätigkeit.[439] Damit verbunden, aber auch hiervon zu unterscheiden ist der Zweck des Unternehmens. Dieser ist in der Regel die Gewinnerzielung, kann aber auch anderer Art, etwa ein genossenschaftlicher oder ein karitativer, sein.[440] Als Unternehmensgegenstand könnte vorliegend der Betrieb einer Börse unter den festgelegten, teils sehr spezifischen Bedingungen anzusehen sein.

Die Beschränkung des Unternehmensgegenstandes ist grundsätzlich zulässig, ja sogar notwendig.[441] Indem § 23 Abs. 3 Nr. 2 AktG die Festlegung auf einen Unternehmensgegenstand fordert, wird gleichzeitig gesagt, dass dieser genauer beschrieben und damit begrenzt werden muss. Es wird auch die Möglichkeit eröffnet, den Unternehmensgegenstand eng auszuformen. Eine solche Begrenzung wirkt sich nach § 82 Abs. 2 AktG auf die Geschäftsführungsbefugnis des Vorstandes aus. Die Festlegung des Unternehmensgegenstandes – und auch des Unternehmenszweckes – bindet alle Organe.[442] Die Beschränkung darf allerdings nicht so weit gehen, dass von einer eigenverantwortlichen Leitung der Gesellschaft im Sinne von § 76 Abs. 1 AktG nicht mehr die Rede sein kann. Auch hier gilt § 23 Abs. 5 AktG. Die Norm darf nicht ausgehöhlt werden. Die von ihr abgesicherte Grundstruktur der Gesellschaft muss auch beim Abstecken des Unternehmensgegenstandes beachtet werden. § 23 Abs. 5 AktG dient dem Schutz des Kapitalmarktes. Die Aktiengesellschaft und damit die Aktie sind standardisiert und die (künftigen) Aktionäre vor unerwarteten Inhalten ihrer Anteilseignerstellung geschützt.[443] Indem jede Aktiengesellschaft einem einheitlichen Maßstab entspricht, kann sich der (künftige) Aktionär auf die Einhaltung dieser Maßstäbe verlassen, ohne beispielsweise erst ins Handelsregister Einblick nehmen zu müssen.

Die Grenze der Zulässigkeit der Begrenzung des Unternehmensgegenstandes ist eindeutig überschritten, wenn "sich der Vorstand lediglich noch als Exeku-

---

439 Kölner Kommentar zum AktG/ *Kraft*, § 23 Rn. 43; MüKo-AktG/ *Pentz*, § 23 Rn. 69.

440 Vgl. MüKo-AktG/ *Pentz*, § 23 Rn. 69; Münchener Handbuch Aktiengesellschaft/ *Wiesner*, § 9 Rn. 10.

441 Vgl. dazu Münchener Handbuch Aktiengesellschaft/ *Wiesner*, § 9 Rn. 10 ff.

442 *Habersack*, ZGR 1996, 544, 552 f.; *Schön*, ZGR 1996, 429, 441.

443 *Hirte*, ZGR Sonderheft 13, 61, 65; MüKo-AktG/ *Pentz*, § 23 Rn. 150; vgl. auch *Lutter*, ZGR 2000, 1, 10 f.

tivorgan ohne unternehmerisches Entscheidungsermessen betätigen kann."[444] So ist es durchaus möglich, als Unternehmensgegenstand die Herstellung eines einzigen Produktes festzuschreiben oder die Geschäftstätigkeit auf bestimmte Vertragspartner festzulegen.[445] Auch die Konstruktion einer genossenschaftlich strukturierten Aktiengesellschaft unter der Zweck- und Gegenstandsbestimmung der Förderung bestimmter Interessen der Aktionäre ist denkbar.[446] Probleme ergeben sich jedoch dann, wenn die Satzung dem Vorstand die Art und Weise des Handelns vorschreibt.[447] Anforderungen an die Bestimmung des Unternehmensgegenstandes lassen sich vereinfacht dahingehend zusammenfassen, dass Inhalt und Art der Betätigung so weit wie gewünscht eingeschränkt werden können, die Beschränkung des dafür zur Verfügung stehenden Instrumentariums jedoch nur in gewissen Grenzen möglich ist.[448] Hier wirkt § 76 Abs. 1 AktG. Es muss genügend Ermessensspielraum für den Vorstand verbleiben.

Vorliegend wäre das Hauptbetätigungsfeld der Börsengesellschaft, die Organisation des börsenmäßigen Handels, durch die Satzung festgeschrieben. Diese Festschreibung beträfe auch die Vertragsgestaltung mit den Geschäftspartnern. In diesem Bereich wäre die Funktion des Vorstandes auf die oben erwähnte Stellung als Exekutivorgan eingeschränkt. Die übrig gebliebenen 'Restfelder' der Betätigung[449] wären nicht von solcher Bedeutung, dass sie die Gebundenheit bei der Handelsorganisation aufwiegen würden. Damit ist eine derartig enge Fassung des Unternehmensgegenstandes nicht zulässig.

e) Ergebnis

Dem untersuchten Modell steht, wenn die Aktiengesellschaft als Rechtsform der Börse gewählt wird, die "eiserne Klammer" des § 23 Abs. 5 AktG entgegen, "die der Gesetzgeber um die Aktiengesellschaft gelegt hat"[450]. Inwieweit die Festlegung nur einzelner Bestimmungen des Regelwerks in der Satzung zulässig ist, kann abstrakt nicht entschieden werden. Diese Konstruktion ist

---

444 MüKo-AktG/ *Pentz*, § 23, Rn. 78.

445 Vgl. *Schön*, ZGR 1996, 429, 441.

446 Vgl. dazu *Luther*, Die genossenschaftliche Aktiengesellschaft, S. 46.

447 Vgl. Münchener Handbuch Aktiengesellschaft/ *Wiesner*, § 9 Rn. 16; Kölner Kommentar zum AktG/ *Mertens*, § 82 Rn. 21.

448 Ähnlich *Schön*, ZGR 1996, 429, 439 f., 442 f.

449 Zulassung der Emittenten und Hilfsgeschäfte.

450 So *Mertens*, ZGR 1994, 426, 426, der Zweifel am Sinn der Norm äußert (S. 429 ff.). Ähnliche Gedanken finden sich bei *Hirte*, ZGR Sonderheft 13, 61, 81 f., der § 23 Abs. 5 AktG für nicht gerechtfertigt hält und für eine teleologische Reduktion seines Anwendungsbereichs plädiert.

auch nur von geringem praktischem Interesse. Gesucht wird nämlich ein allgemein einsetzbares Instrument zur Anpassung. Die ohnehin unstreitigen Grundsätze der Organisation des Handels können problemlos durch Vertrag geregelt werden.

Gesetzliche Ausnahmevorschriften für die gesellschaftsrechtliche Organisation der Börsenbetreiber empfehlen sich nicht. National und vor allem international werden die soeben aufgezeigten Grundprinzipien der Organisation einer Aktiengesellschaft vorausgesetzt.[451] Will man folglich den Kapitalmarkt zur Finanzierung des Unternehmens Börse nutzbar machen, verbietet sich eine spezialgesetzliche Ausnahme. Die Standardisierung der Aktie als Anlagepapier steht dem entgegen.

3. Der Gesellschaftsvertrag der Gesellschaft mit beschränkter Haftung

Maßgebliche Unterschiede zu dem eben gefundenen Ergebnis zeigen sich bei der Gesellschaft mit beschränkter Haftung, die an dieser Stelle im Kontrast zur Aktiengesellschaft kurz erwähnt werden soll. Die Normen des GmbH-Gesetzes sind in großem Umfang dispositiv.[452] Es existiert weder eine dem § 76 Abs. 1 AktG noch eine dem § 23 Abs. 5 AktG vergleichbare Vorschrift. Den Geschäftsführern als Leitungsorgan muss nicht notwendig ein Bereich eigenverantwortlicher Leitungsmacht eingeräumt werden.[453] Sie sind nach § 37 Abs. 1 GmbHG vielmehr einem umfassenden Weisungsrecht der Gesellschafter unterworfen. Daher ist die Aufnahme der Handelsbedingungen in den Gesellschaftsvertrag und die Festschreibung der Stellung der Handelsteilnehmer als Gesellschafter für die Gesellschaft mit beschränkter Haftung denkbar.[454] Weil die Gesellschaft mit beschränkter Haftung für einen Börsengang untauglich ist, führt die Zulässigkeit des untersuchten Modells bei dieser Gesellschaftsform gleichwohl nicht zu einer allgemein zufrieden stellenden Lösung. Für die Rechtsform der Aktiengesellschaft kann das Modell, wie vorstehend erörtert, nicht zum Einsatz kommen.

---

451 Vgl. *Kessler*, RIW 1998, 602, 615; *Lutter*, AG 1997, 538, 540; Punkte 2 und 3 des Deutschen Corporate Governance Kodex, abgedruckt in ZIP 2002, 452 ff.; Punkt II der Corporate Governance-Grundsätze der Grundsatzkommission Corporate Governance, abgedruckt in AG 2000, 109 ff.; Punkt I 4 ff. des German Code of Corporate Governance (GCCG) des Berliner Initiativkreises, abgedruckt in: AG 2001, 6 ff.

452 Vgl. *Schmidt*, Gesellschaftsrecht, § 34 II 2 g; *Rittner/ Schmidt-Leithoff*, in: Rowedder, GmbHG, § 3 Rn. 1.

453 Vgl. Münchener Handbuch Aktiengesellschaft/ *Wiesner*, § 19 Rn. 12.

454 Zur Aufnahme von Geschäftsführungsangelegenheiten in den Gesellschaftsvertrag vgl. *Schön*, ZGR 1996, 429, 444.

4. Die unternehmerische Mitbestimmung der Arbeitnehmer

Weitere Bedenken gegen das untersuchte Modell treten bei mitbestimmten Gesellschaften auf. Die angesprochenen Satzungsbestimmungen haben zur Folge, dass Bereiche der Leitung des Unternehmens, die normalerweise von der Mitbestimmung betroffen sind, von diesem Einflussbereich ausgenommen werden. Das gilt insbesondere in den Fällen des § 33 MitbestG. In Kapitalgesellschaften mit mehr als 2.000 Arbeitnehmern (§ 1 Abs. 1 MitbestG) ist danach ein Arbeitsdirektor gleichberechtigtes Mitglied des Leitungsorgans der Gesellschaft. Darüber hinaus ist der Aufsichtsrat paritätisch besetzt (§ 7 MitbestG). Aber auch in den Fällen der Mitbestimmung nach § 129 Abs. 1 BetrVerfG i.V.m. §§ 76, 77 BetrVerfG 1952 gelten diese Überlegungen. In Kapitalgesellschaften mit 500 bis 2.000 Arbeitnehmern ist die Mitbestimmung auf den Aufsichtsrat beschränkt. Dieser kontrolliert aber den Vorstand, hat also mittelbar Einfluss auf die Leitung des Unternehmens. Auf Zusammensetzung und die Abstimmung der Anteilseignervertretung hat die unternehmerische Arbeitnehmermitbestimmung dagegen keinen Einfluss. Die Verlagerung der der Unternehmensleitung zustehenden Entscheidungen auf die Ebene der Anteilseigner bedeutet daher für die Mitbestimmung in Unternehmensfragen erhebliche Einschnitte.

Diese Erwägungen sollen jedoch nicht darüber hinwegtäuschen, dass die Frage, inwieweit Mitbestimmungsregelungen über das gesetzlich normierte Maß hinaus die Verfassung der Gesellschaft beeinflussen können, von einer Klärung noch weit entfernt ist.[455] Bei der Aktiengesellschaft stellt sich dieses Problem durch die feste Kompetenzverteilung in geringerem Maße als bei der Gesellschaft mit beschränkter Haftung. Die grundlegende Entscheidungsbefugnis und das Weisungsrecht der Gesellschafter in Geschäftsführungsfragen werden bei letzterer nach herrschender Meinung von der Mitbestimmung nicht berührt.[456] Dennoch muss die laufende Geschäftstätigkeit zumindest in einem gewissen Umfang in den Händen der Geschäftsführung liegen.[457] Damit tauchen hier ähnliche Fragen wie bei der bereits erörterten Eingrenzung des Unternehmensgegenstandes der Aktiengesellschaft auf.

5. Zusammenfassung

Die Grundsätze der Organisation des Handelsgeschehens in das Organisationsstatut der Gesellschaft zu integrieren, ist schon praktisch ganz wirkungslos:

---

[455] Vgl. *Schmidt*, Gesellschaftsrecht, § 36 IV 2 b; *Hommelhoff*, ZGR 1978, 119, 130.

[456] *Schmidt*, Gesellschaftsrecht, § 36 IV 2 b; *Hommelhoff*, ZGR 1978, 119, 139; *Zöllner*, ZGR 1977, 319, 324.

[457] *Hommelhoff*, ZGR 1978, 119, 139; *Zöllner*, ZGR 1977, 319, 326.

Die rechtliche Regelung der Beziehungen der Börse zu den Emittenten kann hierauf nicht gestützt werden. Das Modell kommt somit allenfalls für die Verhältnisse zwischen der Börse und den Handelsteilnehmern in Betracht. Hier liegt es aber fern, da der genossenschaftliche Gedanke im Börsenwesen bedingt durch Börsengänge der Börsengesellschaften zunehmend mehr in den Hintergrund tritt. Gegenüber der Verwendung von Allgemeinen Geschäftsbedingungen wird kein Vorteil gewonnen. Die Kontrolle nach §§ 305 ff. BGB bleibt bestehen.

Für die Aktiengesellschaft ist das genannte Modell auch rechtlich unzulässig. Hier steht die Satzungsstrenge des Aktiengesetzes entgegen. Bei der Gesellschaft mit beschränkter Haftung ergeben sich mindestens bei mitbestimmten Gesellschaften Bedenken. Da die Aktiengesellschaft eine zulässige Rechtsform von Börsen sein muss, ist das Modell nicht umsetzbar. Entgegen *Claussen*[458] ergeben sich damit nicht nur rechtspolitische, sondern auch rechtliche sowie praktische Bedenken. Insbesondere bei der Rechtsform der Aktiengesellschaft muss der Preis der Einhaltung der Satzungsstrenge eben gezahlt werden, wenn die Refinanzierung am Kapitalmarkt offen stehen soll.[459]

IX. Fazit

Zur Problematik der einseitigen Gestaltung des Regelwerks ergibt sich folgendes Gesamtbild: Die Rechtsfigur der Beleihung ist für diesen Regelungsbereich untauglich. Ebenso verhält es sich mit einer privatrechtlichen Rechtsetzung. Das von der Börse ausgearbeitete Regelwerk durch einen öffentlich-rechtlichen Akt der Aufsichtsbehörde zur Geltung zu bringen, ist nur eingeschränkt möglich. Die Verankerung des Regelwerks im Gesellschaftsstatut ist zumindest bei der Aktiengesellschaft unzulässig. Es bleiben allein privatvertragliche Gestaltungsmöglichkeiten. Aber auch diese taugen nur bedingt. Eine vollständig einseitige, rechtlich nicht kontrollierbare Setzung des Regelwerks, die der derzeitigen Rechtslage in den öffentlich-rechtlichen Segmenten entspricht, kann privatvertraglich nicht konstruiert werden.

---

458 *Claussen*, ZBB 2000, 1, 8.

459 *Möllers*, AG 1999, 433, 442.

C. Die Anteilseigner

Eingangs der vorliegenden Arbeit wurde ausgeführt, dass die Börse nach gegenwärtigem Verständnis als eine unselbständige Anstalt des öffentlichen Rechts einzustufen ist. Sie wird von dem jeweiligen Bundesland errichtet, das sich dann aber aus der Organisation des Börsengeschehens zurückzieht. Diese Aufgabe übernehmen die unselbständige Anstalt des öffentlichen Rechts und ein für die Ausstattung und Unterhaltung der Anstalt zuständiger Träger. Die Börse hat folglich einen Träger, sie hat jedoch keine Anteilseigner. Die Einschaltung eines Trägers ist erforderlich, weil der öffentlich-rechtlichen Anstalt die Vollrechtsfähigkeit fehlt. In den letzten zehn Jahren ist diese Trägerschaft von den örtlichen Industrie- und Handelskammern (so genannte Kammerbörsen) oder Vereinen der Handelsteilnehmer (so genannte Vereinsbörsen) auf Aktiengesellschaften übergeleitet worden. Diese haben selbstverständlich Anteilseigner, die jedoch zumindest in dieser Eigenschaft keine Verbindung zur Börse aufweisen.

Die Beseitigung besagter Trennung de lege ferenda würde erstmals dazu führen, dass es echte Börsenanteilseigner gibt. Der Gesetzgeber steht nunmehr vor der Frage, ob er auf die Zusammensetzung der Anteilseignerschaft von Börsengesellschaften oder wenigstens auf die Rechtsstellung der Anteilseigner Einfluss nehmen soll. Zur Beantwortung der aufgeworfenen Frage wird, anknüpfend an die vorangegangenen Ausführungen, auf die Rechtsformen der Aktiengesellschaft sowie der Gesellschaft mit beschränkter Haftung abgestellt.

I. Gesetzliche Beeinflussung der Anteilseignerstruktur

1. Vorbilder im geltenden Recht

Gesetzliche Festlegungen zur Anteilseignerstruktur einer Gesellschaft sind eher selten anzutreffen. Das Börsengesetz hielt bis vor kurzem eine solche Regelung für Kursmaklergesellschaften bereit. Bis 1994 durfte die Kursmakelei nur von Einzelkaufleuten betrieben werden.[1] Gestiegene Anforderungen an die Eigenkapitalausstattung und der Konkurrenzdruck innerhalb der Europäischen Union veranlassten den Gesetzgeber, Kursmaklern die Rechtsformen der Aktiengesellschaft und der Gesellschaft mit beschränkter Haftung zu eröffnen

---

1 Vgl. § 30 Abs. 1 BörsG in der vor Inkrafttreten des 2. Finanzmarktförderungsgesetzes am 1.01.1995 geltenden Fassung vom 27. Mai 1908 (RGBl. S. 215), zuletzt geändert durch Gesetz v. 27.4.1993, BGBl. I, S. 512).

(§ 34a BörsG a.F.).[2] Die Sicherung der Neutralität der Kursmakler[3] erforderte eine ausgeprägte Personengebundenheit bei der Zulassung und der Ausübung dieser Tätigkeit. Das Prinzip der Personengebundenheit war auch bei den genannten Kursmaklergesellschaften erhalten geblieben. Kursmakler war nicht die Kapitalgesellschaft selbst, sondern der oder die Geschäftsleiter (vgl. den Wortlaut in § 34a Abs. 1, 1. Halbsatz BörsG a.F.). Die an dieser Stelle interessierende Restriktion bezüglich der Anteilseignerstruktur war in § 34a Abs. 1 Nr. 1 BörsG a.F. verankert und hatte ihren Grund ebenfalls in der Personengebundenheit jener Tätigkeit. Nach dieser Norm musste die Mehrheit der Anteile und der Stimmrechte an Kursmaklergesellschaften Kursmaklern zustehen.

Mit der Abschaffung der Kursmakler durch das Vierte Finanzmarktförderungsgesetz sind auch die genannten Bestimmungen entfallen.

2. Behördliche Kontrolle qualifizierter Beteiligungen

Von der eben beschriebenen Art einer Beschränkung ist die Kontrolle von Inhabern qualifizierter Beteiligungen auf Zuverlässigkeit zu unterscheiden, wie sie sich beispielsweise für Kreditinstitute und Finanzdienstleister in § 2b KWG und für Versicherungsunternehmen in § 104 VAG und – seit dem 1.07.2002 – für Börsenträger in § 3 BörsG findet.[4] Soweit der Börsenträger Finanzdienstleister ist, unterfällt er bereits der Kontrolle nach § 2b KWG.[5] Diese Kontrolle sollte de lege ferenda auf für Börsengesellschaften privaten Rechts erhalten bleiben.[6] Im Folgenden soll es jedoch nicht um diese zum einen an subjektiven Elementen anknüpfende, zum anderen erst bei qualifizierten Beteiligungen einsetzende Kontrolle, sondern um eine objektive Beschränkung der Anteilseignerschaft gehen.

3. Modelle für das Börsenwesen de lege ferenda

Für Börsen ergeben sich drei denkbare Varianten, die Anteilseignerstruktur gesetzlich zu reglementieren.

---

2 Vgl. Begründung zum Regierungsentwurf des Zweiten Finanzmarktförderungsgesetzes, BT-Drs. 12/ 6679, S. 73.

3 Begründung zum Regierungsentwurf des Zweiten Finanzmarktförderungsgesetzes, BT-Drs. 12/ 6679, S. 73; *Kümpel*, Bank- und Kapitalmarktrecht, Rn. 17.346.

4 Allgemein dazu *Hirschmann*, Anteilseignerkontrolle im Versicherungs- und Kreditwirtschaftsrecht. Zu § 3 BörsG vgl. *Hammen*, AG 2001, 549, 566 f.; *Kümpel*, in: Kümpel/ Hammen, Börsenrecht, 2. Teil II 1 e. Kritisch *Beck*, BKR 2002, 662, 665.

5 Vgl. dazu *Hammen*, WM 2001, 929, 938 ff.

6 So auch *Hopt/ Baum*, Börsenreform, S. 402 f. Fn. 484.

Zunächst könnte bestimmt werden, dass die Stellung als Handelsteilnehmer zwingend mit einer Anteilseignerschaft einhergeht und sich alle oder zumindest die Mehrzahl der Anteile an der Gesellschaft in den Händen von Börsenteilnehmern befinden müssen. Es ergibt sich dann eine genossenschaftsähnliche Gesellschaftsstruktur. Mittels dieser Konstruktion bleibt ein Einfluss der Beteiligten auf die Unternehmensführung, welcher gegenwärtig durch den Börsenrat gesichert ist, zumindest in Teilen erhalten. Praktisch kaum möglich ist indes eine Beteiligung der Emittenten und Anleger, die gegenwärtig im Börsenrat ebenfalls vertreten sind (§ 9 Abs. 1 BörsG). Die Auswahl derjenigen Vertreter, die berechtigt und verpflichtet sein sollten, Anteile an der Börsengesellschaft zu erwerben und zu halten, fiele einigermaßen schwer: Über die Probleme, die die Auswahl der Vertreter als solche schon bereithält, müsste schließlich auch die Bereitschaft zum finanziellen Engagement sichergestellt werden.

Will man bei einem derartigen Beteiligungsmodell nicht ganz so weit gehen, erscheint eine Regelung vorstellbar, nach der die Mehrheit der Anteile von Handelsteilnehmern gehalten werden muss, ohne dass zugleich die zwingende Anteilseignerstellung aller Handelsteilnehmer vorgeschrieben wird. Hierdurch wird ebenfalls eine Orientierung an den Interessen derer, für die der Börsenhandel organisiert wird, erreicht. Diese auf den ersten Blick gefällig erscheinende Lösung ist indes untunlich. Welche(r) Handelsteilnehmer soll(en) insbesondere bei großen börsennotierten Börsen verpflichtet werden, Anteile zu erwerben und zu halten? Wie soll eine gerechte Auswahl derjenigen erfolgen, die Anteile halten müssen? Wie soll der Staat reagieren, wenn sich die Auserwählten verweigern? Diese wenigen Erwägungen zeigen, dass diese Variante nicht weiterführend ist.

Ferner könnte erwogen werden, Anteile an einer privaten Börsengesellschaft gesetzlich zwingend in die Hände des Staates zu geben. Dies würde bewirken, dass, wie es schon nach geltendem Recht der Fall ist, die Berücksichtigung des öffentlichen Interesses an einem funktionierenden Kapitalmarkt bei allen Entscheidungen sichergestellt wäre.[7] Der Staat ist nämlich als Anteilseigner – selbst bei rein fiskalisch motivierter Beteiligung – verpflichtet, diese Position im Rahmen gesellschaftsrechtlicher Grenzen allein zum Wohle der Allgemeinheit zu nutzen.[8] Die Tatsache, dass diese gegenüber einer privaten Anteilseignerstruktur veränderte Interessenlage bei so genannten gemischten Unternehmen zu nicht wenigen Konflikten innerhalb des Unternehmens führen kann, soll hier außer Betracht bleiben.[9] Das Europarecht steht einer derartigen Ein-

---

7 Vgl. dazu *Hammen*, AG 2001, 549, 555; *Köndgen*, JITE 154 (1998), 224, 228.

8 Vgl. dazu *Spannowsky*, ZGR 1996, 400, 403 ff; *Schmidt*, ZGR 1996, 345, 349 f.; *Ehlers*, in: Erichsen, Allgemeines Verwaltungsrecht, S. 68 ff.

9 Zu nennen sind insbesondere Konflikte der Anteilseignergruppen untereinander sowie Diskrepanzen zwischen dem öffentlich-rechtlichen Auftrag und den begrenzten gesellschaftsrechtlichen Einwirkungspflichten. Vgl. dazu *Spannowsky*, ZGR 1996, 400, 421 ff.; *Schön*,

bindung des Staates neutral gegenüber (vgl. Art. 295 EGV).[10] Ähnliche Konstruktionen sind aus den Privatisierungsmodellen der Post (Deutsche Post AG), des Telekommunikationsbereichs (Deutsche Telekom AG) sowie der Bahn (Deutsche Bahn AG) bekannt.[11] Auch bei der Deutschen Lufthansa AG übt der Bund über eine hohe Anteilseignerquote maßgeblichen Einfluss aus.[12] Die Sicherung ausreichenden Einflusses macht aber eine (dauerhaft) hohe Beteiligungsquote erforderlich. Das kann wiederum die Finanzierung der Gesellschaft beeinträchtigen,[13] weil der Staat nur begrenzt Kapitalerhöhungen mittragen kann. Dieser Aspekt führt zu einem weiteren Gesichtspunkt: Den Staat zwingend in alle (neuen) Börsen einzubinden, bringt ihn beinahe sicher in finanzielle Schwierigkeiten. Außerdem kommt das Modell einem Staatsbörsenwesen gleich, das gerade abgeschafft werden soll. Die Eigentümerstellung des Staates in Unternehmen ist im Hinblick auf bloße Regulierungsinteressen auch insgesamt gesehen als überholte Form einzustufen.[14] Die angesprochenen Unternehmen der Post und der Telekommunikation befinden sich ebenfalls in einem Prozess zunehmenden Rückzugs des Staates aus der Betreiber- sowie aus der Anteilseignerposition.[15] Deshalb ist von einer zwingenden Beteiligung des Staates an Börsen Abstand zu nehmen. Davon unberührt bleibt die Möglichkeit der öffentlichen Hand, sich ohne eine zwingende gesetzliche Festschreibung an einzelnen Börsen zu beteiligen, wie das etwa in Schweden und Griechenland geschehen ist.[16]

Schließlich kommt noch in Betracht, Beteiligungsbeschränkungen festzusetzen. Auch der erstgenannte Vorschlag einer Integration der Handels-

ZGR 1996, 429, 447 ff.; *Schmidt*, ZGR 1996, 345, 349 ff; *Habersack*, ZGR 1996, 544, 548 ff.; *Schwintowski*, NJW 1995, 1316, 1316 ff.; *Harbarth*, ZGR 1998, 810, 812 ff.

10 Vgl. dazu *Badura*, ZGR 1997, 291, 295. Dies gilt jedoch nur solange, wie dem Staat gegenüber privaten (Mit)Anteilseignern keine Sonderrechts eingeräumt werden, vgl. dazu die Urteile des EuGH zu den sog. „golden shares" WM 2002, 1393 ff.; 1397 ff.; 1402 ff.

11 Vgl. *Harbarth*, ZGR 1998, 810, 812; *Hefekäuser*, ZGR 1996, 385, 390 ff.; *Reinhardt*, ZGR 1996, 374, 379 ff.

12 Vgl. dazu *Ruckteschell*, ZGR 1996, 364, 364 u. 369 ff.

13 Vgl. auch *Heermann*, ZIP 1998, 1249, 1255.

14 *Köndgen*, JITE 154 (1998), 224, 241.

15 Vgl. *Hefekäuser*, ZGR 1996, 385, 395 (Deutsche Telekom AG). Teilweise abweichend gestaltet sich die Situation dagegen bei der Deutschen Lufthansa AG sowie bei der Deutschen Bahn AG. Auch hier wurde bzw. wird in der Zukunft der Staatsanteil maßgeblich reduziert (werden). Das Europarecht sowie andere international bindende Verpflichtungen schreiben indessen vor, dass nationale Luftfahrtunternehmen mehrheitlich im Eigentum des Staates und/ oder seiner Staatsangehörigen stehen müssen, vgl. dazu *Ruckteschell*, ZGR 1996, 364, 371 ff. Bezüglich der Bahn findet sich in Art. 87e Abs. 3 Satz 3 letzter Halbsatz GG die verfassungsrechtliche Festschreibung des hälftigen Mindestanteils des Bundes.

16 Der schwedische Staat hält 9,5 % der Anteile an OM (*Mehner*, in Börsenzeitung v. 25.01.2001, S. 6). An der Hellenic Exchanges Holding SA, die zu 100 % Eigentümerin der Athener Wertpapierbörse ist, hält der griechische Staat 47,7 % der Anteile (Börsenzeitung v. 24.10.2000, S.23).

teilnehmer kann, je nach Ausgestaltung, zu einer solchen Beteiligungsbeschränkung führen. Im Unterschied dazu sind hier eher strukturpolitische Restriktionen gemeint. Solche lassen sich durch die Festschreibung von Höchstbeteiligungsquoten oder aber durch die Festlegung einer bestimmten Aktionärsstruktur sowie den teilweisen oder gänzlichen Ausschluss besonderer Personengruppen erreichen. Die Maßnahmen zielen auf die Sicherstellung der Neutralität von Börsen.

Zu den Höchstbeteiligungsquoten ist zu sagen, dass zur Vorbeugung vor einem maßgeblichen Einfluss einzelner Aktionäre die Grenze sehr niedrig angesetzt werden muss. Eine solche Klausel steht aber unter Umständen einer erfolgreichen Platzierung der Anteile am Kapitalmarkt entgegen. Großinvestoren wollen zumindest einen gewissen Einfluss auf die Unternehmensführung haben, und ohne Großinvestoren kann ein Börsengang nicht erfolgreich vollzogen werden. Das war auch der Grund, warum die London Stock Exchange ihre auf 4,9 % festgesetzte Beteiligungsgrenze im Vorfeld ihres Börsenganges aufhob.[17] Zudem ist eine solche gesetzliche Beschränkung der Niederlassungs- und Kapitalverkehrsfreiheit wohl nicht auf Dauer zu rechtfertigen. Auch nicht diskriminierende Maßnahmen sind nämlich nicht unbegrenzt zulässig.[18] Voraussetzung dafür ist, dass sie durch zwingende Gründe des Allgemeininteresses geboten und verhältnismäßig sind.[19] Die zwingenden Gründe des Allgemeinwohls sind dabei stets aus europäischer Sicht zu betrachten.[20] Da die Beteiligung an Börsen in anderen Mitgliedstaaten meist nicht eingeschränkt ist, fällt das Aufzeigen von Rechtfertigungsgründen nicht leicht.

Vergleichbare Erwägungen hinsichtlich der Rechtmäßigkeit gelten auch für die Festlegung einer bestimmten Aktionärsstruktur. Hinzu kommt, dass Inländerquoten oder ähnlich diskriminierende Festsetzungen nicht mit den Grundfreiheiten des EG-Vertrages vereinbar sind.[21]

Auch der Ausschluss bestimmter Gruppen von Personen von einer (hohen) Beteiligung an einer Börse verstößt gegen die genannten europarechtlichen Vorschriften[22] und wohl auch gegen nationales Verfassungsrecht.[23]

Es bleibt mithin die erstgenannte Variante zu untersuchen: Sollen alle Handelsteilnehmer zwingend zu Anteilseignern gemacht werden?

---

17 Vgl. dazu Börsenzeitung v. 20.7.2001, S. 3 sowie *Hammen*, AG 2001, 549, 556.

18 Vgl. EuGH WM 2002, 1393, 1396 f..

19 *Hammen*, EuZW 1996, 460, 462.

20 *Hammen*, EuZW 1996, 460, 462; *ders.*, WM 2000, 941, 942.

21 EuGH WM 2002, 1402, 1405 f.; *Schwarz*, Europäisches Gesellschaftsrecht, Rn. 133. Abweichend insoweit die bereits angeführte – allerdings europarechtlich vorgegebene – Rechtslage bei Luftfahrtunternehmen, vgl. *Ruckteschell*, ZGR 1996, 364, 371 ff.

22 Vgl. dazu auch *Hammen*, WM 2000, 941, 943 ff.; *ders.*, EuZW 1996, 460, 463 ff., zu ähnlich gelagerten Fällen in der allerdings durch Richtlinien umfassend geregelten Versicherungs- und Bankenbranche.

23 Vgl. dazu *Hammen*, ZHR 160 (1996), 133, 138 ff.

4. Die Handelsteilnehmer als Anteilseigner der Börse

Hopt/ Baum[24] haben in ihrem Gutachten diese Möglichkeit angesprochen, sehen für die zwingende Festschreibung des Modells indes keine Notwendigkeit. Sie begründen ihre Ansicht mit den Ergebnissen der rechtsvergleichenden Teile des Gutachtens und wohl auch fehlenden Vorteilen einer solchen Konstruktion. Solche Vorteile ergäben sich bei der Umsetzung des im Gutachten vorgeschlagenen Modells der Integration der Börsenordnung in die Satzung,[25] das *Claussen* präzisiert hat.[26] Im vorherigen Abschnitt wurde jedoch die Undurchführbarkeit dieses Modells erläutert. Daher ergibt sich daraus kein Argument für eine zwingende Anteilseignerstellung der Handelsteilnehmer. Soweit ersichtlich, tritt deshalb auch kein Verfechter von privaten Börsen für die zwingende Festschreibung der Anteilseignerstellung für Handelsteilnehmer ein.[27] Es stehen dem auch praktische und rechtliche Erwägungen entgegen:

a) Abkehr von genossenschafts- und vereinsähnlichen Strukturen im Börsenwesen

Es sei zunächst kurz klargestellt, dass die Rechtsformen der Aktiengesellschaft sowie der Gesellschaft mit beschränkter Haftung einer solchen genossenschaftsähnlichen Organisation grundsätzlich offen stehen.[28] Die an sich reinen Kapitalgesellschaften erhalten dann einen stark personalistischen Einschlag. Man muss sich indes bewusst machen, dass sowohl die nationale als auch die internationale Entwicklung in die entgegen gesetzte Richtung verläuft. Zwar sind die privatrechtlich organisierten Börsen im Ausland herkömmlich genossenschafts- oder vereinsähnlich organisiert (gewesen). Dies ist jedoch in erster Linie entstehungsgeschichtlich bedingt und überlebt sich langsam. So ist insbesondere in Großbritannien, den USA, Japan, Frankreich, Spanien und Italien eine – teils schon vollzogene – Abkehr von diesen genossenschafts- und vereinsähnlichen Organisationsformen (so genannte Demutualisierung) zu beobachten.[29] Selbst die Generalversammlung der europäischen 'Vorzeige-

---

24 *Hopt/ Baum*, Börsenreform, S. 406 f. Ebenso *Köndgen*, FS Lutter, 1401, 1414; *Merkt*, Gutachten G zum 64. DJT, S. 92.

25 *Hopt/ Baum*, Börsenreform, S. 402.

26 *Claussen*, ZBB 2000, 1, 7 f.

27 Bei der Schaffung der Deutschen Börse AG sollten hingegen nur Handelsteilnehmer Anteilseigner derselben werden (vgl. *Laule*, FS Heinsius, 437, 450 f.). Begründet wurde das mit dem genossenschaftlichen Charakter der Börsenveranstaltung (*ders.*, aaO). Im Vordergrund stand aber, und das klingt bei *Laule*, aaO, ebenfalls an, die Beteiligung nach dem Verhältnis des bereits im Vorfeld zur Finanzierung des Börsenbetriebes Geleisteten.

28 Vgl. *Schmidt*, Gesellschaftsrecht, § 41 I a; *Luther*, Die genossenschaftliche Aktiengesellschaft S. 166; *Steding*, NZG 2000, 182, 184; *Loidl*, Die GmbH ohne erwerbswirtschaftliche Zielsetzung, S. 49 ff.

29 *Nobel*. FS Lutter, 1485, 1487; *Köndgen*, JITE 154 (1998), 224, 233; Fuchs, Die Bank 2001, 164, 165; Börsenzeitung v. 2.11.2001, S. 6.

börse' für vereinsmäßige Strukturen, die Schweizer Börse SWX, hat beschlossen, sich in eine Aktiengesellschaft umzuwandeln.[30] Hauptgrund für diese Entwicklung ist die beabsichtigte oder schon erfolgte Inanspruchnahme des Kapitalmarktes in Form der Emission eigener Anteile. Börsen gehen an die Börse, lautet das Schlagwort. Gleiches ist am 5.2.2001 auch in Deutschland geschehen. Die Deutsche Börse AG platzierte ihre Anteile erfolgreich an der Börse.

Es wurde bereits ausgeführt, dass zur Organisation einer Börse große Kapitalvolumina benötigt werden. Deshalb ist der Gang an die Börse für eine Börse häufig unvermeidbar. Dabei ist eine genossenschaftsähnliche Struktur in vielen Fällen hinderlich. Denkbar ist es zwar, den Handelsteilnehmern trotz einer Börsennotierung der Börsengesellschaft einen maßgeblichen Einfluss zu sichern; eine solche Konstruktion schränkt den Handlungsspielraum einer Börse indes viel zu weit ein. Den Handelsteilnehmern muss dann nämlich mindestens die Dreiviertelmehrheit verbleiben (vgl. § 179 Abs. 2 Satz 1 [i.V.m. § 133 Abs. 1] AktG). Dies bedeutet aber zugleich, dass nur ein Viertel der Anteile zur Kapitalbeschaffung am Kapitalmarkt zur Verfügung stehen. Der Börsengang der Deutsche Börse AG lässt erahnen, wie groß der Kapitalbedarf sein kann,[31] weshalb 25 % umlaufender Aktienbestand nicht immer ausreichend sein werden. Eine Herabsetzung des Mehrheitserfordernisses auf die einfache Mehrheit nach § 179 Abs. 2 Satz 2 AktG setzt zwar weitere 25 % der Aktien zur Kapitalbeschaffung frei, aber auch das mag in manchen Fällen nicht ausreichend sein.

Private Investoren können nur dann von einer Investition überzeugt werden, wenn das Unternehmen gewinnorientiert ausgerichtet ist.[32] Eine genossenschaftsähnliche Zweckbestimmung lenkt aber in erster Linie den Blick auf die Förderung anderer Interessen der Mitglieder. Das ist geeignet, Investoren abzuschrecken.

Die Integration der Handelsteilnehmer in das Börsenunternehmen vermag weder die Funktionsfähigkeit des Kapitalmarktes zu fördern, noch die Anleger zu schützen.[33] Dies wird vielmehr nur durch eine verlässliche Aufsicht gewährleistet. Der Sicherung und Stärkung des Finanzplatzes Deutschland kann diese Integration sogar im Wege stehen: Zielgruppe des Unternehmens Börse sind in erster Linie die Investoren. Die Handelsteilnehmer sind nur Mittler, um diese Zielgruppe zu erreichen. Eine Ausnahme davon stellt der Eigenhandel dar, bei dem Händler und Investoren in einer Person vereint sind. Deshalb gilt es, die Interessen der (anderen) Investoren bei der Ausgestaltung der Geschäftsabläufe zu berücksichtigen. Diese Interessen können von denen der Handelsteil-

---

30 Börsenzeitung v. 24.04.2002, S. 3 u. v. 19.12.2001, S. 5.

31 Beim Börsengang der Deutsche Börse AG am 5.02.2001 wurden rund 30% der Anteile zum Kauf angeboten, vgl. Börsenzulassungsprospekt, S. 9.

32 *Schön*, ZGR 1996, 429, 440.

33 *Köndgen*, JITE 154 (1998), 224, 248 f.

nehmer abweichen.[34] Eine zunehmend große Interessendivergenz kristallisiert sich auch bei den Handelsteilnehmern untereinander heraus.[35] Diese Interessenvielfalt gefährdet aber die notwendige Konsensbildung im Rahmen einer gemeinsamen Unternehmensführung. Je unterschiedlicher die Interessen der Beteiligten werden, desto effektiver arbeitet ein Unternehmen mit einem außenstehenden Eigner gegenüber einem club- oder genossenschaftsähnlich organisierten Unternehmen.[36] So hat beispielsweise die New York Stock Exchange erfahren müssen, dass Mitglieder zu ihren Lasten gehende Neuerungen blockiert haben.[37]

Hinzu kommt, dass die Handelsteilnehmer keine feste Bindung zu einer bestimmten Börse mehr haben, wie dies früher regelmäßig der Fall gewesen ist.[38] Sobald ein Handelsteilnehmer die Konditionen einer anderen Börse für besser befindet, wechselt er dorthin. Unter diesen Umständen ist es nicht ratsam, ihn zwingend in ein Börsenunternehmen einzubinden. Dass er dennoch (etwa in Ausschüssen) Gehör finden sollte, ist eine andere Frage. Bei Mehrfachmitgliedschaften kann zudem die eigentümliche Situation entstehen, dass ein Handelsteilnehmer zum Mitverantwortlichen für das gedeihliche Wachstum zweier konkurrierender Unternehmen wird, was für einen Wettbewerb der Börsen nicht eben förderlich ist. Es erscheint folglich nicht ratsam, diejenigen, die umworben werden müssen, zwingend in das Börsenunternehmen zu integrieren. Der Wettbewerbsdruck führt die Börsen somit ebenfalls weg vom Verbands- oder Gemeinnützigkeitsbetrieb.

Nicht unerwähnt dürfen schließlich die auftretenden Schwierigkeiten bleiben, die daraus erwachsen, dass heutzutage viele Teilnehmer durch eine Fernmitgliedschaft an die Börse angebunden sind und sich dabei nicht selten fernab von Deutschland aufhalten. Wenn sich diese Personen trotzdem an der Organisation der Börse beteiligen müssten, würde die Akzeptanz solcher Fernmitgliedschaften in volkswirtschaftlich schädlicher Weise leiden.

Die Eingliederung der Handelsteilnehmer in die Unternehmensorganisation behindert zudem die Kooperationsfähigkeit des Unternehmens. Genossenschaftsähnliche Unternehmen sind wesentlich schwerfälliger, wenn es darum geht, Fusionen oder ähnliches zu vollziehen.[39]

---

34 So auch Bundesverband deutscher Banken, Stellungnahme zum Gutachten, S. 32 f.; wortgleich Deutsche Börse AG, Stellungnahme zum Gutachten, S. 23.

35 Vgl. dazu auch nachstehend 2. Teil D II 2.

36 *Köndgen*, JITE 154 (1998), 224, 238; *Mues*, Die Börse als Unternehmen, S. 117. Vgl. auch *Rudolph/ Röhrl*, Börsenreform, S. 244.

37 Vgl. *Budimir*, Die Bank 2001, 25, 25.

38 *Köndgen*, JITE 154 (1998), 224, 248.

39 Vgl. Bundesverband deutscher Banken, Stellungnahme zum Gutachten, S. 38; wortgleich Deutsche Börse AG, Stellungnahme zum Gutachten, S. 26.

Nicht zuletzt verursacht eine derartige Konstruktion durch ständigen Ein- und Austritt neuer und ehemaliger Handelsteilnehmer und die damit verbundenen Kapitalmaßnahmen immensen Aufwand.[40]

Eine effiziente Unternehmensführung fordert daher genügend Unabhängigkeit von den Handelsteilnehmern. Alles in allem legen bereits diese wenigen rechtspraktischen Erwägungen nahe, die Entwicklung der Börsen von Verbandsbetrieben hin zu erwerbswirtschaftlichen Unternehmen nicht umzukehren.[41] Moderne Börsengesetze halten sich mit Restriktionen betreffend die Unternehmensorganisation zurück.[42] So hat auch der österreichische Gesetzgeber bei der Privatisierung des österreichischen Börsenwesens davon abgesehen, Anforderungen an die Anteilseignerstruktur zu stellen. Er hat sich auf die schon angesprochene Kontrolle qualifizierter Beteiligungen beschränkt (§ 3 Abs. 1 Nr. 3, § 6 öst. BörseG).

b) Rechtliche Hürden

Rechtliche Konstruktionsprobleme treten dadurch auf, dass nach dem hier untersuchten Modell stets Gesellschaftsanteile für neue Handelsteilnehmer auf Vorrat gehalten werden müssten. Erst nach Erwerb solcher Anteile wären diese Personen nämlich in der Lage, am Börsenhandel teilzunehmen.

Besondere Bedeutung kommt dabei den Fragen zu, wo der Vorrat gehalten werden soll (bei der Gesellschaft, bei Gesellschaftern oder bei Dritten?) und was gilt, wenn alle Anteile anderweitig vergeben sind oder ein Inhaber mehrerer Anteile nicht veräußern will.

Die Aktiengesellschaft bereitet wegen ihrer strengen Reglementierung in dieser Hinsicht einige Schwierigkeiten. Das Problem des 'Parkens' der Anteile ist dabei noch am einfachsten zu bewältigen. Die durch das Gesetz zur Kontrolle und Transparenz im Unternehmensbereich (KonTraG) in § 71 Abs. 1 Nr. 8 AktG eingeführte Erleichterung des Erwerbs eigener Aktien der Gesellschaft gibt diesbezüglich ein taugliches Mittel an die Hand. Die Norm stellt keine weiteren Anforderungen an einen bestimmten Zweck des Aktienrückkaufs.[43] Um Probleme bei der Bestimmung des maßgeblichen Rückkaufs- oder Verkaufs-

---

[40] Vgl. auch *Baums/ Segna*, Börsenreform, S. 43; ähnlich *Claussen*, ZBB 2000, 1, 8; *Laule*, FS Heinsius, 437, 453 bezüglich der GmbH.

[41] Vgl. Bundesverband deutscher Banken, Stellungnahme zum Gutachten, S. 32; wortgleich Deutsche Börse AG, Stellungnahme zum Gutachten, S. 23; *Segna*, ZBB 1999, 144, 148 f.; *Köndgen*, FS Lutter, 1401, 1414.

[42] *Köndgen*, JITE 154 (1998), 224, 243.

[43] Vgl. auch LG Berlin NZG 2000, 944, 945; *Bosse*, NZG 2000, 923, 925. Zu den gewöhnlichen Motiven der Einsetzung dieses Instruments, vgl. *Kellerhals/ Rausch*, AG 2000, 222, 223 ff.

preises[44] sowie im Hinblick auf die Beachtung des Gleichbehandlungsgrundsatzes (§ 53a AktG)[45] auszuschließen, sollten die Modalitäten des Rückkaufs sowie des Verkaufs in der Satzung festgelegt werden.[46] Das Instrument eigener Aktien ist allerdings nicht einsetzbar bei Gründung der Aktiengesellschaft sowie bei Kapitalerhöhungen. Gemäß § 29 AktG ist die Gesellschaft erst errichtet, wenn die Gründer alle Aktien übernommen haben. Gründer sind gemäß § 28 AktG diejenigen, die die Satzung festgestellt haben. Die Gesellschaft selbst darf originär keine Aktien erwerben (§ 56 Abs. 1 AktG). Das Verbot gilt sowohl für die Gründung als auch für spätere Kapitalmaßnahmen.[47] Es beruht auf europäischen Vorgaben (Art. 18 ff. der Kapitalrichtlinie).[48] Die aufgezeigte Schwierigkeit ist durch Einschaltung einer Zweckgesellschaft überwindbar. Diese kann dann die Aktien auf die Gesellschaft zurück übertragen oder auch als ständiger Verwalter der Vorratsanteile fungieren. Dabei ist jedoch darauf hinzuweisen, dass die Zulässigkeit schuldrechtlicher Verfügungsbeschränkungen, die zugunsten der emittierenden Gesellschaft zwischen Aktionären und der Gesellschaft vereinbart werden, nicht unumstritten ist.[49]

Beide Varianten stoßen jedoch spätestens dann an eine Grenze, wenn der vorhandene Vorrat an Aktien aufgebraucht ist und kein Altaktionär, der mehrere Aktien hält, einen Teil davon abgeben will oder auch dann, wenn in der Hauptversammlung die erforderliche Mehrheit für die Schaffung neuer Anteile oder für den gemäß § 71 Abs. 1 Nr. 8 AktG erforderlichen Beschluss zum Erwerb eigener Aktien nicht zustande kommt.

Aktionären gesellschaftsrechtlich bei Eintritt einer bestimmten Bedingung etwa durch Losentscheid oder durch Vorstandsbeschluss Aktien zu entziehen, sie zur Übertragung von Aktien oder zur Mitwirkung bei der Schaffung neuer Anteile – bei Ausschluss des Bezugsrechts – nicht nur schuldrechtlich[50], sondern korporationsrechtlich zu verpflichten, ist rechtlich problematisch.[51] Viele sehen hierin unzulässige Nebenpflichten und damit einen Verstoß gegen §§ 54, 55

---

44 Hier ist insbesondere das Verbot der Einlagenrückgewähr zu beachten (§ 57 Abs. 1 AktG), von dem gemäß Satz 2 der Vorschrift der zulässige Erwerb eigener Aktien (zum zulässigen Preis) eine Ausnahme darstellt. Vgl. dazu *Siebel*, ZHR 161, (1997), 628, 658; *Bosse*, NZG 2000, 16, 18 sowie ausführlich *Saria*, NZG 2000, 458 ff.

45 Dieser wird relevant, wenn der Rückkauf nicht über die Börse vollzogen wird. Vgl. dazu *Bosse*, NZG 2000, 16, 17 ff.; *Wastl*, DB 1997, 461, 463 ff.

46 Zur Anwendbarkeit des Wertpapiererwerbs- und Übernahmegesetzes (WpÜG) auf öffentliche Angebote zum Erwerb eigener Aktien vgl. *Fleischer/ Körber*, BB 2001, 2589 ff.

47 Münchener Handbuch Aktiengesellschaft/ *Wiesner*, § 15 Rn. 2. Eine Ausnahme stellt die Kapitalerhöhung aus Gesellschaftsmitteln dar. Gemäß § 215 Abs. 1 AktG nehmen eigene Aktien an einer solchen Kapitalerhöhung teil.

48 Vgl. *Schwarz*, Europäisches Gesellschaftsrecht, Rn. 599 ff.

49 Vgl. *Barthelmeß/ Braun*, AG 2000, 172 ff.; *Immenga*, AG 1992, 72 ff.; *Otto*, AG 1991, 369, 372 ff.

50 Auch die Zulässigkeit schuldrechtlicher Bindungen der Aktionäre gegenüber Gesellschaft ist streitig, vgl. *Otto*, AG 1991, 369, 376 ff.

51 Vgl. dazu *Luther*, Die genossenschaftliche Aktiengesellschaft, S. 111 ff.

i.V.m. 23 Abs. 5 AktG.[52] Im Falle eines Entzugs von Aktien bei Eintritt einer bestimmten Bedingung und ohne dass eine Mitwirkung des betroffenen Aktionärs erforderlich ist, kann die Nebenpflicht im Zwang zur Aufrechterhaltung oder Vermeidung eines bestimmten Zustandes erblickt werden. *Luther*[53] macht bezüglich dieser Ausgestaltungsvariante zudem die Einführung einer nicht zulässigen Übertragungsform der Aktie geltend. Ähnliche Probleme treten bei einem denkbaren Ausschluss nicht mehr aktiver Handelsteilnehmer auf.[54] Nach einer früheren Entscheidung des Reichsgerichts[55] ist die Aktiengesellschaft durch das Aktiengesetz darauf festgelegt, durch die Vereinigung von Vermögen dem Gesellschaftszweck nachzugehen. An die Stellung der Gesellschafter weitere Anforderungen zu stellen, ist nur in den gesetzlich vorgesehenen Fällen möglich. Statutarische Bestimmungen, die den Verlust oder die Verpflichtung zur Aufgabe der Mitgliedschaft bei Eintritt einer bestimmten Bedingung festlegen, sind danach unwirksam.[56] Eine diesem Urteil teilweise widersprechende Entscheidung findet sich in *RGZ 120, 177 ff.* Sie betrifft den automatischen Verlust der Mitgliedschaft nach Auslosung. In der Entscheidung wird, obwohl *RGZ 49, 77, 80* ausdrücklich jeglichen unfreiwilligen Verlust der Aktionärsstellung in die Erwägungen einbezieht, nicht von einem Widerspruch zu der vorangegangenen Entscheidung ausgegangen.[57] Die unterschiedliche Beurteilung von automatischem Verlust und Pflicht zur Übertragung sei vielmehr gerechtfertigt. Konstruktiv ist diese Unterscheidung nachzuvollziehen. Im Ergebnis haben beide Varianten allerdings die gleiche Wirkung: Der Aktionär soll bei Eintritt eines bestimmten Ereignisses seine Stellung als Anteilseigner verlieren. Allein die unterschiedliche Konstruktion vermag daher nicht die Rechtmäßigkeit des Verlustes zu begründen. Das die Entscheidung tragende Argument, der Vergleich mit der Einziehung zur Kapitalherabsetzung[58] (§ 237 AktG),[59] erscheint jedoch von einigem Gewicht. Die Einziehung nach §§ 237 ff.

---

[52] Kölner Kommentar zum Aktiengesetz/ *Lutter*, § 54 Rn. 16 f. sowie § 237 Rn. 10; MüKo-AktG/ *Oechsler*/ *Bachner*, § 237 Rn. 122; Münchener Handbuch Aktiengesellschaft/ *Krieger*, § 62 Rn. 1; *Luther*, Die genossenschaftliche Aktiengesellschaft, S. 112 f. Im Ergebnis wohl auch *Reinisch*, Der Ausschluss von Aktionären aus der AG, S. 28 ff, der die Festschreibung einer Ausschlussregelung in der Satzung als rein formale Klausel für wirksam hält, bei der Bestimmung des Ausschlussgrundes aber §§ 54, 55 AktG heranzieht.

[53] *Luther*, Die genossenschaftliche Aktiengesellschaft, S. 112.

[54] Vgl. *Luther*, Die genossenschaftliche Aktiengesellschaft, S. 98 f.

[55] RGZ 49, 77, 79.

[56] So auch Kölner Kommentar zum Aktiengesetz/ *Lutter*, § 54, Rn. 16 f.

[57] RGZ 120, 177, 180 f.

[58] RGZ 120, 177, 180.

[59] § 227 Abs. 1 HGB a.F., der die Einziehung von Aktien regelte und der heutigen Regelung in § 237 Abs. 1 Satz 2 AktG ähnelt, lautet: "Die Einziehung (Amortisation) von Aktien kann nur erfolgen, wenn sie im Gesellschaftsvertrag angeordnet oder gestattet ist. Die Bestimmung muss in dem ursprünglichen Gesellschaftsvertrag oder durch eine vor der Zeichnung der Aktien bewirkte Änderung des Gesellschaftsvertrags geschehen sein, es sei denn, dass die Einziehung nicht mittelst Auslosung, Kündigung oder in ähnlicher Weise, sondern mittelst Ankaufs der Aktien geschehen soll." (HGB v. 10.5.1897 [RGBl. Nr. 23 = S. 219])

AktG ist nicht zweckgebunden.[60] So kann sie auch zwecks Ausschluss bestimmter Aktionärsgruppen erfolgen (natürlich nur, soweit dies gemäß § 237 Abs. 1 Satz 2 AktG in der Satzung verankert ist). Ähnlich wie das *Reichsgericht* in seiner Entscheidung im 120. Band sieht auch *Hüffer*[61] keinen Grund, die Auslosung zur Einziehung zwecks Weiterübertragung anders zu behandeln als die Einziehung zur Amortisation. Bedenkt man darüber hinaus die Zweckfreiheit der Aktiengesellschaft, so spricht bei Anknüpfung der Einziehung etwa an Mitgliedschaften oder ähnliche Stellungen, und nicht an eine (unzulässige) Nebenleistungspflicht i.S.v. §§ 54, 55 AktG, in der Tat viel für eine Zulässigkeit solcher Klauseln. So sieht das im Ergebnis auch *Grunewald*[62], die im Anwendungsbereich des § 237 AktG sowohl die automatische Einziehung (ohne Amortisation) als auch die Festschreibung einer Pflicht zur Übertragung zulassen will. Dabei führt sie jedoch auch die Schwierigkeit der Abgrenzung zur unzulässigen Nebenleistungspflicht vor Augen.

Projiziert auf die zu untersuchende Situation an der Börse fällt diese Unterscheidung jedoch nicht leicht. Eine Einziehung der Mitgliedschaft dann, wenn der Teilnehmer nicht mehr an der Börse handelt, bewegt sich sowohl im Bereich seiner Stellung (Börsenhändler) als auch im Bereich der Auferlegung von Pflichten (Handeln an der Börse). Noch am ehesten zu verneinen ist eine Nebenpflicht bei dem Entziehen oder bei der Übertragung der Aktien von Aktionären, die mehrere Anteile halten. Zur Teilnahme am Handel genügt ja eine einzige Aktie. Unbestreitbar in den Anwendungsbereich von § 55 AktG und damit der Auferlegung einer Nebenleistungspflicht gelangt man, wenn den Aktionären die Pflicht zur Mitwirkung an einer Kapitalerhöhung auferlegt wird. Ob diese Verpflichtung als zulässige wiederkehrende, nicht in Geld bestehende Verpflichtung im Sinne von § 55 Abs. 1 Satz 1 AktG angesehen werden kann, muss bezweifelt werden. Zwar ist für das Tatbestandsmerkmal 'wiederkehrend' weder Regelmäßigkeit noch ein gleich bleibender Umfang der Verpflichtung erforderlich.[63] Es muss sich aber zumindest, in Abgrenzung zu unzulässigen einmaligen Verpflichtungen, eine wiederholte Inanspruchnahme des Aktionärs abzeichnen. Bei einer Verpflichtung zur Mitwirkung an einer Kapitalerhöhung ist aber nicht vorherzusehen, ob und wie oft eine solche Maßnahme notwendig wird, ja ob sie überhaupt notwendig wird. Das alles spricht für einen Verstoß gegen § 55 AktG (i.V.m. § 23 Abs. 5 AktG).

Die gesetzliche oder satzungsmäßige Festschreibung eines Rechts zur Kapitalerhöhung durch den Vorstand (gegebenenfalls unter Zustimmung des Aufsichtsrates) als eine Art dauerhaft genehmigtes Kapital ist nicht möglich. Hier steht Art. 25 Abs. 1 Satz 1 der Kapitalrichtlinie entgegen, nach dem jede Kapi-

---

60 Münchener Handbuch Aktiengesellschaft / *Krieger*, § 62 Rn. 8.

61 *Hüffer*, AktG, § 237 Rn. 2.

62 *Grunewald*, Der Ausschluss aus Gesellschaft und Verein, S. 199. Dem folgend: *Hüffer*, AktG, § 237 Rn. 2. A.A. MüKo-AktG/ *Oechsler*/ *Bachner*, § 237 Rn. 122.

63 *Hefermehl*, in: Geßler-Hefermehl-Eckardt-Kropff, AktG, § 55 Rn. 14.

talerhöhung von der Hauptversammlung beschlossen werden muss.[64] Auch nach nationalem Verständnis stellen Kapitalmaßnahmen ureigenste Hauptversammlungszuständigkeiten dar.[65] Gleiches gilt für eine gesetzliche Ermächtigung zum Erwerb eigener Aktien (vgl. Art. 19 Abs. 1 lit. a Satz 1 der Kapitalrichtlinie).

Es bleibt mithin festzuhalten, dass Ein- und Austritt der Handelsteilnehmer bei der Aktiengesellschaft nicht auf eine hinreichend gesicherte Rechtsgrundlage gestellt werden könnten.

Bei einer Gesellschaft mit beschränkter Haftung sind die angesprochenen Probleme aufgrund der weitreichenden Gestaltungsfreiheit in erster Linie praktischer Natur. Einige Einschränkungen gilt es gleichwohl zu beachten. Das Auferlegen eines (korporationsrechtlich begründeten) Zwanges gegenüber den Gesellschaftern zur Mitwirkung an der Schaffung oder an der Übertragung von Anteilen sowie ein Zwangsausschluss durch die Gesellschaft sind zulässig, müssen aber im Gesellschaftsvertrag verankert werden.[66] Der Erwerb eigener Anteile durch die Gesellschaft ist nach § 33 Abs. 2 Satz 1 GmbHG zulässig. Voraussetzung ist jedoch stets, dass die Gesellschaft über den Betrag des Stammkapitals hinaus ausreichend finanzielle Mittel besitzt, so dass diese Variante bei angespannter Finanzlage – was im Übrigen auch für die Aktiengesellschaft gilt (§ 71 Abs. 2 Satz 2 AktG) – nicht zuverlässig funktioniert. § 33 Abs. 1 GmbHG untersagt den Erwerb eigener Anteile, auf die die Einlagen noch nicht vollständig geleistet sind. Damit ist die Einbehaltung eigener Anteile nach Gründung der Gesellschaft oder im Rahmen einer Kapitalerhöhung auch bei der Gesellschaft mit beschränkter Haftung nicht möglich.[67] Es bedarf einer treuhänderischen Übertragung auf eine Bank oder eine Zweckgesellschaft. Trotz der weitgehenden Gestaltungsfreiheit sind einzelne Fragen (beispielsweise der Zeitpunkt des Wirksamwerdens eines Zwangsausschlusses sowie Einzelheiten der Abfindung) noch nicht abschließend geklärt,[68] so dass auch hier einige Unsicherheit herrscht.

---

[64] Vgl. dazu *Schwarz*, Europäisches Gesellschaftsrecht, Rn. 616.

[65] Vgl. *Ekkenga*, AG 2001, 567, 569.

[66] Vgl. Münchener Handbuch GmbH/ *Mayer*, § 20 Rn. 76; Münchener Handbuch Aktiengesellschaft/ *Krieger*, § 62 Rn. 1; *Lutter/ Hommelhoff*, GmbHG, § 34 Rn. 23; *Gehrlein*, ZIP 1996, 1157, 1160; *Tschernig*, GmbHR 1999, 691, 695 ff.; *Wolff*, GmbHR 1999, 958, 961 f.. Allgemein zu Nebenpflichten vgl. *Raiser/ Veil*, Recht der Kapitalgesellschaften, § 28 Rn. 28.

[67] Mit Ausnahme des Anteils bei einer Kapitalerhöhung aus Gesellschaftsmitteln, der auf den Anteil an bereits vorhandenen eigenen Anteilen der Gesellschaft entfällt, §§ 57c Abs. 1, 57h Abs. 1 Satz 1, 1. Variante, 57j GmbHG. Vgl. dazu auch *Rowedder*, in: Rowedder/ GmbHG, § 33 Rn. 30.

[68] Vgl. *Tschernig*, GmbHR 1999, 691, 696 ff.

Abschließend kann *Hopt/ Baum*[69] nur beigepflichtet werden, den Anteilseignerkreis gesetzlich nicht zu beschränken. Erhebliche rechtliche Konstruktionsprobleme sowie praktische Nachteile für die Gesellschaft und fehlende positive Auswirkungen auf den Kapitalmarkt liegen dieser Erkenntnis zugrunde.

II. Gesetzliche Beschränkung der Anteilseignerstellung

Kommt eine Beeinflussung der Struktur der Anteilseignerschaft nicht in Frage, so ist darüber nachzudenken, ob wenigstens eine Beschränkung der Rechte der Anteilseigner angezeigt ist. Der Zweck einer derartigen Maßnahme liegt darin begründet, eine unerwünschte Einflussnahme einzelner Aktionäre von vornherein zu vermeiden oder wenigstens zu erschweren. Die folgenden Ausführungen beschäftigen sich ausschließlich mit der Frage, ob der Gesetzgeber zwingende Anforderungen an die Ausgestaltung der Rechte der Anteilseigner aufstellen soll. Eine fakultative Festlegung durch die Gesellschaft im Einzelfall aufgrund individueller Bedürfnisse bleibt davon unberührt.

Beschränkung der Anteilseignerrechte bedeutet in erster Linie Beschränkung des Stimmrechts in der Anteilseignerversammlung oder des Rechts auf Teilhabe am Gewinn. Der Intention, den Einfluss einzelner Anteilseigner zu begrenzen, kann mit einer Beschränkung der Stimmrechte nachgekommen werden.

Hopt/ Baum[70] lehnen in ihrem Gutachten jegliche Beschränkungen der Anteilseignerstellung ab. Sie begründen diese Entscheidung mit einer sonst drohenden Erschwerung der Corporate Governance der Börsen.

1. Stimmrechtsbeschränkungen

Die Vorschriften der §§ 12, 134, 139 AktG statuieren das Grundprinzip des Stimmrechts für die Aktiengesellschaft: Die Gewichtigkeit der Stimme verhält sich proportional zur Höhe des Anteils, was plakativ mit 'one share – one vote' bezeichnet wird.[71] Im Grundsatz gilt das auch für die Gesellschaft mit beschränkter Haftung (§ 47 Abs. 2 GmbHG). Diese Gesellschaftsform unterliegt jedoch bereits satzungsmäßig weitgehender Gestaltungsfreiheit.[72] Daher sind auch spezialgesetzlich vielfältige Gestaltungen denkbar. Bei der Aktiengesellschaft ist das anders. Das Aktiengesetz erlaubt Stimmrechtsbeschränkungen nur in einem eng umgrenzten Bereich. Auch ein Spezialgesetz (das Börsenge-

---

69 *Hopt/ Baum*, Börsenreform, S. 406 f.; ebenso *Köndgen*, FS Lutter, 1401, 1414.

70 *Hopt/ Baum*, Börsenreform, S. 406 Fn. 495.

71 Siehe u.a. *Zöllner/ Noack*, AG 1991, 117, 117; *Seibert*, WM 1997, 1, 7; *Zimmer*, NJW 1998, 3521, 3528.

72 Vgl. *Kallmeyer*, GmbHR 2001, 745, 745; *Schäfer*, GmbHR 1998, 113, 119.

setz de lege ferenda) sollte sich möglichst an diesem Rahmen orientieren. Gesetzliche Ausnahmeregelungen würden den Bemühungen um die Standardisierung der Aktie als Anlagepapier zuwiderlaufen.[73] Zwar sind insbesondere im Zusammenhang mit der Privatisierung von Post, Bahn und Telekommunikation einige gesetzliche Besonderheiten gegenüber dem allgemein geltenden Gesellschaftsrecht festgeschrieben worden.[74] Im Hinblick auf das Stimmrecht wurde der vom Aktiengesetz vorgegebene Rahmen jedoch stets eingehalten. Aus Gründen des Anlegerschutzes gibt es auch bei Unternehmen mit Sonderstellungen einen unantastbaren Kernbereich des Gesellschaftsrechts,[75] zu dem die Grundstrukturen der Aktionärsrechte gehören. Nun ist auf internationaler und insbesondere europäischer Ebene gerade in der Frage der Stimmrechtsbeschränkungen eine Vielfalt von Regelungen anzutreffen,[76] so dass von Einheitlichkeit nicht gesprochen werden kann und Sonderregelungen aus dieser Perspektive vielleicht vertretbar sind. Europarechtliche Bemühungen gehen aber eindeutig in Richtung einer Vereinheitlichung der Stimmrechtsausgestaltung. Der aktuelle Vorschlag der Strukturrichtlinie sieht nur noch stark eingeschränkte Möglichkeiten der Stimmrechtsbeschränkung vor. Auch die jüngsten Arbeiten an einer europäischen Übernahmerichtlinie zielen auf eine Beseitigung bestehender Unterschiede. Deutschland hat mit dem Gesetz zur Kontrolle und Transparenz im Unternehmensbereich eine Vorreiterrolle übernommen, die nicht einfach wieder aufgegeben werden sollte. Dieses Gesetz hat die Gestaltungsfreiheit in der Unternehmensorganisation von Aktiengesellschaften erheblich eingeschränkt. Forderungen nach einer Deregulierung des Aktienrechts[77] kann der Gesetzgeber nur allgemein für alle Aktiengesellschaften nachkommen. Von spezialgesetzlichen Ausnahmen von den Vorschriften des Aktiengesetzes zum Stimmrecht der Aktionäre ist mithin von vornherein Abstand zu nehmen.

Das Stimmrecht ist das wirkungsvollste Recht der Aktionäre.[78] Durch seine Ausübung nehmen diese Einfluss auf die Verwaltung der Gesellschaft (vgl. §§ 118, 119, 133 ff. AktG). Will man diese Rechtsstellung einengen, so kommen mehrere Möglichkeiten in Betracht: ein Stimmrechtsausschluss, eine Begrenzung des Stimmrechts mittels Höchststimmrechten sowie eine Einräumung von Mehrstimmrechten.

---

[73] Vgl. dazu *Möllers*, AG 1999, 433, 442; *Hopt*, ZIP 1998, 98, 102, 106; *Lutter*, in Grundmann, Systembildung und Systemlücken in Kerngebieten des Europäischen Privatrechts, 121, 140; *Hellwig*, EWS 2001, 580, 582.

[74] Vgl. dazu *Schön*, ZGR 1996, 429, 432 ff. Mit (meist vorübergehenden) Vorzügen wurde jedoch ausschließlich die öffentliche Hand ausgestattet, die im Börsenwesen de lege ferenda gerade keine Vormachtstellung erhalten soll.

[75] *Harbarth*, ZGR 1998, 810, 816 f.

[76] Vgl. *Peltzer*, AG 1997, Sonderheft, 90, 94 ff.

[77] Vgl. allgemein dazu *Claussen*, AG 1997, Sonderheft, 108 ff.; *Spindler*, AG 1998, 53 ff.

[78] *Luther*, Die genossenschaftliche Aktiengesellschaft, S. 83.

Im Vordergrund der folgenden Überlegungen steht eine denkbare Sicherstellung der Neutralität einer Börse durch die Beschränkung der Stellung rein finanziell interessierter Aktionäre zugunsten anderer, enger mit dem Börsenhandel verbundener Aktionäre. Ein solcher wäre beispielsweise der Staat.[79] Zur Stellung des Staates als Aktionär ist jedoch zu bemerken, dass eine Staatsbörse gerade nicht geschaffen werden soll, so dass ein Modell unter der Vorherrschaft des Staates zwar als optionale Lösung möglich sein kann, aber nicht zwingend vorzuschreiben ist. Ähnliches gilt für die Gesamtheit der Handelsteilnehmer. Eine genossenschaftsähnlich ausgerichtete Organisation ist im Rahmen der vorliegenden Arbeit bereits verworfen worden. Damit stellt sich die Frage, welche Aktionäre dann überhaupt noch als bevorzugte Anteilseigner in Frage kommen. Im Bewusstsein, dass – mit Ausnahme bei Höchststimmrechten – einer Personengruppe mit eingeschränkten Rechten stets begriffsnotwendig eine solche mit bevorzugter Rechtsstellung gegenüberstehen muss und insofern die gestellte Frage vorliegend fundamentale Bedeutung aufweist, soll sie an dieser Stelle nur angerissen werden. Denkbar ist etwa die besondere Berücksichtigung der Anteilseigner, die auch unmittelbar am Börsengeschehen beteiligt sind (ohne die zwingende Beteiligung aller vorzuschreiben), oder eingeschalteter Zweckgesellschaften[80]. Dahinter steht der Gedanke, dass einige Personen an der Organisation eines funktionsfähigen Börsenplatzes ein besonderes Interesse aufweisen, das dem des Staates an der Gewährleistung funktionsfähiger Börsenplätze näher steht als das rein finanzielle Interesse anderer Investoren. Mit diesen kurzen Ausführungen bezüglich der möglichen bevorzugten Aktionäre soll es sein Bewenden haben und nunmehr um die Tauglichkeit der einzelnen Arten von Beschränkungen gehen.

a) Vorzugsaktien ohne Stimmrecht

Durch die Ausgabe von Vorzugsaktien ohne Stimmrecht kann das Stimmrecht einzelner Aktionäre (nahezu) vollständig ausgeschlossen werden (§§ 12 Abs. 1 Satz 2, 139 Abs. 1 AktG).[81] Diese Aktien gewähren außer dem Stimmrecht die vollen Aktionärsrechte (§ 140 Abs. 1 AktG). Sie bilden gemäß § 11 Satz 2 AktG eine eigene Aktiengattung. Als Ausgleich zum fehlenden Stimmrecht sind die Aktien mit einem Vorzug bei der Verteilung des Gewinns zu versehen (§ 139 Abs. 1 AktG). Die Ausgabe von Vorzugsaktien ist auf die Hälfte des Grundkapitals beschränkt (§ 139 Abs. 2 AktG).

---

79 Zur Stellung des Staates als Aktionär vgl. auch *Bezzenberger*, Vorzugsaktien ohne Stimmrecht, S. 40; *Reckinger*, AG 1983, 216, 219.

80 Eine vergleichbare Konstruktion findet sich an der Bayerischen Börse München. Die Handelsteilnehmer sind in einem Verein zusammengeschlossen, der über eine weitere zwischengeschaltete Gesellschaft alle Anteile an der Betreibergesellschaft hält. Börsenzeitung v. 17.11.2000, S. 6; *Hammen*, AG 2001, 549, 555.

81 Zu dem verbliebenen Reststimmrecht vgl. §§ 140 Abs. 2, 141 AktG.

Verwendung findet dieses Instrument unter anderem bei Belegschaftsaktien.[82] Wichtigster und auch hier interessierender Anwendungsfall sowie auch Vorteil der besonderen Aktienform ist die Möglichkeit der (Alt)Aktionäre, zusätzliches Kapital aufzunehmen, ohne dass sich die bisherigen Stimmenverhältnisse ändern.[83] Die stimmrechtslose Vorzugsaktie eignet sich folglich eher für Kapitalerhöhungen als für die Einführung bereits bei Gründung der Gesellschaft. Die Ausgabe von Vorzugsaktien im Rahmen der Gründung ist gleichwohl denkbar. Vorzugsaktien sind nämlich ein beliebtes Mittel zum Schutz der Gesellschaft gegen feindliche Übernahmen.[84]

All das gilt jedoch nur, solange die Gesellschaft wirtschaftlich erfolgreich arbeitet. Kann der Vorzug über einen Zeitraum von zwei Jahren nicht gezahlt werden, lebt das Stimmrecht der Vorzugsaktionäre auf (§ 140 Abs. 2 AktG). Dann erhalten auch die Vorzugsaktionäre die volle Aktionärsstellung.[85] Das kann durch die Satzung kaum beschränkt werden.[86] Wie die hohen Anteilsquoten bei bestehenden Unternehmen mit Vorzugsaktien zeigen,[87] kann sich diese neue Stimmrechtslage entscheidend auf die Unternehmensführung auswirken. Zwar wird die Beschränkung wieder wirksam, wenn der Vorzug vollständig nachgezahlt wird (§ 140 Abs. 2 Satz 1 a.E. AktG). Bis dahin mag aber ein größerer Zeitraum verstreichen.[88] Es ist daher gründlich zu erwägen, ob das Instrument der Vorzugsaktie eingesetzt werden soll. Gerade in Krisenzeiten ist nämlich eine starke Unternehmensführung unabdingbar.

Die fehlende Möglichkeit der Einflussnahme auf die Geschicke der Gesellschaft ist prinzipiell dazu geeignet, Großinvestoren von einer Beteiligung abzuhalten.[89] Dieser Nachteil der Vorzugsaktien spiegelt sich auch in der geringen Verwendbarkeit für einen Aktientausch im Rahmen von Fusionen wieder. Ei-

---

82 *Bezzenberger*, Vorzugsaktien ohne Stimmrecht, S. 41.

83 *Siebel*, ZHR 161 (1997), 628, 632. Vorzugsaktien werden daher auch als Nachfolger der Mehrstimmrechtsaktien bezeichnet (*Siebel*, aaO).

84 Vgl. *Hüffer*, AktG, § 139 Rn. 3; *Luther*, Die genossenschaftliche Aktiengesellschaft, S. 81.

85 Vgl. *Hüffer*, AktG, § 140 Rn. 6.

86 Denkbar ist die Festlegung eines gesonderten Höchststimmrechts für die Gattung der Vorzugsaktien, das beim Eintritt der in § 140 Abs. 2 AktG beschriebenen Situation zur Wirkung kommt, vgl. *Baums* AG 1990, 221, 231; *Siebel*, ZHR 161 (1997), 628, 651 f. Diese Maßnahme würde indes lediglich den Einfluß der Großaktionäre vermindern, an den neuen Mehrheitsverhältnissen jedoch nichts Grundlegendes ändern. Im Übrigen ist die Festlegung von Höchststimmrechten bei börsennotierten Gesellschaften gemäß § 134 Abs. 1 Satz 2 AktG nicht mehr möglich.

87 Vgl. die Statistik bei *Reckinger*, AG 1983, 216, 218: 1983 hatten 15 börsennotierte Unternehmen, darunter die Deutsche Lufthansa, MAN und RWE, Vorzugsaktien in Höhe von 10 - 50 % des Grundkapitals ausgegeben.

88 Vgl. etwa das bei *Siebel*, ZHR 161 (1997), 628, 646 (Fn. 119), aufgeführte Beispiel von Puma.

89 Vgl. *Reckinger*, AG 1983, 216, 217 u. 218; *Heermann*, ZIP 1998, 1249, 1255.

nem potentiellen Anleger müsste die Investition in das Wertpapier folglich allein durch die bevorzugte Berücksichtigung bei der Dividendenausschüttung attraktiv gemacht werden.[90] Vorteilhaft wirkt sich dabei aus, dass ausländische Rechtsordnungen die Aktiengattung ebenfalls kennen.[91] Vorzugsaktien haben als einzige Form der Beschränkung des Stimmrechts europarechtliche Billigung erfahren.[92] Das hat sie freilich nicht von der allgemeinen Corporate Governance-Diskussion verschont.[93] Insgesamt ist die Akzeptanz dieser Papiere am Kapitalmarkt eher gering.[94]

Im Ergebnis bleibt festzuhalten: Die Ausgabe stimmrechtsloser Vorzugsaktien ist ein Instrument der Unternehmensfinanzierung unter Gewährung beschränkter Mitwirkungsrechte. Bei wirtschaftlicher Schieflage des Unternehmens ist die Beschränkung der Rechte der Vorzugsaktionäre jedoch schnell hinfällig. Zudem gäbe es neben den Vorzugsaktien noch Stammaktien, bei denen sich die Frage nach Beschränkungen erneut stellt. Die Schaffung zweier Aktiengattungen kann zu Nachteilen beim Börsenhandel führen. Indizes berücksichtigen unter Umständen nur die umsatzstärkste Gattung.[95] Dieser Umstand führt – zumindest bei Großunternehmen – zunehmend zur Abschaffung von Vorzugsaktien,[96] so dass eine zwingende Einführung dieses Instruments bei Börsengesellschaften der allgemeinen Entwicklung eher entgegenläuft. Vorzugsaktien können nur bis maximal zur Hälfte des Grundkapitals ausgegeben werden. Diese Quote reicht unter Umständen zur Finanzierung nicht aus.[97] Nicht unberücksichtigt darf schließlich die verminderte Anerkennung bleiben, mit der Vorzugsaktien gegenüber Stammaktien auf dem Kapitalmarkt belastet sind. Ihre Platzierung birgt insofern mehr Risiken als die von Stammaktien. Alles in allem sind Vorzugsaktien zwar für das hier untersuchte Vorhaben interessant, weil insbesondere eine Platzierung der Anteile an einer Börse möglich ist, ohne die Kapitalgeber an der Unternehmensführung beteiligen zu müssen. Die Entscheidung über die Einführung muss aber wegen der nicht wenigen Nachteile den Unternehmen überlassen bleiben. Vorzugsaktien sind und bleiben damit in erster Linie eine Form der Finanzierung. Diese unterliegt bekann-

---

90 *Reckinger*, AG 1983, 216, 219 f.

91 *Siebel*, ZHR 161 (1997), 628, 639 ff.

92 Art. 33 Abs. 2 des aktuellen Vorschlages der Strukturrichtlinie läßt sie ausdrücklich zu.

93 *Pellens/ Hillebrandt*, AG 2001, 57 ff., gelangen zu dem Ergebnis, dass die Existenz zweier Aktiengattungen die ohnehin bestehenden Konflikte unter den Anteilseignern noch verstärkt und dies einer effizienten, auf Wertsteigerung gerichteten Unternehmensführung zuwiderläuft.

94 Vgl. *Heermann*, ZIP 1998, 1249, 1255; *Endell*, NZG 2000, 1160, 1161; Siebel, ZHR 161 (1997), 628, 634.

95 *Pellens/ Hillebrandt*, AG 2001, 57, 67.

96 *Pellens/ Hillebrandt*, AG 2001, 57, 57.

97 Vgl. *Heermann*, ZIP 1998, 1249, 1255.

termaßen wechselnden Trends.[98] Gesetzliche Festschreibungen würde eine zu große Einschränkung des unternehmerischen Spielraumes mit sich bringen.

b) Höchststimmrechte

Die Einführung von Höchststimmrechten dient ähnlich dem Stimmrechtsausschluss der Begrenzung des Einflusses einzelner Aktionäre auf die Gesellschaft.[99] Durch die Entkoppelung der Stimmkraft vom Kapitalanteil ab einer gewissen Anteilsquote wird eine Machtkonzentration verhindert.[100] Anders als bei den Vorzugsaktien ohne Stimmrecht besteht nur eine Gattung von Aktien. Alle Aktionäre unterliegen der Beschränkung.

§ 134 Abs. 1 Satz 2 AktG erlaubt die Einführung von Höchtsstimmrechten bei nicht börsennotierten[101] Aktiengesellschaften durch die Satzung. Die genannte Norm wurde durch das Gesetz zur Kontrolle und Transparenz im Unternehmensbereich (KonTraG) geändert. Vorher konnten Höchststimmrechte bei allen Aktiengesellschaften festgelegt werden. Für bestehende Höchststimmrechte bei börsennotierten Gesellschaften gab es eine Übergangsfrist bis zum 1. Juni 2000 (§ 5 Abs. 7 EG AktG). Inzwischen gilt § 134 Abs. 1 Satz 2 AktG uneingeschränkt.

Eine Ausnahme ist in § 2 Abs. 1 des VW-Gesetzes festgeschrieben.[102] Die den Aktionären der Volkswagenwerk-Aktiengesellschaft auferlegte Stimmrechtsbeschränkung auf zwanzig Prozent ist nunmehr als gesetzliche Ausnahme zu § 134 Abs. 1 Satz 2 AktG anzusehen. Es wurde bereits vermehrt die Aufhebung des VW-Gesetzes gefordert.[103] Bislang ist das allerdings nicht geschehen. Die Kommission der Europäischen Gemeinschaften ist jüngst ebenfalls auf diese Besonderheit der Wirtschaftsordnung aufmerksam geworden. Im Zusammenhang mit den Bemühungen um eine europäische Übernahmerichtlinie stand sie dieser rechtlichen Konstruktion skeptisch gegenüber.[104] In der Tat

---

98 Vgl. *Siebel*, ZHR 161 (1997), 628, 628 u. 630.

99 Vgl. *Raiser/ Veil*, Kapitalgesellschaftsrecht, § 16 Rn. 77.

100 *Zöllner/ Noack*, AG 1991, 117, 118.

101 Der Begriff 'börsennotiert' ist in Anlehnung an § 2 Abs. 5 WPHG und Art. 1 Nr. 2 letzter Halbsatz der Insiderrichtlinie in § 3 Abs. 2 AktG legaldefiniert.

102 Nach *Endell*, NZG 2000, 1160, 1160, ist VW nunmehr das einzige börsennotierte Unternehmen in Deutschland mit Höchststimmrechten.

103 So bereits bei Schaffung des Gesetz zur kleinen AG 1994, vgl. die Begründung zum Gesetzesentwurf in BT-Drs. 12/ 6721, S. 11 f. Das Vorhaben wurde wegen Widerstandes des Landes Niedersachsen und dem Bedürfnis nach schneller Umsetzung des übrigen Gesetzes zunächst fallen gelassen, vgl. *Seibert*, ZIP 1994, 914, 916; *Endell*, NZG 2000, 1160, 1160. Im Referentenentwurf zum KonTraG findet sich der jüngste Versuch zur Abschaffung des VW-Gesetzes, abgedruckt in ZIP 1996, 2193, 2197. Vgl. auch *Seibert*, WM 1997, 1, 7; *Baums*, AG 1997, Sonderheft, 26, 36. Hier setzte sich der Vorschlag allerdings noch nicht einmal im eigentlichen Gesetzesentwurf durch, vgl. BT-Drs. 13/ 9712. Siehe auch *Zimmer*, NJW 1998, 3521, 3528.

104 Vgl. dazu Börsenzeitung v. 12.5.2001, S. 11.

steht die rund zwanzigprozentige Beteiligung Niedersachsens an der Volkswagenwerk AG[105] im Zusammenspiel mit der erwähnten Stimmrechtsbeschränkung, einem Entsenderecht für zwei Mitglieder des Aufsichtsrates (§ 4 Abs. 1 VW-Gesetz) und der massiven Einschränkung des Depotstimmrechts der Banken in § 3 Abs. 3 u. 4 VW-Gesetz anderen Investoren im Wege, einen herrschenden Einfluss auf die Gesellschaft zu erlangen.[106] Das VW-Gesetz steht insoweit in einem Widerspruch zur Niederlassungsfreiheit in Form der Beteiligungsfreiheit. Art. 43 (i.V.m. Art. 48) EGV gewährt nämlich auch das Recht, in Form einer qualifizierten Beteiligung an einem Unternehmen einen maßgeblichen Einfluss auf die Unternehmensführung zu gewinnen.[107] Da nach überwiegender Ansicht die Niederlassungsfreiheit über ein Diskriminierungsverbot hinaus auch ein allgemeines Beschränkungsverbot enthält,[108] ist dieses Recht im Falle von VW gesetzlich beeinträchtigt.[109] Das bedarf der Rechtfertigung. Verstärkt wird der Missmut über diese Regelung noch dadurch, dass die öffentliche Hand den beherrschenden Einfluss ausübt. Zur Rechtfertigung wird ein strukturpolitisches Bedürfnis Niedersachsens angeführt.[110] Ob dieses Argument zur Rechtfertigung genügt, soll an dieser Stelle nicht weiter verfolgt werden.[111] Die Urteile des EuGH zu den so genannten „golden shares"[112] zeigen jedoch, dass die Liberalisierung des europäischen Gesellschaftsrechts nunmehr auch den Bereich der staatlichen Sonderrechte bei der Anteilseignerstellung in Unternehmen erreicht hat. Die Rechtfertigung solcher Sonderstellungen wird folglich immer schwieriger. Es ist damit zu rechnen, dass auch das VW-Gesetz bald ernsthaft auf seine Vereinbarkeit mit dem Europarecht hin überprüft wird.[113]

Beispiele für Höchststimmrechte sind auch auf dem Gebiet der Börsen zu finden. In ausländischen Rechtsordnungen, namentlich in Norwegen und Italien,

---

105 Gehalten über die Hannoversche Beteiligungsgesellschaft mbH, vgl. *Endell*, NZG 2000, 1160, 1160.

106 Dieser Schutz ist jedoch auch nicht vollkommen, vgl. *Endell*, NZG 2000, 1160, 1161 f.

107 *Schwarz*, Europäisches Gesellschaftsrecht, Rn. 146; *Wackerbarth*, WM 2001, 1741, 1749; *Hammen*, EuZW 1996, 460, 464. Für Beteiligungen ohne unternehmerische Ambitionen ist dagegen die Kapitalverkehrsfreiheit (Art. 56 Abs. 1 EGV) einschlägig.

108 *Schwarz*, Europäisches Gesellschaftsrecht, Rn. 136.

109 A.A. *Endell*, NZG 2000, 1160, 1161, die besagte Normen an der Kapitalverkehrsfreiheit messen will. Da aber durch das VW-Gesetz vor allem die unternehmerische und nicht die rein finanzielle Beteiligung erschwert wird, erscheint eher der Anwendungsbereich der Niederlassungsfreiheit eröffnet. Anders insoweit auch der den Urteilen des EuGH WM 2002, 1393 ff. und 1402 ff., zugrunde liegende Sachverhalt, wo bereits der Erwerb von Anteilen ab einer gewissen Beteiligungsquote erschwert wurde. Hier hat der EuGH folglich in erster Linie auf die Kapitalverkehrsfreiheit abstellen müssen.

110 Börsenzeitung v. 12.5.2001, S. 11.

111 Ausführlich dazu *Ruge*, EuZW 2002, 421, 423 f.

112 EuGH WM 2002, 1393 ff.; 1397 ff.; 1402 ff. Vgl. Dazu *Ruge*, EuZW 2002, 421 ff.

113 So auch *Ruge*, EuZW 2002, 421, 423 f.

bestehen Stimmrechtsbegrenzungen für Börsengesellschaften, so eine gesetzliche auf 10 % in Norwegen und eine wohl satzungsmäßige auf 7,5 % an der Borsa Italiana in Mailand.[114] Die gesetzliche Regelung in Norwegen unterliegt zum Teil ähnlichen Bedenken wie das VW-Gesetz, wenngleich für Börsen das Bedürfnis nach einem funktionierenden Kapitalmarkt als zusätzliches Rechtfertigungskriterium angeführt werden kann.

Wie bereits des Öfteren deutlich wurde, muss einer privatrechtlich organisierten Börse grundsätzlich der Weg zur Notierung an einer Börse offen stehen. Börsennotierten Gesellschaften verwehrt das Aktiengesetz nun aber gerade die Einführung von Höchststimmrechten. Gesetzliche Vorschriften über Höchststimmrechte bei Börsen wären deshalb Ausnahmeregelungen zu § 134 Abs. 1 Satz 2 AktG. Solche Ausnahmen bedürfen einer Rechtfertigung.

Ziel der Einführung von Höchststimmrechten ist insbesondere der Schutz vor Überfremdung, die Abwehr feindlicher Übernahmen, die Verhinderung der Eingliederung in einen Konzern, die Stärkung der Unabhängigkeit der Verwaltung oder auch die Sicherung einer genossenschaftlichen Ausrichtung der Aktiengesellschaft.[115] Die Vielfältigkeit und Aktualität der Schutzrichtungen erklärt, warum sich das Institut des Höchststimmrechts bis zu seiner Abschaffung bei börsennotierten Gesellschaften großer Beliebtheit erfreute.[116] Das darf jedoch nicht darüber hinwegtäuschen, dass sowohl die Wirksamkeit dieses Schutzschildes als auch ein kapitalmarktpolitisches Bedürfnis nach Abschirmung vor Übernahmen stark angezweifelt werden.[117] Zusammen mit dem Depotstimmrecht der Banken (§ 135 AktG) führt das Hzu einer starken Machtkonzentration.[118] Einer heimlichen Übernahme ist zudem bereits durch die Meldepflichten nach dem Wertpapierhandelsgesetz (§§ 21 ff. WpHG) ein Riegel vorgeschoben.[119] Die größte Einschränkung im Hinblick auf die Wirksamkeit des Instruments ist bereits im Gesetz angelegt. Gemäß § 134 Abs. 1 Satz 6 AktG wirkt sich bei Berechnung der Kapitalmehrheit die Stimmrechtsbeschränkung nicht aus. Eine solche Kapitalmehrheit ist bei einigen wichtigen Entscheidungen erforderlich, so insbesondere bei Satzungsänderungen (§ 179 Abs. 2 Satz 1 AktG). Mithin kann ein Großaktionär, obgleich im Stimmrecht beschränkt, den-

---

[114] Vgl. Börsenzeitung v. 4.4.2001, S. 6 sowie Börsenzeitung v. 16.6.2001, S. 3. Vgl. dazu auch *Hammen*, AG 2001, 549, 556.

[115] *Baums*, AG 1990, 221, 224.

[116] Vgl. *Baums*, AG 1990, 221, 221; sowie Nachweise bei *Raiser*, Kapitalgesellschaftsrecht (2. Aufl. 1992), § 16 Rn. 63 f. und *Schneider*, AG 1990, 56, 57.

[117] *Hüffer*, AktG, § 134 Rn. 5; *Raiser/ Veil*, Kapitalgesellschaftsrecht, § 16 Rn 77; Kübler, AG 1997, Sonderheft, 48, 52. Vgl. Nachweise bei *Baums*, AG 1990, 221, 224 ff.; *Schneider*, AG 1990, 56, 57 ff.; *Zöllner/ Noack*, AG 1991, 117, 119 ff.; *Schanz*, NZG 2000, 337, 338 u. 342.

[118] *Adams*, AG 1997, Sonderheft, 9, 21 f.

[119] *Baums*, AG 1997, Sonderheft, 26, 36.

noch in der Lage sein, solche Entscheidungen zu blockieren. Nichtsdestotrotz kommt in anderen fundamentalen Fragen, wie beispielsweise bei der Bestellung und Abberufung des Aufsichtsrates, die Beschränkung voll zum Tragen (vgl. §§ 101 Abs. 1 Satz 1, 119 Abs. 1 Nr. 1, 133 Abs. 1 bzw. §§ 103 Abs. 1 Sätze 1 u. 2, 119 Abs. 1 Nr. 1 AktG). Die Möglichkeit einer Verhinderung von Beschlüssen kann außerdem nicht mit einer Beherrschung des Unternehmens durch den Aktionär gleichgesetzt werden.[120]

Ohne an dieser Stelle die Diskussion um die Wirksamkeit von Höchststimmrechten erneut auszutragen, seien kurz die wichtigsten weiteren Einwände skizziert. Aufgrund vielfältiger (auch legaler) Umgehungsmöglichkeiten sei das Instrument in seiner Wirkung stark beschränkt.[121] Selbst Befürworter billigen der Stimmrechtsbeschränkung nur zeitlich begrenzte Schlagkraft gegen nachhaltige Übernahmeversuche zu.[122] Die verminderte Einflussnahme der Großaktionäre führe zu einem nicht hinnehmbaren Verlust an Kontrolle der Unternehmensleitung.[123] Bereits erwähnt wurde ein negativer Einfluss auf den Kapitalmarkt. Aktien, bei denen das Stimmrecht beschränkt ist, fehle die durch mögliche Übernahmen ausgelöste Kursphantasie.[124] Durch diese Behinderung der Kursentwicklung könnten sogar vermehrt Übernahmegefahren entstehen.[125] Außerdem fehle die aufgrund der selten stattfindenden Käufe von Großpaketen die von diesen sonst ausgehende stabilisierende Wirkung auf den Aktienkurs.[126]

Alle Versuche, die Gegenargumente zu entkräften,[127] haben nicht zu einer allgemeinen Akzeptanz der Höchststimmrechte geführt. Auch die Verfasser des Gesetzes zur Kontrolle und Transparenz im Unternehmensbereich waren schließlich der Überzeugung, dass, zumindest bei börsennotierten Gesellschaften, dem Kapitalmarkt durch Aktien mit Höchststimmrechten eher geschadet als dem Anleger geholfen werde.[128] Hinzu kommt die angestrebte Ausrichtung des deutschen Kapitalmarktes auf ausländische Investoren.[129] Die Abschaffung der für Kapitalanleger oft unerwarteten Stimmrechtsbeschränkun-

---

120 Vgl. *Schneider*, AG 1990, 56, 58.

121 Vgl. *Hüffer*, AktG, § 134 Rn. 5; Endell, NZG 2000, 1160, 1161 f. sowie ausführlich *Zöllner/ Noack*, AG 1991, 117, 119 ff.

122 *Martens*, AG 1993, 495, 496; *Baums*, AG 1990, 221, 233.

123 Am eindringlichsten warnt davor *Adams*, AG 1990, 63, 63 f., 70 f. Siehe auch *Endell*, NZG 2000, 1160, 1160.

124 Vgl. *Zöllner/ Noack*, AG 1991, 117, 121 f.; *Endell*, NZG 2000, 1160, 1160.

125 Vgl. dazu *Zöllner/ Noack*, AG 1991, 117, 123.

126 *Baums*, AG 1990, 221, 226.

127 Vgl. etwa *Schneider*, AG 1990, 56, 57 ff.; *Zöllner/ Noack*, AG 1991, 117, 119 ff.

128 Begründung zum Entwurf der Bundesregierung zum KonTraG, BT-Drs. 13/ 9712, S. 20.

129 Vgl. Begründung zum Entwurf der Bundesregierung zum KonTraG, BT-Drs. 13/ 9712, S. 11.

gen bei Stammaktien sollte zur Attraktivität des Finanzplatzes Deutschland beitragen.[130] Das erklärt auch, warum Vorzugsaktien ohne Stimmrecht erhalten geblieben sind, während mit einem Höchststimmrecht verbundene Aktien bei börsennotierten Gesellschaften nicht mehr zulässig sind: Vorzugsaktien bilden eine eigene Gattung und sind daher beim Börsenhandel als Aktien mit Besonderheiten ausgewiesen. Der Information und dem Schutz der Investoren ist Genüge getan.[131]

Durch das KonTraG hat die rechtliche Behandlung von Höchststimmrechten durch den Gesetzgeber ihren vorläufigen Abschluss gefunden.[132] Zu Zeiten der Schaffung des Allgemeinen Deutschen Handelsgesetzbuchs (ADHGB) Mitte des 19. Jahrhunderts wurde noch überlegt, die Begrenzung der Stimmacht durch Höchststimmrechte zwingend für alle Aktiengesellschaften festzulegen. Die Idee wurde jedoch verworfen und stattdessen jedem Unternehmen als individuelle Regelungsmöglichkeit die Einführung durch die Satzung eröffnet. Hinter dem Gedanken der Befürwortung von Höchststimmrechten stand die Befürchtung des Missbrauchs von Mehrheitsstellungen. Diese Sichtweise hatte sich bis zum Jahre 1938 grundlegend geändert. Die Aktienrechtsreform erklärte Höchststimmrechte für unzulässig. Grund hierfür waren zahlreich zutage getretene Missbräuche mit diesem Instrument. Das Aktiengesetz von 1965 hob das Verbot wieder auf. Dennoch blieb das Rechtsinstitut der Höchststimmrechte stets umstritten. Das Hinzutreten kapitalmarktpolitischer Aspekte hat dann zu dem erneuten Sinneswandel im Gesetz zur Kontrolle und Transparenz im Unternehmensbereich geführt.

Auch auf europäischer Ebene waren in jüngster Vergangenheit Bestrebungen zu erkennen, Höchststimmrechte abzuschaffen. Der zweite Änderungsvorschlag zur Strukturrichtlinie lässt in Art. 33 Abs. 2 abweichend vom ersten Vorschlag Höchststimmrechte nicht mehr zu.[133] Solche Stimmrechte werden als unzulässige Ausnahme vom Grundsatz des dem Anteil am Grundkapital entsprechenden Stimmrechts empfunden (vgl. Erwägungsgrund 13 sowie Artikel 33 des aktuellen Vorschlags zur Strukturrichtlinie). Außerdem sei die Behinde-

---

[130] Gegenäußerung der Bundesregierung zur Stellungnahme des Bundesrates zum Gesetzesentwurf der Bundesregierung zum KonTraG, BT-Drs. 13/ 9712, S. 37. *Zimmer*, NJW 1998, 3521, 3527; *Hopt*, AG 1997, Sonderheft, 42, 48.

[131] So auch der im aktuellen Entwurf der Strukturrichtlinie niedergelegte Konsens, der Vorzugsaktien ohne Stimmrecht zulässt, Höchststimmrechte dagegen nicht (Art. 33 Abs. 2).

[132] Zur Geschichte des Aktiengesetzes, vgl. Überblick bei Münchener Handbuch Aktiengesellschaft/ *Hoffmann-Becking*, § 1 Rn. 1 ff.; speziell zur Historie der Höchststimmrechte: *Peltzer*, AG 1997, Sonderheft, 90, 90 ff.; *Baums*, AG 1990, 221, 223 f. Auf diese Literaturstellen beziehen sich auch die folgenden Ausführungen.

[133] Vgl. dazu auch *Zöllner/ Noack*, AG 1991, 117, 126; *Peltzer*, AG 1997, Sonderheft, 90, 90 ff.

rung von Unternehmensübernahmen unerwünscht.[134] Wenngleich das Gesetz zur Kontrolle und Transparenz im Unternehmensbereich nicht auf europarechtlichen Vorgaben beruht, so haben diese Vorstellungen die Entscheidung des Gesetzgebers beeinflusst.[135] Im Rahmen der Umsetzung des Aktionsrahmens für einen integrierten europäischen Finanzbinnenmarkt wurden die Vorbehalte gegen unterschiedliche Stimmrechte in jüngster Vergangenheit nochmals bekräftigt. Die internationale Diskussion um Corporate Governance geht ebenfalls vom strengen Prinzip der Stimmrechtsgleichheit von Stammaktien aus.[136]

Die Entwicklung des Rechtsrahmens für Höchststimmrechte zeigt, dass es rechtspolitisch gegen den Trend wäre, die gesetzliche Einführung von Höchststimmrechten auch für börsennotierte Börsen zu fordern. Dies gilt umso mehr, als die Wirkung nach allgemeiner Ansicht begrenzt ist. Auch die Akzeptanz der Papiere am ausländischen Kapitalmarkt ist nicht garantiert. So werden beispielsweise in Großbritannien Abweichungen vom Grundsatz des 'one share – one vote' kaum toleriert.[137]

c) Mehrstimmrechte

Die dritte Möglichkeit zur Beschränkung des Stimmrechts ist die Einführung von Mehrstimmrechten. Mehrstimmrechte gewähren den Inhabern ein gegenüber der Kapitalbeteiligung überproportionales Stimmrecht. Infolgedessen werden die Stimmrechte der nicht bevorzugten Aktionäre abgewertet und ein hoher Einfluss der Mehrstimmrechtsinhaber statuiert. Mehrstimmrechtsgewährende Aktien bilden eine eigene Gattung,[138] die zudem häufig als vinkulierte Namensaktien in der Übertragbarkeit eingeschränkt sind.[139] Werden von Höchststimmrechten alle Aktionäre betroffen, der Aktionärskreis bei Vorzugsaktien in zwei größere Teile gespalten, so bedingt die Schaffung von Mehrstimmrechten die Einräumung einer Vorzugsstellung für einzelne Aktionäre. Damit stellt sich hier noch mehr die Frage, wer diese Stellung bei einer privatrechtlichen Börsengesellschaft einnehmen soll. Nur bei bestimmten einzelnen Aktionären machen Mehrstimmrechte Sinn. Im Vordergrund der Betrachtung

---

134 Vgl. die Stellungnahme des Wirtschafts- und Sozialausschusses zum 2. geänderten Vorschlag zur Strukturrichtlinie, Abl. EG Nr. C 269 v. 14.10.1991, S. 48, 48 f. Vgl. dazu auch *Werner*, Probleme "feindlicher" Übernahmeangebote im Aktienrecht, S. 7, 14 f.; *Zöllner/ Noack*, AG 1991, 117, 126; *Wackerbarth*, WM 2001, 1741, 1743.

135 Vgl. Begründung zum Entwurf der Bundesregierung zum KonTraG, BT-Drs. 13/ 9712, S. 12 (Dort Erwägungen zur Abschaffung des Mehrstimmrechts, die aber aufgrund des gleichen Richtlinienvorschlags (Strukturrichtlinie) erfolgen). Kritisch dazu *Lutter*, AG 1997, Sonderheft, 52, 55 f.

136 Punkt 2.1.2 des Deutschen Corporate Governance Kodex, abgedruckt in ZIP 2002, 452 ff.

137 *Peltzer*, AG 1997, Sonderheft, 90, 95.

138 MüKo-AktG/ *Heider*, § 12 Rn. 37.

139 *Brändel*, FS Quack, 175, 176.

steht häufig die öffentliche Hand. Dies führt zwangsläufig zu staatlich beeinflussten und kontrollierten Unternehmen, wie es bei vielen Energieversorgern der Fall ist.[140] Eine Staatsbörse soll aber gerade nicht geschaffen werden.

Ungeachtet dessen ist gemäß § 12 Abs. 2 AktG die Einführung von Mehrstimmrechten nunmehr völlig unzulässig. Durch das Gesetz zur Kontrolle und Transparenz im Unternehmensbereich wurde die letzte in § 12 Abs. 2 Satz 2 AktG a.F.[141] bestehende Möglichkeit einer ministerlichen Ausnahmegenehmigung abgeschafft. Mehrstimmrechte standen noch viel stärker im Kreuzfeuer der Kritik als die eben untersuchten Höchststimmrechte.[142] Ein gegenüber der Kapitalbeteiligung überproportionaler Einfluss einiger Aktionäre entspricht nicht dem typischerweise erwarteten Bild einer Aktiengesellschaft.[143] So verwundert es nicht, dass trotz des Ausnahmetatbestandes in § 12 Abs. 2 Satz 2 AktG a.F. seit 1966 nur wenige Ausnahmegenehmigungen erteilt wurden, die zudem meist nicht die Neueinführung von Mehrstimmrechten, sondern die Erlaubnis zur Ausgabe weiterer Aktien einer schon vorhandenen Gattung betrafen.[144] Die Einwände gegen solche Exklusivrechte erhielten dadurch größeres Gewicht, dass sich große Unternehmen zunehmend branchenübergreifend engagierten. Dadurch wurde der Sinn der einmal erteilten Genehmigung zum Schutz eines speziellen Betätigungsfeldes verwässert.[145] Um die Attraktivität des Finanzplatzes Deutschland zu stärken, hielt der Gesetzgeber die gänzliche Abschaffung der Mehrstimmrechte zwecks Standardisierung der Aktie für angebracht.[146] Das Verbot der Mehrstimmrechte lässt sich darüber hinaus auch auf europäische Bemühungen zurückführen (vgl. Erwägungsgrund 13 sowie Artikel 33 des aktuellen Vorschlags zur Strukturrichtlinie).[147] Daran hat sich der Ge-

---

140 Vgl. *Brändel*, FS Quack, 175, 176; *Saenger*, ZIP 1997, 1813, 1814.

141 § 12 Abs. 2 Satz 2 AktG i.d.F. v. 6.09.1965 (BGBl. I, S. 1089), zuletzt geändert durch Gesetz v. 25.03.1998 (BGBl. I, S. 590) lautete: "Die für Wirtschaft zuständige oberste Behörde des Landes, in dem die Gesellschaft ihren Sitz hat, kann Ausnahmen zulassen, soweit es zur Wahrung überwiegender gesamtwirtschaftlicher Belange erforderlich ist."; Bestehende Mehrstimmrechte können unter den Voraussetzungen des § 5 Abs. 1 bis 6 EG AktG weiter bestehen.

142 Vgl. *Brändel*, FS Quack, 175, 175; *Seibert*, WM 1997, 1, 7; Kluth, ZIP 1997, 1217, 1217 f.; *Peltzer*, AG 1997, Sonderheft, 90, 90 ff.

143 *Seibert*, WM 1997, 1, 7; *Saenger*, ZIP 1997, 1813, 1813, 1817.

144 Vgl. *Kluth*, ZIP 1997, 1217, 1218; *Saenger*, ZIP 1997, 1813, 1814; *Brändel*, FS Quack, 175, 176.

145 Beispielsweise bei RWE, vgl. *Saenger*, ZIP 1997, 1813, 1814 ff.

146 Vgl. Begründung zum Entwurf der Bundesregierung zum KonTraG, BT-Drs. 13/ 9712, S. 12; *Kluth*, ZIP 1997, 1217, 1222; *Hopt*, AG 1997, Sonderheft, 42, 48.

147 Vgl. auch die Begründung zum Entwurf der Bundesregierung zum KonTraG, BT-Drs. 13/ 9712, S. 12; MüKo-AktG/ *Heider*, § 12 Rn. 40; *Saenger*, ZIP 1997, 1813, 1816 f.; *Brändel*, FS Quack, 175, 177. Kritisch: *Lutter*, AG 1997, Sonderheft, 52, 55 f.

setzgeber des Gesetzes zur Kontrolle und Transparenz im Unternehmensbereich orientiert.[148]

Mehrstimmrechtsaktien sind folglich de lege ferenda kein brauchbares Mittel für eine privatrechtliche Börsenorganisation.

d) Ergebnis

Eine gesetzliche Normierung von Stimmrechtsbeschränkungen kommt im Ergebnis nicht in Frage. Diese haben sämtlich nur begrenzte Wirkung und nicht wenige Nachteile. Höchststimmrechte und Mehrstimmrechte sind zudem in Deutschland bereits abgeschafft.

2. Vinkulierung der Gesellschaftsanteile

Eine Kontrolle der Anteilseigner könnte auch durch die Schaffung vinkulierter Gesellschaftsanteile erreicht werden. Das Wesen solcher Anteile besteht darin, dass zu ihrer Übertragung die Zustimmung eines Dritten, meist der Gesellschaft, notwendig ist. Mit Hilfe dieses Instruments kann die Zusammensetzung der Anteilseignerschaft durch die Gesellschaft beeinflusst werden. Das war auch der Grund, warum bis zum Börsengang der Deutsche Börse AG die Anteile dieser Gesellschaft nur mit ihrer Zustimmung übertragbar waren.[149] Vinkulierte Gesellschaftsanteile stellen ein verlässliches Mittel gegen feindliche Übernahmen und Überfremdung dar.[150]

a) Gesetzliche Vorgaben

Bei einer Aktiengesellschaft können nur Namensaktien, nicht aber Inhaberaktien mit einer Vinkulierung versehen werden.[151] Zustimmungspflichtiger Dritter kann nur die Gesellschaft sein (§ 68 Abs. 2 Satz 1 AktG).

Von der Festlegung gesetzlicher Abweichungen de lege ferenda, etwa einer Zustimmungspflicht der Aufsicht, muss abgeraten werden. Dies stünde dem im Rahmen der vorliegenden Arbeit schon oft angeführten Prozess der Standardisierung der Aktie entgegen. Solche für den Anleger überraschende und die Wirksamkeit von Übertragungen der Aktie ungewiss werden lassende Konstruktionen machen zudem eine Einführung der Anteile in den Kapitalmarkt

---

148 Begründung zum Entwurf der Bundesregierung zum KonTraG, BT-Drs. 13/ 9712, S. 12 f.

149 Vgl. *Hammen*, AG 2001, 549, 556; *Laule*, FS Heinsius, 437, 451, 453; Deutsche Börse AG, Börsenzulassungsprospekt, S. 91.

150 *Werner*, Probleme "feindlicher" Übernahmeangebote im Aktienrecht, S. 24; *Segna*, ZIP 1997, 1901, 1904; *Bermel/ Müller*, NZG 1998, 331, 331; Schanz, NZG 2000, 337, 341.

151 Kölner Kommentar zum Aktiengesetz/ *Lutter*, Anh. § 68 Rn. 25.

nahezu unmöglich. Weiterhin bestünden europarechtliche[152] und verfassungsrechtliche[153] Bedenken. Hier stellt eine Anteilseignerkontrolle, wie sie in § 2b KWG für Kreditinstitute und Finanzdienstleister[154] und § 3 BörsG für Börsenträger vorgesehen ist, die bessere Lösung dar.

Bei der Gesellschaft mit beschränkter Haftung ist eine Vinkulierung des Gesellschaftsanteils aufgrund der Gestaltungsfreiheit problemlos möglich (§ 15 Abs. 5 GmbHG). Von dieser Möglichkeit wird in der Praxis auch rege Gebrauch gemacht.[155]

Eine spezialgesetzliche Festsetzung findet sich für Kapitalanlagegesellschaften.[156] Gemäß § 1 Abs. 5 KAGG bedarf die Übertragung der Anteile an einer solchen – die Kapitalanlage nach dem Vertragstyp betreibenden[157] und gemäß § 1 Abs. 3 Satz 1 KAGG als Aktiengesellschaft oder Gesellschaft mit beschränkter Haftung organisierten – Gesellschaft der Zustimmung der Gesellschaft. Ziel dieser Festsetzung war die Erlangung von Publizität im Hinblick auf die Anteilseigner.[158] Bei Aktiengesellschaften sind vinkulierte Namensaktien vorgeschrieben (§ 1 Abs. 4 Satz 1 KAGG) und die Übertragbarkeit mittels Blankoindossament ausgeschlossen (§ 1 Abs. 4 Satz 2 KAGG). Durch die letztgenannte Regelung sollte sichergestellt werden, dass insbesondere für die Aufsicht unzweifelhaft die Anteilseigner feststellbar sind.[159] Angesichts der Möglichkeit der Übertragung vinkulierter Namensaktien auch durch (Blanko)Zession (§ 68 Abs. 1 Satz 2 AktG i.V.m. Art. 13 Abs. 2 Satz 1 WG) ist die Sinnhaftigkeit dieses Ausschlusses jedoch fraglich. Da aber der Gesellschaft für die Einholung der Zustimmung die Namen der Erwerber vorgelegt werden müssen, kann die Aufsicht hierauf zurückgreifen, so dass vinkulierte Namensaktien an sich bereits für mehr Transparenz bezüglich der Anteilseigner sorgen. Bei der Übertragung der Anteile an einer Gesellschaft mit beschränkter Haftung ist die Publizität im Hinblick auf die Anteilseigner dagegen bereits

---

152 Insbesondere im Hinblick auf die Kapitalverkehrsfreiheit, Art. 56 Abs. 1 EGV.

153 Insbesondere im Hinblick auf die Verhältnismäßigkeit.

154 Die man mit guten Gründen schon de lege lata auf Börsen, die die Vermittlungsmakelei betreiben, anwenden könnte (so sie denn Anteilseigner hätten), vgl. *Hammen*, WM 2001, 929, 933 ff.

155 *Lutter/ Hommelhoff*, GmbHG, § 15 Rn. 22; *Schmidt*, Gesellschaftsrecht, § 35 II 1 b. Vgl. auch OLG Hamm GmbHR 2001, 974, 975.

156 Vgl. zudem die Bestimmungen der §§ 28 Abs. 5, 130 Abs. 2 WPO sowie § 50 Abs. 5 StGB für Wirtschaftsprüfer- und Steuerberatergesellschaften.

157 Im Unterschied zu Investmentaktiengesellschaften nach §§ 51 ff. KAGG.

158 Bericht des Abgeordneten Neuburger, BT-Drs. 2/ 2973 (neu), S. 2.

159 *Baur*, Investmentgesetze, § 1 KAGG Rn. 47. Dieses Instrument fungiert dabei neben der Anteilseignerkontrolle nach § 2b KWG, die auch für Investmentgesellschaften gilt, §§ 2 Abs. 1 KAGG, 1 Abs. 1 Satz 2 Nr. 6 KWG (*Baur*, Investmentgesetze, § 2 KAGG, Rn. 56), als zusätzliches Kontrollmittel.

durch das Erfordernis notarieller Beurkundung gemäß § 15 Abs. 3 GmbHG sichergestellt.

Ohne die Einschränkung bezüglich der Blankoindossierung ist eine gesetzlich vorgeschriebene Vinkulierung der Anteile auch bei Kursmaklergesellschaften zu finden gewesen (§ 34a Abs. 1 Nr. 2 u. 3 BörsG a.F.). Mit Abschaffung der Kursmakler durch das Vierte Finanzmarktförderungsgesetz ist diese Vorschrift jedoch entfallen.

Eine Beschränkung der Anteilseignerstellung bei Börsengesellschaften darf keinesfalls dazu führen, dass eine Platzierung der Anteilsrechte am Kapitalmarkt unmöglich wird. Wie schon häufiger betont, benötigt eine Börse in der Rechtsform der Aktiengesellschaft die Möglichkeit der Einführung ihrer Aktien in den börslichen Handel. Daher ist zunächst die Börsenfähigkeit vinkulierter Namensaktien zu untersuchen.

b) Börsenfähigkeit vinkulierter Namensaktien

Die Börsenfähigkeit von Wertpapieren bestimmt sich nach § 30 Abs. 1 u. 3, § 49 Abs. 1 Satz 1, § 57 Abs. 1, § 1 Abs 7 BörsG i.V.m. § 2 Abs. 1 WPHG, §§ 1 ff. BörsZulV. Aktien jeglicher Art, also auch Namensaktien und vinkulierte Namensaktien, fallen unter den Wertpapierbegriff in § 36 Abs. 3 BörsG.[160] Grundvoraussetzung für die Zulassung zum Börsenhandel ist nach § 5 Abs. 1 BörsZulV die freie Handelbarkeit der Wertpapiere. Hierfür sind Austauschbarkeit und gesteigerte Umlauffähigkeit der Papiere erforderlich.[161] Gesteigerte Umlauffähigkeit meint dabei über die bloße Übertragbarkeit hinausreichende Umlauffähigkeit, was insbesondere einen Gutglaubensschutz voraussetzt.[162]

Namensaktien verkörpern als Aktien einer Gattung stets die gleichen Rechte. Die Austauschbarkeit ist gegeben. Sie sind als Orderpapiere gegenüber den Inhaberaktien allerdings in der Umlauffähigkeit beschränkt. Zur Übertragung ist ein Indossament (§ 68 Abs. 1 Satz 1 AktG) oder eine Zession nach §§ 398, 413 BGB[163] erforderlich.[164] Beide Übertragungsarten vermag nur der rechtmä-

---

160 *Hamann*, in: Schäfer, WPHG, § 36 BörsG Rn. 5.

161 *Kümpel*, Bank- und Kapitalmarktrecht, Rn. 9.48.

162 Vgl. *Kümpel*, in: Schimansky/ Bunte/ Lwowski, Bankrechtshandbuch, Band III, § 104 Rn. 36.

163 Allgemeine Meinung, vgl. RGZ 86, 154, 157; Münchener Handbuch Aktiengesellschaft/ *Wiesner*, § 14 Rn. 14; *Hüffer*, AktG, § 68 Rn. 3. Nunmehr klargestellt durch die Einfügung des Wortes "auch" in § 68 Abs. 1 Satz 1 AktG. Streitig ist lediglich, ob Übergabe der Urkunde zum Erwerbstatbestand gehört, vgl. die Nachweise bei *Hüffer*, AktG, § 68 Rn. 2.

164 Hinzu kommt die Möglichkeit der Übertragung des Sammelbestandteils bei sammelverwahrten Aktien nach § 5 Abs. 2 DepotG. Für die Sammelverwahrung ist Vertretbarkeit der Wertpapiere Voraussetzung (§ 5 Abs. 1 Satz 1 DepotG). Diese ist bei 'normalen' Namensaktien aufgrund der Personengebundenheit nicht gegeben. Erst durch die Anfügung eines Blan-

ßige Inhaber wirksam zu vollziehen. Ein gutgläubiger Erwerb von einem nicht eingetragenen unrechtmäßigen Inhaber ist ausgeschlossen.[165] Es gibt daher bei jeder Namensaktie nur genau eine Person, die zu deren Übertragung imstande ist. Dieser Umstand genügt dem Erfordernis börsenmäßiger Umlauffähigkeit nicht. An der Börse werden Wertpapiere gehandelt, die den Vertragsparteien bei Vertragsschluss nicht vorliegen. Daher muss die Gewissheit über das tatsächliche Haben, also den Besitz eines Wertpapiers, als Vertrauensgrundlage für das Geschäft genügen.[166] Eine Nachforschung im Hinblick auf weitere Beschränkungen ist nicht möglich.

Durch eine Blankoindossierung kann die Namensaktie eine den Inhaberpapieren angenäherte Umlauffähigkeit erlangen. Die Blankoindossierung von Namensaktien ist möglich (§ 68 Abs. 1 Satz 2 AktG i.V.m. Art. 13 Abs. 2 Satz 1 WG). Eine solche Indossierung wird in den Usancen der Frankfurter Wertpapierbörse deshalb für die Einbeziehung von Namensaktien in den Handel auch gefordert (§ 26 Abs. 1 der Bedingungen für die Geschäfte an der FWB). Sie ist weiterhin Voraussetzung für eine Sammelverwahrung der Papiere (Nr. 46 Abs. 1 der AGB-Clearstream Banking AG). Das Blankoindossament ermöglicht den (gutgläubigen) Erwerb vom jeweiligen Inhaber der Aktie (vgl. Art. 16 WG). Namensaktien sind folglich nur dann börsenfähige Wertpapiere, wenn sie mit einem Blankoindossament versehen sind.[167]

Die Vinkulierung der Namensaktien schränkt die Umlauffähigkeit weiter ein.[168] Die Übertragung der Aktien wird erst wirksam, wenn die Gesellschaft zugestimmt hat. Bis dahin befindet sich das Geschäft in einem Zustand schwebender Unwirksamkeit.[169] Diese Ungewissheit der Erfüllung des Verpflichtungsgeschäfts hat indes nicht zum Ausschluss vinkulierter Aktien vom Börsenhandel geführt. Der Handel in vinkulierten Namensaktien wird an der Börse vielmehr schon lange praktiziert.[170] Auffällig oft handelt es sich dabei um Aktien von Versicherungsunternehmen.[171] Die ausnahmslose Unterwerfung aller Anteile unter das Zustimmungserfordernis im Falle der Übertragung ist ebenso anzu-

---

koindossaments wird diese Voraussetzung erreicht, vgl. *Kümpel*, WM 1983 Sonderbeilage 8, S. 11.

165 Vgl. *Kümpel*, in: Schimansky/ Bunte/ Lwowski, Bankrechtshandbuch, Band III, § 104 Rn. 39 f.

166 Zum Erfordernis eines Gutglaubenserwerbs bei Börsengeschäften vgl. *Kümpel*, WM 1983, SB 8, S. 10.

167 Münchener Handbuch Aktiengesellschaft/ *Wiesner*, § 14 Rn. 9; *Hüffer*, AktG, § 68 Rn. 5.

168 Vgl. auch *Segna*, ZIP 1997, 1901, 1904.

169 *Hüffer*, AktG, § 68 Rn. 16; *Kümpel*, in: Schimansky/ Bunte/ Lwowski, Bankrechtshandbuch, Band III, § 104 Rn. 37.

170 RGZ 132, 149, 156; *Degner*, WM 1990, 793, 794; *Kerber*, WM 1990, 789, 790.

171 *Kümpel*, WM 1983, 1908, 1908; *Kerber*, WM 1990, 789, 790; *Bermel/ Müller*, NZG 1998, 331, 331.

treffen wie die Auferlegung einer solchen Beschränkung nur für einen Teil der Aktien.[172] Die Rechtmäßigkeit der Einbeziehung solcher Aktien in den Börsenhandel wird von *Kerber*[173], insbesondere bei der Vinkulierung aller Anteile, in Zweifel gezogen. Die aus dem Zustimmungserfordernis resultierende Ungewissheit über die Erfüllung des Wertpapiergeschäfts stünde einer Börsentauglichkeit der Papiere entgegen. Mehrheitlich wird die vorgefundene Praxis jedoch für rechtmäßig befunden.[174] Auch ein Blick ins Ausland zeigt, dass solche Aktien handelbar sein müssen.[175] Die Vinkulierung ändert nämlich nichts an der Austauschbarkeit der Wertpapiere. Aus § 5 Abs. 2 Nr. 2 BörsZulV ergibt sich die grundsätzliche Börsenfähigkeit der vinkulierten Namensaktien. Das Zustimmungserfordernis darf allerdings nicht zu einer Störung des Börsenhandels führen (§ 5 Abs. 2 Nr. 2 Halbsatz 2 BörsZulV). Die Umlauffähigkeit ist durch die Vinkulierung zwar nicht unerheblich eingeschränkt, aber nicht in einem Maße, welches den börsenmäßigen Handel übermäßig beeinträchtigen würde.[176] Zur Absicherung dieses Erfordernisses hat sich die Börsenpraxis erfolgreich[177] mit folgenden Konstruktionen beholfen: Das Unternehmen verpflichtet sich, von dem Recht zur Verweigerung der Zustimmung nur in Ausnahmefällen Gebrauch zu machen.[178] Eine solche Erklärung wirkt natürlich nur gegenüber der Börse, nicht gegenüber den (potentiellen) Aktionären.[179] Zur Wirksamkeit gegenüber den Aktionären müsste eine derartige Bestimmung in die Satzung aufgenommen werden.[180] Weiterhin kann sich die Börse vorbehalten, bei wiederholter Versagung der Zustimmung die Zulassung der Papiere zum Börsenhandel zu widerrufen.[181]

Auch die Börsenusancen der Frankfurter Wertpapierbörse lassen vinkulierte Namensaktien zum Börsenhandel zu (§ 26 Abs. 2 u. 3 der Bedingungen für die Geschäfte an der FWB). Bemerkenswert ist dabei, dass gegenüber nicht vinkulierten Namensaktien erweiterte Ausgestaltungsmöglichkeiten eingeräumt worden sind. Außer einer Blankoindossierung (§ 26 Abs. 2 der Bedingungen für die Geschäfte an der FWB: "auch") soll eine Blankozession ebenso zur

---

172 Vgl. *Kerber*, WM 1990, 789, 790.

173 *Kerber*, WM 1990, 789, 791 ff.

174 *Hamann*, in: Schäfer, WPHG, § 36 BörsG Rn. 5; *Schwark*, BörsG, § 38 Rn. 4; Münchener Handbuch Aktiengesellschaft/ *Wiesner*, § 14 Rn. 35; *Degner*, WM 1990, 793, 798; *Bermel/ Müller*, NZG 1998, 331, 332; *Horn*, WM 2002, SB 2, S. 9.

175 So weist *Kümpel*, WM 1983, SB 8, S. 4, darauf hin, dass in der Schweiz ein Großteil der in amtlicher Notierung gelisteten Aktien vinkuliert sind.

176 *Kümpel*, Bank- und Kapitalmarktrecht, Rn. 9.65.

177 Der Börsenhandel in vinkulierten Namensaktien verläuft nahezu reibungslos. Vgl. *Degner*, WM 1990, 793, 798.

178 *Kümpel*, in: Schimansky/ Bunte/ Lwowski, Bankrechtshandbuch, Band III, § 104 Rn. 37; *Horn*, WM 2002, SB 2, S. 9.

179 *Kümpel*, Bank- und Kapitalmarktrecht, 9.65; *Kerber*, WM 1990, 789, 790.

180 Vgl. Münchener Handbuch Aktiengesellschaft/ *Wiesner*, § 14 Rn. 35.

181 *Schwark*, BörsG, § 38 Rn. 4; *Kümpel*, WM 1983, SB 8, S. 9.

Gewährleistung der Umlauffähigkeit genügen wie ein Blankoumschreibungsantrag (§ 26 Abs. 2 der Bedingungen für die Geschäfte an der FWB). Beiden Erweiterungen mangelt es an einem Gutglaubensschutz. Dass solche Aktien dennoch als börsenfähig eingestuft werden, liegt in den mit dem Genehmigungserfordernis verbundenen tatsächlichen Umständen begründet. Die Erteilung der Genehmigung zur Übertragung vinkulierter Aktien durch die Gesellschaft erfolgt regelmäßig konkludent[182] durch die für Namensaktien nach § 67 Abs. 1 u. 3 AktG erforderliche Eintragung des neuen Aktionärs in das Aktienregister. Für diese Umschreibung sind Erwerber und Veräußerer nachzuweisen. Hierdurch ist der Übertragungsprozess hinreichend abgesichert.[183]

Vinkulierte Namensaktien sind auch sammelverwahrfähig.[184] Gemäß Nr. 1 Abs. 1 Satz 4 der Bekanntmachung des Bundesaufsichtsamtes für das Kreditwesen über das Depotgeschäft muss jedoch eine zügige und ordnungsgemäße Umschreibung im Aktienregister durch den Verwahrer sichergestellt sein. Das erfolgt meist durch ein Blankoindossament.[185] Die einzige in Deutschland tätige Wertpapiersammelbank, die Clearstream Banking AG, verlangt in Nr. 47, 48 Abs. 2 ihrer Allgemeinen Geschäftsbedingungen die Ausstellung einer blankoindossierten Globalurkunde über die für die Sammelverwahrung bestimmten Aktien durch den Emittenten.

Schlussendlich bleibt festzuhalten, dass nach gegenwärtigem Verständnis und geübter Praxis vinkulierte Namensaktien börsenfähige Wertpapiere sind. Probleme könnten sich dann ergeben, wenn nach dem Vorbild in § 1 Abs. 4 Satz 2 KAGG (Verbot der Blankoindossierung) de lege ferenda weitergehende Einschränkungen vorgenommen werden sollten. Zwar ist ein Börsenhandel bei dieser Art der Restriktion, wie bereits erwähnt, im Hinblick auf § 26 Abs. 2 der Bedingungen für die Geschäfte an der FWB noch denkbar. Die Aufnahme der Papiere in die Sammelverwahrung ist dann indes nicht mehr möglich. Der Ausschluss aus dieser handels- und kostengünstigen Verwahrart würde auch maßgeblich den Börsenhandel in solchen Aktien beeinflussen.[186] Trotz der prinzipiellen Kapitalmarkttauglichkeit solcher Wertpapiere darf nicht übersehen werden, dass die Übertragung insbesondere größerer Aktienpakete einige Un-

---

182 *Kümpel*, in: Schimansky/ Bunte/ Lwowski, Bankrechtshandbuch, Band III, § 104 Rn. 37.

183 *Kümpel*, WM 1983, SB 8, S. 11.

184 *Kümpel*, Bank- und Kapitalmarktrecht, Rn. 11.142.

185 *Kümpel*, Bank- und Kapitalmarktrecht, Rn. 11.142.

186 Vgl. *Bermel/ Müller*, NZG 1998, 331, 331. Bei einer Kapitalanlagegesellschaft, die die Kapitalanlage nach dem Vertragstyp betreibt, ist aufgrund des Unternehmensgegenstandes gerade keine Börsenfähigkeit erforderlich.

sicherheiten im Hinblick auf die erforderliche Genehmigung mit sich bringt. Beschränkungen der Handelbarkeit wären also einzukalkulieren.[187]

c) Ergebnis

Vinkulierte Namensaktien stehen der Börsenfähigkeit einer privatrechtlichen Börse in Form einer Aktiengesellschaft nicht entgegen. Das Instrument eignet sich zur Kontrolle des Anteilseignerkreises durch die Gesellschaft selbst und kann daher sinnvoll sein. Bei Bedarf besteht die Möglichkeit, es mit einem Entsenderecht für Mitglieder des Aufsichtsrates zu verbinden (§ 101 Abs. 2 Sätze 1 und 2 AktG). Die von *Hopt/ Baum*[188] vorgebrachte Erschwerung der Corporate Governance überzeugt nur teilweise.[189] Viele große deutsche Versicherungsunternehmen operieren schließlich trotz – oder auch aufgrund – der Beschränkung erfolgreich. Das Risiko feindlicher Übernahmen kann durch die Vinkulierung, zumindest teilweise, ausgeschaltet werden. Die geminderte Gefahr feindlicher Übernahmen erlaubt es der Unternehmensführung zudem, sich auf andere Aufgaben als auf die Abwehr drohender Übernahmen zu konzentrieren. Die Abwehr solcher feindlicher Übernahmen erfordert nämlich einen immens hohen Aufwand an Zeit, Arbeitskraft und letztendlich Geld.[190] Ob der Gesetzgeber diese Erschwerung einer Übernahme überhaupt erreichen will, ist eine andere Frage, die für das allgemeine Unternehmensrecht auch noch nicht abschließend beantwortet ist. Vinkulierte Namensaktien bewirken außerdem die Verstärkung der Unabhängigkeit der Unternehmensführung von den Anteilseignern.[191] Insofern ist *Hopt/ Baum* beizupflichten. Ein großer Vorteil dieses Instruments liegt wiederum in der erhöhten Transparenz im Hinblick auf die Anteilseigner der Börse, was, wie bereits erwähnt, insbesondere für die Aufsicht von Interesse ist.

Daher macht es grundsätzlich durchaus Sinn, privatrechtlich organisierten Börsen de lege ferenda vinkulierte Gesellschaftsanteile vorzuschreiben. Die letzte Entscheidung hierüber muss der Gesetzgeber im Rahmen seines wirtschaftspolitischen Ermessens treffen. Er hat abzuwägen, ob die Vorteile die Nachteile so stark überwiegen, dass eine zwingende Vorgabe angezeigt ist.

---

[187] Vgl. *Ruckteschell*, ZGR 1996, 364, 373, zu entsprechenden Überlegungen bei der Deutschen Lufthansa AG.

[188] *Hopt/ Baum*, Börsenreform, S. 406 Fn. 495.

[189] So behindern nach *Bermel/ Müller*, NZG 1998, 331, 335, vinkulierte Namensaktien beispielsweise auch nicht eine Verschmelzung zweier Unternehmen.

[190] Vgl. auch *Schanz*, NZG 2000, 337, 338.

[191] Insofern ist *Hopt/ Baum*, Börsenreform, S. 406 Fn. 495, beizupflichten.

D. Der Aufsichtsrat

Im vorangegangenen Abschnitt wurde dem Ansinnen nach Festschreibung einer zwingenden Anteilseignerstellung für Handelsteilnehmer eine Absage erteilt. Damit sind die Möglichkeiten der Integration der am Börsengeschehen beteiligten Personen in die Organisation des Börsenbetreibers aber noch nicht erschöpft. Es rückt nun vielmehr die Frage nach einer Eingliederung des genannten Personenkreises bzw. seiner Repräsentanten in den Aufsichtsrat einer privatrechtlichen Börsengesellschaft ins Blickfeld. Diese Frage ist nämlich eben dann von besonderem Interesse, wenn diese Personen mangels Anteilseignerstellung an der Wahl der Aufsichtsratsmitglieder nach § 101 Abs. 1 Satz 1 AktG nicht teilnehmen können.

I. Das Modell Börsenrat

De lege lata findet sich eine repräsentative Vertretung der Handelsteilnehmer, Emittenten und Anleger[1] im Börsenrat (§ 9 Abs. 1 BörsG i.V.m. § 1 der Verordnung über die Wahl der Börsenräte der FWB und der Eurex). Dabei fällt auf, dass die Börse selbst nicht vertreten ist, weder durch einen Vertreter des Landes[2] noch des Trägers. Zumindest bei den – nicht mehr anzutreffenden[3] – Kammerbörsen wäre unter Ausnutzung der in § 3a Abs. 3 Satz 7 BörsG a.F. eröffneten Möglichkeit des Entsendens von Organen des Handelsstandes in den Börsenrat auf Grundlage einer in der Verordnung über die Wahl der Börsenräte einzuräumenden Befugnis eine Vertretung des Trägers realisierbar gewesen. Das war allerdings überhaupt nicht notwendig. Aufgrund der nach §§ 4 Abs. 1 Satz 2, 5 Abs. 1 Satz 2 BörsG a.F.[4] vorgeschriebenen Mitwirkung der öffentlich-rechtlichen Träger am Zustandekommen von Börsen- und Gebührenordnung war faktisch dasselbe Ergebnis erreicht. Das ist wohl einer der

---

[1] Die Mitbestimmung der Emittenten und Anleger wurde erstmals 1975, damals noch fakultativ, eingeführt. Erst das 2. Finanzmarktförderungsgesetz aus dem Jahre 1994 legte deren obligatorische Beteiligung fest. Zu den Gründen vgl. die Begründung des Entwurfs zum Änderungsgesetz des Börsengesetzes, BT-Drs. 7/101, S. 9 f.; sowie die Begründung des Regierungsentwurfes zum 2. Finanzmarktförderungsgesetz BT-Drs. 12/6679, S. 62 f. Siehe zudem *Hopt*, Der Kapitalanlegerschutz im Recht der Banken, S. 210 ff.

[2] Was auch dem Gedanken der Selbstverwaltung zuwiderliefe.

[3] Vgl. aber § 2 Abs. 2 BörsO HanseatWBHH! Dort wird – obwohl gemäß § 2 Abs. 1 BörsO HanseatWBHH eine privatrechtliche Trägergesellschaft existiert – die Handelskammer Hamburg als Träger der Börse bezeichnet.

[4] Diese Vorschriften wurden durch das 4. Finanzmarktförderungsgesetz abgeschafft. Vgl. dazu *Hammen*, AG 2001, 549, 555.

Gründe für die einmalige Konstruktion in § 2 Abs. 2 BörsO HanseatWBHH, wonach die Handelskammer Hamburg als Träger der Hanseatischen Wertpapierbörse Hamburg bezeichnet wird, obwohl mit der Ausstattungsfunktion – wie bei den anderen Börsen auch – eine Aktiengesellschaft betraut ist. Wenn man „Organe des Handelsstandes" nicht in einem zwingend öffentlich-rechtlichen Sinn verstand, kam auch bei Vereins- und vereinsähnlichen Börsen ein Entsenderecht für den Träger nach genannter Vorschrift in Betracht. Grundsätzlich gehört der Träger einer Börse gegenwärtigen Rechts zweifellos zu "denjenigen, die direkt an der Börse tätig sind oder durch ihre Geschäftstätigkeit betroffen sind"[5]. Das zeigte auch gerade die Vorschrift des § 3a Abs. 3 Satz 7 BörsG a.F., die zu einer Zeit geschaffen wurde, als es lediglich Kammer- und Vereinsbörsen gab. *Hammen*[6] hatte im Zuge der Vorarbeiten für das Vierte Finanzmarktförderungsgesetz die (Wieder)Einführung einer Berücksichtigung des Trägers im Börsenrat gefordert, wenngleich er § 3a Abs. 3 Satz 7 BörsG selbst für systemwidrig hielt[7]. Die Forderung nach Beteiligung des Trägers jedenfalls verdient Unterstützung. Wer die Investitionen vornimmt, soll auch Einfluß auf deren Verwendung haben.[8] Die Verfasser des Vierten Finanzmarktförderungsgesetzes sind dieser Forderung jedoch nicht nachgekommen.

De lege ferenda ergibt sich an dieser Stelle kein Problem mehr. Wenn Börse und Träger eins sind, wählt die Hauptversammlung die Aufsichtsratsmitglieder, womit eine Repräsentanz der Geldgeber gewahrt ist. Die Problematik verkehrt sich vielmehr in ihr Gegenteil. Es stellt sich nunmehr die Frage, ob außer dem Träger noch andere Gruppen zu integrieren sind.

Hopt/ Baum[9] schlagen die Besetzung des Aufsichtsrats einer Börse de lege ferenda nach dem Vorbild des gegenwärtigen Börsenrates vor. Bei einer Aktiengesellschaft soll der Aufsichtsrat kraft Gesetzes (auch) mit den genannten Personen besetzt werden. Bei einer Gesellschaft mit beschränkter Haftung sei ein obligatorischer Aufsichtsrat nach dem Vorbild von § 3 KAGG auch dann einzuführen, wenn aus Gründen der Mitbestimmung der Arbeitnehmer die Bildung dieses Organs noch nicht erforderlich sei. Für diesen Aufsichtsrat würden dann, ähnlich wie für denjenigen nach § 3 Satz 2 KAGG, zwingend die Vorschriften über den Aufsichtsrat der Aktiengesellschaft gelten. Zu der Frage, ob einem so besetzten Aufsichtsrat gegenüber einem gewöhnlichen Aufsichtsrat

---

5 So das Abgrenzungsmerkmal in der Begründung des Entwurfs zum Änderungsgesetz des Börsengesetzes, BT-Drs. 7/101, S. 9 f.

6 *Hammen*, AG 2001, 549, 557; ders. ZBB 2001, 84, 87; *Kümpel*, in: Kümpel/ Hammen, Börsenrecht, 2. Teil I 1 d aa.

7 *Hammen*, AG 2001, 549, 552. Das 4. Finanzmarktförderungsgesetz hat die Vorschrift in § 3a Abs. 3 Satz 7 BörsG a.F. ersatzlos gestrichen.

8 Vgl. *Schwark*, ZBB 2001, 311, 312; *Claussen*, Finanz Betrieb 2000, 774, 777.

9 *Hopt/ Baum*, Börsenreform, S. 401, 407. Diesem Vorschlage folgend *Baums/ Segna*, Börsenreform, S. 43; *Segna*, ZBB 1999, 144, 149; *Merkt*, Gutachten G zum 64. DJT, S. 92.

weitergehende Aufgaben zukommen sollen, machen *Hopt/ Baum* keine näheren Ausführungen.

Im Mittelpunkt der folgenden Erörterung stehen zwei Problemfelder. Einerseits ist zu klären, ob und wenn ja, in welchem Umfang der Aufsichtsrat mit Handelsteilnehmern und weiteren Personen besetzt werden kann. Hier stehen Interessen der Anteilseigner und gegebenenfalls die Mitbestimmung der Arbeitnehmer im Raum, die einer anderweitigen Vergabe der Aufsichtsratssitze Grenzen setzen. Weiterhin ist, insbesondere bei einer Börsenaktiengesellschaft zu fragen, in welchem Umfang Aufgaben auf den Aufsichtsrat übertragen werden könnten.

II. Personelle Struktur eines Börsen-Aufsichtsrates

Zur Beantwortung der Frage nach der Besetzung des Aufsichtsrates mit Repräsentanten unterschiedlicher Gruppen sind zunächst die gesetzlichen Rahmenbedingungen abzustecken. Diese gelten, wie vorstehend ausgeführt, für die Aktiengesellschaft und für die Gesellschaft mit beschränkter Haftung gleichermaßen.

1. Ausgangslage

Gemäß § 101 Abs. 1 Satz 1 AktG werden die Aufsichtsratsmitglieder von der Hauptversammlung gewählt,[10] soweit sie nicht zu entsenden oder nach den Vorschriften über die Arbeitnehmermitbestimmung zu bestellen sind.

Die Satzung kann ein Entsenderecht begründen (§ 101 Abs. 2 Satz 1 AktG). Eine solche Regelung ist auch durch Gesetz denkbar. Die bekanntesten Beispiele hierfür bieten die schon erwähnten Entsenderechte des Bundes und des Landes Niedersachsen bei der Volkswagenwerk AG (vgl. § 4 Abs. 1 VW-Gesetz). Voraussetzung für die Einräumung des Entsenderechts ist indes die Stellung als Aktionär (§ 101 Abs. 2 Satz 1 AktG). Das ist auch im angeführten Beispiel der Volkswagenwerk AG so (vgl. § 4 Abs. 1 a.E. VW-Gesetz: "... solange ihnen Aktien der Gesellschaft gehören").[11] Damit ist dieses Instrument vorliegend nicht geeignet.

---

[10] Bei der Gesellschaft mit beschränkter Haftung dann entsprechend von der Gesellschafterversammlung.

[11] Darum ist das Entsenderecht des Bundes auch gegenwärtig gegenstandslos.

Eine feststehende Größe im Rahmen der Diskussion um die Struktur des Aufsichtsrates ist die gesetzliche Mitbestimmung der Arbeitnehmer.[12] Eine Ausnahmeregelung erscheint politisch nicht durchsetzbar.[13] Bei einer Börse handelt es sich auch nicht um ein Tendenzunternehmen, das überwiegend politische Aufgaben verfolgt und von den Mitbestimmungsvorschriften ausgenommen werden kann (vgl. Art. 63d des aktuellen Vorschlags der Strukturrichtlinie sowie § 81 Abs. 1 BetrVerfG 1952, § 1 Abs. 4 Satz 1 Nr. 1 MitbestG).

Gemäß § 129 Abs. 1 BetrVerfG i.V.m. §§ 76, 77 BetrVerfG 1952 sind in Kapitalgesellschaften mit einer Größe ab 500 Beschäftigten ein Drittel der Aufsichtsratsmandate Arbeitnehmervertretern vorbehalten. In der Gesellschaft mit beschränkter Haftung ist dann zwingend ein Aufsichtsrat zu bilden. Bei einer Unternehmensgröße ab 2.000 Beschäftigten ist der Aufsichtsrat paritätisch zu besetzen (§§ 1, 7 MitbestG).[14] Private Börsengesellschaften können durchaus in den Bereich mitbestimmter Gesellschaften fallen. Die Deutsche Börse AG beschäftigt zum Beispiel mehr als 1.000 Mitarbeiter[15] und unterliegt folglich der Mitbestimmung.

Damit steht fest, dass die Besetzung des Aufsichtsrats einer Börse nach dem Vorbild des gegenwärtigen Börsenrates von den Vorschriften des Aktiengesetzes abweichen würde, die, wie bereits erwähnt, für die Aktiengesellschaft und die Gesellschaft mit beschränkter Haftung in gleicher Weise maßgeblich sind. Eine solche Abweichung ist wegen der in § 23 Abs. 5 AktG verankerten Satzungsstrenge nur spezialgesetzlich zu erreichen. Es ist schon angeklungen, dass die anvisierte Besetzungsstruktur, wenn überhaupt, nur zu Lasten der Anteilseignervertreter erreicht werden kann. Die Arbeitnehmermitbestimmung ist politisch wohl unverrückbar vorgegeben.

2. Verfassungsrechtliche Grenzen gesetzlicher Ausnahmeregelungen (Art. 14 Abs. 1 GG)

Die (zwangsweise) Besetzung des Aufsichtsrats mit Außenstehenden könnte mit den Rechten der Anteilseigner kollidieren. Von deren Seite setzen die

---

12 Das stellen auch die Verfechter des hier untersuchten Modells nicht in Frage, vgl. *Hopt/Baum*, Börsenreform, S. 407.

13 Vgl. *Hellwig*, ZGR 1999, 781, 795; *Hammen*, AG 2001, 549, 553. So im Ergebnis wohl auch *Merkt*, Gutachten G zum 64. DJT, S. 92.

14 Darüber hinaus ist ein Arbeitsdirektor als gleichberechtigtes Mitglied des Vorstandes zu bestellen (§ 33 MitbestG).

15 Vgl. Deutsche Börse AG, Geschäftsbericht 2001, S. 33: 1123 Mitarbeiter am 31.12.2001.

Grundrechte, insbesondere die Eigentumsfreiheit in Art. 14 Abs. 1 GG,[16] der gesetzgeberischen Gestaltungsfreiheit Grenzen.

Das Anteilseigentum unterfällt dem Schutz dieser Norm.[17] Das gilt sowohl in vermögensrechtlicher Hinsicht als auch für die mitgliedschaftliche Stellung.[18]

Die Besetzung des Aufsichtsrats mit Nichtanteilseignern verringert die Einflussmöglichkeit eines jeden Anteilseigners auf die Unternehmensleitung. Ein solcher maßgeblicher Einfluss ist vor allem im Recht zur Bestellung und Abberufung der Mitglieder des Vertretungsorgans (§ 84 AktG, ebenso § 31 Abs. 1 MitbestG), in der Überwachungsfunktion (§ 111 Abs. 1 AktG) und bei zustimmungsbedürftigen Geschäften nach § 111 Abs. 4 Satz 2 AktG zu verzeichnen.[19] Wird ein Teil des Aufsichtsrats nicht von den Eigentümern gewählt, ist deren (mittelbarer) Einfluss auf die Leitung des Unternehmens geschmälert. Die Machtposition eines jeden einzelnen ist beim Anteilseigentum zwar ohnehin durch eine Abhängigkeit von Entscheidungen anderer Personen geprägt. Die Anteilseignerschaft im Ganzen hat indes – die Mitbestimmung der Arbeitnehmer einmal ausgeklammert – das alleinige Bestimmungsrecht. Der einzelne Anteilsinhaber stellt einen Teil dieser Gesamtheit dar und hat damit einen feststehenden graduellen Einfluss auf den Ausgang der Entscheidungen. Die mit dem Anteilseigentum notwendig verbundene Unterwerfung unter eine Fremdbestimmung ist eine solche innerhalb des Verbandes. Der einzelne Anteilseigner muss sich einer gegen seine Stimme ergangenen Mehrheitsentscheidung beugen, aber eben nur einer solchen Verbandsentscheidung. Gekennzeichnet ist die Gruppe der Anteilseigner durch in den Grundzügen übereinstimmende Interessen. Mag die Intention, die hinter dem Erwerb von Anteilen an einer Gesellschaft steht, verschieden sein, so sind doch alle an einer möglichst effizienten Beteiligung interessiert. Natürlich bestimmt sich auch die Effizienz für jeden Anteilsinhaber in Nuancen gesondert. Ein gemeinsamer Nenner lässt sich aber meist ausmachen. Werden nun andere Personen als die Anteilseigner an den Entscheidungen beteiligt, so mindert sich bereits rein rechnerisch der Einfluss des einzelnen Anteilseigners. Der Aktionär sieht sich zudem Personen ausgeliefert, deren Interessen vollständig von denen der Anteilsinhaber – auch vom Mindestkonsens – abweichen können. Sie sind nämlich nicht primär an einer effizienten Beteiligung orientiert, sondern – je nach Gruppenzugehörigkeit – an ganz anderen Interessen. Eine solche teilweise Fremdbestimmung durch Personen außerhalb des Verbandes stellt eine Ver-

[16] Es soll an dieser Stelle dahinstehen, wie sich Art. 9 Abs. 1, 12 Abs. 1 und 14 Abs. 1 GG hier zueinander verhalten. Der Prüfungsmaßstab ist vergleichbar. Vgl. auch BVerfGE 50, 290, 360, 364.

[17] BVerfGE 50, 290, 341.

[18] BVerfG WM 2000, 1948, 1949; BVerfGE 100, 289, 301 f. Vgl. auch *Lutter*, AG 1997, Sonderheft, 52, 53.

[19] Vgl. *Kessler*, RIW 1998, 602, 605 f.

kürzung der mitgliedschaftlichen Position des einzelnen Anteilseigentümers dar. Wie bereits erwähnt, ist dieses Recht von Art. 14 Abs. 1 GG geschützt.

Es handelt sich um einen nicht unerheblichen Eingriff. Sobald den Anteilseignern nur noch ein leichtes Übergewicht verbleibt, sind sie vermehrt der Situation ausgesetzt, einheitlich abstimmen zu müssen, um überhaupt ihren Mindestkonsens durchsetzen zu können. An die Verfolgung unterschiedlicher Interessen innerhalb des Aktionärskreises ist nicht mehr zu denken. Da dann stets die Ansichten der Minderheit innerhalb der Gesamtheit der Aktionäre zurücktreten müssen, ist der Minderheitenschutz auf Seiten der Anteilseigner stark beeinträchtigt.[20] Dieser Minderheitenschutz ist jedoch – auch im Recht der Kapitalgesellschaften – ein herausragendes Gut (vgl. auch Erwägungsgrund 14 des aktuellen Vorschlages zur Strukturrichtlinie.).[21] Dieser Einwand gilt natürlich nur für den Fall, dass weder die Mehrheit der Anteilseigner noch die Minderheit mit der Ansicht der Nichtanteilseignervertreter übereinstimmen. Sollten die Minderheit der Aktionäre und die Außenstehenden gemeinsam agieren, ergäbe sich die bemerkenswerte Situation, dass sich die Mehrheit der Anteilseigner nicht durchsetzen könnte. Auch das ist eine erhebliche Abwertung des Eigentumsrechts.

Eine solche Beschränkung wäre als Inhalts- und Schrankenbestimmung i.S.v. Art. 14 Abs. 1 Satz 2 GG anzusehen.[22] Eine Inhalts- und Schrankenbestimmung bedarf der Rechtfertigung.

Das Eigentumsrecht unterliegt einer Sozialbindung (Art. 14 Abs. 2 GG). Daher ist es nicht von vornherein ausgeschlossen, andere Personenkreise an der Unternehmensleitung einer Kapitalgesellschaft zu beteiligen. Als absolute Grenze ist die paritätische Besetzung des Aufsichtsrats mit Anteilseignern einerseits und Nichtanteilseignern andererseits anzusehen. Ein Absenken der eignerbestimmten Quote auf unter die Hälfte ist unzulässig.[23] Anderenfalls würde die Position der Eigentümer derart geschmälert, dass sie vollständig fremdbestimmt werden können. Das kann kaum gerechtfertigt zu werden. Fraglich ist, ob, und wenn ja, in welchem Umfang innerhalb des verbleibenden Spielraumes die Besetzung mit anderen Personen angeordnet werden kann.

---

20 Dies unterschätzt das Bundesverfassungsgericht in: BVerfGE 50, 290, 329. Vgl. auch *Richardi*, AöR 104 (1979), 546, 550 ff.

21 Vgl. BVerfG WM 2000, 1948, 1949; BVerfGE 100, 289, 303. Ausführlich zum Minderheitenschutz: *Wiedemann*, Gesellschaftsrecht, § 8.

22 Vgl. BVerfGE 50, 290, 342.

23 Sofern keine außerordentlichen Gründe vorliegen ist das die Konsequenz aus Art. 14 Abs. 1 GG. Angedeutet in BVerfGE 50, 290, 350. So auch *Hopt*/ *Baum*, Börsenreform, S. 401, 407; *Hellwig*, ZGR 1999, 781, 794; *Hammen*, AG 2001, 549, 553; *Merkt*, Gutachten G zum 64. DJT, S. 92.

Die Ziele des Schutzes der Funktionsfähigkeit des Kapitalmarktes und der Anleger sind legitim und taugen daher prinzipiell zur Rechtfertigung einer Einschränkung der Eigentumsfreiheit.

Die Geeignetheit des vorliegend untersuchten Mittels, die teilweise Besetzung des Aufsichtsrates der Börsengesellschaft mit Handelsteilnehmern und anderen Börseninteressenten, ist indes fraglich. Es hat sich bereits gezeigt, dass für diesen Personenkreis überhaupt nur diejenigen Aufsichtsratssitze in Betracht zu ziehen sind, die nach Abzug der mindestens hälftigen Berücksichtigung der Anteilseignervertreter sowie gegebenenfalls der Arbeitnehmervertreter, das heißt eines weiteren Drittels oder gar der anderen Hälfte der Sitze, übrig bleiben. Im letztgenannten Fall bleibt für die am Börsengeschehen Beteiligten kein Sitz übrig. Nun mag man einwenden, Börsen mit – die maximale Mitbestimmung der Arbeitnehmer auslösenden – 2.000 Arbeitnehmern seien gegenwärtig nicht vorstellbar.[24] Aber auch dann verbleibt unter Umständen nur eine geringe Anzahl von Sitzen für die Repräsentanten der börseninteressierten Kreise, denn eine Mitbestimmung aufgrund des Überschreitens der Schwelle von 500 Arbeitnehmern durch die Gruppe Deutsche Börse steht, wie bereits dargestellt, allemal im Raum. Ob diese wenigen Sitze zu einer geeigneten Interessenvertretung führen, was *Hopt/ Baum*[25] wohl annehmen, muss stark bezweifelt werden.[26]

Ausgehend von der Mitbestimmung nach § 129 Abs. 1 BetrVerfG i.V.m. §§ 76, 77 BetrVerfG 1952 kann nach Abzug der Mindestquote der Anteilseignervertreter (der Hälfte) und der Arbeitnehmervertreter (einem Drittel) maximal noch ein Sechstel der Aufsichtsratssitze auf die Handelsteilnehmer etc. entfallen. Bei der Höchstzahl von 21 Mitgliedern (§ 95 Satz 4 AktG)[27] sind das gerade einmal drei Sitze. Das Ziel, dem erwähnten Personenkreis eine Einflussnahmemöglichkeit auf die Organisation des Börsenwesens zu erhalten, ist im Ver-

---

24 So ist wohl *Merkt*, Gutachten G zum 64. DJT, S. 92, zu verstehen. Sollte die Gruppe Deutsche Börse aber, so wie sie es in der Vergangenheit getan hat, weiter expandieren, ist ein Erreichen der Zahl von 2.000 Beschäftigten jedoch keinesfalls ausgeschlossen.

25 *Hopt/ Baum*, Börsenreform, S. 401, 407.

26 Vgl. dazu ausführlich *Hammen*, AG 2001, 549, 553 f. Siehe außerdem Hessische Börsenaufsicht, Stellungnahme zum Gutachten A II; *Köndgen*, JITE 154 (1998), 224, 249.

27 Die Anzahl der Aufsichtsratsmitglieder richtet sich nach § 95 AktG. Gemäß § 95 Sätze 2 und 4 AktG kann die Satzung bei einem Grundkapital von mehr als 10 Mio. Euro eine Zahl von bis zu 21 Mitgliedern vorsehen. Bei mitbestimmten Gesellschaften ergeben sich zum Teil Abweichungen, vgl. § 7 Abs. 1 MitbestG (12 - 20 Mitglieder), § 4 MontanMitbestG (11 Mitglieder, aber nach § 9 MontanMitbestG unter näher bestimmten Voraussetzung auch 15 oder 21 möglich), § 5 MontanMitbestErgG (15 oder, unter näher bestimmten Voraussetzungen, 21 Mitglieder).
Die Deutsche Börse AG hat zum Beispiel ein Grundkapital von mehr als 100 Mio Euro und den Aufsichtsrat mit der Höchstzahl von 21 Mitgliedern besetzt.

gleich zur Stellung des Börsenrats de lege lata nur in geringstem Umfang erreicht.[28] Bei einer derartig kleinen Zahl von Sitzen ist eine angemessene Repräsentation einer so vielschichtigen Gruppe wie der der Handelsteilnehmer, Emittenten und Anleger nicht annähernd möglich. Zum Vergleich: Der Börsenrat besteht aus maximal 24 Personen (§ 9 Abs. 1 Satz 1 BörsG). Bereits bei dieser Größe ist es schwierig, ein Besetzungsverfahren zu finden, das allen Gruppen und Untergruppen gerecht wird (vgl. § 1 der Verordnung über die Wahl der Börsenräte der FWB und der Eurex). Die sich gegenwärtig und wohl auch künftig noch verstärkende Aufsplitterung der Gruppen der am Börsenhandel beteiligten Kreise lässt schon de lege lata die Frage nach der Gewährleistung einer angemessenen Berücksichtigung aller Interessen laut werden.[29] Haben etwa die kleinen Emittenten, denen von Regelwerksänderungen nicht selten die größten finanziellen Belastungen drohen, mit nur einem Vertreter (§ 1 Nr. 6 der Verordnung über die Wahl der Börsenräte der FWB und der Eurex) hinreichenden Einfluss? Eine geringere Anzahl an Gesamtsitzen festzulegen, ist damit nicht stets sinnvoll. Da den Anteilseignern keine weiteren Sitze entzogen werden können und die Mitbestimmung der Arbeitnehmer politisch nicht reduzierbar ist, bleibt nur die (gesetzliche) Erhöhung der Anzahl der Aufsichtsratsmitglieder. Um nur zehn Vertreter in den Aufsichtsrat zu bekommen (was wie gesagt für eine hinreichende Repräsentation aller Gruppen bei weitem nicht ausreicht)[30], müsste die Zahl der Mandate auf insgesamt 60 erhöht werden. Eine Übernahme der Struktur des jetzigen Börsenrates erfordert gar 144 Aufsichtsratsmitglieder. Beide Zahlen sind weit jenseits dessen, was ein ordnungsgemäßes Arbeiten des Aufsichtsrates gewährleisten kann. Bereits die Höchstzahl von 21 Sitzen de lege lata wird im Hinblick auf die Arbeitsfähigkeit des Gremiums als zu hoch empfunden.[31] Diese Rechenbeispiele verdeutlichen, dass die Besetzung des Aufsichtsrats in der vorgeschlagenen Weise nicht zu realisieren ist.

Hellwig[32] weist zudem darauf hin, dass bei einem Nebeneinander von öffentlich-rechtlichen und privatrechtlichen Börsen eine Diskrepanz im Hinblick auf die Einwirkungsbefugnis der genannten Gruppen bestünde (bei öffentlich-rechtlicher Organisation 100 % im Gegensatz zu weniger als 50 % bei privatrechtlicher Organisation). Das ist richtig, aber dennoch kein Hinderungsgrund. Die öffentlich-rechtliche Rechtsform mit Satzungsmacht verlangt eben nach einer demokratischen Legitimation und damit einer umfassenden Beteiligung der Betroffenen. Sie weist insofern genossenschaftsähnliche Züge auf. Für pri-

---

28 Vgl. *Hellwig*, ZGR 1999, 781, 794 f.

29 Der Bundesverband der Banken, Stellungnahme zum Gutachten, S. 36, erwägt dagegen, dass die jetzige Zahl von 24 Mitgliedern womöglich zu groß sei. Die Deutsche Börse AG, Stellungnahme zum Gutachten, S. 25, sagt das ausdrücklich.

30 Vgl. auch *Hammen*, AG 2001, 549, 553.

31 Vgl. *Baums*, AG 1997, Sonderheft, 26, 27; *Adams*, AG 1997, Sonderheft, 9, 9; *Kübler*, AG 1997, Sonderheft, 48, 49.

32 *Hellwig*, ZGR 1999, 781, 795.

vatrechtliche Organisationen trifft dies in wesentlich geringerem Umfang zu. Auch im Bankensektor stehen öffentlich-rechtliche, genossenschaftliche und sonstige privatrechtliche Institute nebeneinander. Gewichtiger ist der Einwand von *Hammen*[33], je nach Anzahl der Beschäftigten des Unternehmens und dem damit verbundenen Umfang der Mitbestimmung der Arbeitnehmer sei die Beteiligung der börseninteressierten Kreise auch innerhalb der privatrechtlichen Struktur unterschiedlich stark ausgeprägt. Dieser Zustand kann in der Tat nur schwerlich als interessengerecht bezeichnet werden.

Als Zwischenergebnis ist damit festzuhalten, dass das Modell bereits an der praktischen Umsetzbarkeit scheitert. Eine repräsentative Vertretung erfordert Vertreter jeder Gruppe und eine entsprechende Gewichtung. Ein so inhomogener Personenkreis wie der der Handelsteilnehmer, Emittenten und Anleger, mit teils gegenläufigen Interessen, kann nicht angemessen durch eine so kleine Anzahl von Vertretern repräsentiert werden, wie sie nach dem geltenden Recht des Aufsichtsrats lediglich zur Verfügung steht.

Folglich handelt es sich schon nicht um ein geeignetes Mittel zur Einschränkung der Eigentumsfreiheit des Art. 14 Abs. 1 GG, durch das die Funktionsfähigkeit des Kapitalmarktes geschützt werden kann. Der Eingriff in das genannte Grundrecht ist schon aus diesem Grunde nicht zu rechtfertigen.[34]

Ungeachtet der soeben geäußerten Bedenken sei noch untersucht, ob es denn überhaupt zulässig ist, Dritte zwingend am Aufsichtsrat zu beteiligen. Gesetzt den Fall, man findet eine geeignete und erforderliche Ausgestaltung einer solchen Regelung,[35] so steht noch die Angemessenheit im Raume. Es ist daher zu untersuchen, ob die zwingende Beteiligung von Nichtanteilseignervertretern im Aufsichtsrat verhältnismäßig im engeren Sinne ist. Voraussetzung dafür ist, dass die Beeinträchtigung des einzelnen und der durch den Eingriff verfolgte Zweck in einem ausgewogenen Verhältnis zueinander stehen.[36]

Für die Mitbestimmung der Arbeitnehmer wird das allgemein bejaht. Auch eine Beteiligung im Aufsichtsrat bis knapp unter die (echte) Parität hat das Bundesverfassungsgericht für zulässig erachtet.[37] Die Rechtsansichten auf europäi-

---

33 *Hammen*, AG 2001, 549, 553 f.

34 Vgl. *Richardi*, AöR 104 (1979), 546, 560: Eine wirkungslose Mitbestimmung wäre verfassungswidrig.

35 Besser erscheint es, über aufsichtsrechtliche Gestaltungen einen angemessenen Anleger- und Funktionsschutz zu gewährleisten. So auch *Mues*, Die Börse als Unternehmen, S. 165. Vgl. auch *Hopt*, Der Kapitalanlegerschutz im Recht der Banken, S. 209 f.

36 *Pieroth/ Schlink*, Grundrechte, Rn. 289.

37 BVerfGE 50, 290, 322, 339. Echte Parität ist dagegen in der Montanmitbestimmung zu finden. Hier ist neben der gleichen Anzahl von Arbeitnehmer- und Arbeitgebervertretern ein

scher Ebene sind ähnlich (vgl. Art. 4b des aktuellen Vorschlages zur Strukturrichtlinie). Die Gründe liegen unter anderem darin, dass Anteilseigner und Arbeitnehmer einander bedingen, nur der eine durch den anderen seine Grundrechte ausüben kann.[38] Sie bilden erst durch ihr Zusammenwirken den Unternehmensverband.[39] Das lässt es gerechtfertigt erscheinen, Arbeit und Kapital gleichermaßen in die Unternehmensführung zu integrieren.[40] Im Unterschied zu normalen Vertragsbeziehungen sind Arbeitgeber und Arbeitnehmer durch eine soziale Abhängigkeit und langfristige, gegenseitige Verpflichtung verbunden. Dies gilt jedenfalls in Großbetrieben mit anonymisierten Vertragsverhältnissen. Der (zumindest partielle) Interessengleichlauf und das Schutzbedürfnis der Arbeitnehmer vermögen den Grundrechtseingriff zu rechtfertigen. Gleichwohl darf nicht übersehen werden, dass es nicht nur Befürworter der Mitbestimmung der Arbeitnehmer in Unternehmensfragen gibt. Es wird der Vorwurf erhoben, punktuelle Differenzen sowie Inkompetenz der Arbeitnehmervertreter seien der Arbeitsfähigkeit des Aufsichtsrates nicht gerade förderlich.[41]

Als Ausprägung der Arbeitnehmermitbestimmung ist auch die Beteiligung des neutralen Dritten im Aufsichtsrat montanmitbestimmter Unternehmen anzusehen. Dieser verkörpert trotz Unabhängigkeit sowohl von der Arbeitgeber- als auch von der Arbeitnehmerseite (§ 4 Abs. 1 lit. c und Abs. 2 MontanMitbestG) keine eigenständige dritte Bank im Aufsichtsrat. Dem im Wege so genannter Kooptation[42] bestellten neutralen Mitglied kommt bei Pattsituationen zwischen Arbeitnehmer- und Arbeitgebervertretern die entscheidende Stimme zu.[43] Er ist insofern Arbeitgeber- und Arbeitnehmerrepräsentant in einer Person.

Die hier in Frage stehende Beteiligung der Handelsteilnehmer, Emittenten und Anleger betrifft einen vollständig anderen Personenkreis, der zudem in keiner Weise als homogen bezeichnet werden kann. Besteht bei Arbeitnehmern noch ein gewisser Interessengleichlauf mit den Anteilseignern, nämlich am langfris-

---

neutraler Dritter im Aufsichtsrat vertreten (§ 4 Abs. 1 MontanMitbestG), der von den Arbeitnehmer- und Arbeitgebervertretern gemeinsam vorgeschlagen wird (vgl. § 8 Abs. 1 Satz 1 MontanMitbestG). Auch dies wird wohl mehrheitlich für noch verfassungsgemäß gehalten, vgl. *Hanau*, ZGR 1979, 524, 546. Die Montanindustrie stellt allerdings eine nicht verallgemeinerungsfähige Ausnahme dar.

38 Vgl. BVerfGE 50, 290, 349.

39 Vgl. *Bydlinski*, System und Prinzipien des Privatrechts, S. 494; *Wiedemann*, Gesellschaftsrecht, § 6 II 1 a (4).

40 Vgl. *Kirchhof*, Private Rechtsetzung, S. 309; *Hanau*, ZGR 1979, 524, 542.

41 Vgl. dazu *Baums*, ZIP 1995, 11, 14.

42 Gemäß § 4 Abs. 1 lit. c, § 8 Abs. 1 MontanMitbestG wird das neutrale Mitglied von den anderen Mitgliedern des Aufsichtsrates vorgeschlagen. Zum Kooptationsverfahren vgl. *Striebeck*, Reform des Aktienrechts durch die Strukturrichtlinie der Europäischen Gemeinschaften, S. 53 ff.

43 Vgl. *Hopt*, ZfA 1982, 207, 220.

tigen Erhalt des Unternehmens,[44] so stellen die eben erwähnten Personen lediglich die Zielgruppe der Unternehmenstätigkeit dar. Sie stehen mit der Börse in keinem Kooperationsverhältnis, sondern in einem normalen Vertragsverhältnis. Die Anleger haben noch nicht einmal direkte Beziehungen zur Börse. Die bestehende gegenseitige Abhängigkeit aller Beteiligten geht nicht soweit, dass von einem Zusammenschluss gesprochen werden kann.[45] Der angeführte Personenkreis verkörpert in erster Linie vielmehr die Marktgegenseite der Börse.[46] Das Verhältnis der beiden Gruppen ist nicht selten von widerstreitenden Interessen geprägt. Hier ist zum einen das normale Verhältnis der Marktgegenseiten als Gegenpole anzuführen. Um einiges deutlicher wird der Interessenkonflikt, wenn die Marktgegenseite gleichzeitig zum Konkurrenten wird, wie dies beim Betreiben einer eigenen Handelsplattform durch einen Handelsteilnehmer[47] der Fall wäre.

Die Marktgegenseite in die Unternehmensverfassung zu integrieren,[48] ist rechtspolitisch äußerst bedenklich und bisher zu Recht abgelehnt worden.[49] Eine zwingende Integration in das Unternehmen kommt einer Zwangsgenossenschaft gleich. Das steht einer optimalen Unternehmensführung jedoch im Wege.[50] Wenn intensiv über eine Pflicht zur Amtsniederlegung von Aufsichtsratsmitgliedern bei Vorliegen permanenter Interessenkonflikte nachgedacht wird,[51] ist es widersinnig, derartige Interessenkonflikte spezialgesetzlich heraufzubeschwören.

Wer eine Börse genossenschaftlich organisieren will, kann dies über eine entsprechende Anteilseignerstruktur erreichen. Eine nicht genossenschaftlich ausgerichtete Börse muss von solchen Anforderungen verschont bleiben.

---

44 Vgl. Stellungnahme des Wirtschafts- und Sozialausschusses zum ersten Vorschlag zur Strukturrichtlinie, ABl. EG Nr. C 94 v. 10.4.1979, S. 2, 6.

45 Vgl. *Plückelmann*, Der Neue Markt der Deutsche Börse AG, S. 145.

46 Vgl. auch *Hammen*, AG 2001, 549, 553.

47 So die inzwischen wieder verworfenen Pläne der Deutsche Bank AG, deren Vorstandssprecher *Breuer* gleichzeitig Mitglied der Börsenräte der Frankfurter Wertpapierbörse sowie der Eurex Deutschland ist (Bekanntmachung der Wahlausschüsse der FWB und der Eurex Deutschland, Börsenzeitung v. 30.11.2001, S. 23). Außerdem hat er das Amt des Aufsichtsratsvorsitzenden der Deutsche Börse AG inne.

48 Derartige Vorschläge sind nicht neu. Sie tauchten bereits bei der Ausarbeitung der Mitbestimmung nach dem Mitbestimmungsgesetz auf, vgl. Nachweise bei *Bydlinski*, System und Prinzipien des Privatrechts, S. 486.

49 Vgl. *Striebeck*, Reform des Aktienrechts durch die Strukturrichtlinie der Europäischen Gemeinschaften, S. 61; *Wiedemann*, Gesellschaftsrecht, § 6 II 1 a (1); *Bydlinski*, System und Prinzipien des Privatrechts, S. 486; *Abeltshauser*, Strukturalternativen für eine europäische Unternehmensverfassung, S. 178; Auch *Westermann*, RabelsZ 48 (1984), 123, 143, weist auf die engen verfassungsrechtlichen Grenzen im Hinblick auf derartige Normierungen hin. Vgl. zudem *Voormann*, Der Beirat im Gesellschaftsrecht, S. 118 f., der auch die Zulässigkeit der Besetzung von Beiräten mit Kontrollfunktion - soweit sie zulässig sind - davon abhängig macht, dass sie nicht primär eigene Interessen verfolgen.

50 Vgl. *Mues*, Die Börse als Unternehmen, S. 165.

51 Diese Pflicht bejaht *Wardenbach*, AG 1999, 74, 76.

Die Beeinträchtigung der Interessen der Anteilseigner und der unternehmerischen Freiheit der Gesellschaft gehen in dem hier untersuchten Modell sehr weit, ohne dass dem bislang Vorteile gegenüberzustehen zu scheinen. Fraglich ist, ob sich die angestrebte Mitbestimmung überhaupt positiv auf die Gewährleistung eines funktionsfähigen Kapitalmarktes auswirkt.

Die Mitbestimmung der Arbeitnehmer hat das Bundesverfassungsgericht als Sicherung der sozialen Marktwirtschaft angesehen.[52] Die Beteiligung der Marktgegenseite an der Unternehmensleitung behindert dagegen die Marktwirtschaft. Es kann sich kein freier Markt entwickeln, solange eine Partei auf beiden Seiten Einfluss besitzt. Ob der Kapitalmarkt durch eine Maßnahme geschützt werden kann und muss, die die freie Marktwirtschaft behindert, ist zu bezweifeln. Hier scheinen eine gesetzliche Verankerung gewisser Grundvoraussetzungen und eine funktionierende staatliche Aufsicht die besseren Mittel zu sein.[53]

Auch die Einschaltung von unabhängigen Vertretern des öffentlichen Interesses ist einer effizienten Unternehmensführung eher abträglich.[54] Zudem sind die kapitalmarktschützenden Gesichtspunkte vielschichtig, so dass einige wenige Vertreter immer nur einen Ausschnitt repräsentieren könnten. Auch die Auswahl der Repräsentanten fiele einigermaßen schwer.[55]

Es sprechen mithin gewichtige Gründe gegen die Zulässigkeit der Beteiligung aller am Börsenhandel interessierten Gruppen im Aufsichtsrat. Deshalb verwundert es, dass Art. 4a des aktuellen Vorschlags der Strukturrichtlinie den Mitgliedstaaten ohne weitere Eingrenzungen die Möglichkeit eröffnet, neben den Anteilseigner- und Arbeitnehmervertretern maximal ein Drittel aller Aufsichtsratsposten an Dritte zu vergeben. Obwohl Art. 4a wie eine nachträglich eingefügte Norm aussieht, ist bereits in der ursprünglichen Fassung des Richtlinienvorschlages eine ähnlich lautende Vorschrift zu finden (Art 4 Abs. 2 Unterabsatz 3 des ersten Vorschlages zur Strukturrichtlinie).

Auch auf europäischer Ebene geht man mehrheitlich davon aus, dass der Einfluss der Kapitaleigner auf die Zusammensetzung des Aufsichtsrates mindestens knapp über der Parität liegen muss (so ausdrücklich Art. 4b des aktuellen Vorschlages zur Strukturrichtlinie).[56] Die Besetzung des Gremiums mit Dritten darf nicht zu Lasten der Arbeitnehmervertreter gehen (Art. 4a Satz 2 des aktuellen Vorschlages zur Strukturrichtlinie). Innerhalb dieses Rahmens ist nun zu

[52] Vgl. BVerfGE 50, 290, 351.

[53] Ähnlich *Hopt*, ZfA 1982, 207, 220.

[54] *Hopt*, ZfA 1982, 207, 220; a.A. *Abeltshauser*, Strukturalternativen für eine europäische Unternehmensverfassung, S. 176 ff.

[55] Vgl. *Hopt*, Der Kapitalanlegerschutz im Recht der Banken, S. 209.

[56] Vgl. auch die Stellungnahme des Wirtschafts- und Sozialausschusses zum zweiten Änderungsvorschlag zur Strukturrichtlinie, ABl. EG Nr. C 269 v. 14.10.1991, S. 48, 50; *Kolvenbach*, DB 1983, 2235, 2236 f.

klären, ob der Gesetzgeber bei einer späteren Umsetzung der Richtlinie[57] unter Berufung auf die genannte Vorschrift beliebig eine dritte Aufsichtsratsbank installieren könnte. Das würde – in Anknüpfung an das eben gefundene Ergebnis – eine Überlagerung des Verfassungsrechts durch sekundäres EG-Recht bedeuten. Letzteres ist im Grundsatz in der Tat zu bejahen. Soweit eine Norm des nationalen Rechts einer Vorschrift des europäischen Rechts entgegensteht, geht letztere vor. Das gilt auch im Verhältnis von sekundärem Gemeinschaftsrecht zu nationalem Verfassungsrecht.[58] Aufgrund der unterschiedlichen Schutzintensität der Grundrechte auf Gemeinschafts- und nationaler Ebene kann es ohne weiteres zu derartigen Konflikten kommen.[59] Der nationale Gesetzgeber ist dennoch zur Umsetzung der Vorgaben verpflichtet.[60] Die Bindung der deutschen Gesetzgebung an die Verfassung, die auch bei Umsetzung sekundären Gemeinschaftsrechts gilt,[61] wird dann durch das Europarecht modifiziert.[62] Ein solcher Fall wäre vorliegend jedoch nicht gegeben. Zum einen ist die Vorschrift als Kann-Vorschrift ausgestaltet. Im Rahmen des dadurch eröffneten Umsetzungsspielraumes wäre der deutsche Gesetzgeber (voll) an die Grundrechte des Grundgesetzes gebunden.[63] Soweit nicht eine effektive Richtlinienumsetzung anderes erfordert, gilt Art. 1 Abs. 3 GG uneingeschränkt. Dem Gesetzgeber ist es daher unter Umständen verwehrt, den in einer Richtlinie vorgegebenen Rahmen voll auszuschöpfen.[64] Im Extremfall darf er die Kann-Vorschrift gar nicht umsetzen.[65] Damit kämen die geäußerten Bedenken im Hinblick auf Art. 14 Abs. 1 GG auch hier voll zum Tragen.[66] Zum anderen soll die Vorschrift ihrem Sinn und Ursprung nach keine Kompetenznorm für eine weitläufige Beteiligung Dritter am Aufsichtsrat darstellen. Die Kommission führt in der Begründung zu ihrem ersten Vorschlag zur Strukturrichtlinie aus, dass es sich dabei nur um "einige Mitglieder des Aufsichtsorgans" handele und sie dabei "insbesondere an Vertreter des allgemeinen Interesses" denke.[67] Die

---

57 Was aufgrund der Tatsache, dass die Richtlinie noch nicht verabschiedet ist, aber noch nicht im Raume steht.

58 *Oppermann*, Europarecht, Rn. 634; *Jarass*, Wirtschaftsverwaltungsrecht, § 4 Rn. 4.

59 Vgl. *Götz*, NJW 1992, 1849, 1852; *Scholz*, in: Friauf/ Scholz, Europarecht und Grundgesetz, S. 61.

60 *Scholz*, in: Friauf/ Scholz, Europarecht und Grundgesetz, S. 60.

61 *Streinz*, in: Handbuch des Staatsrechts, Band VII, § 182 Rn. 30 f.

62 *Streinz*, in: Handbuch des Staatsrechts, Band VII, § 182 Rn. 32; *Nicolaysen*, EuR 1989, 215, 222 ff. Einschränkend: *Götz*, NJW 1992, 1849, 1853.

63 *Streinz*, in: Handbuch des Staatsrechts, Band VII, § 182 Rn. 33; *Nicolaysen*, EuR 1989, 215, 221.

64 *Streinz*, in: Handbuch des Staatsrechts, Band VII, § 182 Rn. 57; *Klein*, VVDStRL 50 (1991), 56, 83 f.; *Scholz*, in: Friauf/ Scholz, Europarecht und Grundgesetz, S. 60.

65 *Streinz*, Bundesverfassungsgerichtliche Kontrolle über die deutsche Mitwirkung am Entscheidungsprozeß im Rat der Europäischen Gemeinschaften, S. 41.

66 Vgl. auch *Westermann*, RabelsZ 48 (1984), 123, 143; *Hopt*, ZfA 1982, 207, 220; *Striebeck*, Reform des Aktienrechts durch die Strukturrichtlinie der Europäischen Gemeinschaften, S. 61.

67 Begründung des ersten Vorschlages zur Strukturrichtlinie, BT-Drs. 7/363, S. 15.

Begründung des ersten Änderungsvorschlages[68] fällt etwas detaillierter aus. Darin heißt es: "Die Möglichkeit, einige Mitglieder des Aufsichtsorgans auf andere Weise ... zu bestellen, gibt der Regelung die notwendige Elastizität. Sie kann in Anspruch genommen werden zugunsten besonderer Aktionäre oder Gläubiger oder für Vertreter des allgemeinen Interesses." Diese Regelung soll gerade auch "die deutsche Mitbestimmung für Kohle und Stahl" abdecken. Es wird mithin deutlich, dass die offen formulierte Vorschrift nur die neben der Arbeitnehmerbeteiligung in den Mitgliedstaaten bestehenden Besonderheiten[69] abdecken soll und nicht neue Gestaltungsrechte festzulegen beabsichtigt.[70] Es bleibt mithin bei den geäußerten Bedenken, auch wenn die Strukturrichtlinie eines Tages doch noch Wirksamkeit erlangen sollte.

Im Ergebnis ist die Rechtfertigung einer zwingenden Beteiligung von Börseninteressenten im Aufsichtsrat der Börsengesellschaft de lege ferenda abzulehnen. Sie ist weder ein geeignetes noch ein angemessenes Mittel zum Schutz des Kapitalmarktes und steht im Widerspruch zur Eigentumsgarantie in Art. 14 Abs. 1 GG.

III. Stellung des Aufsichtsrates in der Gesellschaft

Bedenken gegen die vorgeschlagenen Privatisierungsmodelle ergeben sich auch, wenn man die unterschiedlichen Funktionen von Börsenrat und Aufsichtsrat betrachtet.

Die innere Struktur der Börsenorganisation ist der Aktiengesellschaft nachgebildet.[71] Der Börsenrat weist verwandte Züge zum Aufsichtsrat auf. Seine Stellung geht jedoch über die eines Aufsichtsrates weit hinaus.[72] Dies ergibt bereits ein Vergleich von § 111 AktG und § 3 Abs. 2 BörsG. Neben der klassischen Überwachungsfunktion eines Aufsichtsrates übt der Börsenrat eine Art Grundlagenkompetenz aus. Diese ist auch mit der Grundlagenkompetenz der Hauptversammlung einer Aktiengesellschaft nicht identisch. Es sind nämlich Elemente der Leitung des Unternehmens wie in § 76 Abs. 1 AktG enthalten.[73]

---

68 Begründung des ersten Änderungsvorschlages zur Strukturrichtlinie, BT-Drs. 10/467, S. 3.

69 Dazu *Hopt*, ZfA 1982, 207, 220. Die Beteiligung Dritter im Aufsichtsgremium ist auch in Frankreich (vgl. auch *Kolvenbach*, DB 1983, 2235, 2238), in Schweden (vgl. auch *Westermann*, RabelsZ 48 (1984), 123, 141) sowie in Norwegen bekannt.

70 Vgl. *Niessen*, ZGR 1973, 218, 222; Stellungnahme des Wirtschafts- und Sozialausschusses zum ersten Vorschlag zur Strukturrichtlinie, ABl. EG Nr. C 94 v. 10.4.1979, S. 2, 8.

71 Vgl. Begründung zum 2. Finanzmarktförderungsgesetz, BT-Drs. 12/6679, S. 62.

72 Vgl. *Hammen*, AG 2001, 549, 553; *Hellwig*, ZGR 1999, 781, 795.

73 So fordert die Deutsche Börse AG, Stellungnahme zum Gutachten, S. 25, wortgleich zu Bundesverband deutscher Banken, Stellungnahme zum Gutachten, S. 36, denn auch, die Kompetenz zum Erlass der Handelsbedingungen auf die (jetzige) Geschäftsführung zu verlagern.

Insofern vereint der Börsenrat Aufgaben, die in einer Aktiengesellschaft teils dem Vorstand, teils der Hauptversammlung und teils dem Aufsichtsrat zugewiesen sind. Vergleichbare Kompetenzen dem Aufsichtsrat der privatrechtlichen Börse einzuräumen, ist im Hinblick auf die Satzungsstrenge des Aktienrechts nicht möglich. § 23 Abs. 5 AktG setzt der satzungsmäßigen Kompetenzerweiterung enge Grenzen. Diese sind auch spezialgesetzlich einzuhalten. Der (internationale) Kapitalmarkt erwartet, dass ein Aufsichtsorgan, soweit ein solches vorhanden ist, auch vornehmlich als Aufsichtsgremium agiert.[74] Eine Börsen-Aktiengesellschaft stellt hier keine Ausnahme dar. Daher kann der Aufsichtsrat nicht eine dem Börsenrat entsprechende Stellung erlangen. Er kann weder Geschäftsführungs- noch Grundlagenkompetenzen übernehmen.[75] Einzig ein Recht zur Mitwirkung an bestimmten Geschäften kann vorgesehen werden (vgl. § 111 Abs. 4 Satz 2 AktG).

Auch unter dem Gesichtspunkt der möglichen Aufgabenübertragung muss die Sinnhaftigkeit einer solchen Besetzung des Aufsichtsrates damit in Frage gestellt werden. Diese ist allerdings nicht so scharf zu verneinen wie die bezüglich der Zulässigkeit einer Besetzung des Aufsichtsrates mit Dritten, da über die im Aktiengesetz angelegten Zuständigkeiten des Aufsichtsrates auch ein nicht unerheblicher Einfluss ausgeübt werden kann.

IV. Einsetzung eines weiteren Organs

Statt der Beteiligung der Handelsteilnehmer, Emittenten und Anleger im Aufsichtsrat schlägt *Hellwig*[76] vor, ein börsenrechtliches Kontrollgremium zu formieren. Dieses soll neben dem Aufsichtsrat stehen. Eine genaue Aufgabenbeschreibung liefert *Hellwig* nicht.

Die bereits vielfach erwähnte Satzungsstrenge in § 23 Abs. 5 AktG lässt durchaus Raum für weitere, im Aktiengesetz nicht vorgesehene Gremien.[77] Diesen können allerdings keine Kompetenzen übertragen werden, die den anderen Organen zwingend obliegen.[78] Nach *Voormann*[79] soll dies sowohl für Aktiengesellschaften als auch für Gesellschaften mit beschränkter Haftung mit zwingendem Aufsichtsrat gelten. Folglich kann kein Gremium zur Überwachung des Vorstandes geschaffen werden. Dazu ist nach § 111 Abs. 1 AktG

---

74 So geht auch der aktuelle Vorschlag der Strukturrichtlinie von dieser feststehenden Ausgangsposition aus, vgl. Art. 3 Abs. 1 lit. a, Art. 12 des aktuellen Vorschlages zur Strukturrichtlinie.

75 Vgl. dazu *Timm*, DB 1980, 1201 ff.

76 *Hellwig*, ZGR 1999, 781, 795. Vgl. dazu auch *Mues*, Die Börse als Unternehmen, S. 165.

77 MüKo-AktG/ *Pentz*, AktG, § 23 Rn. 161; *Voormann*, Der Beirat im Gesellschaftsrecht, S. 9 ff.

78 Kölner Kommentar zum AktG/ *Mertens*, Vorb. § 76 Rn. 28; *Voormann*, Der Beirat im Gesellschaftsrecht, S. 77.

79 *Voormann*, Der Beirat im Gesellschaftsrecht, S. 62 f.

der Aufsichtsrat berufen.[80] Selbst die Einräumung von Anhörungs- und Auskunftsrechten gegenüber den anderen Organen ist problematisch.[81] Daher kann die Stellung des Gremiums lediglich eine beratende sein.[82] Solche Gremien finden sich als Beiräte in einigen Gesellschaften, so bei Banken und Versicherungen.[83] Es muss jedoch bezweifelt werden, ob einer privatrechtlich initiierten Interessenvertretung ein ähnlich hohes Ansehen und die gleiche Akzeptanz zukommt, wie es dem im Rahmen öffentlich-rechtlicher Selbstverwaltung bestellten Börsenrat de lege lata zuteil wird.[84] *Mues*[85] führt an, dass bei Fehlen eines entscheidenden Einflusses die Interessenvertretung wirkungslos bleibt und daher die Schutzfunktion besser über die Aufsicht ausgeübt werden sollte.

Bislang unbeachtet geblieben ist allerdings die Vorschrift in § 111 Abs. 5 AktG. Danach haben Aufsichtsratsmitglieder ihre Aufgaben persönlich wahrzunehmen. Es ist daher fraglich, ob ein Beirat zur Beratung des Aufsichtsrates gebildet werden kann. § 111 Abs. 2 Satz 2 AktG eröffnet dem Aufsichtsrat die Möglichkeit, Sachverständige mit bestimmten Aufgaben zu betrauen. § 109 Abs. 1 Satz 2 AktG erlaubt das Hinzuziehen von Auskunftspersonen und Sachverständigen zur Beratung über einzelne Gegenstände. Die angeführte Beschränkung auf punktuelle Unterstützung zeigt, dass die Einsetzung eines ständigen Beraterstabes, der über bloße Hilfsfunktionen hinaus tätig wird,[86] unzulässig ist.[87] Ein beratender Beirat kann damit nur für den Vorstand gebildet werden.[88]

Der Vorschlag *Hellwigs*, ein zusätzliches Kontrollgremium einzurichten, ist mit dem Aktiengesetz nicht zu vereinbaren.[89] Es wäre eine spezialgesetzliche Ausnahme notwendig, die aber die Struktur der Aktiengesellschaft maßgeblich verändern würde und daher unterbleiben muss. Auch hier gilt: Die Satzungsstrenge ist der Preis für die Eröffnung der Möglichkeit günstiger Refinanzierung am Kapitalmarkt.[90]

---

80 Vgl. auch *Lutter/ Krieger*, DB 1995, 257, 258.

81 Vgl. Kölner Kommentar zum AktG/ *Mertens*, Vorb. § 76 Rn. 28.

82 Vgl. *Hirte*, ZGR Sonderheft 13, 61, 66. Vgl. auch *Voormann*, Der Beirat im Gesellschaftsrecht, S. 9 ff.

83 Münchener Handbuch Aktiengesellschaft/ *Hoffmann-Becking*, § 29 Rn. 18.

84 Vgl. Hessische Börsenaufsicht, Stellungnahme zum Gutachten, A II.

85 *Mues*, Die Börse als Unternehmen, S. 165.

86 Vgl. *Lutter/ Krieger*, DB 1995, 257, 259.

87 So auch Kölner Kommentar zum AktG/ *Mertens*, § 95 Rn. 9 sowie § 111 Rn. 94; *Lutter/ Krieger*, DB 1995, 257, 257.

88 *Geßler*, in: Geßler-Hefermehl-Eckardt-Kropff, AktG, § 111 Rn. 95.

89 Kritisch auch *Merkt*, Gutachten G zum 64. DJT, S. 92 f.

90 *Möllers*, AG 1999, 334, 342.

V. Ergebnis

Die Integration des Börsenrates in eine privatrechtliche Börsegesellschaft ist kaum möglich. Anderen Personen als Anteilseignern und Arbeitnehmervertretern gesetzlich Aufsichtsratssitze einzuräumen, wäre verfassungsrechtlich bedenklich. Die im Aktiengesetz abschließend geregelte Kompetenzverteilung zwischen den Organen einer Aktiengesellschaft lässt lediglich Raum für die Schaffung eines beratenden Gremiums, welches indes nur für den Vorstand, nicht aber für den Aufsichtsrat tätig sein darf.

E. Die Börsenorgane

Juristische Personen sind künstlich geschaffene Rechtsträger. Sie erlangen ihre Handlungsfähigkeit durch ihnen zugeordnete Organe. Für das Rechtssubjekt 'Börse', handeln die gegenwärtig durch das Börsengesetz vorgeschriebenen Börsenorgane. Es wurde bereits deutlich, dass die Zuständigkeiten und Befugnisse der Börsenorgane de lege lata keine Zweifel an der Verortung des Börsenwesens im öffentlichen Recht aufkommen lassen. Mit den Ausführungen zur Rechtsetzung wurde eine wesentliche Komponente der öffentlich-rechtlichen Börsenstruktur bereits behandelt. Aber auch im Privatrecht nicht bekannte Eingriffsbefugnisse, wie das öffentlich-rechtliche Hausrecht, das Handeln durch Verwaltungsakte und vor allem deren Durchsetzung, werden als unschätzbare Vorteile der öffentlich-rechtlichen Ausgestaltung gepriesen.[1] Die Verlagerung des Börsenwesens ins Privatrecht lässt diese – vielleicht gar nur vermeintlichen – Vorzüge auf den ersten Blick dahin schmelzen. Im Folgenden soll es darum gehen, ob die Zuständigkeiten und Befugnisse der derzeitigen Börsenorgane in das Privatrecht übertragen werden können. Sollte kein Äquivalent gefunden werden können, ist über eine kombinierte Lösung von öffentlichem und privatem Recht nachzudenken, ohne dabei jedoch das alte System wieder aufleben zu lassen. Hier kommen die Rechtsfigur der Beleihung sowie eine stärkere Einbindung der Aufsicht in Betracht. Der Frage nach der (praktischen) Erforderlichkeit des öffentlich-rechtlichen Instrumentariums soll ebenfalls nachgegangen werden.

Lenkt man den Blick auf die rein privatrechtlich organisierten Freiverkehrssegmente, so könnte man meinen, die Lösung schon gefunden zu haben. Dem ist indes nicht so. Zwar handelt es sich um privatrechtliche Börsen, es wurde aber bereits deutlich darauf hingewiesen, dass deren Existenz untrennbar mit der (eigentlichen) öffentlich-rechtlichen Börse verbunden ist. Das wird im hier interessierenden Zusammenhang erneut deutlich. Geschäftsführung und Handelsüberwachungsstelle der öffentlich-rechtlichen Börse haben auch in den Freiverkehrssegmenten einen ordnungsgemäßen Handel sicherzustellen und zu überwachen.[2] Sie üben hierbei hoheitliche Befugnisse aus.[3] Insofern ist kein wesentlicher Unterschied zu den öffentlich-rechtlich organisierten Segmenten

---

1 Vgl. *Kümpel*, Börsenrecht, S. 153; Kurth, Börsenzeitung v. 6.05.2000, Sonderbeilage B2.

2 *Ledermann*, in: Schäfer, WPHG, § 78 BörsG Rn. 12; *Kümpel*, Bank- und Kapitalmarktrecht, Rn. 17.402; *Breitkreuz*, Die Ordnung der Börse, S. 260.

3 Vgl. *Kümpel*, Bank- und Kapitalmarktrecht, Rn. 17.402.

auszumachen. Über die Zulassung der Wertpapiere zum Handel entscheidet indes der Veranstalter des Freiverkehrs in privatrechtlicher Form. Auf nicht gesicherter Grundlage steht aber – wie bereits ausgeführt – das privatrechtliche Regelwerk.

I. Börsengeschäftsführung

Die Börsengeschäftsführung ist das Leitungsorgan der Börse. Die Vorschriften in § 12 Abs. 1 Satz 1 BörsG und § 9 Abs. 1 BörsO FWB übertragen ihr die Leitung der Börse in eigener Verantwortung. Die wichtigsten Zuständigkeiten betreffen die Zulassung der Börsenhändler (§ 16 Abs. 1 Satz 1 BörsG, §§ 10 Abs. 1 Nr. 1, 14 Abs. 1 Satz 1 BörsO FWB), die Zulassung der Skontroführer (§ 26 BörsG), die Organisation und die Sicherstellung eines ordnungsgemäßen Handels (vgl. §§ 4 Abs. 5 Satz 2, 38 Abs. 1, 56 Abs. 3 BörsG, §§ 10 Abs. 1 Nr. 2 - 7, 24 Abs. 1 Satz 1, 25 BörsO FWB)[4] sowie die Aufrechterhaltung der Ordnung in den Börsenräumen (§ 18 Abs. 2 BörsG, § 10 Abs. 1 Nr. 3 BörsO FWB).

Der Geschäftsführung obliegen auch alle weiteren Angelegenheiten, soweit diese nicht ausdrücklich anderen Organen zugewiesen sind. Das ist die Folge der in § 12 Abs. 1 Satz 1 BörsG und in § 9 Abs. 2 BörsO FWB festgeschriebenen umfassenden Leitungskompetenz.

Die Geschäftsführung wird vom Börsenrat bestellt und abberufen (§ 9 Abs. 2 Satz 1 Nr. 2 BörsG, § 4 Abs. 1 Satz 1 Nr. 6 BörsO FWB). Sie kann aus einer oder mehreren Personen bestehen (§ 12 Abs. 1 Satz 2 BörsG). Es handelt sich bei diesem Organ um ein professionelles Management, vergleichbar dem Vorstand einer Aktiengesellschaft.[5]

Der Börsengeschäftsführung wurde durch das Zweite Finanzmarktförderungsgesetz Selbständigkeit verliehen. Bis dahin unterstand sie dem Börsenvorstand. Dieser entsprach in vielem dem jetzigen Börsenrat (§ 12 Abs. 1 BörsG a.F.[6]). Ihr Aufgabenbereich wurde dementsprechend aus dem des vorher allzuständigen und -verantwortlichen Börsenvorstandes (§§ 3 ff. BörsG a.F.)[7] herausgetrennt. Vorbild für diese Neuerung war, wie schon angedeutet, das

---

4 Zur Aussetzung des Börsenhandels vgl. *Jaskulla*, WM 2002, 1093, 194 ff.

5 Begründung zum Regierungsentwurf eines Zweiten Finanzmarktförderungsgesetzes, BT-Drs. 12/ 6679, S. 62.

6 § 3 Abs. 1 BörsG i.d.F. der Bekanntmachung vom 27.05.1908 (RGBl. S. 215), zuletzt geändert durch G. v. 27.4.1993 (BGBl. I, S. 512).

7 §§ 3 ff. BörsG i.d.F. der Bekanntmachung vom 27.05.1908 (RGBl. S. 215), zuletzt geändert durch G. v. 27.4.1993 (BGBl. I, S. 512).

Modell der Aktiengesellschaft.[8] Daher liegt die Übertragung der Aufgaben der Börsengeschäftsführung auf den Vorstand oder auf die Geschäftsführung einer künftigen privatrechtlichen Gesellschaft nahe. Bei Börsen mit einem privatrechtlichen Träger wird ohnehin oftmals Personenidentität zwischen Geschäftsführung der Börse und dem entsprechenden Organ des Trägers (jedoch bei Aufgabentrennung) praktiziert.[9] Inhaltlich bereitet die Verortung der Aufgaben der jetzigen Börsengeschäftsführung beim Vorstand beziehungsweise der Geschäftsführung einer privatrechtlichen Gesellschaft keine Schwierigkeiten. Beide bilden die Leitungsebenen der betreffenden Organisationen.

Näher zu beleuchten ist indes das zur Verfügung stehende Instrumentarium. Oben ist bereits angeklungen, dass das öffentliche Recht gegenüber dem Privatrecht einige Besonderheiten bereithält. Das ist auch im Hinblick auf die Börsengeschäftsführung der Fall. Die Börsengeschäftsführung ist eine Behörde,[10] die durch Verwaltungsakte handelt[11]. Sie kann einseitig Anordnungen erlassen und sie auch selbst vollstrecken.[12] Während die Befugnis zu einseitigen Maßnahmen auch in privatrechtlichen Verträgen festgeschrieben werden kann (natürlich unter Beachtung der sich aus §§ 315, 138, 305 ff. BGB, dem Bestimmtheitsgebot etc. ergebenden Grenzen)[13], kennt das Privatrecht keine Vollstreckung durch eine Partei.[14] Das Rechtsdurchsetzungsmonopol in Form der Androhung und Anwendung von Zwangsmaßnahmen obliegt vielmehr dem Staat.[15]

Es stellt sich jedoch die Frage, ob eine Börse, und an dieser Stelle insbesondere die Börsengeschäftsführung, dieser öffentlich-rechtlichen Befugnisse unabdingbar bedarf. *Kümpel*[16] unterteilt das Verwaltungshandeln der Börsenorgane in Leistungs- und Ordnungsverwaltung. Ersteres sei in der Bereitstellung

---

8 Begründung des Regierungsentwurfs zum 2. Finanzmarktförderungsgesetz, BT-Drs. 12/ 6679, S. 62.

9 *Kümpel*, Bank- und Kapitalmarktrecht, 17.174; *Laule*, FS Heinsius, 437, 452; Bundesverband deutscher Banken, Stellungnahme zum Gutachten, S. 35; Deutsche Börse AG, Stellungnahme zum Gutachten, S. 25; *Segna*, ZBB 1999, 144, 146. Nicht zuletzt nachdem die Rechtmäßigkeit bezweifelt worden ist (*Breitkreuz*, Die Ordnung der Börse, S. 149 ff.) oder zumindest Interessenkonflikte befürchtet wurden (*Kümpel/ Hammen*, WM 2000, SB 3, 3, 10; *Hammen*, AG 2001, 549, 564), ist insbesondere bei der Frankfurter Wertpapierbörse eine Abkehr von dieser Handhabe zu beobachten.

10 Vgl. Begründung des Regierungsentwurfs zum 2. Finanzmarktförderungsgesetz, BT-Drs. 12/ 6679, S. 64.

11 *Kümpel*, Bank- und Kapitalmarktrecht, 17.175.

12 Bundesverband deutscher Banken, Stellungnahme zum Gutachten, S. 27.

13 So auch *Hellwig*, ZGR 1999, 781, 792.

14 Vgl. auch Hessische Börsenaufsicht, Stellungnahme zum Gutachten, A II.

15 *Ossenbühl*, in: Handbuch des Staatsrechts, Band III, § 61 Rn. 31.

16 *Kümpel*, Börsenrecht, S. 152 ff.

eines Börsenhandelsplatzes zu erblicken, letzteres in der Kontrolle und Sorge bezüglich eines ordnungsgemäßen Handels und der Preisfeststellung. Während im Bereich der Leistungsverwaltung ein Ersetzen durch privatrechtliche Handlungsmodalitäten möglich sei, könne dies im ordnungsverwaltungsbestimmten Bereich nicht erfolgen. Hoheitliche Eingriffsbefugnisse seien hier unverzichtbar. Auch das Rechtsinstitut der Beleihung könne für eine derart umfängliche Übertragung öffentlich-rechtlicher Befugnisse nicht nutzbar gemacht werden.

Mues[17] hält dagegen die Einräumung hoheitlicher Gewalt nur in einem eng umgrenzten Teilbereich für unbedingt erforderlich. Er führt weiterhin an, dass die Wirkung dieses Instrumentariums durch das Territorialprinzip eingeschränkt wird. Gegenüber Handelsteilnehmern mit Sitz außerhalb des Geltungsbereichs des Börsengesetzes könnten hoheitliche Maßnahmen nicht wirken.[18] Das ist jedoch nicht überzeugend. Ein Ausschluss vom Börsenhandel oder ähnliche Maßnahmen sind ohne weiteres auch gegenüber diesen Personen möglich (vgl. auch § 16 Abs. 9 BörsG).

Claussen[19] hält einen gänzlichen Verzicht auf hoheitliche Befugnisse der Geschäftsführung offenbar problemlos für möglich. Er stellt in seiner Argumentation allerdings sehr stark auf die inzwischen weggefallene Vorschrift über den vorläufigen Ausschluss von Maklern (§ 8c Abs. 3 Sätze 1 u. 2 BörsG a.F.[20]) und das öffentlich-rechtliche Hausrecht (§ 18 Abs. 2 BörsG) ab. Dabei bleiben die wichtigen Handlungsmöglichkeiten, wie die Anordnung eilbedürftiger Maßnahmen nach § 4 Abs. 5 Satz 2 BörsG oder die Aussetzung und Einstellung der Notierung nach §§ 38, 56 Abs. 3 BörsG, allerdings unberücksichtigt. Hier ist die Verortung im öffentlich-rechtlichen Bereich äußerst nützlich. Sie ermöglicht in der Tat ein wirksames Eingreifen.

Für die angeführten nicht alltäglichen Maßnahmen erscheint de lege ferenda das Rechtsinstitut der Beleihung durchaus geeignet. Es handelt sich um eng umgrenzte Ausnahmefälle, für die hoheitliche Befugnisse mittels Beleihung eingeräumt werden könnten.[21]

Dagegen wird vorgebracht, es handele sich um eine Beleihung mit Zwangsbefugnissen, das heißt mit Grundrechtseingriffen[22], und eine solche sei unzuläs-

---

17 Mues, Die Börse als Unternehmen, S. 164.

18 Mues, Die Börse als Unternehmen, S. 164.

19 Claussen, ZBB 2000, 1, 8 f.

20 § 8c Abs. 3 BörsG i.d.F. des 2. Finanzmarktförderungsgesetzes; § 8c BörsG geändert und Abs. 3 aufgehoben durch G. v. 22.10.1997 (BGBl. I, S. 2567).

21 Ähnlich die Vorstellung von *Mues*, Die Börse als Unternehmen, S. 164, öffentlich-rechtliche Befugnisse nur in eng umgrenzten Bereich einzuräumen.

22 Neben der allgemeinen Handlungsfreiheit (Art. 2 Abs. 1 GG) kommen als spezielle Grundrechte insbesondere das Grundrecht auf informationelle Selbstbestimmung (Art. 2 Abs. 1 GG), der Unverletzlichkeit der Wohnung bzw. der Geschäftsräume (Art. 13 GG) und der Berufsfreiheit (Art. 12 GG) in Betracht, *Baums/ Segna*, Börsenreform, S. 51.

sig.[23] Das vermag nicht zu überzeugen. Bereits die geläufigen Beispiele einer Beleihung umfassen derartige Befugnisse. *Baums/ Segna*[24] weisen auf den Bezirksschornsteinfegermeister hin, der Grundstücke und Räume betreten sowie belastende Verwaltungsakte erlassen darf. Der Fleischbeschautierarzt kann Schlachtungen untersagen und Fleisch beschlagnahmen.[25] Die Kapitäne der Luft- und Seeschifffahrt sind ebenfalls zu nicht unerheblichen Grundrechtseingriffen berechtigt.[26] Das muss auch so sein. Sollen Beliehene hoheitliche Aufgaben wahrnehmen, so benötigen sie dafür annähernd gleiche Kompetenzen wie andere Hoheitsträger. Das gilt auch und gerade für Grundrechtseingriffe.[27] Das Rechtsinstitut der Beleihung umfasst mithin auch grundrechtsrelevante Maßnahmen.

Abgesehen von einer Beleihung des Leitungsorgans ist auch denkbar, dass die Aufsichtsbehörde[28] oder die Handelsüberwachungsstelle[29] eingeschaltet werden, wenn Handelsteilnehmer oder Emittenten den Anordnungen des Leitungsorgans nicht nachkommen und Zwangsmittel benötigt werden.[30] Die von *Kümpel*[31] erwähnte Ordnungsverwaltung würde dann von diesen Aufsichtsgremien wahrgenommen. Die meisten anderen Aufgaben der Geschäftsführung, wie insbesondere die Zulassung der Handelsteilnehmer, sind der Leistungsverwaltung zuzuordnen und damit auch nach *Kümpel*[32] privatrechtlich realisierbar.

Das Instrument der Vollstreckung eigener Anordnungen mittels hoheitlicher Gewalt benötigt die Geschäftsführung jedoch aus einem ganz anderen Grund künftig nicht mehr. Als Folge der Technologisierung stellt sich der Börsenhandel gegenüber früheren Zuständen als wesentlich transparenter dar.[33] Ohne in großem Umfang auf die Unterstützung der Börsenakteure angewiesen zu sein, kann das Handelsgeschehen vom Börsenleitungsorgan verfolgt werden. Die

---

23 Bundesverband deutscher Banken, Stellungnahme zum Gutachten, S. 27; wortgleich: Deutsche Börse AG, Stellungnahme zum Gutachten, S. 20. Zweifel in dieser Hinsicht äußert auch *Hellwig*, ZGR 1999, 781, 792 f. Fn. 54.

24 *Baums/ Segna*, Börsenreform, S. 53; vgl. auch *Michaelis*, Der Beliehene, S. 102 ff.

25 Vgl. dazu *Michaelis*, Der Beliehene, S. 90 ff.

26 Vgl. dazu *Kirchhof*, Private Rechtsetzung, S. 246 ff. sowie *Michaelis*, Der Beliehene, S.104 ff., auch mit weiteren Beispielen.

27 Ebenso *Baums/ Segna*, Börsenreform, S. 52 f.; *Segna*, ZBB 1999, 144, 152; wohl auch *Kümpel*, WM 1997, 1917, 1922.

28 Diese Möglichkeit erwägt auch *Hellwig*, ZGR 1999, 781, 792.

29 Zu deren Stellung de lege ferenda siehe nachstehend 2. Teil E IV.

30 Auch gegenwärtig kann die Geschäftsführung die Handelsüberwachungsstelle mit Untersuchungen beauftragen (§ 4 Abs. 1 Satz 4 BörsG).

31 *Kümpel*, Börsenrecht, S. 152 ff.

32 *Kümpel*, Börsenrecht, S. 153.

33 *Gerke*, DBW 53 (1993), 725, 736.

Tatsache, dass der Handelsablauf weitgehend durch Technik bestimmt wird, bringt auch Veränderungen im Hinblick auf die Ausgestaltung der Tätigkeit der Börse mit sich. Sie übernimmt in wesentlichen Teilen die Funktion der Makler; mithin ist eine wichtige Adressatengruppe für mögliche Maßnahmen weggefallen. Im elektronischen Handelssystem sind außerdem nahezu alle Maßnahmen der Geschäftsführung, die auf Aufrechterhaltung eines ordnungsgemäßen Handels zielen, 'per Mausklick' durchführbar. Das Aussetzen des Handels in einem bestimmten Wertpapier, der (vorübergehende) Ausschluss eines Handelsteilnehmers und viele eilbedürftige Maßnahmen zur Sicherstellung eines solchen ordnungsmäßigen Handels sind im Computersystem damit ohne Mitwirkung des Betroffenen umsetzbar.

Ausgenommen davon sind Auskunftsverlangen (vgl. § 41 BörsG) oder ähnliche Ersuchen. Auch bei Ordnungsmaßnahmen gegenüber Market Makern gestaltet sich die Situation etwas schwieriger. Bei diesen und ähnlichen, gegenüber dem Sperren des Zugangs weniger einschneidenden Maßnahmen, droht bei Nichterfüllung der auferlegten Maßnahmen stets die Unterbrechung des Zugangs. Das sollte als Zwangsmittel genügen. Bei den genannten Personengruppen, die die Verantwortung für einzelne Handelsgegenstände tragen, übt auch der Emittent als Vertragspartner hinreichend Druck auf die Einhaltung der Vorschriften aus, da anderenfalls auch für ihn die (vorübergehende) Notierungseinstellung droht. Im übrigen bleibt der Geschäftsführung die Möglichkeit unbenommen, die Handelsüberwachungsstelle mit weiteren Ermittlungen zu betrauen (vgl. § 4 Abs. 1 Satz 4 BörsG).

Daher kommt die Börsengeschäftsführung in Zukunft auch ohne die verwaltungsrechtlichen Zwangsmittel aus. Sollte dies anders gesehen werden, steht für eilbedürftige Ausnahmesituationen das Instrument der Beleihung zur Verfügung. Ein solches Modell lässt allerdings schnell die Frage nach der Sinnhaftigkeit der Privatisierung laut werden.[34] Besser erscheint es da schon, die Börsenaufsicht oder die Handelsüberwachungsstelle einzubinden, was für Ermittlungstätigkeiten auch notwendig ist.

II. Börsenrat

Das Vorläuferorgan des Börsenrates, der Börsenvorstand, war das beinah allzuständige und -verantwortliche Organ. Es hatte sowohl die Grundlagengeschäfte betreffend die Organisation der Börse als auch das tägliche Börsengeschäft zu regeln. Letzteres ist nach § 12 Abs. 1 Satz 1 BörsG nunmehr in den Verantwortungsbereich der Börsengeschäftsführung verlagert worden. Die Aufgaben des Börsenrates bestehen gemäß § 9 Abs. 2 Satz 1 BörsG, § 4 Abs. 1 Satz 1 Nr. 1, 2, 4, 5, 6 u. 7 BörsO FWB im Erlassen der Börsenordnung (vgl.

---

[34] So in Österreich, vgl. *Pozniak*, ZBB 1998, 357, 378.

auch § 13 BörsG), der Gebührenordnung (vgl. auch § 14 BörsG), einer Entgeltordnung für die Tätigkeit der Skontroführer und den Bedingungen für die Geschäfte an der Börse (Usancen) sowie in der Bestellung und Überwachung der Geschäftsführung und im Erlassen einer Geschäftsordnung für diese. Maßnahmen der Geschäftsführung von besonderer Bedeutung können von der Zustimmung des Börsenrates abhängig gemacht werden (§ 9 Abs. 2 Satz 3 BörsG). § 4 Abs. 2 BörsO FWB hat von dieser Möglichkeit Gebrauch gemacht. Dem Börsenrat ist bei Kooperations- und Fusionsabkommen des Börsenträgers die den Börsenbetrieb betreffen sowie bei der Auslagerung von Funktionen und Tätigkeiten auf ein anderes Unternehmen Gelegenheit zur Stellungnahme zu geben (§ 9 Abs. 2 Satz 4 BörsG). Der Börsenrat bestellt weiterhin den Leiter der Handelsüberwachungsstelle (§ 4 Abs. 2 Satz 1 BörsG, § 4 Abs. 1 Satz 1 Nr. 8 BörsO FWB) und erlässt die Prüfungsordnung über die berufliche Eignung der Börsenhändler (§ 16 Abs. 5 Satz 4 BörsG, § 4 Abs. 1 Satz 1 Nr. 3 BörsO FWB). Die Börsenordnung der Frankfurter Wertpapierbörse hat darüber hinaus die Wahl der Mitglieder der Zulassungsstelle (§ 4 Abs. 1 Satz 1 Nr. 9 BörsO FWB) in den Verantwortungsbereich des Börsenrates übertragen.

Der Börsenrat besteht aus maximal 24 Vertretern der am Börsenhandel beteiligten Kreise (§ 9 Abs. 1 Satz 1 BörsG). Händler, Kursmakler, Emittenten und Anleger wählen gemäß § 9 Abs. 1 Sätze 2 u. 3, § 10 Abs. 3 BörsG; § 1 der Verordnung über die Wahl der Börsenräte der FWB und der Eurex ihre Repräsentanten. Diese Mitwirkung verdient besondere Aufmerksamkeit. Sie wurde bereits ausführlich behandelt.

Die dargestellte Aufgabenstruktur des Börsenrates findet sich bei einem Organ einer Privatrechtsgesellschaft so nicht wieder. Der Börsenrat hat nämlich zum einen grundlegende Zuständigkeiten, wie den Erlass des Grundstatuts der Börsenordnung, die in privatrechtlichen Gesellschaften den Anteilseignern zufallen. Zum anderen fällt ihm die Überwachung der Unternehmensleitung zu, die im privatrechtlichen Bereich Aufgabe des Aufsichtsrates oder der Anteilseigner ist. Obwohl die Abwicklung des täglichen Geschäfts bei der Börsengeschäftsführung liegt, sind schließlich auch Geschäftsführungsangelegenheiten beim Börsenrat verblieben. Die vom Börsenrat erlassenen Usancen, die Gebührenordnung und die den Börsenhandel betreffenden Teile der Börsenordnung[35] sind Grundlage des täglichen Börsenhandels. Mithin ist deren Schaffung Geschäftsführungstätigkeit.

Unter Aufrechterhaltung der gesetzlich vorgezeichneten Struktur privatrechtlicher Gesellschaften sind die Aufgaben des Börsenrates daher nicht als ganzes

---

[35] So beispielsweise die Vorschriften bezüglich der Zulassung der Handelsteilnehmer, §§ 14 ff. BörsO FWB und der Feststellung des Börsenpreises, §§ 26 ff. BörsO FWB.

einem Organ einer privatrechtlichen Gesellschaft zuweisbar. Wie die Aufteilung der Zuständigkeiten zeigt, ist eine Zuordnung zu mehreren Organen – mit einigen Ausnahmen – aber möglich. Den Erlass der Geschäftsordnung für das Leitungsorgan durch das Aufsichtsgremium (§ 9 Abs. 2 Satz 1 Nr. 4 BörsG) kennt auch das Aktienrecht (§ 77 Abs. 2 Satz 1 AktG). Gleiches gilt für die Bindung einiger Geschäfte an die Zustimmung des Aufsichtsorgans (§ 9 Abs. 2 Satz 3 BörsG) in § 111 Abs. 4 Satz 2 AktG. Insoweit entstehen keine Übertragungsschwierigkeiten. Bei den angedeuteten Ausnahmen handelt es sich um die sehr speziellen Zuständigkeiten zum Erlass der Börsenhändlerprüfungsordnung, zur Bestellung des Leiters der Handelsüberwachungsstelle und zur Wahl der Mitglieder der Zulassungsstelle sowie des Zulassungsausschusses. Die erstgenannte Aufgabe ist stark öffentlich-rechtlich geprägt, so dass bezweifelt werden muss, ob eine privatrechtliche Börse dafür überhaupt noch zuständig sein soll. Hier spricht vieles für eine Verlagerung der Angelegenheit in das zuständige Ministerium. Bei den anderen beiden Aufgaben hängt die Zuständigkeitsfrage maßgeblich von der künftigen Struktur der Gremien ab. Bei einer Ansiedlung in der Gesellschaft muss geklärt werden, ob für die Bestellung des Leiters der Handelsüberwachungsstelle das Leitungsorgan oder ein anderes Organ zuständig sein soll. Bei der Aktiengesellschaft ist auch hier die festgelegte Aufgabenverteilung zwischen den Organen und die in § 23 Abs. 5 AktG verankerte Satzungsstrenge zu beachten.

Als Zwischenergebnis ist festzuhalten: Die Zuständigkeiten des Börsenrates de lege lata können auf (verschiedene) Organe einer privatrechtlichen Gesellschaft verlagert werden.

Es bleibt, das zur Verfügung stehende Instrumentarium zu untersuchen. Auch der Börsenrat handelt gegenwärtig öffentlich-rechtlich. Dies tritt am deutlichsten beim Erlass der Börsenordnung hervor, die nach dem Börsengesetz eine Satzung ist (§ 4 Abs. 1 Satz 1 BörsG). Wie bereits dargelegt, enthält die Börsenordnung sowohl Regelungen zur Organisation der Börse als Institution als auch Bestimmungen über den Börsenhandel. Die Festsetzung der Handelsbedingungen im weiteren Sinne stellt dann in der Tat ein nicht einfach zu bewältigendes Problem dar. Diesem Punkt war bereits ein eigenes Kapitel gewidmet. Die anderen genannten Aufgaben des Börsenrates haben die interne Organisation der Börse zum Gegenstand. Für derartige Regelungen hält das Gesellschaftsrecht genügend Möglichkeiten bereit. Hier sind keine hoheitlichen Kompetenzen erforderlich.

Unter Ausblendung einiger schon behandelter oder noch zu untersuchender Problemfelder bereitet die Überleitung der Aufgaben des Börsenrates in eine privatrechtliche Gesellschaft damit keine größeren Probleme.

III. Zulassungsstelle

Die Zulassungsstelle ist zuständig für die Zulassung der einzelnen Wertpapiere zum Börsenhandel im amtlichen Markt (§ 30 Abs. 1, 31 Abs. 1 Satz 1 BörsG, § 50 Abs. 1 Satz 1 BörsO FWB) und im geregelten Markt (§ 49 BörsG, § 56 Abs. 1 Satz 1 BörsO FWB). Das Vierte Finanzmarktförderungsgesetz hat die für den Amtlichen Handel und den Geregelten Markt nach dem Börsengesetz a.F. bestehenden verschiedenen Zulassungsorgane zusammengefasst.[36] Während Aussetzung und Einstellung der Notierung in der Hand der Geschäftsführung liegen (§ 38 Abs. 1 [i.V.m. § 56 Abs. 3] BörsG, §§ 10 Abs. 1 Nr. 6, 25 Abs. 1 BörsO FWB), ist die Zulassungsstelle für den Widerruf der Zulassung zuständig (§ 38 Abs. 3 u. 4 [i.V.m. § 56 Abs. 3] BörsG). Die Zulassungsstelle trifft, soweit nicht die Geschäftsführung zuständig ist, nach § 31 Abs. 1 Satz 2 BörsG die zum Schutz des Publikums sowie die für einen ordnungsgemäßen Börsenhandel erforderlichen Maßnahmen und überwacht die Einhaltung der sich aus der Zulassung ergebenden Pflichten im amtlichen Markt. Da die Geschäftsführung jedoch allzuständig ist, bleibt für die Zulassungsstelle nur ein kleiner Raum für die anstehenden Aufgaben nach einer erfolgten Zulassung. Eine vergleichbare Zuständigkeit der Zulassungsstelle im geregelten Markt ist weder im Börsengesetz noch in der Börsenordnung der Frankfurter Wertpapierbörse begründet. Die Zulassungsstelle hat, ebenso wie die Geschäftsführung, ein Auskunftsrecht gegenüber den Emittenten (§ 41 Abs. 1 [i.V.m. § 54] BörsG).

Die Zulassungsstelle wird vom Börsenrat gewählt (§ 50 Abs. 2 BörsO FWB). Sie besteht aus 20 - 24 Personen (§ 50 Abs. 1 Satz 2 BörsO FWB), von denen mindestens die Hälfte nicht berufsmäßig am Börsenhandel beteiligt sein dürfen (§ 31 Abs. 2 BörsG, § 50 Abs 1 Satz 3 BörsO FWB).

Die Zulassungsstelle ist ein eigenständiges, weisungsfreies Organ der Börse.[37] Ihre Tätigkeit ist öffentlich-rechtlich ausgestaltet. Die Zulassung ist ein Verwaltungsakt.[38] Soll das beibehalten werden, steht als rechtstechnisches Instrument wiederum die Rechtsfigur der Beleihung zur Verfügung.[39] Die Zulassungsfrage verbliebe dann im öffentlichen Recht. So ist das reformierte österreichische Börsewesen organisiert, was jedoch in Österreich den Vorwurf der Inkonsequenz beim Prozess der Privatisierung nach sich gezogen hat.[40]

---

[36] In den Gremien war ohnehin meist Personenidentität anzutreffen, vgl. *Hamann*, in: Schäfer, WPHG, § 71 BörsG Rn. 12.

[37] *Kümpel*, Bank- und Kapitalmarktrecht, Rn. 17.192 u. 17.195.

[38] *Kümpel*, Bank- und Kapitalmarktrecht, Rn. 17.190; *Hamann*, in: Schäfer, WPHG, § 37 BörsG Rn. 4.

[39] So *Mues*, Die Börse als Unternehmen, S. 205.

[40] *Pozniak*, ZBB 1998, 357, 372, 378.

Nach dem Vorbild einiger ausländischer Rechtsordnungen ist auch über eine Verortung der Entscheidung über die Zulassung bei der Aufsichtsbehörde nachzudenken. In den USA entscheidet über die Börsenfähigkeit der Wertpapiere beispielsweise die Finanzaufsichtsbehörde SEC.[41] Auch für Österreich wurde ein solches System angeregt. Als Gründe hierfür wurden die Neutralität der Aufsichtsbehörde und die von Natur aus bei dieser Institution vorhandenen hoheitlichen Befugnisse angeführt.[42] Indes spricht gegen eine solche Lösung für Deutschland die gewünschte Freiheit der Börsen in der Gestaltung der Segmente. Eine solche Gestaltungsfreiheit haben die Verfasser des Vierten Finanzmarktförderungsgesetzes den deutschen Börsen erst jüngst verstärkt eingeräumt.

Öffentlich-rechtliche Lösungen sind nur notwendig, wenn privatrechtliche Instrumente nicht zufrieden stellend funktionieren. Eingangs wurde bereits ausgeführt, dass es im privatrechtlich organisierten Neuen Markt – neben dem gleichzeitig erforderlichen öffentlich-rechtlichen Zulassungsverfahren zum geregelten Markt – bereits gegenwärtig ein privatrechtliches Zulassungsverfahren gibt. De lege ferenda ist eine solche durch Vertrag ausgestaltete Zulassung für alle Segmente ohne weiteres konstruierbar.[43] Auch die Rechtmäßigkeit des durch eine privatrechtliche Börse durchgeführten Zulassungsverfahrens könnte durch eine Beleihung nicht besser abgesichert werden. Wenn Emittenten die Zulassungsvoraussetzungen nicht erfüllen, erfolgt kein Vertragsschluss; öffentlich-rechtliche Verwaltungsaktsbefugnis ist dafür nicht notwendig. Zur Durchsetzung der Zulassungsfolgepflichten gilt ähnliches wie bei der Geschäftsführung. Werden sie nicht erfüllt, droht die Herausnahme der Wertpapiere aus dem elektronischen Handelssystem. Das genügt als Zwangsmittel. Sollte für die restlichen Anordnungs- und Überwachungsbefugnisse nach § 31 Abs. 1 Satz 2 BörsG ein privatrechtliches Instrumentarium nicht ausreichen, können, wie bei den Geschäftsführungsaufgaben, die Handelsüberwachungsstelle oder die Aufsicht eingeschaltet werden.

Mithin kann die Aufgabe der Zulassung der Wertpapiere zum Börsenhandel ohne weiteres bei dem Leitungsorgan einer privatrechtlichen Börse angesiedelt werden. Das hat allerdings zur Folge, dass die Pluralität und die Unabhängigkeit des gegenwärtigen Zulassungsorgans verloren gehen. Diese Unabhängigkeit – insbesondere auch gegenüber dem Leitungsorgan der Börse – garantiert indes eine nach objektiven Kriterien getroffene Zulassungsentscheidung. Die Entscheidung über die Zulassung eines Wertpapiers darf nicht primär von den geschäftlichen Interessen der Börsengesellschaft abhängen. Sie muss sich vielmehr allein am Vorliegen festgelegter, objektiver Zulassungskriterien orientieren. Die Gewährleistung einer solchen unabhängigen Entscheidung wird de

---

41 *Mues*, Die Börse als Unternehmen, S. 199; Deutsche Börse AG, Neuer-Markt-Report, S. 65.

42 *Pozniak*, ZBB 1998, 357, 378.

43 So wohl *Claussen*, ZBB 2000, 1, 8 f.

lege ferenda sogar noch wichtiger. Schließlich fallen die gegenwärtig vorzufindenden Leitungsgremien der Börse und des Börsenträgers zusammen. Es besteht dann eine größere Gefahr, dass Geschäftsinteressen des Börsenbetreibers marktbezogene Entscheidungen in volkswirtschaftlich zu missbilligender Art und Weise beeinflussen. Es erscheint daher sinnvoll, dem Leitungsorgan einer privatrechtlichen Börse einen Beirat zur Seite zu stellen, welcher nach dem Vorbild der gegenwärtigen Zulassungsstelle organisiert sein sollte. Ein solcher Beirat darf gemäß dem Grundsatz der zwingenden Kompetenzverteilung in der Aktiengesellschaft indes grundsätzlich nur eine beratende Funktion ausüben. Vorliegend erscheint jedoch eine spezialgesetzliche Ausnahme zugunsten einer Entscheidungskompetenz des Beirates geboten. Es handelt sich insoweit um eine börsenrechtliche Besonderheit, die die Befugnisse des Vorstandes im Übrigen nicht beeinträchtigt.

Es scheint folglich nichts gegen die privatrechtliche Konstruktion zu sprechen. Jedoch muss noch ein Blick auf das Europarecht geworfen werden. *Mues*[44] hält wegen der Vorschriften der Richtlinie betreffend der zur amtlichen Notierung zugelassenen Wertpapiere eine öffentlich-rechtliche Ausgestaltung der Zulassungsstelle, und zwar nach Möglichkeit in der Form einer Beleihung, für erforderlich. Es wurde aber schon gezeigt, dass dem nicht gefolgt werden kann. Die Richtlinie verlangt lediglich eine staatliche Anerkennung der Zulassungsinstanz und eine Sicherstellung der Einhaltung der die Zulassung betreffenden Pflichten. Das kann in der aufgezeigten Form auch eine privatrechtliche Zulassungsstelle – gegebenenfalls unter Umständen in Zusammenarbeit mit einer hoheitlichen Aufsichtsinstanz – zufrieden stellend übernehmen.

IV. Handelsüberwachungsstelle

Die Handelsüberwachungsstelle ist ein bei der Börse angesiedeltes Aufsichtsgremium (vgl. § 4 Abs. 1 Satz 1 BörsG, § 12 BörsO FWB). Sie ist die erste der drei durch das Zweite Finanzmarktförderungsgesetz geschaffenen Aufsichtsebenen im Börsenwesen. Neben einer bereits vorher bestehenden Rechtsaufsicht wurde eine Handelsaufsicht installiert.[45] Die Handelsüberwachungsstelle ist zuständig für die Beobachtung des täglichen Geschäftsablaufs (§ 4 Abs. 1 Satz 1 BörsG) und die Überwachung des von den Börsenteilnehmern zu hinterlegenden Sicherheitenrahmens (§ 19 Abs. 4 Satz 1 BörsG). Zwecks Handelsüberwachung hat sie gemäß § 4 Abs. 1 Satz 2 BörsG Daten über den Börsenhandel und die Börsengeschäftsabwicklung systematisch und lückenlos zu erfassen und auszuwerten sowie notwendige Ermittlungen vorzunehmen. Die Durchführung der Ermittlungen ist hoheitliche Tätigkeit, die Handelsüberwa-

---

44 *Mues*, Die Börse als Unternehmen, S. 145.

45 Begründung zum Regierungsentwurf zum 2. Finanzmarktförderungsgesetz, BT-Drs. 12/6679, S. 36.

chungsstelle eine Behörde.[46] Sie ist als eigenständiges Organ Teil der Selbstverwaltung und in die Organisation der Börse eingebunden.[47] Dadurch soll eine möglichst marktnahe Aufsicht erreicht werden. Im Vergleich zu einer gewöhnlichen Staatsaufsicht wurde eine zusätzlich installierte verlässliche Selbstkontrolle als wirksamer erachtet, transparente und attraktive Marktplätze zu gewährleisten.[48] Die dadurch der Börse auferlegte Eigenverantwortung soll die internationale Glaubwürdigkeit und damit ihre Wettbewerbsfähigkeit steigern.[49] Die Handelsüberwachungsstelle unterliegt der Weisungsbefugnis der Börsenaufsichtsbehörde, die auch jederzeit die Ermittlungen an sich ziehen kann (§ 1b Abs. 1 Satz 3 BörsG).[50] Diese Abhängigkeit wird mit der Rechtsfigur der Organleihe erklärt.[51] Zu betonen ist, dass die Handelsüberwachungsstelle nur für die erwähnte Überwachung und Kontrolle des Handelsgeschehens sowie die Information der anderen Instanzen und Gremien (§ 4 Abs. 5 Sätze 1 u. 4 BörsG) zuständig ist. Lediglich in diesem Bereich hat sie die auch der Aufsicht zustehenden Kompetenzen (§§ 4 Abs. 3, 19 Abs. 4 Satz 2 i.V.m. 2 Abs. 1 BörsG). Die allgemeine Eingriffsbefugnis aus § 4 Abs. 2 BörsG ist nach § 4 Abs. 3 BörsG gerade nicht auf die Handelsüberwachungsstelle übertragen worden. Derartige ordnende Maßnahmen zu ergreifen, liegt dann im Zuständigkeitsbereich der Geschäftsführung oder der Börsenaufsicht (§§ 2 Abs. 2, 4 Abs. 5 Satz 2, 18 Abs. 1 BörsG). Damit ist die Handelsüberwachungsstelle nur für die Überwachung, nicht aber für Sanktionen zuständig.[52]

Der Leiter der Handelsüberwachungsstelle sowie sein Stellvertreter werden vom Börsenrat auf Vorschlag der Geschäftsführung im Einvernehmen mit der Börsenaufsichtsbehörde bestellt und abberufen (§ 4 Abs. 2 Satz 1 BörsG § 4

---

46 *Brockhausen*, WM 1997, 1924, 1925, 1926; *Baums/ Segna*, Börsenreform, S. 96.

47 *Mues*, Die Börse als Unternehmen, S. 215; *Baums/ Segna*, Börsenreform, S. 93; *Segna*, ZBB 1999, 141, 151. Im Einzelnen ist die Stellung der Handelsüberwachungsstelle jedoch streitig, vgl. *Hopt/ Baum*, Börsenreform, S. 447 f.; *Baums/ Segna*, Börsenreform, S. 93; *Claussen*, ZBB 2000, 1, 9.

48 Vgl. Begründung zum Regierungsentwurf zum 2. Finanzmarktförderungsgesetz, BT-Drs. 12/ 6679, S. 60.

49 Begründung zum Regierungsentwurf zum 2. Finanzmarktförderungsgesetz, BT-Drs. 12/ 6679, S. 36.

50 Dabei ist unklar, ob die Weisungsbefugnis der Aufsicht gegenüber der Handelsüberwachungsstelle durch die genannte Vorschrift über diejenige gegenüber den anderen Börsenorganen (die sich aus der Rechtsstellung der Börse als unselbständige Anstalt des öffentlichen Rechts ergibt; Begründung zum Regierungsentwurf zum 2. Finanzmarktförderungsgesetz, BT-Drs. 12/ 6679, S. 60) hinausreicht. Vgl. *Peterhoff*, in: Schäfer, WPHG, § 1b BörsG Rn. 2, mit weiteren Nachweisen.

51 *Breitkreuz*, Die Ordnung der Börse, S. 255 ff.; *Schröder*, Die Wertpapierhandelsaufsicht nach dem Zweiten Finanzmarktförderungsgesetz, S. 218. A.A. *Kümpel*, Bank- und Kapitalmarktrecht, Rn. 18.140 f.

52 *Brockhausen*, WM 1997, 1924, 1925.

Abs. 1 Nr. 8 BörsO FWB). Die Bestimmung der anderen Mitglieder obliegt der Geschäftsführung im eigenen Ermessen.[53]

Das Institut der Selbstkontrolle soll de lege ferenda erhalten bleiben. Das ist nahezu einhellige Meinung.[54] *Hopt/ Baum*[55] weisen zu Recht darauf hin, dass eine effiziente Handelsüberwachung ein entscheidender Faktor im Wettbewerb der Börsenplätze ist. Die Selbstkontrolle bietet den großen Vorteil der Sachnähe und -kunde. Die Zusammenarbeit von Kontrollinstanz und Beaufsichtigten kann enger und effektiver erfolgen als im Rahmen gewöhnlicher Staatsaufsicht.[56] Hierzu ist die Durchführung der Überwachung der Handelsaktivitäten vor Ort erforderlich.[57] Es wurde bereits darauf hingewiesen, dass eine funktionierende Selbstkontrolle der Börse zu deren Attraktivität, insbesondere im internationalen Vergleich, beiträgt.[58] Ein solcher Vergleich offenbart zudem, dass eine Selbstkontrolle auch an ausländischen Börsen geübt wird.[59] Dieser Umstand war schließlich mit ausschlaggebend für die Einführung einer solchen Instanz in Deutschland.[60] Nicht zuletzt fand diese Umstrukturierung auch die Zustimmung der Börsen.[61]

Die Selbstkontrolle birgt jedoch stets die Gefahr zu geringer Distanz der Aufsicht zu den überwachten Personen und Sachverhalten.[62] Das hat sich in Großbritannien deutlich gezeigt, wo bis Mitte der achtziger Jahre das Börsenwesen in Form von nicht kontrollierter Selbstverwaltung strukturiert war.[63] Dem Investorenschutz konnte damit nicht hinreichend entsprochen werden. Daher kann Selbstkontrolle nicht für sich bestehen. Es bleibt deshalb eine übergeordnete Aufsicht erforderlich. Diese muss staatlich bleiben, weil nur hierdurch das

---

53 *V. Rosen*, in: Assmann/ Schütze, Handbuch des Kapitalanlagerechts, § 2 Rn. 203.

54 Vgl. Kümpel, WM 1997, 1917, 1922; *Claussen*, ZBB 2000, 1, 9; *Hellwig*, ZGR 1999, 781, 808; *Baums/ Segna*, Börsenreform, S. 51, 100; *Mues*, Die Börse als Unternehmen, S. 216 ff.; *Merkt*, Gutachten G zum 64. DJT, S. 85. A.A. Bundesverband deutscher Banken, Stellungnahme zum Gutachten, S. 73, sowie Deutsche Börse AG, Stellungnahme zum Gutachten, S. 51, die hierfür rechtlich keine Möglichkeit sehen und darum das Bundesaufsichtsamt für den Wertpapierhandel für die Marktaufsicht für alleinzuständig erklären wollen.

55 *Hopt/ Baum*, Börsenreform, S. 368; ebenso *Kurth*, WM 1998, 1715, 1715.

56 Zur Zusammenarbeit von Handelsüberwachungsstelle mit den anderen Organen vgl. *Brockhausen*, WM 1997, 1924, 1926.

57 Das spricht im Übrigen auch gegen eine gemeinsame Handelsüberwachungsstelle aller deutschen Börsen. Vgl. Hessische Börsenaufsichtsbehörde, Stellungnahme zum Gutachten, A V; *Hellwig*, ZGR 1999, 781, 808.

58 Vgl. Begründung zum Regierungsentwurf zum 2. Finanzmarktförderungsgesetz, BT-Drs. 12/ 6679, S. 36.

59 *Brockhausen*, WM 1997, 1924, 1924.

60 *Baums/ Segna*, Börsenreform, S. 105.

61 Vgl. *Brockhausen*, WM 1997, 1924, 1924.

62 Vgl. *Kurth*, WM 1998, 1715, 1715; *Hopt/ Baum*, Börsenreform, S. 368; *Baums/ Segna*, Börsenreform, S. 100.

63 Vgl. *Bäumer*, Das Englische Börsenrecht, S. 154 ff.

Vertrauen in den Finanzplatz Deutschland hinreichend gestärkt und im Übrigen auch den europarechtlichen Bestimmungen genüge getan werden kann.[64]

Die Konstruktion einer Selbstkontrollinstanz einer privatrechtlich organisierten Börse bereitet einige Schwierigkeiten. Es scheint sich gar – neben der Frage nach der Rechtsetzung durch die Börse – um das zweite Zentralproblem der Privatisierung des Börsenwesens zu handeln. Die Befugnisse der jetzigen Handelsüberwachungsstelle müssen nämlich nahezu erhalten bleiben, um ein wirkungsvolles Arbeiten zu ermöglichen.[65]

In der Literatur wird angeführt, das privatrechtlich organisierte Unternehmensrecht werde ohnehin zunehmend mit internen Überwachungsstellen, etwa Compliance-Organisationen, konfrontiert. Eine vergleichbare Konstruktion könne auch für privatrechtlich organisierte Handelsüberwachungsstellen nutzbar gemacht werden.[66] Compliance bedeutet ein Verhalten in Übereinstimmung mit dem geltenden Recht und die Ergreifung der dafür notwendigen organisatorischen Maßnahmen (vgl. § 33 WPHG).[67] Vorliegend bestehen gewichtige Unterschiede, die eine Vergleichbarkeit von Compliance-Organisationen mit den Handelsüberwachungsstellen verbieten. Gegenüber gewöhnlichen Compliance-Stellen besteht der Unterschied, dass die überwachten Personen der Handelsüberwachungsstelle überwiegend nicht im eignen Unternehmen integriert sind, so dass zu ihnen keine arbeitsvertraglichen Bindungen mit den entsprechenden Rechten eines Arbeitgebers bestehen.[68] Zwar werden die rechtlichen Beziehungen zu einer solchen Stelle, das heißt die Zulassungen, auch vertraglich ausgestaltet sein. Und auch dort besteht die Möglichkeit, einseitige Befugnisse festzuschreiben (vgl. § 315 BGB). Es fehlt aber der sich aus dem Abhängigkeitsverhältnis ergebende Druck zur Einhaltung der Pflichten. Zudem können neben diesen klassischen Aufsichtsadressaten auch die Börse selbst und ihre Organe Adressat einer Aufsichtsmaßnahme der Handelsüberwachungsstelle sein (vgl. §§ 4 Abs. 3 i.V.m. 2 Abs. 1 Satz 1 BörsG). Das ist etwa denkbar, wenn die Geschäftsführung ihrer Pflicht zur Organisation eines funktionsfähigen Handels nicht nachkommt, beispielsweise

---

64 Vgl. *Kümpel*, Bank- und Kapitalmarktrecht, Rn. 17.519; Monopolkommission, Sondergutachten 26, Nr. 125; unter Hinweis auf staatliche Marktaufsicht auch im Ausland: *Klenke*, WM 1995, 1089, 1092; siehe außerdem Hessische Börsenaufsichtsbehörde, Stellungnahme zum Gutachten, A V. Zu der Frage der Eingliedrigkeit oder Zweigliedrigkeit der Oberaufsicht und den damit verbundenen politischen und verfassungsrechtlichen Fragen sei an dieser Stelle nur verwiesen auf *Hopt/ Baum*, Börsenreform, S. 449 ff.; Hessische Börsenaufsichtsbehörde, Stellungnahme zum Gutachten, A V; *Baums/ Segna*, Börsenreform, S. 79 ff.

65 So auch *Hopt/ Baum*, Börsenreform, S. 446; *Kümpel*, Bank- und Kapitalmarktrecht, Rn. 17.527; *Baums/ Segna*, Börsenreform, S. 51.

66 *Hopt/ Baum*, Börsenreform, S. 447 f. Vgl. auch *Merkt*, Gutachten G zum 64. DJT, S. 121.

67 Ausführlich dazu *Kümpel*, Bank- und Kapitalmarktrecht, Rn. 16.516 ff.

68 Vgl. dazu *Kümpel*, Bank- und Kapitalmarktrecht, Rn. 16.597 ff.

bei der Gewährleistung einer ordnungsgemäßen Preisbildung[69] oder im Rahmen einer Entscheidung über die Einstellung oder Aussetzung der Notierung nach § 38 Abs. 1 BörsG. Handelsüberwachungsstellen üben daher auch eine Aufsicht über die Geschäftstätigkeit der Börse aus. Compliance-Stellen arbeiten dagegen stets im Interesse des Unternehmens und nicht gegen dieses, indem sie Interessenkonflikte vermeiden helfen.[70] Wichtigster Unterschied ist jedoch, dass für eine Compliance-Stelle die zeitnahe interne Überwachung das Endziel darstellt.[71] Verstöße in der Vergangenheit sollen aufgedeckt und künftig vermieden werden. Die Handelsüberwachungsstelle soll dagegen durch ihre Aufsicht zur Gewährleistung eines jederzeit ordnungsgemäßen Börsenhandels beitragen. Letzteres erfordert schnelles Handeln und Durchgreifen gerade in der Ermittlungsphase. Hierfür müssen rechtliche Mittel zur Verfügung stehen. Diese kann das Privatrecht nicht bieten. Weigert sich eine Partei, vereinbarten Pflichten nachzukommen, steht im Privatrecht der anderen Seite nur der Rechtsweg offen, nicht aber die Anwendung von Zwang. Damit ist insbesondere die Durchsetzungsmacht privatrechtlich nicht genügend abzusichern.[72]

Anders als bei der Geschäftsführung ändert auch die Umstellung auf den elektronischen Handel nichts an dieser Feststellung. Die primär ermittelnde Tätigkeit der Handelsüberwachungsstelle ist im Vergleich zu den eingreifenden Maßnahmen der Börsengeschäftsführung nicht mit einem Tastendruck am Computer erledigt. Zwar sorgt die Computerisierung für mehr Transparenz, gleichzeitig erhöhen die Fernmitgliedschaften aber beispielsweise auch das Kontrahentenrisiko.[73] Darum ist hier im besonderen Maße eine verlässliche Kontrolle der Leistungsfähigkeit der Teilnehmer erforderlich. Die nicht mehr gegebene physische Anwesenheit der kontrollierten Personen macht sogar zum Teil gegenüber dem Präsenzhandel erweiterte Befugnisse notwendig.

Mues[74] wendet ein, der Handelsüberwachungsstelle stünden ohnehin nur Auskunfts- und Einsichtsrechte zu, die auch privatrechtlich zu vereinbaren seien und deren Durchsetzung mit Zurückbehaltungsrechten bei den Börsendienstleistungen, also einer Abschaltung des Teilnehmers, und durch Maßnahmen der Börsenaufsichtsbehörde genügend gewahrt werden könnten. Eine solche Sichtweise hat allerdings zur Folge, dass die Handelsüberwachungsstelle allein handlungsunfähig ist. Sie muss stets die Börsengeschäftsführung oder die Börsenaufsicht um Mitwirkung ersuchen. Das stellt eine wesentliche

---

[69] Die Preisbildung ist Aufsichtsgegenstand der Handelsüberwachungsstelle, *Schröder*, Die Wertpapierhandelsaufsicht nach dem Zweiten Finanzmarktförderungsgesetz, S. 187 ff.

[70] Vgl. *Kümpel*, Bank- und Kapitalmarktrecht, Rn. 16.516 ff., insbesondere Rn. 16.521.

[71] Vgl. *Kümpel*, Bank- und Kapitalmarktrecht, Rn. 16.521.

[72] So auch *Hellwig*, ZGR 1999, 781, 808; Bundesverband deutscher Banken, Stellungnahme zum Gutachten, S. 27; wortgleich: Deutsche Börse AG, Stellungnahme zum Gutachten, S. 20.

[73] Vgl. *Gerke*, DBW 53 (1993), 725, 736, 740.

[74] *Mues*, Die Börse als Unternehmen, S. 218 f.

Verschlechterung gegenüber dem gegenwärtigen Status dar. Die Handelsüberwachungsstelle kann nur dann eigenverantwortlich und schnell agieren, wenn sie dabei nicht auf andere Stellen angewiesen ist. *Mues*[75] selbst spricht davon, dass die Handelsüberwachungsstelle nicht zu einem "zahnlosen Tiger" werden dürfe. *Mues* erörtert zudem nicht, wie das Verhältnis zur Börsenaufsicht ausgestaltet sein soll. Das ist aber von entscheidender Bedeutung. Einerseits soll die Selbstkontrollinstanz vollständig privatrechtlich organisiert und in die privatrechtliche Börse integriert sein. Andererseits soll sie sich stets an die (hoheitliche) Aufsicht wenden. Welche rechtliche Konstruktion dem zugrunde liegen soll, wird aber nicht gesagt. Wie soll etwa abgesichert werden, dass die Handelsüberwachungsstelle ihren Pflichten auch nachkommt? Zudem sind die Überwachungsmaßnahmen gegenüber der Börse selbst in diesem Vorschlag nicht berücksichtigt (vgl. §§ 4 Abs. 3 i.V.m. 2 Abs. 1 Satz 1 BörsG). Ein entscheidendes Merkmal in der Organisation der Handelsüberwachungsstelle sind die Weisungsbefugnis und das Eintrittsrecht der Börsenaufsicht. Diese akzentuieren die Unabhängigkeit der Handelsüberwachungsstelle von den anderen Börsenorganen, insbesondere der Geschäftsführung,[76] und stellen eine Basis für umfassende und unvoreingenommene Kontrollen dar. Objektivität und Neutralität der Selbstkontrollinstanz müssen auch künftig die obersten Prinzipien dieser Einrichtung sein. Das kann nur durch genügend gesicherte Unabhängigkeit von der Börse gewährleistet werden.[77] Anderenfalls besteht die latente Gefahr, dass die Aufsichtspraxis durch finanzielle, strategische oder andere Interessen des Börsenbetreibers beeinflusst wird. Genügend Unabhängigkeit lässt sich durch eine Verzahnung mit der Börsenaufsicht erreichen. Hier sind, wie bereits erwähnt, Weisungs- und Eintrittsrecht prädestinierte Mittel. Damit ist eine privatrechtliche Lösung aber noch nicht ausgeschlossen. Auch wenn eine Einbindung Privater in die Tätigkeit der hoheitlichen Aufsicht einige Probleme aufwirft,[78] so ist die Festschreibung von Mitteilungspflichten, Weisungs- und Eintrittsrechten in gewissem Umfang vorstellbar. Sie machen aber eine permanente Überwachung der Handelsüberwachungsstelle durch die Börsenaufsicht in einem Umfang erforderlich, der den Sinn dieser Einrichtung fraglich werden lässt und den Wegfall der eigenverantwortlichen Ermittlungsaufgabe aus dem Katalog der börseneigenen Zuständigkeiten bedeuten kann. Die Handelsüberwachungsstelle bedarf daher wohl auch de lege ferenda öffentlich-rechtlicher Befugnisse.

Dagegen ließe sich einwenden, gegenüber ausländischen Teilnehmern sei eine Durchsetzung der Maßnahmen auch bei einem öffentlich-rechtlichen Handeln nicht gewährleistet.[79] Das ist nur bedingt zutreffend. Im Zuge der (noch zu

---

75 *Mues*, Die Börse als Unternehmen, S. 217.

76 Vgl. *Brockhausen*, WM 1997, 1924, 1928.

77 *Brockhausen*, WM 1997, 1924, 1925; vgl. auch *Schmidt/ Schleef/ Küster Semic*, ZBB 2001, 69, 82.

78 Vgl. etwa *Dreher*, FS Peltzer, 69, 77 ff.

79 Vgl. *Kurth*, WM 2000, 1521, 1522.

verbessernden)[80] grenzüberschreitenden Zusammenarbeit nationaler Aufsichtsbehörden innerhalb der Europäischen Union und mit Drittstaaten funktionieren Weiterleitung und Umsetzung hoheitlicher Maßnahmen gegenüber privatrechtlichen Anordnungen um einiges vielversprechender. Die drohende Sperrung des Zugangs durch die Geschäftsführung trägt dann noch ein Übriges bei.

Eine Lösung aller dieser Fragen könnte erneut im Rechtsinstitut der Beleihung gesehen werden.[81] *Kümpel* hält die Befugnisse der Handelsüberwachungsstelle aber für zu umfangreich, als dass sie einer Beleihung zugänglich wären.[82] Er verweist auch auf *Schwark*[83], welcher jedoch lediglich zum Ausdruck bringt, dass die Rechtsnatur der Börse de lege lata allein mit der Rechtsfigur der Beleihung nicht erklärt werden kann. Letzterem ist beizupflichten: Das Börsengesetz hat die Tätigkeit aller Börsenorgane öffentlich-rechtlich ausgestaltet. Zieht man dies alles unter die Rechtsfigur der Beleihung, wird sie in der Tat überspannt. Art. 33 Abs. 4 GG erlaubt eine Beleihung nur in begrenztem Umfang.[84] Die hier in Rede stehenden Befugnisse und Zuständigkeiten stellen sich insgesamt als zu umfangreich dar. Anders verhält es sich beim Herausschälen einzelner Teilbereiche, beispielsweise der Handelsüberwachung vor Ort. Nur die Handelsüberwachung ist dann noch als ausschließlich staatliche Aufgabe anzusehen. Entgegen *Kümpel* und *Brockhausen* kann in diesem Fall nicht ein solches mehr an Kompetenzübertragung gegenüber den herkömmlichen Fällen der Beleihung gesehen werden, dass von einer Konkretheit der Aufgabenübertragung nicht mehr gesprochen werden kann. Die Handelsüberwachungsstelle hat vielmehr genau umrissene einzelne Befugnisse. Diese sind auch tauglicher Beleihungsgegenstand.[85] Bezüglich weiterer vorgebrachter Bedenken wegen der mit der hoheitlichen Aufsichtstätigkeit verbundenen Grundrechtseingriffe gelten die bereits zur Börsengeschäftsführung angestellten Überlegungen.

Dieses Ergebnis wird von der Tatsache gestützt, dass es eine Beaufsichtigung Privater durch beliehene andere Private schon gibt. Durch einen Gesetzgebungsakt aus jüngerer Zeit, dem Einlagensicherungs- und Anlegerentschädigungsgesetz vom 16.7.1998 (EAG), wurden Kreditinstitute verpflichtet, einer Entschädigungseinrichtung für den Fall finanzieller Schieflage beizutreten. Nach § 7 Abs. 1 Satz 1 EAG können die Aufgaben und Befugnisse einer sol-

---

80 *Breitkreuz*, Die Ordnung der Börse, S. 266 ff.

81 *Hopt/ Baum*, Börsenreform, S. 447; *Baums/ Segna*, Börsenreform, S. 51 ff.; *Segna*, ZBB 1999, 141, 151f. Vgl. auch *Merkt*, Gutachten G zum 64. DJT, S. 85, 121.

82 *Kümpel*, Bank- und Kapitalmarktrecht, Rn. 17. 530; ebenso *Brockhausen*, WM 1997, 1924, 1930.

83 *Schwark*, WM 1997, 293, 302.

84 *Kümpel*, Bank- und Kapitalmarktrecht, Rn. 17. 530.

85 So auch *Merkt*, Gutachten G zum 64. DJT, S. 86.

chen Einrichtung auch Personen des privaten Rechts zugewiesen werden. Diese sind dann beliehene Unternehmer.[86] Für die Privatbanken hat mit der Entschädigungseinrichtung deutscher Banken GmbH (einer 100-%-igen Tochter des Bundesverbandes deutscher Banken e.V.) eine privatrechtliche Gesellschaft einen solchen Status erlangt.[87] Auch im öffentlich-rechtlichen Sektor gibt es eine derartige Einrichtung.[88] Nach § 9 EAG haben diese Beliehenen gegenüber den Kreditinstituten Auskunfts- und Informationsrechte. Sie dürfen Grundstücke und Geschäftsräume betreten.

Eine Beleihung in der hier untersuchten Form ist also möglich.

Brockhausen[89] geht noch einen Schritt weiter und fordert die Organisation der Handelsüberwachungsstelle als Behörde; eine Beleihung sei kein taugliches Mittel. De lege ferenda kommt hierfür nur in Betracht, die Handelsüberwachungsstelle als Außenstelle der Börsenaufsicht oder als eine einer anderen Behörde unterstehende Verwaltungseinheit zu organisieren. Das ist aber nicht zu empfehlen. Denn dann würde die Handelsüberwachungsstelle ihren Charakter als Selbstkontrolleinrichtung verlieren.[90] Die Handelsüberwachungsstelle muss jedoch auch gegenüber der Aufsichtsbehörde und damit gegenüber dem Staat genügend Eigenständigkeit bewahren. Die Weisungs- und Eintrittsbefugnis der Aufsichtsbehörde nach § 4 Abs. 1 Satz 3 BörsG ist nur in besonderen Fällen, nicht aber generell gegeben.[91] Nur bei einer Aufrechterhaltung eines vergleichbaren Status stellt die Handelsüberwachungsstelle eine das Ansehen der deutschen Börsenlandschaft stützende Institution in der gewünschten Weise dar. Gleich welcher Behörde die Handelsüberwachungsstelle als bloße Außenstelle unterstehen würde, sie wäre stets der staatlichen Aufsicht, nicht aber der Börse zugeordnet.

Zusammenfassend bleibt festzuhalten: Wichtigste Anforderung an eine Selbstkontrollinstanz ist die Sicherstellung von Neutralität und Unabhängigkeit, insbesondere gegenüber der Börse und den Handelsteilnehmern. Das kann nur durch ein ausreichendes Maß an organisatorischer Selbständigkeit funktionieren. Dafür erscheint die Errichtung der Handelsüberwachungsstelle in der Form einer Abteilung oder eines Organs der privatrechtlichen Börsengesellschaft nicht geeignet. Andererseits erfordert der Begriff der Selbstkontrolle eine Kontrolle durch die Börse selbst. Es ist damit ein auch von der Aufsicht oder

---

86 Ausführlich dazu *Dreher*, FS Peltzer, 69, 75 ff. Vgl. auch *Sethe*, in: Assmann/ Schütze, Handbuch des Kapitalanlagerechts, Ergänzungsband, § 30 Rn. 18 f.

87 *Dreher*, FS Peltzer, 69, 71.

88 *Sethe*, in: Assmann/ Schütze, Handbuch des Kapitalanlagerechts, Ergänzungsband, § 30 Rn. 19.

89 *Brockhausen*, WM 1997, 1924, 1930. Ähnlich *Claussen*, ZBB 2000, 1, 9.

90 Ähnlich *Baums/ Segna*, Börsenreform, S. 98.

91 Vgl. *Peterhoff*, in: Schäfer, WPHG, § 1b BörsG Rn. 7; *Brockhausen*, WM 1997, 1924, 1928.

einer sonstigen Behörde unabhängiges Gremium zu schaffen. *Hopt/ Baum* ist in der Forderung nach einer Handelsüberwachungsstelle als Beliehenem beizupflichten. Besagte Unabhängigkeit macht es erforderlich, neben den Organen der privatrechtlichen Börsengesellschaft ein weiteres Gremium zu formen. Da dieses nur das Marktgeschehen, nicht aber die Führung der Gesellschaft überwachen soll, unterliegt die Einrichtung auch nicht den genannten Bedenken im Hinblick auf die Satzungsstrenge des § 23 Abs. 5 AktG. Zudem handelt es sich um öffentlich-rechtliche Aufsichtstätigkeit, die an derartige Schranken nicht gebunden ist. Will man der Konstruktion über die Rechtsfigur der Beleihung nicht folgen, so bleibt nur das österreichische Modell einer Abgabe von Aufsichtsbefugnissen an die Aufsichtsbehörde,[92] was jedoch eine Aufgabe der Rechtsfigur der Selbstkontrollinstanz bedeutet.

V. Sanktionsausschuss

§ 20 Abs. 1 Satz 1 BörsG ermächtigt die Landesregierung, durch Rechtsverordnung Vorschriften über die Errichtung eines Sanktionsausschusses zu erlassen. Für Hessen und damit für die Frankfurter Wertpapierbörse geschah das mit der Sanktionsausschussverordnung.

Der Sanktionsausschuss verfügt gegenüber Handelsteilnehmern vorübergehenden Sitzungsausschluss[93] oder Ordnungsgeld, wenn diese gegen börsenrechtliche Vorschriften oder Anordnungen verstoßen oder das kaufmännische Vertrauen oder die Ehre eines anderen Handelsteilnehmers verletzen (vgl. § 20 Abs. 2 Satz 1 BörsG). Anders als die bereits behandelten Organe wird der Sanktionsausschuss rein disziplinarisch tätig. Der Sanktionsausschuss ist kein (Berufs- oder Ehren)Gericht[94], sondern ein Organ der Börse mit Behördeneigenschaft.[95] Seine Entscheidungen sind Verwaltungsakte. Sie haben keinen strafrechtlichen Charakter.[96] Gegen die Entscheidungen steht der Verwaltungsrechtsweg offen (§ 20 Abs. 3 Satz 1 BörsG).

---

[92] *Pozniak*, ZBB 1998, 357, 358.

[93] Für endgültigen Sitzungsausschluss ist die Geschäftsführung zuständig, hier sind die Kompetenzen zwischen Sanktionsausschuss und Geschäftsführung klar abgegrenzt, vgl. § 20 Abs. 4 BörsG.

[94] So aber das bis 1975 bestehende Ehrengericht, vgl. § 10 BörsG i.d.F. v. 27.05.1908 (RGBl. S. 215), zuletzt geändert durch Gesetz v. 2.03.1974 (BGBl. I, S. 469), aufgehoben durch Gesetz v. 28.04.1975 (BGBl. I, S. 1013). Der danach geformte Ehrenausschuss (§ 9 BörsG i.d.F. des Gesetzes v. 28.04.1975 (BGBl. I, S. 1013)) wurde durch das 2. Finanzmarktförderungsgesetz unter Erweiterung seiner Handlungsmöglichkeiten in Sanktionsausschuss umbenannt.

[95] *Geibel*, in: Schäfer, WPHG, § 9 BörsG Rn. 7; *Claussen*, DB 1994, 969, 973; *Breitkreuz*, Die Ordnung der Börse, S. 148.

[96] *Schwark*, BörsG, § 9 Rn. 2.

Die Tätigkeit des Sanktionsausschusses hat der Gesetzgeber des Zweiten Finanzmarktförderungsgesetzes als wichtige Aufgabe im Bemühen um Transparenz, Fairness und Chancengleichheit an den Börsenplätzen zum Schutz des Vertrauens der Anleger, Emittenten und unmittelbaren Börsennutzer in die Funktionsfähigkeit der Börse bezeichnet.[97] *Hopt/ Baum* halten dieser Sichtweise die Bedenken mangelnder Überwachungseffizienz unter Kollegen sowie der Ausgrenzung von Außenseitern entgegen.[98] Auch *Hellwig*[99] plädiert für eine größere Unabhängigkeit des Gremiums von den Handelsteilnehmern. Dem ist aber durch die Unabhängigkeit des Vorsitzenden und seines Stellvertreters sowohl von den Handelsteilnehmern als auch von der Börse und der Börsenaufsicht (vgl. § 2 Abs. 2 Sanktionsausschussverordnung Hessen) genügend Rechnung getragen. De lege ferenda ist über die Beibehaltung einer zumindest ähnlichen Sanktionsstelle nachzudenken. Die Aufrechterhaltung der jetzigen Rechtslage ist dabei nicht ohne weiteres möglich. Der Ausschuss stellt für sich genommen keine Rechtspersönlichkeit dar und bedarf insoweit eines Zurechnungssubjektes. De lege lata ist das die (teilrechtsfähige) Börse, deren Handeln dann wiederum der errichtenden Körperschaft, dem jeweiligen Bundesland, zugerechnet wird. Bei der Einrichtung einer privatrechtlichen Organisation der Börse muss zumindest ein anderes Zurechnungssubjekt gefunden werden. Eine Ausgestaltung des Sanktionsausschusses als eigenständige Landesbehörde ist nur schwer vorstellbar.

Künftig könnte die Aufgabe des Sanktionsausschusses von der Aufsicht übernommen werden. Denkbar ist aber auch eine rein privatrechtliche Regelung unter Zuhilfenahme des Rechtsinstituts der Vertragsstrafe gemäß § 339 BGB. Die Handelsteilnehmer verpflichten sich zur Einhaltung der in § 20 Abs. 2 Satz 1 BörsG erwähnten Tatbestände gegenüber der Börse. Bei Zuwiderhandlung wird eine Vertragsstrafe fällig. Die genaue Höhe des Strafgeldes kann der Bestimmung des Gläubigers (§ 315 BGB)[100], Dritter (§ 317 BGB)[101] oder eines Schiedsgerichts[102] überlassen werden. Die Vereinbarung einer Vertragsstrafe ist auch in Allgemeinen Geschäftsbedingungen zulässig.[103] Das Recht zum (vorübergehenden) Ausschluss vom Börsenhandel könnte in Form eines vertraglich vereinbarten Leistungsverweigerungsrechts umgesetzt werden. Dieses könnte die Börse dann im elektronischen Handel auch ohne Mitwirkung des betroffenen Handelsteilnehmers durch Sperrung des Zugangs oder Ähnliches unmittelbar durchsetzen.

---

97 Begründung zum Regierungsentwurf zum 2. Finanzmarktförderungsgesetz, BT-Drs. 12/ 6679, S. 68.

98 *Hopt/ Baum*, Börsenreform, S. 462.

99 *Hellwig*, ZGR 1999, 781, 817.

100 BGH NJW 1985, 191, 192.

101 Palandt/ *Heinrichs*, BGB, § 339, Rn. 5.

102 Palandt/ *Heinrichs*, BGB, § 343, Rn. 2.

103 Vgl. BGHZ 72, 222, 223 f.; Palandt/ *Heinrichs*, BGB, Vorbem v. § 339 Rn. 3.

Die Verortung der Aufgaben des Sanktionsausschusses bei der Aufsicht oder bei der Börse würde der Stellung, die diesem Organ de lege lata zukommt, allerdings nicht gerecht. Der Sanktionsausschuss ist zwar ein Organ der Börse. Was seine personelle Besetzung angeht, ist er aber in erster Linie ein Gremium der Handelsteilnehmer und nicht der Börse oder der Aufsicht (vgl. § 2 Abs. 1 u. 4 Sanktionsausschussverordnung Hessen). Dabei darf natürlich nicht außer Acht gelassen werden, dass der Vorsitzende und sein Stellvertreter vom Börsenrat auf Vorschlag der Geschäftsführung im Einvernehmen mit der Aufsicht bestellt werden (§ 2 Abs. 3 Satz 1 Sanktionsausschussverordnung Hessen). Die Börse hat dadurch einen nicht unerheblichen Einfluss auf dieses Organ. Der Sanktionsausschuss besteht aber neben dem Vorsitzenden (beziehungsweise seinem Stellvertreter) noch aus zwei Beisitzern. Die Besetzung dieser Stellen obliegt allein den Handelsteilnehmern. Die Beisitzer und der Vorsitzende haben jeweils eine Stimme. Daher kommt den Stimmen der Handelsteilnehmer entscheidendes Gewicht zu, so dass tatsächlich von einem Gremium dieses Personenkreises gesprochen werden kann. Die Unterscheidung zwischen einem Organ der Börse und einem Organ der Handelsteilnehmer hat de lege lata kein Gewicht, weil auch der Börsenrat und mit ihm in gewissem Sinne auch die Börse eine Einrichtung für die Handelsteilnehmer ist (Gedanke der Selbstverwaltung). Wenn letzteres de lege ferenda aber aufgehoben wird, so kommt die Unterscheidung voll zum Tragen. Ihren Charakter als Organ der Handelsteilnehmer verliert die Sanktionsstelle bei der hier angesprochenen Umstrukturierung.

Möglicherweise kann die gegenwärtige Ausgestaltung durch einen Zusammenschluss der Börsenteilnehmer aufrechterhalten werden. Ein solcher ist sowohl öffentlich-rechtlich als eine Art berufsständischer Zusammenschluss als auch privatrechtlich in Form eines Vereins denkbar. In diesen Verbänden ist die Konstruktion einer verbandsinternen Sanktionsstelle möglich.[104] Eine Konstruktion des Verbundes der Börsenteilnehmer als öffentlich-rechtliche berufsständische Organisation begegnet allerdings der Schwierigkeit, dass es sich bei den am Börsengeschehen Beteiligten um keine homogene Gruppe handelt. Bereits die Differenzierung nach Eigenhandel und Handel im Kommissionsgeschäft bringt nicht unerhebliche Interessenunterschiede mit sich. Neben den Händlern stehen zudem noch die Skontroführer (vgl. § 25 ff. BörsG), Betreuer und eventuell Market Maker, deren Stellung und Aufgaben sich völlig verschieden gestalten. Hinzu kommt die immer größer werdende Quote ausländischer Handelsteilnehmer, die wegen der ihnen möglichen Fernmitgliedschaften nicht einmal mehr im Inland präsent sind. Daher erscheint die Formung einer 'Handelsteilnehmerkammer' nicht umsetzbar. Gleiches gilt für einen privatrechtlichen Verein. Auch hier bereitet die Inhomogenität der Betroffenen Schwierig-

---

104 Vgl. Palandt/ *Heinrichs*, BGB, § 25 Rn. 12 ff. sowie *Badura* in: Schmidt-Aßmann, Besonderes Verwaltungsrecht, S. 262 ff.

keiten. Die Unterwerfung unter einen Sanktionsapparat als nahezu einzigem Zweck erscheint als Grundlage für einen Verein nicht geeignet. Darüber hinaus stellt diese Konstruktion eine Integration genossenschaftlicher Elemente in das neue System dar, was bereits oben abgelehnt wurde.

Es bleibt noch, kurz auf eine Beleihung einzugehen. Bereits ausgeführt wurde, dass eine Beleihung mit Überwachungs- und Sanktionsbefugnissen grundsätzlich denkbar ist. Um die erwähnten Anforderungen zu erfüllen, muss eine hinreichend unabhängige Stelle beliehen werden. Allerdings wurde die Konstruktion der Beleihung bereits für die Handelsüberwachungsstelle vorgeschlagen. Der Aufbau eines weiteren Gremiums macht nur Sinn, wenn die Aufgaben nicht von einer Stelle gemeinsam wahrgenommen werden können. Ohne zu verkennen, dass Handelsüberwachungsstelle und Sanktionsausschuss verschiedene Zwecke erfüllen und de lege lata verschieden besetzt sind, erscheint die Überwachung des Handelsgeschehens und die Disziplinierung der Handelsteilnehmer durch die gleiche Stelle als durchführbar. Dies ist jedenfalls sinnvoller und praktischer als die Schaffung einer weiteren Stelle. Als vermittelnde Lösung ist auch die Ansiedlung des Sanktionsausschusses in einer der gegenwärtigen Rechtslage vergleichbare Form als eine Art Unterabteilung der Handelsüberwachungsstelle denkbar.

Damit kann zusammenfassend festgehalten werden, dass die Übertragung des Sanktionsausschusses auf die privatrechtlich organisierte Börse nicht ohne Schwierigkeiten bewältigt werden kann. Je nach gewählter Gestaltung bewegt man sich von einer Selbstdisziplinierung des betroffenen Personenkreises mehr oder weniger weit weg. Aufgrund des eng begrenzten Aufgabenbereichs des Sanktionsausschusses kann diese Einschränkung jedoch hingenommen werden. Am sinnvollsten erscheint eine Ansiedlung der Zuständigkeit bei der Handelsüberwachungsstelle.

VI. Börsenschiedsgericht

Das Börsenschiedsgericht fand in § 28 BörsG a.F. Erwähnung. Nunmehr findet sich in § 37h WpHG eine entsprechende – für alle Wertpapierdienstleistungen geltende – Vorschrift betreffend schiedsgerichtliche Vereinbarungen. Die Norm enthält allerdings keine Anforderungen an solche Schiedsgerichte. Vielmehr wird die Wirksamkeit einer Schiedsgerichtsklausel im Wertpapierhandel etc. an zusätzliche Erfordernisse gebunden. Es wird also die subjektive Schiedsgerichtsfähigkeit geregelt.[105] Börsenschiedsgerichte können sowohl direkt an der Börse, so an der Frankfurter Wertpapierbörse (vgl. § 48 BörsO FWB i.V.m. der Schiedsgerichtsordnung FWB), als auch bei Dritten, etwa dem Träger, ange-

[105] *Ebbing*, WM 1999, 1264, 1264.

siedelt sein.[106] In ersterem Fall ist das Börsenschiedsgericht als Börsenorgan einzustufen.[107] Das ändert nichts an der Tatsache, dass das Börsenschiedsgericht ein gewöhnliches Schiedsgericht im Sinne des Zehnten Buches der Zivilprozessordnung (§§ 1025 ff. ZPO) ist.[108] Die von ihm entschiedenen Streitigkeiten zwischen den Börsenteilnehmern sind deshalb ausschließlich dem Privatrecht zuzuordnen.[109] Insofern hat die Rechtsform der Börse keinen Einfluss auf die Organisation des Börsenschiedsgerichts.

VII. Freiverkehrsausschuss

Der Freiverkehrsausschuss ist an vielen Börsen die zuständige Stelle für die Entscheidung über die Einbeziehung von Wertpapieren in den Freiverkehr (vgl. statt vieler § 5 Abs. 1 Freiverkehrsrichtlinien BadWürttWBS.).[110] Ist er innerhalb der Börse gegründet und auch nur dort tätig, wird er als Organ der Börse angesehen.[111] Die enge Verzahnung des Freiverkehrsausschusses mit der öffentlich-rechtlichen Börse an einigen Regionalbörsen, beispielsweise die Zuständigkeit des Börsenrates für die Wahl des Freiverkehrsausschusses (§ 4 Abs. 1 Nr. 13 BörsO HanseatWBHH, § 4 Abs. 1 Nr. 13 BörsO BremerWB, § 4 Abs. 1 Nr. 13 BörsO NiedersBH) erweckt im Hinblick auf die nur begrenzte Zuständigkeit der Börsen in Fragen der Organisation eines Freiverkehrs (vgl. § 57 BörsG) Bedenken. Gleichwohl ist der Freiverkehrsausschuss auch bei diesen Börsen eher dem Privatrecht zuzuordnen, jedenfalls für sein Handeln ist das der Fall.[112] Die Eigenschaft als Börsenorgan wird damit wiederum allein durch die Ansiedlung des Gremiums an der Börse begründet. Der für den Freiverkehr zuständige Entscheidungsträger kann auch de lege lata bereits rein privatrechtlich organisiert sein. Das zeigt das Beispiel der Frankfurter Wertpapierbörse. Hier hat inzwischen die Deutsche Börse AG – als juristische Person des Privatrechts – die Trägerschaft für den Freiverkehr und damit ebenfalls die Zuständigkeit für die Einbeziehung der Wertpapiere in den Handel übernommen.[113] Insoweit ergibt sich künftig kein Änderungsbedarf. Da zudem ohnehin eine privatrechtliche Konstruktion aller Zulassungsgremien möglich ist, nimmt der Freiverkehr diesbezüglich keine Sonderstellung mehr ein.

---

[106] Vgl. *Schwark*, BörsG, § 28 Rn. 1.

[107] *Claussen/ Erne*, Bank- und Börsenrecht, § 9 Rn. 34; *Schwark*, BörsG, § 28 Rn. 1.

[108] Vgl. *Peterhoff*, in: Schäfer, WPHG, § 28 BörsG Rn. 1, 6; *Franke*, in: Assmann/ Schütze, Handbuch des Kapitalanlagerechts, Ergänzungsband, § 2 Rn. 41.

[109] *Schwark*, BörsG, § 28 Rn. 2; *Schönle*, Bank- und Börsenrecht, § 43 II 3 (S. 450).

[110] Vgl. *Ledermann*, in: Schäfer, WPHG, § 78 BörsG Rn. 6; *Schwark*, BörsG, § 78 Rn. 5.

[111] *Claussen/ Erne*, Bank- und Börsenrecht, § 9 Rn. 34; *Schwark*, BörsG, § 2 Rn. 4.

[112] *Ledermann*, in: Schäfer, WPHG, § 78 BörsG Rn. 6; *Schwark*, BörsG, § 2 Rn. 4.

[113] *Kümpel*, Bank- und Kapitalmarktrecht, Rn. 17. 407.

VIII. Ergebnis

Die Überleitung der Aufgaben der jetzigen Börsenorgane auf eine privatrechtlich organisierte Börse bereitet mit einigen Ausnahmen de lege ferenda keine größeren Schwierigkeiten. Auch im Privatrecht stehen genügend Instrumente zur Verfügung, die den Status quo der Mittel zu sichern vermögen. Die stark voranschreitende Zurückdrängung des Parketthandels trägt ein Übriges dazu bei. So kann auf die hoheitliche Durchsetzungsbefugnis der Börsengeschäftsführung weitgehend verzichtet werden. Im Computerhandel hat der Betreiber schon rein tatsächlich einen erhöhten Handlungsspielraum. Verbleibende Lücken können durch kleine Verschiebungen bei den Zuständigkeiten und durch intensive Zusammenarbeit der Organe und Aufsichtsgremien geschlossen werden. Das trifft insbesondere für die Ermittlungsbefugnisse der Geschäftsführung und der Zulassungsgremien zu.

Gleichwohl sind die angedeuteten Ausnahmen von einigem Gewicht. Sollen Handelsüberwachungsstelle und Sanktionsausschuss eine ähnlich starke und unabhängige Stellung behalten, so kommt man um eine Beleihung wohl nicht umhin. Alternativ steht eine Überleitung von Zuständigkeiten auf die Börsenaufsicht zur Verfügung. Das wird aber nur begrenzt gewollt sein. Eine Sonderstellung nimmt auch die Rechtsetzung ein. Sie wurde an vorangegangener Stelle ausführlich behandelt.

Abschließend ist noch einmal darauf hinzuweisen, dass mit dem Instrument der Beleihung sparsam umzugehen ist. Dieses ist nur für die Übertragung einzelner Aufgabenbereiche gedacht und geeignet. Es kann folglich nicht jedes Organ durch Beleihung in die neue Rechtsform übernommen werden. Das widerspräche nicht nur der Intention der Privatisierung der Börse, sondern auch dem Grundgedanken der Beleihung.

Zusammenfassung in Thesen

1. Gegenstand der Arbeit ist die Auseinandersetzung mit der Frage, ob eine privatrechtliche Organisation des Börsenbetreibers de lege ferenda nach dem Vorbild des gegenwärtig vorzufindenden, weitgehend öffentlich-rechtlichen Organisationsmusters möglich ist und welche Festlegungen der Gesetzgeber diesbezüglich vornehmen kann und sollte.

2. Börsen sind regelmäßig und in kurzen Zeitabständen stattfindende Veranstaltungen, auf denen in organisierter Weise Kauf- und Verkaufsinteressenten für vertretbare, bei Vertragsschluss nicht anwesende Produkte systematisch zusammengeführt werden. Börsen üben Maklertätigkeit aus. Über die genaue Auslegung des Börsenbegriffs besteht seit jeher Streit. Unklarheit herrscht insbesondere darüber, ob, und wenn ja welche, Anforderungen an die Preisfeststellung und den Teilnehmerkreis zu stellen sind.

3. Börsen sind Märkte im Sinne des Gewerberechts. Börsenrecht ist Marktrecht und Unternehmensorganisationsrecht.

4. Gegenwärtig sind Börsen meist als Public-Private-Partnership organisiert. Die Veranstaltung eines Börsenhandels im engeren Sinne, das heißt unter Ausklammerung des Freiverkehrs, wird nach verbreiteter Meinung als zwingende staatliche Aufgabe angesehen.

5. Trotz vieler Unterschiede im Detail weisen Börsen weltweit viele Gemeinsamkeiten auf. Kennzeichnendes Merkmal ist eine weitreichende Autonomie unter strenger staatlicher Aufsicht, die meist die Befugnis zu einseitiger Setzung des Regelwerks einschließt.

6. Die technische Entwicklung hat das Börsenwesen grundlegend verändert. Das Bild der Börsen wird heutzutage wesentlich von elektronischen Handelssystemen geprägt.

7. Die Haupteinflussfaktoren auf Börsen, die Wirtschaft und der Kapitalmarkt, sind international geworden.

8. Dies hat zu einem im Börsenwesen national wie international bislang nicht gekannten Wettbewerb um Emittenten, Handelsteilnehmer und Anleger, der zu Veränderungen in den Marktstrukturen und zu Konsolidierungsbemühungen geführt. Neue Wettbewerber ringen den alteingesessenen Börsen Marktanteile ab.

9. Das Betreiben einer Börse erfordert einen hohen Organisationsgrad. Börsenbetreiber haben sich zu finanzstarken und kapitalbedürftigen Technologieunternehmen entwickelt. Dabei ist weltweit eine deutliche Abkehr von genossenschafts- und vereinsähnlichen Organisationen hin zu börsennotierten Aktiengesellschaften zu verzeichnen.

10. Börsen gehören zu den wichtigsten Bestandteilen des Kapitalmarktes. Sie sind daher zu schützen. Es muss für effiziente Rahmenbedingungen Sorge getragen werden. Dabei ist ein ausgewogenes Verhältnis von staatlicher Reglementierung und Autonomie herzustellen.

11. Die Festlegung eines Rechtsformzwanges für private Börsen de lege ferenda erscheint sinnvoll. Private Börsen sollten als Kapitalgesellschaften organisiert sein. Durch diese Maßnahme wird die Grundlage für einen dauerhaften Bestand des Börsenunternehmens gelegt. Lediglich die Rechtsform der Aktiengesellschaft zuzulassen, ist dagegen nicht zu rechtfertigen.

12. Von einer hoheitlichen Genehmigungspflicht für die Satzung beziehungsweise für den Gesellschaftsvertrag der Börsengesellschaft als Mittel der Aufsicht über Börsenunternehmen ist Abstand zu nehmen. Dem stehen europarechtliche Bedenken entgegen.

13. Das Regelwerk stellt sich de lege lata als ein Zusammenspiel gesetzgeberischer, aufsichtsbehördlicher und autonomer Normgebung dar. Ein ähnliches System ist auch de lege ferenda diskussionswürdig. Es ermöglicht der Börse, einheitliche Bedingung einseitig zu erlassen. Indes kann das Privatrecht dieses Bedürfnis nur begrenzt erfüllen.

14. Entgegen den Vorstellungen der Verfechter privater Börsen bietet die Vorschrift in § 315 BGB hierfür keine Patentlösung. Zum einen ist nach dieser Norm kein allumfassendes Gestaltungsrecht konstruierbar. Zum anderen liegen den zwischen der Börse und den Emittenten sowie den Handelsteilnehmern geschlossenen Verträgen aufgrund der erforderlichen Standardisierung Allgemeine Geschäftsbedingungen zugrunde. Das zieht eine Inhaltskontrolle nach den Vorschriften der §§ 305 ff. BGB nach sich. Diese Normen stellen insbesondere gegenüber § 315 BGB auch im unternehmerischen Verkehr wesentlich strengere Anforderungen. Alles in allem kann privatvertraglich nur in begrenztem Umfang ein einseitiges Gestaltungsrecht vereinbart werden.

15. Die Verankerung des Regelwerks in der Satzung beziehungsweise dem Gesellschaftsvertrag der Börsengesellschaft unter Beteiligung der Handelsteilnehmer als Anteilseigner ist nicht zulässig. Dem steht die Satzungsstrenge des § 23 Abs. 5 AktG entgegen.

16. Die Rechtsfigur der privaten Rechtsetzung hilft vorliegend ebenfalls nicht weiter. Diese erfordert zumindest ein Rechtsetzungsorgan, das im Hinblick auf den Regelungsgegenstand sowie auf den von den Normen betroffenen Personenkreis pluralistisch besetzt ist. Ein solches ist das Leitungsorgan einer Gesellschaft des privaten Rechts nicht. Die Einräumung wirklich einseitiger privatrechtlicher Rechtsetzungsmacht ist verfassungsrechtlich nicht zulässig.

17. Eine Beleihung mit Rechtsetzungsbefugnissen scheidet aus. Rechtsetzung ist kein tauglicher Beleihungsgegenstand.

18. Die Aufsicht in das Aufstellen des Regelwerks einzubinden und dieses als Rechtsverordnung zu erlassen, läuft der angestrebten Flexibilität zuwider. Hier ginge der Einfluss der Aufsichtsbehörde zu weit. Zudem wären nach rechtsstaatlichen und demokratischen Gesichtspunkten auch die Handelsteilnehmer und Emittenten im Verfahren zu beteiligen.

19. Die Anteilseignerstrukturen von Börsengesellschaften de lege ferenda gesetzlich zu beeinflussen, um die Unabhängigkeit der Börse zu sichern, ist nicht angezeigt. Den meisten Konstruktionen stehen europarechtliche und verfassungsrechtliche Bedenken entgegen.

20. Als adäquates Mittel zur Sicherstellung der Lauterkeit der Anteilseigner steht die behördliche Kontrolle qualifizierter Beteiligungen zur Verfügung.

21. Die zwingende Festschreibung der Anteilseignerstellung für Handelsteilnehmer ist ein bereits von der (internationalen) Entwicklung überholtes Modell und ohnehin im Hinblick auf die Gewährleistung eines jederzeit möglichen Ein- und Austritts der Gesellschafter mit Folgeproblemen verbunden, die rechtlich nicht mit der erforderlichen Sicherheit gelöst werden können.

22. Eine Beschränkung der Rechte der Anteilseigner zwecks Gewährleistung größtmöglicher Neutralität der Börse ist nach geltendem Aktienrecht nur noch sehr eingeschränkt möglich. Höchst- und Mehrstimmrechte sind weitgehend abgeschafft. Vorzugsaktien ohne Stimmrecht sind in erster Linie ein Finanzierungsmittel, das nicht wenige Nachteile aufweist.

23. Vinkulierte Namensaktien können bei Aktiengesellschaften für mehr Transparenz im Hinblick auf die Anteilseigner sorgen. Es besteht aber die Gefahr, dass die Vinkulierung den Börsenhandel in den Aktien der Börsengesellschaft behindert.

24. Die Mitbestimmung der Börsenbeteiligten beizubehalten, indem die personelle Struktur des gegenwärtigen Börsenrates auf den Aufsichtsrat der Börsengesellschaft de lege ferenda übertragen wird, ist nicht möglich. Die Umsetzung dieser Idee scheitert bereits daran, dass nach Abzug der Mindestbeteiligung der Anteilseigner und gegebenenfalls der gesetzlichen Anzahl der Arbeitnehmervertreter eine zu geringe Anzahl an Sitzen übrig bleibt als dass eine annähernd wirksame Interessenvertretung gewährleistet ist. Darüber hinaus begegnet die zwangsweise Besetzung des Aufsichtsrates mit unternehmensfremden Personen verfassungsrechtlichen Bedenken.

25. Es bleibt die Möglichkeit, in der Börsengesellschaft ein zusätzliches pluralistisch besetztes Börsengremium einzurichten. Das Aktiengesetz lässt dafür durchaus Raum. Allerdings kann die Stellung des Gremiums aufgrund der zwingenden Kompetenzverteilung lediglich eine den Vorstand beratende sein.

26. Die Überleitung der Aufgaben der jetzigen Börsenorgane auf eine privatrechtlich organisierte Börse de lege ferenda bereitet mit einigen Ausnahmen keine größeren Schwierigkeiten. Auch im Privatrecht stehen genügend Instrumente zur Verfügung, die den Status quo der Mittel zu sichern vermögen. Die stark voranschreitende Zurückdrängung des Parketthandels bis hin zu vollständigen Aufgabeabsichten trägt ihr übriges dazu bei. So kann auf die hoheitlichen Durchsetzungsbefugnis der Börsengeschäftsführung weitgehend verzichtet werden. Im Computerhandel hat der Betreiber schon rein tatsächlich einen erhöhten Handlungsspielraum. Verbleibende Lücken können durch kleine Verschiebungen bei den Zuständigkeiten und durch Zusammenarbeit der Organe und Aufsichtsgremien geschlossen werden. Das trifft insbesondere für die Ermittlungsbefugnisse der Börsengeschäftsführung und der Zulassungsgremien zu.

27. Gleichwohl sind die angedeuteten Ausnahmen von einigem Gewicht. Sollen Handelsüberwachungsstelle und Sanktionsausschuss eine ähnlich starke und unabhängige Stellung behalten, so kommt man um eine Beleihung wohl nicht umhin. Alternativ steht eine Überleitung von Zuständigkeiten auf die Börsenaufsicht zur Verfügung. Das wird aber nur begrenzt gewollt sein.

28. Als Gesamtergebnis bleibt festzuhalten: Obwohl vielfach adäquate Rechtskonstruktionen gefunden werden können, ist eine privatrechtliche Kopie der gegenwärtigen, öffentlich-rechtlichen Börsenstruktur nicht möglich. Das gilt vor allem für die einseitige Setzung des Regelwerks, die Handelsüberwachung, den Sanktionsausschuss und die Beteiligung der Handelsteilnehmer, Emittenten und Anleger an der Organisation des Börsenhandels. Diese Faktoren machen indes einen Großteil der Organisation des gegenwärtigen Börsenwesens aus.

29. Für die Börsenorganisation de lege ferenda hat das folgende Konsequenz: Wird eine Börsenorganisation angestrebt, die der gegenwärtigen weitgehend vergleichbar strukturiert sein soll, so ist eine privatrechtlich organisierte Börse nur unter weitreichenden gesetzgeberischen Sonderregelungen möglich, die juristisches Neuland betreten müssten. Dabei erscheint gerade die Festschreibung eines Rechts zur einseitigen Regelwerkssetzung kaum zulässig. Das gilt zumindest dann, wenn das normsetzende Organ nicht hinreichend pluralistisch strukturiert ist. Gesetzliche Sondervorschriften müssen zudem stets berücksichtigen, dass die Aktiengesellschaft eine standardisierte Gesellschaftsform ist, die nur sehr begrenzt Abweichungen verträgt. Die Einbettung privatrechtlicher Börsen in die herkömmlichen Strukturen des Unternehmensrechts hätte dagegen zur Folge, dass sich Börsen als normale private Unternehmen organisieren und damit auf nicht wenige der bewährten Mittel verzichten müssten.

Literaturverzeichnis

Abeltshauser, Thomas E., Strukturalternativen für eine europäische Unternehmensverfassung – Eine rechtsvergleichende Untersuchung zum 5. gesellschaftsrechtlichen EG-Richtlinienvorschlag, Schriften zum Internationalen Recht, Band 49, Berlin 1990, zgl. Diss., Europäisches Hochschulinstitut Florenz, 1985

Accenture, Leaving Safe Havens – The Accelerating Evolution of the European Exchange Landscape, bearbeitet von Susanne Klöß, Gabriele Holstein, Christoph Bauriedel, Stephan Baszler, Christian Wurditsch, Frankfurt Juli 2001, abrufbar im Internet auf der Hompage von Accenture (*http://www.accenture.de*) unter den Rubriken >Publikationen >Studien (Stand 5.08.2002)

Ackermann, Josef, Internationale Kapitalmärkte der Zukunft – der Einfluß des Internets, in: Management Handbuch eBanking, hrsg. v. Jürgen Krumnow, Thomas A. Lange, Stuttgart 2001, S. 155 - 170

Adams, Michael, Höchststimmrechte, Mehrfachstimmrechte und sonstige wundersame Hindernisse auf dem Markt für Unternehmenskontrolle, in: AG 1990, S. 63 - 78

ders., Stellungnahme zur Aktienrechtsreform 1997, in: AG 1997, Sonderheft: Die Aktienrechtsreform 1997, S. 9 - 26

Anschütz, Gerhard, Staatsaufsicht und Börsenverwaltung – Mit besonderer Berücksichtigung der Rechtsverhältnisse an der Berliner Börse, in: VerwArch, Band 11 (1903), S. 519 - 552

Assmann, Heinz-Dieter, Konzeptionelle Grundlagen des Anlegerschutzes. in: ZBB 1989, S. 49 - 63

ders., Neuemissionen von Wertpapieren über Internet – Initial Public Offerings (IPO's) als Gegenstand des deutschen Kapitalmarktrechts, in: Wege zur Globalisierung des Rechts – Festschrift für Rolf A. Schütze zum 65. Geburtstag, hrsg. v. Reinhold Geimer, München 1999, S. 15 - 47

Assmann, Heinz-Dieter; Schütze, Rolf A., Handbuch des Kapitalanlagerechts, 2. Aufl., München 1997, Ergänzungsband, Loseblatt, München, Stand Januar 2001

Baas, Volker, Die FSA – eine neue Aufsichtsbehörde für neue Herausforderungen, in: Die Bank 2001, S. 828 - 833

Bachmann, Gregor, Regelwerk und Rechtsgeschäft – Zur einseitigen Änderung privater Börsenregeln, in: WM 2001, S. 1793 - 1798

Backherms, Johannes, Das DIN Deutsche Institut für Normung e.V. als Beliehener, Zugleich ein Beitrag zur Theorie der Beleihung, Schriften zum Wirtschafts-, Handels-, Industrierecht, hrsg. v. Rudolf Lukes, Band 22, Köln u.a. 1978

Badura, Peter, Das öffentliche Unternehmen im europäischen Binnenmarkt, in: ZGR 1997, S. 291 - 305

Bäumer, Helmut, Das Englische Börsenrecht, Europäische Hochschulschriften, Reihe II, Rechtswissenschaft, Band 834, Frankfurt a.M. 1989, zgl. Diss., Münster 1988

Bansch, Frank, Die Beleihung als verfassungsrechtliches Problem – Zur Zulässigkeit einer Übertragung hoheitlicher Befugnisse auf Private nach dem Grundgesetz, Diss., Frankfurt a.M. 1973

Barthelmeß, Stephan; Braun, Yvonne, Zulässigkeit schuldrechtlicher Verfügungsbeschränkungen über Aktien zugunsten der Aktiengesellschaft, in: AG 2000, S. 172 - 177

Bauer, Hartmut; Möllers, Christoph, Die Beendigung des Parketthandels an der Frankfurter Wertpapierbörse – Rechtliche Direktiven für den ausschließlichen Wertpapierhandel im elektronischen Handelssystem Xetra und die Beendigung der Kursmaklertätigkeit an der Frankfurter Wertpapierbörse, Studien zum Bank- und Börsenrecht, hrsg. v. Ulrich Immenga, Band 49, Baden-Baden 2001

Bauer, Hartmut; Pleyer, Marcus; Hirche, Kirsten, Die Befugnis der Deutsche Börse AG zur einseitigen Änderung des Regelwerks Neuer Markt – Zugleich ein Beitrag zur Penny-Stock-Kontroverse und zu Privaten Rechtsnormen, in: BKR 2002, S. 102 - 119

Baum, Harald, Der japanische "Big Bang" 2001 und das tradierte Regulierungsmodell: ein regulatorischer Paradigmenwechsel?, in: RabelsZ 64 (2000), S. 633 - 659

Baumbach, Adolf; Hopt, Klaus J., Handelsgesetzbuch mit GmbH & Co., Handelsklauseln, Bank- und Börsenrecht, Transportrecht (ohne Seerecht), 30. Aufl., München 2000

Baums, Theodor, Höchststimmrechte, in: AG 1990, S. 221 - 242

ders., Der Aufsichtsrat – Aufgaben und Reformfragen, in: ZIP 1995, S. 11 - 18

ders., Stellungnahme zur Aktienrechtsreform 1997, In: AG 1997, Sonderheft: Die Aktienrechtsreform 1997, S. 26 - 38

ders.; Segna, Ulrich, Börsenreform – Stellungnahme zum Gutachten zur Börsenreform in Deutschland (Hopt/Rudolph/Baum [Hrsg.], Börsenreform 1997) im Auftrag der deutschen Regionalbörsen, zgl. Arbeitspapier Nr. 65 des Instituts für Handels- und Wirtschaftsrecht der Universität Osnabrück, Osnabrück 1998, abrufbar im Internet nunmehr auf der Homepage des Instituts für Bankrecht an der Universität Frankfurt a.M. (*http://www.uni-frankfurt.de/fb01/baums*) unter der Rubrik >Arbeitspapiere (Stand: 5.08.2002)

Baur, Jürgen F., Vertragliche Anpassungsregelungen – Dargestellt am Beispiel langfristiger Energielieferungsverträge, Bücher des Betriebsberaters, Heidelberg 1983

ders., Investmentgesetze – Gesetz über Kapitalanlagegesellschaften (KAGG) und Gesetz über den Vertrieb ausländischer Investmentanteile und über die Besteuerung der Erträge aus ausländischen Investmentanteilen (Auslands-investment-Gesetz – AuslInvestmG) – Kommentar nebst Länderübersicht EG/ EWR-Staaten, Japan, Schweiz, USA, Sammlung Guttentag, 2. Aufl., Berlin u.a. 1997

Beck, Heiko, Die erwerbswirtschaftliche Betätigung Beliehener am Beispiel des Trägers einer Wertpapierbörse, in: WM 1996, S. 2313 - 2319

ders., Das neue elektronische Handelssystem Xetra der Frankfurter Wertpapierbörse, in: WM 1998, S. 417 - 430

ders., Die Börsen im Lichte des deutschen und europäischen Kartellrechts, in: WM 2000, S. 597 - 611

ders., Die Reform des Börsenrechts im Vierten Finanzmarktförderungsgesetz, Teil 1: Änderungen des Börsenorganisationsrechts, in: BKR 2002, S. 662 - 668

ders.; Schlochtermeyer, Dirk, Mehr Flexibilität bei der Gestaltung der Segmente, in: Börsenzeitung v. 14.11.2001, S. 5

Becker, Anette, Börse ordnet Segmente neu, in: Börsenzeitung v. 2.07.2002, S. 20

Becker, Michael, Börsen- und Kapitalmarktrecht der Vereinigten Staaten, in: Börsenreform – Eine ökonomische, rechtsvergleichende und rechtspolitische Untersuchung, hrsg. v. Klaus J. Hopt, Bernd Rudolph, Harald Baum, Stuttgart 1997, S. 755 - 904

ders., Vertragsfreiheit, Vertragsgerechtigkeit und Inhaltskontrolle, in: WM 1999, S. 709 - 718

Bellinger, Dieter, Kerl, Volkher, Hypothekenbankgesetz, Kommentar, 4. Aufl., München 1995

Benz, Hanspeter, Die verfassungsrechtliche Zulässigkeit der Beleihung einer Aktiengesellschaft mit Dienstherrenbefugnissen – dargestellt am Beispiel der Deutschen Post AG, Deutschen Postbank AG, Deutschen Telekom AG sowie der Deutschen Bahn AG, Europäische Hochschulschriften, Reihe II,

Rechtswissenschaft, Band 1771, Frankfurt a.M. u.a. 1995, zgl. Diss., Tübingen 1995

Bermel, Arno; Müller, Karl-Dieter, Vinkulierte Namensaktien und Verschmelzung, in: NZG 1998, S. 331 - 335

Bezzenberger, Tilman, Vorzugsaktien ohne Stimmrecht, Köln u.a. 1991, zgl. Diss., München 1990

Bilda, Klaus, Anpassungsklauseln in Verträgen – Gleitklauseln, Preisvorbehalte und ähnliche Sicherungsmittel, Grundlagen und Praxis des Wirtschaftsrechts, Band 5, 2. Aufl., Berlin 1973

Blanchard, Nicolas, Schweizerisches Börsen- und Kapitalmarktrecht, in: Börsenreform – Eine ökonomische, rechtsvergleichende und rechtspolitische Untersuchung, hrsg. v. Klaus J. Hopt, Bernd Rudolph, Harald Baum, Stuttgart 1997, S. 905 - 991

Böhlhoff, Klaus, Kriterien und Methoden einer Regulierung der internationalen Kapital- und Wertpapiermärkte, in: Festschrift für Theodor Heinsius zum 65. Geburtstag am 25. September 1991, hrsg. v. Friedrich Kübler, Hans-Joachim Mertens, Winfried Werner, Berlin 1991, S. 19 - 59

Börsensachverständigenkommission, Empfehlungen zur Regulierung alternativer Handelssysteme, Mai 2001, abrufbar im Internet auf der Hompage der Deutsche Börse AG (*http://deutsche-boerse.com*) unter den Rubriken >Über uns >Gruppe Deutsche Börse >Kooperationen/ Initiativen >Börsensachverständigenkommission (Stand: 5.08.2002)

Bosse, Christian, Zulässigkeit des individuell ausgehandelten Rückkaufs eigener Aktien ("Negotiated repurchase") in Deutschland, in: NZG 2000, S. 16 - 20

ders., Probleme des Rückkaufs eigener Aktien, Kommentar zu LG Berlin, NZG 2000, 944, in: NZG 2000, S. 923 - 925

Brändel, Oliver C., Mehrstimmrechtsaktien – ein in Vergessenheit geratenes Instrument der Beherrschung und des Minderheitenschutzes?, in: Festschrift für Karlheinz Quack zum 65. Geburtstag am 3. Januar 1991, hrsg. von Harm Peter Westermann und Wolfgang Rosener, Berlin u.a. 1991, S. 175 - 188

Breitkreuz, Tilman, Die Ordnung der Börse – Verwaltungsrechtliche Zentralfragen des Wertpapierbörsenwesens, Grundlagen und Praxis des Bank- und Börsenwesens, Band 39, Berlin 2000, zgl. Diss., Gießen 2000

Bremer, Heinz, Die Börsensachverständigenkommission 1968 - 1975, Aufgaben und Befugnisse, Berlin 1976

Brockhausen, Jürgen, Kapitalmarktaufsicht in Selbstverwaltung – Voraussetzungen und Bedingungen am Beispiel der Handelsüberwachungsstellen gemäß § 1b Börsengesetz, in: WM 1997, S. 1924 - 1930

Bruchner, Helmut, AGB-rechtliche Zulässigkeit von Zinsanpassungsklauseln, in: BKR 2001, S. 16 - 21

Budimir, Miroslaw, NYSE startet elektronischen Handel, in: Die Bank 2001, S. 25 - 29

Bundesverband der Kursmakler an den deutschen Wertpapierbörsen, Stellungnahme des Bundesverbandes der Kursmakler an den deutschen Wertpapierbörsen zum Gutachten "Börsenreform – Eine ökonomische, rechtsvergleichende und rechtspolitische Untersuchung", Typoskript, Hamburg 1998

Bundesverband deutscher Banken, Stellungnahme des Bundesverbandes deutscher Banken zum Gutachten "Börsenreform – Eine ökonomische, rechtsvergleichende und rechtspolitische Untersuchung", Typoskript, Köln 1997

Bydlinski, Franz, System und Prinzipien des Privatrechts, Wien u.a. 1996

Caemmerer, Ernst v., Kapitalanlage- oder Investmentgesellschaften, in: JZ 1958, S. 41 - 50

Calliess, Gralf-Peter, Heimatstaatprinzip und Europa-Pass (single licence principle) im europäischen Finanzbinnenmarktrecht: Wettbewerb der Finanzdienstleister oder der Finanzplätze? Im Blickpunkt: "Forum Shopping" und Aufsichtsarbitrage im Investmentrecht, in: EWS 2000, S. 432 - 442

Cambiè, Silvia M., Prager Börse vor neuer Belastung, in: Die Bank 1995, S. 54 - 55

dies., Prager Börse: Reformbestrebungen, in: Die Bank 1996, S. 244 - 245

Canaris, Claus-Wilhelm, Die Bedeutung der iustitia distributiva im deutschen Vertragsrecht, Bayerische Akademie der Wissenschaften – Philosophisch-historische Klasse, Sitzungsberichte, Jahrgang 1997, Heft 7

ders., Handelsrecht – Ein Studienbuch, 23. Aufl., München 2000

Claussen, Carsten Peter, Das neue Börsenaufsichtsrecht, in: DB 1994, S. 969 - 974

ders., Anstöße für die nächste Aktienrechtsreform, in: AG 1997, Sonderheft: Die Aktienrechtsreform 1997, S. 108 - 115

ders., Wie ändert das KonTraG das Aktiengesetz?, in: DB 1998, S. 177 - 186

ders., Noch einmal: Die Rechtsform deutscher Wertpapierbörsen, in: ZBB 2000, S. 1 - 10

ders., Nach dem Börsenfusions-Crash – Eine Rückschau und Perspektive, in: Finanz Betrieb 2000, S. 774 - 778

ders., Als Anstalten des öffentlichen Rechts sind die deutschen Börsen schlecht aufgestellt, in: FAZ v. 6.02.2001, S. 35

ders.; Erne, Roland, Bank- und Börsenrecht, 2. Aufl., München 2000

ders.; Hoffmann, Michael, Neues zur Rechtsform deutscher Wertpapierbörsen, in: ZBB 1995, S. 68 - 72

de Feo, Marika, Reform der Corporate Governance in Italien, in: Die Bank 1998, S. 638 - 639

Deckert, Martina R., Zu Harmonisierungsbedarf und Harmonisierungsgrenzen im Europäischen Gesellschaftsrecht, in: RabelsZ 64 (2000), S. 478 - 496

Degner, Harald, Vinkulierte Namensaktien: börsenfähig oder nicht?, in: WM 1990, S. 793 - 798

Derleder, Peter, Transparenz und Äquivalenz bei bankvertragsrechtlicher Zinsanpassung, in: WM 2001, S. 2029 - 2041

Deutsche Börse AG, Stellungnahme der Deutsche Börse AG zum Gutachten der Professoren Hopt und Rudolph zur Börsenreform in Deutschland, Typoskript, Frankfurt a.M. 1998

dies., Verkaufsprospekt/ Börsenzulassungsprospekt, Frankfurt a.M., 2.2.2001

dies., Neuer-Markt-Report, Zugang zum Europäischen Kapitalmarkt – Schlüssel für Wachstum, Frankfurt a.M., September 2001, abrufbar im Internet auf der Homepage der Deutsche Börse AG (*http://deutsche-boerse.com*) unter den Rubriken >Services >Veröffentlichungen/ Downloads >Deutsche Börse >Sonstiges >Sonderthemen >Studien (Stand: 5.08.2002)

dies., Geschäftsbericht 2001, Frankfurt a.M., März 2002

Dilcher, Hermann, Typenfreiheit und inhaltliche Gestaltungsfreiheit bei Verträgen, in: NJW 1960, S. 1040 - 1043

Dreher, Meinrad, Aufsicht über Kreditinstitute durch Private? Das Beispiel der Prüfungsbefugnis Privater nach § 9 EAG, in: Festschrift für Martin Peltzer zum 70. Geburtstag, hrsg. v. Marcus Lutter, Manfred Scholz, Walter Sigle, Köln 2001, S. 69 - 97

Dreyling, Georg, Das Vierte Finanzmarktförderungsgesetz – Überregulierung oder Notwendigkeit?, in: Die Bank 2002, S. 16 -21

Ebbing, Frank, Zur Schiedsgerichtsfähigkeit von Börsengeschäften und Börsentermingeschäften, in: WM 1999, S. 1264 - 1269

Ebke, Werner F., Unternehmensrecht und Binnenmarkt – E pluribus unum?, in: RabelsZ 62 (1998), S. 195 - 242

Edenfeld, Stefan, Die Rechtsbeziehungen des bürgerlich-rechtlichen Vereins zu Nichtmitgliedern, Münsterische Beiträge zur Rechtswissenschaft, Band 106, Berlin 1996, zgl. Diss., Münster 1996

Ehricke, Ulrich, Vorwirkungen von EU-Richtlinien auf nationale Gesetzgebungsvorhaben, in: ZIP 2001, S. 1311 - 1317

Ekkenga, Jens, Das Organisationsrecht des genehmigten Kapitals (Teil I), in: AG 2001, S. 567 - 579

Elberskirch, Dirk, Die Börse Düsseldorf zwischen Stamm und Borke?, in: Börsenzeitung v. 24.02.2001, Sonderbeilage B 7

Ellger, Reinhard; Kalss, Susanne, Börsen- und Kapitalmarktrecht des Vereinigten Königreichs, in: Börsenreform – Eine ökonomische, rechtsvergleichende und rechtspolitische Untersuchung, hrsg. v. Klaus J. Hopt, Bernd Rudolph, Harald Baum, Stuttgart 1997, S. 593 - 754

Emde, Ernst Thomas, Die demokratische Legitimation der funktionalen Selbstverwaltung – Eine verfassungsrechtliche Studie anhand der Kammern, der Sozialversicherungsträger und der Bundesanstalt für Arbeit, Schriften zum Öffentlichen Recht, Band 590, Berlin 1991, zgl. Diss., Freiburg im Breisgau 1986

Endell, Antje, Volkswagen im Angebot – VW-Gesetz bietet keinen dauerhaften Schutz vor feindlicher Übernahme, in: NZG 2000, S. 1160 - 1162

Erichsen, Hans-Uwe, Allgemeines Verwaltungsrecht, 11. Aufl., Berlin u.a. 1998

Esser, Josef; Schmidt, Eike, Schuldrecht, Band 1: Allgemeiner Teil, Teilband 1: Entstehung, Inhalt und Beendigung von Schuldverhältnissen, 8. Aufl., Heidelberg 1995

Europäischer Rat, Europäischer Rat von Cardiff vom 15. und 16. Juni 1998, Schlussfolgerungen des Vorsitzes, abrufbar im Internet auf der Seite des Europäischen Rates (*http://ue.eu.int/de/info/eurocouncil/ index.htm*) unter der Rubrik >Schlussfolgerungen des Vorsitzes (Stand: 5.08.2002)

ders., Europäischer Rat von Wien vom 11. und 12. Dezember 1998, Schlussfolgerungen des Vorsitzes, abrufbar im Internet auf der Seite des Europäischen Rates (siehe vorstehend)

ders., Europäischer von Köln vom 3. und 4. Juni 1999, Schlussfolgerungen des Vorsitzes, abrufbar im Internet auf der Seite des Europäischen Rates (siehe vorstehend)

ders., Europäischer Rat von Lissabon vom 23. und 24. März 2000, Schlussfolgerungen des Vorsitzes, abrufbar im Internet auf der Seite des Europäischen Rates (siehe vorstehend)

ders., Europäischer Rat von Nizza vom 7. - 9. Dezember 2000, Schlussfolgerungen des Vorsitzes, abrufbar im Internet auf der Seite des Europäischen Rates (siehe vorstehend)

ders., Europäischer Rat von Stockholm vom 23. und 24. März 2001; Schlussfolgerungen des Vorsitzes, abrufbar im Internet auf der Seite des Europäischen Rates (siehe vorstehend)

Fahr, Ulrich; Kaulbach, Detlef, Versicherungsaufsichtsgesetz – VAG – und Gesetz über die Errichtung eines Bundesaufsichtsamtes für das Versicherungswesen – BAG, Kommentar, 2. Aufl., München 1997

Flämig, Michael, Bayerische Börse will sich die Privatanleger einhandeln, in: Börsenzeitung v. 12.06.2002, S. 8

Fleischer, Holger, Der Financial Services and Markets Act 2000: Neues Börsen- und Kapitalmarktrecht für das Vereinigte Königreich, in: RIW 2001, S. 817 - 825

ders.; Körber, Torsten, Der Rückerwerb eigener Aktien und das Wertpapiererwerbs- und Übernahmegesetz, in: BB 2001, S. 2589 - 2595

Friauf, Karl Heinrich, Kommentar zur Gewerbeordnung – GewO – Gewerberechtlicher Teil, Loseblatt, Neuwied, Stand Mai 2002

ders.; Scholz, Rupert, Europarecht und Grundgesetz – Betrachtungen zu materiell- und formalrechtlichen Problemen bei Schaffung und Umsetzung sekundären Gemeinschaftsrechts, Schriften zum Europäischen Recht; hrsg. v. Siegfried Magiera, Detlef Merten, Band 1, Berlin 1990

Fromm, G. E.; Goldberg, A., Versicherungsaufsichtsgesetz und Bundesaufsichtsgesetz, Kommentar, Berlin 1966

Frotscher, Werner, Selbstverwaltung und Demokratie, in: Selbstverwaltung im Staat der Industriegesellschaft, Festgabe zum 70. Geburtstag von Georg Christoph von Unruh, hrsg. v. Albert von Mutius, Heidelberg 1983, S. 127 - 147

Fuchs, Hans Joachim, Going Public: Börsen im Aufbruch, in: Die Bank 2001, S. 164 - 167

Führhoff, Jens; Ritz, Corinna, Richtlinienentwurf der Kommission über den Europäischen Pass für Emittenten, in: WM 2001, S. 2280 - 2288

Gebauer, Stefan, Kurzkommentar zu: LG Frankfurt a.M., Urt. v. 16.9.2001 – 3 – 13 O 110/01, in: EWiR § 78 BörsG 1/01, S. 865 - 866

Gehrlein, Markus, Die Einziehung von GmbH-Geschäftsanteilen als Mittel zum Ausschluß eines Gesellschafters, in: ZIP 1996, S. 1157 - 1160

Gerke, Wolfgang, Computerbörse für den Finanzplatz Deutschland, in: DBW 53 (1993), S. 725 - 748

ders.; Rapp, Heinz-Werner, Strukturveränderungen im internationalen Börsenwesen, in: DBW 54 (1994), S. 5 - 23

Geßler, Ernst; Hefermehl, Wolfgang; Eckardt, Ulrich; Kropff, Bruno; Bungeroth, Erhard; Fuhrmann, Hans; Hüffer, Uwe; Semler, Johannes, Aktiengesetz, Kommentar, Band I §§ 1 - 75, 8. Lieferung (§§ 23 - 53), München 1984, Band II §§ 76 - 147, 4. Lieferung (§§ 95 - 116), München 1973, Band IV §§ 179 - 240, 16. Lieferung (§§ 221 - 240), München 1993

Göppert, Heinrich, Das Recht der Börsen - Ein Beitrag zum Verwaltungsrecht, Berlin 1932

Götting, Thomas, Anwendbares Aufsichtsrecht bei Finanzdienstleistungen im Internet, in: CR 2001, S. 528 - 533

Götz, Volkmar, Europäische Gesetzgebung durch Richtlinien – Zusammenwirken von Gemeinschaft und Staat, in: NJW 1992, S. 1849 - 1856

Goldberg, Alfred; Müller, Helmut, Gesetz über die Beaufsichtigung der privaten Versicherungsunternehmungen – Versicherungsaufsichtsgesetz-, Gesetz über die Errichtung eines Bundesaufsichtsamtes für das Versicherungswesen – Bundesaufsichtsgesetz, Kommentar, Berlin u.a. 1980

Gottschalk, Ulrich, IBIS – Inter-Banken-Informations-System, in: ZBB 1991, S. 23 -27

Groeben, Hans von der; Thiesing, Jochen; Ehlermann, Claus-Dieter, Kommentar zum EU-/EG-Vertrag, 5. Aufl., Band 1 Artikel A-F EUV und Artikel 1-84 EGV, Baden-Baden 1997

Groß, Wolfgang, Kapitalmarktrecht, Kommentar zum Börsengesetz, zur Börsenzulassungs-Verordnung, zum Verkaufsprospektgesetz und zur Verkaufsprospekt-Verordnung, 2. Aufl., München 2002

Grundmann, Stefan, Wettbewerb der Regelgeber im Europäischen Gesellschaftsrecht - jedes Marktsegment hat seine Struktur, in: ZGR 2001, S. 783 - 832

Grunewald, Barbara, Der Ausschluß aus Gesellschaft und Verein, Köln u.a. 1987, zgl. Habil., Bonn 1987

Habersack, Mathias, Europäisches Gesellschaftsrecht – Einführung für Studium und Praxis, München 1999

ders., Private public partnership: Gemeinschaftsunternehmen zwischen Privaten und der öffentlichen Hand – Gesellschaftsrechtliche Analyse, in: ZGR 1996, S. 544 - 563

Hammen, Horst, Zinsobergrenzen im letzten "Reservat" des Faustpfands, in: WM 1995, S. 185 - 188

ders., Beschränkung von Beteiligungen der Kreditinstitute an Nichtbankunternehmen, in: ZHR 160 (1996), S. 133 - 162

ders., EG-rechtliche Grenzen mitgliedstaatlicher Bankgesetzgebung, Zur Problematik einer Beschränkung des Beteiligungsbesitzes, in: EuZW 1996, S. 460 - 466

ders., Steuerliche Anreize statt staatlicher Reglementierung – Der Entwurf des § 8b Abs. 2 KStG n.F. und die Auswirkungen des Urteils des EuGH vom 20.4.1999, WM 2000, 738 ff., in: WM 2000, S. 941 - 945 *ders.*, Börsengeschäft und allgemeines Privatrecht – Das "Matchen" von Angeboten desselben Kreditinstituts, in: ZBB 2000, S. 293 - 301

ders., Börsen- und kreditwesengesetzliche Aufsicht über börsenähnliche Handelssysteme, Wertpapierbörsen und Börsenträger, in: WM 2001, S. 929 - 940

ders., Zwangsausschluß von Pennystocks wirft Fragen auf, in: Börsenzeitung v. 25.8.2001, S. 8

ders., Börsenorganisationsrecht im Wandel, Vorschläge für ein 4. Finanzmarktförderungsgesetz, in: AG 2001, S. 549 - 567

ders., Anmerkung zum Urteil des LG Frankfurt a.M. v. 16.08.2001 (3-13 O 110/01), WM 2001, S. 1607, in: WuB I G 7.- 5.01, S. 1045 - 1048

ders., Kurzkommentar zum Urteil des OLG Frankfurt a.M. v. 29.01.2002 (5 U 189/01), in: EWiR, § 78 BörsG 1/02, S. 335 - 336

Hammes, Nicole, Die Vorschläge der Europäischen Kommission zur Überarbeitung der Wertpapierdienstleistungsrichtlinie, in: ZBB 2001, S. 498 - 507

Hanau, Peter, Die arbeitsrechtliche Bedeutung des Mitbestimmungsurteils des Bundesverfassungsgerichts, in: ZGR 1979, S. 524 - 552

Harbarth, Stephan, Spezifische Anlegerschutzprobleme in gemischtwirtschaftlichen Unternehmen – dargestellt am Beispiel der Deutschen Telekom AG, in: ZGR 1998, S. 810 - 840

Hartmann, Bernd; Meyer-Bullerdiek, Frieder, Deutsche Warenterminbörse vor dem Start, in: Die Bank 1996, S. 724 - 729

Heer, Markus; Steiner, Christian, Neue Geschäftsmöglichkeiten durch den CCP, in: Börsenzeitung v. 2.07.2002, S. 3

Heermann, Peter W., Die Ausgliederung von Vereinen auf Kapitalgesellschaften, in: ZIP 1998, S. 1249 - 1260

ders., Die Geltung von Verbandssatzungen gegenüber mittelbaren Mitgliedern und Nichtmitgliedern, in: NZG 1999, S. 325 - 333

Hefekäuser, Hans-Willi, Die Deutsche Telekom AG – Von der öffentlichrechtlichen zur privatrechtlichen Zielsetzung in Unternehmen der öffentlichen Hand, in: ZGR 1996, S. 385 - 395

Hellermann, Johannes, Private Standardsetzung im Bilanzrecht – öffentlichrechtliche gesehen, in: NZG 2000, S. 1097 - 1103

Hellmann, Norbert, Die Avantgarde ist kein Zuckerschlecken, in: Börsenzeitung v. 2.2.2001, S. 6

Hellwig, Hans-Jürgen, Möglichkeiten einer Börsenreform zur Stärkung des deutschen Kapitalmarktes, in: ZGR 1999, S. 781 -819 *ders.*, Angleichung des Gesellschaftsrechts in Europa – Notwendigkeit, Schwerpunkte und Wege aus Sicht des Kapitalmarktes, in: EWS 2001, S. 580 - 583

Helmis, Sven; Schiereck, Dirk; Paix, Axel, Der Prädikatsmarkt: Ein bayerischer Börsenflop?, in: ZBB 2002, S. 161 - 174

Hendler, Reinhard, Selbstverwaltung als Ordnungsprinzip – Zur politischen Willensbildung und Entscheidung im demokratischen Verfassungsstaat der Industriegesellschaft, Köln u.a. 1984, zgl. Habil., Göttingen 1983

Hessisches Ministerium für Wirtschaft, Verkehr und Landesentwicklung – Börsenaufsichtsbehörde, Stellungnahme der hessischen Börsenaufsichtsbehörde zu einigen ausgewählten Thesen des Gutachtens Hopt/ Rudolph bezüglich einer Börsenreform in Deutschland, *ohne Datum*, abrufbar im Internet auf der Hompage der Börsenaufsichtsbehörde (*www.boersenaufsicht.de/hessen.htm)* unter der Rubrik >Börsenreform (Stand: 5.08.2002)

Hirschmann, Jörn, Anteilseignerkontrolle im Versicherungs- und Kreditwirtschaftsrecht, Schriftenreihe der Zeitschrift Versicherungsrecht, hrsg. v. Egon Lorenz, Heft 12, Karlsruhe 2000, zgl. Diss., Mainz 2000

Hirte, Heribert, Die aktienrechtliche Satzungsstrenge: Kapitalmarkt und sonstige Legitimationen versus Gestaltungsfreiheit. in: Sonderheft 13 der ZGR: Gestaltungsfreiheit im Gesellschaftsrecht, hrsg. v. Marcus Lutter und Herbert Wiedemann, Berlin u.a. 1998, S. 61 - 98

Höfling, Wolfram, Vertragsfreiheit, Eine grundrechtsdogmatische Studie, Schriften zum Wirtschaftsverfassungs- und Wirtschaftsverwaltungsrecht, Band 26, hrsg. v. Karl Heinrich Friauf, Heidelberg 1991

Hoeren, Thomas, Rechtsoasen im Internet – Eine erste Einführung, in: MMR 1998, S. 297 - 298

Hoffmann-Becking, Michael, Münchener Handbuch des Gesellschaftsrechts, Band 4: Aktiengesellschaft, 2. Aufl., München 1999

Hollerbach, Tobias, Die rechtlichen Rahmenbedingungen für Internet-Auktionen, in: DB 2000, S. 2001 - 2007

Hommelhoff, Peter, Unternehmensführung in der mitbestimmten GmbH, in: ZGR 1978, S. 119 - 155

Hoppmann, Carsten, Europäische Börsenaufsicht, in: EWS 1999, S. 204 - 212

ders., Europarechtliche Entwicklungen im Börsenrecht, Arbeitspapier Nr. 60 des Instituts für Handels- und Wirtschaftsrecht der Universität Osnabrück, abrufbar im Internet nunmehr auf der Homepage des Instituts für Bankrecht an der Universität Frankfurt a.M. (*http://www.uni-frankfurt.de/fb01/baums*) unter der Rubrik >Arbeitspapiere (Stand: 5.08.2002)

Hopt, Klaus J., Der Kapitalanlegerschutz im Recht der Banken – Gesellschafts-, bank- und börsenrechtliche Anforderungen an das Beratungs- und Verwaltungsverhalten der Kreditinstitute, München 1975

ders., Grundprobleme der Mitbestimmung in Europa – Eine rechtsvergleichende Bestandsaufnahme und Einschätzung der Vorschläge zur Rechtsangleichung der Arbeitnehmermitbestimmung in den Europäischen Gemeinschaften, in: ZfA 1982, S. 207 - 235

ders., Stellungnahme zur Aktienrechtsreform 1997, in AG 1997, Sonderheft: Die Aktienrechtsreform 1997, S. 42 - 48

ders., Europäisches Gesellschaftsrecht – Krise und neue Anläufe, in: ZIP 1998, S. 96 - 106

ders., Zum Begriff des geregelten Marktes nach der Wertpapierdienstleistungsrichtlinie – am Beispiel von Eurex, in: Bankrecht – Schwerpunkte und Perspektiven, Festschrift für Herbert Schimansky, hrsg. v. Norbert Horn, Hans-Jürgen Lwowski, Gerd Nobbe, Köln 1999; S. 631 - 652

ders., Gemeinsame Grundsätze der Corporate Governance in Europa? – Überlegungen zum Einfluß der Wertpapiermärkte auf Unternehmen und ihre Regulierung und zum Zusammenwachsen von commen law und civil law im Gesellschafts- und Kapitalmarktrecht, in: ZGR 2000, S. 779 - 818

ders.; Baum, Harald, Börsenrechtsreform in Deutschland, in: Börsenreform – Eine ökonomische, rechtsvergleichende und rechtspolitische Untersuchung, hrsg. v. Klaus J. Hopt, Bernd Rudolph, Harald Baum, Stuttgart 1997, S. 287 -467

dies., Börsenrechtsreform: Überlegungen aus vergleichender Perspektive, in: WM 1997, Sonderbeilage Nr. 4

Hopt, Klaus J.; Rudolph, Bernd; Baum, Harald, Börsenreform – Eine ökonomische, rechtsvergleichende und rechtspolitische Untersuchung, Stuttgart 1997

dies., Dokumentation: Empfehlungen zur Börsenreform in Deutschland, in: WM 1997, S. 1637 - 1640

Horn, Norbert, Neuverhandlungspflicht, in: AcP 181 (1981), S. 255 - 288

ders., Vertragsbindung unter veränderten Umständen – Zur Wirksamkeit von Anpassungsregelungen in langfristigen Verträgen, in: NJW 1985, S. 1118 - 1125

ders., Die richterliche Kontrolle von Entgeltklauseln nach dem AGB-Gesetz am Beispiel der Kreditwirtschaft, in: WM 1997, Sonderbeilage Nr. 1

ders., Die Erfüllung von Wertpapiergeschäften unter Einbeziehung eines Zentralen Kontrahenten an der Börse – Sachenrechtliche Aspekte, in: WM 2002, Sonderbeilage 2

Hüffer, Uwe, Aktiengesetz, 5. Aufl., München 2002

Immenga, Ulrich, Vertragliche Vinkulierung von Aktien?, in: AG 1992, S. 79 - 83

Ipsen, Jörn, Allgemeines Verwaltungsrecht, Köln u.a., 2. Aufl., 2001

Isensee, Josef; Kirchhof, Paul, Handbuch des Staatsrechts der Bundesrepublik Deutschland, Band I: Grundlagen von Staat und Verfassung, Heidelberg 1987, Band III: Das Handeln des Staates, 2. Aufl., Heidelberg 1996, Band VII: Normativität und Schutz der Verfassung – Internationale Beziehungen, Heidelberg 1992

Izquierdo, Miriam, Die Liberalisierung und Harmonisierung des Börsenrechts als Problem des EG-Rechts, Vorträge, Reden und Berichte aus dem Europa-Institut der Universität des Saarlandes, Nr. 191, hrsg. v. Georg Ress, Saarbrücken 1989

Jahnke, Volker, Rechtsformzwang und Rechtsformverfehlung bei der Gestaltung privater Rechtsverhältnisse, in: ZHR 146 (1982), S. 595 - 624

Jarass, Hans D.; Lochner, Matthias; Reidt, Olaf; Tünnesen-Harmes, Christian, Wirtschaftsverwaltungsrecht mit Wirtschaftsverfassungsrecht, 3. Aufl., Neuwied u.a. 1997

Jarass, Hans D.; Pieroth, Bodo, Grundgesetz für die Bundesrepublik Deutschland, Kommentar, 6. Aufl., München 2002

Jaskulla, Ekkehard M., Voraussetzungen und haftungsrechtliche Konsequenzen einer Aussetzung des Börsenhandels vor dem Hintergrund der Ereignisse des 11. Septembers 2001 – Zugleich Überlegungen im Anschluß an die Entscheidung des OLG Frankfurt a.M. – 1 U 209/99 – (rechtskräftig) vom 18. Januar 2001, in: WM 2002, S. 1093 - 1105

Juchem, Norbert, Positionierung der EASDAQ im Euroland, in: WM 1999, S. 585

Junker, Abbo, Grundkurs Arbeitsrecht, München 2001

Kallmeyer, Harald, Schutz vor Übernahmen in der GmbH, in: GmbHR 2001, S. 745 - 749

Kalss, Susanne, Österreichisches Börsen- und Kapitalmarktrecht, in: Börsenreform – Eine ökonomische, rechtsvergleichende und rechtspolitische Untersuchung, hrsg. v. Klaus J. Hopt, Bernd Rudolph, Harald Baum, Stuttgart 1997, S. 1167 - 1264

Kellerhals, B. Philipp; Rausch, Elmar, Die Liberalisierung von Aktienrückkäufen: Bundesdeutsche Erfahrungen, in: AG 2000, S. 222 - 225

Kerber, Markus C., Dürfen vinkulierte Namensaktien zum Börsenhandel zugelassen werden? Ein Beitrag zum Spannungsverhältnis von Vinkulierung und Fungibilität, in: WM 1990, S. 789 - 793

Kersting, Mark Oliver, Der Neue Markt der Deutsche Börse AG, in: AG 1997, S. 222 - 228

Kessler, Jürgen, Leitungskompetenz und Leitungsverantwortung im deutschen, US-amerikanischen und japanischen Aktienrecht, in: RIW 1998, S. 602 - 615

Kindermann, Elmar, Rechtliche Strukturen der Deutschen Terminbörse, in: WM 1989, Sonderbeilage Nr. 2

Kirchhof, Ferdinand, Private Rechtsetzung, Schriftenreihe der Hochschule Speyer, Band 98, Berlin 1987, zgl. Habil., Hochschule für Verwaltungswissenschaft Speyer 1985

Klein, Eckart, Der Verfassungsstaat als Glied einer europäischen Gemeinschaft, in: VVDStRL 50 (1991), S. 56 - 96

Klenke, Hilmar, Der Rückzug mehrfach notierter Unternehmen von den deutschen Regionalbörsen, in: WM 1995, S. 1089 - 1101

ders., Börsendienstleistungen im Europäischen Binnenmarkt – Die Marktkonzeption der Wertpapierdienstleistungsrichtlinie am Beispiel der Aktienmärkte, Untersuchungen über das Spar-, Giro- und Kreditwesen: Abteilung B, Rechtswissenschaft: Schriften des Instituts für deutsches und internationales Recht des Spar-, Giro- und Kreditwesens an der Johannes Gutenberg-Universität Mainz, Bd. 111, hrsg. v. Walther Hadding, Uwe H. Schneider, Berlin 1998, zgl. Diss., Konstanz 1997

Klinke, Ulrich, Europäisches Unternehmensrecht und EuGH – Die Rechtsprechung in den Jahren 1996-1997, in: ZGR 1998, S. 212 - 252

Kluth, Winfried, Abschaffung von Mehrstimmrechtsaktien verfassungswidrig?, in: ZIP 1997, S. 1217 - 1223

Kölner Kommentar Aktiengesetz ⇒ Zöllner, Wolfgang

Köndgen, Johannes, Ownership and Corporate Governance of Stock Exchanges, in: JITE 154 (1998), S. 224 - 251

ders., Mutmaßungen über die Zukunft der europäischen Börsen, in: Festschrift für Marcus Lutter zum 70. Geburtstag, Deutsches und europäisches Gesellschafts-, Konzern- und Kapitalmarktrecht, hrsg. v. Uwe H. Schneider, Peter Hommelhoff, Karsten Schmidt, Wolfram Timm, Barbara Grunewald, Tim Drygala, Köln 2000, S. 1401 - 1420

ders., Besprechung von Klaus J. Hopt/ Bernd Rudolph/ Harald Baum (Hrsg.), Börsenreform: Eine ökonomische, rechtsvergleichende und rechtspolitische Untersuchung. Stuttgart (Schäffer-Poeschel) 1997, LVIII, 1412 S., 498,- DM, in: ZHR 164 (2000), S. 648 - 655

ders.; Mues, Jochen, Zwangslizenz für XETRA? Deutsches Börsenwesen zwischen Staatsauftrag und privatrechtlicher Freiheit, in: WM 1998, S. 53 - 62

Kolvenbach, Walter, Die Fünfte EG-Richtlinie über die Struktur der Aktiengesellschaft (Strukturrichtlinie), in: DB 1983, S. 2235 - 2241

Kommission der Europäischen Gemeinschaften, Mitteilung der Kommission "Finanzdienstleistungen: Absteckung eines Aktionsrahmens", KOM (1998) 625 v. 28.10.1998, abrufbar im Internet auf der Binnenmarktseite der Kommission (*http://europa.eu.int/comm/internal_market/de*) unter den Rubriken >Finanzdienstleistungen >Aktionsplan (Stand: 5.08.2002)

dies., Mitteilung der Kommission "Finanzdienstleistungen: Umsetzung des Finanzmarktrahmens: Aktionsplan", KOM (1999) 232 v. 11.05.1999, abrufbar im Internet auf der Binnenmarktseite der Kommission (siehe vorstehend), abgedruckt in: ZBB 1999, S. 254 - 268

dies., Financial Services Action Plan – Progress Report, v. 29.11.1999, abrufbar im Internet auf der Binnenmarktseite der Kommission (siehe vorstehend)

dies., Aktueller Stand auf dem Gebiet der Finanzdienstleistungen – Zweiter Bericht, KOM (2000) 336 v. 31.05.2000, abrufbar im Internet auf der Binnenmarktseite der Kommission (siehe vorstehend)

dies., Finanzdienstleistungen – Prioritäten und Fortschritte: Dritter Bericht, KOM (2000) 692/2 final v. 8.11.2000, abrufbar im Internet auf der Binnenmarktseite der Kommission (siehe vorstehend), abgedruckt in: ZBB 2000, S. 437 - 447

dies., Finanzdienstleistungen – Politische Herausforderungen: Vierter Fortschrittsbericht, KOM (2001) 286 endgültig v. 1.06.2001, abrufbar im Internet auf der Binnenmarktseite der Kommission (siehe vorstehend)

dies., Finanzdienstleistungen – Europa muss seinen Zeitplan einhalten: Fünfter Fortschrittsbericht, KOM (2001) 712 endgültig v. 30.11.2001, abrufbar im Internet auf der Binnenmarktseite der Kommission (siehe vorstehend)

dies., Finanzdienstleistungen – Das Klima bessert sich – doch ist noch Einiges zu tun: Sechster Fortschrittsbericht, KOM (2002) 267 v. 3.06.2002, abrufbar im Internet auf der Binnenmarktseite der Kommission (siehe vorstehend)

dies., Erster Bericht des Ausschusses der Weisen über die Reglementierung der europäischen Wertpapiermärkte, v. 9.11.2000, abrufbar im Internet auf der Binnenmarktseite der Kommission (siehe vorstehend) unter den Rubriken >Finanzdienstleistungen >Wertpapiere (Stand: 5.08.2002)

dies., Abschlußbericht des Rates der Weisen über die Regulierung der europäischen Wertpapiermärkte (Lamfalussy-Bericht), abrufbar im Internet auf der Binnenmarktseite der Kommission (siehe vorstehend)

dies., Überblick über die vorgeschlagenen Anpassungen der Wertpapierdienstleistungs-Richtlinie, Arbeitsdokument der Dienststellen der Generaldirketion Binnenmarkt, Juli 2001, abrufbar im Internet auf der Binnenmarktseite der Kommission (siehe vorstehend) unter den Rubriken >Finanzdienstleistungen >Wertpapiere (Stand: 5.08.2002)

Kopp-Colomb, Wolf von; Lenz, Jürgen, Der europäische Pass für Emittenten – Der "Lamfalussy-Bericht" über die Regulierung der europäischen Wertpapiermärkte und der Vorschlag einer neuen Prospektrichtlinie, in: AG 2002, S. 24 - 29

Kopper, Hilmar, Konsequenzen der Europäischen Integration auf den Finanzplatz Deutschland, in: Bank- und Finanzwirtschaft – Strategien im Wandel, Festschrift für Hans E. Büschgen zum 65. Geburtstag, hrsg. v. Detlef Bierbaum, Klaus Feinen, Wiesbaden 1997, S. 289 - 313

Krämer, Lutz, Zur Änderungsbefugnis von Marktorganisationsregeln, Besprechung der Entscheidung des Primary Markets Arbitration Panel, BKR 2001, 153, in: BKR 2001, S. 131 - 135

Kränzle, Karl, SGX im Schatten von Hongkong, in: Börsenzeitung v. 31.1.2001, S. 3

Kraft, Alfons; Kreutz, Peter, Gesellschaftsrecht, 11. Aufl., Neuwied-Kriftel 2000

Kreiling, Simone, Tariflohn kraft staatlicher Anordnung?, in: NZA 2001, S. 1118 - 1125

Kropff, Bruno; Semler, Johannes, Münchener Kommentar zum Aktiengesetz, 2. Aufl. des Geßler/ Hefermehl/ Eckhardt/ Kropff, Aktiengesetz, Band 1 §§ 1 - 53, München 2000; Band 7 §§ 222 - 277, München 2001

Kübler, Friedrich, Stellungnahme zur Aktienrechtsreform 1997, in AG 1997, Sonderheft: Die Aktienrechtsreform 1997, S. 48 - 52

ders., Gesellschaftsrecht - Die privatrechtlichen Ordnungsstrukturen und Regelungsprobleme von Verbänden und Unternehmen – Ein Lehrbuch, 5. Aufl., Heidelberg 1998

Kümpel, Siegfried, Zur Girosammelverwahrung und Registerumschreibung der vinkulierten Namensaktien – Rationalisierung des Depot- und Effektenverkehrs, in: WM 1983, Sonderbeilage Nr. 8

ders., Amtlicher Markt und Freiverkehr an der Börse aus rechtlicher Sicht – unter Berücksichtigung der Konzeption des geregelten Marktes, in: WM 1985, Sonderbeilage Nr. 5

ders., Die Preisfeststellung im Geregelten Markt, in: WM 1988, S. 1621 - 1629

ders., Inter-Banken-Informations-System (IBIS) – Rechtliche und betriebliche Aspekte, in: WM 1990, S. 45 - 49

ders., Zur Aufnahme des elektronischen Handels an der Frankfurter Wertpapierbörse, in: WM 1991, Sonderbeilage Nr. 4

ders., Börsenrecht – Eine systematische Darstellung, Grundlagen und Praxis des Bank- und Börsenwesens, Band 31, Berlin 1996 *ders.*, Die öffentlichrechtliche Börsenorganisation im Lichte der Reformvorschläge, in: WM 1997, S. 1917 - 1923

ders., Bank- und Kapitalmarktrecht, 2. Aufl., Köln 2000

ders.; Hammen, Horst, Zur Genehmigungsfähigkeit eines geplanten Börsenverbundes, 1. Teil der WM Sonderbeilage Nr. 3/ 2000: Rechtliche Aspekte eines geplante Verbundes zwischen der Frankfurter und der Londoner Wertpapierbörse, S. 3 - 23

dies., Börsenrecht, in: Kapitalmarktrecht – Ergänzbares Rechtshandbuch für die Praxis, Systematische Sammlung der Gesetze, Verordnungen, behördlichen Anordnungen und Verlautbarungen sowie freiwilliger Regelungen der Emittenten mit Kurzerläuterungen, hrsg. v. Siegfried Kümpel, Horst Hammen, Jens Ekkenga, Loseblatt, Berlin, Stand: Mai 2002 – *Manuskript* –

dies.; Ekkenga, Jens, Kapitalmarktrecht – Ergänzbares Rechtshandbuch für die Praxis, Systematische Sammlung der Gesetze, Verordnungen, behördlichen Anordnungen und Verlautbarungen sowie freiwilliger Regelungen der Emittenten mit Kurzerläuterungen, Loseblatt, Berlin, Stand: Mai 2002

Kullmann, Walburga; van Aerssen, Rick, Neuer Markt und EASDAQ – Ein Vergleich der Zulassungsvoraussetzungen und Zulassungsfolgepflichten, in: ZBB 2000, S. 10 - 32

Kurth, Ekkehard, Der Charme öffentlich-rechtlicher Börsen, in: Börsenzeitung v. 6.05.2000, Sonderbeilage B 2

ders., Problematik grenzüberschreitender Wertpapieraufsicht, in: WM 2000, S. 1521 - 1530

ders., Alternative System wie Börse-light regulieren, in: Börsenzeitung v. 30.05.2001, S. 5

Kurth, Matthias, EURO-Kapitalmarkt und regionale Börsenaufsicht – ein Widerspruch?, in: WM 1998, S. 1715 - 1716

Laule, Gerhard, Die Umstrukturierung der Frankfurter Wertpapierbörse – Ein Modell, in: Festschrift für Theodor Heinsius zum 65. Geburtstag am 25. September 1991, hrsg. v. Friedrich Kübler, Hans-Joachim Mertens, Winfried Werner, Berlin 1991, S. 437 - 456

Ledermann, Thomas; Marxsen, Sven, Mit dem Start-up-Market zur ersten Börsennotiz, in: ZfK 1998, S. 28 - 29

Lehmann, Werner; Schäfer, Otto; Cirpka, Ekkehard, Bausparkassengesetz und Bausparkassenverordnung unter Berücksichtigung des Gesetzes über das Kreditwesen, Kommentar, 4. Aufl., Bonn 1992

Lenz, Carl Otto, EG-Vertrag – Kommentar zu dem Vertrag zur Gründung der Europäischen Gemeinschaften, in der durch den Amsterdamer Vertrag geänderten Fassung, 2. Aufl., Köln 1999

Löwe, Walter; Westphalen, Friedrich Graf v.; Trinkner, Reinhhold, Großkommentar zum AGB-Gesetz, Band II §§ 10 - 30, 2. Aufl., Heidelberg 1983

Loidl, Volker, Die GmbH ohne erwerbswirtschaftliche Zielsetzung – Eine rechtstatsächliche Untersuchung, Heft 26 der Schriftenreihe Rechtsfragen der Handelsgesellschaften, Köln 1970, zgl. Diss., Mannheim 1969

Lukes, Rudolf, Erstreckung der Vereinsgewalt auf Nichtmitglieder durch Rechtsgeschäft, in: Festschrift für Harry Westermann zum 65. Geburtstag, hrsg. v. Wolfgang Hefermehl, Rudolf Gmür, Hans Brox, Karlsruhe 1974, S. 325 - 345

Luther, Martin, Die genossenschaftliche Aktiengesellschaft, Schriften zur Kooperationsforschung C, Berichte, Band 6, Tübingen 1978, zgl. Diss., Münster 1977

Lutter, Marcus, Eine größenabhängige und zwingende Unternehmensverfassung für Kapitalgesellschaften in Europa?, in: AG 1997, S. 538 - 540

ders., Stellungnahme zur Aktienrechtsreform 1997, in AG 1997, Sonderheft: Die Aktienrechtsreform 1997, S. 52 - 57

ders., Das Europäische Unternehmensrecht im 21. Jahrhundert, in: ZGR 2000, S. 1 - 18

ders., Konzepte, Erfolge und Zukunftsaufgaben Europäischer Gesellschaftsrechtsharmonisierung, in: Systembildung und Systemlücken in Kerngebieten des Europäischen Privatrechts – Gesellschafts-, Arbeits- und Schuldvertragsrecht, hrsg. v. Stefan Grundmann, Tübingen 2000, S. 121 - 143

ders., Umwandlungsgesetz – Kommentar, 2. Aufl., Köln 2000

ders.; Hommelhoff, Peter, GmbH-Gesetz – Kommentar, 15. Aufl., Köln 2000

ders.; Krieger, Gerd, Hilfspersonen von Aufsichtsratsmitgliedern, in: DB 1995, S. 257 - 260

Mackenthun, Thomas; Sonnenhol, Jürgen, Entgeltklauseln in der Kreditwirtschaft – e-Commerce von Kreditinstituten – Bericht über den Bankrechtstag am 29. Juni 2001 in Kiel, in: WM 2001, S. 1585 - 1594

Mangoldt, Hermann v.; Klein, Friedrich, Das Bonner Grundgesetz, Kommentar, Band 3, 2. Aufl., München 1974

dies.; Starck, Christian, Das Bonner Grundgesetz, Kommentar, Band 3, Art. 79 - 146, 4. Aufl., München 2001

Martens, Klaus-Peter, Stimmrechtsbeschränkung und Stimmbindungsvertrag im Aktienrecht, in: AG 1993, S. 495 - 502

Martinek, Michael, Die Lehre von den Neuverhandlungspflichten – Bestandsaufnahme, Kritik ... und Ablehnung, in: AcP 198 (1998), S. 329 - 400

Maurer, Hartmut, Allgemeines Verwaltungsrecht, 13. Aufl., München 2000

Maurer, Joachim, Aufgaben, Rechtsstellung und Haftung der Technischen Überwachungsvereine, Diss., Mainz 1978

Medicus, Dieter, Allgemeiner Teil des BGB, 7. Aufl., Heidelberg 1997

Mehner, Gottfried, London-Attacke macht OM berühmt, in: Börsenzeitung v. 25.1.2001, S. 6

Meier-Schatz, Christian J., Die neue Börsenrechtsordnung der Schweiz – ein Überblick, in: ZBB 1997, S. 325 - 345

Meng, Werner, Die Auszehrung der allgemeinen preisrechtlichen Ermächtigungsgrundlage (§ 2 Abs. 1 Preisgesetz), in: DVBl 1980, S. 613 - 619

Merkt, Hanno, Das Europäische Gesellschaftsrecht und die Idee des "Wettbewerbs der Gesetzgeber", in: RabelsZ 59 (1995), S. 545 - 568

ders., Zur Entwicklung des deutschen Börsenrechts von den Anfängen bis zum Zweiten Finanzmarktförderungsgesetz, in: Börsenreform – Eine ökonomische, rechtsvergleichende und rechtspolitische Untersuchung, hrsg. v. Klaus J. Hopt, Bernd Rudolph, Harald Baum, Stuttgart 1997, S. 17 - 141

ders., Reformbedarf im Kapitalmarkt- und Börsenrecht, in: NJW-Beilage 23/2002, S. 41 - 46

ders., Empfiehlt es sich, im Interesse des Anlegerschutzes und zur Förderung des Finanzplatzes Deutschland das Kapitalmarkt- und Börsenrecht neu zu regeln?, Verhandlungen des vierundsechzigsten Deutschen Juristentages Berlin 2002, hrsg. v. der ständigen Deputation des Deutschen Juristentages, Band I, Gutachten, Teil G, München 2002

Mertens, Hans-Joachim, Satzungs- und Organisationsautonomie im Aktien- und Konzernrecht, in: ZGR 1994, S. 426 - 441

Metz, Rainer, Variable Zinsvereinbarungen bei Krediten und Geldanlagen, in: BKR 2001, S. 21 - 29

Mewes, Hans, Xetra Best = Maxblue, in: Börsenzeitung v. 10.05.2002, S. 4

Meyer, Frieder; Meyer, Heiner, Das Projekt Deutsche Warenterminbörse, in: Die Bank 1994, S. 458 – 462

Meyer-Bullerdiek, Frieder; Gommlich, Florian; Tieftrunk, Andreas, Zwei Jahre Warenterminbörse Hannover (WTB) – Bilanz und Perspektive, in: Die Bank 2000, S. 324 - 328

Michaelis, Rüdiger, Der Beliehene, Ein Beitrag zur Verflechtung von öffentlichem und privatem Recht, Diss., Münster 1969

Möller, Andreas, Das Vierte Finanzmarktförderungsgesetz – Der Regierungsentwurf, in: WM 2001, S. 2405 -2415

Möllers, Thomas M. J., Anlegerschutz durch Aktien- und Kapitalmarktrecht – Harmonisierungsmöglichkeiten nach geltendem und künftigen Recht, in: ZGR 1997, S. 334 - 367

ders., Kapitalmarkttauglichkeit des deutschen Gesellschaftsrechts – Kritik am sachlichen und persönlichen Anwendungsbereich der Novellierung von AktG und HGB im Bereich von Rechnungslegung, Corporate Governance und Transparenz, in: AG 1999, S. 433 - 442

Monopolkommission, Ordnungspolitische Leitlinien für ein funktionsfähiges Finanzsystem, Sondergutachten Nr. 26 der Monopolkommission gemäß § 24b Abs. 5 Satz 4 GWB, Baden-Baden 1998

Münchener Handbuch Aktiengesellschaft ⇒ Hoffmann-Becking, Michael

Münchener Handbuch GmbH ⇒ Priester, Hans-Joachim; Mayer, Dieter

Münchener Kommentar Aktiengesetz ⇒ Kropff, Bruno; Semler, Johannes

Münchener Kommentar BGB ⇒ Rebmann, Kurt; Säcker, Franz Jürgen; Rixecker, Roland

Mues, Jochen, Hundert Jahre deutsches Börsengesetz – Zum Inkrafttreten des Börsengesetzes am 1. Januar 1897, in: ZBB 1997, S. 15 - 24

ders., Die Börse als Unternehmen – Modell einer privatrechtlichen Börsenorganisation, Studien zum Bank- und Börsenrecht, hrsg. v. Ulrich Immenga, Band 48, 1. Aufl., Baden-Baden 1999, zgl. Diss., Bonn 1999

ders., Besprechung von: Tilman Breitkreuz, Die Ordnung der Börse, Verwaltungsrechtliche Zentralfragen des Wertpapierbörsenwesens. Grundlagen und Praxis des Bank und Börsenwesens. Bd. 39. Berlin 2000, in: ZBB 2001, S. 232 - 235

ders., Anmerkungen zum Börsengesetz nach dem Diskussionsentwurf für das Vierte Finanzmarktförderungsgesetz, in: ZBB 2001, S. 353 - 360

Nägel, Josef, SMAX - das neue Qualitätssegment für Small Caps, in: Die Bank 1999, S. 180 - 183

Nagel, Bernhard, Wirtschaftsrecht der Europäischen Union – Eine Einführung, 3. Aufl., Baden Baden 2001

Neubacher, Bernd, Börse will private Plattformen mit Handelssystem ausrüsten, in: Börsenzeitung v. 5.01.2002, S. 3

ders., "Xetra Best" soll Private an die Börse binden, in: Börsenzeitung v. 26.01.2002, S. 3

ders., Banken halten sich bei Xetra Best zurück, in: Börsenzeitung v. 18.04.2002, S. 3

ders., Wenn Banken zu Börsen werden, in: Börsenzeitung v. 19.04.2002, S. 3

ders., Internalisierer brauchen ein Ende der Flaute, in: Börsenzeitung v. 20.04.2002, S. 3

ders., Banken werden Xetra Best anbieten müssen, in: Börsenzeitung v. 23.04.2002, S. 3

ders., Marktakteure sorgen sich ums offene Orderbuch, in: Börsenzeitung v. 25.04.2002, S. 3

ders., Börse nennt Details zu Xetra Best, in: Börsenzeitung v. 27.04.2002, S. 3

ders., „Der letzte Sargnagel für die Regionalbörsen“, in: Börsenzeitung v. 1.05.2002, S. 3

ders., Banken lassen Deutsche Börse noch zappeln, in: Börsenzeitung v. 31.05.2002, S. 3

ders., Nasdaq Deutschland macht Teilnahme simpel, in: Börsenzeitung v. 19.06.2002, S. 3

ders., Internalisierer stehen vor Wechsel zu Best Ex, in: Börsenzeitung v. 22.06.2002, S. 3

ders., Börsenaufsicht wird Xetra Best genehmigen, in: Börsenzeitung v. 3.07.2002, S. 5

ders., Unter den Regionalbörsen kommt es zum Showdown, in: Börsenzeitung v. 1.08.2002, S. 8

ders., Xetra Best droht ein Fehlstart, in: Börsenzeitung v. 6.08.2002, S. 3

Neubauer, Maik, Alternative Trading Systems – Schlüssel zum Retailmarkt?, in: Die Bank 2001, S. 104 - 107

Nicolaysen, Gert, Tabakrauch, Gemeinwohlrecht und Grundgesetz – Zum BVerfG-Beschluß vom 12.5.1989 – ZBvQ 3/89, in: EuR 1989, S. 215 - 225

Niessen, Hermann, Zum Vorschlag einer "europäischen" Regelung der Mitbestimmung für "nationale" Aktiengesellschaften, in: ZGR 1973, S. 218 - 229

Nietsch, Michael, Regelwerke der Börsen vor Neuordnung, in: Börsenzeitung v. 2.11.2001, S. 6

Nobel, Peter, Börsenallianzen und -fusionen, in: Festschrift für Marcus Lutter zum 70. Geburtstag, Deutsches und europäisches Gesellschafts-, Konzern- und Kapitalmarktrecht, hrsg. v. Uwe H. Schneider, Peter Hommelhoff, Karsten Schmidt, Wolfram Timm, Barbara Grunewald, Tim Drygala, Köln 2000, S. 1485 - 1511

Nußbaum, Arthur, Kommentar zum Börsengesetz für das Deutsche Reich vom 22. Juni 1896 nebst einer Darstellung der Rechtsgrundsätze über den Effektenhandel zwischen Banken und Kunden, München 1910

Oelkers, Felix, Der Begriff des "Eigenhandels für andere" im KWG, in: WM 2001, S. 340 - 348

Österreichische Bundeswertpapieraufsicht, Alternative Handelssysteme und andere elektronische Kommunikationssysteme im Wertpapiergeschäft, Das Papier war bis Februar 2002 abrufbar im Internet auf der Homepage der früheren Bundeswertpapieraufsicht: *http://www.bwa.at*

Olenhusen, Peter Götz v., Börsen und Kartellrecht – Zur wettbewerbsrechtlichen Problematik der Börsenleistungen, Studien zum Bank- und Börsenrecht, hrsg. v. Ulrich Immenga, Band 11, 1. Aufl., Baden-Baden 1983, zgl. Diss., Bochum 1982/ 83

Oppermann, Thomas, Europarecht – Ein Studienbuch, 2. Aufl., München 1999

Oppitz, Martin, Alternative Handelssysteme im österreichischen Börserecht, in: ÖBA 2000, 1084 - 1094

Ossenbühl, Fritz, Die Erfüllung von Verwaltungsaufgaben durch Private, VVDStRL, Heft 29 (1971), S. 137 - 209

Otto, Hans-Jochen, Gebundene Aktien: Vertragliche Beschränkungen der Ausübung und Übertragbarkeit von Mitgliedschaftsrechten zugunsten der AG, in: AG 1991, S. 369 - 380

Pagnozzi, Ciro; Westerberg, Nicola, Wettbewerb in Clearing und Settlement, in: Börsenzeitung v. 29.06.2002, S. 3

Pahlke, Anne-Kathrin, Bankrechtstag 2001 der Bankrechtlichen Vereinigung e.V. am 29. Juni 2001 in Kiel – "Entgeltklauseln in der Kreditwirtschaft und E-Commerce von Kreditinstituten", in: ZBB 2001, S. 287 - 296

Palandt, Otto, Bürgerliches Gesetzbuch mit Einführungsgesetz (Auszug), Gesetz zur Regelung des Rechts der Allgemeinen Geschäftsbedingungen, Fernabsatzgesetz, Verbraucherkreditgesetz, Gesetz über den Widerruf von Haustürgeschäften und ähnlichen Geschäften, Gesetz über die Veräußerung von Teilzeitnutzungsrechten an Wohngebäuden (Teilzeitwohnrechtegesetz-TzWrG), Produkthaftungsgesetz, Erbaurechtsverordnung, Wohnungseigentumsgesetz, Hausratsverordnung, Lebenspartnerschaftsgesetz, 61. Aufl., München 2002

Papenfuß, Matthias, Die personellen Grenzen der Autonomie öffentlichrechtlicher Körperschaften, Schriften zum öffentlichen Recht, Band 596, Berlin 1991, zgl. Diss., Bonn 1989

Peine, Franz-Josef, Grenzen der Privatisierung – verwaltungsrechtliche Aspekte, in: DÖV 1997, S. 353 - 365

ders., Allgemeines Verwaltungsrecht, 5. Aufl., Heidelberg 2000

Pellens, Bernhard; Hillebrandt, Franca, Vorzugsaktien vor dem Hintergrund der Corporate Governance-Diskussion, in: AG 2001, S. 57 - 67

Peltzer, Martin, Die Abschaffung von Mehrstimmrechten und Stimmrechtsbeschränkungen im KonTraG-Entwurf, in: AG 1997, Sonderheft: Die Aktienrechtsreform 1997, S. 90 - 99

Peters, Hans, Öffentliche und staatliche Aufgaben, in: Festschrift für Hans Carl Nipperdey zum 70. Geburtstag - 21. Januar 1965, hrsg. von Rolf Dietz, Heinz Hübner, Band II, München u.a. 1965, S. 877 - 895

Pfister, Bernhard, Anmerkung zu BGH, Urteil v. 28.11.1994 – II ZR 11/94, in: JZ 1995, S. 464 - 467

Pfüller, Markus; Westerwelle, Kai, Das Internet als Kapitalmarkt, in: MMR 1998, S. 171 - 174

dies., Wertpapierhandel im Internet, in: Handbuch Multimedia-Recht, hrsg. v. Thomas Hoeren, Ulrich Sieber, Loseblatt, München, Stand: Dezember 2000

Philippe, Denis; Herring, Rod Alexander, Vertragsanpassungs- und Härteklauseln in Langzeitverträgen – belgisches Recht im internationalen Vergleich, in: RIW 2001, S. 270 - 273

Pieroth, Bodo; Schlink, Bernhard, Grundrechte, Staatsrecht II, 17. Aufl., Heidelberg 2001

Plewka, Harald; Aymans, Klaus, Die "Neuen Märkte" in Europa, in: DB 1996, S. 2192 - 2195

Plückelmann, Katja, Der Neue Markt der Deutsche Börse AG, Europäische Hochschulschriften, Reihe II, Rechtswissenschaft, Band 2884, Frankfurt a.M. u.a. 2000, zgl. Diss., Osnabrück 2000

Pluskat, Sorika, Die neuen Vorschläge für die Europäische Aktiengesellschaft, in: EuZW 2001, S. 524 - 528

dies., Anmerkung zum Urteil des OLG Frankfurt a.M. v. 29.01.2002 (5 U 189/01), WM 2002, S. 589, in: WuB I G 7.- 2.02, S. 556 - 558

Pohl, Hans, Zur Geschichte des deutschen Börsenwesens – Deutsche Börsengeschichte, Frankfurt a.M. 1992

Potthoff, Volker, Für einen geregelten Wettbewerb um Orders, in: Börsenzeitung v. 18.06.2002, S. 3

ders.; Ferscha, Rudolf, Aufbruch in eine neue Industriestruktur, in: Börsenzeitung v. 26.06.2002, S. 5

ders.; Stuhlfauth, Jutta, Der Neue Markt: Ein Handelssegment für innovative und wachstumsorientierte Unternehmen – kapitalmarktrechtliche Überlegungen und Darstellung des Regelwerkes, in: WM 1997, Sonderbeilage Nr. 3

Pozniak, Gregor, Die Wiener Börse in ihrem geänderten rechtlichen Umfeld, in: ZBB 1998, S. 357 - 378

Priester, Hans-Joachim; Mayer, Dieter, Münchener Handbuch des Gesellschaftsrechts, Band 3, Gesellschaft mit beschränkter Haftung, München 1996

Prölls-VAG ⇒ *Schmidt, Reimer*

Radtke, Michael, NEWEX – Börse für mittel- und osteuropäische Wertpapiere, in: Die Bank 2000, S. 784 - 786

Raiser, Thomas, Recht der Kapitalgesellschaften – Ein Handbuch für Praxis und Wissenschaft; Aktiengesellschaft, Gesellschaft mit beschränkter Haftung, Kapitalgesellschaft & Co., Umwandlung, Verschmelzung, Spaltung, Konzernrecht, 2. Aufl., München 1992

ders.; Veil, Rüdiger, Recht der Kapitalgesellschaften – Ein Handbuch für Praxis und Wissenschaft; Aktiengesellschaft, Kommanditgesellschaft auf Aktien, Gesellschaft mit beschränkter Haftung, Kapitalgesellschaft & Co., Umwandlungsrecht, Konzernrecht, Internationales Gesellschaftsrecht, 3. Aufl., München 2001

Rebmann, Kurt; Säcker, Franz Jürgen; Rixecker, Roland, Münchener Kommentar zum Bürgerlichen Gesetzbuch, Band 1, Allgemeiner Teil, §§ 1-240, AGB-Gesetz, Red. Franz Jürgen Säcker, 4. Aufl., München 2001, Band 2, Schuldrecht Allgemeiner Teil, §§ 241-432, FernAbsG, Red. Wolfgang Krüger, 4. Aufl. München 2001

Reckers, Hans, IX-Verlust für Frankfurt a.M. oder Gewinn für den Finanzplatz Europa?, in: WM 2000, S. 1631

Reckinger, Gabriele, Vorzugsaktien in der Bundesrepublik, in: AG 1983, S. 216 - 222

Redicker, Claus-Henning, Strengere Marktaufsicht in der City of London, in: Die Bank 1999, S. 418 - 420

Reinhardt, Peter, Die Deutsche Bahn AG – Von der öffentlich-rechtlichen zur privatrechtlichen Zielsetzung in Unternehmen der öffentlichen Hand, in: ZGR 1996, S. 374 - 384

Reinisch, Armin, Der Ausschluß von Aktionären aus der Aktiengesellschaft, Rechtsfragen der Handelsgesellschaften, Heft 74, Köln 1992, zgl. Diss., Darmstadt 1991

Reischauer, Friedrich; Kleinhans; Joachim, Kreditwesengesetz (KWG) – Loseblattkommentar für die Praxis nebst sonstigen bank- und sparkassenrechtlichen Aufsichtsgesetzen sowie ergänzenden Vorschriften, bearb. v. Egon Becker, Jochen Lehnhoff, Holger Mielk, Günther Görtz, I. Band, Berlin, Stand: Juni 2002

Reuschle, Fabian; Fleckner, Andreas M., Börsenähnliche Einrichtungen – die privatrechtliche Organisation einer Börse im materiellen Sinne, in: BKR 2002, S. 617 - 625

Richardi, Reinhard, Die Bedeutung des Mitbestimmungsurteils des Bundesverfassungsgerichts vom 1. März 1979 für die Arbeitsrechtsordnung, in: AöR 104 (1979), S. 546 - 579

Riehmer, Klaus; Heuser, Friederike, Börsen und Internet, in: NZG 2001, S. 385 - 391

Rinker, Mike, Vertragsschluss im börslichen elektronischen Handelssystem, Diss. Gießen 2002, *im Erscheinen*

Roegele, Elisabeth, Zentraler Kontrahent geht am Markt vorbei, in: Börsenzeitung v. 13.07.2002, S. 3

Römermann, Volker; Schröder, Henning, Der Ausschluß so genannter "Penny-Stocks" vom Neuen Markt – Zugleich Besprechung des Urteils des LG Frankfurt a.M., BKR 2001, 109, in: BKR 2001, S. 83 - 87

Roth, Wulf-Henning, Europäisches Recht und nationales Recht, in: 50 Jahre Bundesgerichtshof, Festgabe aus der Wissenschaft, Band II. Handels- und Wirtschaftsrecht, Europäisches und Internationales Recht; hrsg. v. Andreas Heldrich, Klaus J. Hopt, München 2000, S. 847 - 888

Rowedder, Heinz; Fuhrmann, Hans; Rittner, Fritz; Koppensteiner, Hans-Georg; Wiedmann, Harald; Rasner, Henning; Zimmermann, Klaus; Schmidt-Leithoff, Christian; Schaal, Hans-Jürgen, Gesetz betreffend die Gesellschaften mit beschränkter Haftung (GmbHG), Kommentar, 3. Aufl., München 1997

Ruckteschell, Nicolai v., Die Privatisierung der Deutschen Lufthansa AG – Von der öffentlich-rechtlichen zur privatrechtlichen Zielsetzung in Unternehmen der öffentlichen Hand, in: ZGR 1996, S. 364 - 373

Rudolph, Bernd, Zur Diskussion um die Börsenreform, in: WM 1999, S. 371 - 372

ders.; Röhrl, Heiner, Grundfragen der Börsenorganisation aus ökonomischer Sicht, in: Börsenreform – Eine ökonomische, rechtsvergleichende und rechtspolitische Untersuchung, hrsg. v. Klaus J. Hopt, Bernd Rudolph, Harald Baum, Stuttgart 1997, S. 143 - 285

Ruge, Reinhard, Goldene Aktien und EG-Recht, in: EuZW 2002, S. 421 - 424

Saenger, Ingo, Mehrstimmrechte bei Aktiengesellschaften, in: ZIP 1997, S. 1813 - 1820

Saria, Gerhard, Schranken beim Erwerb eigener Aktien nach § 71 I Nr. 8 AktG, in: NZG 2000, S. 458 - 463

Sauer, Hubert, Rechtsnatur der Entscheidung des amtlich anerkannten Sachverständigen oder Prüfers beim Technischen Überwachungsverein über Bestehen oder Nichtbestehen der Fahrprüfung, in: DVBl. 1970, S. 486 - 491

Schad, Peter, Eingetragener Verein oder Wirtschaftsverein?, in: NJW 1998, S. 2411 - 2413

Schäfer, Carsten, Stimmrechtslose Anteile in der GmbH, Teil 1: Zulässigkeit der Bildung stimmrechtsloser Anteile, in: GmbHR 1998, S. 113 - 119

Schäfer, Frank A., Grundzüge des neuen Börsenrechts, in: ZIP 1987, S. 953 - 959

ders., Wertpapierhandelsgesetz, Börsengesetz mit BörsZulV, Verkaufsprospektgesetz mit VerkProspV, Kommentar, Stuttgart u.a., 1999

Schaefer, Hans, Aktienemissionen im Internet, in: MMR 2001, S. 491 - 495

Schanz, Kay-Michael, Feindliche Übernahmen und Strategien der Verteidigung, in: NZG 2000, S. 337 - 347

Schauber, Daniel, Penny-Stock-Regelung für Foris aufgeschoben, in: Börsenzeitung v. 17.8.2001, S. 3

ders., Zweierlei Maß am Neuen Markt, in: Börsenzeitung v. 29.11.2001, S. 8

Schebeska, Michael, Wirksamkeit von Zinsanpassungsklauseln für Spareinlagen aus Bankensicht, in: BKR 2002, S. 564 - 570

Schiereck, Dirk, Entwicklungstendenzen bei den Börsennotierungen deutscher Gesellschaften im Ausland, in: AG 1997, S. 362 - 367

Schilling, Wolf Ulrich, Shareholder Value und Aktiengesetz, in: BB 1997, S. 373 - 381

Schimansky, Herbert, Zinsanpassungsklauseln in AGB, in: WM 2001, S. 1169 - 1176

ders.; Bunte, Hermann-Josef; Lwowski, Hans-Jürgen, Bankrechts-Handbuch, Band III, 2. Aufl., München 2001

Schloh, Bernhard, Instititioneller Aufbau der EG, 3. Rat, in: Handbuch des EU-Wirtschaftsrechts, Band 1, hrsg. v. Manfred A. Dauses, Loseblatt, München, Stand: Mai 2001, A II Rn. 129 ff

Schlüter, Uwe, Inhouse-Crossing - Angriff des Trägers auf die Börse?, in: Börsenzeitung v. 25.01.2002, S. 3

Schmalz, Dieter, Allgemeines Verwaltungsrecht und Grundlagen des Verwaltungsrechtsschutzes, 3. Aufl., Baden-Baden 1998

ders., Methodenlehre für das juristische Studium, 4. Aufl., Baden-Baden 1998

Schmidt, Hartmut; Oesterhelweg, Olaf; Treske, Kai, Der Strukturwandel im Börsenwesen: Wettbewerbstheoretische Überlegungen und Trends im Ausland als Leitbilder für den Finanzplatz Deutschland, in: Kredit und Kapital 1997, S. 369 - 411

Schmidt, Hartmut; Schleef, Michael; Küster Simic, André, Warentests für Handelsplattformen – Zur Anlegerfreiheit am Aktienmarkt, in: ZBB 2001, S. 69 - 83

Schmidt, Karsten, Der bürgerlich-rechtliche Verein mit wirtschaftlicher Tätigkeit, in: AcP 182 (1982), S. 1 - 59

ders., Gesellschaftsrecht, 3. Aufl., Köln u.a. 1997

ders., Handelsrecht, 5. Aufl., u.a. 1999

Schmidt, Reimer, Prölss – Versicherungsaufsichtsgesetz mit Europäischem Gemeinschaftsrecht und Recht der Bundesländer, 11. Aufl., München 1997

Schmidt, Reiner, Öffentliches Wirtschaftsrecht, Besonderer Teil 1, Enzyklopädie der Rechts- und Staatswissenschaft, Abteilung Rechtswissenschaft, begr. v. F. von Liszt, W. Kaskel, hrsg. v. H. Albach, E. Helmstädter, H. Honsell, P. Lerche, D. Nörr, Berlin u.a. 1995

ders., Der Übergang öffentlicher Aufgabenerfüllung in private Rechtsformen, in: ZGR 1996, S. 345 - 363

Schmidt-Aßmann, Eberhard, Besonderes Verwaltungsrecht, 11. Aufl., Berlin u.a. 1999

Schmidt-Bleibtreu, Bruno; Klein, Franz, Kommentar zum Grundgesetz, 9. Aufl., Neuwied u.a. 1999

Schmitt, Heinz W., Der Prädikatsmarkt in München, in: ZfK 1998, S. 27 - 28

Schneider, Jens-Peter, Flexible Wirtschaftsregulierung durch unabhängige Behörden im deutschen und britischen Telekommunikationsrecht, in: ZHR 164 (2000), S. 513 - 544

Schneider, Uwe H., Gesetzliches Verbot für Stimmrechtsbeschränkungen bei der Aktiengesellschaft? Zugleich ein Beitrag zur statutarischen Konzerngründungsklausel bei der abhängigen Aktiengesellschaft, in: AG 1990, S. 56 - 63

ders.; Burgard, Ulrich, Börsenrechtliche Bewertung einer Einbeziehung der Trägergesellschaft der Frankfurter Wertpapierbörse in einen multinationalen Börsenkonzern und die Verlagerung des Handels in Standardwerten an eine andere Börse, 2. Teil der WM Sonderbeilage Nr. 3/ 2000: Rechtliche Aspekte eines geplanten Verbundes zwischen der Frankfurter und der Londoner Wertpapierbörse, S. 24 - 45

Schoch, Friedrich, Privatisierung von Verwaltungsaufgaben, in: DVBl. 1994, S. 962 - 977

Schön, Wolfgang, Mindestharmonisierung im europäischen Gesellschaftsrecht, in: ZHR 160 (1996), S. 221- 249

ders., Der Einfluß öffentlich-rechtlicher Zielsetzungen auf das Statut privatrechtlicher Eigengesellschaften der öffentlichen Hand – Gesellschaftsrechtliche Analyse, in: ZGR 1996, S. 429 - 457

Schönle, Herbert, Bank- und Börsenrecht – Ein Studienbuch, 2. Aufl., München 1976

Scholand, Markus; Glas, Dietrich, Wetterderivate – Szenarien eines Emerging Market, in: Die Bank 2002, S. 171 - 175

Schrader, Torsten, Geregelter Markt und geregelter Freiverkehr – Auswirkungen gesetzgeberischer Eingriffe, Schriftenreihe des Instituts für Geld- und Kapitalverkehr der Universität Hamburg, hrsg. v. Hartmut Schmidt, Band 7, Wiesbaden 1993, zgl. Diss., Hamburg 1993

Schröder, Michael, Die Wertpapierhandelsaufsicht nach dem Zweiten Finanzmarktförderungsgesetz, Schriften zum Wirtschaftsrecht, Steuerrecht und Zivilprozeßrecht, hrsg. v. Jürgen Costede, Band 5, Frankfurt a.M. 1998, zgl. Diss., Freiburg (Breisgau) 1998

Schroeder, Werner, Die Privatisierung öffentlicher Unternehmen und das EG-Beihilfenrecht, in: EWS 2002, S. 174 - 180

Schroth, Patrick; Wenzeler, Grischa, Trends an der Budapester Börse, in: Die Bank 1996, S. 617 - 621

Schüppen, Matthias, To comply or not to comply – that's the question! "Existenzfragen" des Transparenz- und Publizitätsgesetzes im magischen Dreieck kapitalmarktorientierter Unternehmensführung, in: ZIP 2002, S. 1269 - 1279

Schulte, Arnd Axel, Die Regulierung der deutschen Effektenbörsen – Eine Analyse staatlicher Maßnahmen im deutschen Börsenwesen seit der Währungsreform, Europäische Hochschulschriften, Reihe V, Volks- und Betriebswirtschaft, Band 1763, Frankfurt a.M. u.a. 1995, zgl. Diss., Münster 1994

Schwark, Eberhard, Das neue Kapitalmarktrecht, in: NJW 1987, S. 2041 - 2048

ders., Börsengesetz – Kommentar zum Börsengesetz und zu den börsenrechtlichen Nebenbestimmungen, 2. Aufl., München 1994

ders., Börsen und Wertpapierhandelsmärkte in der EG, in: WM 1997, S. 293 - 307

ders., Börsenrecht, in: 50 Jahre Bundesgerichtshof – Festgabe aus der Wissenschaft, Band II, Handels- und Wirtschaftsrecht, Europäisches und Internationales Recht, hrsg. v. Andreas Heldrich, Klaus J. Hopt, München 2000, S. 455 - 495

ders., Zur rechtlichen Zulässigkeit der Konzerneingliederung des Trägers der Frankfurter Wertpapierbörse unter eine ausländische Holding und eines blue-chips-Handelssegments in alleiniger Zuständigkeit einer ausländischen Börsenholding, in: WM 2000, S. 2517 - 2532

ders., Besprechung von: Jochen Mues, Die Börse als Unternehmen. Modell einer privatrechtlichen Börsenorganisation, Studien zum Bank- und Börsenrecht, Band 48, Baden-Baden 1999, in: ZBB 2001, S. 311 - 313

Schwarz, Günter Christian, Europäisches Gesellschaftsrecht – Ein Handbuch für Wissenschaft und Praxis, 1. Aufl., Baden-Baden 2000

Schwarze, Jürgen, EU-Kommentar, 1. Aufl., Baden-Baden 2000

Schwilling, Werner, Börsenplatz Deutschland – Eine kritische Analyse mit Rück- und Ausblick, in: Bank- und Finanzwirtschaft – Strategien im Wandel, Festschrift für Hans E. Büschgen zum 65. Geburtstag, hrsg. v. Detlef Bierbaum, Klaus Feinen, Wiesbaden 1997, S. 413 - 438

Schwintowski, Hans-Peter, Gesellschaftsrechtliche Bindungen für entsandte Aufsichtsratsmitglieder in öffentlichen Unternehmen, in: NJW 1995, S. 1316 - 1321

Segna, Ulrich, Bundesligavereine und Börse, in: ZIP 1997, S. 1901 - 1912

ders., Die Rechtsform deutscher Wertpapierbörsen – Anmerkungen zur Reformdiskussion, Arbeitspapier Nr. 75 des Instituts für Handels- und Wirtschaftsrecht der Universität Osnabrück, abrufbar im Internet nunmehr auf der Homepage des Instituts für Bankrecht an der Universität Frankfurt a.M. (*http://www.uni-frankfurt.de/fb01/baums*) unter der Rubrik >Arbeitspapiere (Stand: 5.08.2002)

ders., Die Rechtsform deutscher Wertpapierbörsen – Anmerkungen zur Reformdiskussion, in: ZBB 1999, S. 144 - 152

Seibert, Ulrich, "Kleine AG" im Rechtsausschuß verabschiedet, in: ZIP 1994, S. 914 - 916

ders., Kontrolle und Transparenz im Unternehmensbereich (KonTraG) – Der Referenten-Entwurf zur Aktienrechtsnovelle, in: WM 1997, S. 1 - 9

ders., Im Blickpunkt: Der Deutsche Corporate Governance Kodex ist da, in: BB 2002, S. 581 - 584

Seibt, Christoph H., Deutscher Corporate Governance Kodex und Entsprechens-Erklärung (§ 161 AktG-E), in: AG 2002, S. 249 - 259

Seitz, Jochen, Die Integration der europäischen Wertpapiermärkte und die Finanzmarktgesetzgebung in Deutschland, in: BKR 2002, S. 340 - 347

Sester, Peter, Vertragsabschluß bei Internet-Auktionen, in: CR 2001, S. 98 - 108

Siebel, Ulf R., Vorzugsaktien als "Hybride" Finanzierungsform und ihre Grenzen, in: ZHR 161 (1997), S. 628 - 664

Soergel, Hans Theodor, Bürgerliches Gesetzbuch mit Einführungsgesetz und Nebengesetzen, Band 1, Allgemeiner Teil (§§ 1 - 240) HaustürWiderrufG, wiss. Red. Manfred Wolf, 12. Aufl., Stuttgart u.a. 1988; Band 2, Schuldrecht I (§§ 241 - 432), wiss. Red. Hans-Joachim Mertens, 12. Aufl., Stuttgart u.a. 1990; Band 3, Schuldrecht II (§§ 433-515), AGB-Gesetz, AbzG, EAG, EKG, UN-KaufAbk, wiss. Red. Hans-Joachim Mertens, 12. Aufl., Stuttgart u.a. 1991

Spannowsky, Willi, Der Einfluß öffentlich-rechtlicher Zielsetzungen auf das Statut privatrechtlicher Eigengesellschaften in öffentlicher Hand – Öffentlich-rechtliche Vorgaben, insbesondere zur Ingerenzpflicht, in: ZGR 1996, S. 400 - 428

Spindler, Gerald, Deregulierung des Aktienrechts?, in: AG 1998, S. 53 - 74

ders., Emissionen im Internet: Kapitalmarktrecht und Kollisionsrecht, in: NZG 2000, S. 1058 - 1064

ders., Internationale Kapitalmarktangebote und Dienstleistungen im Internet – Öffentlich-rechtliche Regulierung und Kollisionsrecht unter besonderer Berücksichtigung der E-Commerce-Richtlinie, in: WM 2001, S. 1689 - 1701

ders., Elektronische Finanzmärkte und Internet-Börsen, Teil I: Grundlegende Risiken und Reform des nationalen Kapitalmarktrechts, in: WM 2002, S. 1325 – 1341, Teil II: Regulierungsvorhaben auf europäischer Ebene, in: WM 2002, S. 1365 - 1376

Staub, Hermann, Handelsgesetzbuch Großkommentar, Dritter Band, 2.Teilband, §§ 290 – 342a, hrsg. v. Claus-Wilhelm Canaris, Wolfgang Schilling, Peter Ulmer, 4. Aufl., Berlin u.a. 2002

Staudinger, Julius v., Kommentar zum Bürgerlichen Gesetzbuch mit Einführungsgesetz und Nebengesetzen, Zweites Buch. Recht der Schuldverhältnisse, §§ 315 - 327, Neubearbeitung 2001, v. Hansjörg Otto; Volker Rieble, Redaktor: Manfred Löwisch, Berlin 2001

Steding, Rolf, Gesellschaftsrecht – Grundzüge, 1. Aufl., Baden-Baden 1997

ders., Verstärkung der Atypizität – Entwicklungstrend des typisierten Gesellschaftsrechts? – Gedanken zur Architektur des Gesellschaftsrechts, in: NZG 2000, S. 182 - 185

ders., Strategien der Wahl und Anpassung der Rechtsform für Unternehmen im Gesellschaftsrecht, in: JA 2002, S. 338 - 344

Steiner, Udo, Öffentliche Verwaltung durch Private, Allgemeine Lehren, Schriften zum Wirtschaftsverfassungs- und Wirtschaftsverwaltungsrecht, hrsg. v. Karl Heinrich Friauf, Band 10, Hamburg 1975, zgl. Habil., Erlangen-Nürnberg 1972

Steinhübel, Heinz O., Die private Computerbörse für mittelständische Unternehmen – Ökonomische Notwendigkeit und rechtliche Zulässigkeit, Studienreihe der Stiftung Kreditwirtschaft an der Universität Hohenheim, Hrsg. Joh. Heinr. v. Stein, Band 24, Sternenfels 1998, zgl. Diss., Hohenheim 1998

Stern, Klaus, Das Staatsrecht der Bundesrepublik Deutschland, Band II Staatsorgane, Staatsfunktionen, Finanz- und Haushaltsverwaltung, Notstandsverfassung, München 1980

Stober, Rolf, Handbuch des Wirtschaftsverwaltungs- und Umweltrechts, Stuttgart u.a. 1989 *ders.*, Besonderes Wirtschaftsverwaltungsrecht – Gewerberecht und andere Wirtschaftszweige, Subventionsrecht, 12. Auf., Stuttgart u.a. 2001

Stolz, Carsten; Schmitz-Esser, Valerio, Cybermarket: Konkurrenz für Banken und Börsen?, in: Die Bank 1997, S. 297 - 300

Storck, Ekkehard, Das IFSC in Dublin – Aufstieg eines Finanzzentrums, in: Die Bank 1997, S. 395 - 399

Streinz, Rudolf, Bundesverfassungsgerichtliche Kontrolle über die deutsche Mitwirkung am Entscheidungsprozeß im Rat der Europäischen Gemeinschaften, Schriften zum Europäischen Recht, hrsg. v. Siegfried Magiera u. Detlef Merten, Band 3, Berlin 1990

Striebeck, Christian, Reform des Aktienrechts durch die Strukturrichtlinie der Europäischen Gemeinschaften, Europäische Hochschulschriften, Reihe V, Volks- und Betriebswirtschaft, Band 1276, Frankfurt a.M. 1992, zgl. Diss., Göttingen 1991

Stuhlfauth, Jutta, Besprechung von Katja Plückelmann, Der Neue Markt der Deutsche Börse AG, Frankfurt a.M. 2000, Europäische Hochschulschriften, Reihe II Rechtswissenschaft, Bd. 2884, in: WM 2001, S. 330 - 332

Stuible-Treder, Jutta, Der Beliehene im Verwaltungsrecht, Diss. Tübingen 1986

Tettinger, Peter J.; Wank, Rolf, Gewerbeordnung, 6. Aufl., München 1999

Timm, Wolfram, Die Mitwirkung des Aufsichtsrates bei unternehmensstrukturellen Entscheidungen – Grenzen der Aufsichtsrats- und Verwaltungszuständigkeiten in der Aktiengesellschaft, in: DB 1980, S. 1201 - 2107

Tobien, Josef; Schick, Olaf, Die Börse darf die Regeln am Neuen Markt ändern, in: FAZ v. 15.8.2001, S. 23

Tschernig, Klaus, Der Ausschluß eines GmbH-Gesellschafters durch Gesellschafterbeschluß, in: GmbHR 1999, S. 691 - 698

Ulmer, Peter, Der Deutsche Corporate Governance Kodex – ein neues Regulierungsinstrument für börsennotierte Aktiengesellschaften, in: ZHR 166 (2002), S. 150 - 181

ders.; Brandner, Hans Erich; Hensen, Horst-Diether; Schmidt, Harry, AGB-Gesetz, Kommentar zum Gesetz zur Regelung des Rechts der Allgemeinen Geschäftsbedingungen, 9. Aufl., Köln 2001

Uppenbrink, Martin, Die deutschen Wertpapierbörsen als Körperschaften des öffentlichen Rechts, Diss., Heidelberg 1963

Vogler, Oskar, Indexierungsverbot nach § 2 Preisangaben- und Preisklauselgesetz, in: NJW 1999, S. 1236 - 1238

Voormann, Volker, Der Beirat im Gesellschaftsrecht, Abhandlungen zum deutschen und europäischen Handels- und Wirtschaftsrecht, hrsg. v. Götz Hueck, Marcus Lutter, Wolfgang Zöllner, Band 32, 2. Aufl., Köln u.a. 1990

Wackerbarth, Ulrich, Von golden shares und poison pills: Waffengleichheit bei internationalen Übernahmeangeboten, in: WM 2001, S. 1741 - 1753

Wälterlin, Urs, Sydneys Börsen auf Erfolgskurs, in: Börsenzeitung v. 31.1.2001, S. 3

Waltermann, Raimund, Rechtsetzung durch Betriebsvereinbarung zwischen Privatautonomie und Tarifautonomie, Jus Privatum, Beiträge zum Privatrecht, Band 14, Tübingen 1996, zgl. Habil., Münster 1993/ 94

ders., Zu den Grundlagen der Rechtsetzung durch Tarifvertrag, in: Europas universale rechtsordnungspolitische Aufgabe im Recht des dritten Jahrtausends, Festschrift für Alfred Söllner zum 70. Geburtstag, hrsg. von Gerhard Köbler, Meinhard Heinze, Wolfgang Hromadka, München 2000, S. 1251 - 1277

Wardenbach, Frank, Niederlegung des Aufsichtsratsmandats bei Interessenkollisionen – Entgegnung auf Singhof (AG 1998, 318 ff.), in: AG 1999, S. 74 - 77

Wastl, Ulrich, Erwerb eigener Aktien nach dem Referentenentwurf zur Änderung des AktG und des HGB, in: DB 1997, S. 461 - 466

ders., Die juristischen Organisationsstruktur deutscher Börsen- bzw. Finanzplätze und deren Optimierung, in: WM 1999, S. 620 - 630

ders.; Schlitt, Christian, Internetbörse – Revolution am Kapitalmarkt oder einfach nur juristisches Neuland?, in: MMR 2000, S. 387 - 396

dies., Abkehr vom klassischen Börsenbegriff – Chance für einen Neuanfang de lege lata? – Ein Diskussionsbeitrag zur Abgrenzung außerbörslicher, insbesondere computergestützter Wertpapierhandelsplattformen von Börsen, in: WM 2001, S. 1702 - 1710

Weber, Martin, Internet-Emissionen, in: MMR 1999, S. 385 - 390

ders., Die Entwicklung des Kapitalmarktrechts 1998 - 2000: Organisation, Emission und Vertrieb, in: NJW 2000, S. 2061 - 2075

ders., Der Kommissionsentwurf einer Marktmissbrauchsrichtlinie, in: EuZW 2002, S. 43 - 47

Weber, Stefan, Kapitalverkehr und Kapitalmärkte im Vertrag über die Europäische Union, in: EuZW 1992, S. 561 - 566

ders., Kapitalmarktrecht – Eine Untersuchung des österreichischen Rechts und des Europäischen Gemeinschaftsrechts, Forschungen aus Staat und Recht, hrsg. v. Günther Winkler, Walter Antoniolli, Bernhard Raschauer, Band 127, Wien 1999

ders., Kapitalmarkt-, Börsen- und Investmentrecht, in: Handbuch des EU-Wirtschaftsrechts, Band 1, hrsg. v. Manfred A. Dauses, Loseblatt, München, Stand Mai 2001, F III

Wenzeler, Grischa, Trends an der Warschauer Börse, in: Die Bank 1996, S. 102 - 106

Werner, Winfried, Probleme "feindlicher" Übernahmeangebote im Aktienrecht, Schriftenreihe der Juristischen Gesellschaft zu Berlin, Heft 115, Berlin u.a. 1989

Westermann, Harm Peter, Tendenzen der gegenwärtigen Mitbestimmungsdiskussion in der Europäischen Gemeinschaft, in: RabelsZ 48 (1984), S. 123 - 184

Wiebe, Andreas, Vertragsschluß bei Online-Auktionen, in: MMR 2000, S. 323 - 329

Wiede, Peter, Die Börse als verwaltungsrechtliches Problem und Rechtsinstitut, Diss., Köln 1965

Wiedemann, Herbert, Gesellschaftsrecht, Ein Lehrbuch des Unternehmens- und Verbandsrechts, Band I: Grundlagen, München 1980

ders., Die Personengesellschaft – Vertrag oder Organisation?, in: ZGR 1996, S. 286 - 299

ders., Erfahrungen mit der Gestaltungsfreiheit im Gesellschaftsrecht, in: Sonderheft 13 der ZGR: Gestaltungsfreiheit im Gesellschaftsrecht, hrsg. v. Marcus Lutter, Herbert Wiedemann, Berlin u.a. 1998, S. 5 - 32

ders., Tarifvertragsgesetz mit Durchführungs- und Nebenvorschriften, Kommentar, Becksche Kommentare zum Arbeitsrecht, Band 1, hrsg. v. Götz Hueck, Dirk Neumann, 6. Aufl., München 1999

Wiesner, Peter M., Europäisches Unternehmensrecht – Stand und Entwicklungen, in: ZIP 2000, S. 1792 - 1812

ders., Der Nizza-Kompromiss zur Europa AG – Triumph oder Fehlschlag?, in: ZIP 2001, S. 397 - 398

ders., Aktuelle Entwicklungen im Europäischen Unternehmensrecht, in: BB 2001, Beilage 8

Wilmowsky, Peter v., Mit besonderen Aufgaben betraute Unternehmen unter dem EWG-Vertrag – Ein Beitrag zu Art. 90 Abs. 2 EWGV, in: ZHR 155 (1991), S. 545 - 572

Wittich, Georg, Zusammenwachsende europäische Märkte – eine Herausforderung für die Wertpapieraufsicht in Europa, in: WM 1999, S. 1613 - 1614

ders., Aktuelle Aspekte der Wertpapieraufsicht in Deutschland und Europa, in: Die Bank 2001, S. 278 - 282

Wohlfarth, Jürgen, Der Finanzplatz braucht echtes Market Making, in: Börsenzeitung v. 31.01.2002, S. 3

Wolf, Manfred, Preisanpassungsklauseln in Allgemeinen Geschäftsbedingungen unter Kaufleuten, in: ZIP 1987, S. 341 - 353

ders., Der Ausschluß vom Neuen Markt und die Aufnahme von Ausschlußgründen in das Regelwerk Neuer Markt, in: WM 2001, S. 1785 - 1792

ders.; Horn, Norbert; Lindacher, Walter F., AGB-Gesetz, Gesetz zur Regelung des Rechts der Allgemeinen Geschäftsbedingungen, Kommentar, 4. Aufl., München 1999

Wolf, Martin, Corporate Governance – Der Import angelsächsischer „Self-Regulation" im Widerstreit zum deutschen Parlamentsvorbehalt, in: ZRP 2002, S. 59 - 60

Wolff, Hans J., Verwaltungsrecht II, Organisations- und Dienstrecht – Ein Studienbuch, 2. Aufl., München u.a. 1967; 3. Aufl., München 1970

ders.; Bachof, Otto; Stober, Rolf, Verwaltungsrecht II, Besonderes Organisations- und Dienstrecht – Ein Studienbuch, 5. Aufl., München 1997

Wolff, Lutz-Christian, Das Schicksal eingezogener GmbH-Geschäftsanteile und alternative Satzungsregelungen, in: GmbHR 1999, S. 958 - 963

Zimmer, Daniel, Neue Vorschriften für den nicht organisierten Kapitalmarkt - Eine Bewertung der den "grauen Kapitalmarkt" betreffenden Bestimmungen der 6. KWG-Novelle, in: DB 1998, S. 969 - 973

ders., Das Gesetz zur Kontrolle und Transparenz im Unternehmensbereich – Ein "Omnibus-Gesetz" bringt die Aktienrechtsnovelle 1998 und weitere wichtige Neuerungen für das Handels- und Wirtschaftsrecht, in: NJW 1998, S. 3521 - 3534

Zöllner, Wolfgang, GmbH und GmbH & Co KG in der Mitbestimmung, in: ZGR 1977, S. 319 - 334

ders., Kölner Kommentar zum Aktiengesetz, Band 1 §§ 1 - 75 AktG, 2. Aufl., Köln u.a. 1988; Band 2 §§ 76 - 117 AktG und Mitbestimmung im Aufsichtsrat, 2. Aufl., Köln u.a. 1996, Band 5/1 §§179 - 240 AktG, 2. Aufl., Köln u.a. 1995

ders.; Noack, Ulrich, One share – one vote? Stimmrecht und Kapitalbeteiligung bei der Aktiengesellschaft, in: AG 1991, S. 117 - 131

Schriften zum Gesellschafts- und Kapitalmarktrecht

Herausgegeben von Lutz Michalski,
Axel Jäger und Klaus-Rudolf Wagner

Band 1 Volker Schulenburg: Bankenhaftung bei geschlossenen Immobilienfonds. Zugleich eine Untersuchung der Wissenszurechnung im Konzern. 2002.

Band 2 Jan Wittenberg: Der Bestandsschutz von Arbeitsverhältnissen im Umwandlungsrecht. 2002.

Band 3 Christian A. Eichner: Management-Buy-Out-Gestaltungen beim Konzern-Spin-Off. Unter besonderer Berücksichtigung der Unternehmenssteuerreform. 2002.

Band 4 Thomas Wunsch: Tracking Stocks - Geschäftsbereichsbezogene Gewinnbeteiligungen bei Aktiengesellschaften. Eine systematische gesellschafts- und steuerrechtliche Betrachtung. 2002.

Band 5 Jan Blumentritt: Die privatrechtlich organisierte Börse. Ein Beitrag zur Diskussion um die Neuordnung des Börsenwesens. 2003.

Kolibri 360 GmbH
Ferdinand-Jühlke-Straße 7
99095 Erfurt, Deutschland
produktsicherheit@kolibri360.de

Druck:
CPI Druckdienstleistungen GmbH
im Auftrag der
Kolibri 360 GmbH
Ferdinand-Jühlke-Str. 7
99095 Erfurt